中川子信 編述

景日本寬正十年（清嘉慶五年）刊本

清俗紀聞

蘭臺出版社

清俗紀聞總目

○禮帙
卷之一　年中行事　一
○樂帙
卷之二　居家　六七
○射帙
卷之三　冠服　二三七
卷之四　飲食　二六九
卷之五　閭學　二九三
○御帙
卷之六　生誕　三三三
卷之七　冠禮　三四九
卷之八　婚禮　三六一

○書帙
卷之九　賓客　四〇九
卷之十　羈旅　四四七
卷之十一　喪禮　八三
○數帙
卷之十二　祭禮　五一三
卷之十三　僧徒　五四九
清俗紀聞總目終

清俗紀聞插畫速檢

○禮帙　卷之一　年中行事

全名帖　二
單名帖　封筒　六
請帖　封筒　七
招牌　九
綵燈　一一
燈籠　一二
燈棚　行燈　一四
忌辰牌　一八
三宮菩薩　二一
五路財神　二二
紙鳶　箏琴　見踢　二三
風箏　二四

見踼　二五
九條竜亭　銀錠包法　封袋　三〇
粽子　健符　三三
龍船　三六
福建競渡船　三八
冰廠　四一
乞巧奠　四三
[illegible]官奠　四六
登糕　四九
潮生日官祭　五〇
六神　五三
金銀錠　桃符　響炮　年糕　花炮　五六
歡樂紙　五九
萬年糧　六〇

太歲春牛迎春 六二
太歲廟打牛 六四
○樂帙 卷之二 居家
小戶平房 六八
五進樓房 七〇
平房舖面 七二
外門正面 七六
外門側面 七七
門神 神荼 鬱壘 屏門扇 七八
公堂正面 七九
公堂粉壁 八〇
廊下 八二
涼槅 八三

天花板　障子　八四
閨屏　八五
掩障　八六
插屏　机子　八七
杌子　磁鼓発　交椅子　八八
靠椅　竹椅　八九
榻　九〇
板発　竹発　九一
馬踏子（一名胡床）　九二
案　桌　九三
屏風　九四
書房　九七
書房　九八
筆架　筆　水盂　端硯　墨床　九九

徽墨　墨匣　筆床　一〇〇
筆筒　排筆　一〇一
洗筆　玉鎮紙　几　一〇二
書架　一〇三
書架　香爐　筆筒　香盒　香箸筒　花瓶　一〇四
裁刀　印刀　錯刀　一〇五
碁盤　碁子　碁筒　一〇六
象棋盤　琴　一〇七
三絃子　琵琶　胡琴　一〇八
雲鑼　撥子　月鼓　金鑼　鎖吶　一〇九
笛　拍板　小鈸　銅角（一名悖囉）　喇叭　一一〇
紙箱　文具箱　一一一
內房　一一四
睡房　一一五

廳爐　風爐　手爐　火箸　一一六
炭斗　脚爐　食籃　盤　一一七
筯　調羹　茗壺　小碟　茶鐘　烘籃（一名茶焙）　一一八
茶罐　茶瓶　托子　抹布　茶籃　茶罐　一一九
煎藥器　托子　春盛　燈台　蠟剪　一二〇
掛燈　書燈　燭台　書燈　一二一
面盆　漆盆　面盆架　一二二
葵扇　扇袋　扇墜　一二三
扇子　消息筒　消息子　爬耳朵　一二四
鑷子　剪刀　量尺　牙竿（一名挑牙）　一二五
火斗　熨斗　碪　碪杵　一二六
皮箱　衣箱　一二七
涼傘　雨傘　檠燈　火把　一二八
布簾　繡簾（一名門帷）　一二九

幔 一三〇
簾薦　氈條 一三一
露台走水漏斗 一三三
簟枕（一名方枕）　布枕（一名繡枕）　坐褥 一三五
被褥 一三六
花毯 一三七
簟 一三八
筵　溺瓶（一名夜不收）　馬桶（一名淨桶） 一三九
帳 一四〇
炯窗　廚房　浴室　毛坑 一四二
倉　井　桔槔　柴倉 一四三
錫飯斗　飯桶　磁飯斗　汁瓶　銅杓　木杓 一四四
鐵杓
大盆　茶碗　碟兒　水杓（一名水管）　水缸 一四五

水甕

廚櫃　禾櫃　一四六
酒罎　油罎　酒缸　醬缸　油壺　漏斗　煖鍋　一四七
鐵鍋　平底鍋
蒸籠　篩斗・籃斗（一名柄蘿）　礌盆　礌搥　一四八
菜刀肉墩
火連刀　發燭兒　呆臼　杵子　磨子　三脚馬　一四九
墹碓（一名浙碓）　一五〇
椶帚　苕帚　竹帚　糞斗　一五一
井、井車（一名滑溜）　橘　吊桶　一五二
扁擔　提水桶　提籃　一五三
笠　提桶　浴盆　簑衣　一五四
剃頭店　一六二
浴堂　一六四

烔堂　烔包　爪杖　扇墜　香袋　香包　一六七
賣身文契式　一六九
衙門聽訟　一七五
告狀略式　一七六
天平　法馬　秤子（一名等子）　等子匣　錘　一七七
秤子　量升　量斗　一七八
夾板箱（一名金銀櫃）　鑰匙　鎖　一七九
簿子　帳箱　套　更梆　更鼓（一名筒鼓）　一八〇
犂田　一八三
揷苗　一八四
創稻　一八五
麦笐　一八六
木磂　一八七
土羅　一八八

水碓 一八九
犂　拖把 一九〇
木斫　鉏　阿鑱 一九一
艾　銍　竹把　耘把 一九二
連耞　搭爪　方耙　鐵搭 一九三
喬杆　簸箕 一九四
積苫　草畚　包銀筒 一九五
糞窖 一九六
機 一九七
繅車 一九八
梭　布撐　篗子　箴　績桶　竽兒 一九九
藥箱　套子 二〇六
藥研　藥刀　脈枕　脈褥　脈床 二〇七
膏藥刀　膏藥器　攤板 二〇八

○樂帙　卷之三　居家

蟒衣　二三七
黼子　二三八
蟒袍　二四二
文武冬朝帽　文武夏朝帽　二四三
帽頂　二四四
帽架　藤胎　帽架　二四六
帽箱　二四七
大帶　二四八
襪子　護膝　鞋子　履筐　二五〇
暖帽　涼帽　睡帽　氈帽　笠兒（草帽）　二五一
頂子　帽纓　笠兒　緯帽　二五二
雪帽　釘鞋　草鞋　仝　二五三

袍子　二五四
外套　二五五
馬褂　背身　二五六
大衫　二五七
短衫　二五八
披風　二五九
裙子　二六〇
裙子（前面）　二六一
裙子（後面）　二六二
圓領　女袍　二六三
浴衣　二六四
衣架　二六五
大轎　二六六
小轎　二六七

車　二六八

○射帙　卷之四　飲食

藕粉糕　簑衣餅　糖糕　雪粉糕　餃子　點心盛器　二七八

像生花

做餡器　鍋蓋　錫匣　二九〇

切片刀　杆棒　連環　杆皮棒　壓子　二九一

○射帙　卷之五　閭學

居宅之圖　二九五

學館之圖　二九七

書包藍帶　三〇二

書生禮拜之圖　三〇五

興　拱手　三〇六

跪　拜　三〇七
封筒　三〇八
贄脩儀　三〇九
塊頭字　三一一
學館諸生列位之圖　三一二
封筒　三一五
功課單、戒方　竹片　三一七
贄儀束脩包法　三二〇
拜　匣蓋　三二一
祠堂　三二三
羅紋斗方紙　三二四
格紙　白地紅格　三二五
縣學　三二六
石牌坊東位　三二八

石牌坊西位　三二九
下馬碑　三三〇

○御帙　卷之六　生誕

草紙　胎衣器　褓襁　肚帶　三三六
產屋　三三七
衣服　肚兜襪子　鞋子　湯餅　雞蛋　三三九
周歲拿周圖　三四二
雲髻　戴包頭圖　簪笄　仝　包頭　三四五
纏脚布　布枕　浩然巾　三四六

○御帙　卷之七　冠禮

剃頭刀　剃耳刀　木梳　竹篦　鬢盤　斜掠　三五一
泯子　油刷　三五二

辮子　花帽　總角　三五六
繡花之圖　三五八

○御帙　卷之八　婚禮

授茶　三六四
初訂姻禮帖式用　三六五
禮帖封筒　三六六
緣紗　緞子　三六七
緣紗　手釧（俗稱戒指）　珠玉匣　緞子　三六八
送粧奩　三七〇
女家同帖式寫法　三七二
女家送粧奩帖式　三七三
領謝二字用金簽　同心釧　戒指　耳環　鈕鈎　三七四
手鐲　拜盒　針線匣　鏡子背　鏡子面　三七五

櫛笥　衣箱（一作鋪蓋箱）　三七七
皮箱（一作衣箱）仝上　三七八
試才　三八〇
男家迎娶三帖式　三八二
親迎　三八六
媒人新郎進門之圖　三八七
新人花轎　三九二
女婦送出內房之圖　三九三
親迎歸路行位　三九六
吉期　鼓樂待客　三九八
新人拜天地　四〇〇
合巹　四〇二
回千　四〇四
紙獅子　四〇八

○書帙　卷之九　賓客
封筒正面式　四一二
書函略式　四一三
同答覆　四一四
結綵掛燈之圖　四一六
賓客坐位　桌子排設　四一八
廳堂下首排設　四二〇
酒瓶　爵盃　筯包　酒令　筯子包式　四二七
門燈　四三二
門前迎客　四三六
問病　四四二
○書帙　卷之十　羈旅

公堂　驛站　大門　四五〇
車轎　四五一
騾轎　四五二
盔甲箱　搭連　被囊　食兜　四五四
箅槽　四五五
鈴襻　狹板　四五六
綏鎗　常燈　四五七
銀鞘　蓋　身鎖箍　四六一
公館　四六三
官船　四六五
椗　四六六
通船人名册　四六八
粘縣牌掛號之圖　四七〇
通船人名册　四七三

浙海關商船照　四七五
憲　照　四七七
馬棚　四八一

○書帙　卷之十一　覊旅

斬衰　四八五
棺材　提水桶　浴盆　四八六
七星板　蓋棺材　棺材架　四八九
靈柩　帷褥　四九〇
木主靈柩　四九一
木主　四九二
出葬日柩前排式　四九四
鼓樂　四九八
香亭　四九九

煖轉　五〇〇
銘旌棺　五〇一
綵亭　五〇二
兆域　五〇四
大金紙　冥衣紙　五〇六
墳墓　權厝　五〇七
鑾駕、（一名執事）　五一〇
○數帙　卷之十二　祭禮
家廟祭祀之圖　五一七
神主列位　五一八
墳墓祭祀之圖　五二一
眞容圖　五二五
城隍廟　五三〇

請城隍神郊祀　五三三
土地官　五三五
城隍神像　土地神像　五三六
天后廟　五三九
天后聖母像　五四〇
戲台　五四二
關帝廟　五四六
關帝聖像　靈籤　籤訣牌　五四七

○數帙　卷之十三　僧徒

禪杖　如意　鐵鉢　拂子　錫杖　五五三
寺院位置圖　五五四
龍牌　山門外石牌　五五六
法衣　衣服　五六〇

袈裟　座具　五六一
帽子　誌公中　僧鞋　五六二
總角　五六三
小沙彌　五六四
半鐘　大鐘　更版　五六七
大鼓　雲版　鐃鈸　引磬　五六八
齋堂前飯梆　柄香爐　五六九
銅磬　五七〇
齋堂吃齋　五七一
遊方僧　五七二
餤口壇排式　五七四
法鏡　曼拏羅法台　法尺　錫五事　五七六
寶錯　金剛降魔杵　五七七
花米碟　仝　洒水器　甘露瓶　五七八

水懺排式之圖　中尊佛觀世音　五七九
幡　禪堂前客版　五八〇
中座鈴　扶座鈴　昆盧帽　五佛冠　五八一
昆盧帽五佛冠合帶之圖　椅子　五八二
禪堂之式　五八七
樂器　小鐘鼓　小鐃鈸　五八八
道士　道冠　五九四

清俗紀聞序

我邦之於清國也壤地不接洋溟為阻屹
然相峙不通使聘各為一區域則其土風
之異俗尚之殊何預我耶然閩浙之民航
海抵崎貿易交市以彼不足資我有餘
國家亦不禁焉朱明以還因仍已久其閒
不能無黠賈奸商干紀之虞則亦不可委

之小吏也於是　官特置司以治之豈得已乎是故承斯任者非知彼土風俗尚以洞曉利害情偽之所在則亦無以宣我之政而服彼之心焉此則其所當留意也最者飛驒守中川君子信在任于崎也釐務之暇命譯人詢彼土風俗尚探討捜究而叢為清俗紀聞手自點定自節序之儀吉

凶之禮輿服之制黌舍之法以至居室飲
饌器財玩具日用人事之微旁逮緇黃之
俗部分臚列獵採罔遺洵称綜該矣後之
官于崎者留意是書則可以免彼此枘鑿
之患而所為皆中竅矣豈曰小補乎哉予
信余忘年交也天資高朗夙耽墳籍其才
之學之優將大有所為顧此等編纂瑣瑣

末事原無須揄揚但其一任不苟必期拔
本塞源如此則佗所注措可知也宜乎政
績烜赫物望歸焉纔踰兩載累被擢遷也
抑夫海西之國唐虞三代亡論也降為漢
為唐其制度文為之隆尚有所超軼乎萬
國而四方取則焉今也先王禮文冠裳之
風悉就掃蕩辮髮腥膻之俗已極淪溺則

彼之土風俗尚寘之不問可也而子信之有斯撰自有不得已者也余觀今之右族達官貴游子弟或輕佻豪侈是習而遠物珎玩是貴即一物之巧寄賞吴船一事之奇擬模清人而自詑以為雅尚韻事莫此過焉吁亦可慨矣竊恐是書一出或致好奇之癖滋甚輕佻之弊益長則大非子信

之志也余為之序并以告覽者其豈欲啜
啜哉蓋亦有不得已者也寛政十有一年
秋八月述齋林衡撰

吉田直躬書

清俗紀聞序

中君子信之尹瓊浦敷化之暇命譯吏就清商于館問彼民俗吉凶之儀節及其名称度數即使侍史國字記之又命畫師一一圖之編次成書名曰清俗紀聞為巻六分部十三夫國於天地而有與立焉日用彝倫推諸四海而無所不準則奚必華貴而夷賤哉然必推中国

而華之以貴之者以其三代聖王之所國而禮樂文章非萬国所能及也而今斯編所載清国風俗以夏變于夷者十居二三則似不足以貴重然三代聖王之流風餘澤延及於漢唐宋明者亦未可謂蕩然掃地也又清商之来瓊浦者多係三吳之人則其所說亦多係三吳之風俗乃六朝以来故家遺俗確守不

變者就斯編亦可以見其彷彿也我
東方古昔盛時聘唐之船留學之員傳
乎彼而存乎此者乃皆三代聖王之禮
樂則今日民間通行禮俗有不與彼變
于夷者同也有志于講禮正俗者彼此
相質而折其衷則中君之此舉未必無
補於世教也豈可以餘閑笑玩視之哉
頃剞劂氏請而公諸世君俾予題其首

寛政己未秋九月　雪堂黒澤惟直撰

岡田顯忠書

清俗紀聞序

中川使君之奉職于長崎也布政視事勤且勞矣偶有暇日則差舌人繪工數名就清客於館咨詢其民間動作禮節名物象數隨而記之又隨而圖之一周歲而數十百反使君手親選擇取舍敘次編之分十有三部合成一書初清客之受問私言人曰陋等小人生長閩浙其所能誦特閩浙

之俗與名物象數亦唯閩浙矣若夫清之廣莫方不同俗俗不同物懸能其他之及哉北京盛京之間民俗名物多為滿也純矣西南方或大滿而小漢矣其小滿而大漢可以觀唐宋遺風者獨有閩浙而已然則明府今日之求不必他及耶臣等亦不能他及也蓋使君之有所舉也其意有二西陲之政固易莫重為清之客猶我之

民矣非審其風俗明其好惡察其情僞不可得而治也斯書而成後之奉職者長官以吏咸將知所嚮焉一也誦法聖賢究博致遠細大弗遺若民俗名物固不可以不考諸後世而草野瑣屑罔有詳載不亦闕事乎鄉書向成後之學者其式據什一於千百焉二也夫清容通于我及趾不一而風漸之民寔什之九則吏者之用風漸而足矣民俗

名物可以參於經傳者要在於唐宋則書
生之需亦涸澌而足矣縱滿大滿我於何
有夫如斯使君今日之求果不他及也容之
不能他及亦收寔傷
寛政戊午七月朔蕉園處士津國中井
曾弘序于江都錦林客舍

附言

○此書《このしよ》は崎陽《きやう》へ来る清人《しんひと》に其国民間《そのくにみんかん》の風俗《ふうぞく》を尋問《たづねとひ》て此邦《このくに》の語《ご》に直《なを》して記《しる》せる處なるを素《もと》より清国《しんこく》東西《とうざい》風《ふう》を異《こと》にし南北《なんぼく》俗《ぞく》を殊《こと》にすれバ此編《へん》をもて普《あまね》く清国の風俗と思ひ得る事なかれ今崎陽へ来る清人多く江南《こうなん》浙江《せきこう》の人なれバ新《さつ》に記せ處《ところ》も亦多く江南浙江の風俗《ふうぞく》と知《し》るべし

○圖繪《づゑ》も崎陽の畫師《ゑし》を清人の旅館《くわん》へ遣《つかは》し聞《きく》に随《したが》ひて圖《づ》し聊《いさゝか》違《ゐ》ふ事あれバ清人即《すなはち》これを正《たゞ》し或《あるひ》ハ清人圖《づ》して示《しめ》せ處《ところ》のも多し問答《もんどう》数度《あまたたび》にして始め全《まつた》き事《こと》を得《え》ざる見《み》る者《もの》まどひを生《せう》ずる事なかれ

○片假名《かたかな》を以て右に附るものハ唐音《とうおん》なり平假名《ひらかな》を以て右に

附る者ハ讀聲《よみこゑ》又ハ和訓《わくん》也たとへ附る者ハ和解《わげ》の仮名之但《ただし》和語おほく多く有ても唐音《たうおん》ある者ハたとへも讀聲《よみこゑ》又ハ和訓《わくん》を附る事もあり和解の仮名原通事《もとつうじ》に出《いづ》是ハ長崎語《ながさきことば》多し間々《まく》脱《だつ》さる者あれハ児女《ぢじよ》輩の為《ため》よ是を補《おぎなふ》此段に一事にして和解《わげ》の語《ご》同《おなじ》からざる事あり見《み》るべし宜しく察《さつ》すべし

○吉凶喪祭《きつきやうさうさい》年中《ねんぢう》行事《ぎやうじ》は類《るい》崎陽《きやう》在留《ざいりう》の清人《しんひと》時々行ふ事之是《これ》其《その》略《りやく》を見るに只《たゞ》器械《きかい》翫弄《ぐわんろう》の類《るい》も又嘗《かつ》て此邦《このくに》人来《らい》舶《ちやく》する物《もの》親しく見る事ハ圖《づ》中事なるで斯《これ》を取く其《その》餘《よ》偽《いつはり》ある事代推《おし》て知るべし

○答問《たうもん》僅《わづか》に一年の間《あひだ》よして志りても公務《こうむ》はいとまもあらざれハ遺《ゐ》漏《らう》さるもの多し此後《このゝち》崎陽《きやう》に到《いた》る人是《これ》を補《おぎなふ》事あらハ予《よ》が望《のぞみ》足《た》ぬるとする處し

清俗紀聞巻之一

年中行事

○年始《ねんし》ニハ在京《ざいきやう》の官人《くわんにん》ハ朝服《てうふく》を着し朝珠《てうじゆ》を掛《か》け開棍《カイコン》とて皂隷《ツアウリー》二人棒《ぼう》を持先拂《さきばらひ》いたし主人《しゆじん》ハ轎子《キヤウツー》ニ乗《のり》僕従《ぼくじう》ハ京城内《けいじやうない》ニおゐてハ定《さだめ》乃人數《にんじゆ》ありて執事《しつじ》等《とう》も排列《はいれつ》する事故許《ゆる》されども官の高下《かうげ》によりて八人或《あるひ》ハ六人附従《つきしたがひ》ひ午門外《ごもんぐわい》ニ留置《とめおき》参内《さんだい》する事也拜賀《はいが》の次第《しだい》ハ文官《ぶんくわん》ハ東側《ひがしがは》ニ列し武官《ぶくわん》ハ西側《にしがは》ニ列《れつ》し其品級《そのひんきう》ニ随ひ一班二班と班《はん》と屬《ぞく》するニ列《れつ》を分《わけ》一同《いちどう》ニ萬歳《ばんざい》を唱《となふ》へ三跪九叩頭《サンジイキウクウテウ》の禮を行ひ拜賀（一班ハ一品より九品まで二班ハ九品未入迄位列を分ヶ次第を詳ニ記し）退朝《たいちやう》の後名帖を持（帖ハ全帖あり赤紙ニ祝詞並姓名を書たる名帖を）諸衙門互ニ往来して年賀《ねんが》を述且七日迄ハ外出の時ハ勿論《もちろん》家屋舗《いへやしき》ニおゐても朝服《てうふく》を着用《ちやくよう》ス

全名帖
ぜんめいちやう

賀
新禧

某姓某名恭

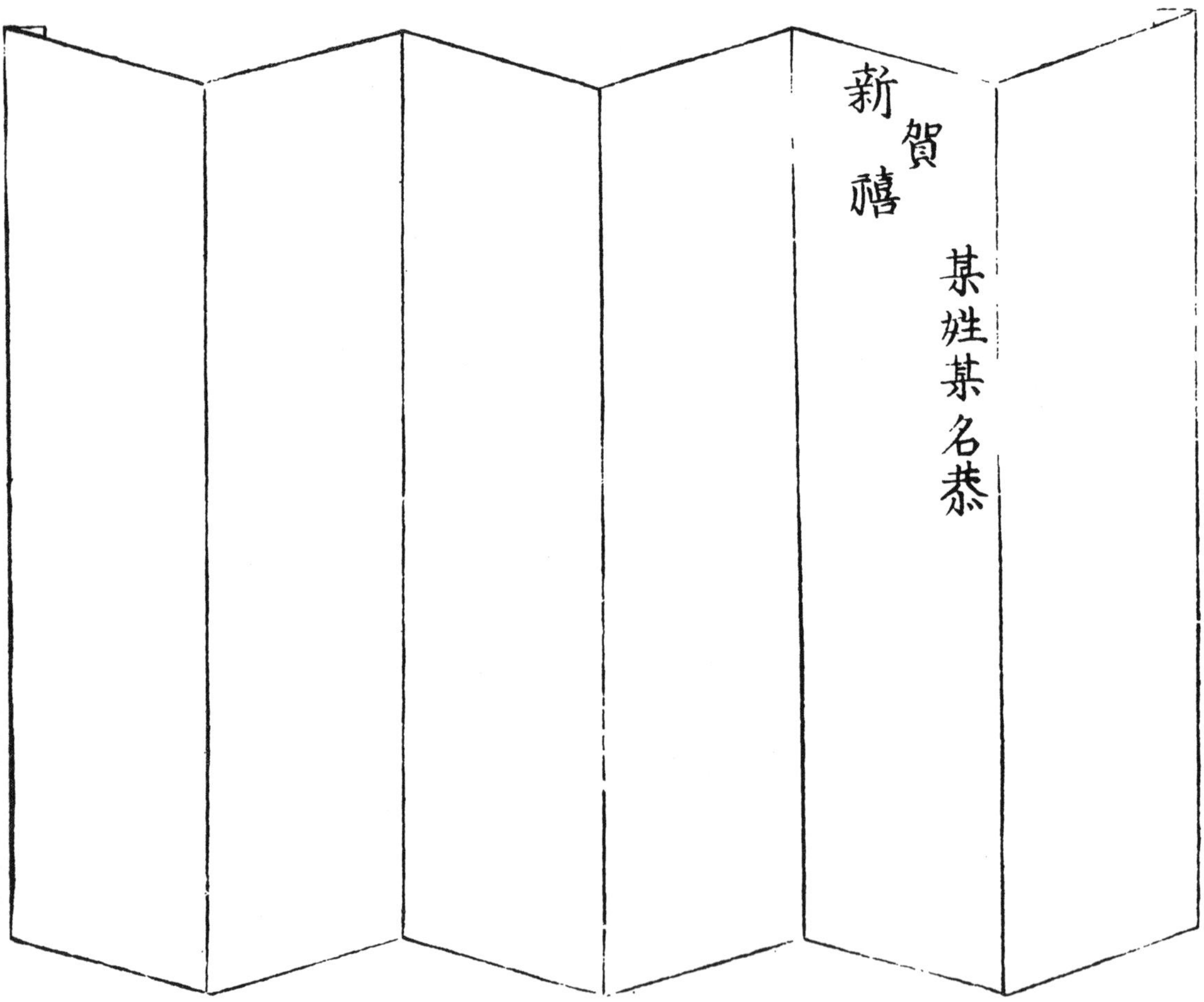

○京外《けいぐわい》の官人《くわんじん》ハ元朝《ぐわんてう》にハ朝服《てうふく》を着《ちやく》し開棍《かいこん》の皀隷《ヅアウリー》行牌涼傘《リヤンサン》旗《キー》等を先《さき》に備《そな》へ跟隨《こんずい》の者《もの》多人數《おほにんず》召連《めしつれ》其所々《そのところどころ》の寺廟《じびやう》に安置《あんち》ある今上皇帝《きんじやうくわうてい》の龍牌《ロンバー》に詣《まうで》て拜賀《はいが》す（龍牌《ロンバイ》ハ木《き》にて拵へ莊嚴し天子萬歳萬萬歳《テンツーワンスイワンワンスイ》と書載有《かきのせあり》て寺廟《じびやう》ハ佛前《ぶつぜん》に安置《あんち》し外に殿閣《でんかく》等に據《すゑ》ハなし）な品級《ひんきふ》によりて行列《ぎやうれつ》等の差別《さべつ》ハあるなれども詳《つまびらか》に知らずて参見《さんけん》の時《とき》ハ住持《ぢうぢ》役僧《やくそう》を連門前《もんぜん》迄《まで》迎送《げいそう》す又人《ひと》によりて役僧《やくそう》のミ挨拶《あいさつ》するもありまたハ知府《ちふ》知縣《ちけん》等の官《くわん》ハ名帖《めいてう》を持（帖《てう》ハ全帖《ぜんてう》前《まへ》に同じ）上司官《じやうしくわん》へ謁《えつ》し年賀《ねんが》を述《のぶ》るなり正月七日までハ朝服《てうふく》を着用《ちやくよう》す

○官人《くわんじん》庶人《しよじん》とも元朝《ぐわんてう》にハ先《まづ》衣服《いふく》を改《あらた》め天地《てんち》を拜《はい》し（庶人《しよにん》も天地《てんち》を拜《はい》する事ハ古《いにしへ》より之仕來《しきた》る天地《てんち》の恩《おん》を謝《しや》する）次《つぎ》に家廟《かびやう》の神主《しんしゆ》を拜《はい》し兩親《りやうしん》をも拜す召使の奴僕ハよういはなふ新衣《きんい》を着《ちやく》し主人《しゆじん》を拜《はい》すなり外套《ワイタウ》ハ着《ちやく》ざる事《こと》を許《ゆる》せり家廟にハ香花《ヒヤンホアー》燈燭《テンチヨ》年糕《子ンカウ》菓子茶《ちや》飯《めし》酒《さけ》並に橘子《キツー》《こかん》菱子《リンツー》《ひし》竜眼肉《ロンエンジヨ》の類《るい》を燒物

の鉢《はち》皿《さら》猪口《ちよく》等《とう》に盛《もり》て供《そな》へ（年糕《ねんかう》の製法《せいはふ》ハ年底《ねんてい》年糕を製するに注にあり）禮拜《らいはい》終《をはり》て喜神《キーシン》の方《かた》にむかひ外出し（喜神《キーシン》ハ恵方《ゑはう》といふがごとし）神廟《しんびやう》佛院《ぶつゐん》に参詣《さんけい》ス香燭ハ寺廟にも備へあれども携《たづさ》へ来《きた》る事《こと》なり惣じて寺廟《じびやう》にも多く水盥を設けあるが故《ゆへ》家内《かない》より手等浄め来る若水《わかみづ》入用の時は寺中へ乞用《こひもちゆ》るなり三日迄《まで》の内は親類《しんるい》朋友《ほうゆう》等の方《かた》へ名帖《めいてう》等持行《もちゆく》（帖《てう》は草帖《さうてう》なり赤紙《あかきかみ》に祝詞《しゆくし》并《ならび》に姓名《せいめい》等書たる名札なり）朋友《ほうゆう》内《うち》は門口《もんぐち》にて祝詞《しゆくし》を述《のべ》親類《しんるい》又《また》は親しき方《かた》にては酒《さけ》年糕《ねんかう》等を出し猶玉珑によりて屠蘇酒《ドウスウツイウ》を製《せい》し（江南浙江《かうなんせきかう》辺《へん》にては絶て用ひる者なし故に其製法知りがたし）家内《かない》にては乳用ひある来客《らいかく》にも出し来るなり且大戸の向ふに跟隨二人或《あるひ》は三人召連《めしつれ》遠路《ゑんろ》なれば轎子馬等用ひ十五日迄《まで》の内に年禮《ねんれい》を述来る者《もの》の内空腹《くうふく》の者へは煖鍋《ノワンコ》とて此方《このかた》の鍋料理《なべれうり》の如《ごと》きに仕立《したて》外《ほか》に小菜《せうさい》八鉢《はち》あふけ並食せしむる品物左の通り

○煖鍋《ソワンコ》《たんなべ》　緑豆麪《ロテウメン》　雞《キー》　鴨《ヤ》　肉圓《ジヨユン》　香菰《ヒヤンクウ》

冬筍《トンスユン》《たけのこ》　火腿《ホートイ》　海參《ハイスアン》　魚翅《イーツー》《ふかのひれ》

右の品煖鍋の内《うち》へ入れ煮立《たて》あつ〳〵なるを賞翫を

○小菜《せうさい》　魚《イー》　火腿《ホートイ》　鹽蛋《エンダン》　蝦米《ヒヤアミー》　鹽蘿蔔《エンローフー》

炒骨《ツアウコ》　青菓《ツイコー》　紅棗《ホンツアウ》

右煖鍋《たんなべ》小菜料理の品は定式なれとも有合《ありあひ》にて好み増減《ぞうげん》するもの

外年始とて此方の雑煮吸物出さる式は無し

單名帖《たんめいてう》

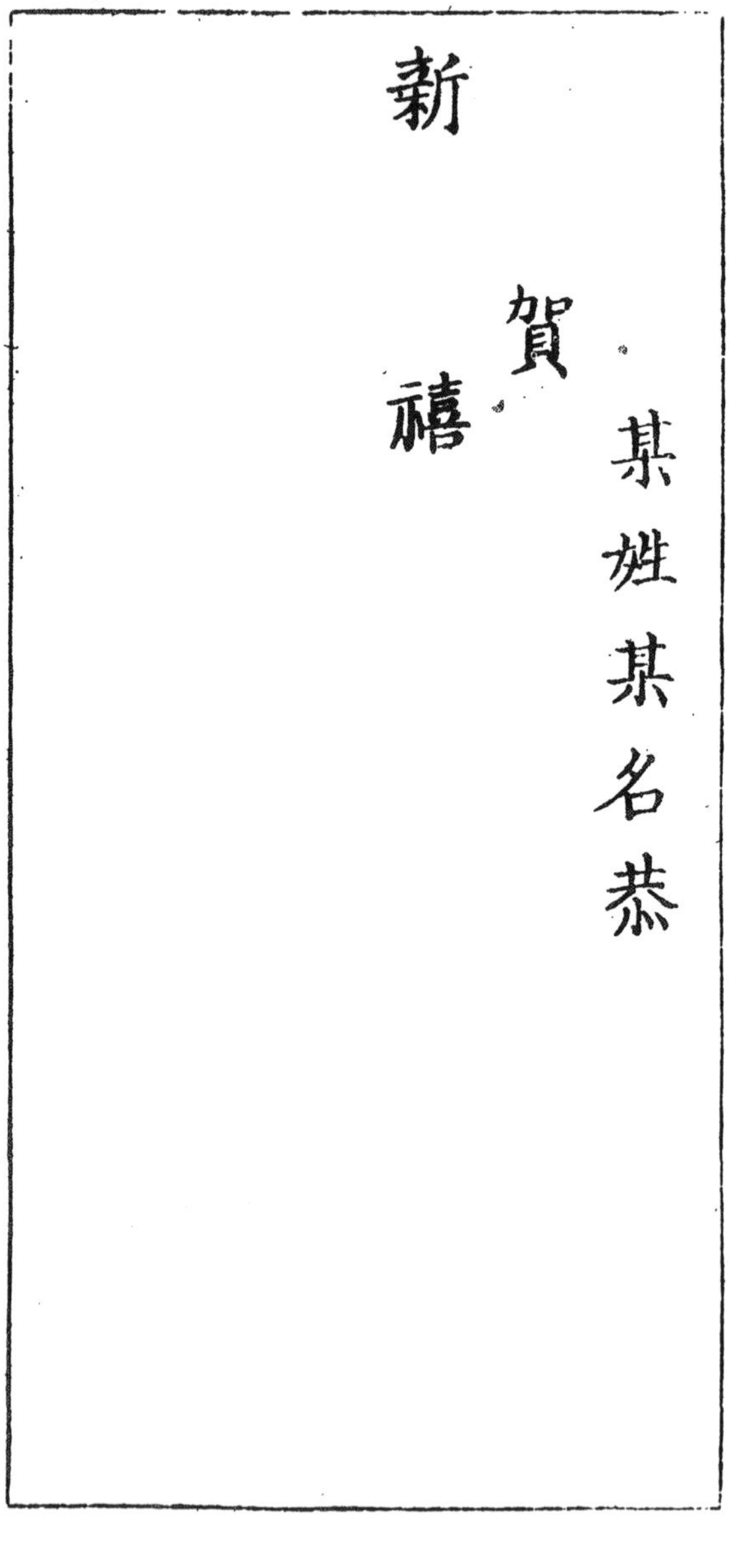

封筒《ふうとう》

請帖

翌午寅治春茗 春醪奉迎
高軒祇聆
大教伏惟
早賜惠臨勿卻幸孔
右啓
大德望某號某姓老大人臺下
侍教生某頓首拜

封筒

露申

元旦《ぐわんたん》にハ試毫《スウアウ》とて吉利《きつり》の文句《もんく》を赤紙《あかがみ》に書《かき》たる元朝盤恙用《よう》なる者ハ便宜《びんぎ》の為先《かきぞめ》除夕《ぢよせき》に書《かき》てむかしあるを惣《きやう》じて元日《ぐわんじつ》にハ吃素《チスウ》《せうじん》の者《もの》多《おほ》し年《とし》の始《はじめ》なれバ深《ふか》く慎《つゝし》むゆへなり三日比《ころ》より春酒《チユンツイウ》或ハ新年禧酒《スインネンヒーツイウ》なとゝ唱《となへ》親類《しんるい》朋友《ほうゆう》互《たがい》に招請《ちやうしやう》して酒宴《しゆえん》を催《もよふ》く料理《りやうり》ハ貴賤《きせん》にしたがひて差別《しやべつ》あるに事なりたゞ献立《こんだて》ハなし請帖《ツインテ》をもつて前日《ぜんじつ》に案内《あんない》す帖ハ親類《しんるい》同輩ハ単帖を用又婦人《ふじん》ハ參會《さんくわい》せバ只《たゞ》實父母《じつふぼ》の方《かた》のミ年賀《ねんが》にゆく

○商家《せうか》にハ元朝《ぐわんてう》より招牌《チヤウハイ》を飾内店《うちみせ》にかゝて商賣《せうばい》し暦《こよみ》の開市《カイシ》とて日に招牌《せうはい》を掛《かく》る此日《このひ》店開《みせびらき》の祝《いは》ひとて手代《てだい》その外《ほか》商賣《せうばい》仲間《なかま》などを招き酒宴《しゆえん》を催《もよふ》し船家《ふねのり》ハ出行《チヒン》とて日に乗初《のりぞめ》す

○店卸《たなおろし》を盤帳《バンチヤン》と唱へ開市《かいし》の前後《ぜんご》にかゝれバ手透《てすき》を見あはせ前年《ねん》の商賣《せうばい》銀高《ぎんだか》ならびに品物有高《しなものありだか》等《など》帳合勘定をせ

招牌

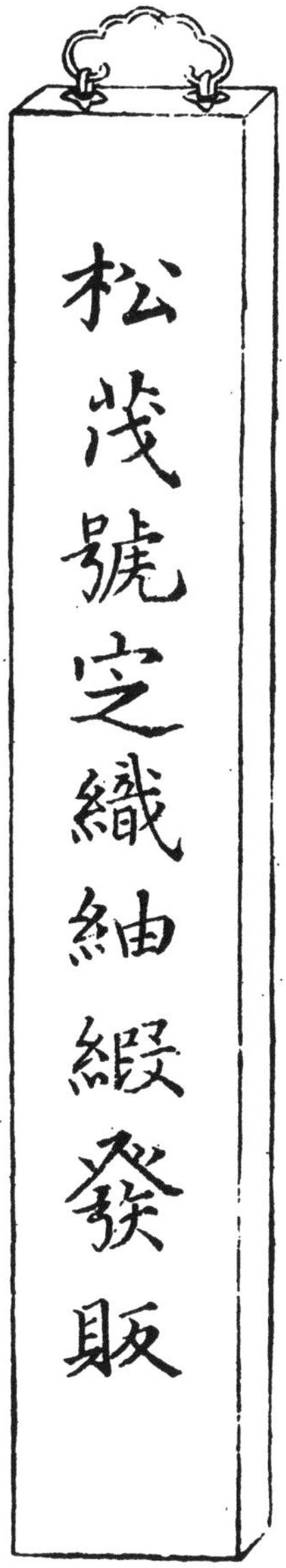

○醫家《いか》ハ神農《じんのう》の儀《ぎ》ハ年糕《ねんかう》菓子《くわし》菓物《くだもの》を供《そな》へ礼拜《れいはい》し六日迄《まで》ニ收《おさ》むる酒宴《しゆえん》を設《まう》け親友《しんいう》などを招《まね》く事なし ○正月七日を人日《じんじつ》八日を穀日《こくじつ》九日を豆日《ずじつ》十日を綿日《めんじつ》と唱《とな》へ此四日天氣《てんき》和晴《わせい》なる時ハ豊年《ほうねん》なりと云傳《いひつた》ふ七日ハ人の始《はじめ》て生《うまれ》たる日とて人日と唱《とな》ふよし故ニ浙江《せつかう》邊の人ハ斤量《きんりやう》をもつて身體《しんたい》の量目《りやうめ》をかけ試ミ足を秤《はか》り人とて江南《かうなん》邊《へん》ニても立夏《りつか》の日ニこれをかけ夏《なつ》を凌《しの》ぐ為なりといひ傳《つた》ふ ○正月十三日を上燈《じやうとう》十五日を元宵《げんせう》十八日を落燈《らくとう》と云此六日の間を燈夜《とうや》と唱へ十三日夜より家々の門前《もんぜん》ニ燈籠《とうろう》を燃《とも》し官府《くわんふ》富家《ふか》の向ひハ門前ハ勿論《もちろん》堂上《だうしやう》または樓上などに結綵《きつあい》とて紅縐綿《こうちうめん》を四方ニ張り両端《りやうたん》を柱或ハ上檻《じやうかん》等より垂下ケ羽ニ花の結びたる形ニ結びさげ種々《しゆじゆ》の錺燈籠《かざりとうろう》を燃し 燈籠ハ紗縐綿《しやちうめん》羅或ハ硝子《びいどろ》貫玉羊角等にて張《はり》たるもあり 酒宴《しゆえん》を設け家ニよりて糸竹《いとたけ》等催す事あり

綵《さい》燈《とう》

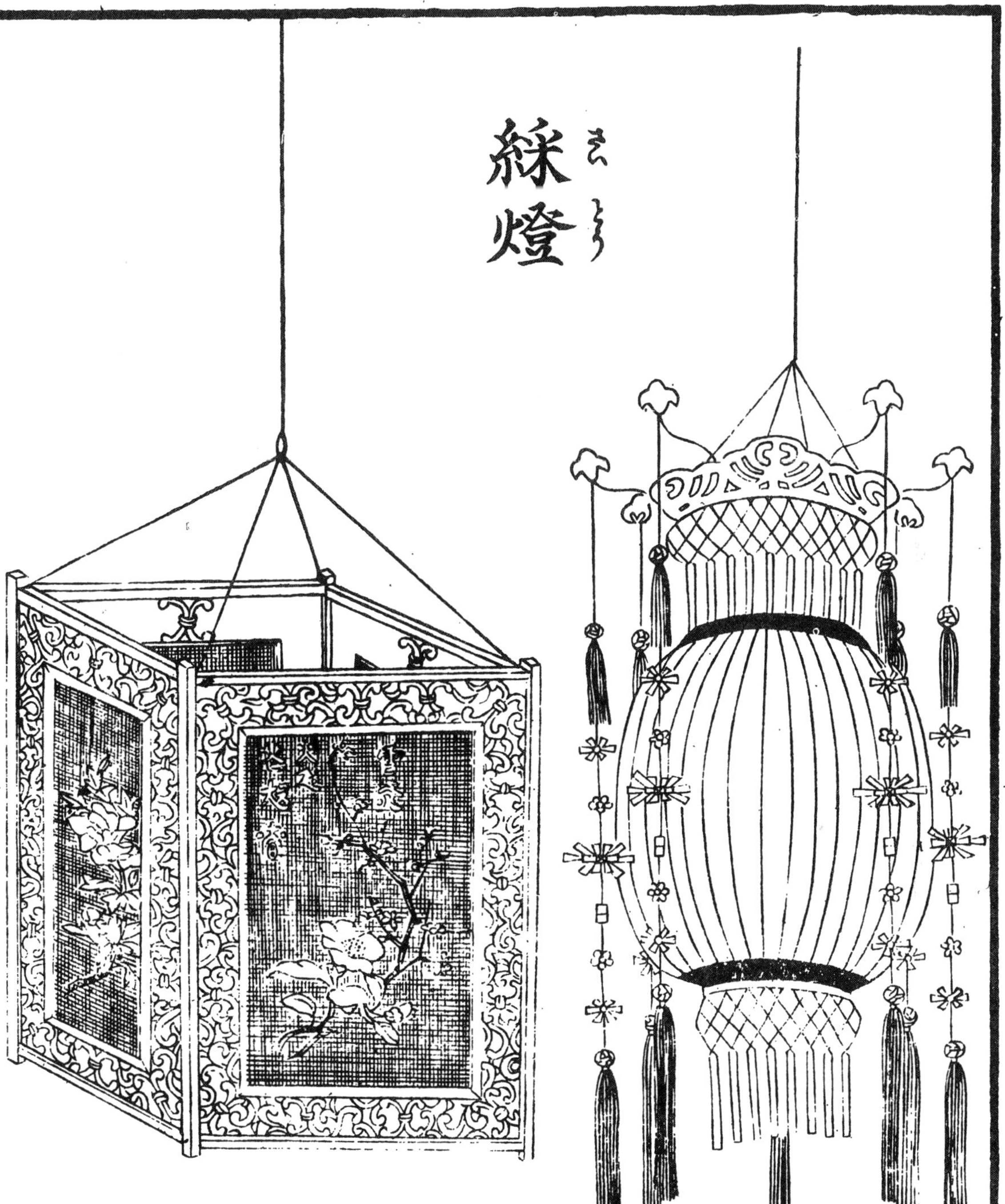

籠 ちゃう 燈 たう

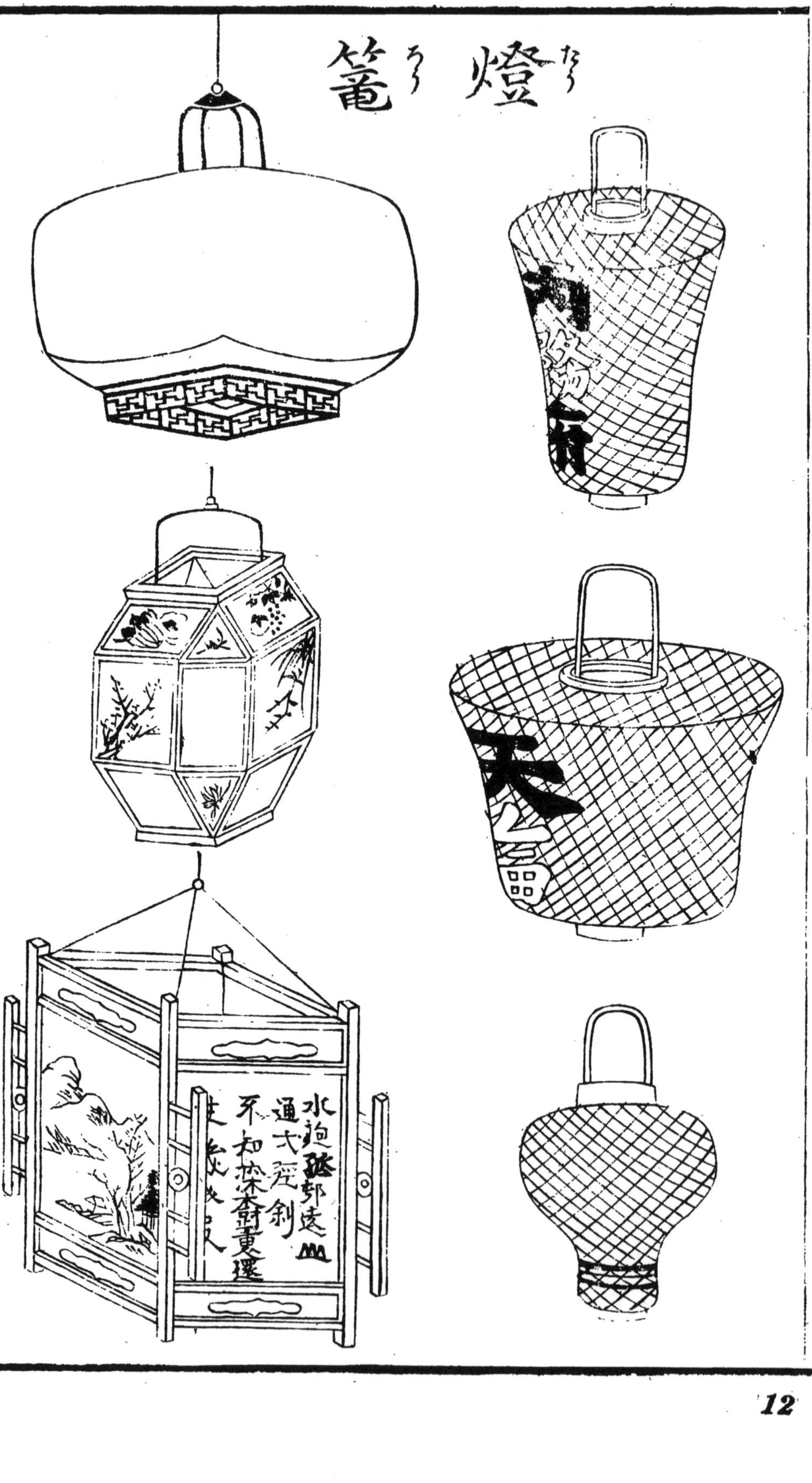

燈夜《とうや》の間《あいだ》は市中《しちう》の空地《くうち》に戯臺《ヒイダイ》《ぶたい》を拵《こしら》へ傚戯《ワヲーヒー》《しばゐ》を催《もよふ》し又本町通大家富家住居《かすまゐ》の町筋《まちすち》にハ燈棚《テンボン》とて此方《くのはう》の軒《のき》より向《むか》ふの軒《のき》へ互《たがひ》に竹《たけ》を渡《わた》し上に木綿《もめん》の幔《まん》を掩《おほ》ひ麻縄《あさなは》を以萬種々《あまたく》の傍《かたはら》燈籠《とうろう》を掛《かけ》燃《とも》し其外《そのほか》街上《かいしやう》へハ行燈《ヒンテン》とて若者《わかもの》ども打寄《うちよう》龍燈《ロンテン》馬燈《マーテン》獅子燈《スウツーテン》など其外《そのほか》魚鳥《ぎよてう》の形色《かたち》々拵《こしら》へ竹《たけ》にて形《かたち》を作《つく》り紙《かみ》にて張《はり》彩色《さいしき》し内に數挺の蠟燭を燈せる銅鑼《とうら》太鼓等をならし囃《はや》し燈籠《とうろう》を用ひ町筋を踊て歩くも其類向ふよりて装束《しやうぞく》等同からず就中《なかんづく》竜燈《りゆうとう》の長《なが》さ四五間《けん》に造《つく》り數十挺《すてう》の蠟燭を燃し數人にてはこぶ右數多《あまた》の行燈《ヒンテン》乃内《うち》或《あるひ》ハ大戸知音《ちいん》などの方《かた》へ行《ゆき》踊ふ事《こと》あれバ其所ハ酒肴を勧《くわまさ》又銀を賄《わいろ》ふ事《こと》あり諸衙門《しよがもん》兼《かね》てハ庶人猥《みだり》に出入せざる事を禁ずれども十五日上元《じやうげん》の夜《よ》ハ燈籠《とうろう》見物《けんぶつ》の為《ため》とて出入を許《ゆる》されたる故放夜《ハンヱー》といふ別して閙熱《ナウジエ》《にぎやう》にして十八日落燈《らくとう》の夜《よ》までに終ふ

燈棚
行燈《たう》

○先祖《せんそ》の畫像《ぐわぞう》所持《しよぢ》せる者《もの》ハ除夕《ぢよせき》より堂上《どうじやう》へ掛《かけ》元日《ぐわんじつ》より二日迄《まで》供物《くもつ》等《とう》整《ととの》へ十五日にも供へ落燈《らくとう》の日《ひ》取收《おさ》む○毎月《まいげつ》朔望《さくばう》にハ天子《てんし》便殿《べんでん》に出御《しゆつぎよ》あり諸官人《しよくわんにん》朝服《てうふく》にて參内《さんだい》拜賀《はいが》し在外《ざいぐわい》の官人《くわんにん》ハ寺廟《じびやう》に集りて竜牌《りやうはい》を拜《はい》し庶人《しよにん》ハ年始《ねんし》の外《ほか》ハ朔望《さくばう》五節句《ごせつく》などの定式《ぢやうしき》に廻礼《くわいれい》する事《こと》なし○皇帝《くわうてい》聖誕《せいたん》日《じつ》にハ大小《だいせう》の官人《くわんにん》年始《ねんし》のごとく朝服《てうふく》を着《ちやく》し參内《さんだい》拜賀《はいが》す在外《ざいぐわい》の官人《くわんにん》も寺廟《じびやう》の竜牌《りやうはい》に拜賀《はいが》し元日《ぐわんじつ》冬至《とうじ》聖誕《せいたん》を三大《サンダア》節禮《ツエリイ》と唱《となふ》○毎月《まいげつ》國忌《こくき》ハ大祖《タイツウ》高《カウ》皇帝《ワンテイ》より以後《いご》代《だい》々の皇帝《ワンテイ、》皇后《ワンヘウ》の忌辰《きしん》にハ諸衙門《しよがもん》門《もん》を閉《とぢ》門前《もんぜん》に案《あん》を居《す》へ其上《そのうへ》に其《その》皇帝《ワンテイ、》皇后《ワンヘウ》忌辰《ギーシン》と書《かき》たる牌《はい》を置《おき》諸官人《しよくわんにん》ハ素服《そふく》を着《ちやく》し終日《しうじつ》政務《せいむ》を理せず民間《みんかん》にも做戯《こき》る勿論《もちろん》銅羅《どうら》太鼓《たいこ》等《とう》一切《いつさい》鳴物《なりもの》を禁《きん》ず○毎月《まいげつ》朔望《さくばう》にハ先祖《せんそ》の神主《しんしゆ》へ香燭《かうしよく》菓子《くわし》等《とう》を供《そなふ》へ禮拜《らいはい》して又開祖《かいそ》考妣《かうひ》並《ならび》に祖考妣《そかうひ》顯考妣《けんかうひ》の生

誕日《たんじつ》にハ聴堂《チイタン》に其人《その》の画像《ゑざう》を掛《かけ》香燭《かうしよく》三牲《サンスイン》等《とう》を供《そな》へ祭《まつ》るなり〔三牲ハ鶏羊猪之足を略して鶏魚猪肉を用〕

○正月十五日天官《てんくわん》の誕日七月十五日地官《ちくわん》の誕日《たんじつ》十月十五日水官の誕日にして此三尊《そん》を三官菩薩《サンクワンフウサ》と称《しやう》し誕日にハ諸《しよ》人寺院に参詣《さんけい》す天官ハ福を賜《たま》ひ地《ち》官ハ罪《つみ》を赦《ゆる》し水官ハ火災《くわさい》を除《のぞ》く仏故別して信仰《しんかう》のもの多《おほ》く家内《やない》に供へ物なし祭《まつ》る者《もの》あり

○毎月二日十六日を迓福《ヤーホ》と名《な》けて五路財神《ウールウツアイシン》を祭《まつ》る〔趙玄壇《チヤウヒエンタン》を本とし招財《チヤウツアイ》招宝《チヤウパウ》利市《リイシウ》納珍《ナチン》此四神を配《はい》す〕家毎《ごと》に三牲香燭《せいかうしよく》を供《そな》へ或《あるひ》ハ神廟《しんべう》へ参詣《さんけい》し銭財《せんざい》を司《つかさど》る神《しん》ゆへ諸商人《しよあきひと》重《おも》に祀《まつ》るなり

○正月二月三月の間小児《せうに》ども紙鳶《ツーイニ》を揚《あぐ》る〔紙鳶ハ一名鷂子《ヤウツウ》人形胡蝶《こてふ》或ハ魚鳥《ぎよてう》の形《かたち》様々あり大小《だいせう》品々あり〕凡《およそ》風筝《ホンツエン》とて竹を弓《ゆみ》の形に曲《まげ》綸子《りんず》紗綾《さあや》等《とう》の幅《はゞ》二三歩程の切を弦《つる》に掛《かけ》紙鳶の頭《かしら》に結着《むすびつけ》揚放《あげはなつ》てバ風《かぜ》を受《うけ》響音《ひゞき》をなす故に風筝と號《がう》す又児女《じぢよ》ども見踢《ケンテ》とて鶏毛《とりのけ》三本又ハ五本銭《ぜに》に挿《さし》結《むすび》ながら包《つゝみ》是《これ》を蹴《け》て戯《たはむれ》る

忌《き》辰《しん》牌《はい》
某皇帝忌辰

○二月二日土地神《トーディーヂン》の誕日《たんじつ》ゆへ家々《いへ／＼》香燭《かうしよく》供物《くもつ》をそなへ又神廟《しんびやう》に参詣《さんけい》する者《もの》もあり廟前《びやうぜん》にてかならず戯臺《きだい》をこしらへ做戯《そぎ》あり

○二月上の丁日《ひのとのひ》諸州府縣《しよしうふけん》の聖廟《せいびやう》に官所《くわんしよ》より釋菜《せきさい》のまつりを行《おこな》ふ庶人《しよじん》も参詣《さんけい》を許《きよ》さず

○二月十二日百花生日《ひやくくわせいじつ》を花朝《ホアーチヤウ》と唱《とな》へ一省《いつせい》こぞつて安置《あんち》ある花神廟《ホアージンミヤウ》花神《くわじん》は都合《つがふ》十二體《たい》あり正月の花神《くわしん》は手《て》に梅花《イホアー》を持《もち》二月は杏《イン》花三月は桃花《タウ》四月は薔薇花《ズウウイホアー》五月は榴花《リウ》六月は荷花《ホウホアー》七月は秋海棠《ツウハイタン》八月は桂花《ソイホアー》九月は菊花《キヨホアー》十月は芙蓉《フーヨン》十一月は山茶花《サンツアホアー》十二月は臘梅《ラムイ》閏月《うるふづき》は牡丹花《シユウタン》を持《もち》なり神像《しんざう》を安置《あんち》し傍《そく》にはまつりかたに知るべし何《いづ》れも祭祀《さいし》あり諸人《しよにん》参詣《さんけい》をゆるす花園《くわゑん》ある所《ところ》は庭上《ていしやう》に卓《たく》を置《おき》菓子《くわし》並《ならび》に時候《じこう》の菓物《くだもの》香燭《しよく》を供《そなへ》へ花神《くわしん》を祭《まつ》る常《つね》々衣服《いふく》裁《たち》餘《あまり》の小切《こぎれ》を貯《たくは》へ置《おき》何色《なにいろ》に拘《かゝ》らず此日《このひ》園《ゑん》中の樹木《じゆもく》に結《むす》び付《つけ》る是《これ》は花繁しく結實をむすぶ為《ため》ありといひ傳ふ

○二月十九日觀音菩薩《クワンインフーサ》の誕日《たんじつ》ゆへ諸人《しよにん》別《べつ》して信仰《しんかう》の佛《ほとけ》ゆへ香燭《かうしよく》をそなへばさまん寺院《じゐん》に参詣《さんけい》するものおびたゞし

薩さっ菩ぼ官か三さん

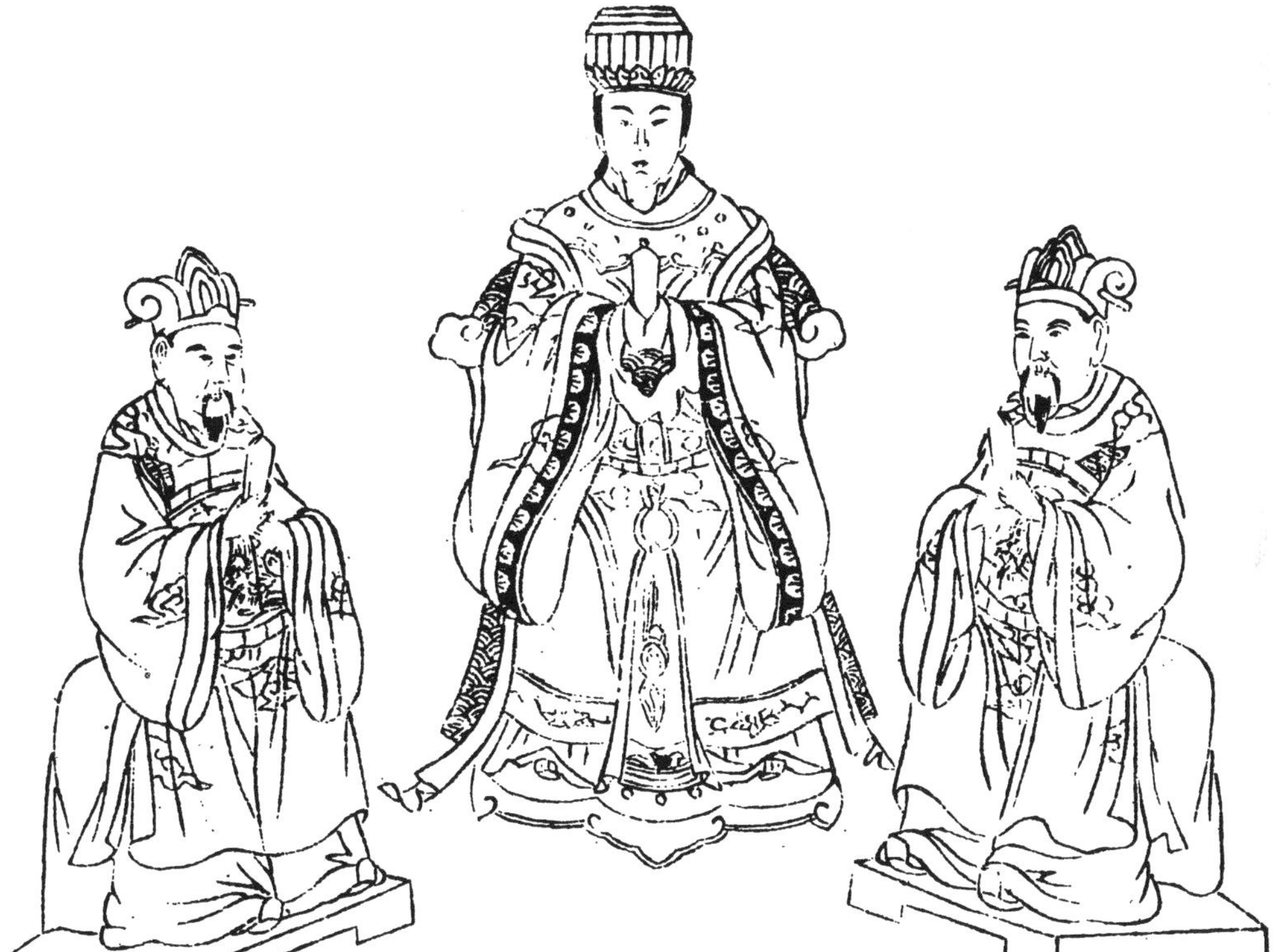

五路財神

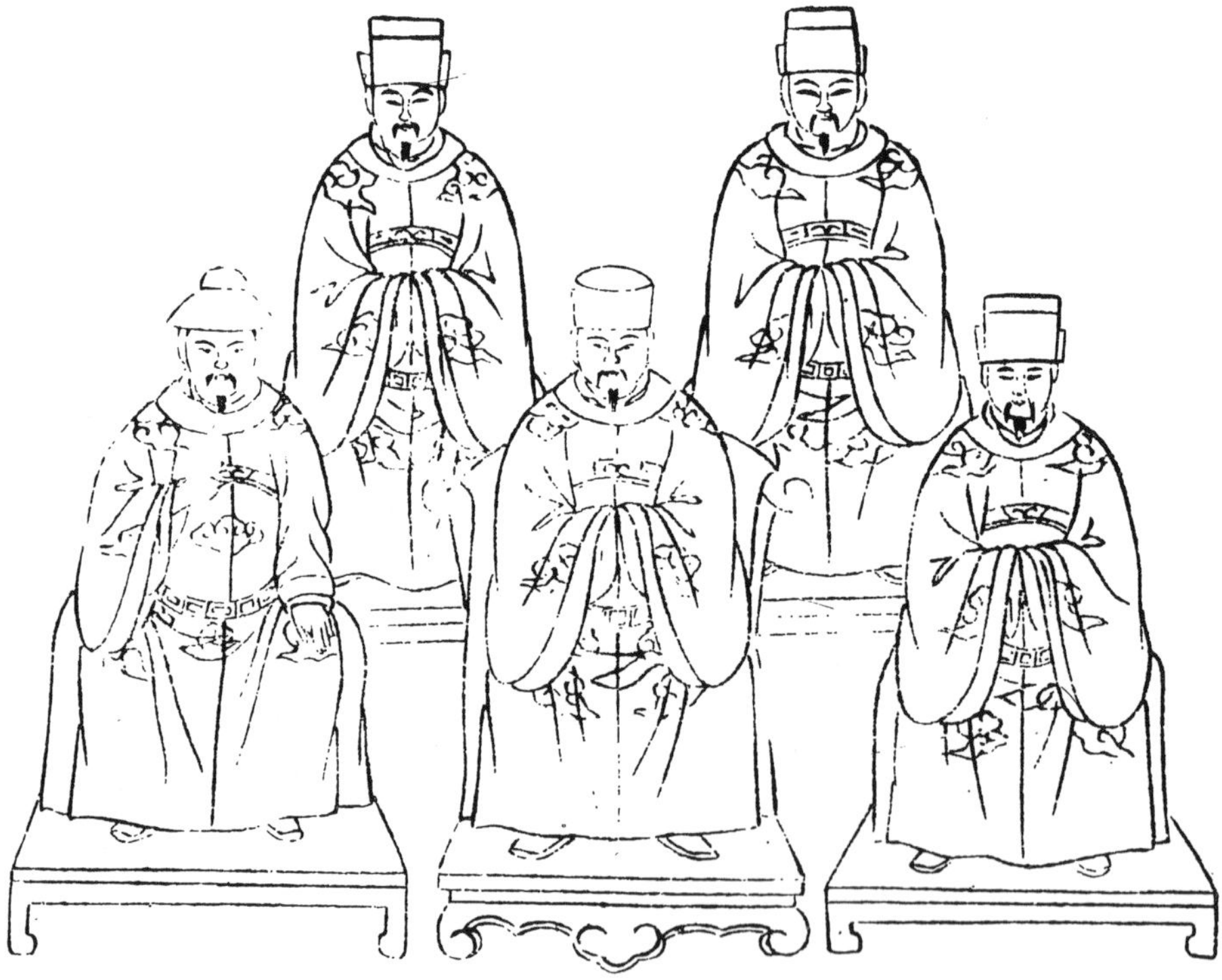

箏琴　きん　そう

紙　志　鳶　ゑん

踢　てき　見　けん

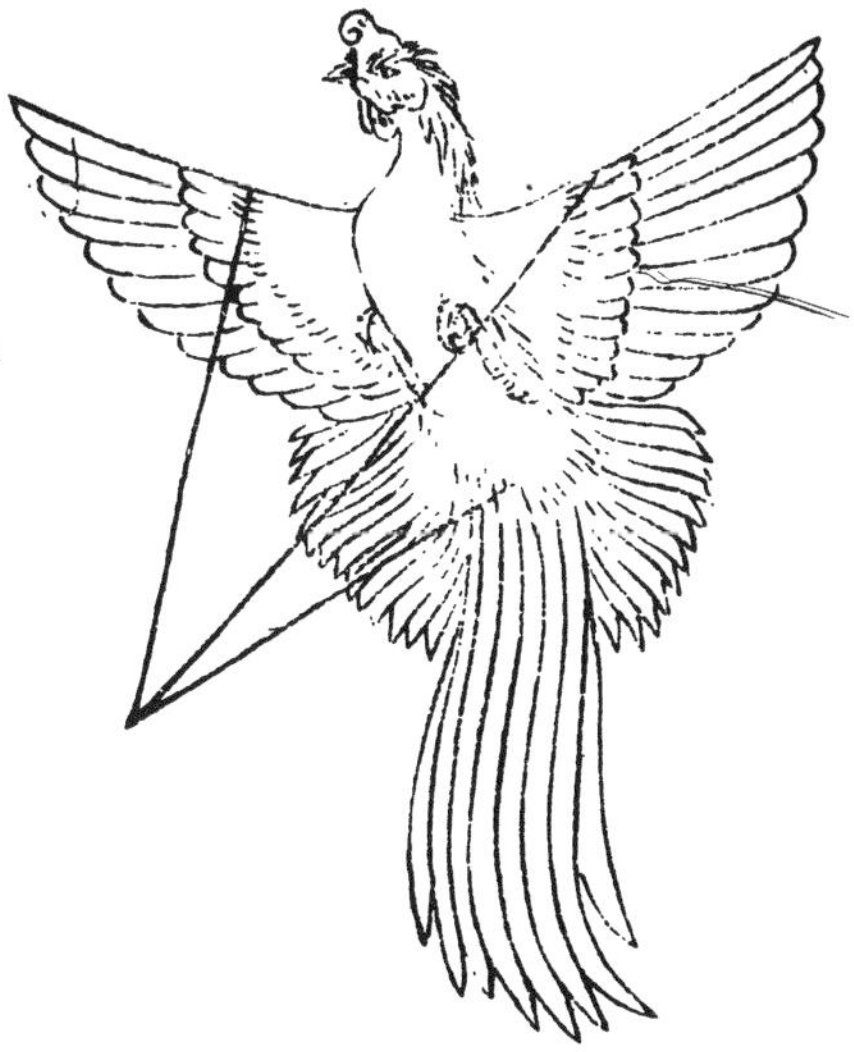

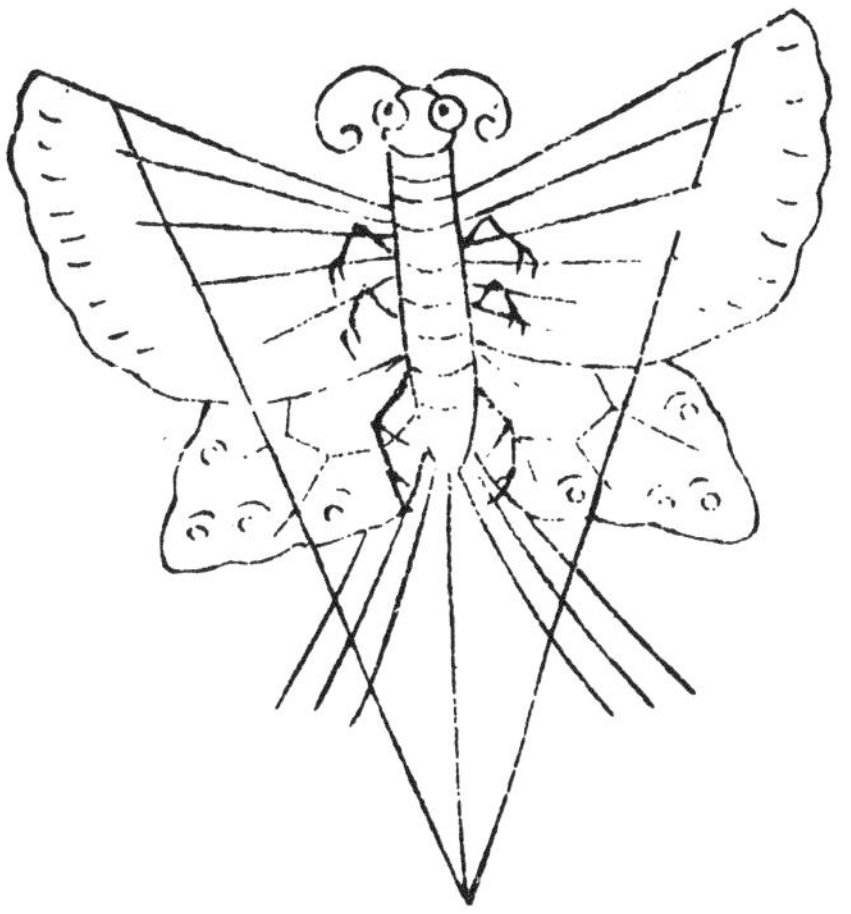

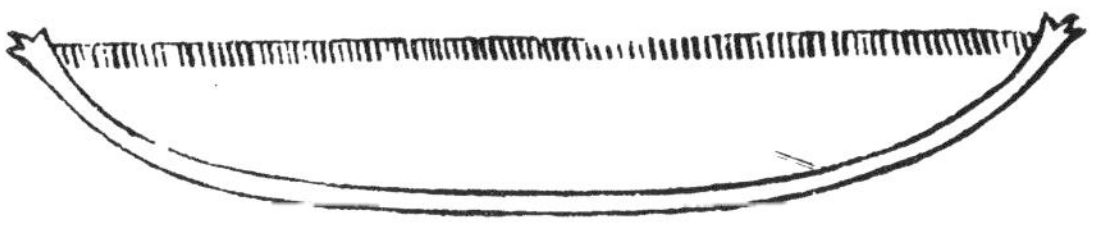

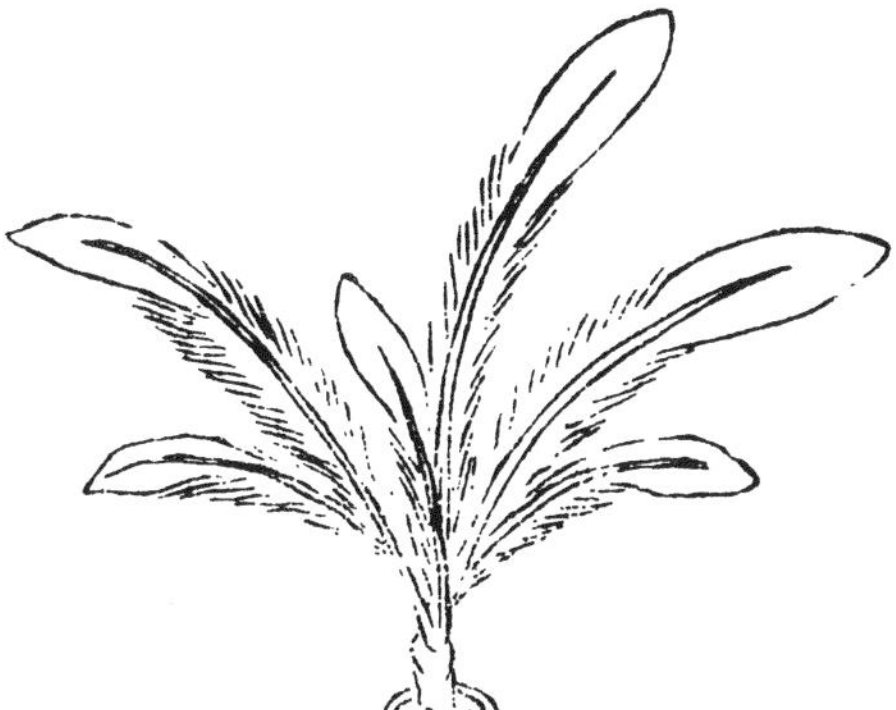

風《ふう》箏《さう》

見《けん》踢《てき》

○上巳《じやうし》の日《ひ》家《いへ》く菜《ツアイ》薺《ツイ》花《ホアー》を門戸《もんこ》の左右《さゆう》其外《そのほか》灶上《ツアウジヤン》床上《チヤンジヤン》等へ插置《さしおけ》ば蟻《あり》を製《せい》すといひ傳ふ○二月清明《せいめい》の日《ひ》家《いへ》く柳枝《りうし》を門戸《もんこ》に插《さし》諸蟲《しよちう》生《せう》ぜざる為《ため》なりといひ傳ふ○三月清明《せいめい》の節《せつ》には掃墓《サウモー》して（一名掃祭《さい》とす）貴賤《きせん》共同姓《ともどうせい》の一族《ぞく》先祖《せんぞ》の墓所へ参《まい》り三牲《さんせい》並に菓子菜物等を器に盛て卓上に供へ香《かう》を焚燭《ちよく》を燃し酒《さけ》を澆奠《そゝぎてん》し冥衣《ミンイー》大金《タアキン》を燒（冥衣《ミンイー》は衣服《いふく》を畫きたる紙大金《タアキン》は金箔《きんはく》を置たる紙なり都て靈魂《こん》へ衣服金銀《いふくきんぎん》を手向《たむく》る意《こゝろ》なり）禮拜《らいはい》畢《をはつ》て供物《くもつ》等を近邊《きんぺん》の野原《のはら》に推門行祠堂ある者は祠堂に打宴《ちやうえん》を催《もよほ》し又杭州邊《へん》は西湖《せいこ》に船《ふね》を泛《うか》へ遊もあり官人《くわんじん》とても朝服《てうふく》の着せず轎子《きやうし》馬《むま》等にて諸人とても随意《ずいゐ》に用ひ跟随《こんずい》の多少《たせう》は貴賤《きせん》に寄等かゝれ一家老少《らうせう》一同に参《まい》る内婦女《ふぢよ》は多く参らぬも他家に嫁したる年は極《きは》て其家の墓所へ参詣《さんけい》を翌年《よくねん》まては参らざる事もあり京都《けいと》とも同様之儒生《じゆせい》とても異なる事なし家廟《かべう》ある者も供物《くもつ》等あり祭式《さいしき》年始《ねんし》に同じ

○清明《せいめい》の内《うち》諸州縣《しよしうけん》共《とも》に勅命《ちよくめい》を奉《うけたまは》りて其地《そのち》の城隍廟《チンワンミヤウ》の神像《しんざう》を轎子《きやう》に請《しやう》じ 往古《いにしへ》より知府《ちふ》知縣《ちけん》其外《そのほか》の官人《くわんにん》厚徳《こうとく》ある人を後《のち》に至《いた》りて勅命《ちよくめい》ありて廟《びやう》を建《たて》て安置《あんち》し其《その》州《しう》の守神《まもりがみ》として是《これ》を城隍廟《じやうかうびやう》と名付《なづけ》、譬《さく》ハ何地《なにち》の城隍《じやうかう》ハ何《なに》の代《よ》の何官《なにくわん》と云《いふ》人《ひと》所《ところ》ゝ同《おな》からず 像《ざう》ハ木像《もくざう》にて首《くび》手《て》足《あし》の動《うご》くやうに拵《こしら》へ衣冠《いくわん》等《とう》ハ其人《そのひと》在世《ざいせ》の品級《ひんきう》に随《したが》ひ作《つく》る且《かつ》城隍《じやうくわう》の前《まへ》にあるゆへ城隍廟《じやうくわうびやう》の字を書く 先《さき》に銅鑼《どら》を打鳴《うちなら》し次《つぎ》に行《かう》牌《まい》二対《つい》 行牌《かうまい》ハ長《なが》さ二尺五寸程《ほど》幅《はゞ》一尺七寸程《ほど》の塗板《ぬりいた》に三尺程の柄《え》をつけたる板《いた》に 奉旨祭祀《ホンチツイスウ》と彫《ほり》たるを一対《つい》次《つぎ》に城隍使司《チンワンスースー》と彫《ほり》たるを一対何《いづ》れも金字《きんじ》なり 旗《き》数本《すほん》涼傘《りやうさん》一本《ほん》鑾駕《らんか》数本《すほん》を立列《たてつら》ね 鑾駕《らんか》ハ錫《すゞ》にて鎗鉾斧《すきほこをの》等の類《るい》を作《つく》りたるなり 轎子《きやうす》の跡《あと》にハ鼓楽《こがく》を奏《そう》して諸役人《しよやくにん》郭外《くわくぐわい》の墳墓《ふんぼ》ある一所《ところ》に送《おく》り行《ゆき》祀孤《ズウクウ》の為《ため》に兼《かね》て構《かま》ある廟壇《ミヤウダン》に請《せい》し 廟壇《びやうだん》ハ一所《ところ》に草葺《くさぶき》の假屋《かりや》を設《まう》け祭《まつり》をなすれバ其所《そのところ》を 椅子《イツウ》を置《おき》儀《ぎ》を居《すゑ》前《まへ》に三牲《さんせい》供物《くもつ》等を卓《たく》上《しやう》に並《なら》べ其所《そのところ》の子孫《しそん》弔《とむら》ふ者《もの》なき無縁《むえん》の亡霊《ばうれい》を祭《まつ》る是《これ》を祀孤《ズウクウ》と云ふ本官《ほんくわん》ならびに諸官吏《しよくわんり》等《とう》禮拝《らいはい》なして後《のち》諸人《しよにん》參詣《さんけい》す 知府《ちふ》知縣《ちけん》ハ生民《せいみん》を司《つかさど》る故《ゆへ》に陽官《やうくわん》として城隍《じやうくわう》ハ亡霊《ばうれい》を司《つかさど》るゆへに陰官《いんくわん》と唱《とな》ふ府《ふ》にてハ知府《ちふ》縣《けん》にてハ知縣《ちけん》の格式《かくしき》にて行列《ぎやうれつ》を

○二月十五日趙玄壇《ちやうげんだん》の誕日《たんじつ》には家々《いゑ〴〵》供物等《くもつとう》迎福《ヤーホ》の時《とき》に同じ又神廟《しんびやう》へ参詣《さんけい》まゐる者《もの》もあり玄壇《げんだん》は殷《いん》の總兵官《ツヲンピンクワン》を勤《つとめ》たる人にて幼年《ようねん》の時《とき》深山《しんさん》に入《いり》仙術《せんじゆつ》を学《まな》び種々《しゆ〴〵》の奇特《きどく》ある故《ゆゑ》諸人《しよにん》是《これ》を尊敬《そんけい》し後《のち》に周《しう》の武王《ウーワン》紂王《チウ》を伐《うつ》とき討《たう》せり死後《しご》に至《いた》て上天《じやうてん》其徳《そのとく》を感《かん》じ神《しん》に封《ほう》じて銭財《せんざい》を司《つかさど》らしむる故《ゆゑ》に諸商人《しよあきびと》専《もつぱら》信仰《しんかう》す

○三月廿三日は天后聖母《テンヘウシンムー》誕日《たんじつ》の祭《まつり》あり又《また》二月八月春秋《しゆんじう》の祭《まつり》各《かく》上の戊《つちのえ》日を用《もち》ゆ此三祀《このさんし》には廟前《びやうぜん》に做戯《こき》ありて諸人参詣《しよにんさんけい》多《おほ》し尤《もつとも》船神《ふなかみ》は走洋《ツエウヤン》の人ら都《すべ》て信仰《しんかう》し家内《かない》の廳堂《テンダン》或《あるひ》は外の間いづくも清浄《せうじやう》なる所《ところ》に神儀を安置《あんち》し香燭《かうしよく》菓子菓物等を種々《しゆ〴〵》供《そなへ》祭《まつり》るなり

○立夏《りつか》前後《ぜんご》帽子《ぼうし》替《がく》の節《せつ》は前廣《まへひろ》に朝廷《てうてい》より幾《キー》月《ヱ》幾《キー》日《ジ》換《ワン》戴《タイ》暖涼《リヤン》帽《マウ》と云宣旨《せんじ》諸州縣《しよしうけん》へ降《くだ》せば右の宣文《せんぶん》を板《いた》に書《かき》各衙門《かくがもん》の門上《もんじやう》へ掛《かく》る諸人《しよにん》是《これ》を見《み》て其日《そのひ》に至《いた》て涼帽《リヤンマウ》に改《あらため》る暖帽《ノワンマウ》は

九月寒露《かんろ》の前後《ぜんご》同様《どうやう》に宣旨《せんし》ありて衣服《いふく》を氣候《きこう》の寒暖《かんだん》に随ひ勝手次第《てしだい》に着用《ちやくよう》せらるべし宣旨《せんじ》降《くだ》さる事なし韈子《ワツー》《たび》ハ四季《しき》ともに用ゆ

立夏《りつか》端午《たんご》中秋《ちうしう》冬至《とうじ》歳暮《せいぼ》此《この》五節《ごせつ》にハ書學《しよがく》の師《し》其外醫師《いし》等へ金《きん》銀《ぎん》端物《たんもの》を以て謝儀《しやぎ》を贈らるゝ故に端午《たんご》中秋《ちうしう》歳暮《せいぼ》の三節《さんせつ》に送らる者もあり且書学《しよがく》の師《し》にハ一節《いつせつ》に元糸銀《ユンスウイン》二十両程白紙《はくし》にて包《つゝ》て赤紙《あかがみ》の袋《ふくろ》に入《い》れ上《うへ》に小《こ》長《なが》く赤紙《あかがみ》を掛《かけ》其上《そのうへ》に代儀又ハ謝儀《ツヱーニー》と書《かき》下《しも》に姓名《せいめい》を記《しる》すも圓銀なれバ肉色の紙《かみ》に元《げん》と書《しよ》し切銀《きりぎん》なれバ星《せい》と記《しる》し量目ハ書《かゝ》ず銀《ぎん》の數《かず》のみ記し別《べつ》に帖等《ちやうなど》用《もち》ゐる事なし拜匣《ハイヤ》に入れ遣《つかは》し醫師《いし》への謝儀《しやぎ》ハ病《やまひ》の軽重《けいちやう》もあるに家《いへ》の貧富《ひんぷ》によりて齊《ひとし》からず

○四月八日釋迦佛《シキヤアフウ》誕日《たんじつ》にて寺々《てらでら》九條竜亭《キウデヤウロンテイン》を堂中《だうちう》に設《まう》け竜亭《りようてい》の内《うち》にハ盆《ぼん》を居《すゑ》白檀《びやくだん》にて刻《きざみ》ある釋迦《しやか》の立像《りうぞう》を置《おき》右九條《くじやう》の竜口より香水を

九《きう》條《ぢやう》竜《りう》亭《てい》

銀《きん》錠《てい》包《ほう》法《はう》

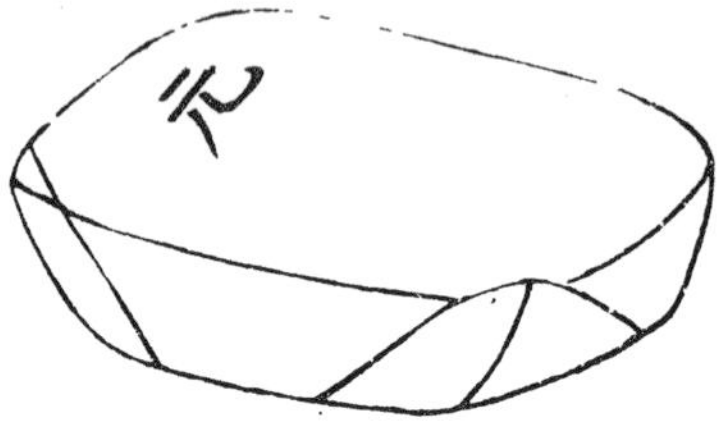

封《はう》袋《たい》

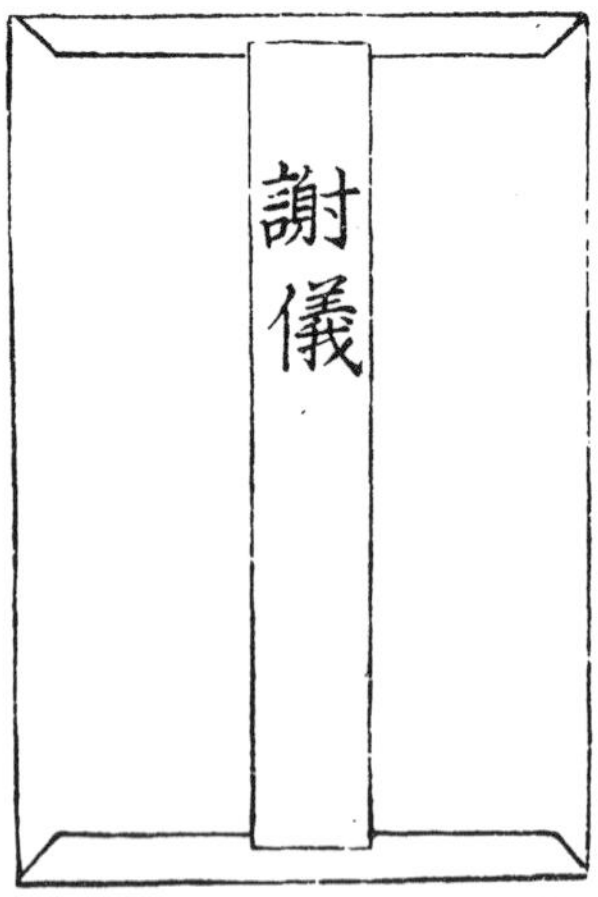

吐出《はきいだ》し佛躰《ぶつたい》に灌《そそ》ぐ住持《ぢうぢ》ならびに大衆《だいしゆ》等《ら》簫笛《せうてき》を吹《ふき》鈴《すず》を鳴《なら》し小鼓《せうこ》雲鑼《うんら》等を打《うち》樂《がく》を奏《そう》し佛事《ぶつじ》を行《おこな》ふ故に諸人《しよにん》參詣《さんけい》多《おほ》し尤《もつとも》所《ところ》によりて浴佛《よくぶつ》節を執行《しゆぎやう》いたす唯常《つね》に安置《あんち》ある釋迦佛《しやかぶつ》へ參詣《さんけい》なす地方《ちはう》もあり

○四月十四日呂洞賓《リードンピン》の誕日 呂純陽先師《リージンヤンスエンスウ》と称す 廿八日神農《ジンノン》の生日《せいじつ》にして此兩日《このりやうじつ》醫家にては畫像《ゑざう》を掛《かけ》三牲《さんせい》菓子《くわし》菓物《くだもの》等《とう》を供《そな》へ祭《まつ》りて親類《しんるい》朋友《ほういう》を招《まね》き酒宴《えん》を設《まう》く ○五月は朔日《ついたち》より五日迄《まで》八月は十一日より十五日迄十二月は十五日比《ごろ》より晦日の夜迄此三度諸州府縣《しよしうふけん》ともに掛賣《かけうり》金銀《きんぎん》貸借《かしかり》等《たう》發算《はつさん》を右の期《き》に至りて先《まづ》銀高《ぎんだか》の書付《かきつけ》を遣《つかは》し催促《さいそく》して日限までに取立るなり右銀高の書付を遣《つかは》すを送帳《ソンチヤン》と云清算《せいさん》あれば書面《しよめん》を消《けし》商人《あきびと》へ返《かへ》す ○五月五日端午《たんご》の佳節《かせつ》には家々《いへ〳〵》粽子《ツオンツー》を拵《こしら》へ 一名角黍と云 糯米《うるごめ》を灰汁《あく》に浸《ひた》し蘆葉をもつて三角《さんかく》の形に包み麻皮にて結びたるを煮るなり 又雄黄菖蒲根《ヨンワンチヤンプーゲン》を細末《さいまつ》し浸て究酒

ニ入午時《うまごど》ニ至《いた》れは是《これ》を飲《のむ》幼少《ようせう》の男女《なんによ》ニも大黄《ダアワン》大蒜《ダアスワン》菖蒲根《チヤンブーゲン》を少《すこ》しづゝ糸に貫《つらぬ》き身《み》に提《さげ》る又雄黄《ヨンワン》の粉《こ》を酒《さけ》ニ交《まぜ》面部《めんぶ》なとへ塗《ぬり》邪氣《じやき》を避《さ》くるへし口ニ含《ふくみ》堂の隅々《すみずみ》ニ吹掛《ふきかく》る是《これ》ハ毒蟲《どくちう》を禁《きん》ずる為なり婦人《ふじん》ハ絹《きぬ》糸なとにて人形《にんぎやう》虎蜈蚣虵《フーウーコンヂユー》等の形《かたち》を小《ちいさ》く簪《かんざし》ニ拵《こしら》へ頭上《づせう》ニ挿《さ》す是《これ》を健符《ゲンフー》とふ且堂上《かつとうせう》へハ鍾馗《チヨンクイ》關帝《クワンテイ》畫像《ぐわざう》を掛《かけ》前《まへ》ニ菖蒲《せうぶ》艾葉《がいよう》を花瓶《くわびん》ニ挿門戸《さもんこ》の左右《さゆう》ニも赤紙ニて根を包《つゝ》み挿置《さしお》く猶赤帋《あかがみ》に左《さ》の文句《もんく》を書《かき》し門戸《もんこ》其外《そのほか》へも張ふていづれも邪氣《じやき》を拂意《はらふこゝろ》なり

五《ウー》月《ヱ》五《ウー》日《ジ》午《ウー》時《ズウ》書《シイ》

赤《チ》口《ゲウ》白《べ》舌《ジヱ》盡《ズイン》消《スヤウ》滅《メ》

菖蒲《チヤンブー》如《ジー》劍《ケン》斬《ツアン》八節《パアツヱ》妖邪《ヤロウシヱー》

艾《ガイ》葉《ヱ》如《ジー》旗《ヰー》招《チヤロウ》四《スウ》時《ズウ》吉《キ》慶《キン》

粽《さう》子《し》

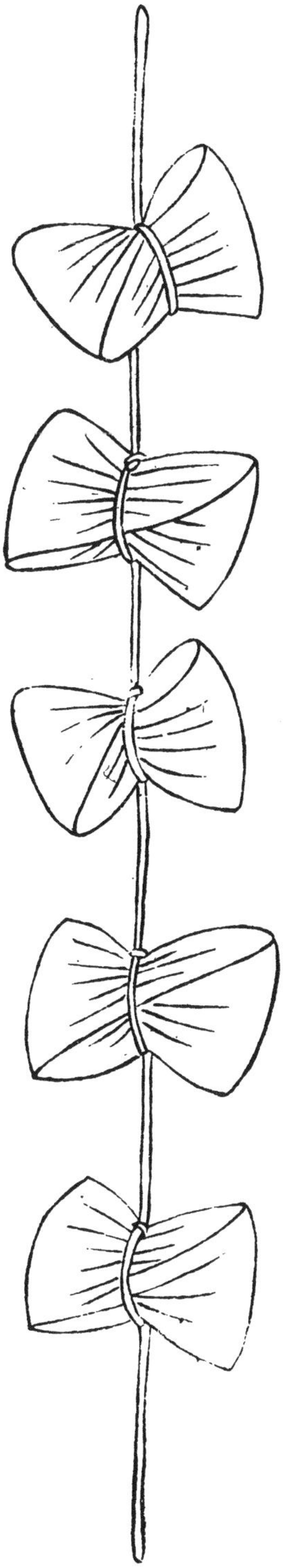

健《けん》符《ふ》

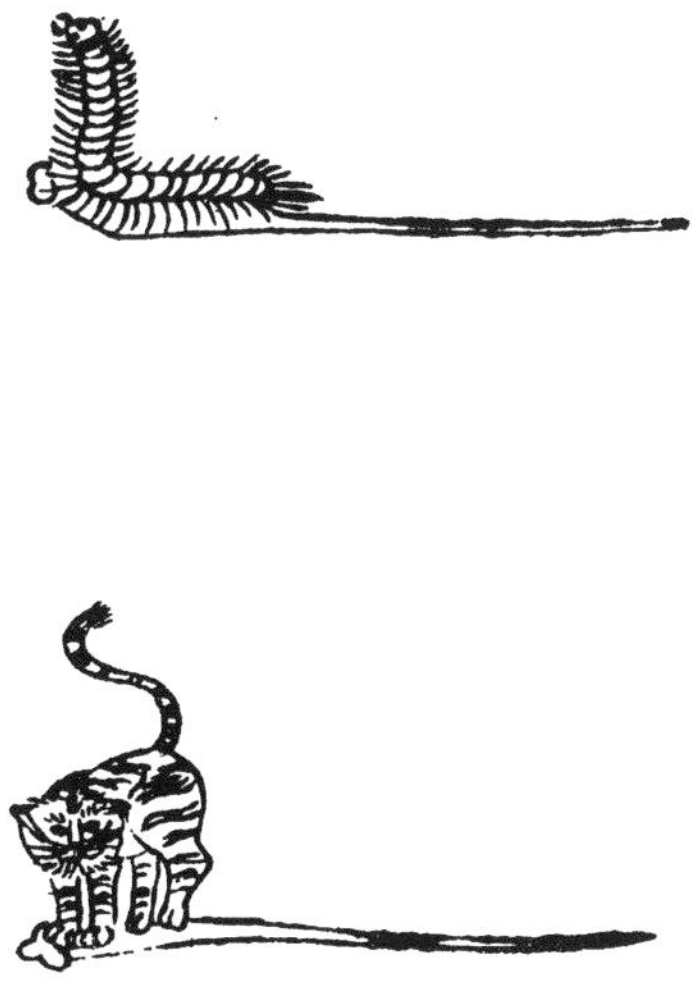

○五月五日山野《さんや》に遊行《ゆぎやう》し薬草《やくさう》を採製法《とりせいほう》して蓄《たくは》へ置事《おくこと》あり又常にも採貯《たくは》ふ者あり○同日《どうじつ》には親類《しんるい》互《たがひ》に粽子《ちまき》並《なら》びに魚類《ぎよるい》猪肉《ちよにく》塩蛋《しほたまご》枇把梅子《バームイツー》等《とう》時候《じこう》の菓物《くだもの》を木盤《もくばん》に盛合《もりあひ》せ送《おく》るなり八月十二月とも都合《つがふ》三度《さんど》の贈物《おくりもの》あり是《これ》を三節禮《サンツヱリイ》と云ふ何《いづ》れも四種六種送《おく》る都《すべ》て半の數《すう》を用《もち》ひし○朔日《ついたち》より六日迄《まで》江湖《かうこ》ある地方《ちはう》ハ數艘《すうそう》の竜船《ロンジユン》を浮《うか》へ競渡《きやうと》せ船《ふね》ハ長《なが》さ五六間幅《けんはゞ》二間程《けんほど》艢《へさき》に竜頭《りうとう》艫《とも》に竜尾《りうび》を造《つく》り船《せん》の全體《ぜんたい》に竜鱗《りん》を畫《ゑが》き都《すべ》て彩色《さいしき》を加《くは》へ竜《りう》の水上《すいじやう》に浮《うか》ぶ勢《いきほひ》に像《かたど》る表《おもて》に牌樓《バイロウ》あり（是を竜《ロン》門と云ふ）其上《そのうへ》に涼傘《りやうさん》を竪《たて》て竜門《ロンメン》の四柱《よはしら》に旗《はた》を挿《さし》次《つぎ》に二重《にぢう》の臺有《だいあり》臺上《だいじやう》の中央《ちうあう》ニ涼傘《りやうさん》を竪《たて》て四方《しはう》に旗數本《はたすうほん》を竪《たて》列《つら》ね次《つぎ》に亭《てい》を備《そなへ》其上《そのうへ》にも涼傘有《りやうさんあり》亭《てい》の両脇《りやうわき》には欄干《らんかん》を構《かまへ》是に旗數本《はたすうほん》を竪並《たてなら》べ艫《とも》に至迄大旗一本《おほはたいつぽん》竜尾《りうび》の上《うへ》に斜《なゝめ》に挿傾《さしかたむけ》（旗涼傘《はたりやうさん》ハ猩々緋《しやうじやうひ》乃鏡緞子《きやうどんす》縮緬《ちりめん》等《とう》に縫箔して美麗《びれい》を尽くせ）色々様をなせし也

雨中《うちう》にハ油旗《ユーギー》を用《もち》ふ油旗《ゆき》ハ綾縮緬《あやちりめん》に桐油を塗りたるを云一艘《そう》に廿人餘《よ》乘《のり》組《くみ》上ハ七人ハ臺《だい》の下《もと》に在《あり》銅羅《ドウロ》太鼓《たいこ》吹物《ふきもの》を鳴《なら》し二三人ハ亭《てい》の内《うち》にて關刀《クワンタウ》を把《と》て板《いた》にて拵へ青竜刀《せいりうたう》の形《かたち》に造りたる故に関刀と号《がう》す船《ふね》の進退《しんたい》從横《じうわう》を司《つかさど》る十人餘《よ》ハ兩方《りやうはう》の舷《ふなばた》に並居《なみゐ》て槳《かい》を以《もつ》てかえ船《ふね》を早《はや》くする事《こと》を爭《あらそ》ふ故《ゆゑ》に見物《けんぶつ》の諸人《しよにん》より家鴨《あひる》を放流《はなちなが》し或ハ酒壷《さけつぼ》の内《うち》に賞銀《しやうぎん》何程《なにほど》姓名《せいめい》何某《なにがし》と記《しる》したる書付《かきつけ》を入《いれ》て封《ふう》じ水上《すいしやう》に流《なが》して竜船《てうせん》の者《もの》先《さき》を爭《あらそ》ひて取得《とりえ》るを以て勝《かち》とす福建《ふくけん》の地方《ちはう》にてハ長《なが》さ五六間程《ほど》幅《はゞ》一間餘《よ》の船《ふね》を拵《こしら》へ競渡《きやうとう》にハ竜頭《りうとう》其外《そのほか》旗幟《はたかざり》等《とう》ハなく銅羅《どうら》太鼓《たいこ》等打《うち》ならし數《す》十人乘《のり》組《くみ》競渡《きやうと》せし官府《くわんふ》より許《ゆる》して受《う》るにもあらず敵《てき》を拵《こしら》ふる事《こと》もなく多人數《たにんず》集《あつま》りて爲にハ事少く爭論《さうろん》等《とう》なき内《うち》より制《せい》するものゝ何《なん》の代《だい》より起《おこ》りたるかと云ふ事ハ審《つまびらか》ならざれども往古《わうご》より屈原《くつげん》を弔《とむら》ふ爲《ため》乃遺俗《いぞく》なりと云傳《いひつた》ふ

龍《りゆう》船《せん》

福《ふく》建《けん》
競《きやう》渡《と》船《せん》

○五月十三日は關聖帝《クワンセイテイ》歸天《クヰテン》の祭日《さいじつ》二月八月上の戊《つちのえ》の日は春秋《しゆんじう》の祭日とし神廟《しんびやう》何《いづ》れも祭祀《さいし》あり諸人《しよにん》信仰《しんかう》の神故《ゆゑ》家々《いへいへ》神像《しんざう》へ香燭《かうしよく》三牲《さんせい》種々《しゆじゆ》供物《くもつ》をして深く尊敬《そんけい》せり○同日《どうじつ》は竹酔日《チヨツイじつ》と唱へ竹《たけ》を栽《うう》れば能《よく》根付《ねつき》栄《さかゆ》ると云伝《いひつた》ふ○梅雨中《ばいうちう》湿気《しつき》を拂《はら》ふ為に蒼朮《ソアンジ》を焚《たき》尚又《なほまた》書房《しよばう》には芸香《イニヒヤン》を焚《たく》是《これ》は書籍《しよせき》の蠹魚《とぎよ》を製《せい》するがためなり○六月六日天気《てんき》快晴《くわいせい》なれば諸人《しよにん》多く書籍《しよじやく》衣服《いふく》等を曝《さら》す○同日《どうじつ》水を貯《たくは》へ醤油《しやうゆ》を製《せい》せらる事《こと》あり又此日《このひ》に限《かぎ》らず三伏《さんぷく》の内《うち》天気《てんき》快晴《くわいせい》の日は見合《みあはせ》製《せい》す為者《もの》もあり其《その》製法《せいはふ》等《とう》詳《つまびらか》に飲食《いんしよく》の部《ぶ》に出《いだ》す○同月《どうげつ》炎暑《えんしよ》の節《せつ》大蒜《にんにく》を搗《つき》凍瘡《しもやけ》の所《ところ》に塗又冬の日に焼るに當《あた》れば其《その》冬《ふゆ》凍瘡《とうさう》生ぜずといふ○暑中《しよちう》氷《こほり》を賣《うる》者《もの》あり是《これ》を調《とゝの》へ魚《うを》菓物《くだもの》等を冷《ひや》しあるひは盆《ぼん》に盛《も》り見ものに供し別《べつ》して遠路《ゑんろ》魚を運《はこ》ぶ時《とき》も氷を以《もつ》て損《そん》せざる様《やう》に致《いた》しゆへす

魚商人《うをあきびと》は同《おな》じく百疋《ひき》二百疋《びき》で買《かひ》調《とゝの》へ鮮魚《せんぎよ》を養《やしな》ふ（氷一疋の價《あたひ》錢《ぜに》三四文程）右の氷貯《たくはへ》方は寒《かん》の内《うち》山中《さんちう》陰冷《いんれい》の場所《しよ》に深《ふか》さ凡《およそ》二三丈《ぢやう》濶《ひろ》さ三四丈の穴を掘内《うち》へ火《ひ》を焚《たき》能《よく》地《ち》を搗《つき》堅《かた》め數《す》萬《まん》斤《きん》の氷を入上に石を覆ひ又土をかけ氣洩《もれ》ざるやうに堅《かた》く詰《つめ》其上《そのうへ》に草葺《くさぶき》の假屋《かりや》を建雨水を防ぐなり氷蔵《ヒンチヤウ》と號く炎暑《えんしよ》の時《とき》に至りて賣出《うりだ》す

○七月七日を乞巧日《キヤウカウビ》と唱へ露臺《リウダイ》（樓《ろう》の前《まへ》に架《かけ》造《づく》りて仕出《しだ》し三方に欄干を付屋根なし あるひは樓の大小によりて廣狹同じからず小戸には露臺なき）所は庭上に卓《たく》を居《すゑ》菓子《くわし》菓物《くだもの》など七品（品物さだまりなし）針七本絹糸七すぢを（備へ物とし糸は五色をもちゆ）牽牛織女の二星《せい》に備へ夜半《やはん》に至りて幼女《ようじよ》ともに拜《はい》し手を備へ奉る針に糸《いと》の通《とを》しかたを穿針乞巧《チエンチンキキヤウ》といふ

冰室

年中行事

廿一

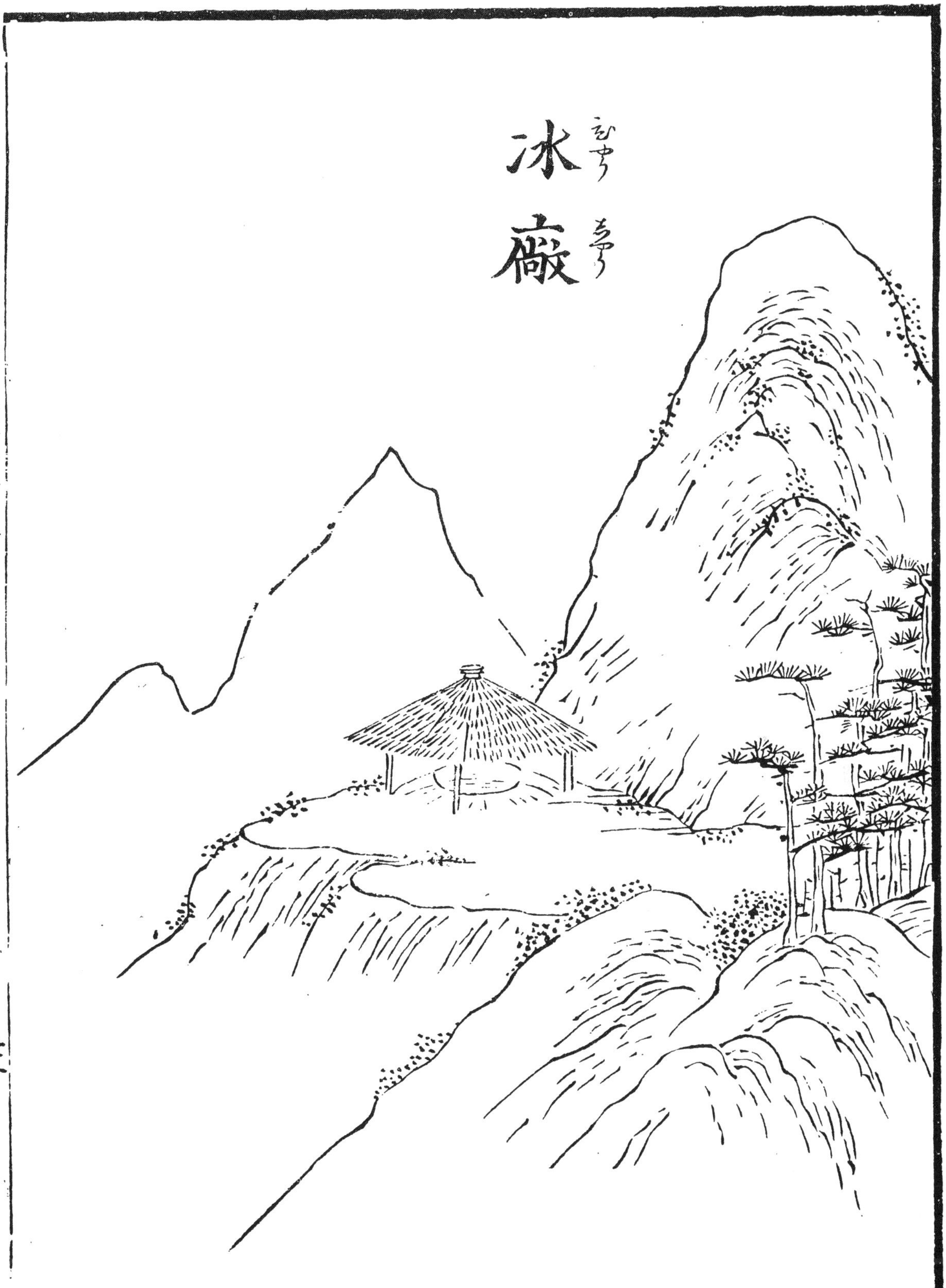

乞^{きつ}巧^{こう}奠^え

廿二

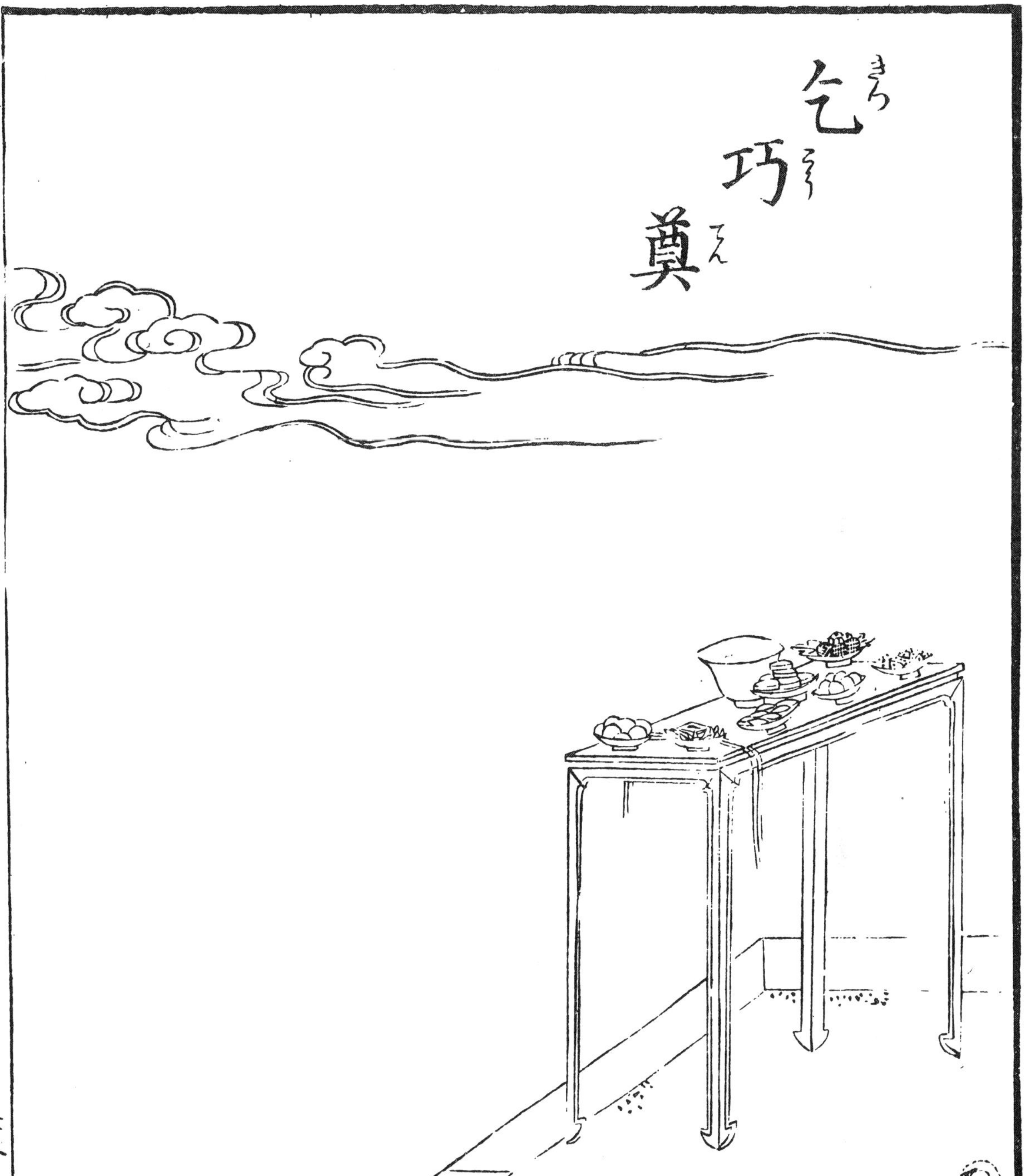

○七月七日家々菊葉《きくのは》菱子茄子蘭花豆《ランホアーデウ》等に（蘭花豆《らんくわまめ》は蠶豆《ソアンデウ》を一晝夜水に浸《ひた》し皮《かは》をむきて四ツに割目《わりめ》を入油にて揚《あげ》れは蘭花の形《かたち》になるゆへ）麥《むぎ》の煉粉《ねりこ》を附油《つけあぶら》にて揚食《あげくひ》物を巧菓《キヤウクワ》といふ○七月十二日夜先祖の亡靈《ぼうれい》を迎《むか》ふとて廳堂《テンダン》の上座《じやうざ》に卓《たく》を置《おき》香爐《かうろ》燈燭《とうしよく》茶湯《ちやたう》等《とう》を備《そな》へ禮拜《らいはい》是《これ》を接祖先《ツエツースエン》と唱《となふ》十三日より茶《ちや》酒《さけ》飯《めし》魚肉《ぎよにく》雜豆腐《ザアデウフー》温飩《ウオントン》其外《そのほか》時候《じこう》の菓物《くだもの》野菜類《やさいるい》を十五日まで日々《ひゞ》改《あらた》め供《そなふ》ふなり地方《ちかた》によりて十七日夜《よ》まで祭《まつ》るもあり江南邊《かうなんへん》にては十五日一日祭祀《さいし》の供物《くもつ》等は畢りて事訖し且《かつ》其年《そのとし》の喪《も》ある内《うち》は十二日夜《よ》より一日又《また》は日々《ひゞ》僧《そう》を請《しやう》じ誦經《じゆきやう》を頼《たの》む尤《もつとも》富貴《ふうき》の者《もの》は宅《たく》にて焔口《エンケウ》の供養《くやう》をなすもあり○中元《ちうげん》に城隍廟《しやうくわうびやう》の陰官《みんくわん》を請《しやう》じ祀孤《ズウクウ》あり清明《せいめい》の時《とき》に同《おな》じ○七月晦日（小の月は廿九日）地藏菩薩《デイーツアンブーサ》の誕《たん》日なりとて傳へ地藏《ちざう》の廟《びやう》へ參詣《さんけい》し暮《くれ》より家々門前《もんぜん》に卓《たく》を置《おき》香爐《かうろ》に線香《せんかう》を焚《たき》家内《かない》の者一人に蠟燭《らうそく》二本宛《ずつ》の積《つもり》にて燈《たて》へは十人なれば二十

挺《てう》を竹杭《たけくゐ》に差《さ》し地上《ちじやう》に立《たて》列《つら》ね燃《もや》すもの是を地燈《ヂー・テン》と云ふ

○八月三日灶神《ツアウジン》の誕日《たんじやう》にて家々《いへ〳〵》香燭《らふそく》並《ならび》に糕《カウ》を供祭《そなへまつ》る 糕ハ米粉《こめのこ》にて大サ一寸二三分《ぶ》に圓《まる》く拵《こしら》へ数二三十程《ほど》盤《さら》に盛《も》り供ふ

○八月十五日ハ月宮《エコン》の誕日《たんじつ》と云ひ傳へ家々《いへ〳〵》露臺《ろだい》に卓《たく》を設《まう》け斗香《テウヒヤン》並《ならび》に月餅《ニン》 斗香《とかう》ハ斗升《とせう》を小形《こがた》に造《つく》り其《その》中《なか》に線香《せんかう》等を立《たつ》るを云ふ 月餅《げつぺい》ハ麦粉《むぎこ》を以て肉《にく》に胡麻《ごま》西瓜《すいくわ》の種《たね》 撖欖仁《かんらんにん》青皮《せいひ》等を刻《きざ》み白砂糖《しろざたう》に交《まぜ》餡《あん》とし胡麻油《ごまのあぶら》にて揚《あげ》る月輪《けつりん》に備《なぞら》へ圓《まる》く拵《こしら》る大小有《あり》 西瓜《スイークワ》梨子《リーツー》柿《ホワー》等《とう》圓《まる》き菓物《くだもの》の類《るい》を供へ家内《かない》打寄《うちより》酒食《しゆしよく》を設《まう》け明月《めいげつ》を賞《しやう》すこれを朋友《ほうゆう》等《とう》取《あつま》り看月會《カンゲエホイ》とて酒宴《しゆえん》を催《もよほ》すもあり

○同日に中秋《ちうしう》佳節《かせつ》とて近《ちか》き親類《しんるい》内にて月餅《ゲエピン》魚肉《ぎよにく》梨子《なし》栗《くり》檸等《とう》を互《たがひ》に送る

○八月十五夜《や》雨降《あめふれ》ば来年《らいねん》正月元日《ぐわんじつ》晴天《せいてん》なり十五日晴天なれば元日《ぐわんじつ》雨天《うてん》なりと云ふ是雲掩中秋月《インエンチヨンツイウエ》雨打上元燈《イータアージヤゴエンテン》と云ふ句《く》を云傳《いひつた》ふ

○八月十八日ハ潮生日《チヤウスエンジツ》と云ふ海邊《かいへん》の地方《ちはう》ハ平潮《ピンチヤウ》の時刻《じこく》濱邊《はまべ》に卓《たく》を設《まう》け香燭《カウしよく》並《ならび》に猪羊《ぶたひつじ》二種酒《さけ》三爵《しやく》を供《そな》へ地方官《ちはうくわん》下屬《けーしよく》の役人《やくにん》ハ引領《いんりやう》し

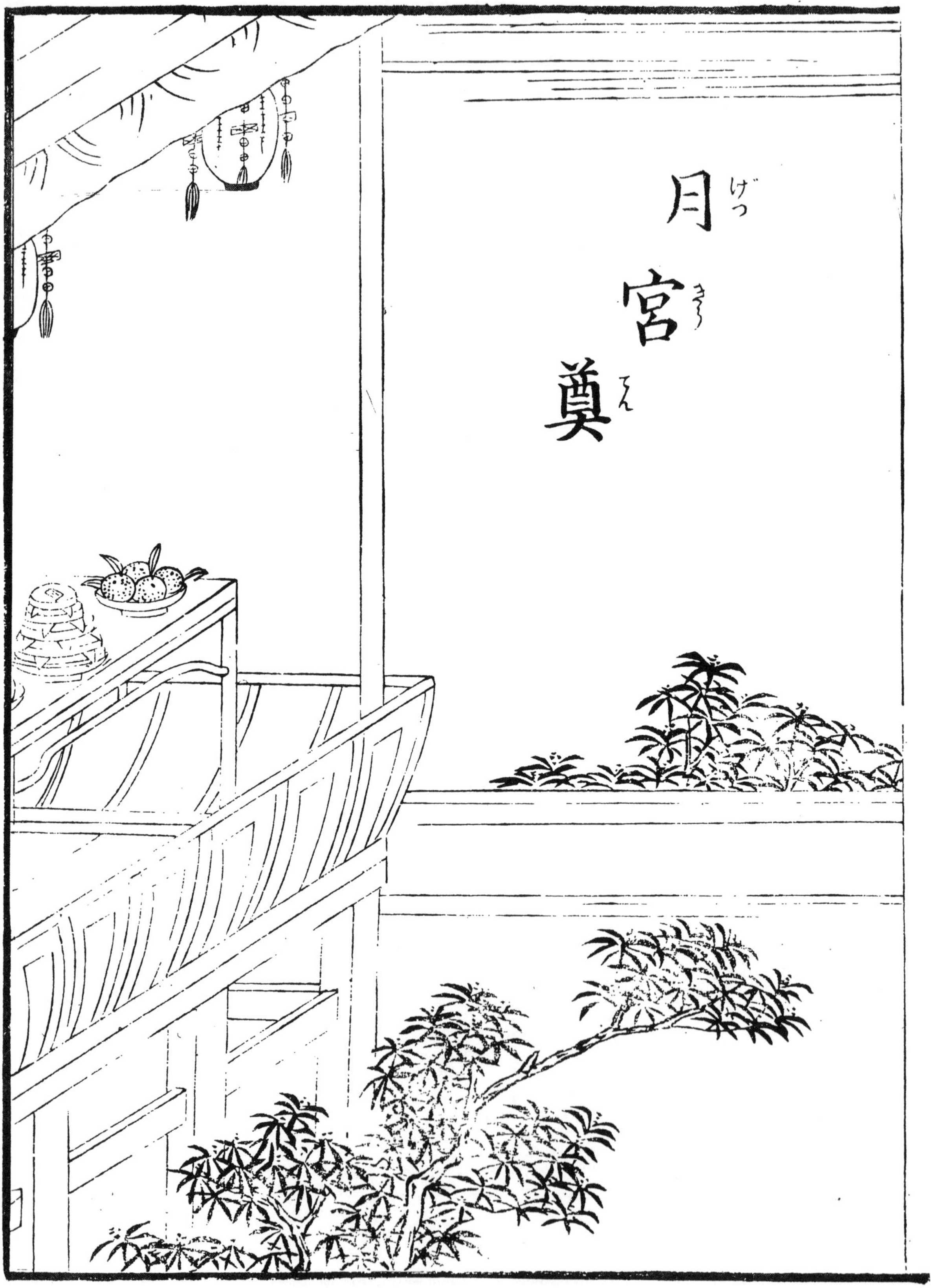

月_{げつ}宮_{きう}奠_{てん}

跟随《ゑずい》を従《したが》へ其前《そのまへ》に来《きた》り海面《かいめん》に向《むか》ひ二跪六叩首《ルウグイロコウシウ》の禮《れい》を行《おこな》ひ拝《はい》し了《をはつ》て供物《くもつ》等《とう》を取《と》り收《をさ》む

○九月九日重陽《ちやうやう》には朋友《ほうゆう》など誘《さそ》ひ酒食《しゆしよく》を携《たづさ》へ山上《さんじやう》に登《のぼ》り詩《し》を作《つく》り糸竹《しちく》を弄《もてあそ》び終日《しうじつ》遊戯《ゆうげ》し是《これ》を登高《テンカウ》と唱《とな》ふ又菊花《きくくわ》ある所《ところ》にては東籬《とうり》の遺風《いふう》を傳《つた》へ賞《せう》する者《もの》も有《あり》同日所《おなじひところ》にては天后廟《てんこうびやう》の前《まへ》に戯臺《きだい》を搆《かま》へ倣戯《こうき》し神恩《しんおん》を謝《しや》することもあり

○九月九日家々栗糕《くりカウ》とて米《こめ》の粉《こ》を以て栗肉《りう》を刻《きざ》み餡《あん》として糕《めち》を造《つく》り煮《に》して食《ちやく》には（大サ二三寸）又米粉の細《こまやか》に糕を搆《こしら》へ（大サ一寸 陰に干て）数《かず》二四十盤《ぼん》に盛《も》り其上《そのうへ》に小《ちい》さき五色《ごしき》の紙旗《しき》を十本《ほん》斗《ばかり》立《たて》竈神《サウジン》へ供《そなへ》ふ是《これ》を登糕《テンカウ》と唱《とな》ふ

○十月朔日を十月朝《ジユチヤウ》といふ先祖《せんぞ》の墓所《ぼしよ》へ詣《まうで》て香燭《かうしよく》供物《くもつ》等致《いた》し禮拝《らいはい》を遂《とげ》る事《せん》祭《まつ》る事ハ遠近《ちかく》の家抔にハ参《まゐ》りがたき故供物《くもつ》等も省略《せいりやく》して家廟《かびやう》にて供物《そなへもの》をし陳ね祭る

○同《おなじ》月清明《せいめい》中元《ちうげん》の如《ごと》く城隍廟《じやうくわうべう》の祀孤《スウクウ》あり都《すべ》て清明《せいめい》中元《ちうげん》十月朔《さく》此三《このさん》祀《し》を鬼節《クイーツヱ》と唱《となふ》へ亡霊《ぼうれい》を祭祀《さいし》し又元旦中秋冬至《ぐわんたんちうしうとうし》此三節《このさんせつ》を人節《ジンツヱ》と云

○十月冬至《とうじ》の節《せつ》は在京《ざいきやう》大小の官人《くわんにん》年始《ねんし》の如《ごと》く朝服《てうふく》を着《ちやく》し禁内《きんだい》拝賀《はいが》し在外《ざいぐわい》の官人《くわんにん》は寺廟《じべう》へ参《まい》り竜牌《りうはい》を拝《はい》し一陽來復《イヤンライホ》の節《せつ》なる故《ゆへ》家々《いへいへ》酒宴《しゆえん》を設《まうけ》祝ひ貴賤《きせん》とも團子《ドワンツー》を作り吃《きつ》す 團子一名團粢と云糯米を粉《こ》をこね砂糖《さとう》を餡《あん》にし丸大指《おやゆび》の頭《かしら》ほどに圓《まる》くまるめ白湯《さゆ》にて煮《に》たるに小なるは餡《あん》なしに砂糖《さとう》にて煮《に》る

登糕《とうかう》

潮《ちやう》生《せい》日《じつ》
官《くわん》祭《さい》

○十月四日孔夫子《コンフーツー》の聖誕《せいたん》なれハ人々《ひと》よりて堂上《たうしやう》に聖像《せいざう》を掛《かけ》て香燭《かうしよく》を點し
禮拝《らいはい》して三牲《さんせい》等の供物《くもつ》をなす
○十二月八日を臘八《らうはち》といひ唱《となへ》寺々菓粥《フーチヨ》を炊《かし》 一名臘八粥《ラーパツチヨ》と云竜眼肉栗果茨菰芋薺《ツークイペツイ》等の菓子に混じたるもの成り
檀家《だんか》へおくるなり又人にもよりて家内《かない》にて拵《こしら》ふる者《もの》もあり
○十二月十五日過《すぎ》よりは謝神《ツヤーシン》とて家々六神《ロクシン》 六神ハ趙玄壇土地清竜利市招財和合を云 又清竜利市等の四神を出す一冊祥なるもあり
並《なら》びに我信仰《しんかう》の神へ三牲《さんせい》菓物《くだもの》等を供へ年中守護の神恩を謝し
○十二月十五日頃《ごろ》より正月半《なかば》まで家々爆竹《バウチヨ》の遺風《いふう》を存して厚紙《あつがみ》にて
こしらへたるに長サ三四寸径の響炮《ヒヤンパウ》あるひハ六七寸位花炮《ホアーパウ》を買入れ家内《かない》
にても或ハ門前後庭《うらにはぜんこうてい》にても夜毎《よごと》断間《たえま》なく放つ事あり花炮ハ常《つね》に
めでたきを祝ふ時又ハ邪氣《じやき》を逐ふ位の意《こころ》なるべし

六 神之

牟中行亥

廿七

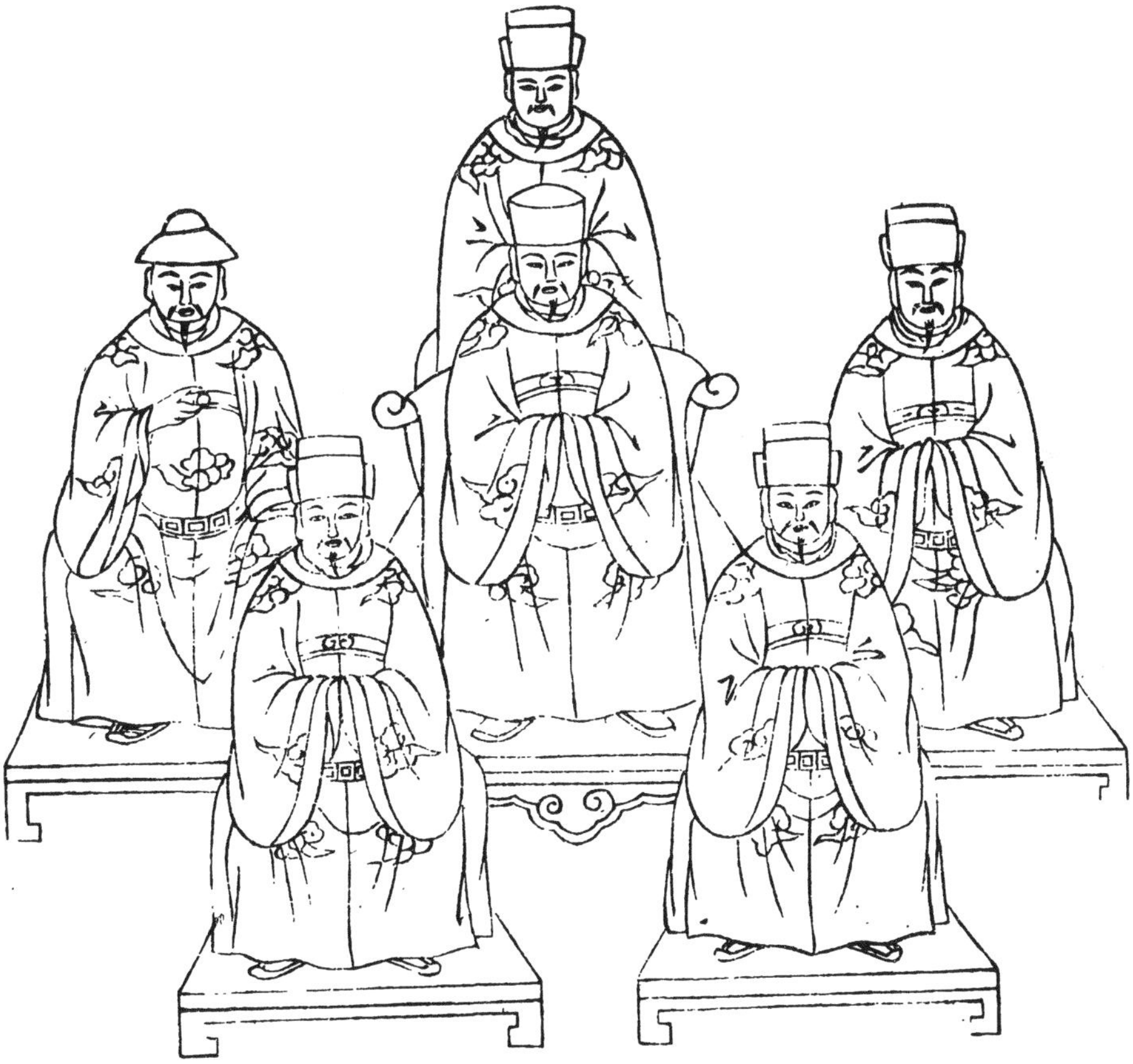

〇十二月廿日頃より廿五六日迄の内家々年糕を製す　糯米《もちごめ》の粉《こ》を蒸《む》し砂糖《さとう》を拌き更《まぜ》々き蒸籠《せいろう》に入て再《ふたゝ》び蒸《む》す

此ハ其形《そのかたち》様々あり是を其《その》まゝ用《もち》ゆるもあり三ツ四ツに分ち切《きり》又ハ金錠《きんぢやう》の形《かたち》に拵へたるもあり大小等《ひとし》からず或《あるいは》寒中《かんちう》にかぎり製《せい》する事《こと》にあらず

〇十二月廿日頃《ころ》より吉日《きちじつ》を撰《えら》み掃塵《サウジン》又ハ打掃《ダアーサウ》と唱《とな》へ家屋《かおく》を掃除《さうぢ》をなす定日《じつ》あらず家々《いへいへ》吉日《きちじつ》を撰《えら》ぶ〇十二月廿四日ハ灶神上天《ツアーシンシヤウテン》の日《ひ》とて家々《いへいへ》に香燭《かうしよく》豆腐《たうふ》菓子《くわし》等《など》を供《そなへ》禮拜《らいはい》し神《しん》を送《おく》る正月元朝《ぐわんてう》に至《いた》て同様《どうやう》に供物《くもつ》して神《しん》を迎《むか》ふ且《かつ》年中《ねんぢう》祭《まつ》り置《おき》ける灶君《ツアーキン》の札《ふだ》並《なら》びに聯《れん》を右上天の日《ひ》に剥《はぎ》し元朝《ぐわんてう》未明《みめい》に新《あらた》に書《かき》張かへる札聯《さつれん》ハ何《いづ》れも赤紙《あかかみ》なり

札《ざつ》聯《れん》

伍《ヴー》方《ハン》伍《ウー》帝《テイ》司《スウ》命《ミン》灶《ツアー》君《キン》

巍《オイ》々《ヽ》聖《シン》徳《テ》乾《ゲン》坤《クン》大《ダア》

永《ヨン》々《ヽ》皇《ワン》圖《ドウ》日《ジ》月《ユ》長《ジヤン》

○十二月廿四日より親類《しんるい》たぐひに歳暮《せいぼ》の贈《おく》り物《もの》とて年糕《ねんかう》魚肉《ぎよにく》海参《かいしん》魚翅《ぎよし》胡桃《くるミ》椕餅《ヅーピン》橘子《きろし》橄欖《カンラン》竜眼《ろうかん》等《など》を送《おく》る

○十二月廿七日より近《ちか》き親類《しんるい》の内《うち》十歳《さい》前後《ぜんご》の児女《おーま》あれバ互《たがひ》に年糕《ねんかう》橄欖《かんらん》胡桃《くるミ》竜眼《りうがん》橘子《みかん》銀子《ぎんす》等《など》を送《おく》る是を押歳銭《ヤスイツヱン》といふ 大戸《おほと》ハ百目程《ほど》より二三十目迄《まで》二挺ヶ四挺是又半《はん》の数《かず》を用《もち》ひず小戸《せうと》ハ銭《ぜに》にて百銅二百銅程なるに不同《ふどう》あり 右歳暮《せいぼ》に送《おく》りさるに者ハ年始《ねんし》に送《おく》る且使《つかひ》の者《もの》にハ祝儀《しうぎ》を遣《つか》はし銀《ぎん》又ハ銭《ぜに》にても赤紙《あかがミ》に包《つゝ》ミ上《うへ》に尊使《ツヱンスウ》或《あるい》ハ代茶《ダアサー》と書《かき》して

○同日の頃《ころ》寺《てら》にて節禮《ツヱリイ》のおくり物《もの》とて檀家《だんけ》其外《そのほか》とも懇意《こんい》の向《むき》へ野菜《やさい》類ならびに寺中《ぢちう》にて製《せい》したる菓子《くわし》あるいは梅花《ばいくわ》等の粽《ちまき》あるひハ折枝《をりえだ》などを有合《ありあひ》にまかせ蝋燭《ろうそく》添へ送《おく》る大戸《たいこ》の向《むき》へハ多分《たぶん》なるゆへ其品《そのしな》に應《おう》じ銀子《ぎんす》をもつて厚《あつ》く返禮《へんれい》をなす小戸《せうこ》もこれに准じ返礼《へんれい》あり

金《きん》銀《ぎん》錠《てぃ》

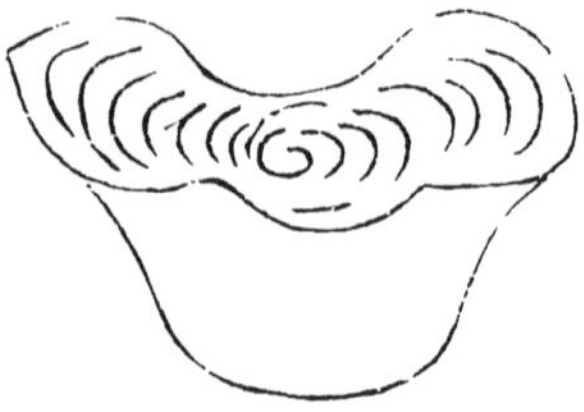

年《ねん》糕《かう》

響《きやう》炮《ぱう》

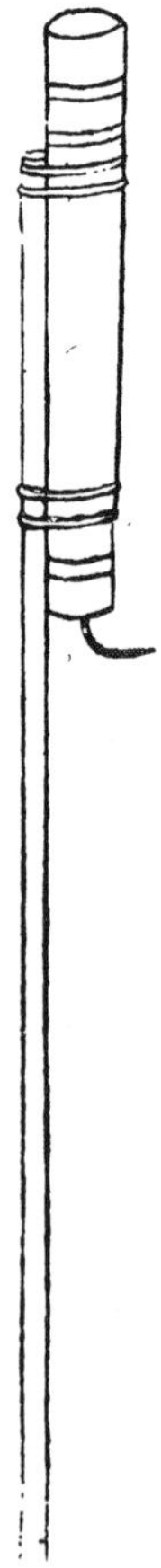

花《ほ》炮《ぱう》

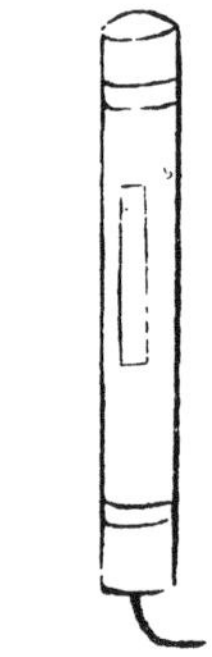

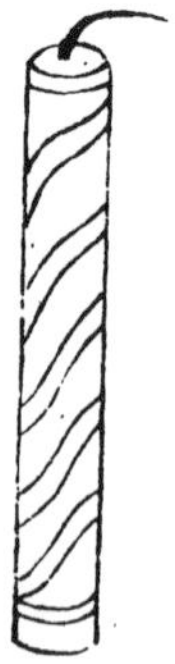

桃《たう》符《ふ》

○除夜《ちよや》にも官府《くわんふ》大戸《たこ》の向《むき》ハ挑符《タウフー》とて聯《れん》の如《ごと》くに書《かき》しるしたる板一對《つい》に幅《ちく》六七寸ほど長さハ門柱《もんちう》に應《おう》じたるに竜虎朝官桃柳平升三級《フーチヤウクワンタウリウヒンシンサンキ》の圖《づ》を彩畫《さいぐわ》し竜虎《りうこ》の所《ところ》に豹熊《へうくま》を画《ゑが》くもあり二の門《もん》の左右《さゆう》に掛《かけ》邪氣《じやき》を除《よく》る為又庶人も歡樂紙《フハンローツー》とて長《なが》さ二三尺余《よ》幅一尺程《ほど》の赤紙《あかがみ》に上《うへ》にハ金箔《きんぱく》にて福《ふく》の字《じ》を切付《きりつけ》下《した》にハ四方《しはう》の縁《ふち》に花形《はながた》を彫《ほり》其中《そのなか》ハ種々《しゆぐ》の紋《もん》を彫《ほり》たるもへに指日高升加官進爵《ツーシカウシンキヤアクワンツインツヤ》福自天來《ホツーテンライ》平升三級《ピンシンサンキ》天官賜福《テンクワンスウホ》の圖《づ》を絹《きぬ》にて切付《きりつけ》たるを五枚《まい》右一句《く》の圖《づ》を一枚《まい》に切付五枚《まい》にて一對《つい》なり堂《だう》の正面《しやうめん》上檻《しやうかん》などへ張る又官府《くわんふ》大戸《たこ》ハ神荼鬱《ジンツヱーイー》律《り》二神の像を邪氣《じやき》を拂ふ門神なり塗板《ぬりいた》の扉《とびら》に畫《ゑが》きあるを前廣《ひろ》に彩色《さいしき》をかけたる戸《こ》に版にて摺たる神像《しんざう》を買又ハ神名《しんめい》を赤紙《あかがみ》に書扉《とびら》の左《さ》右に張る且《かつ》貴賤《きせん》とも家《いへ》の正面《しやうめん》柱等《ちうとう》へも迎福《ニンホ》招慶《チヤウキン》如意《ジーイー》などゝいふ吉利《きつり》の句《く》を書《しよ》して貼《ちよう》る

○除夜《ぢよや》に家内《かない》打寄《うちより》酒宴《しゆえん》を設《まう》け年底《ねんてい》の祝《いはひ》をなし主人《しゆじん》より銀《ぎん》又《また》ハ銭《ぜに》を銀《ぎん》銭《ぜに》ともに白紙《はくし》に包み

あたへ家族《かぞく》残《のこ》らず召使《めしつかひ》の奴婢《ぬひ》までおくる是《これ》を分歳《フンスイ》と云

又上《うへ》に小《ちいさ》き赤紙《あかがみ》を貼《はり》たる此方《このかた》にて暦年《の》を分《わく》る意《こころ》あり

銀《ぎん》ハ一二匁銭ハ百銅二百銅にて大戸《と》小戸《こ》によりて多少《たせう》等《ひとし》からず

○同夜《おなじよ》に萬年糧《ワンニヱンリヤン》と唱《とな》へ淘籮《タウロー》二つに米《こめ》と飯《めし》を盛《もり》て上に松柏《せうはく》の枝《えだ》を挿《さし》

橘子《きかん》菱子《ひし》を並《おき》元日《ぐわんじつ》より三日まで内室《ないしつ》にかざりおく是《これ》ハ家《いへ》に餘糧《よりやう》

ありて食《しよく》にともしからざるを表《ひやう》する意《こころ》あり

○除夜《ぢよや》ハ人によりて歳《とし》を守《まも》りて寝《いね》ざる者《もの》もあり

○立春《りつしゆん》の前日《ぜんじつ》に府州縣《ふしうけん》ともに大歳《タイスイ》と春牛《チユンニウ》とを作《つく》らしむ 大歳《たいさい》一名芒神《ボウジン》土《つち》にて七八歳の小児《にじ》などに神像《しんざう》を作り装束《さうぞく》をかざらせ春牛《しゆんぎう》ハ竹《たけ》にて高《たか》さ三四尺《じやく》に牛《うし》の形《かたち》をはりて紙《かみ》にて張《はり》彩色《さいしき》にし又五寸程《ほど》の小牛を同しく作り大牛の腹内《ふくない》に入置《いれおく》 別《べつ》に

堂《だう》に安置《あんち》せ大歳《たいさい》に春牛《しゆんぎう》を挽《ひか》せ郊外《かうぐわい》に至《いた》り其地《そのち》の奉官《ほうくわん》ハ衣服《いふく》をあらため

先《まづ》轎子《きやうし》に乗《のり》て下属《げしよく》の吏役《りやく》ら銘々《めいめい》に春花《チユンホア》をもたせ 梅花《ばいくわ》桃花《とうくわ》等を綰《わげ》にてこしらへる長さ

歡《くゎん》樂《らく》紙《し》

萬《まん》年《ねん》糧《りやう》

一人〳〵の花枝《くてい》あり出迎《いでむか》へ金皷《きんこ》を打《うち》涼傘《りやうさん》を以て行列《ぎやうれつ》し行春《イシユン》とて芳《は》げしく郊外《かうぐわい》をめぐりて正《まさ》に城市《じやうし》にむかへ入るをこれ迎春《ゲイシユン》といふ知府《ちふ》堂上《だうじやう》に請《しやう》じ置《おき》綵《さい》あれば紋綵《ちさい》の堂上に備を翌日《よくじつ》立春《りつしゆん》の時刻《じこく》にいたりて諸官吏《しよくわんり》ども請《しやう》じ出《いだ》し下役等《したやくとう》銘々《めい〳〵》竹杖《ちくつえ》棒《ぼう》をもち金皷《きんこ》をならし守護《しゆご》して廟裏《びやうり》に送《おく》りて至《いた》り太歳《たいさい》を安置《あんち》し持《もち》たる棒《ぼう》にて大牛《たいぎう》をうちやぶりて内《うち》の小牛《せうぎう》を取出《とりいだ》し太歳《たいさい》の前《まへ》に居《すへ》おく是《これ》豊年《ほうねん》の吉瑞《きちずい》を表《ひやう》する意《こゝろ》なり又《また》太歳《ないさい》を廟《びやう》に送《おく》る途中《とちう》にて市中《しちう》の小児《せうに》ども大豆《だいつ》をもて牛《うし》を打《うつ》つ是にて打当《うちあた》れば疱瘡《はうさう》軽《かろ》しとていひ傳《つた》ふ

太《たい》歳《さい》春《しゆん》牛《ぎう》
迎《けい》春《しゆん》

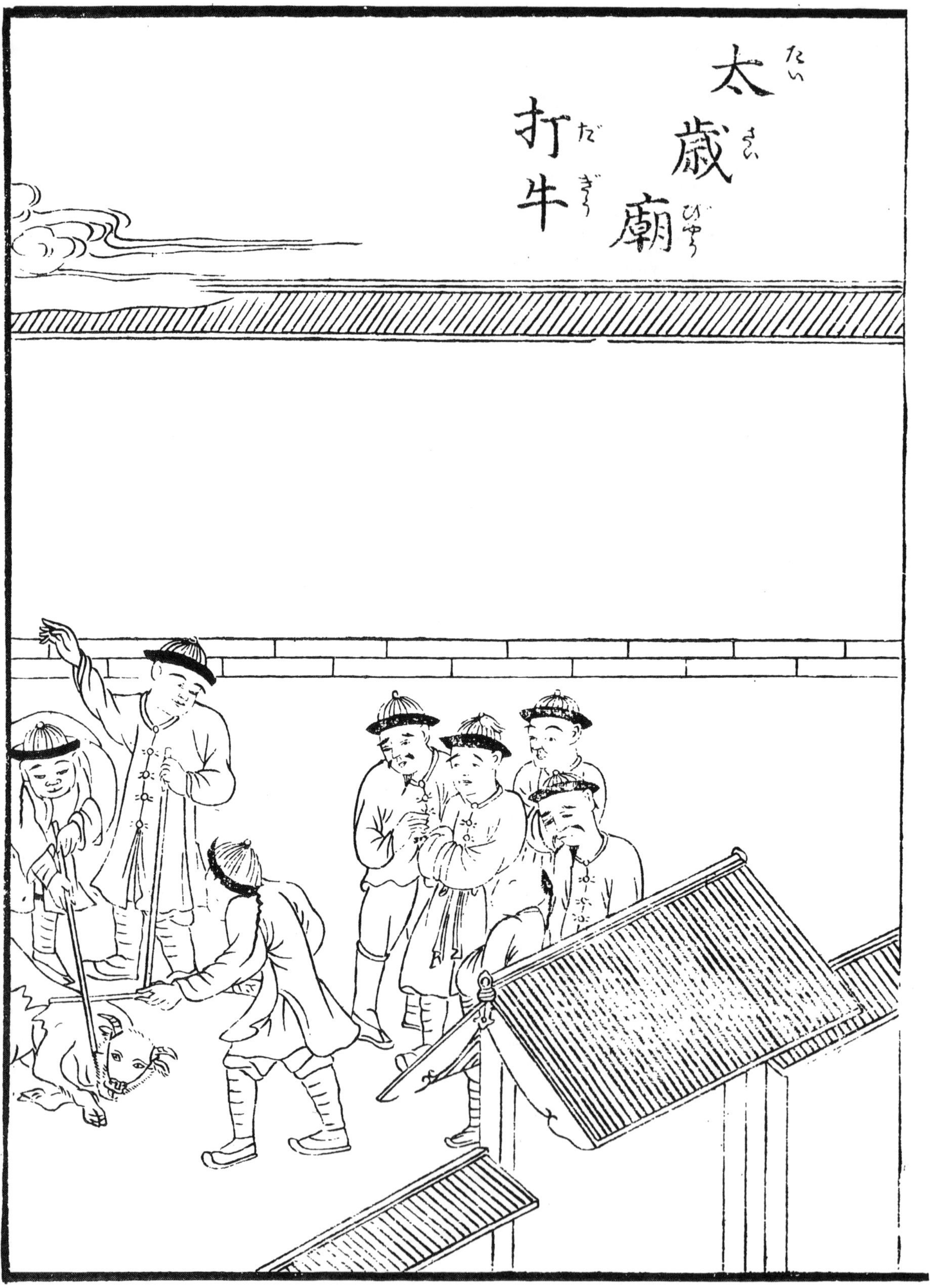
太《たい》歳《さい》廟《びやう》
打《だ》牛《ぎう》

清俗紀聞卷之一

清俗紀聞巻之二

居家

○居家《きよか》の製作《せいさく》は各大小廣狭《おのく だいせうくわうけう》の別ありて同しからずといへども皆瓦葺《かわらふき》にして大約《たいやく》外面《ぐわいめん》は泥墻《ニイヅヤン》板墻《パンツヤン》正面《せうめん》に大門《だいもん》を設け大門より二間三間程内へ儀門《ニーメン》をたつる儀門《ニーメン》の内へ玄関《げんくわん》向《むき》の格に廣《ひろ》さ一間程構《こしら》へ客人なども来臨《らいりん》の時《とき》は此間《このま》にて應接《おうせつ》對《たい》す是を廳堂《テンダン》といふ（一名外廳《ワイテン》また公堂《コンタン》ともいふ）廳堂《ちやうどう》の両側空地《かち》を設け樹木《じゆぼく》等植おくもあるは又一方書房《シヒワン》を造作《ざうさく》することもあり廳《ちやう》より少し奥の方へ於て廳堂《ちやうどう》を建ることもあり内廳《ヌイテン》とよふ大戸ならず是を両楹《リヤンヘエン》建て川堂《チエンタン》内廳《ヌイテン》と分別《ふんべつ》することもあるまじ内廳《ヌイテン》の側《かたはら》へ書房《レイワン》を設け夫より内房《ヌイワン》へ通《とほ》ずる一楹に建《たて》つゞけたることもあり内房《ないばう》は別に建ることもあり其奥《そのおく》の方に厨下《ジイヤア》あり惣して柱は圓方等《ひとし》からず又廳堂《ちやうどう》も外は多く圓柱《まるはしら》にて周回の柱毎に礎を並べ礎も圓方或は六角等不

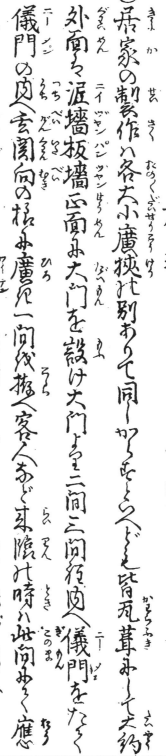

周《なう》り墻《かべ》ハ磚《ピエ》をもつて土《つち》にて築《いきなぐ》き厚《あつ》サ一尺程にして上を白灰《すい》にて塗り
黄土《いうど》赤土《あかうち》等《とう》好《かうこのみ》にまかせて上塗《うはぬり》いたさせ色土《そつ》制《せい》度定式なし屋中《おくちう》都《すべ》て床《ゆ》
を張《と》らず方《あう》あるひハ亀甲《きつかう》形《がた》の瓦《かはら》を敷《しく》き並べ舗甎《プウセン》といふ又厚《あつ》き板《いた》にて
甎《セー》の代《かは》りに土を敷もあり内房《ヌイワン》厨下《ジイヤアなう》等ハ床《ゆか》を張《ちき》り板《かはら》舗《つかしき》にするもあり又
土間《どま》もあり通行《つうかう》の路《ろ》次《し》を何《るいちう》れも土間《どま》あるひハ平石《ひらいし》を敷《しく》き又ハ甬道《ヨンタウ》と
いふ表墻《ひやうせうおもてへい》の高《たか》さ凡《およそ》六七尺より一丈程《ぶんなど》なり

小戸平房《ちやうこへいばう》

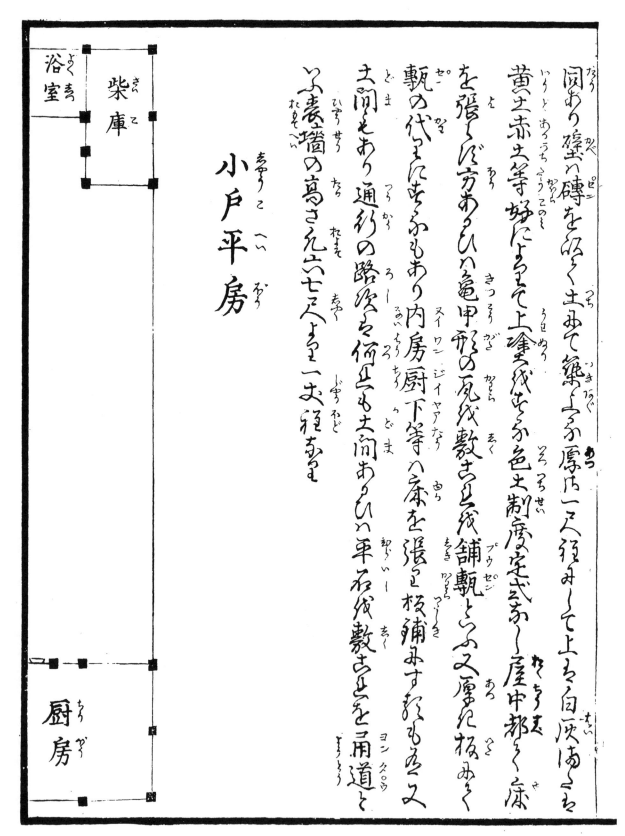

居家 二

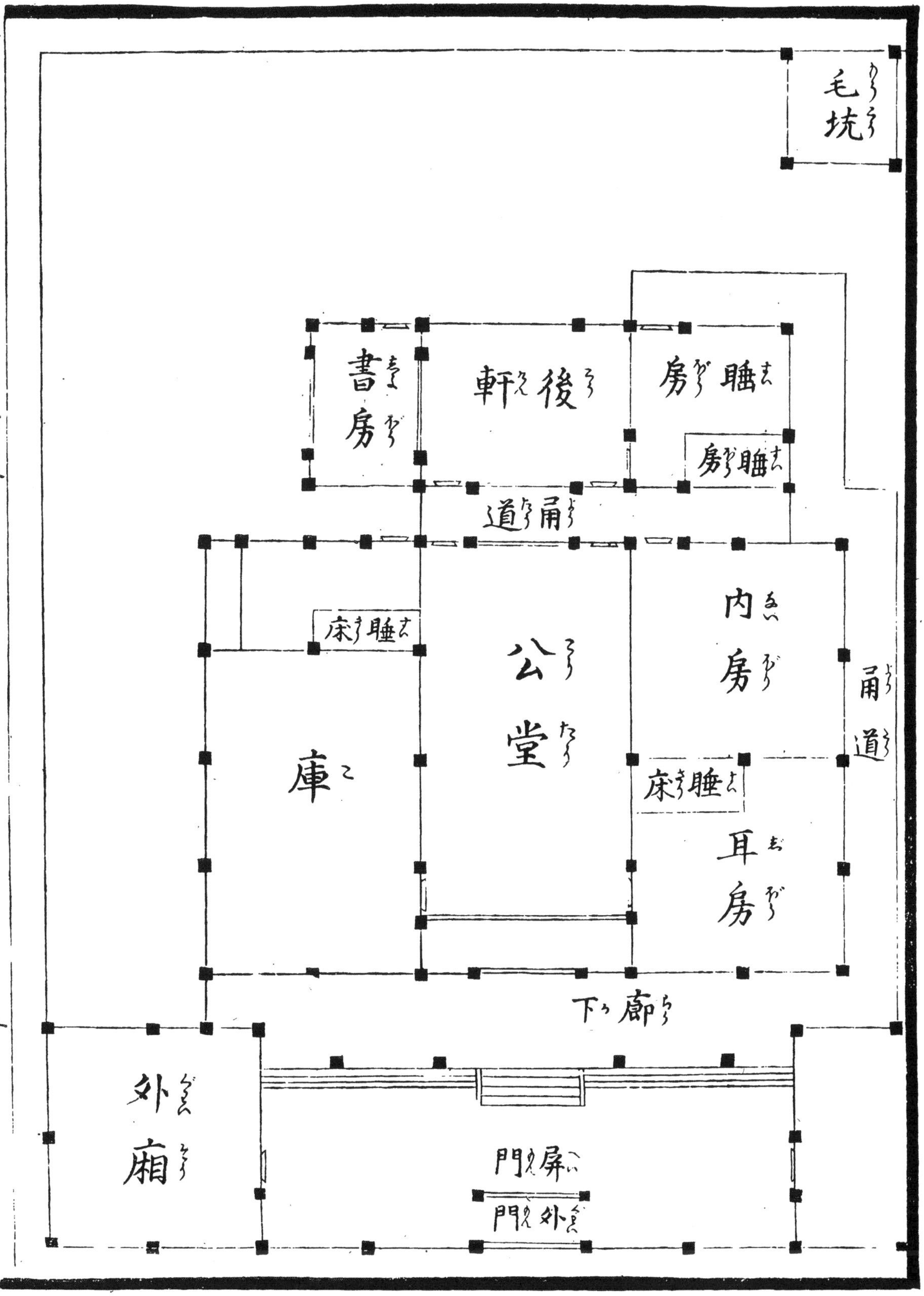

五《ご》進《ちん》樓《ろう》房《ばう》

平《へい》房《ふう》舖《ふう》面《めん》
舖《ふ》面《めん》
風火墻

居家

四

大門《たいもん》高《かう》さ七八尺《しやく》より一丈《ぢやう》余《よ》幅《はゞ》是《これ》に称《かな》ふ瓦葺《かはらぶき》にして二枚《まい》扉《とびら》左右《さいう》へ開《ひら》く柱方家《ちうはうてん》礎《いしずゑ》等《とう》均《ひと》しからば扉《とびら》に神荼鬱塁《シンシニヰリ》の神像《ちんざう》を張《は》り門上《もんじやう》に額《がく》を掛《かけ》柱《ちう》に聯《れん》を紅唐紙《こうたうし》に書《かき》て張《は》るか額聯《がくれん》の句《く》ハ定式《ぢやうしき》なかし尤大家《たいか》官家《くわんか》等《とう》ハ大門《たいもん》の両側《りやうかは》へ小門《せうもん》を設《まう》けるなかもあり是《これ》を角門《コンメン》といふ夜分《やぶん》ハ大門《だいもん》を閉《とぢ》て角門《コンメン》より出入《いでいり》ハ角門《コンメン》を設《まう》けざるハ大門《たいもん》の扉《とびら》を片開《かたびら》きにして出入《いでいり》も大門の内少《うちすこ》し間《あひ》を隔《へだ》て又扉《とびら》を設《まう》く是を屏門《ビンメン》といふ常《つね》ハ閉《とぢ》て内《うち》を見透《みす》かされぬやうにする処なり此所《このところ》より出入《いでいり》せば貴人《きじん》高位《かうい》の来臨《らいりん》にハ是を開《ひら》き出入《いでいり》せしむ大門《だいもん》の内側《うちかは》に耳房《ルイワン》を建《たて》門番人《もんばんにん》住居《ぢうきよ》ハ耳房《ルウワン》に二間方《けんはう》二間方《けんはう》等《ひと》しかれば番人《ばんにん》ハ官家大戸に限《かぎ》る平民用《もち》ゆる事なし

儀門《ニイメン》ハ官家《くわんか》に設《まう》く大門《たいもん》より二間《けん》三間《けん》内《うち》へ引取門《ひきとりもん》を建造作《たてざうさく》大門に同じく扉《とびら》を常《つね》に閉《とぢ》て出入《いでいり》する事《こと》なし民家《みんか》に儀門《ニイメン》を設《まう》る事を得《え》ず故《ゆゑ》に屏門《ビンメン》を設《まう》け置《おき》て扉《とびら》に聯《れん》等《とう》を書張《かきは》りて置《おく》も門ハ先祖《せんぞ》官《くわん》に仕《つかへ》たるかものなれば民家《みんか》

みなにも儀門《ギモン》を設《まう》く

〇廰堂《テンダン》大小不同《たいせうふどう》なれ共儀門《ギモン》の内《うち》に設《まう》く入口《いりぐち》に扉《とびら》二枚《まい》あるひハ四枚《まい》間口《まぐち》の大小に寄《よる》てかくのごとくなれバ下に甎《セン》を志き左右《さゆ》壁《かべ》柱《はしら》一なごとくに礎《そ》を立方圓《はうゑん》あるひハ六角《かく》等《とう》ひとしからず堂《たう》の正面《せうめん》に床《ゆか》比中より形ある所《ところ》よしらく御《お》のるあれ卓子《たくし》を立書画《しよぐわ》掛物《かけもの》なかをる上《うへ》に額《がく》を打《うち》両方《りやうはう》へ聯《れん》なかけ卓《つくえ》の上《うへ》にある香爐《ヒヤウルウ》花瓶《ハアビン》を立両《りやう》側《かは》へ洋木《ヤンモ》紫檀《ツウダン》紫竹《ツウチヨ》《くろちく》等《とう》の椅子《イーツウ》杌子《ゴツツウ》をならべ於て客人《きやくじん》来《きた》れバ請《しやう》じて坐《ざ》せしむる談話《だんわ》ハ正面《しやうめん》の両脇《りやうわき》ハ半間程穿《あけ》明らく出入口《いでいりぐち》とハ是を二枚《まい》設《まう》け並勝手《かつて》よこの出入口《いでいりぐち》とハ

外《ぐわい》門《もん》正《せい》面《めん》

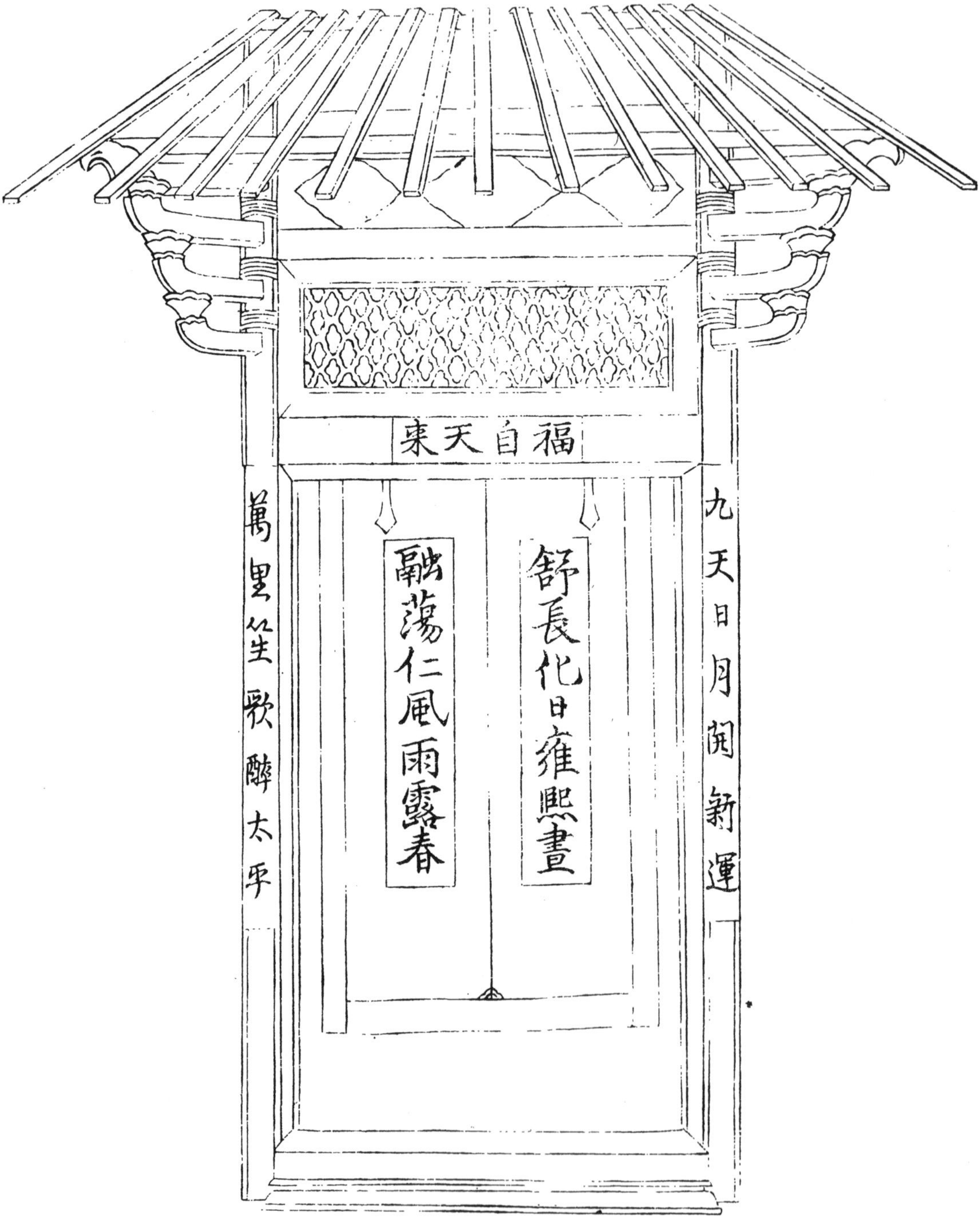

福自天来
萬里笙歌醉太平
九天日月開新運
舒長化日雍熙晝
融蕩仁風雨露春

外《ぐわい》門《もん》側《そく》面《めん》

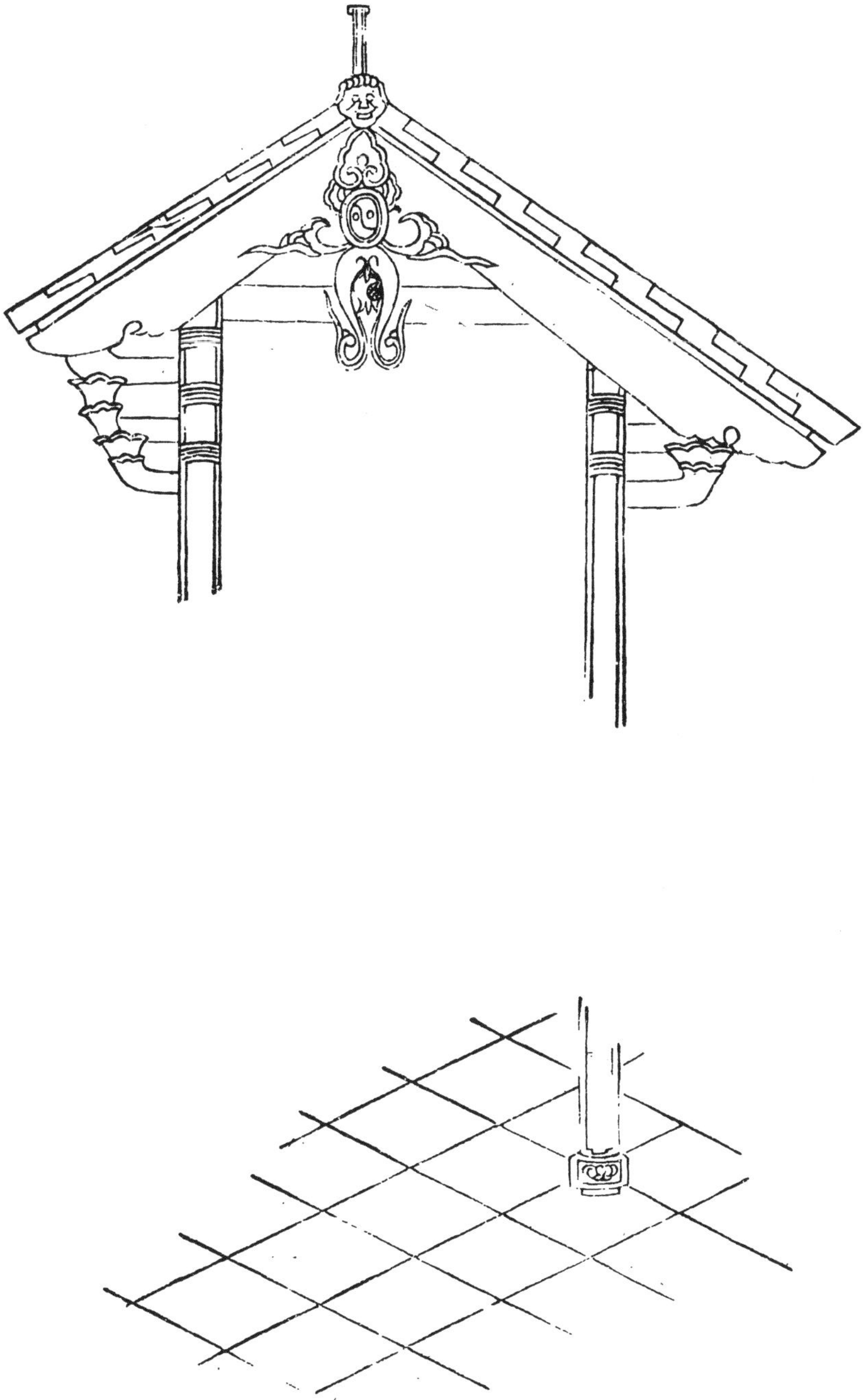

門《もん》神《しん》 神《しん》荼《と》 鬱《うつ》壘《るい》

屏《へい》門《もん》扇《せん》

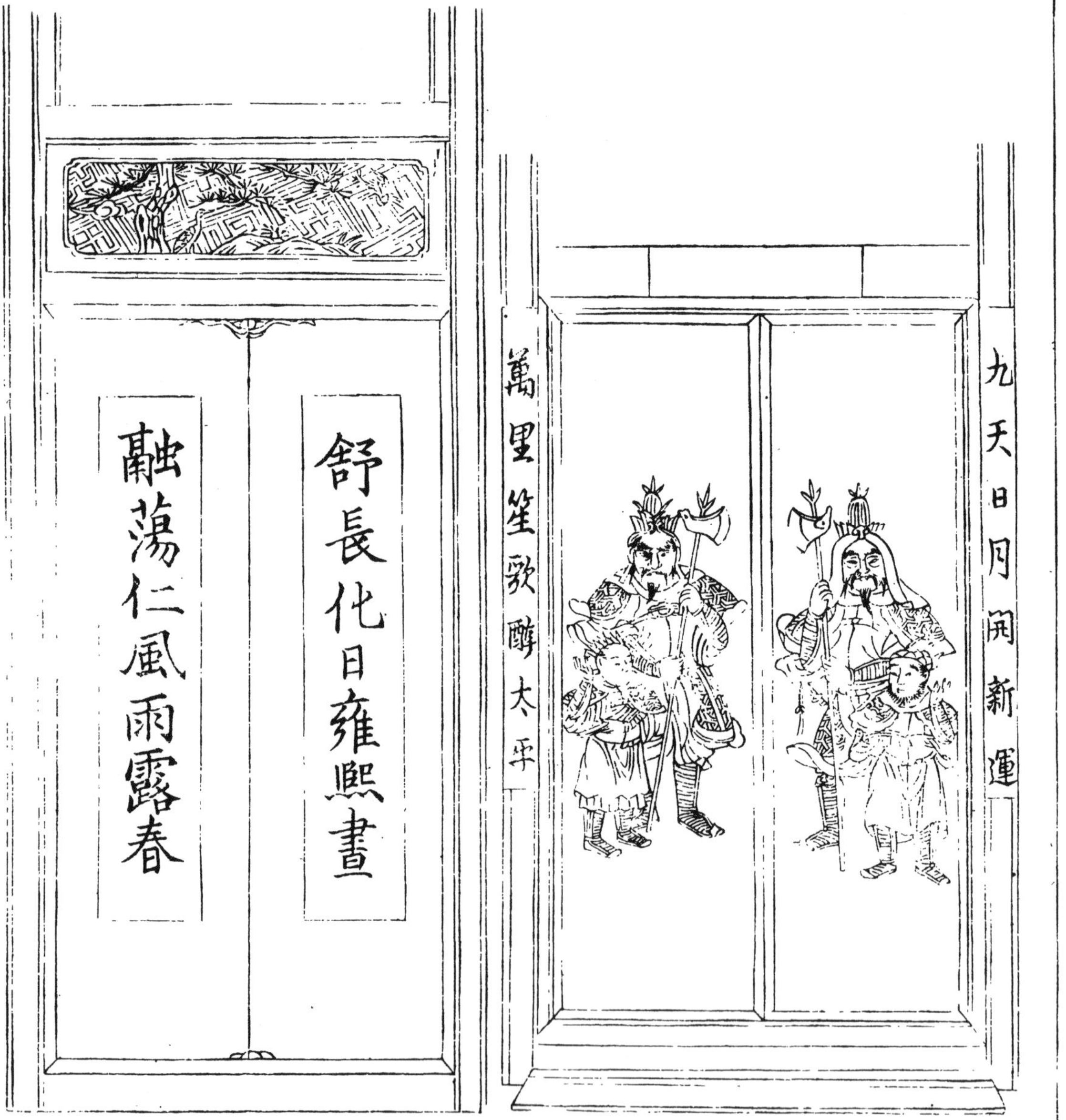

公《こう》堂《たう》正《せう》面《めん》

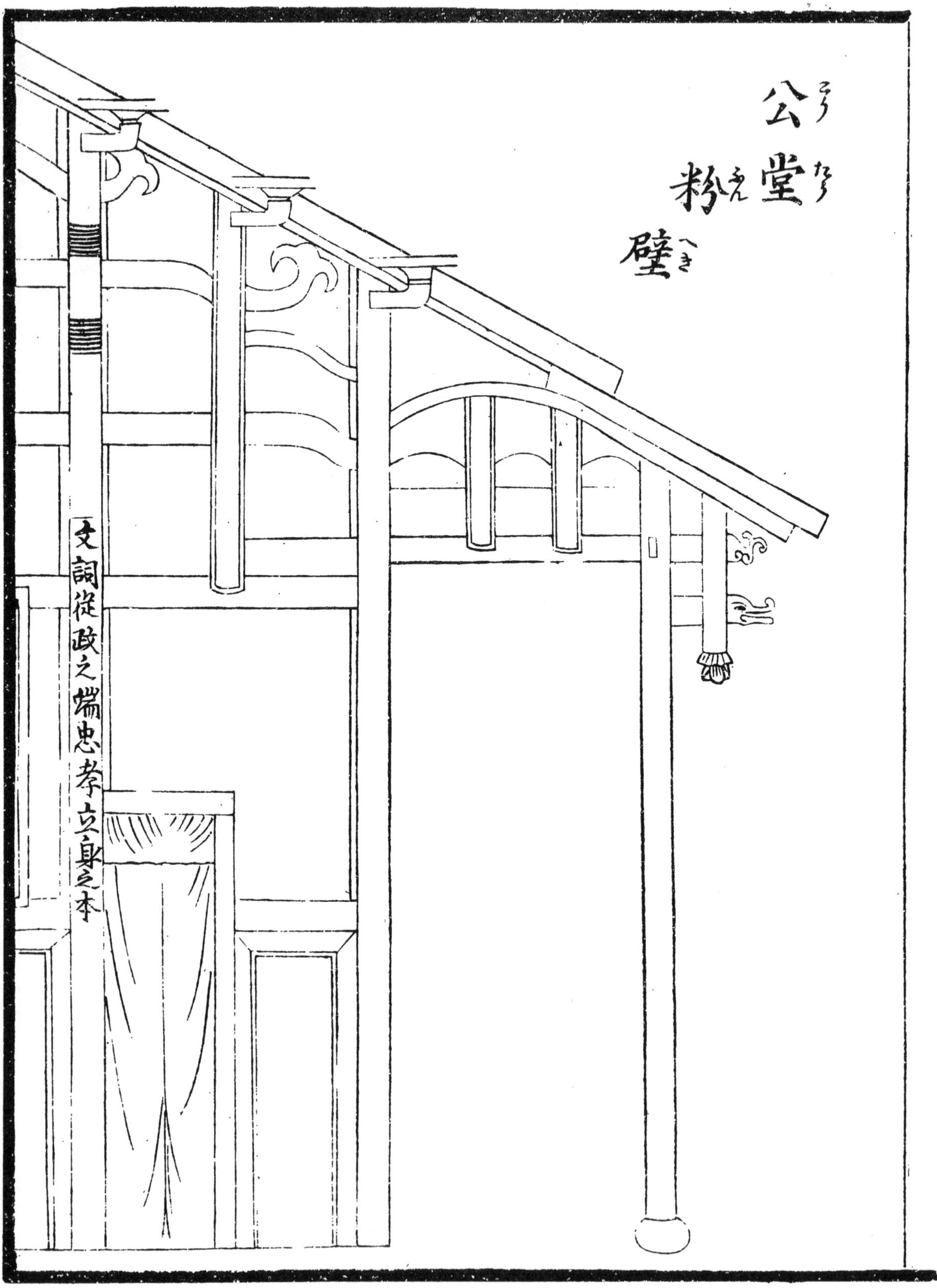
公《こう》堂《だう》粉《ふん》壁《へき》
文詞從政之端忠孝立身之本

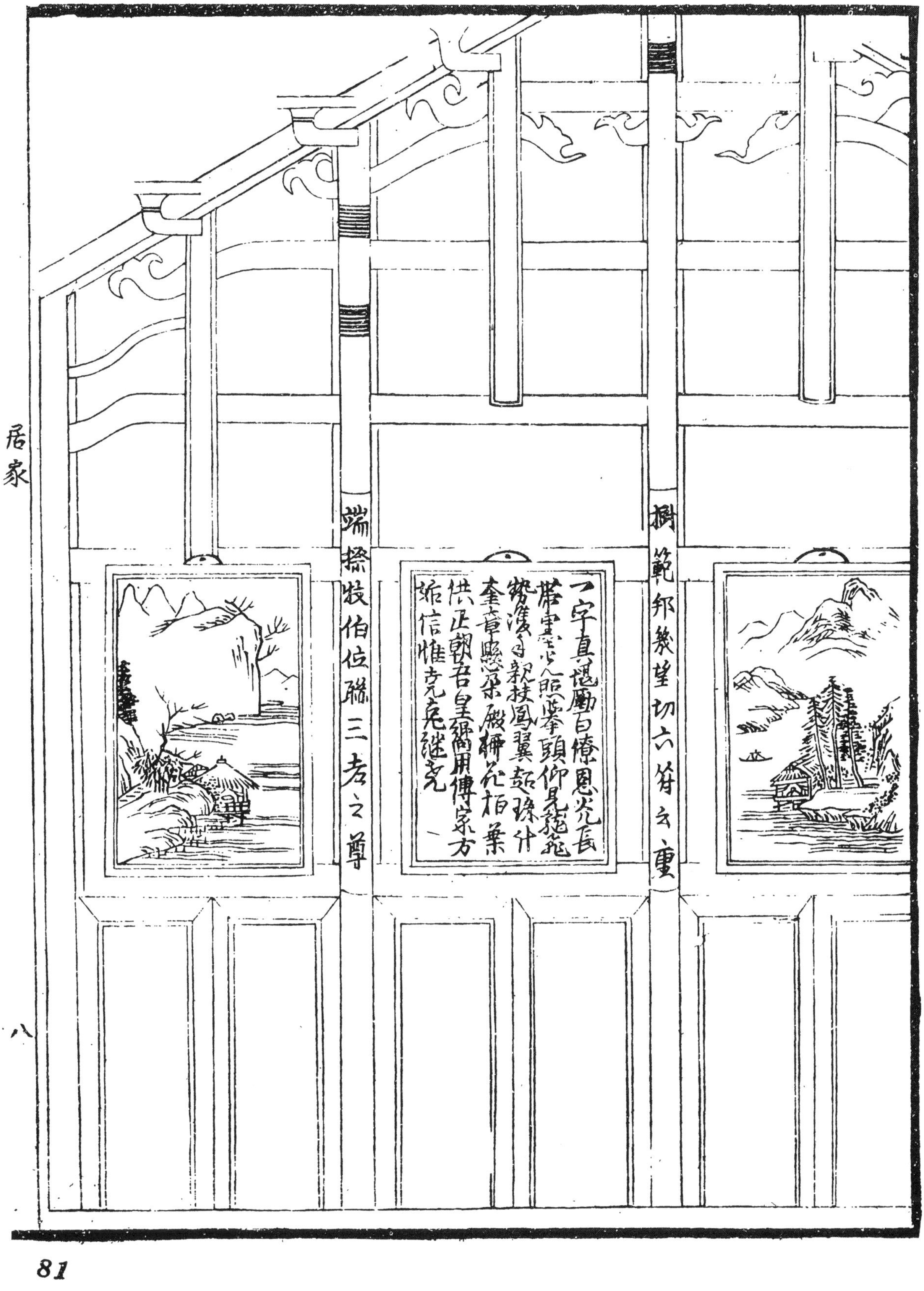
樹範邦幾望切六符之重
端揆裝伯位聯三老之尊

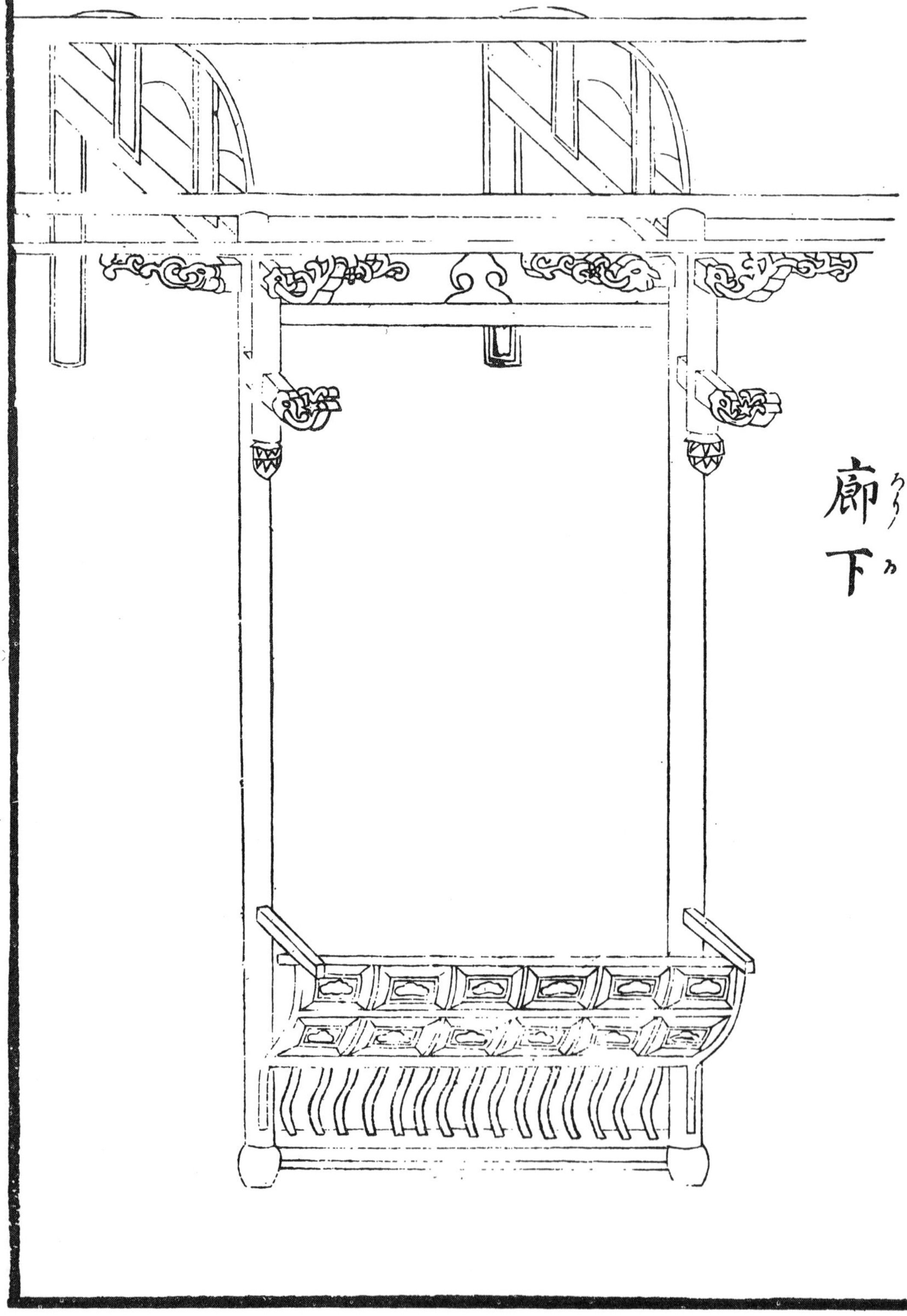

廊《ろう》下《か》

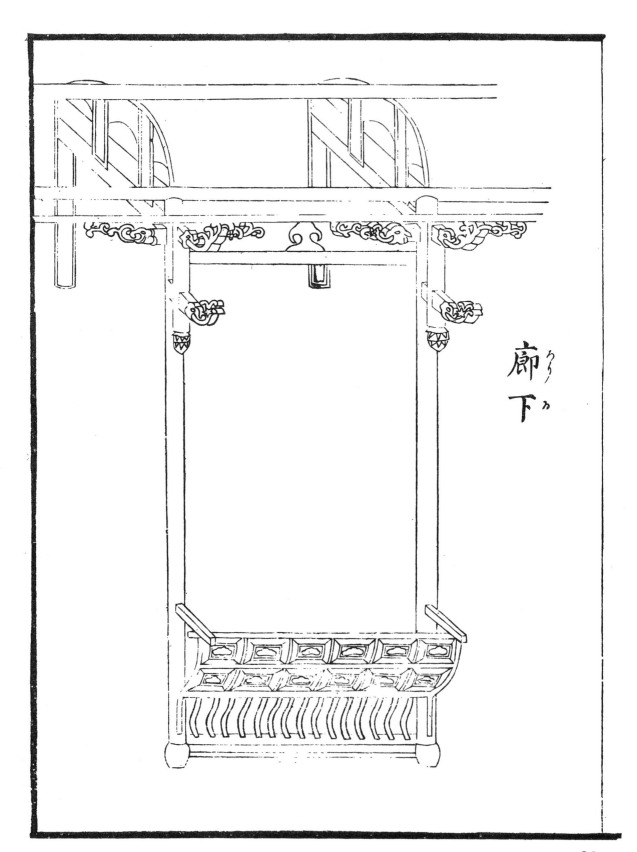

凉槅

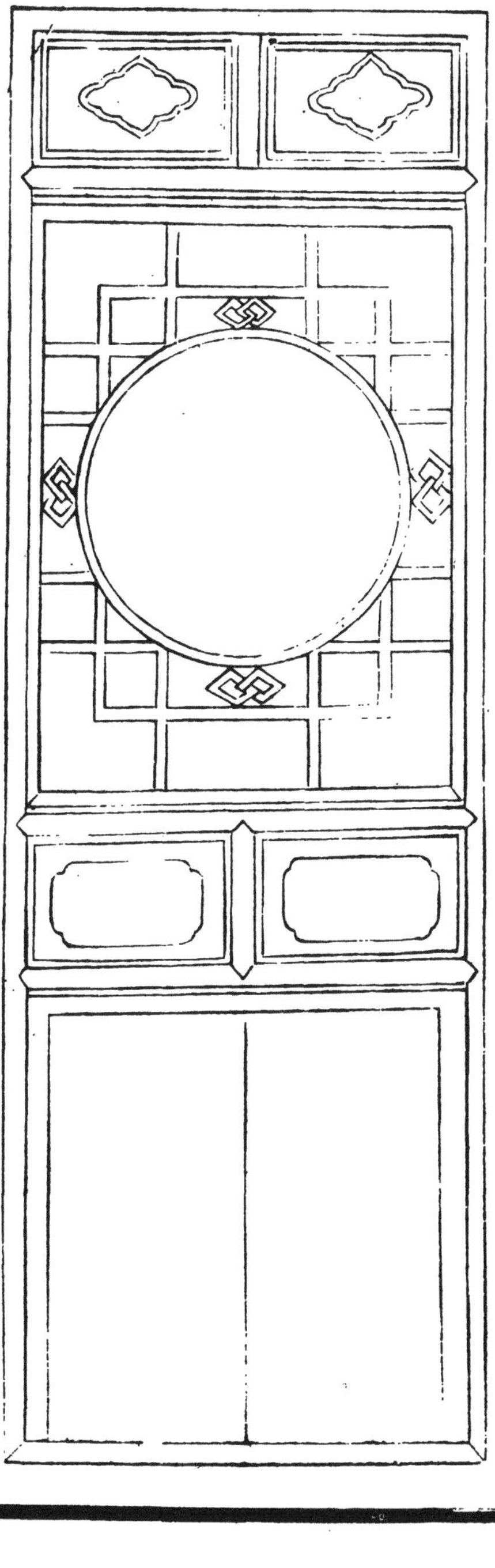

天《てん》花板

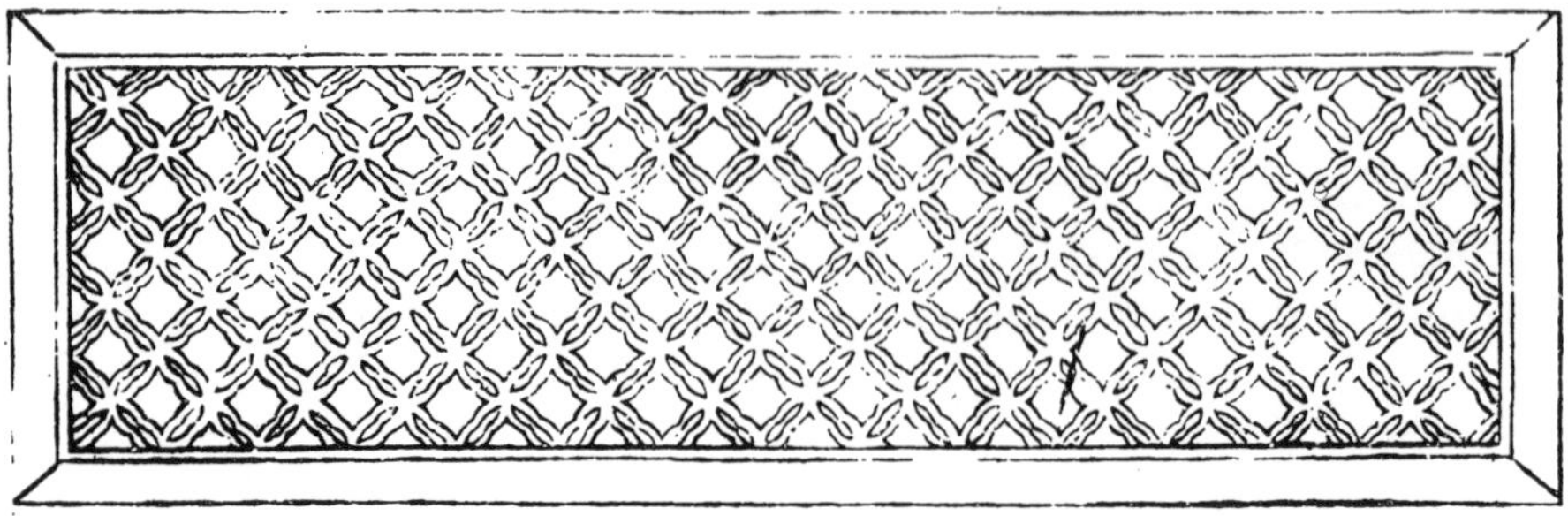

障《しやう》子《じ》

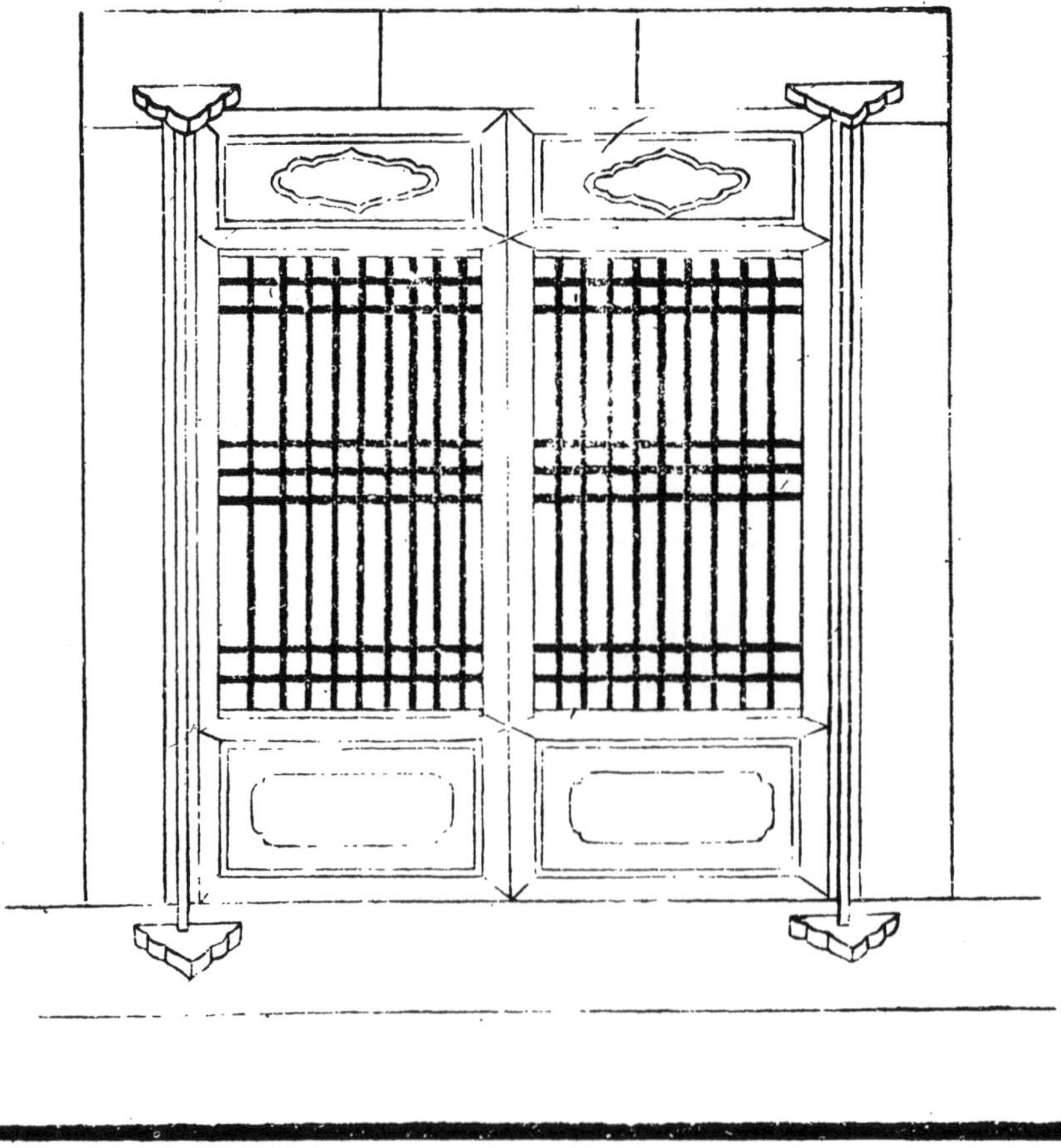

圍屏

掩障 えんしやう

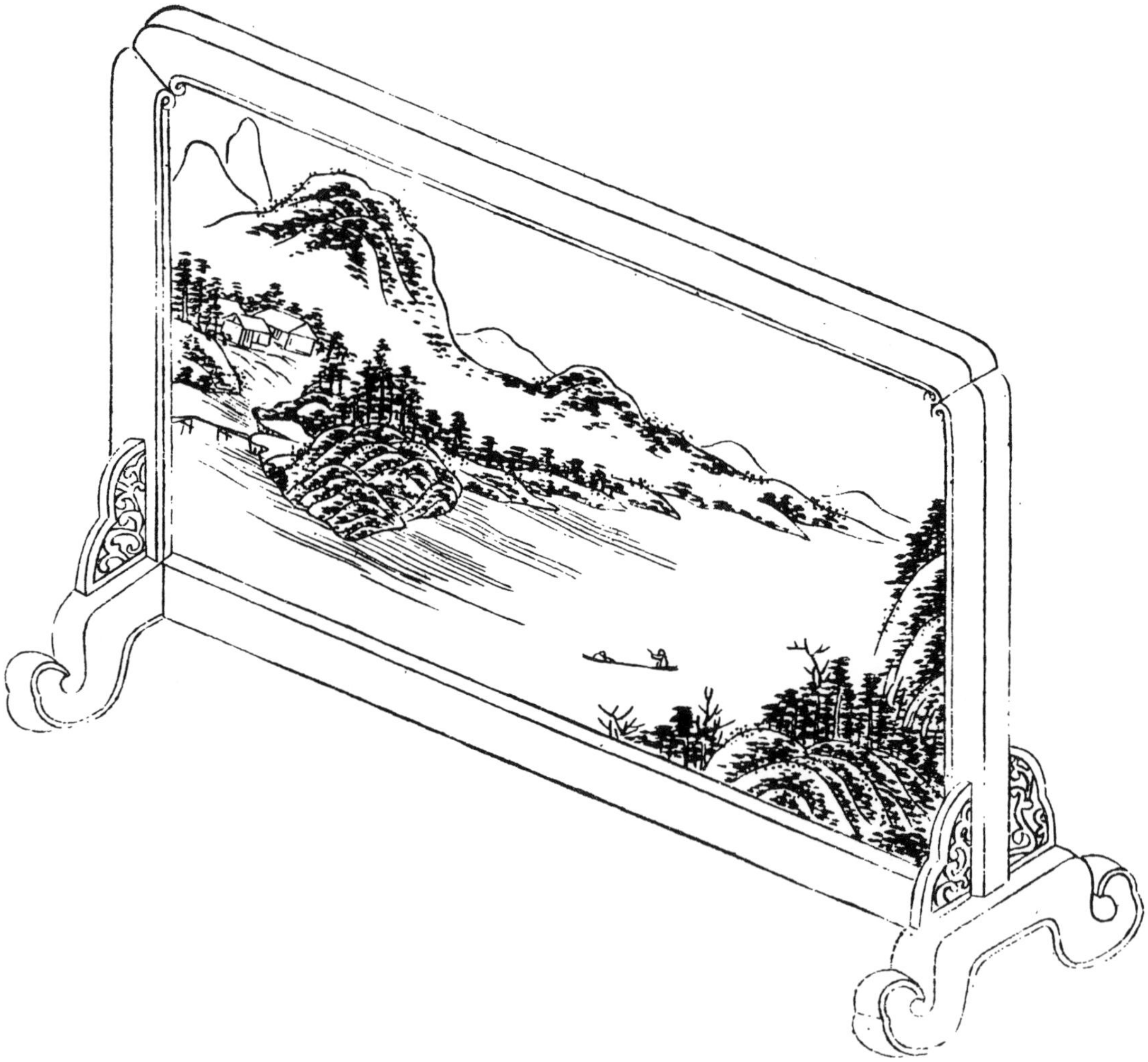

插屏

杌子
ろ
ー

同上
た
か
ー
が
に

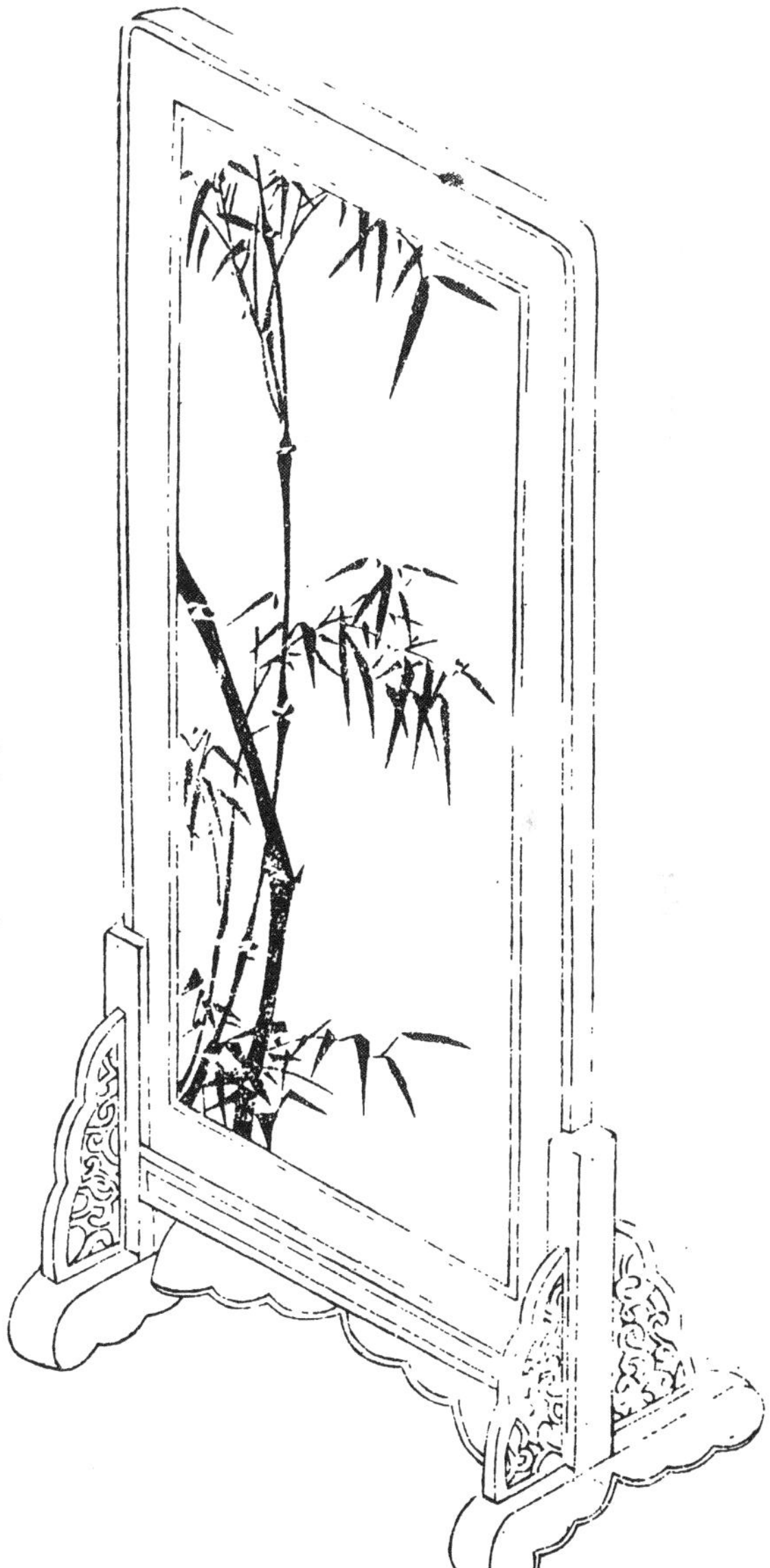

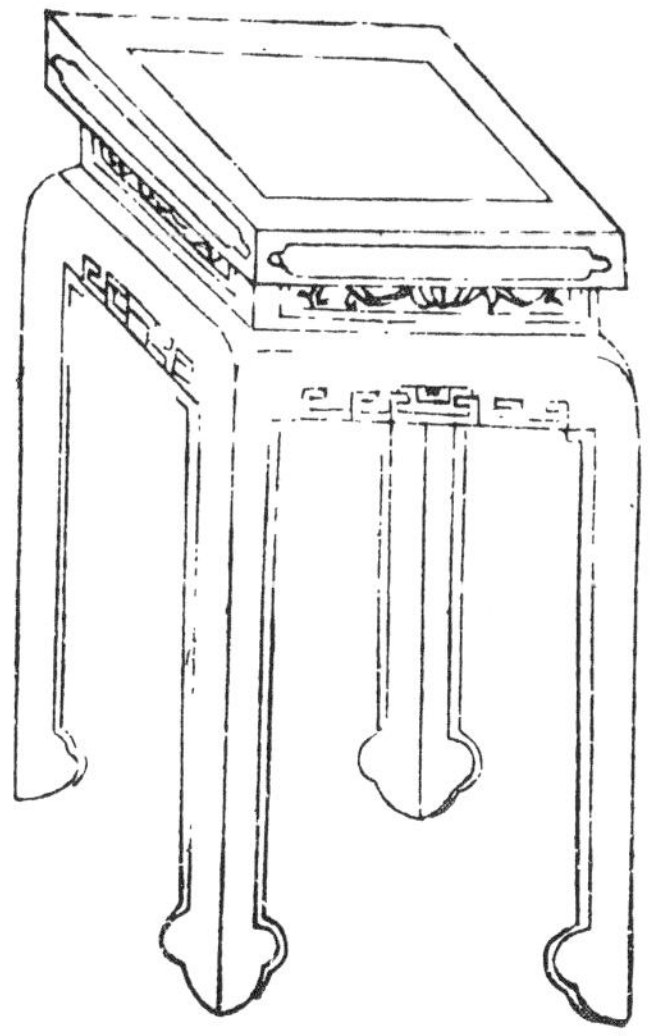

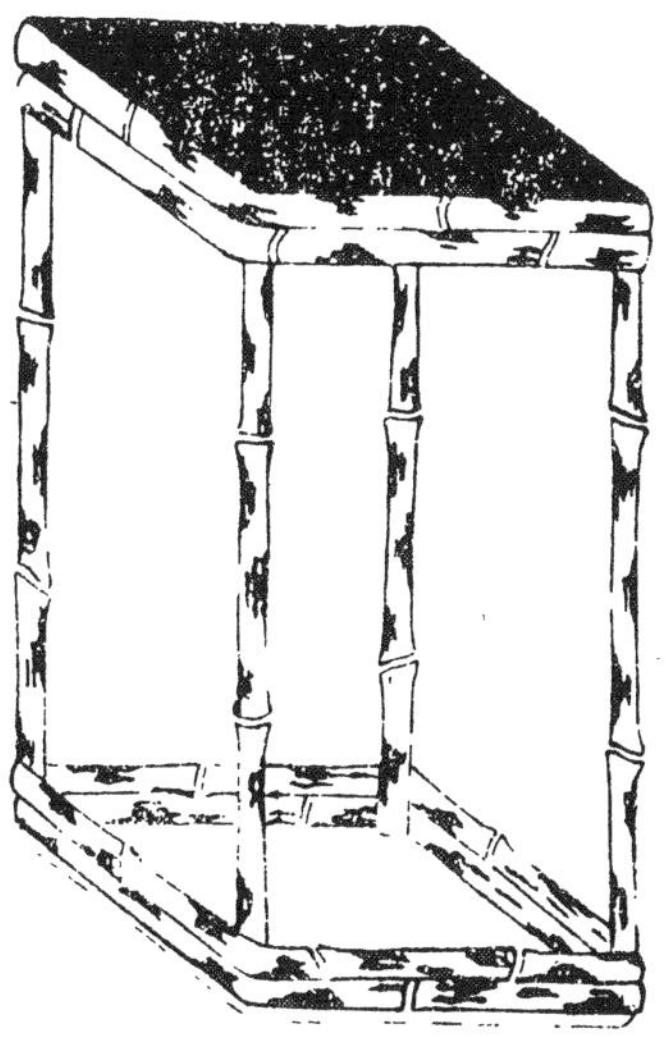

杌《こう》子《し》

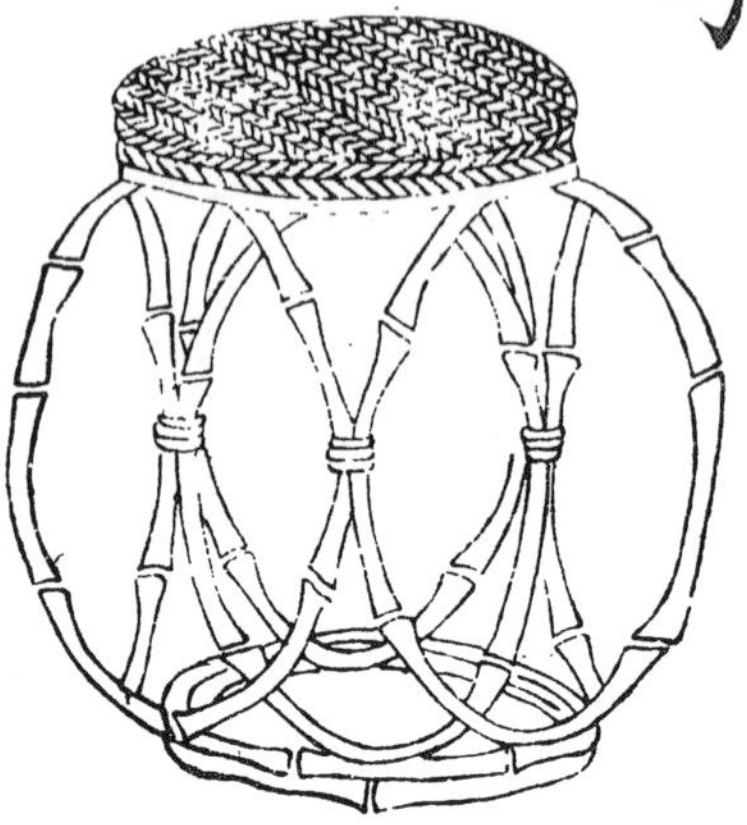

交《こう》椅《い》子《し》

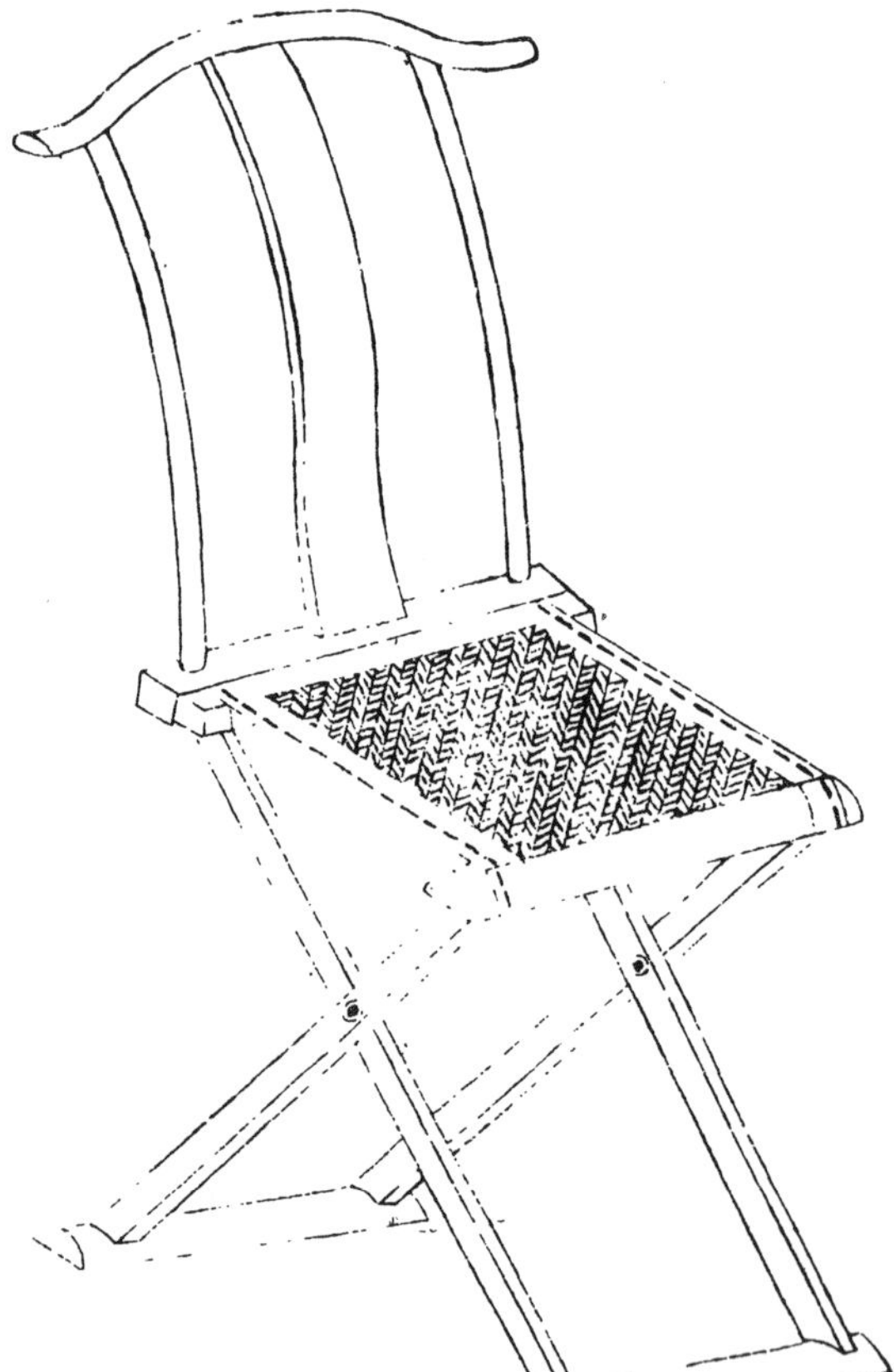

磁《す》鼓《こ》橙《とう》

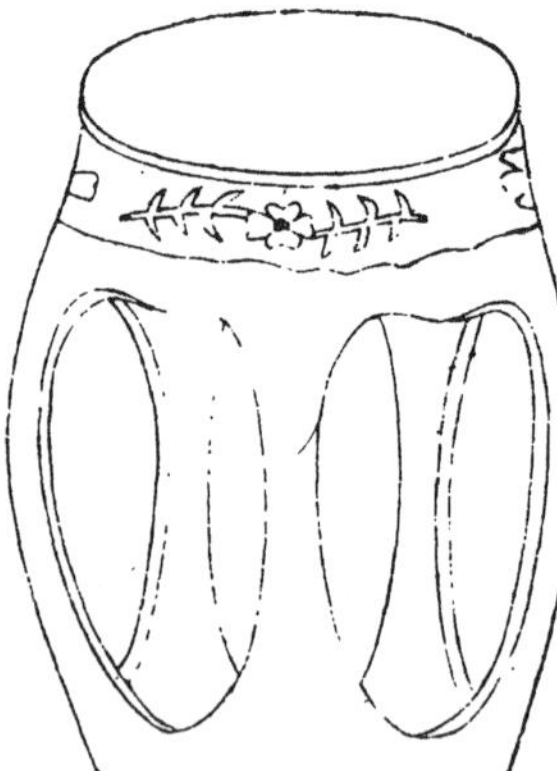

靠《こう》椅《い》

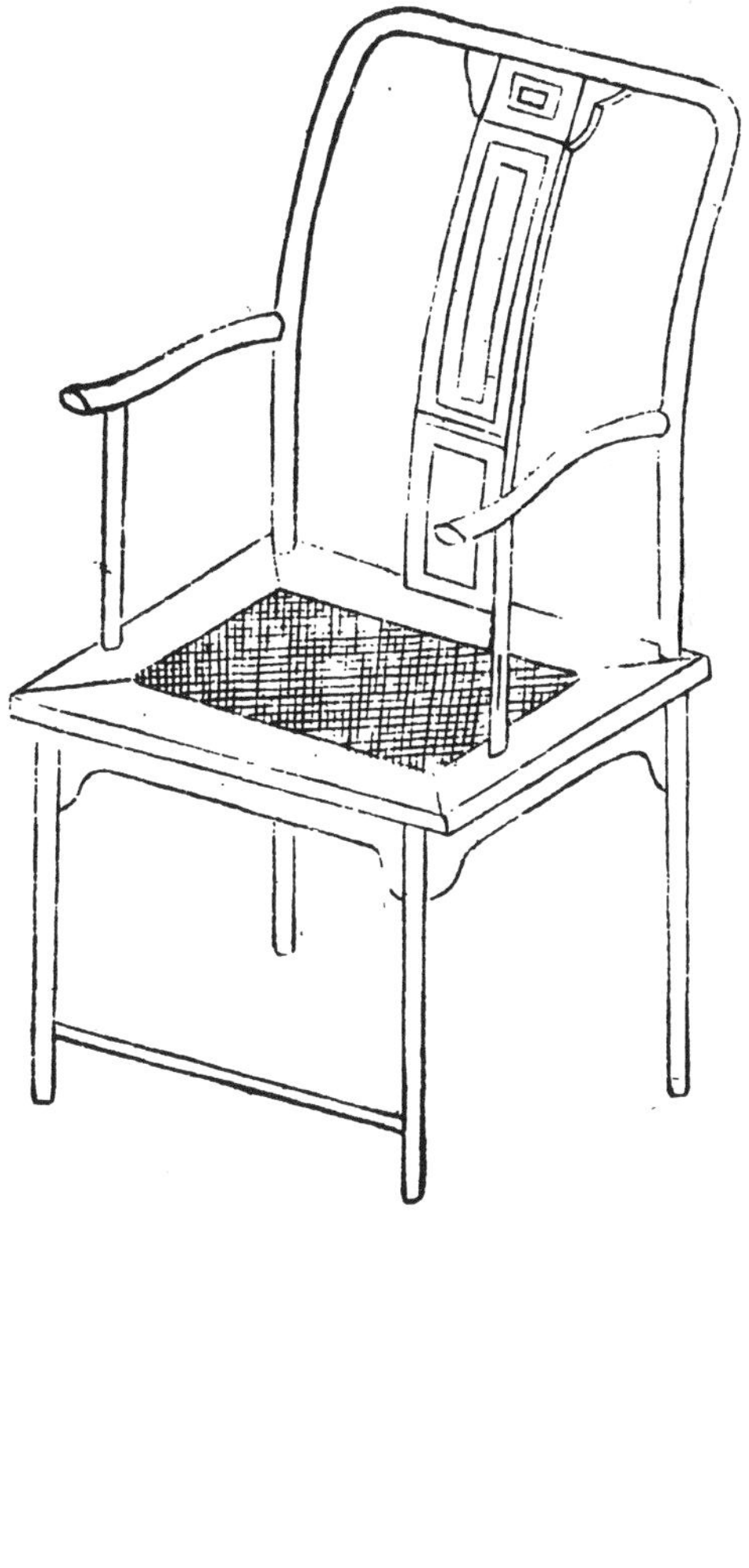

竹《ちく》椅《い》

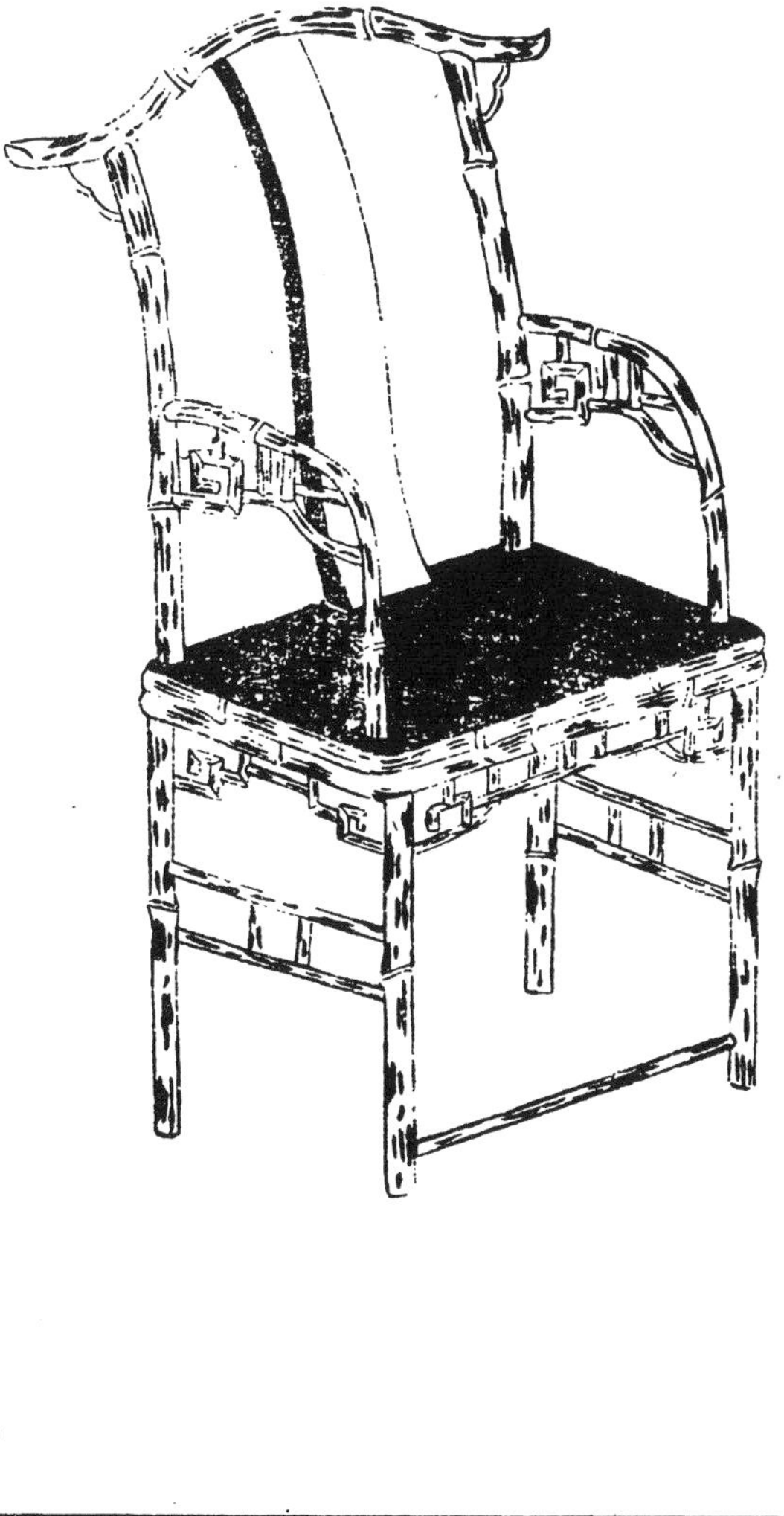

榻

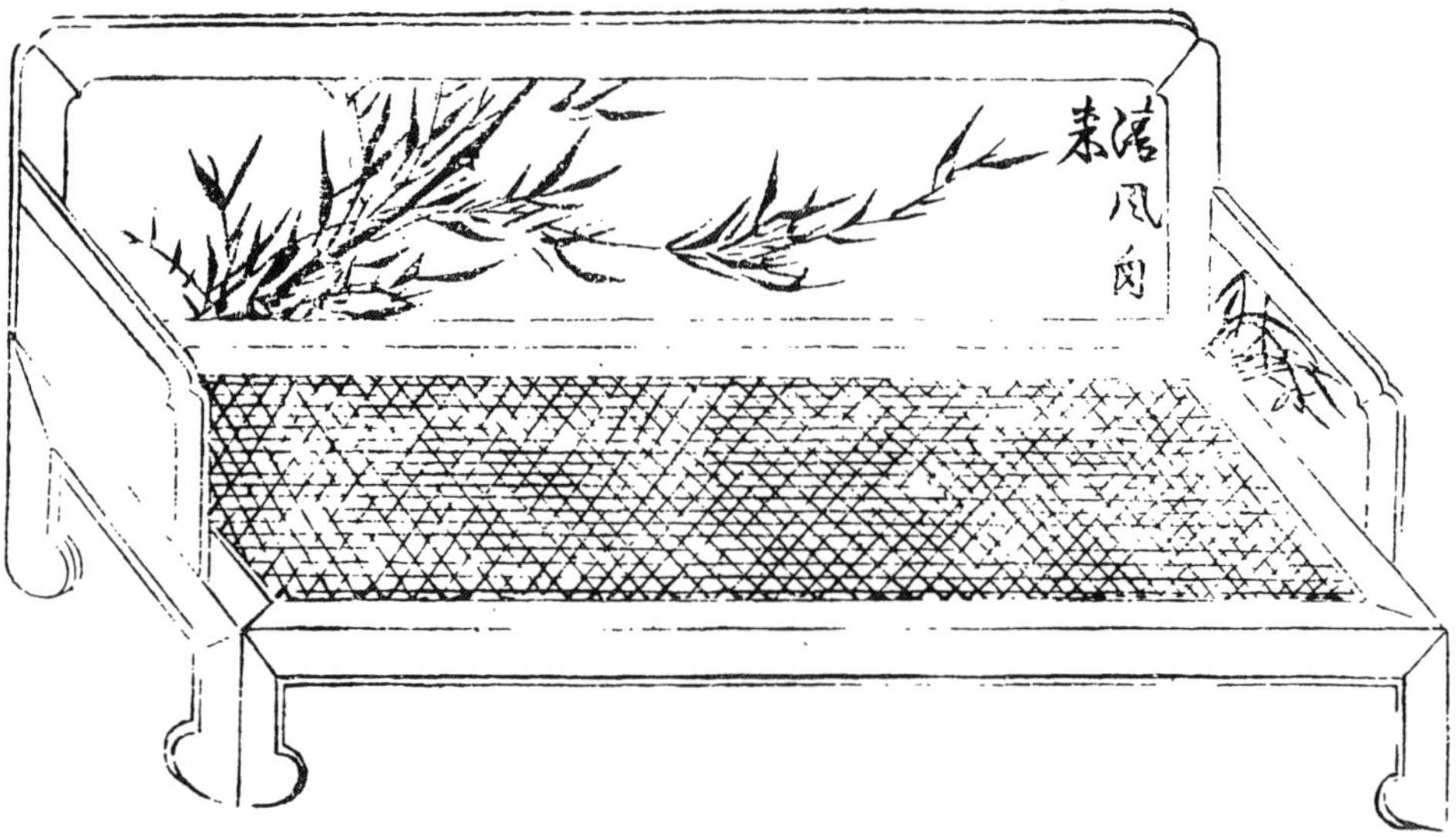

板《ちん》橙《とう》

竹《ちく》橙《とう》

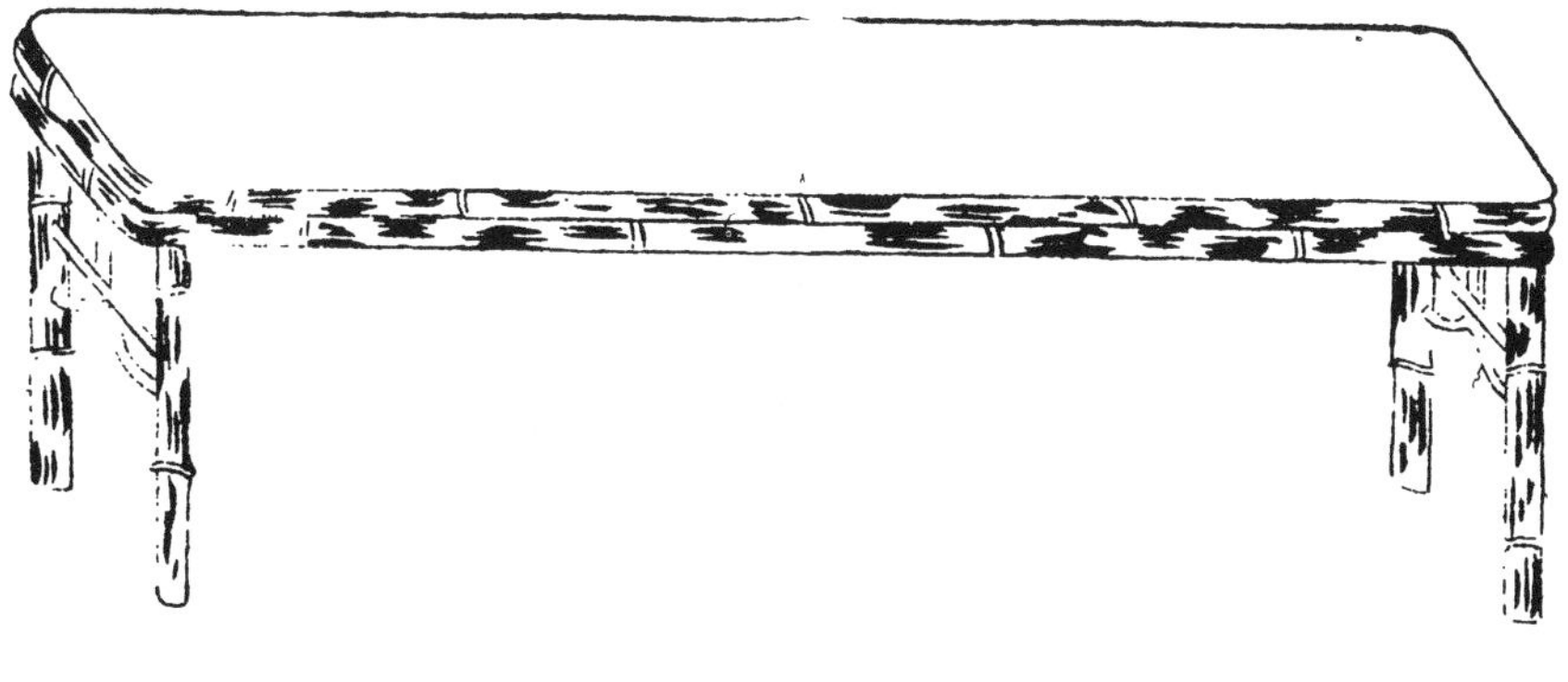

馬《む》踏《たう》子《し》
一名《いちみやう》胡《こ》床《せう》

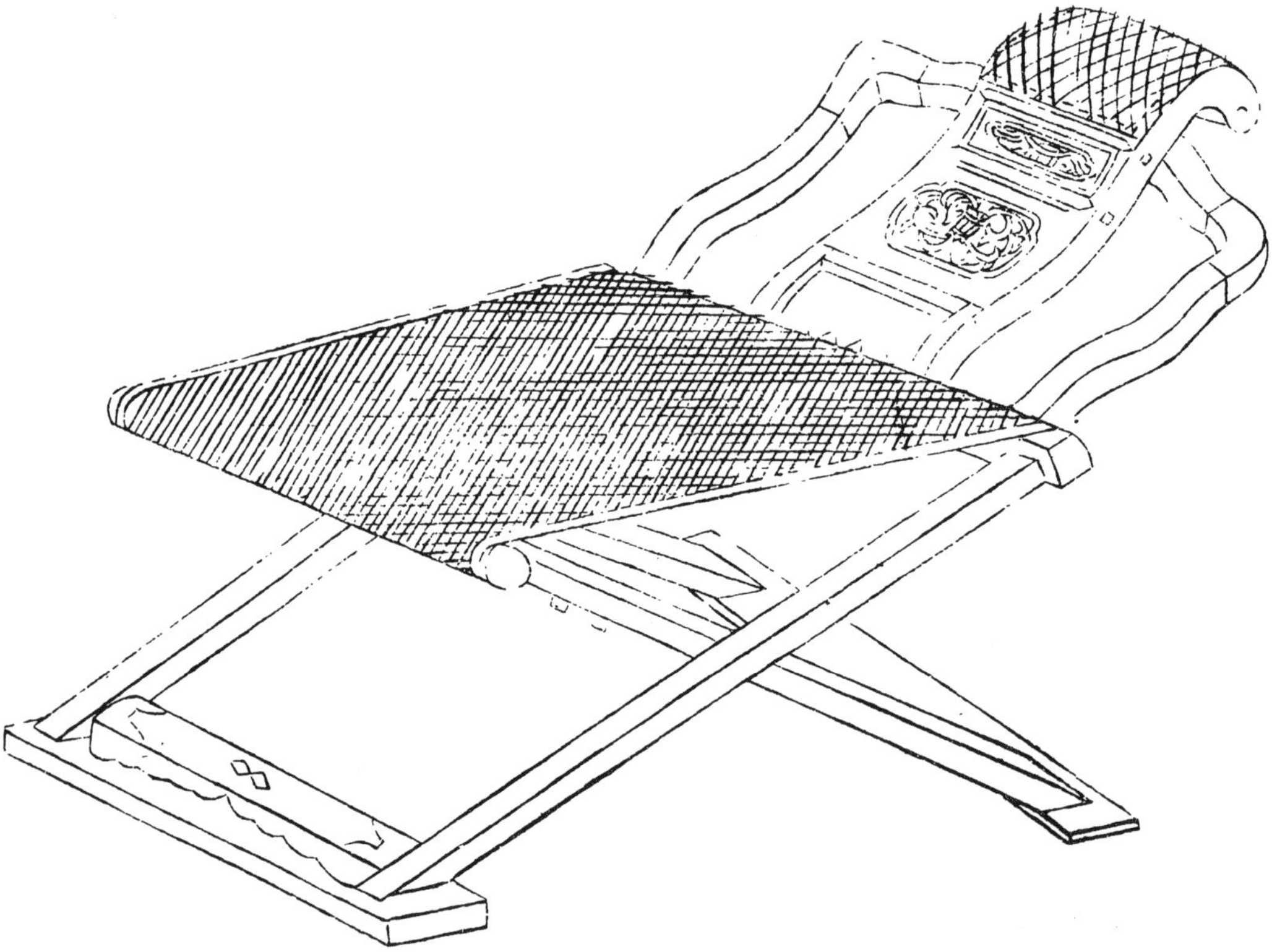

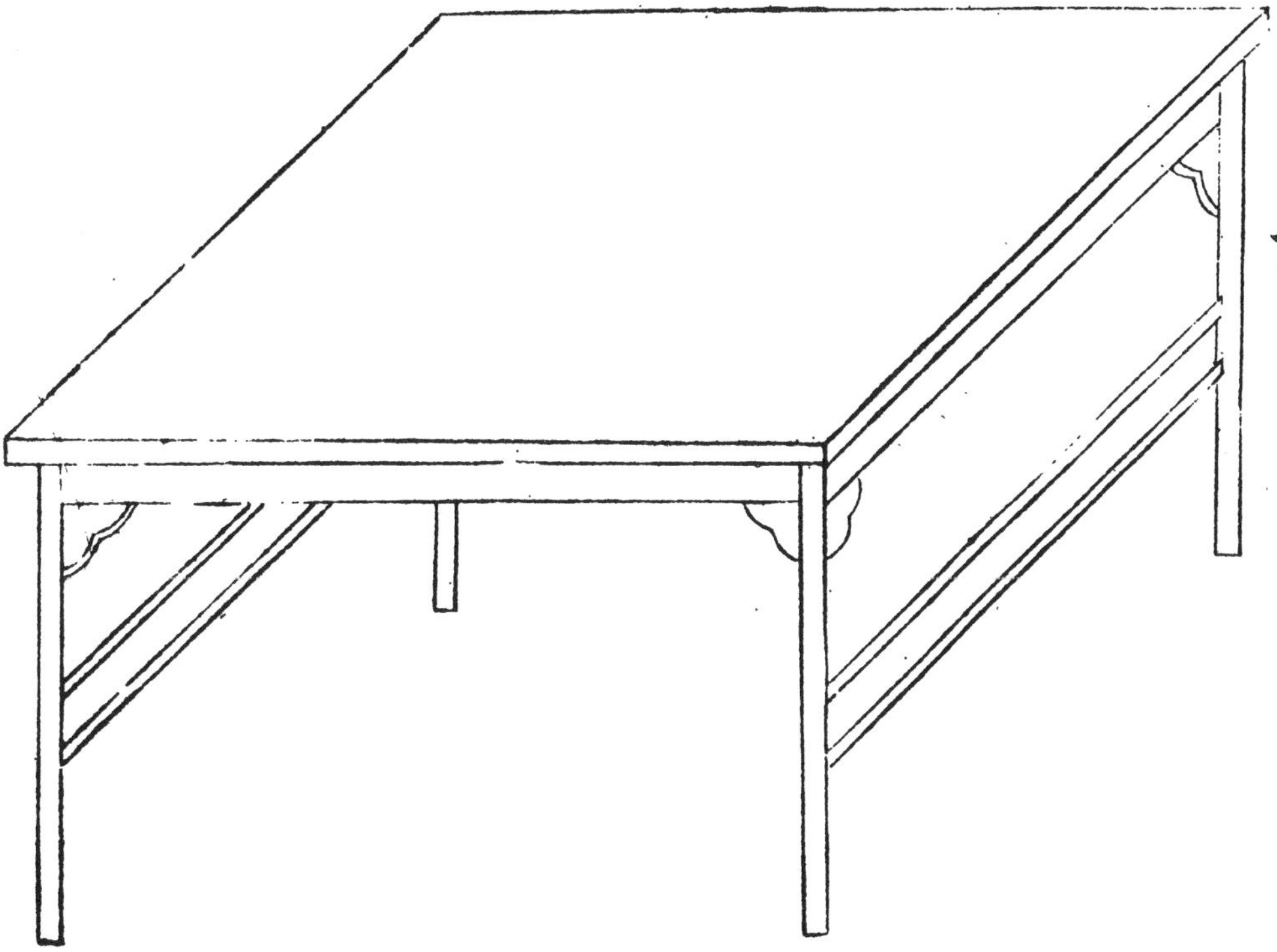

案_{あん}

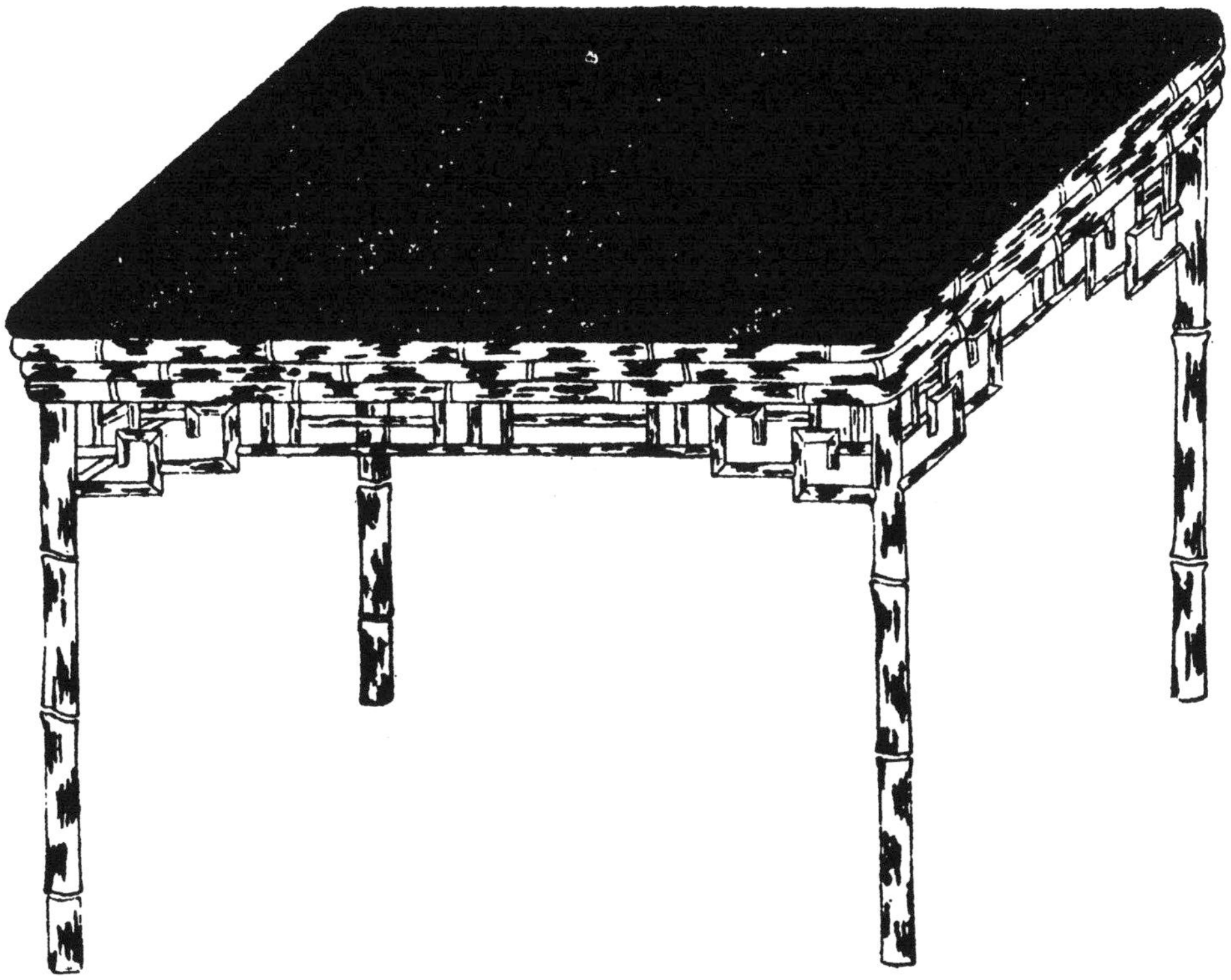

卓_{たく}

屏風

○内廳《スイデン》ハ公堂《コンダン》より奥手《おくて》に建《たて》公堂《コンダン》の後《うしろ》に建《たつ》るもあり造法《ざうはう》公堂《コンダン》に相似《あいに》し左右《さう》歟
又ハ前後《まへうしろ》地面《ぢめん》の格子《かうし》にて空地《くうち》を残し樹木《じゆもく》等を並《なら》べあるひハ鉢植《はちうゑ》の草花《さうくわ》を並べ
向《むかふ》へ籬笆《リイハア》等造《つく》りて清浄《せいじやう》にして並べ置《おく》客来《きやくらい》酒宴《しゆえん》等ハ多く内廳《スイテン》にて設《まう》く
尤公堂《コンダン》にても設《まう》くるもあり

○書房《シイワン》一ツに居室《キイシ》公堂《コンタン》より續《つゞ》きに建《たつ》るもあり少し引離れ別に建《たつ》るもあり
入口《いりぐち》二枚の扉《とびら》正面《せうめん》に書画《しよぐわ》を懸《かけ》高《たか》き卓子《たくし》に文房四寶《ウエンワンスウパウ》を（紙墨筆硯《ツウメヒエン》を文房《ウエンワン》四寶《スウパウ》といふ）
列《つら》ね擺式《バヒ》水盂《シユイイー》筆筒《ヒドン》筆架《ピキヤア》墨床《メシヤンドー》圖書《シイ》印色《インスエ》香盒《ヒヤンガウ》等飾《かざり》つけおくなり
書籍をならべ椅子杌子を並べ琴等に楽器《がくき》
帽架《マヲカヤア》等かざり並べおきにより色々古雅の品等かざる事なり

書《しよ》房《ばう》

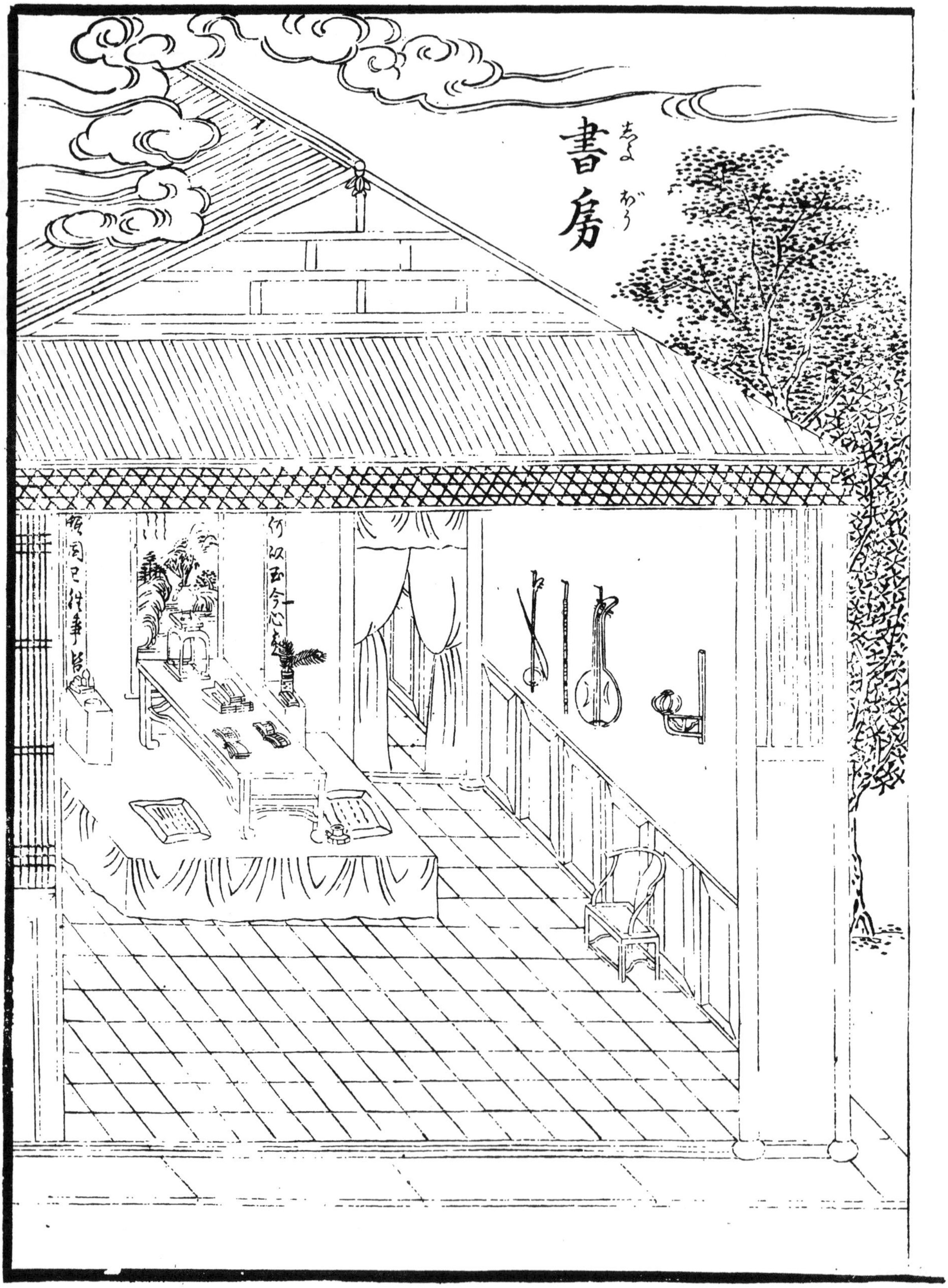
書《しよ》房《ばう》

架か　筆ひつ

筆ひつ

水すゐ
盂う

硯けん　端たん

墨ぼく
床しやう

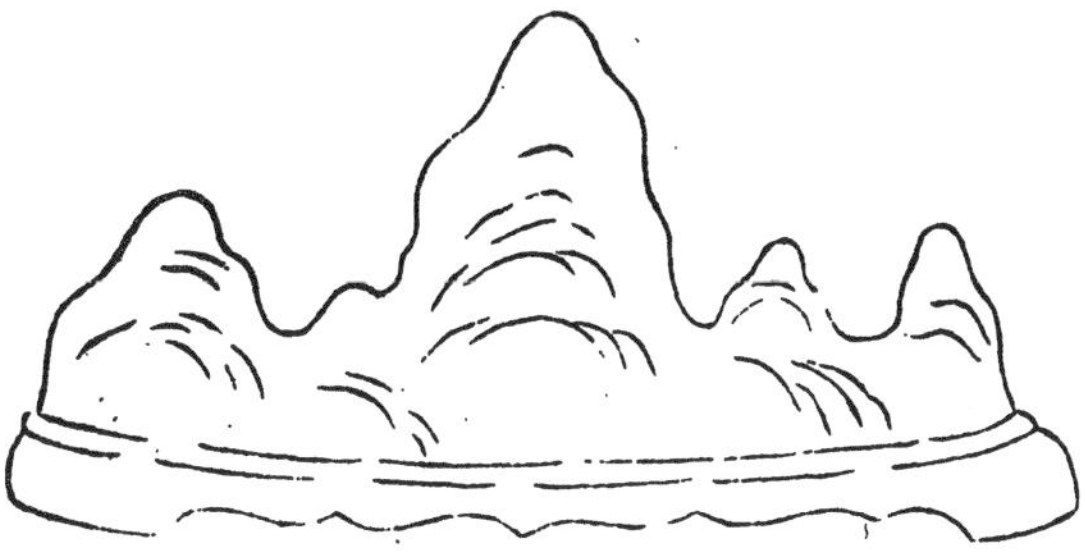

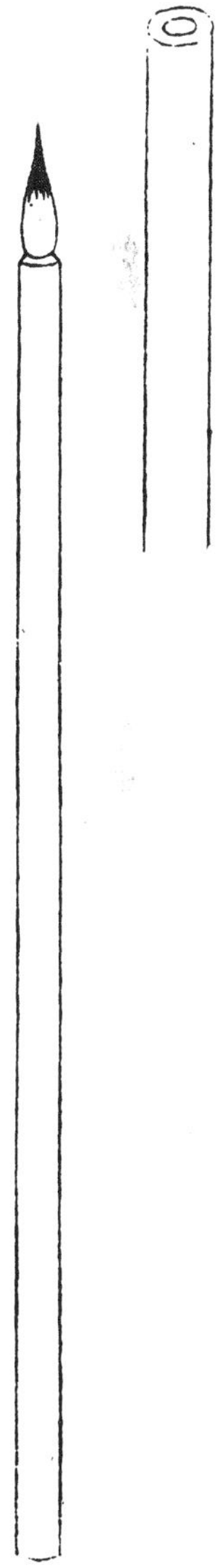

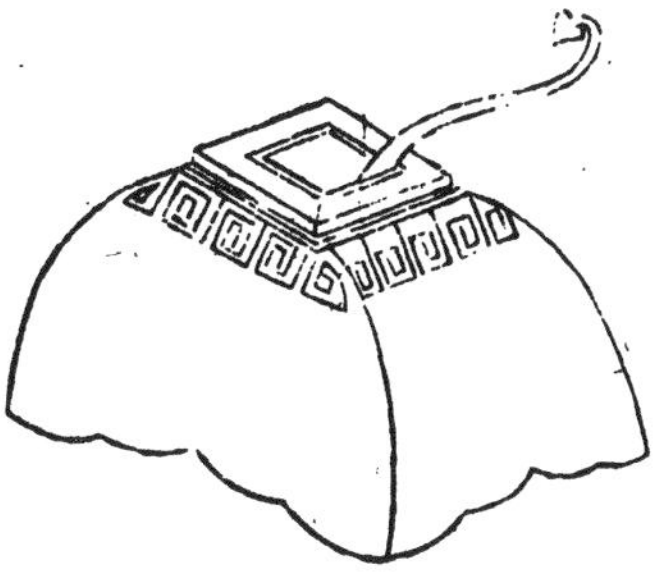

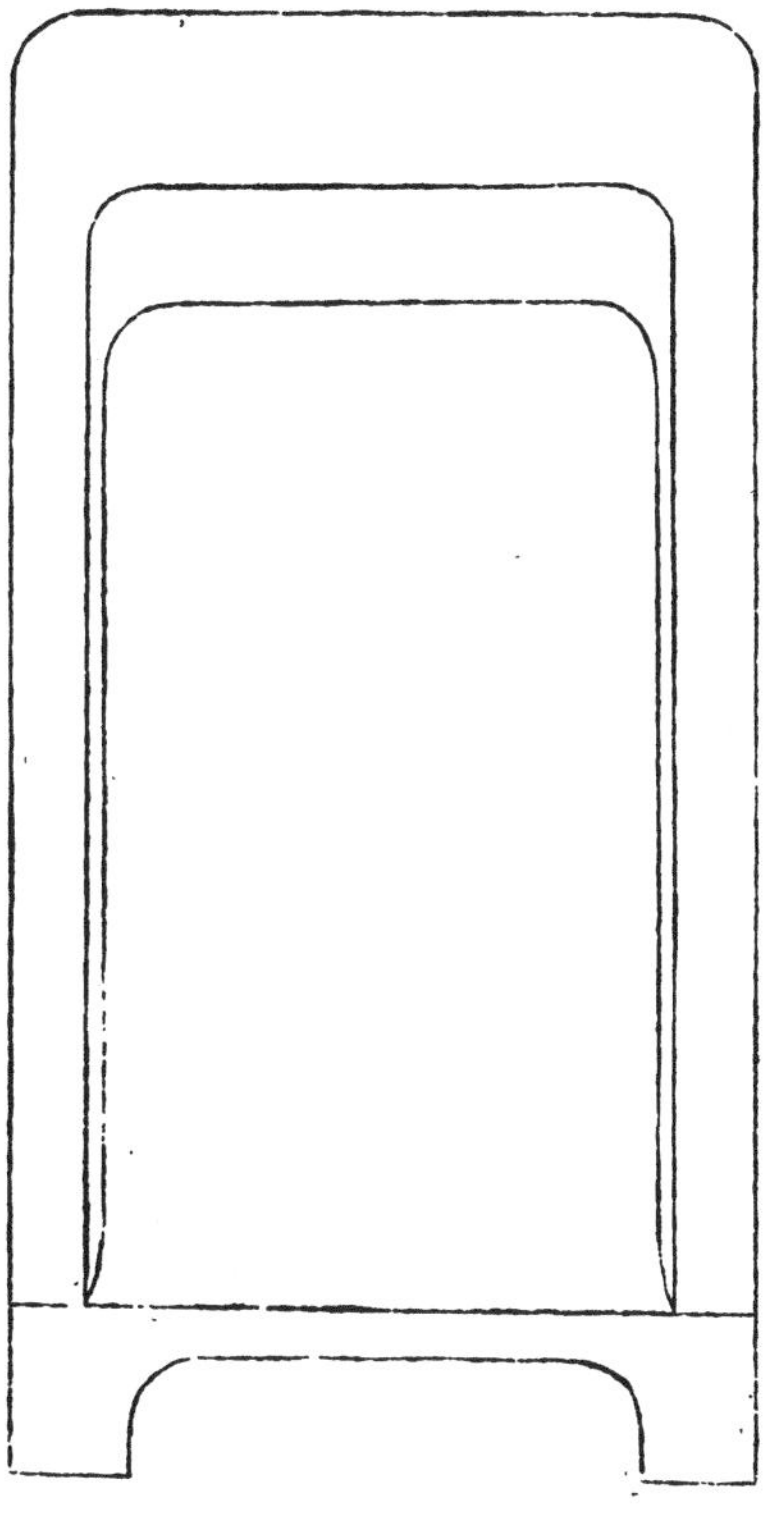

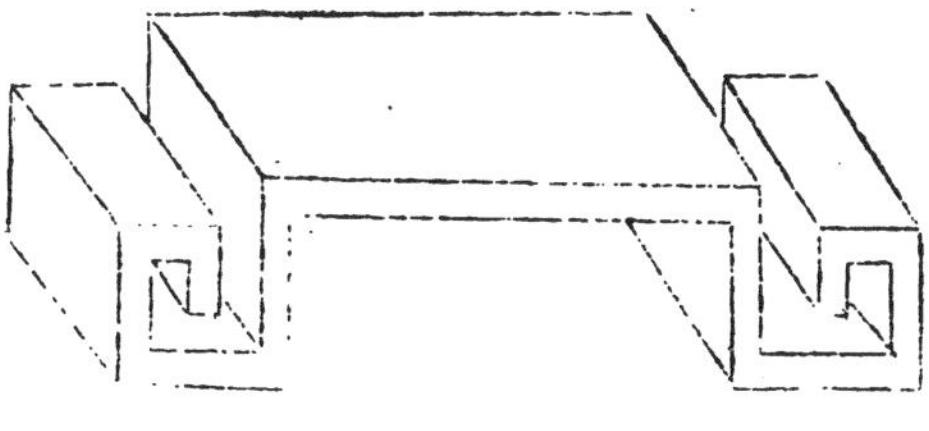

徽墨

き
ぼく

墨画

ぼ
こう

床筆

せう ひつ

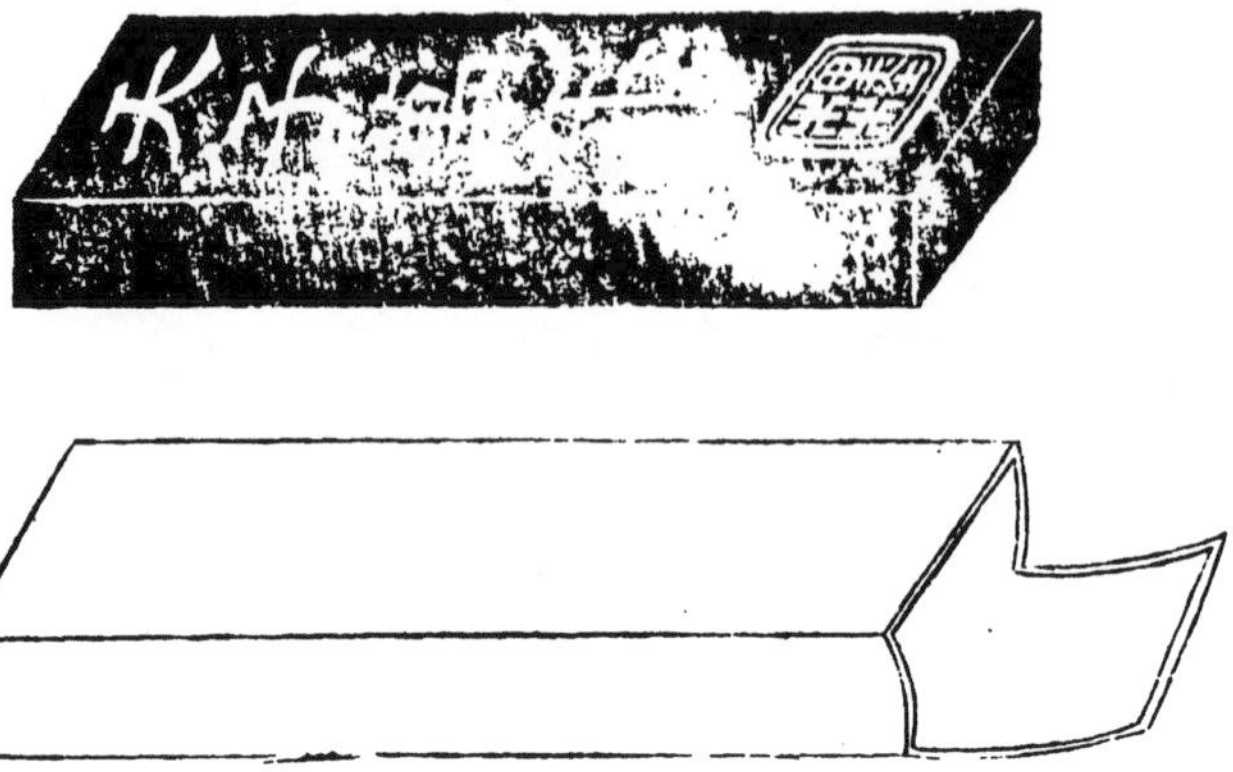

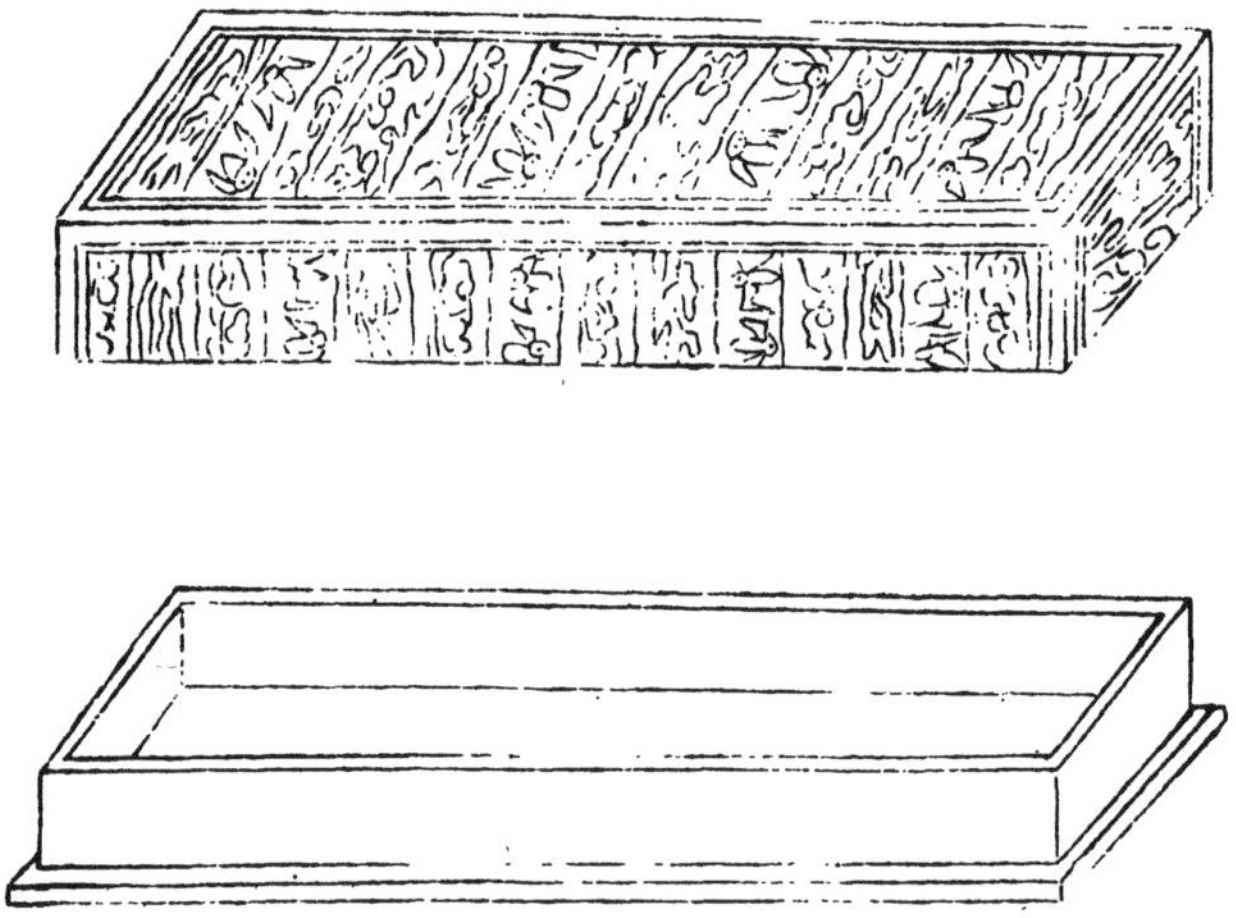

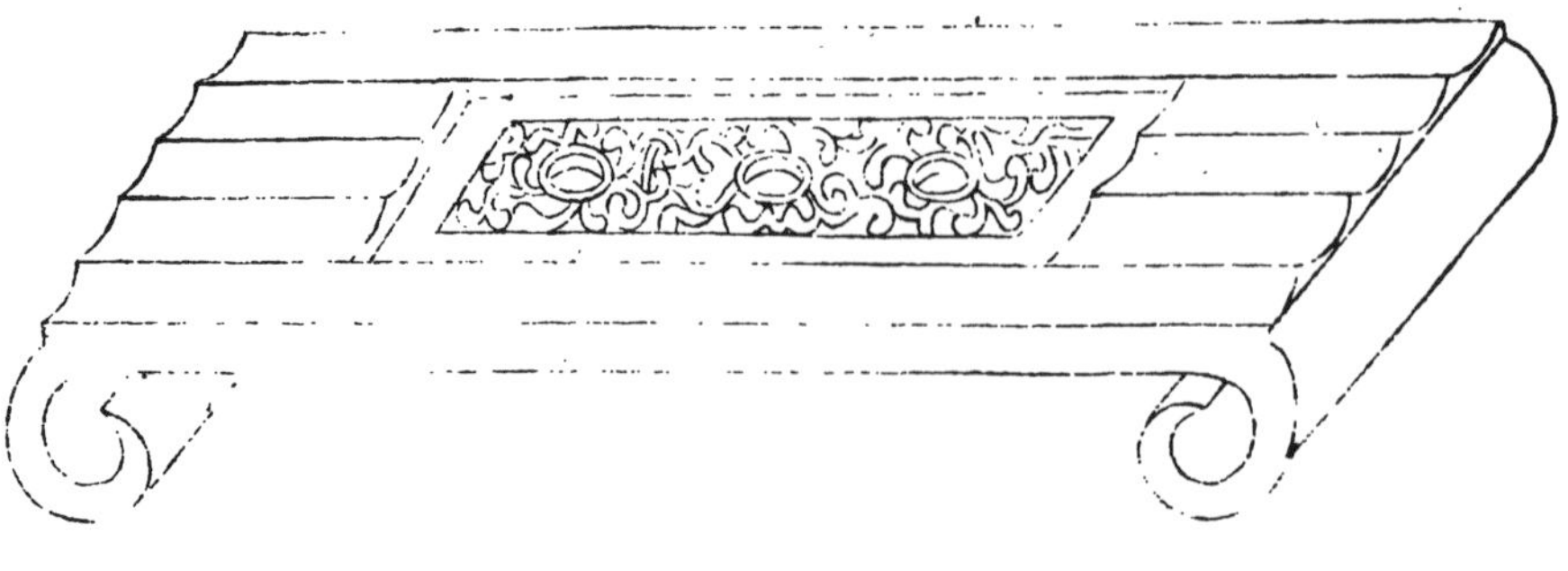

筆《ひつ》筒《たう》

排《はい》筆《ひつ》

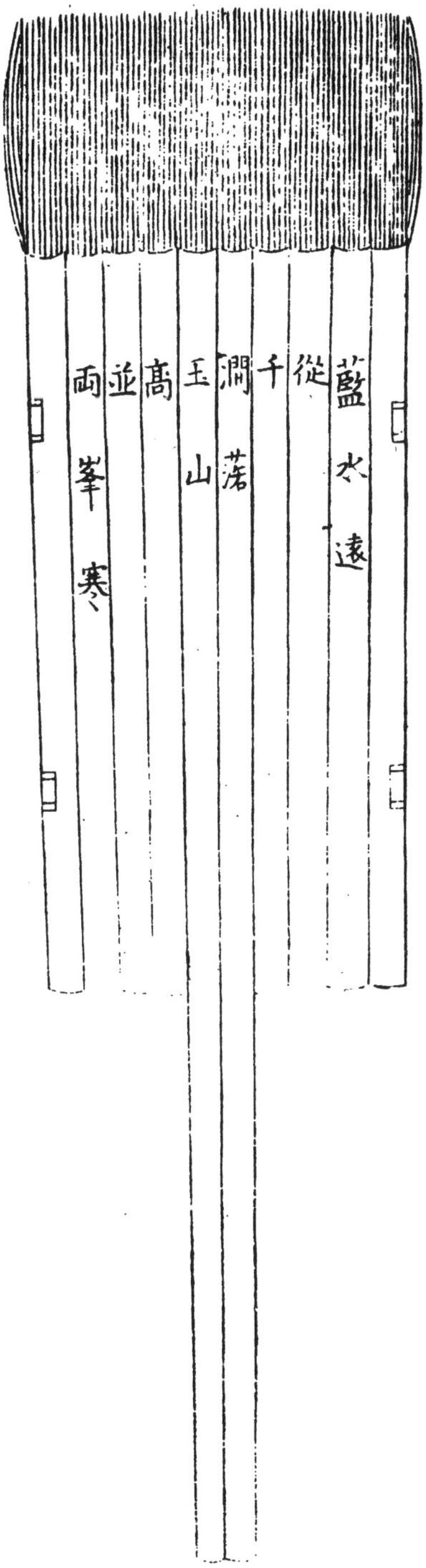

筆洗
ひつせん

玉鎮紙
ぎよくちんし

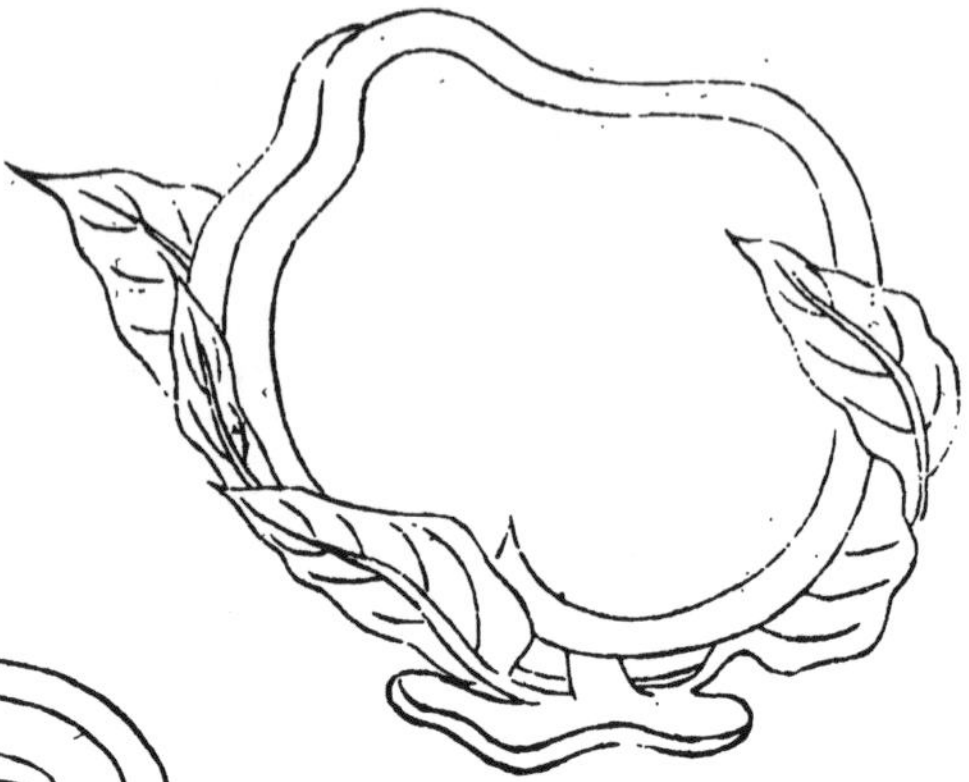

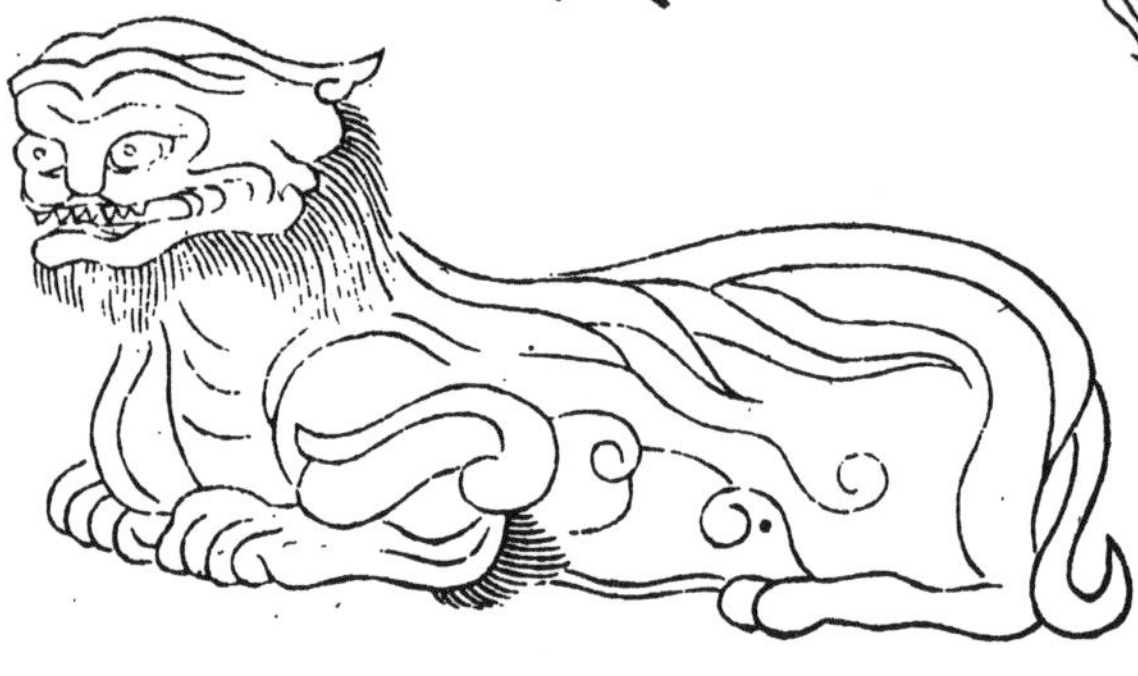

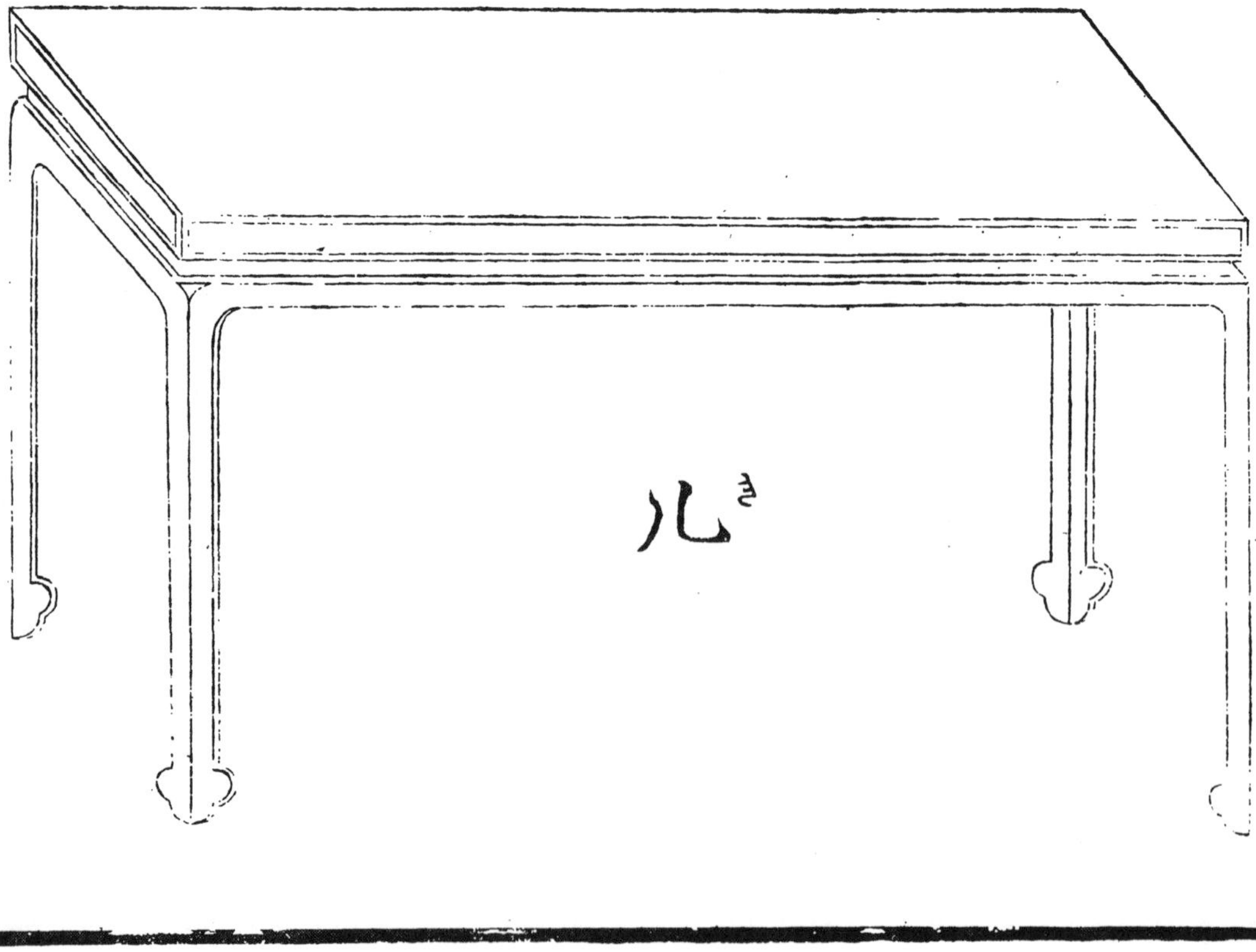

几
き

書架^{しょか}

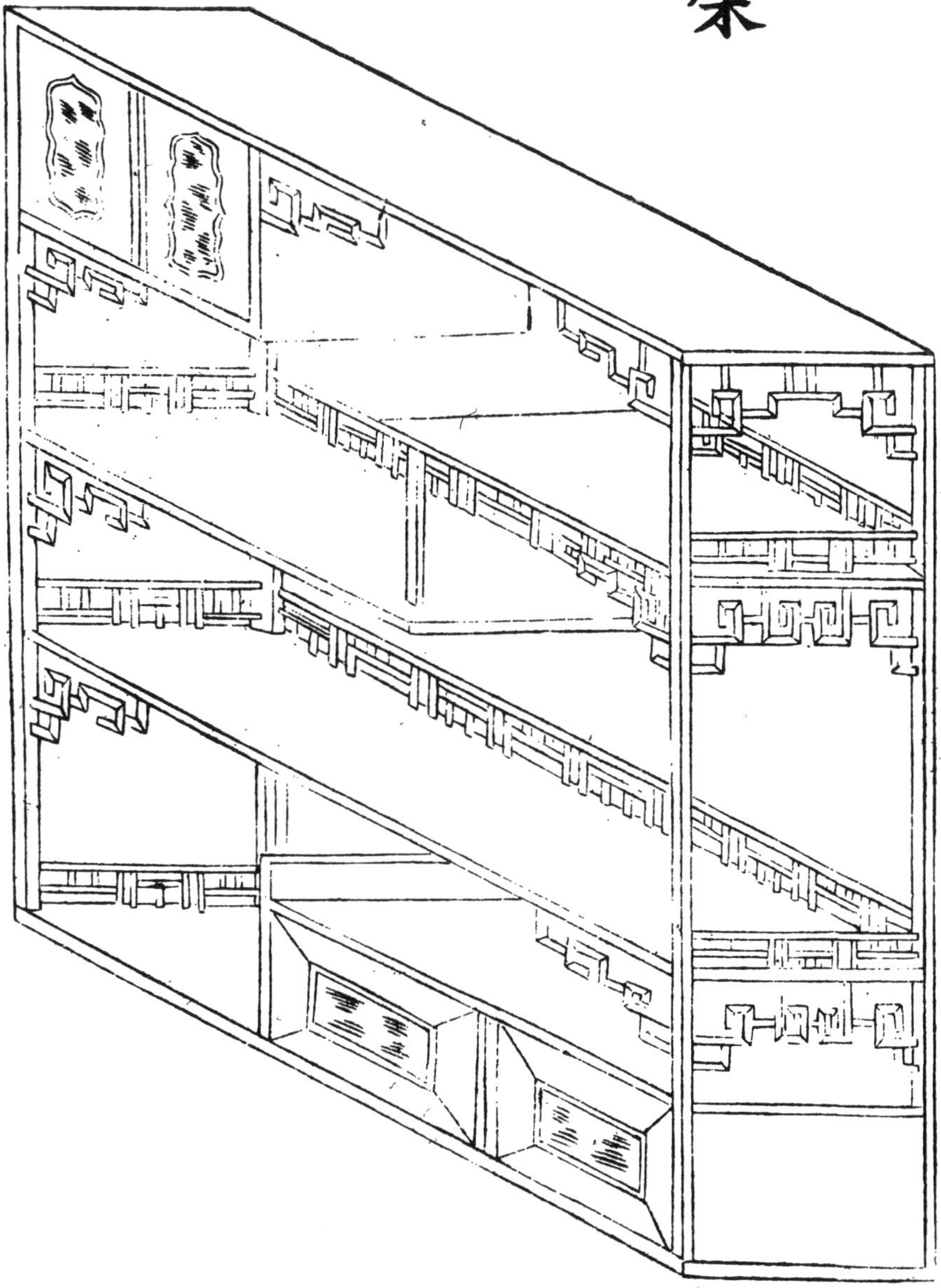

書《しよ》架《か》

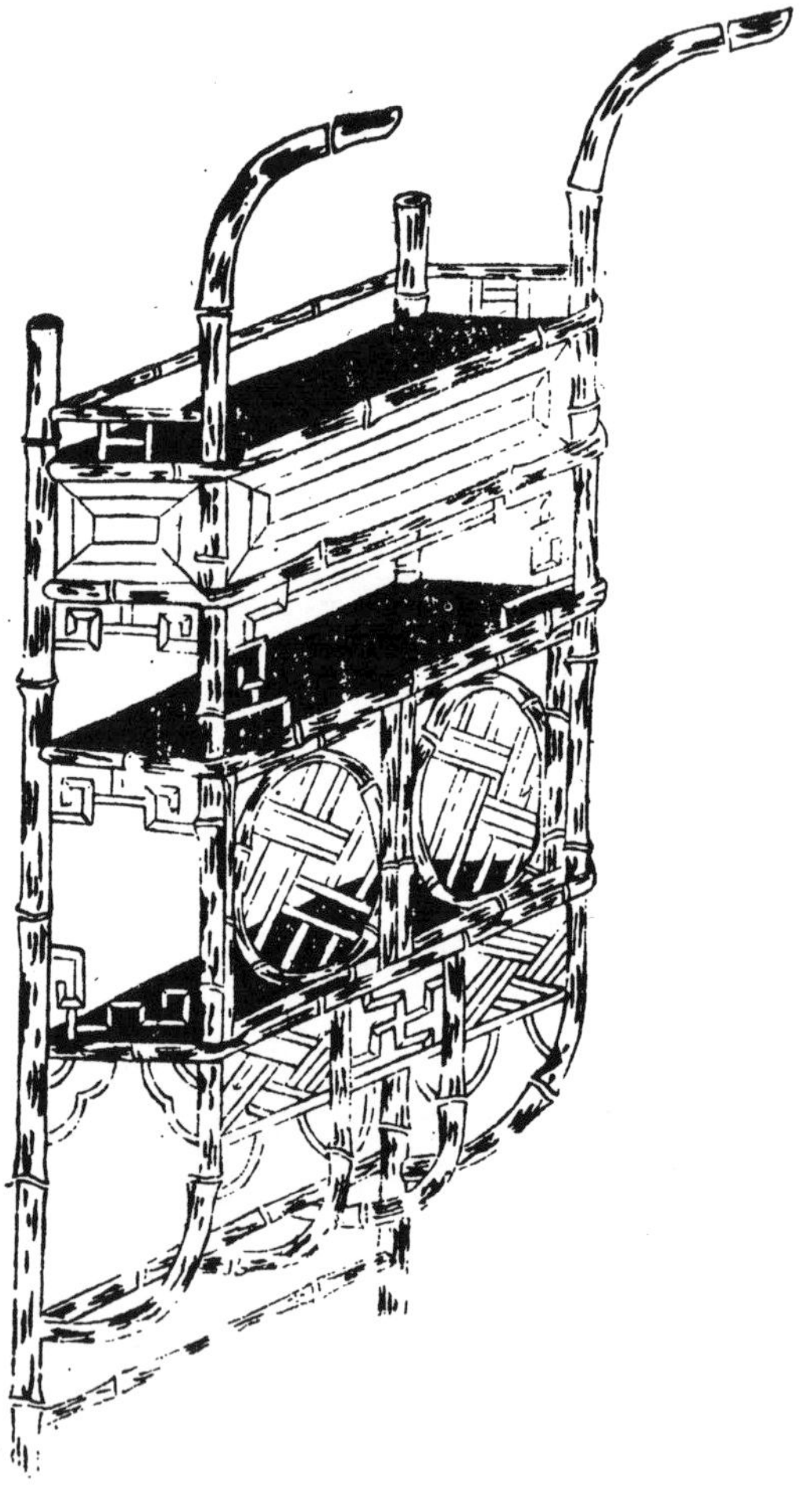

香《かう》爐《ろ》

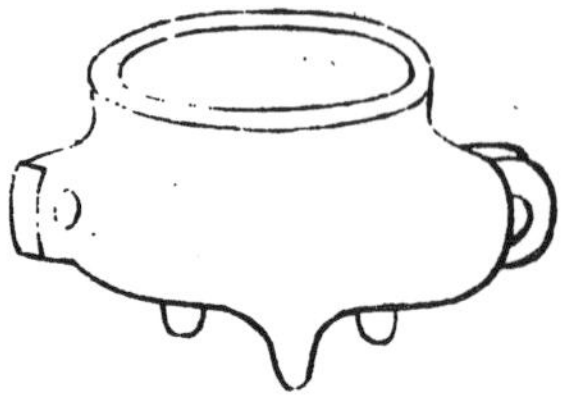

筆《ひつ》筒《だう》

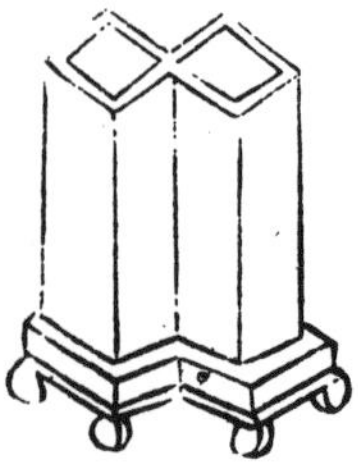

香《かう》盒《ごう》

香《かう》箸《ちよ》筒《たう》

花《くわ》瓶《へい》

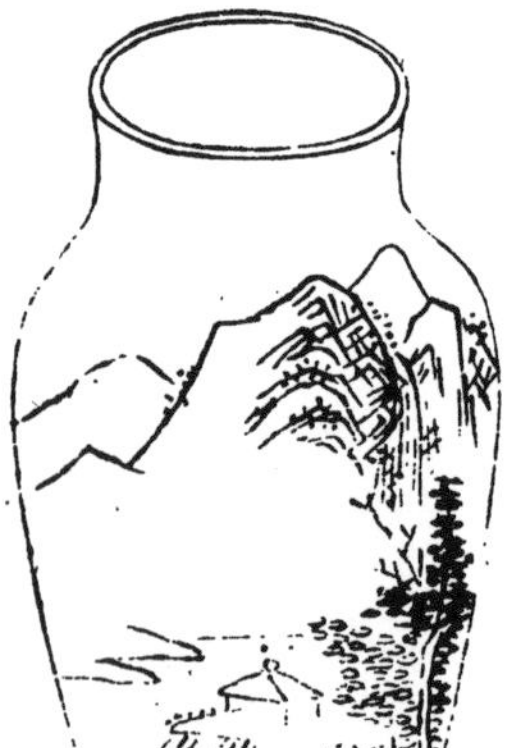

錯刀
さ
た
き

印
え
た
刀

裁
え
た
刀
さ

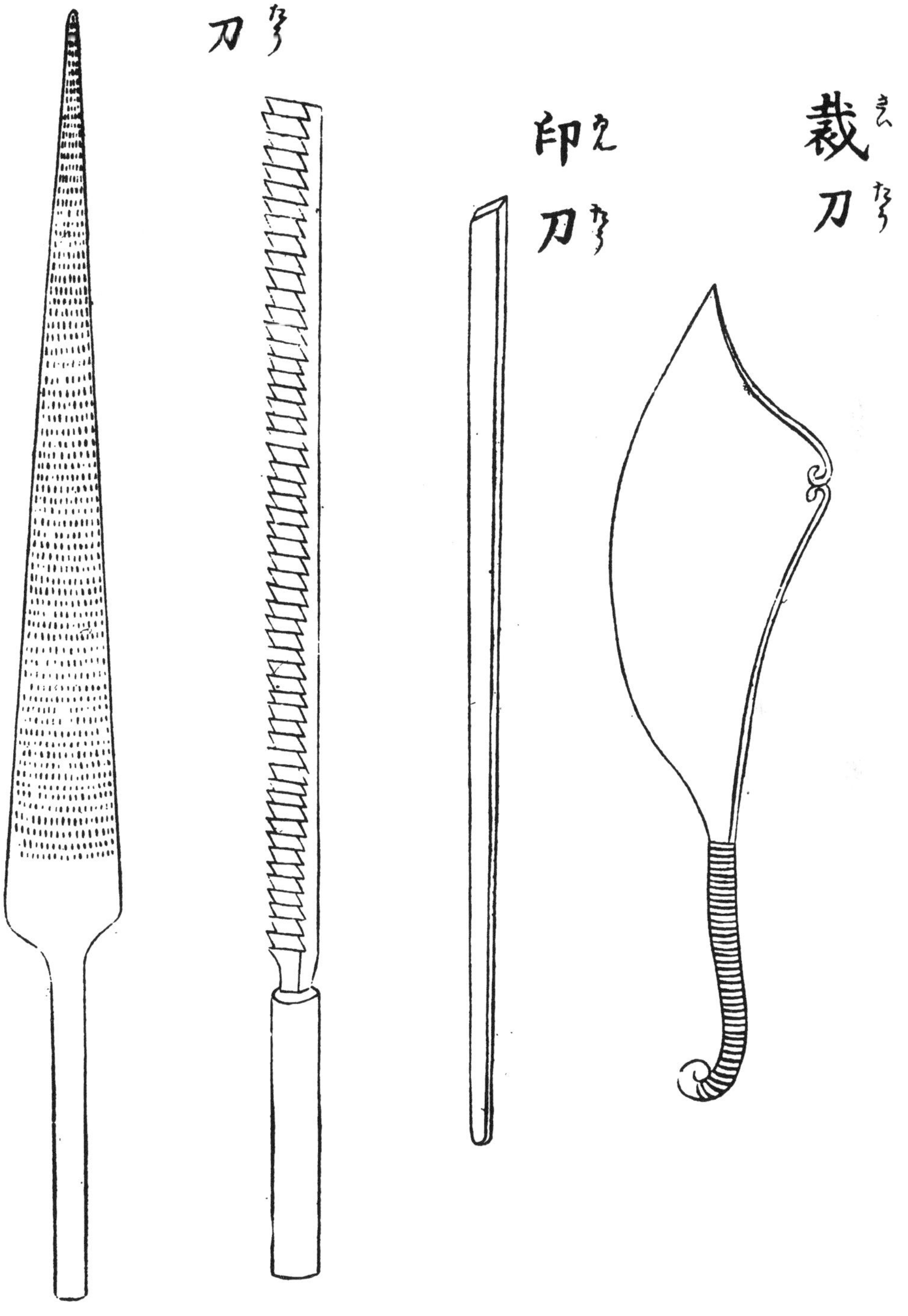

盤^ん碁^き

碁^き筒^{たつ}　　碁^き子^し

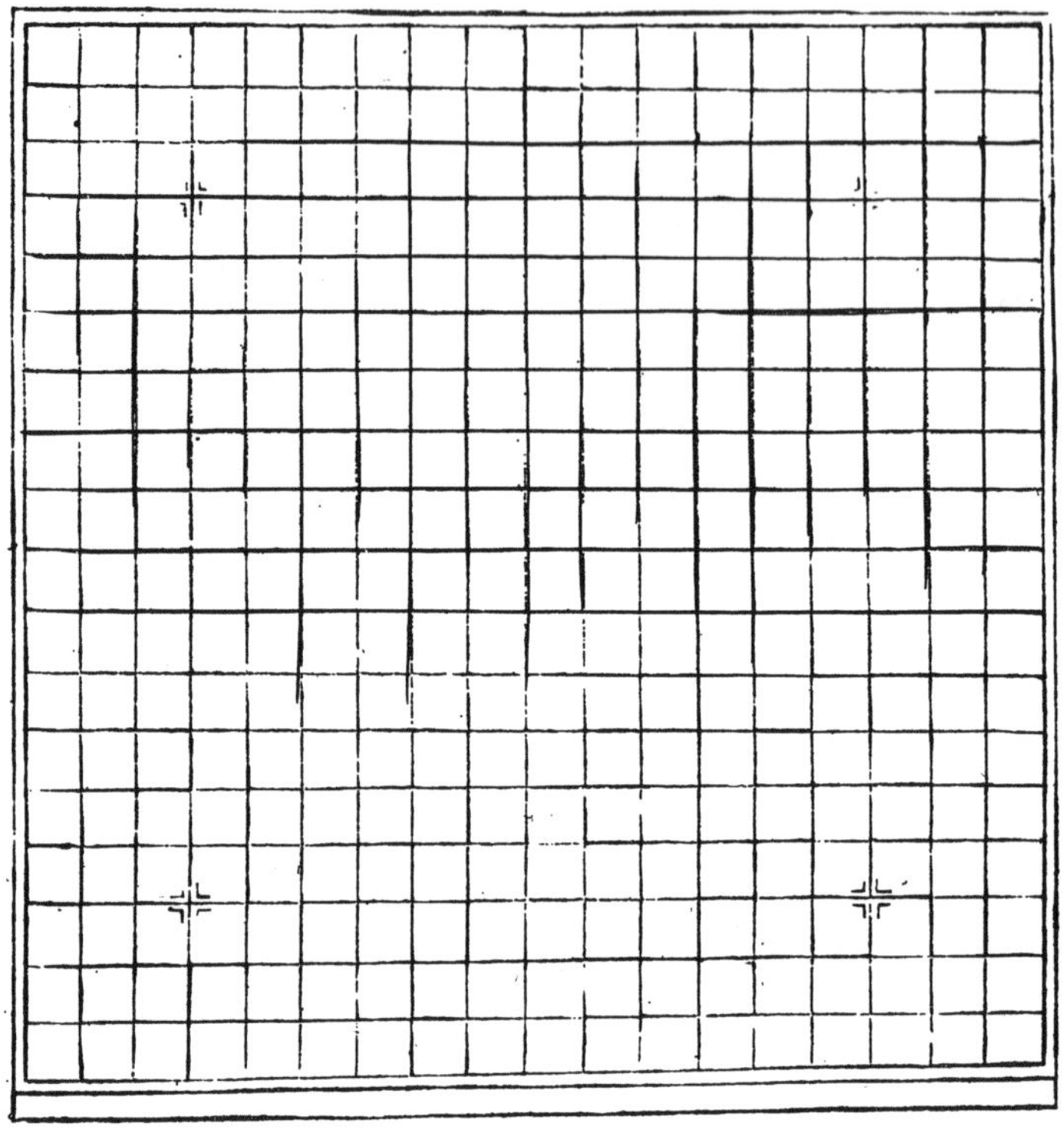

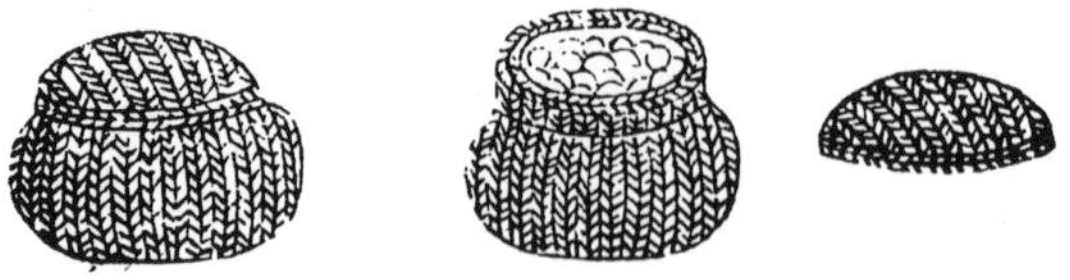

象《ちやう》棋《ぎ》盤《ばん》

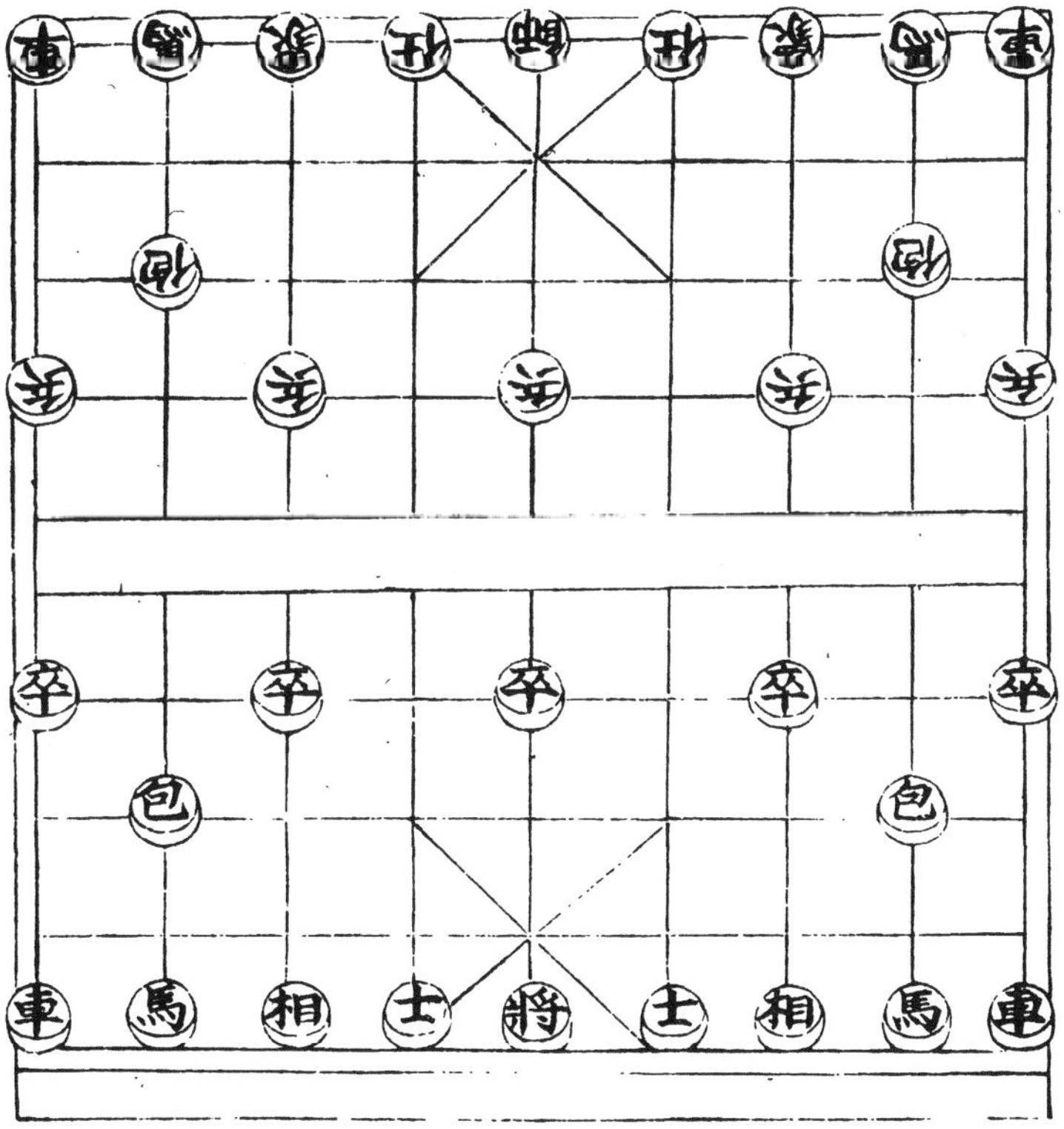

琴《きん》

居家 九一

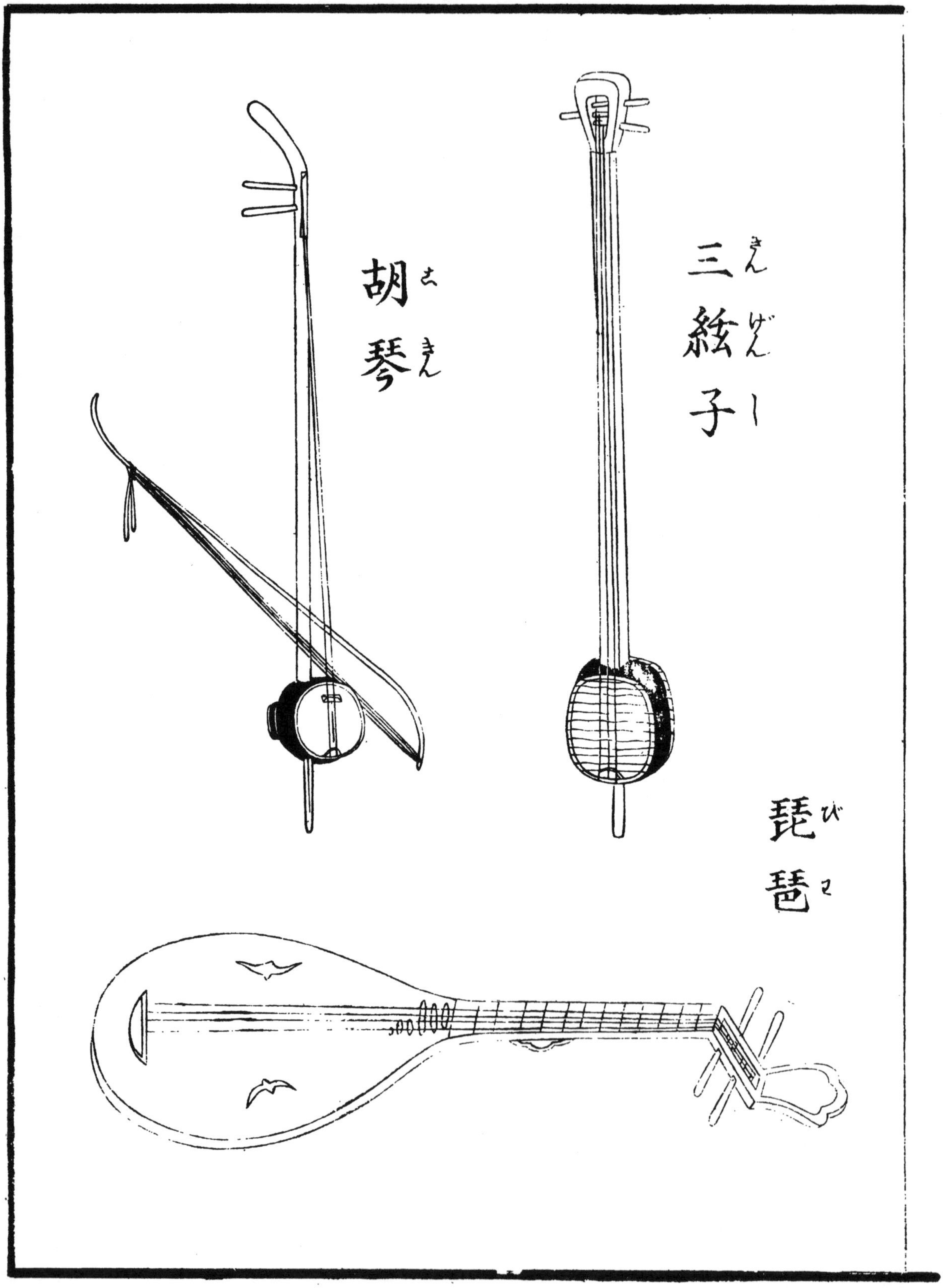

胡_こ琴_{きん}

三_{さん}絃_{げん}子_し

琵_び琶_わ

金鑼 えんら

雲鑼 えんら

撥子 ばう

鎖吶 さうな

月鼓 けつこ

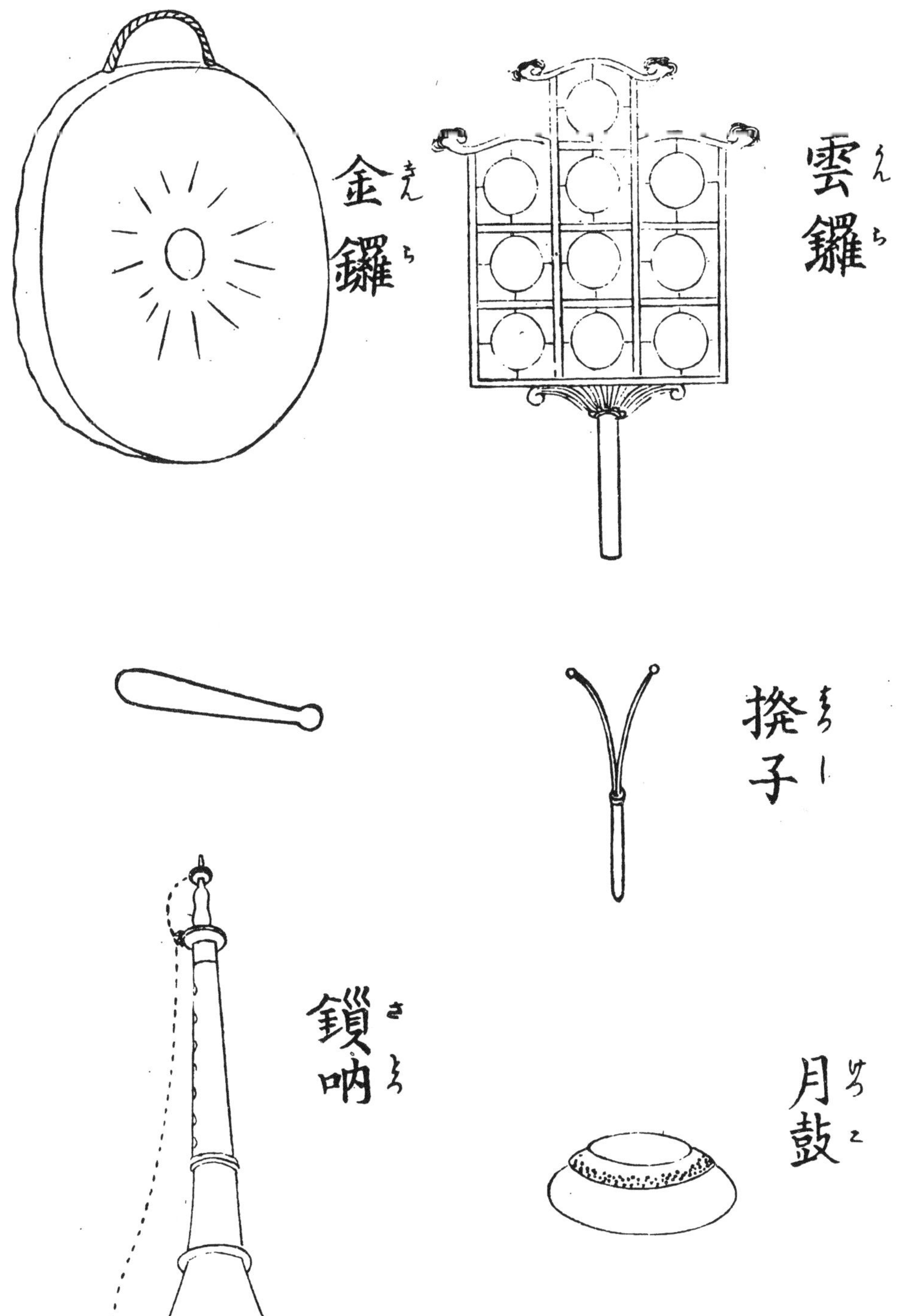

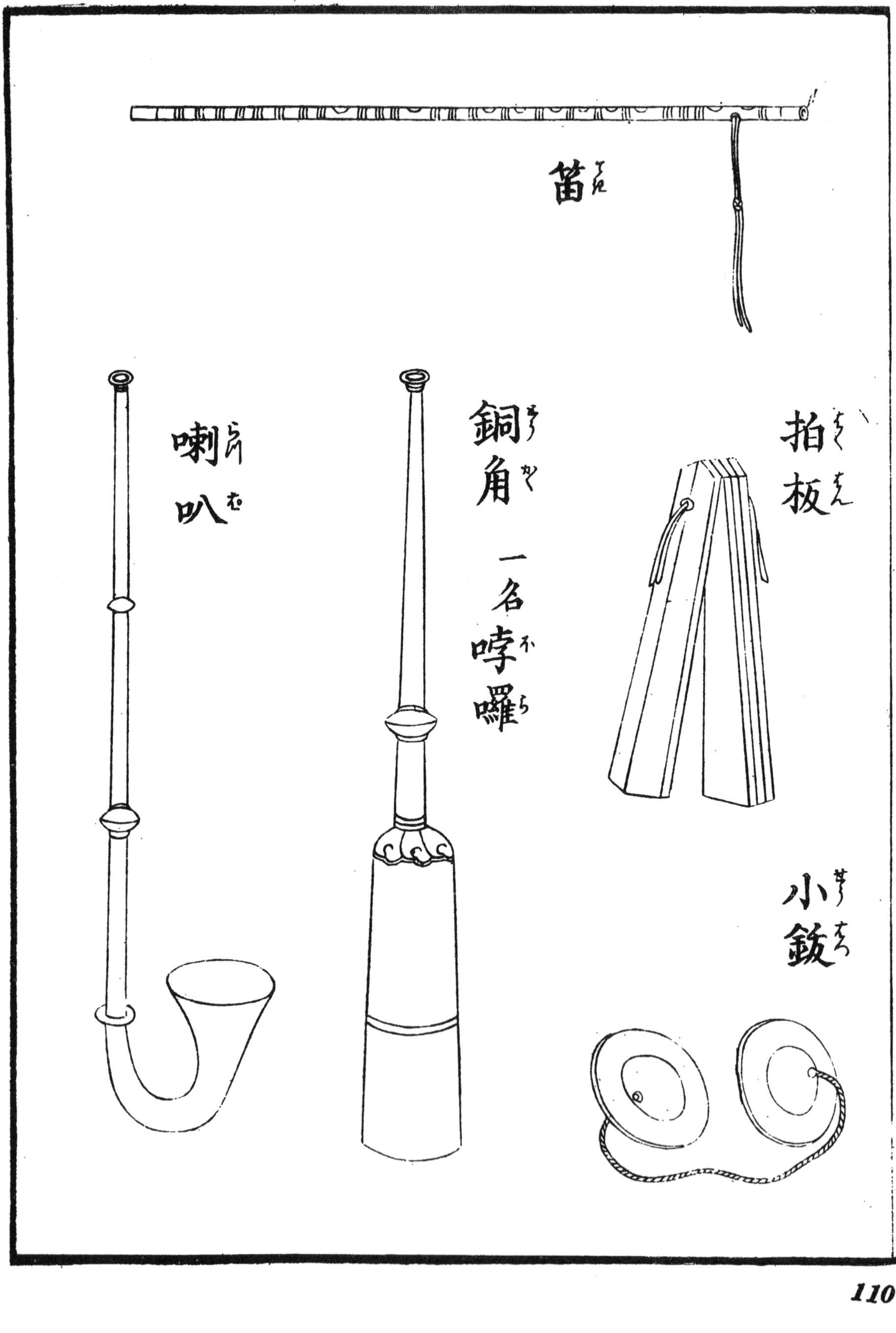

笛
喇叭
銅角《かく》
一名哱《ふ》囉《ら》
拍板
小鈸

紙^{かみ}箱^{ばこ}

文^{ぶん}具^ぐ箱^{ばこ}

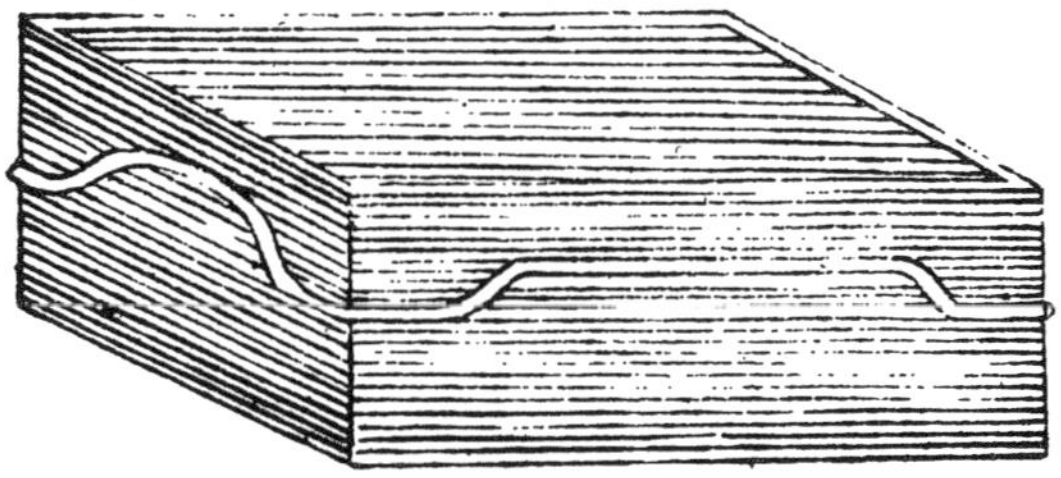

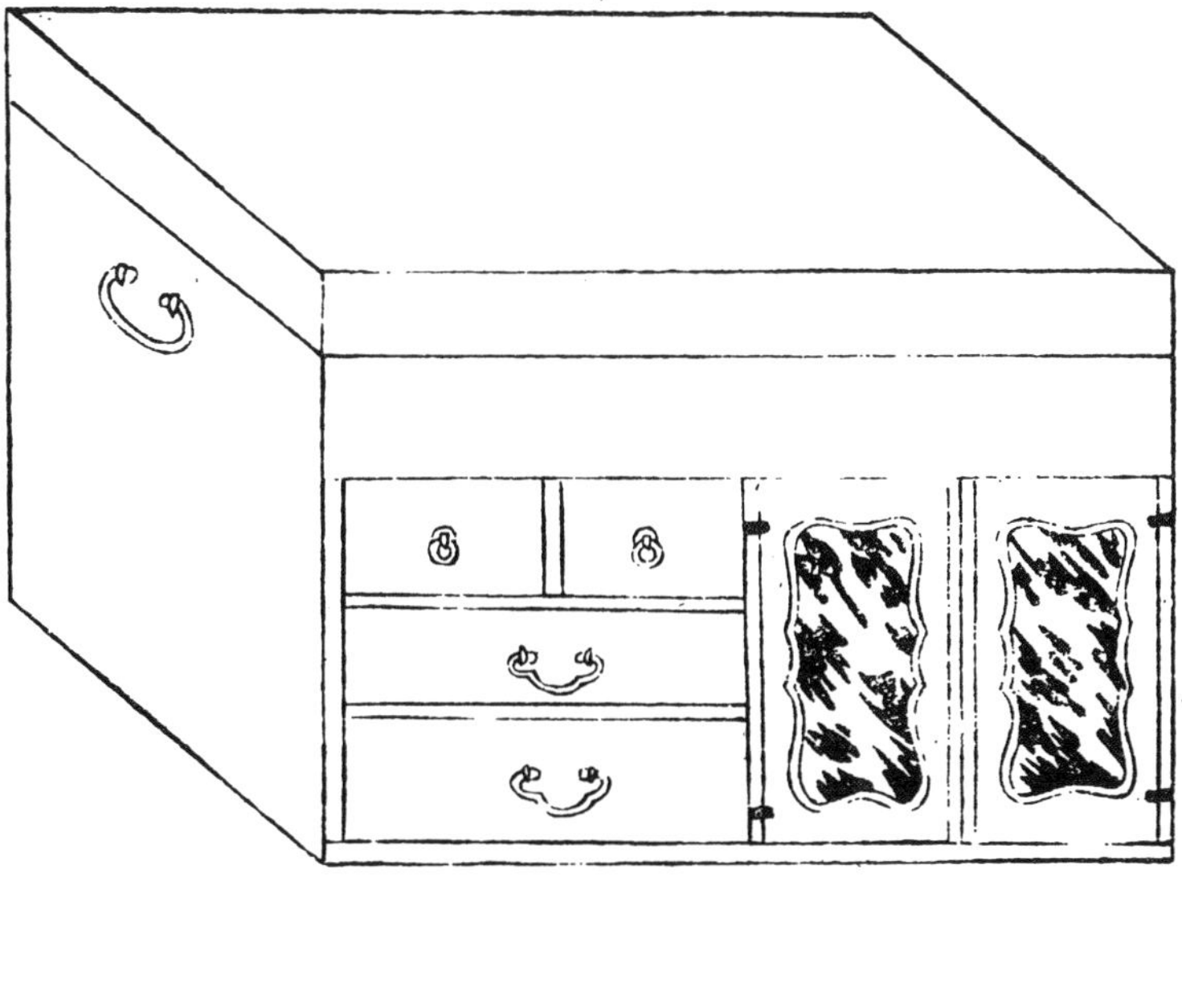

○内房《ヌイワン》　女《をんな》の居間《いま》なり内房《ヌイワン》とふ　奥手《おくて》に設《まふ》け入口《いりくち》に布簾《プレン》《のうれん》をかけ二枚《まい》扉《とびら》夜分《やぶん》は内《うち》より関鎖《クワンソー》《じやうをおろす》す内《うち》の隅《すみ》手《て》に睡床《シユイジヤン》《ねとこ》を設《ふ》け其側《そのかたはら》一間《ま》に衣箱《イスヤン》金銀《きんぎん》箱手道具《てだうぐ》家財《かざい》等《とう》の入《いるゝ》出入口《いでいりくち》に錠を設《まふ》けて関鎖《クワンソー》《じやうをおろし》す片側《かたかは》には卓子《たくし》或は女《をんな》の手《て》道具《だうぐ》針箱《チンスヤン》鏡台《キンタイ》等をならべ置《おき》下《した》に椅子《いす》杌子《ごし》或は居《すへ》置《おき》壁《かべ》に帽架《モウキヤア》あるひは三絃《サンエン》琵琶《ビイバア》等をかけおくもあり便所《だんしよ》へ通《かよ》ひ口あれば麻鞋《ニアヒヤイ》を置面盆架《メンベンキヤア》に面盆《メンベン》を置手巾《シウキン》《てぬぐひ》をかけ置内房《ヌイワン》の上に楼《ろう》を設《まふ》け女子《ぢよし》の寝所《しんじよ》とす

○楼上《ろうしやう》に上下するには板にて胡梯《ウーテイ》《はしご》を掛《かけ》楼上《ろうしやうのうへ》残らず拭板にして入口《いりくち》二枚《まい》扉《とびら》板敷《いたじき》に藤蓆《テンツイ》毛氈《もうせん》等或も卓子《たくし》椅子《いす》杌子《ごし》等を居《すへ》置《おき》窓《まど》を方円《はうゑん》均《ひと》しからず扉《とびら》は左右《さゆう》開《ひらき》あるひは撑門《チヤンメン》にするもあり欄干《らんかん》をつけ楼《ろう》の先《さき》へ露台《ルウダイ》を設け地《ち》より柱を建楼に付《つき》竹板《たけいた》にて床のごとくこしらへ三方に欄杆《らんかん》をつけ上には架子《キヤアツウ》を造《つく》りて幔《ニン》を張《はり》て日《ひ》を覆《おほ》ふ也露台《ルイダイ》は内

房の楼《ろう》にハ多《おほ》く用《もち》ひば書房《ジイワン》等《とう》の楼《ろう》に設《もう》け夏節《かせつ》の涼所《すゞみどころ》とし内房《ヌイワン》の楼《ろう》ハ女子《ぢよし》等《とう》此住居所《すまゐじよ》寝所《しんじよ》なれバ窓《まど》をもちいさくして常に簾《す》をかけ置て外見《ぐわいけん》を避《さく》るなり

◯蘇州《そしう》杭州《かうしう》等《とう》城裏《じやうり》城外《じやうぐわい》の町屋《まちや》も皆《みな》楼房《ロウワン》なれ大約《たいやく》此方《このはう》の住居《すまゐ》も相同じ隔漏《ゲロウ》漏斗《ロウテロウ》なども竹板《たけいた》銅《あかゞね》等《とう》ハ人々《ひとびと》此分限《ぶんげん》によりて同じからば郷里《きやうり》村落《そんらく》にも楼房《ろうばう》なく皆平房《ビンワン》なり

◯障子《しやうじ》ハ紗《しや》あるひハ綿紬《ちうめん》又ハ油引《あぶらひき》の紙《かみ》にて張る窓《まど》ハ明瓦《ミンワア》雲母《イーンムウ》玻璃《ホーリイ》等《とう》を用《もち》ふかしら紙窓《かみまど》を用ひて何れも板扉或ハ紗障なり扉《とびら》の上迎板或ハ欄間等《とう》のすへて天花板《テンハアパン》といふ

◯仰塵《ニヤンチン》ハ紙《かみ》にて張りて草花《さうくわ》の繪《ゑ》などを書或ハ合天井《あひてんじやう》にし大家《たいか》官家《くわんか》等《とう》にハ都《すべ》て仰塵《ニヤンチン》を用《もち》ひ下小戸《せうこ》の家《いへ》にハ用《もち》ひざる事《こと》なり

◯衣箱《イースヤン》又衣櫃《イーグイ》といふならびに手道具《てだうぐ》金銀入《きんぎんいれ》單笥《たんす》櫃の類《るい》ハ臥房《コーワン》の側《かたはら》に列《つら》ね置《おく》

◯夜分《やぶん》行燈《あんどう》を用《もち》ひて紗燈《サアテン》羊ノ角燈《ヤンコテン》等《とう》を用《もち》ひ書房《シイワン》などハ書燈《シイテン》掛燈燈臺等を用《もち》ゆ燈臺《テンダイ》ハ點錫《テンスヰ》黄銅《ワンドン》等にて拵へ

内房
ない
ばう

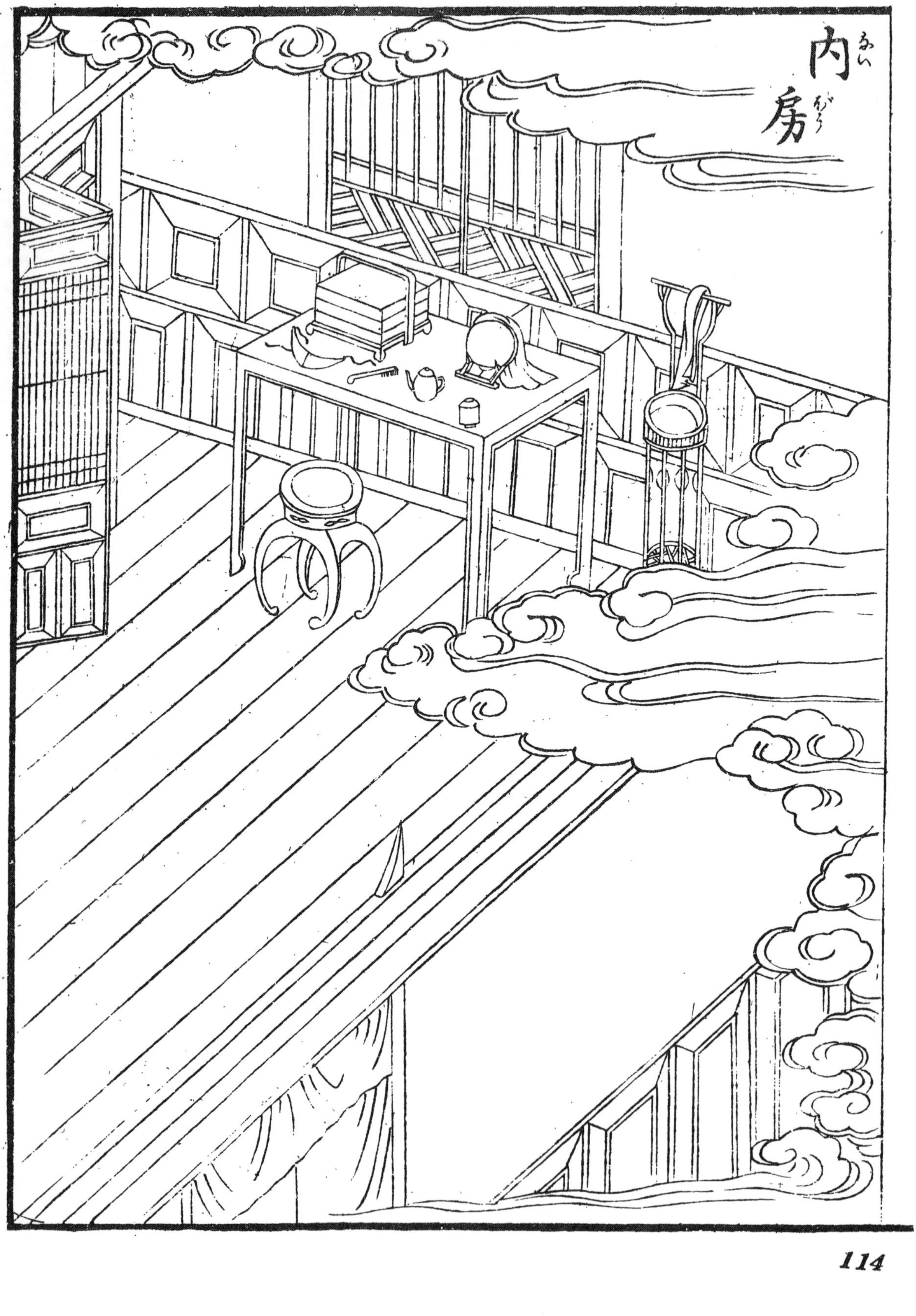

居家

八九

廳爐〔てい ろ〕

手爐〔て あ ろ〕

火箸〔く あ し〕

風爐〔ふ う ろ〕

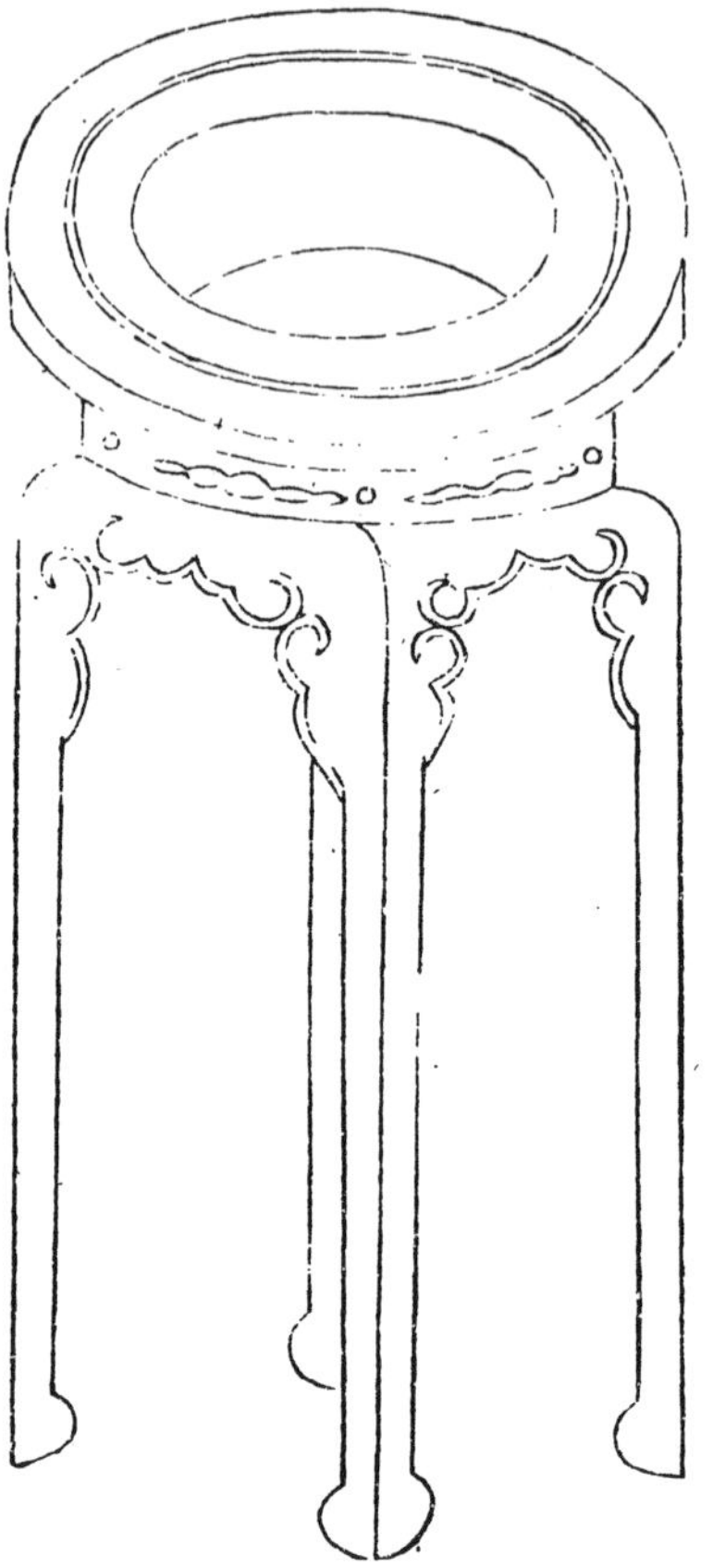

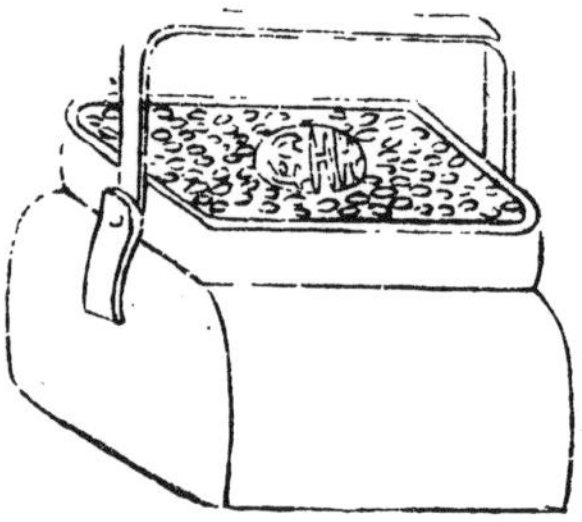

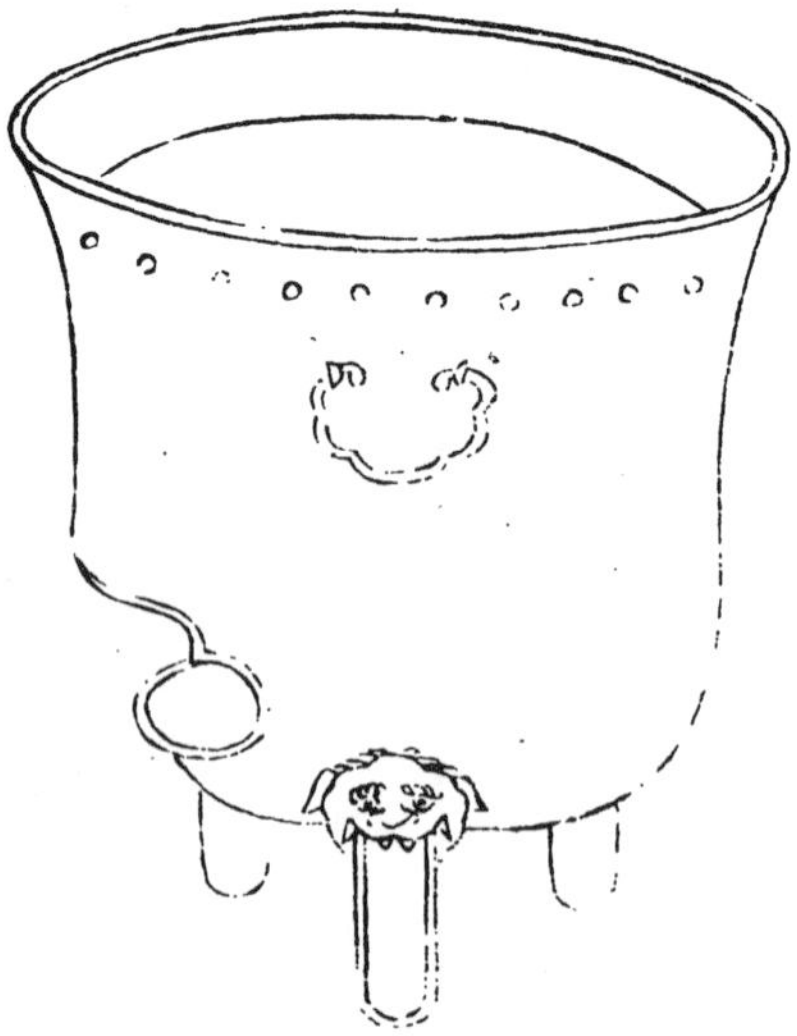

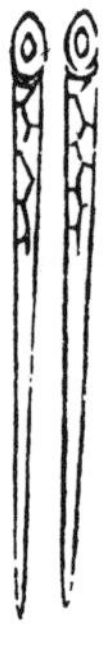

炭斗 たんと

食籃 しょくらん

脚爐 きゃくろ

盤 ばん

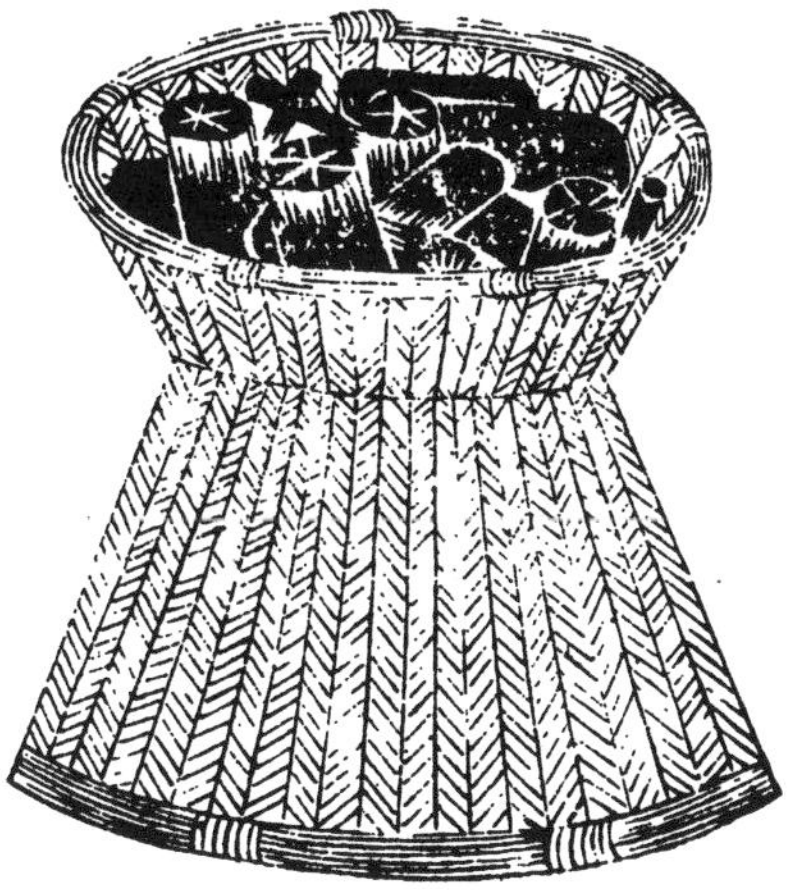

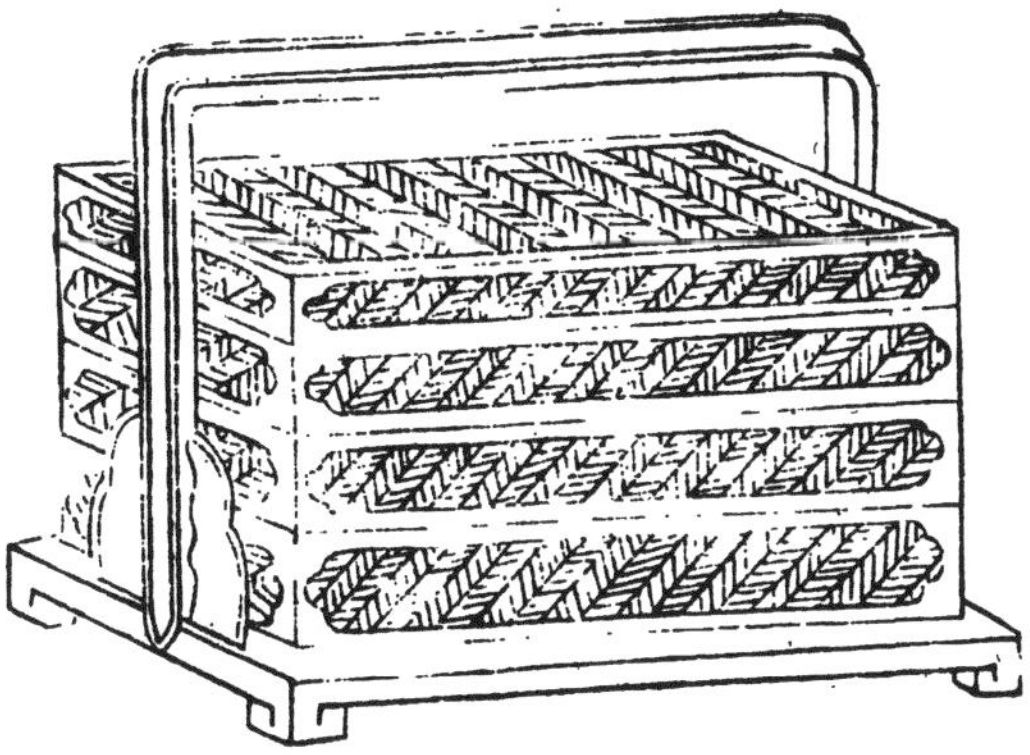

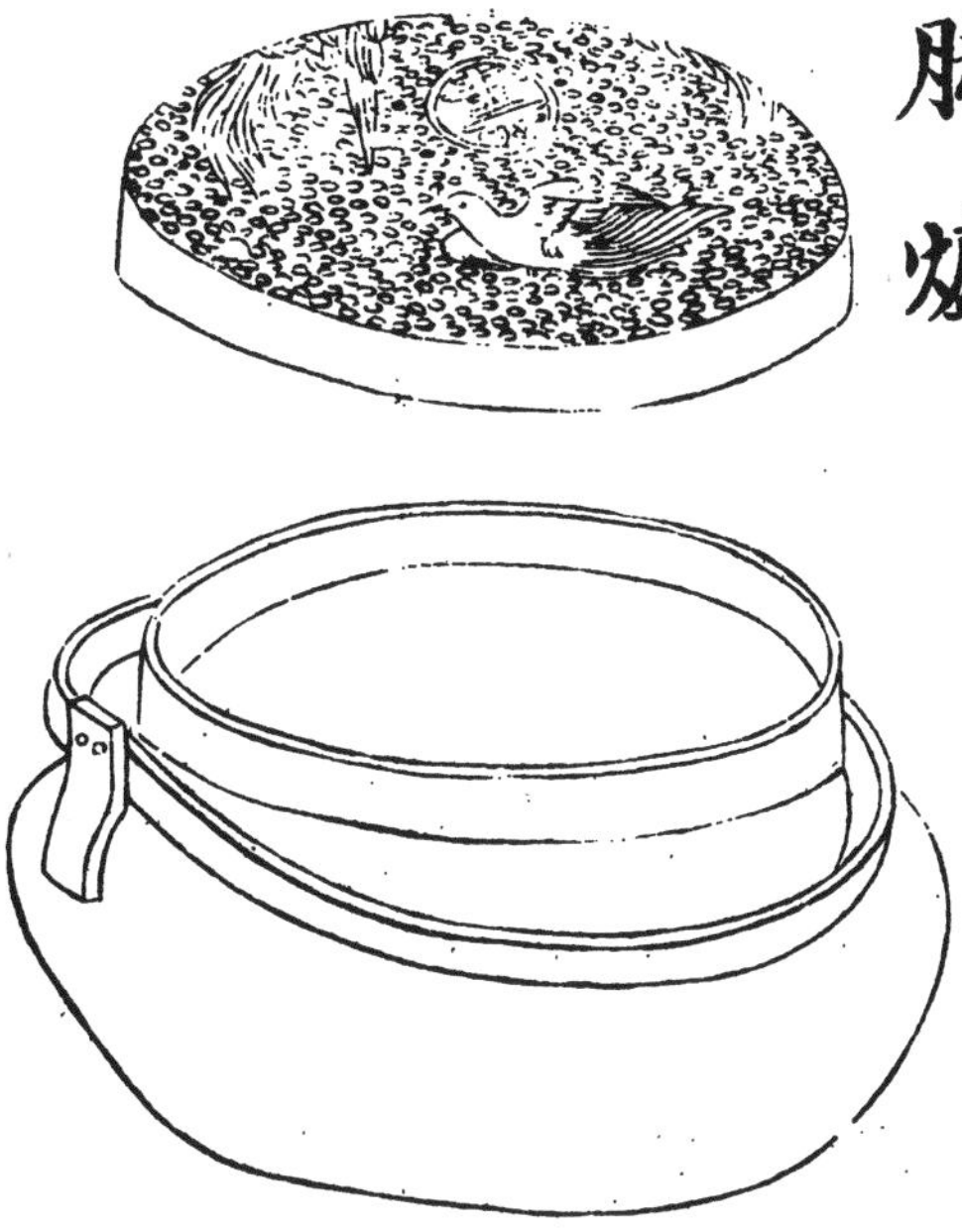

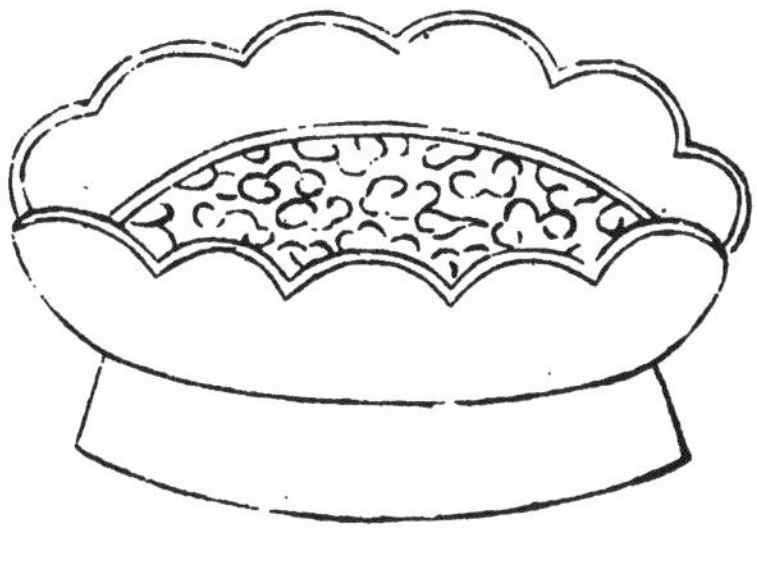

筯《ちよ》

調《ちやう》羹《かう》

茗《めい》壺《こ》

小《せう》碟《ちや》

茶《さ》鍾《しよう》

烘籃《らん》一名《いちみやう》茶《さ》焙《ほう》

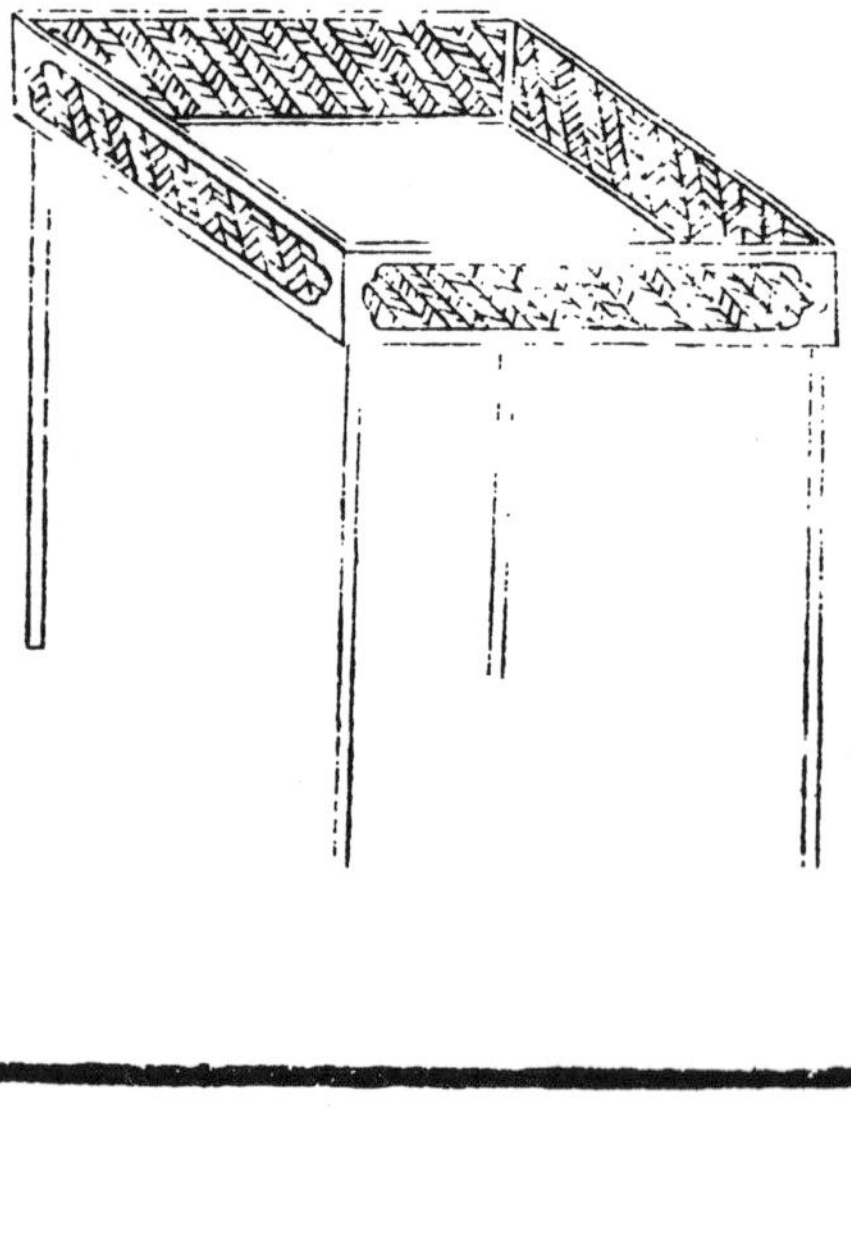

茶《さ》罐《くわん》

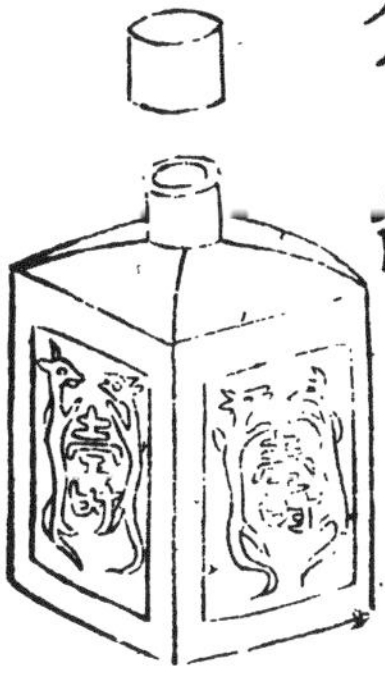

抹《まつ》布《ぷ》

茶《さ》瓶《へい》

茶《さ》籃《らん》

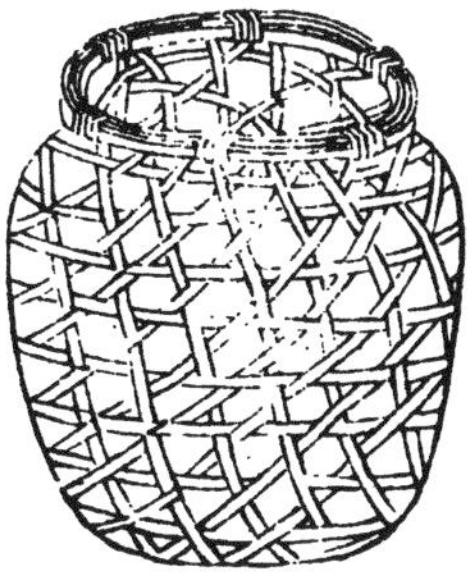

托《たく》子《し》

茶《さ》罐《くわん》

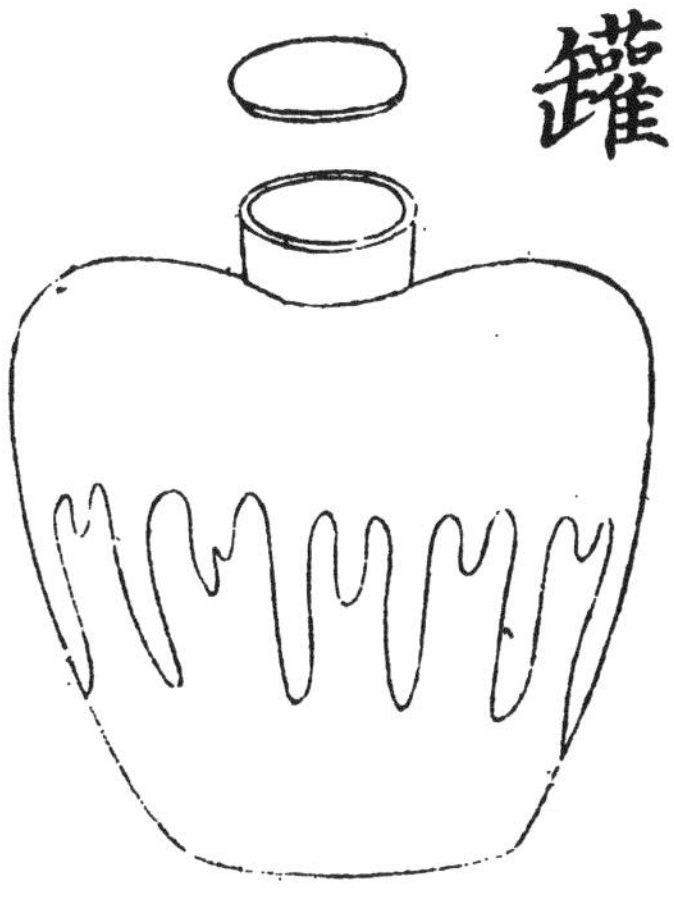

煎《せん》藥《や》器《き》

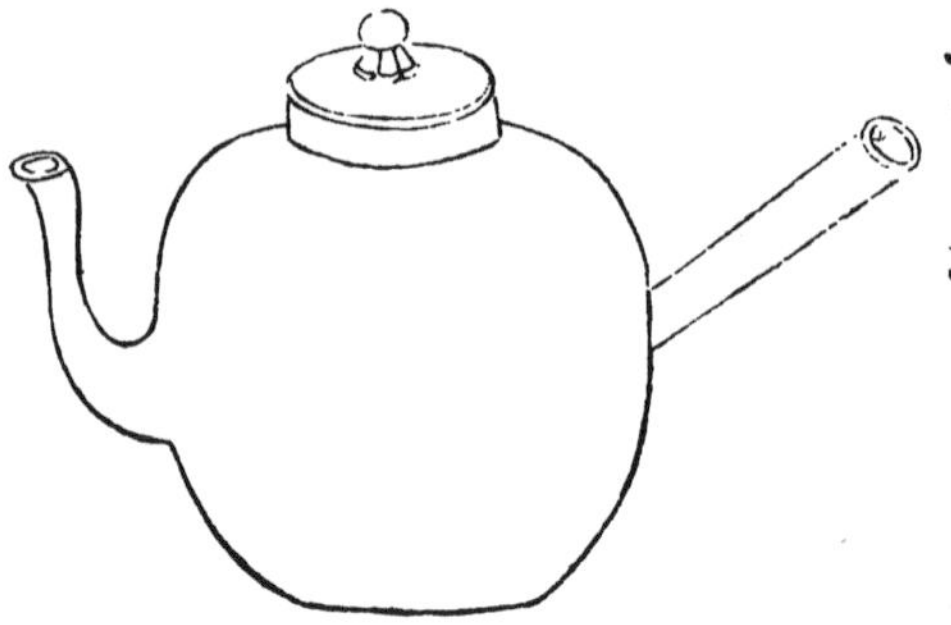

燈臺《だい》

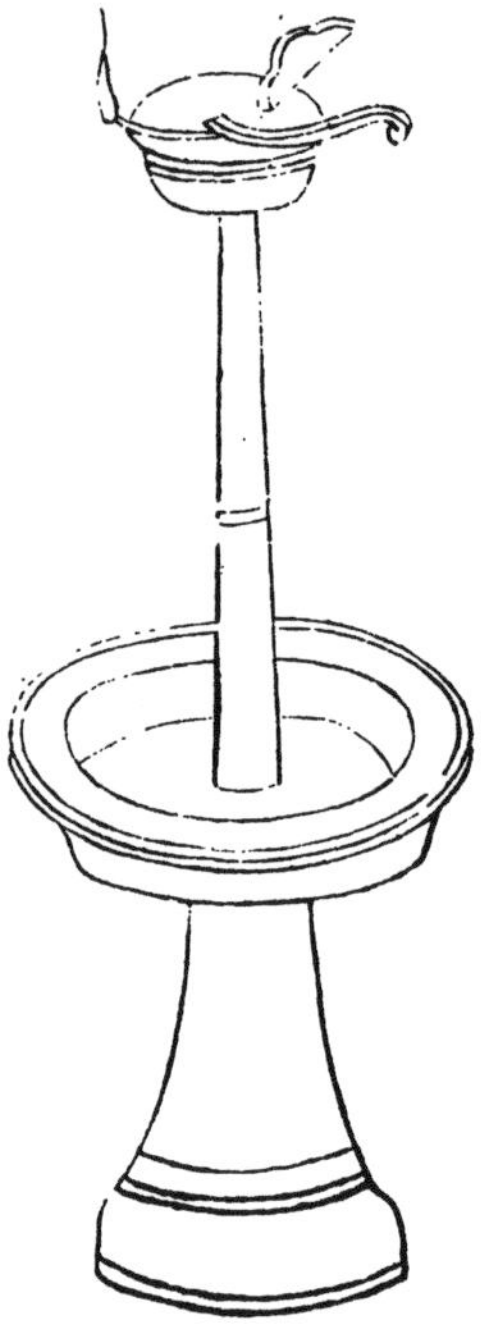

托《たく》子《し》

春《ちゆん》盛《せい》

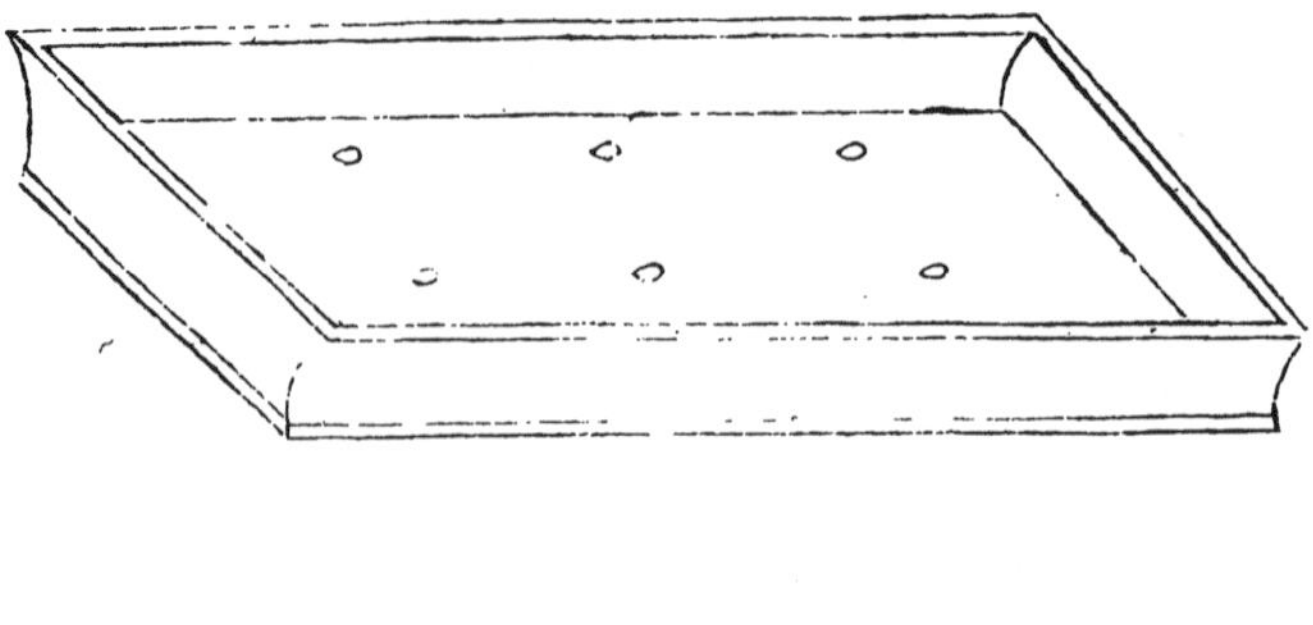

蠟《らう》剪《せん》

燭臺 <ruby>しょく<rt></rt></ruby> <ruby>だい<rt></rt></ruby>

掛燈 <ruby>けい<rt></rt></ruby> <ruby>とう<rt></rt></ruby>

書燈 <ruby>しょ<rt></rt></ruby> <ruby>とう<rt></rt></ruby>

書燈 <ruby>しょ<rt></rt></ruby> <ruby>とう<rt></rt></ruby>

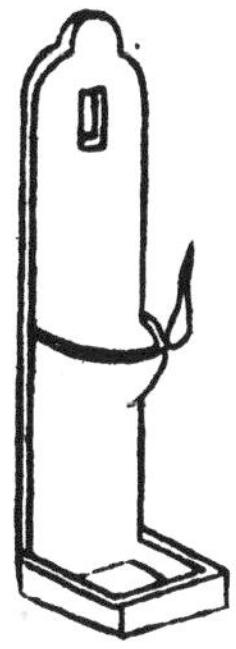

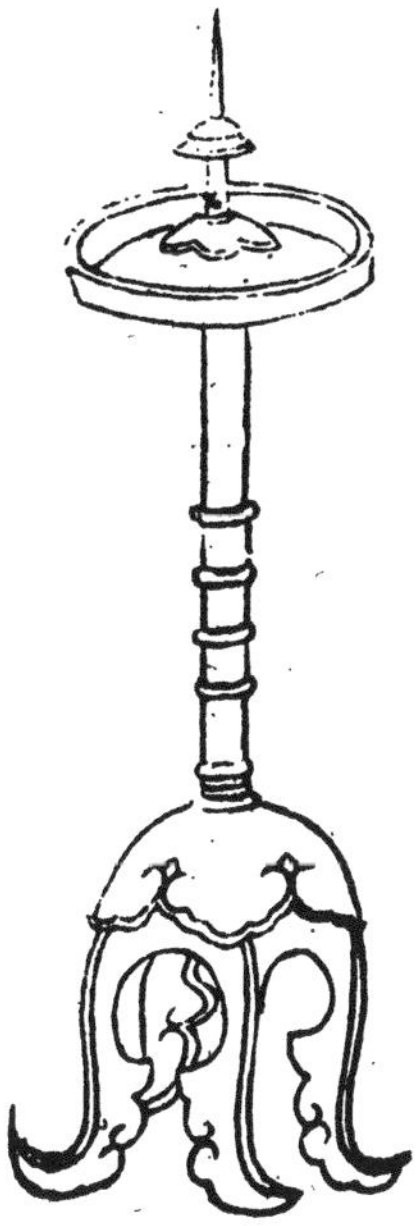

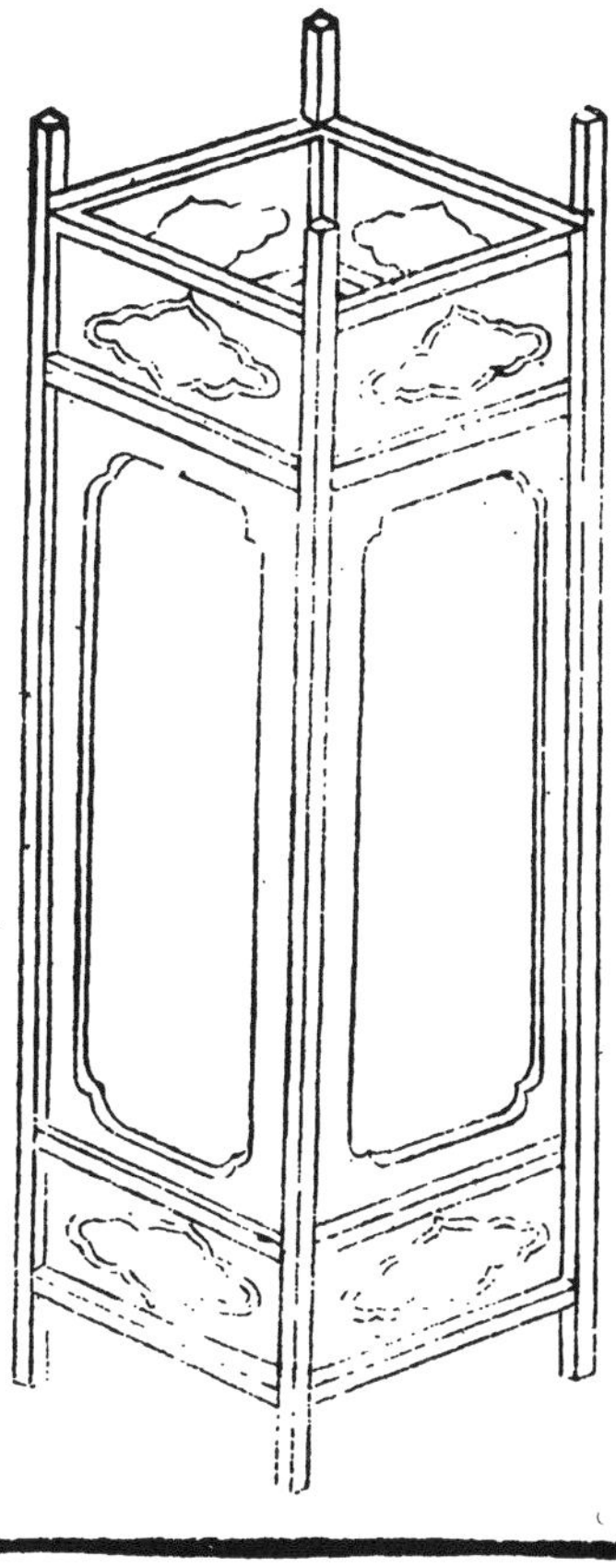

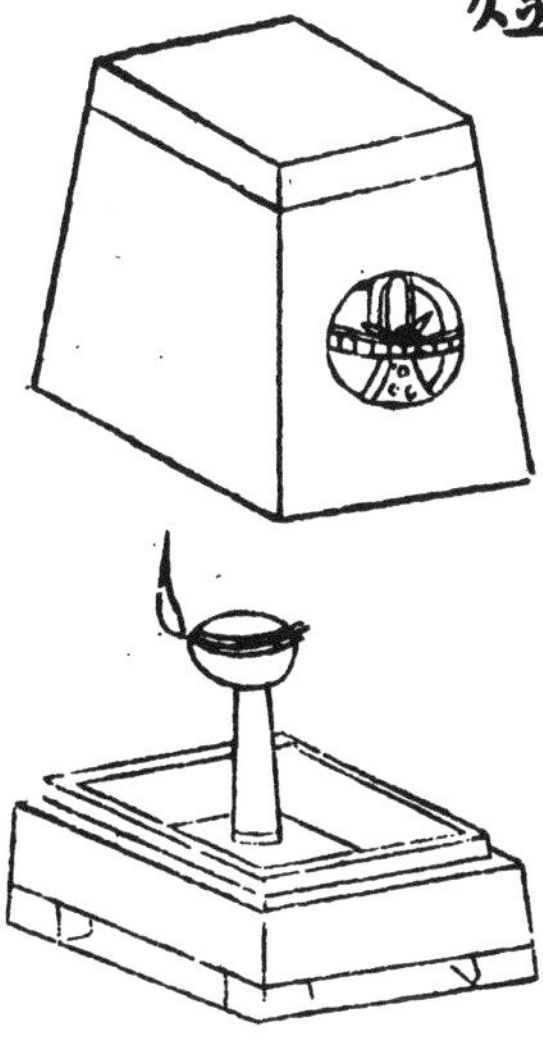

盆_{ぜん}面_{めん}

面_{めん}盆_{ぜん}架_か

同_{おなじ}上_{うへに}

盆_{ぜん}漆_{うるし}

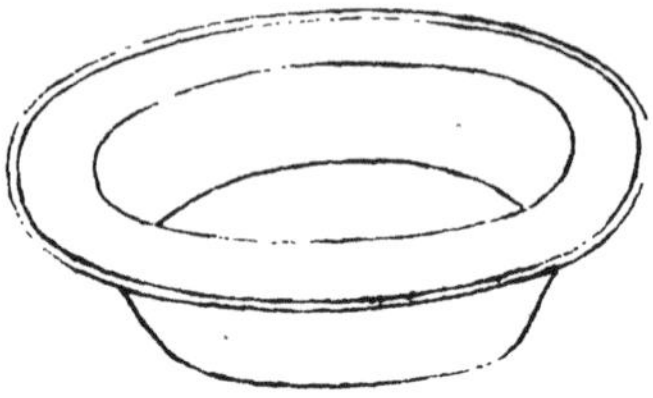

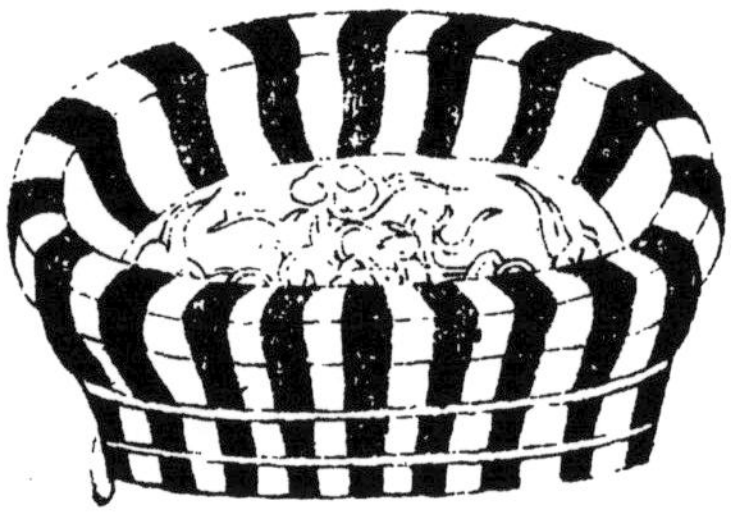

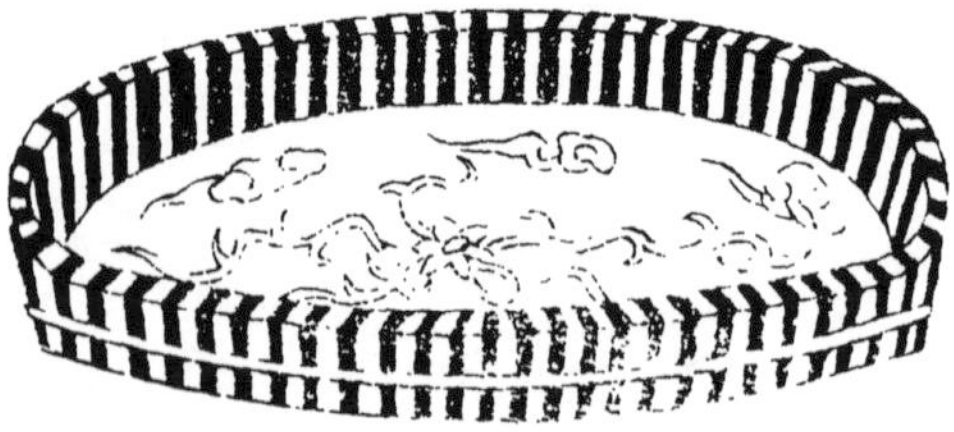

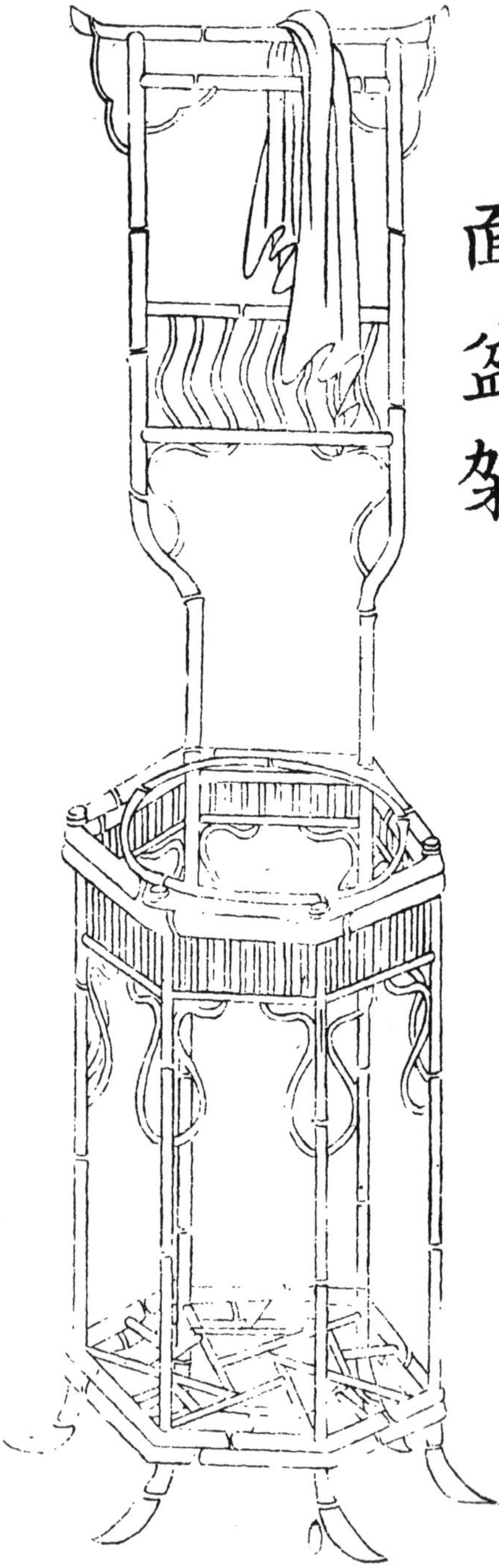

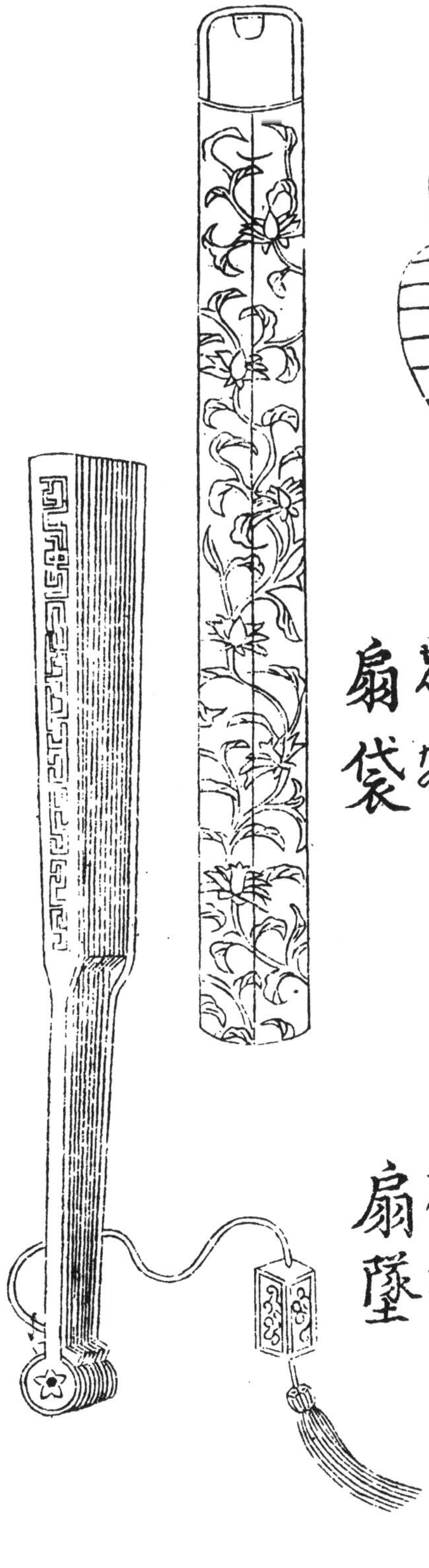

扇袋《せんたい》

葵扇《きせん》

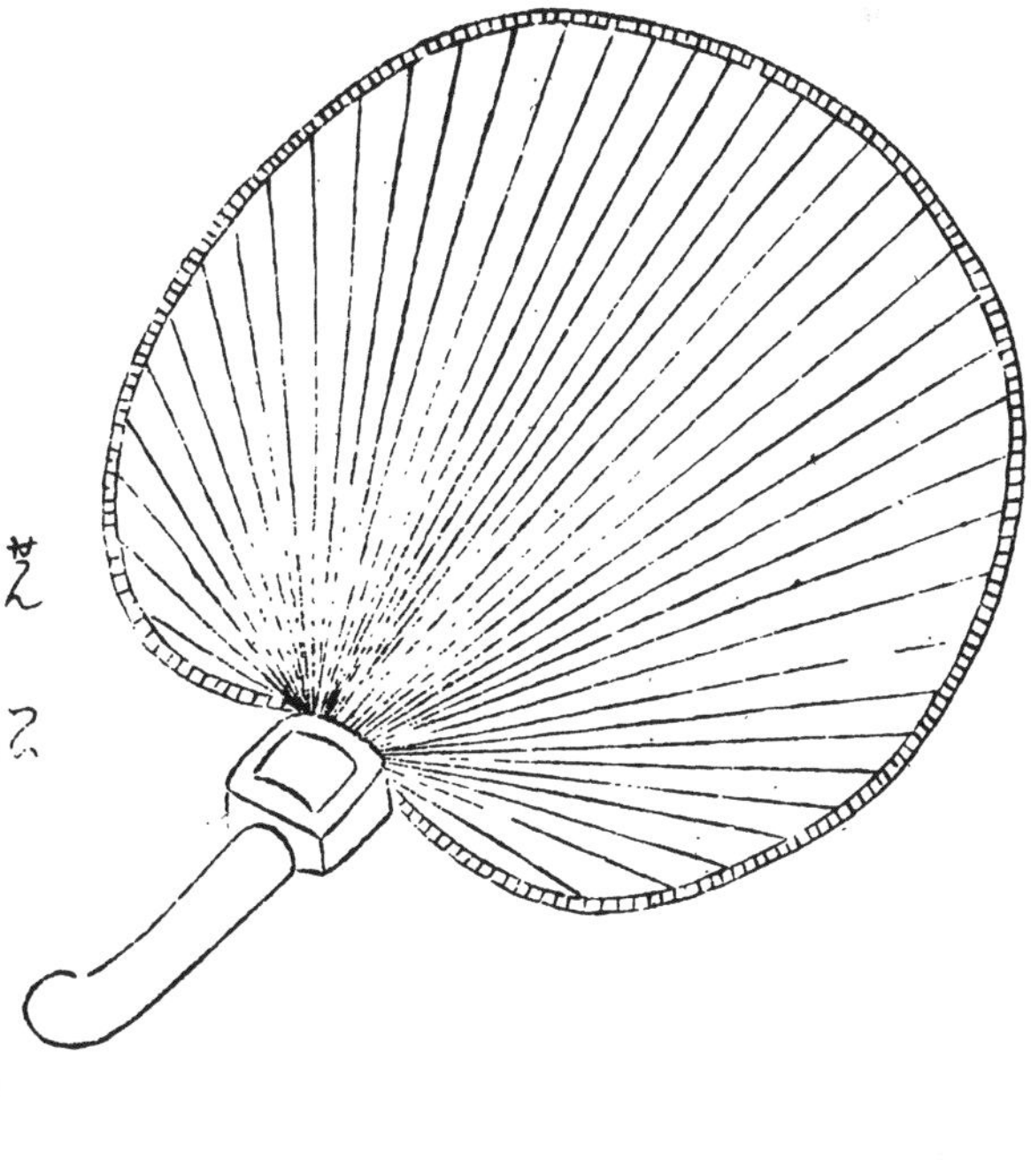

扇墜《せんつい》

扇子《せんし》

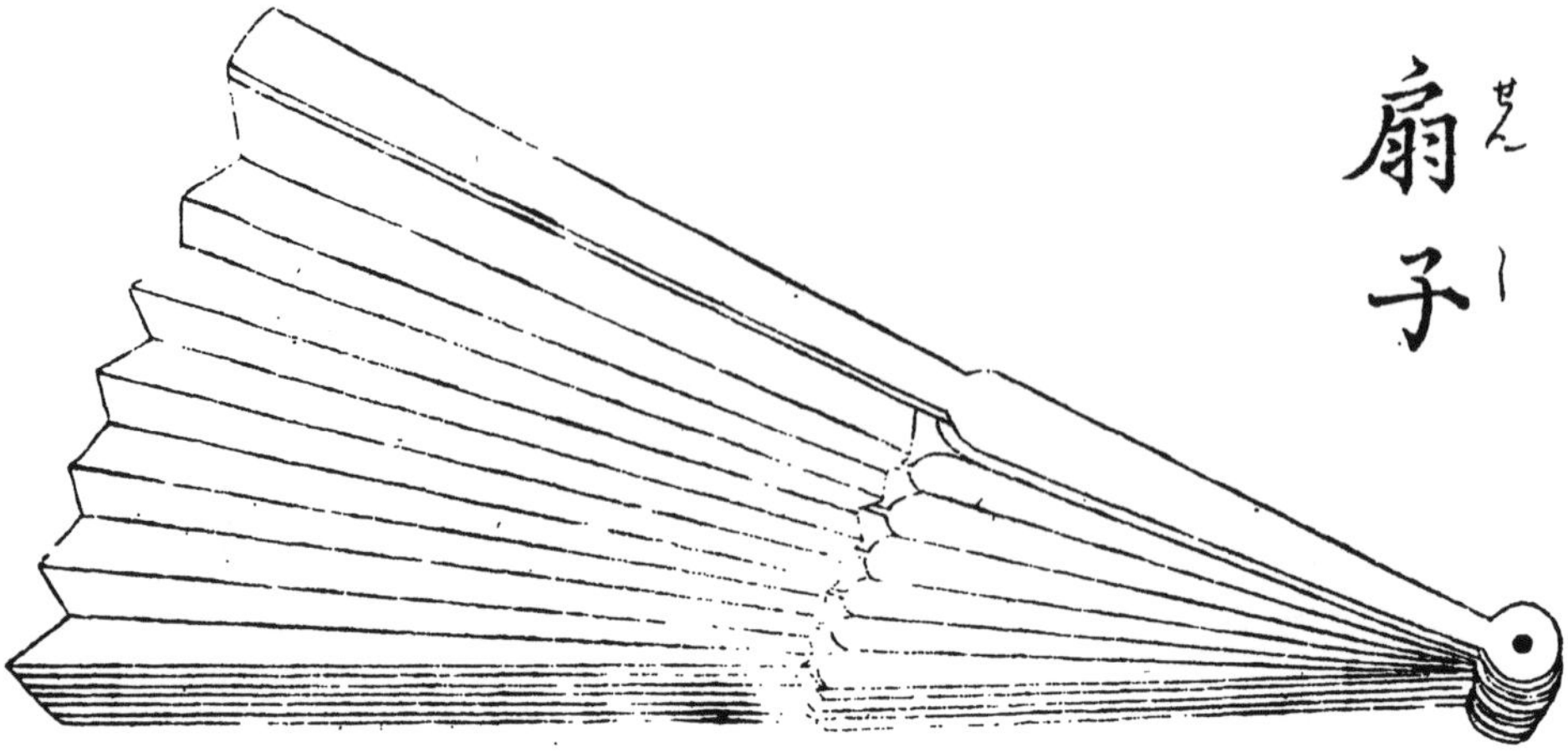

消息筒《せうそくたう》

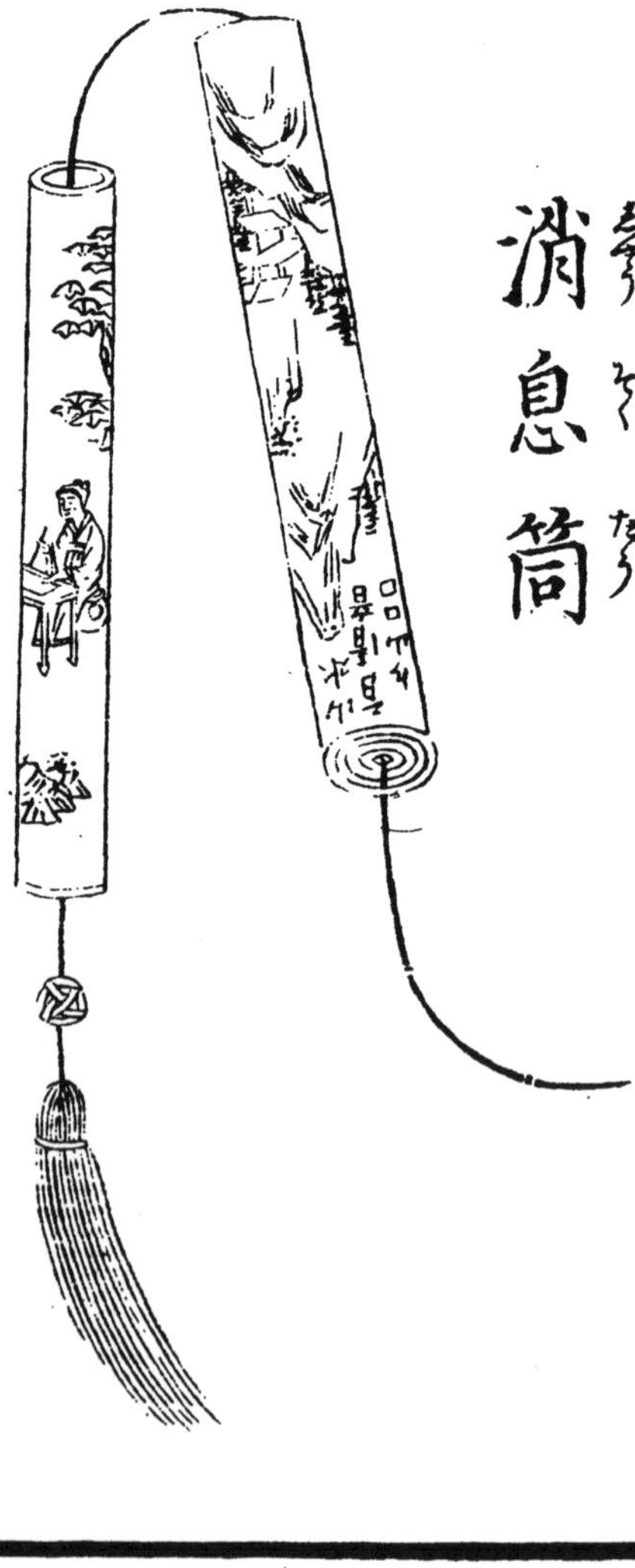

消息子《せうそくし》

爬耳朶《をじだ》

鑷子《てうし》

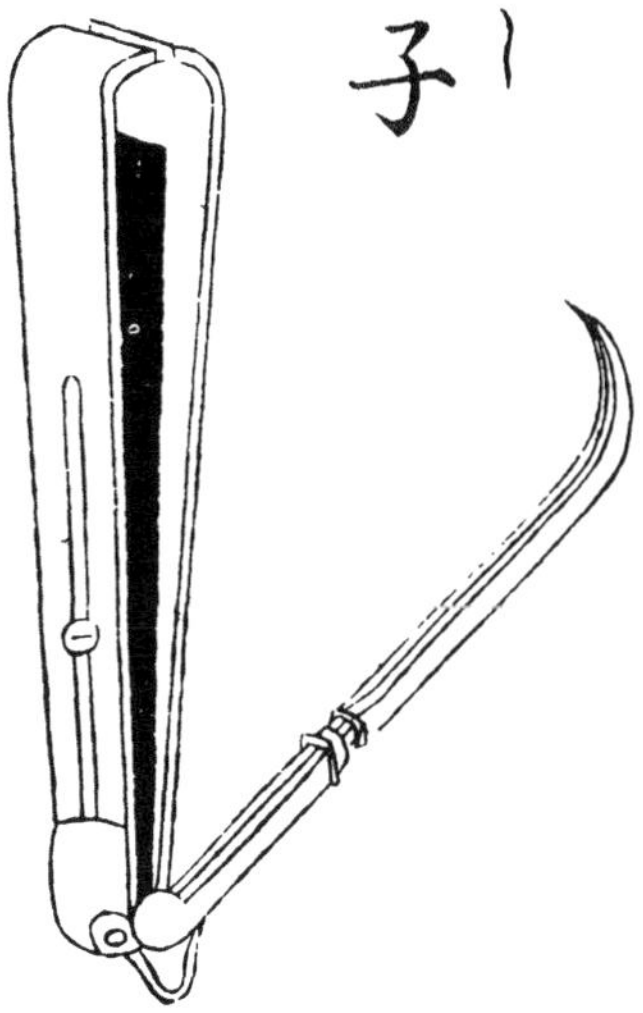

剪刀《せんたう》

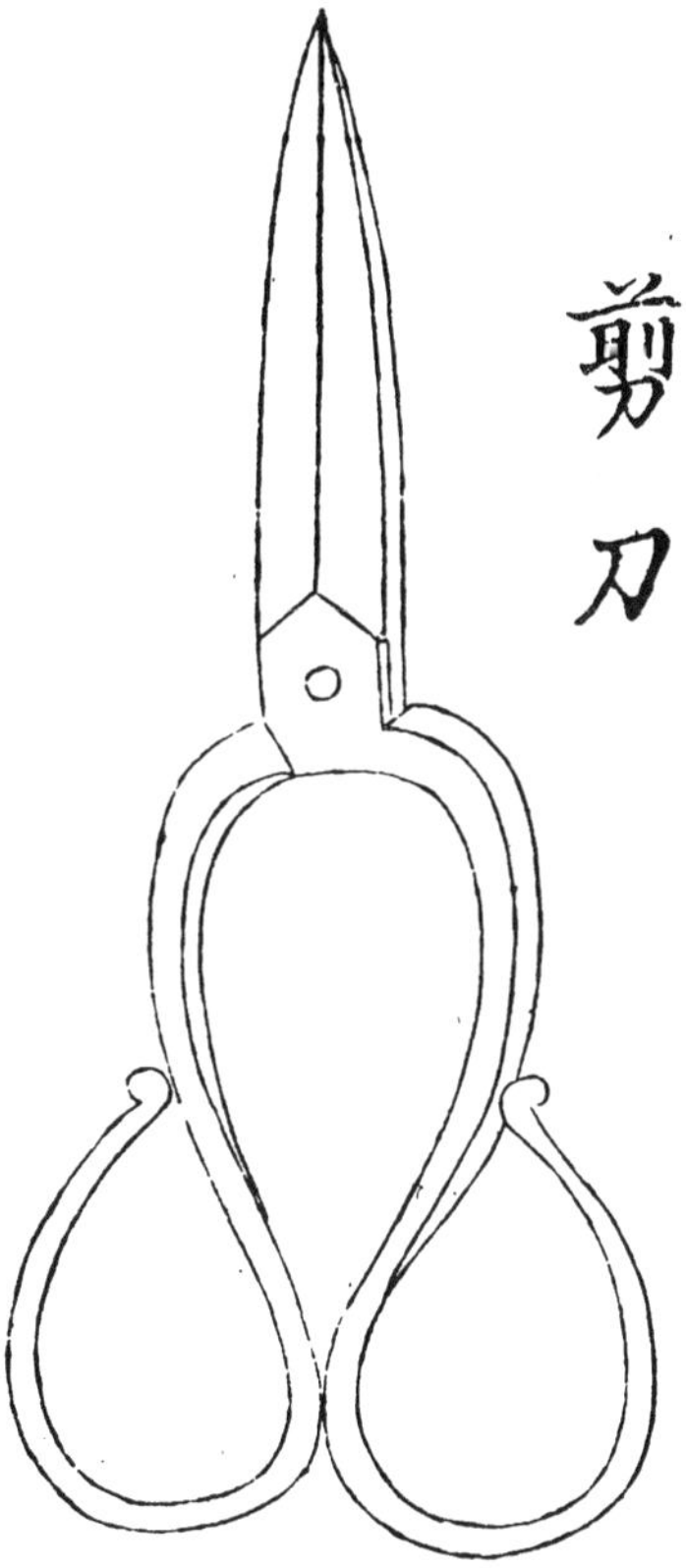

同《おなじ》上

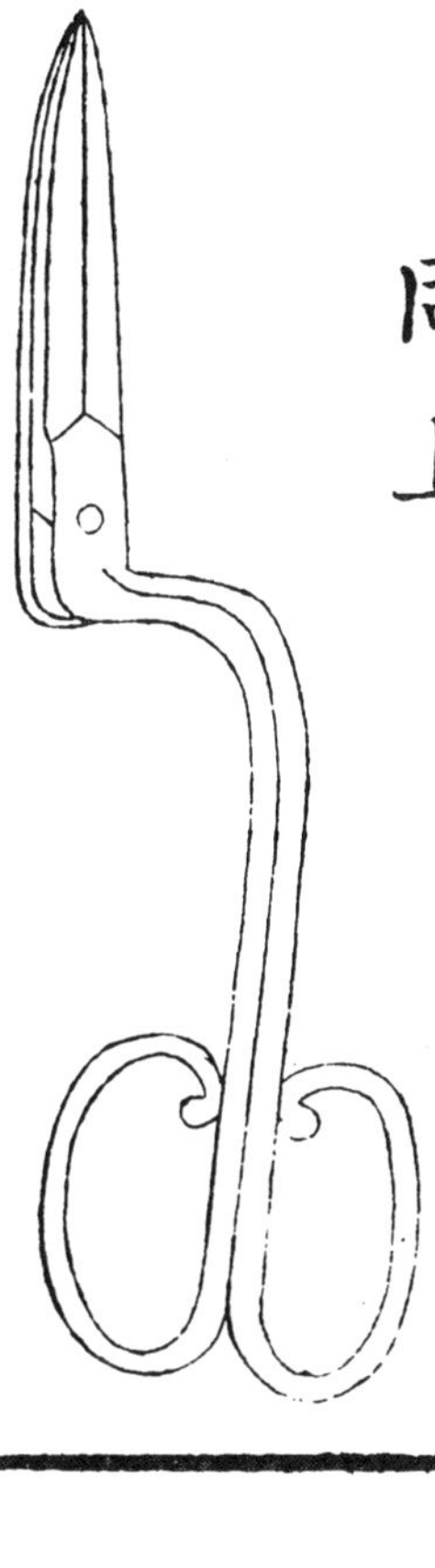

牙《が》竿《せん》一名《いちめう》挑《てう》牙《が》

量尺《せき》

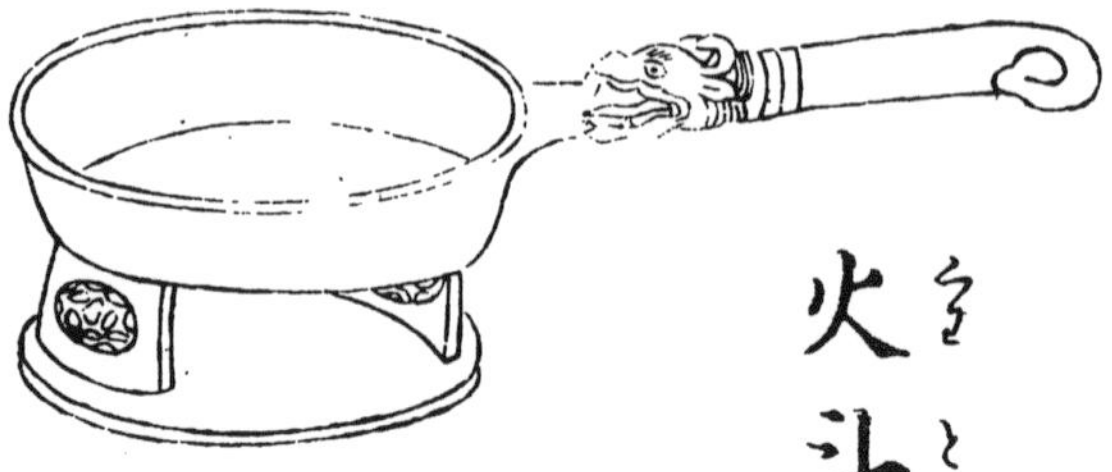

火《くわ》斗《と》

熨《うつ》斗《と》

碾《ちん》

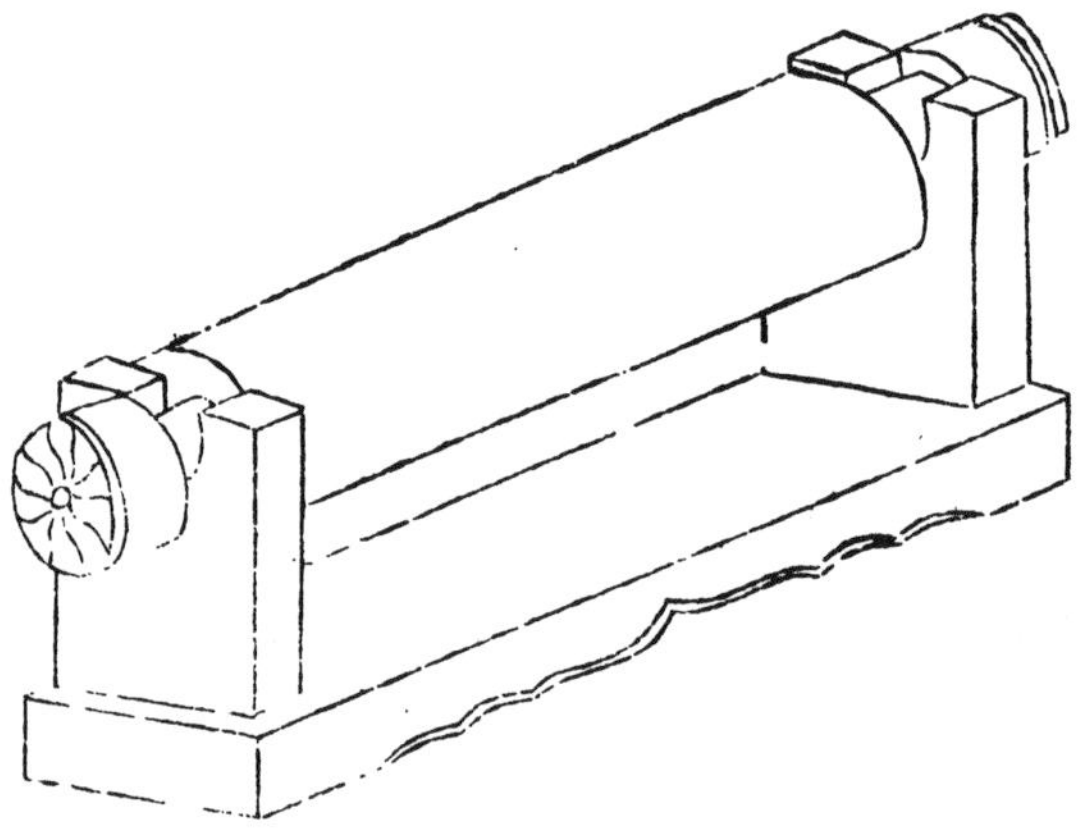

碾《ちん》杵《しよ》

皮《ひ》箱《さう》

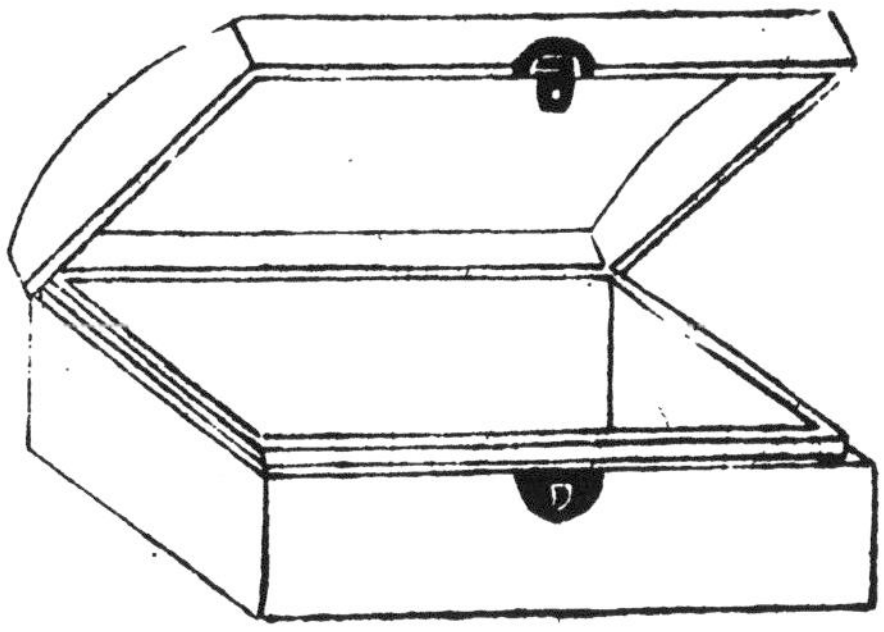

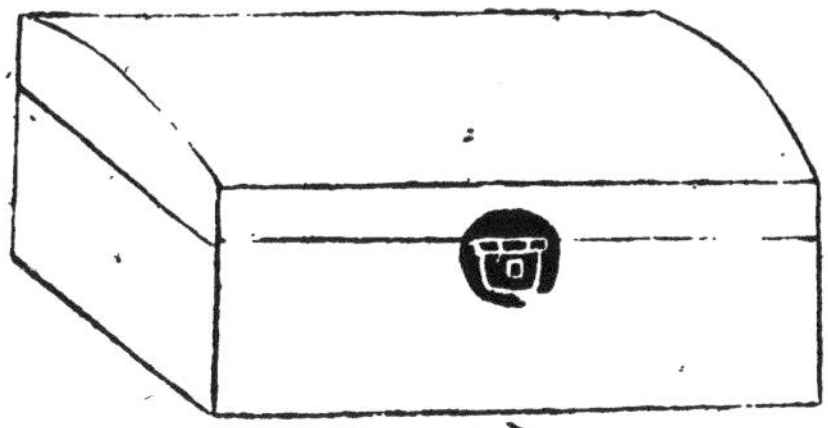

前《ぜん》

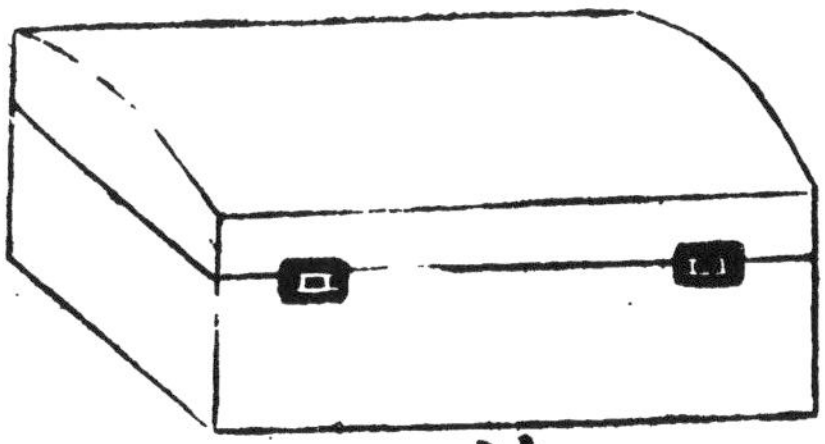

後《ご》

衣《い》箱《さう》

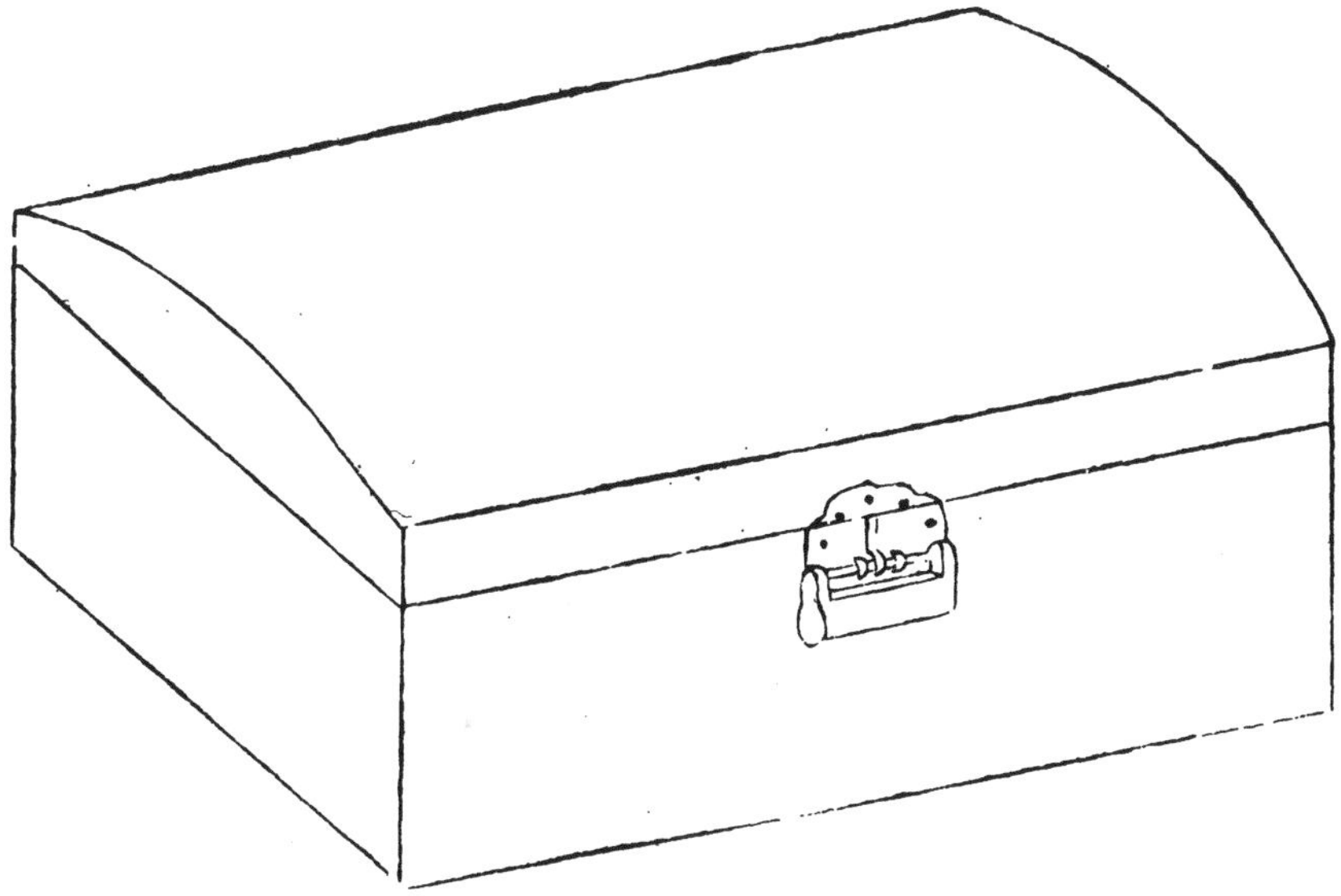

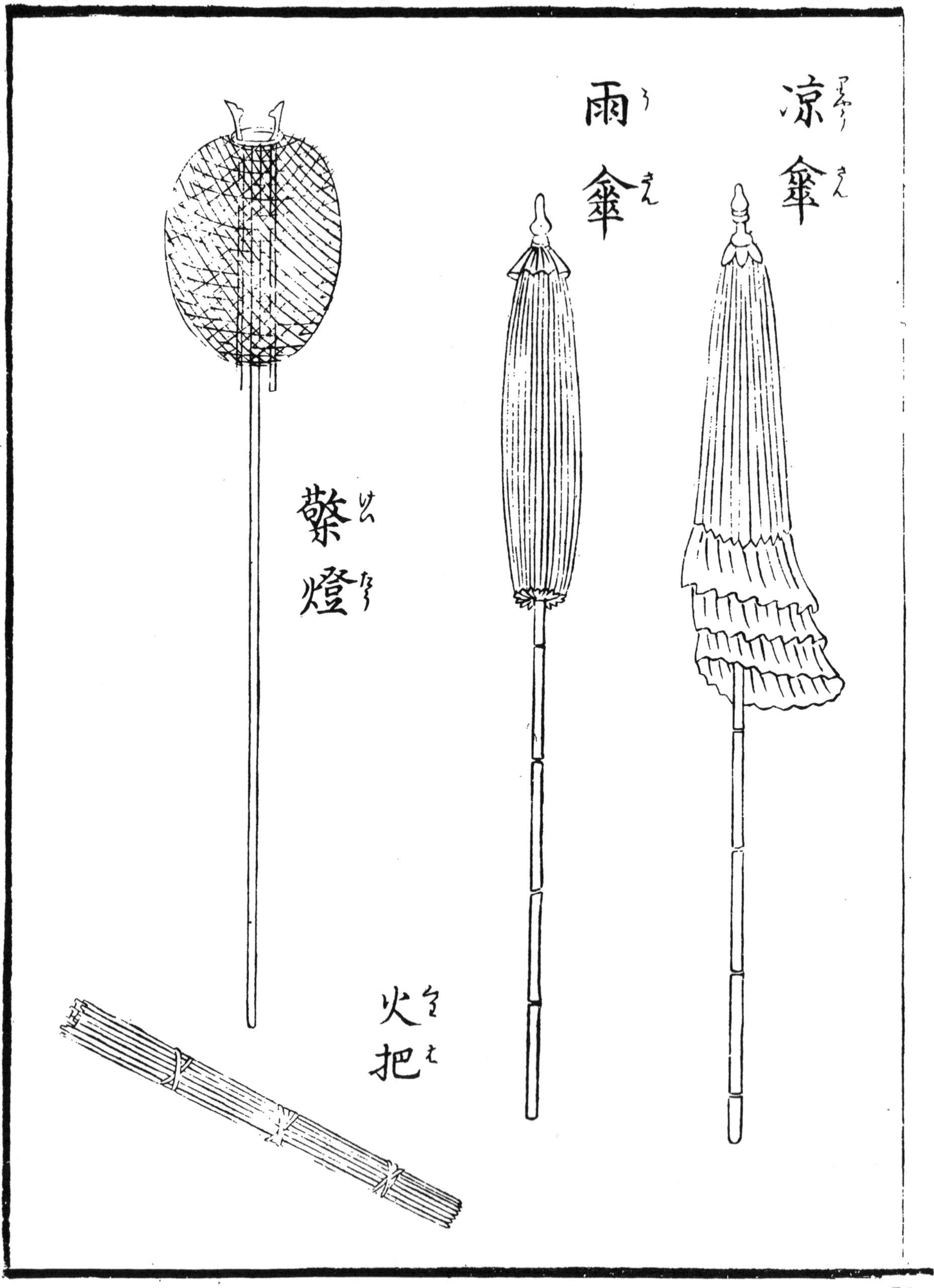

涼《りやう》傘《さん》
雨《う》傘《さん》
檠《けい》燈《たう》
火《く》把《は》

布《ふ》簾《がい》

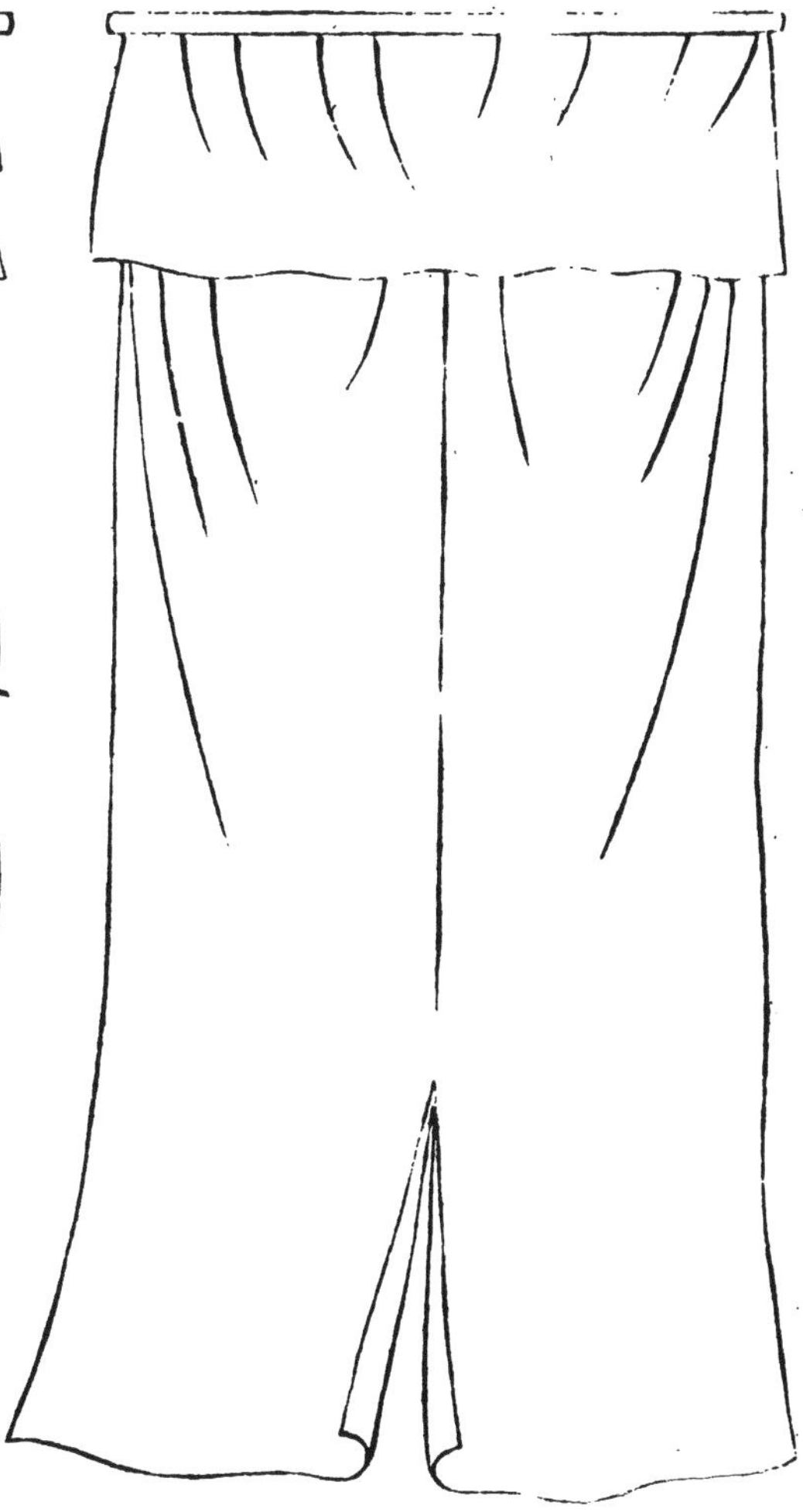

繡《しう》簾《れん》

一名門《もん》帷《い》

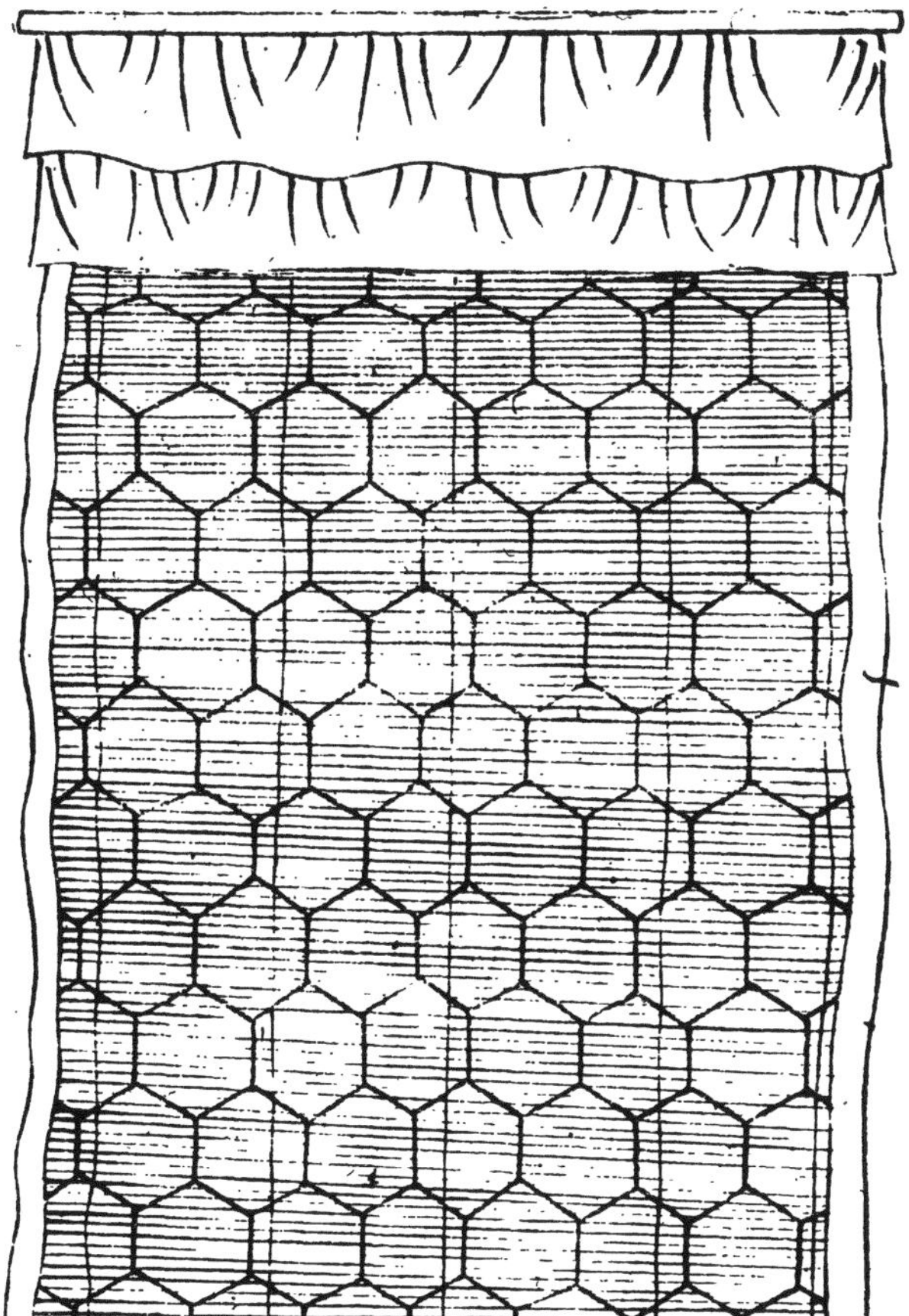

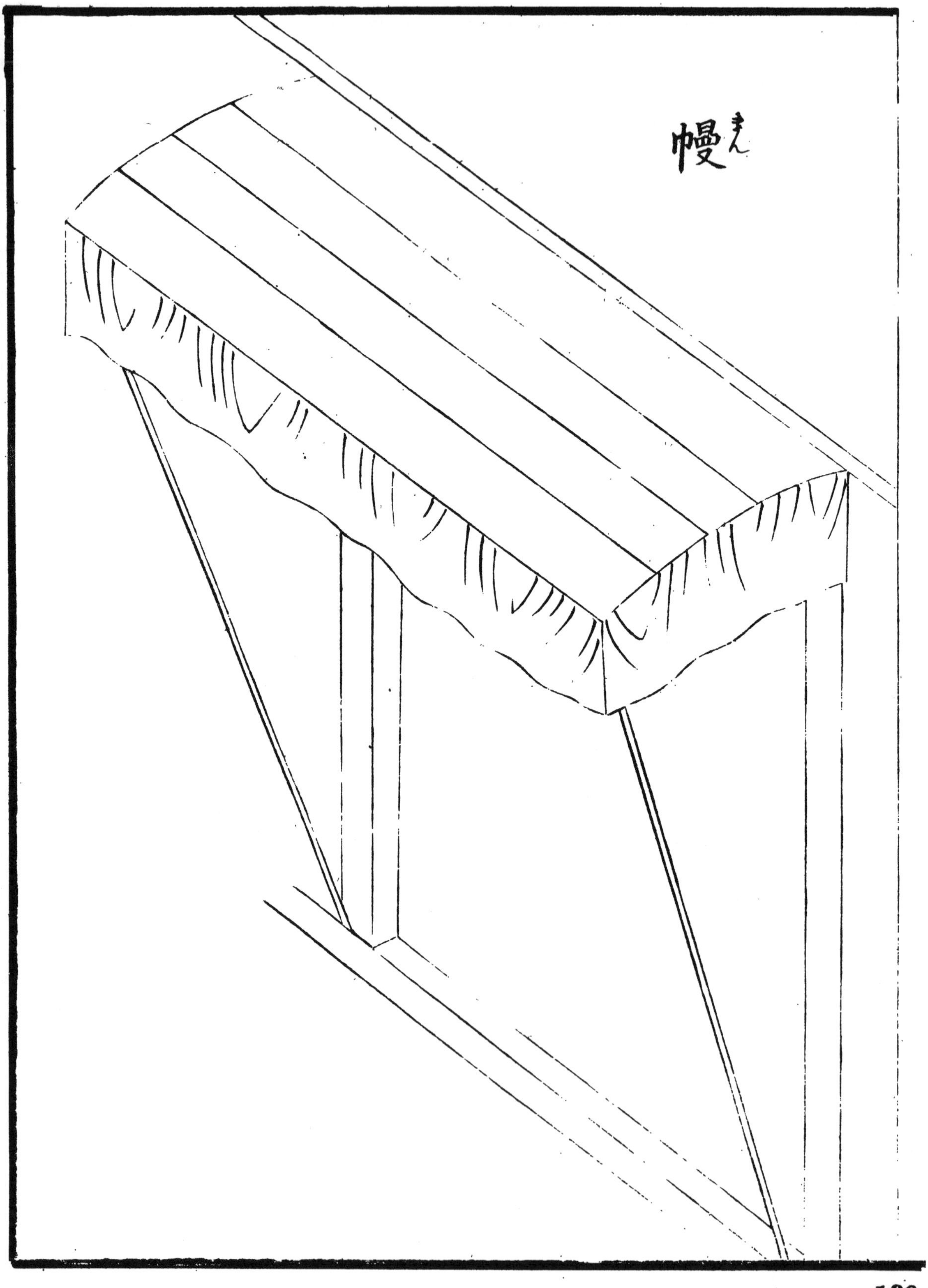
幔《まん》

籐《たう》蓆《せき》

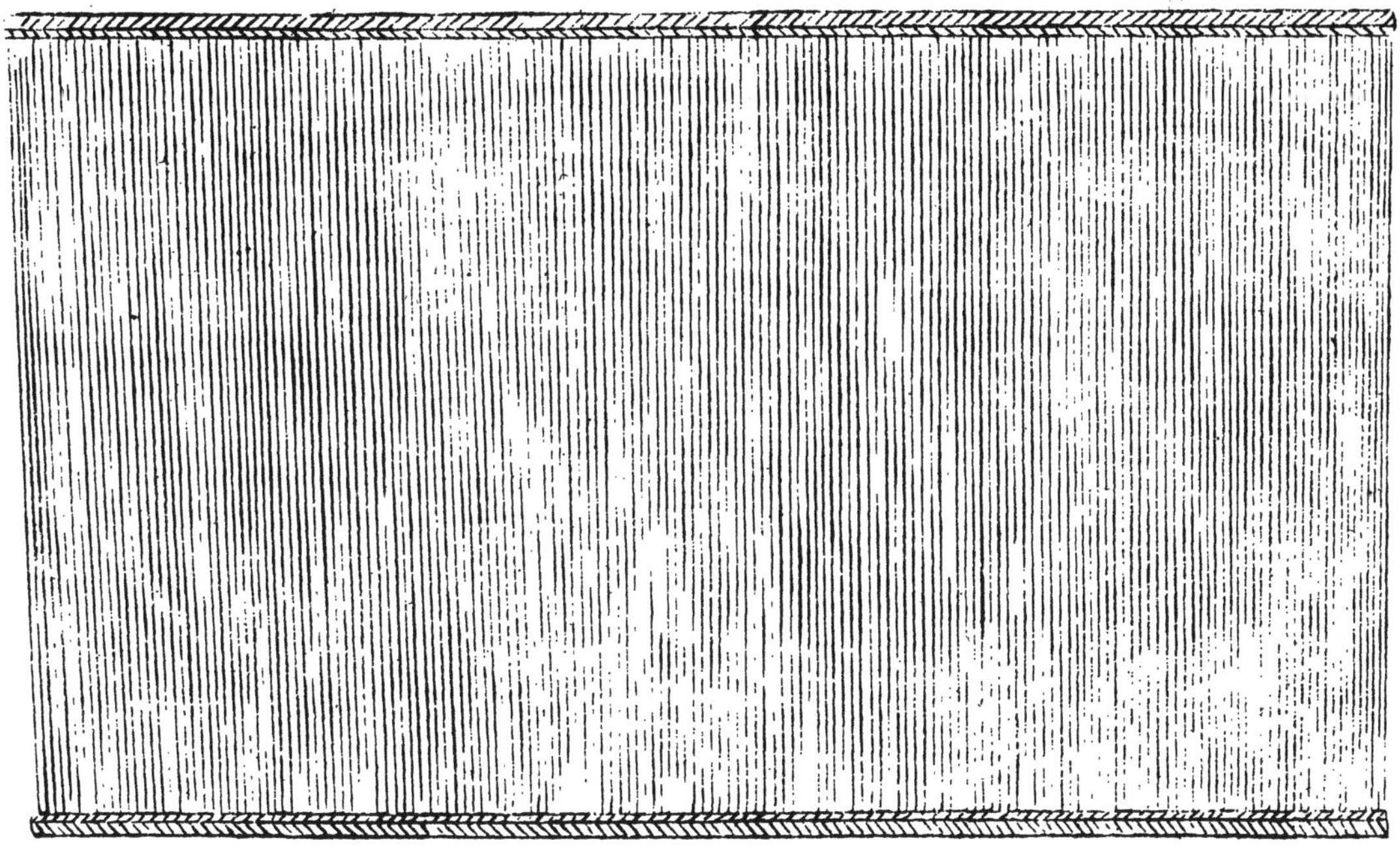

氈《せん》條《でう》

居家

三十三

露臺《ろたい》　走水《そうすい》　漏斗《ろうと》

しらく菜油《ツアイユウ》《なたねあぶら》麻油《ニーユウ》《ごまのあぶら》を用ひ魚油《ぎよゆ》をもちひず

○睡床《すいさう》は本《もと》みじかく●六七尺四方《しはう》或《あるひ》は八九尺《しやく》又は一丈方《ぢやうはう》にして柱《ぢゆう》は本《ぼん》あるひは五六本《ほん》高《たか》さ五六尺位《くらゐ》にして一般《いつはん》山形《やまがた》に板《いた》にて張《はり》床《ゆか》に簟《テン》とふ物《もの》を敷《しき》其上《そのうへ》に蒲團《ふとん》又は蒲團にて下にふとんは毛氈《もうせん》等《とう》を敷《しき》其上《そのうへ》に蒲團《ふとん》を敷《しき》用《もちゆ》るもあり冬《ふゆ》は暖《あたゝか》なる爲《ため》に居《をり》夏《なつ》は涼《すゞ》しき處《ところ》へ移《うつ》す様《やう》に仕立《したて》家《いへ》毎《ごと》に家内《かない》人數《にんじゆ》の外《ほか》二組《くみ》三組《くみ》程《ほど》宛《づゝ》も用意《い》に貯《たくは》へ置《おく》簟《デン》は藤簟《デンデン》棕簟《ツヲンテン》等《ひとし》なれど睡床《すいさう》の天井《てんじやう》は板《いた》にて作《つくり》たるもあり又木竹《きたけ》を二三本《ほん》渡《わた》して布《ぬの》を張《はり》たるもあり四方《しはう》は蚊帳《ウエンチヤン》を掛《かけ》置《おく》蚊帳《ウエンチヤン》の一方《はう》を開《ひらき》て鉤《つりかぎ》に掛《かけ》出入《でいり》をなす蚊帳は四季《しき》ともに用ゆ

○浴室《ヨシ》《ゆどの》毛坑《マウカン》《かはや》は家《いへ》の裏手《うらて》に建《たて》本家《ほんけ》内房《スイワン》より廊下《らうか》通《とほ》りにしたるもあり又別《べつ》に建《たつ》るもあり二間《けん》三間方《はう》等《ひとし》なれど入口《いりくち》に扉《とびら》を設《まう》け浴室《ヨシ》《ゆどの》は下に石《いし》を敷《しき》四方《しはう》壁《かべ》毛坑《マウカン》《かはや》も四方壁《かべ》にして入口《いりくちとびら》に扉を設《まう》け地《ち》に甕《ナン》或《あるひ》は桶《をけ》を埋《うめ》板《いた》にて床《ゆか》を張《はり》たるもあり又は石瓶《いしビン》等《とう》にて築《つき》きすへ

に板《いた》を敷《しき》くるもあり女人等は都《すべ》て毛坑《マウカン》へ便《べん》に行《ゆく》ことなく馬桶《マアトン》を用ひ内房《スイワン》の隅《すみ》にかし
隅《すみ》く板《いた》にて囲《かこ》ひ内《うち》に馬桶《マアトン》を置《おき》て便用《べんよう》し夜分《やぶん》は睡床《すいさう》の側《かたはら》に馬桶《マアトン》を寄《よせ》置《おく》也

簟枕《たんちん》一名方枕《ほうちん》

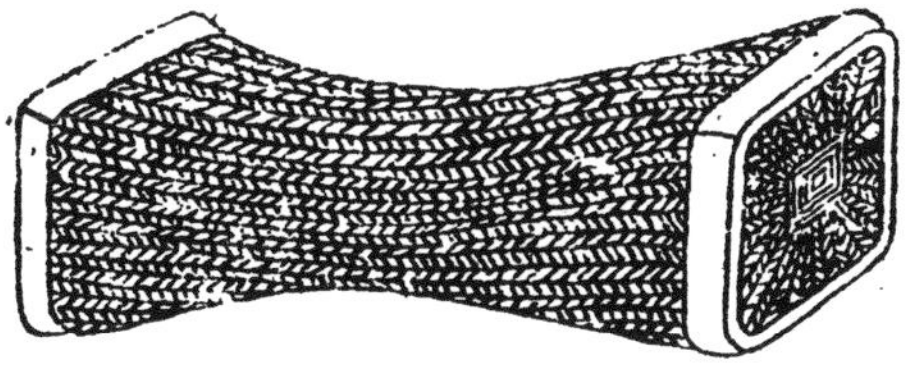

布枕《ふちん》一名綉枕《しうちん》

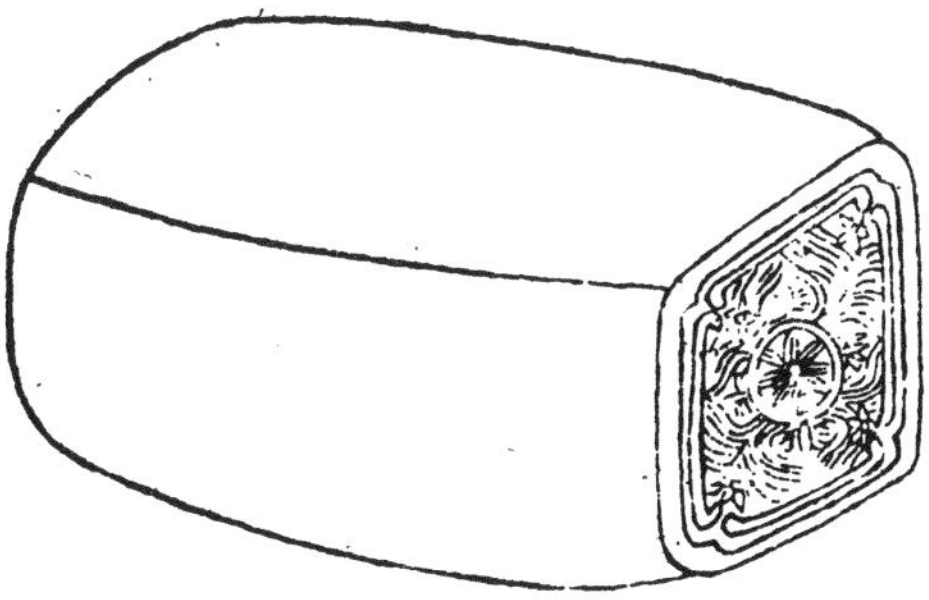

坐《ざ》褥《ぢよく》

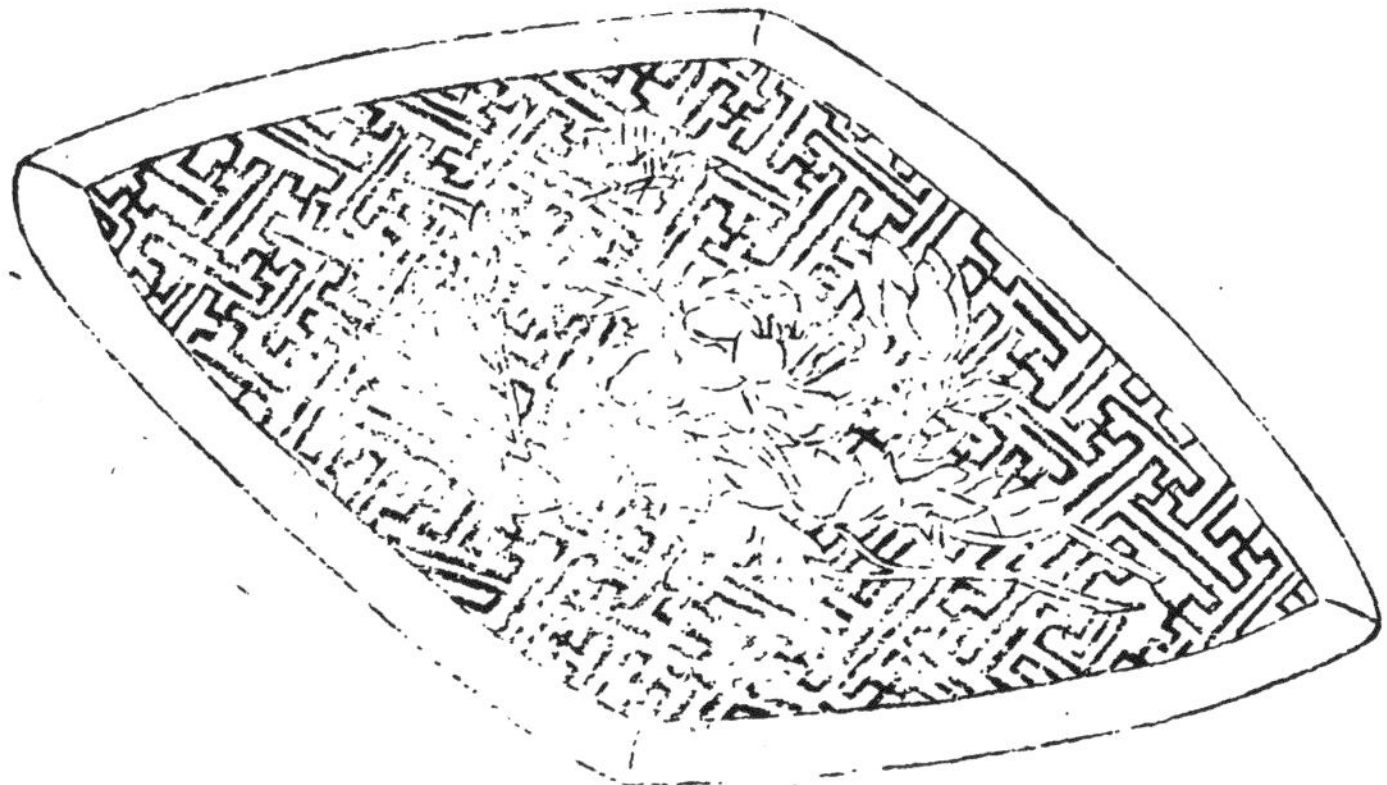

褥<ruby>じよく<rt></rt></ruby>　　　　　被<ruby>ひ<rt></rt></ruby>

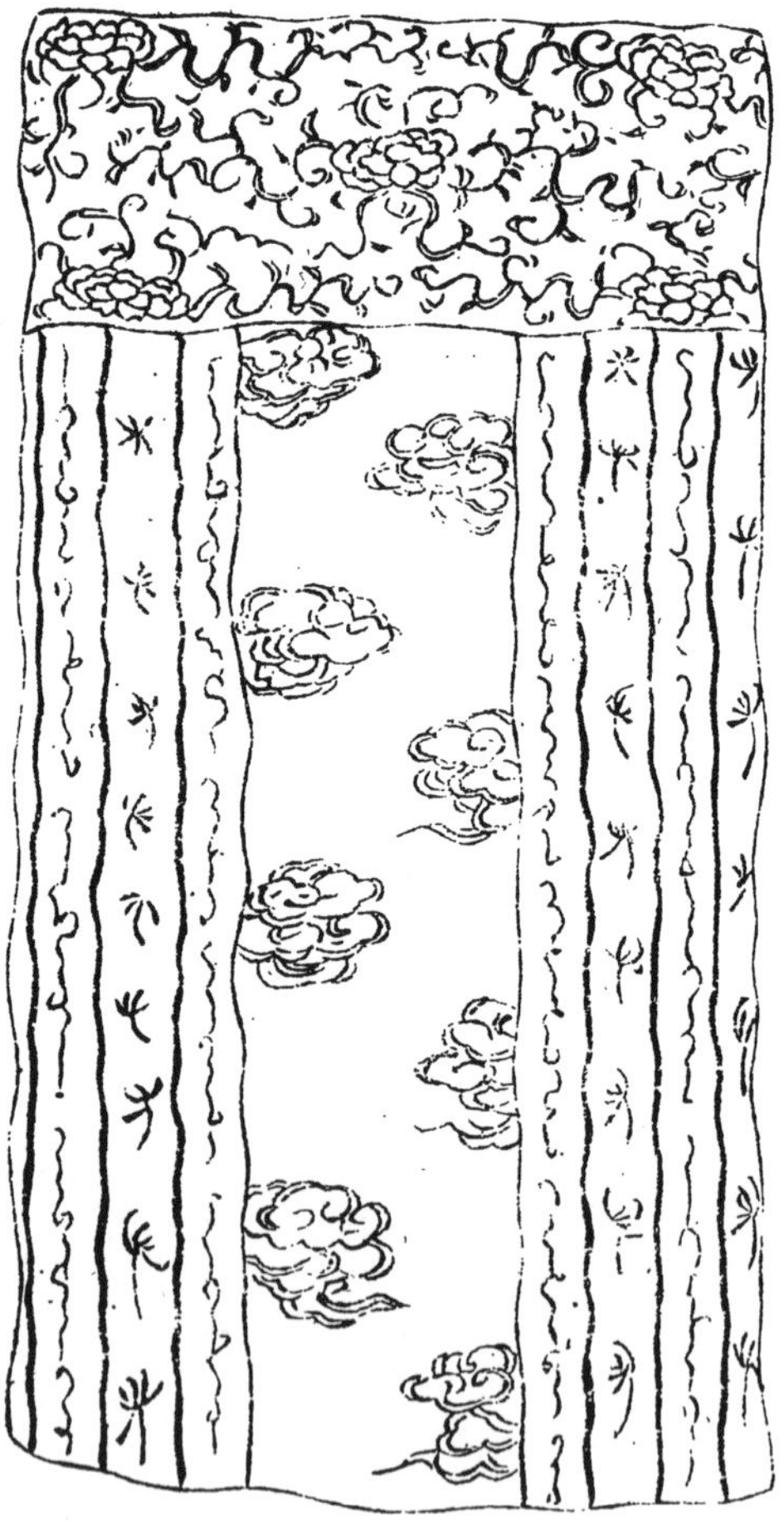

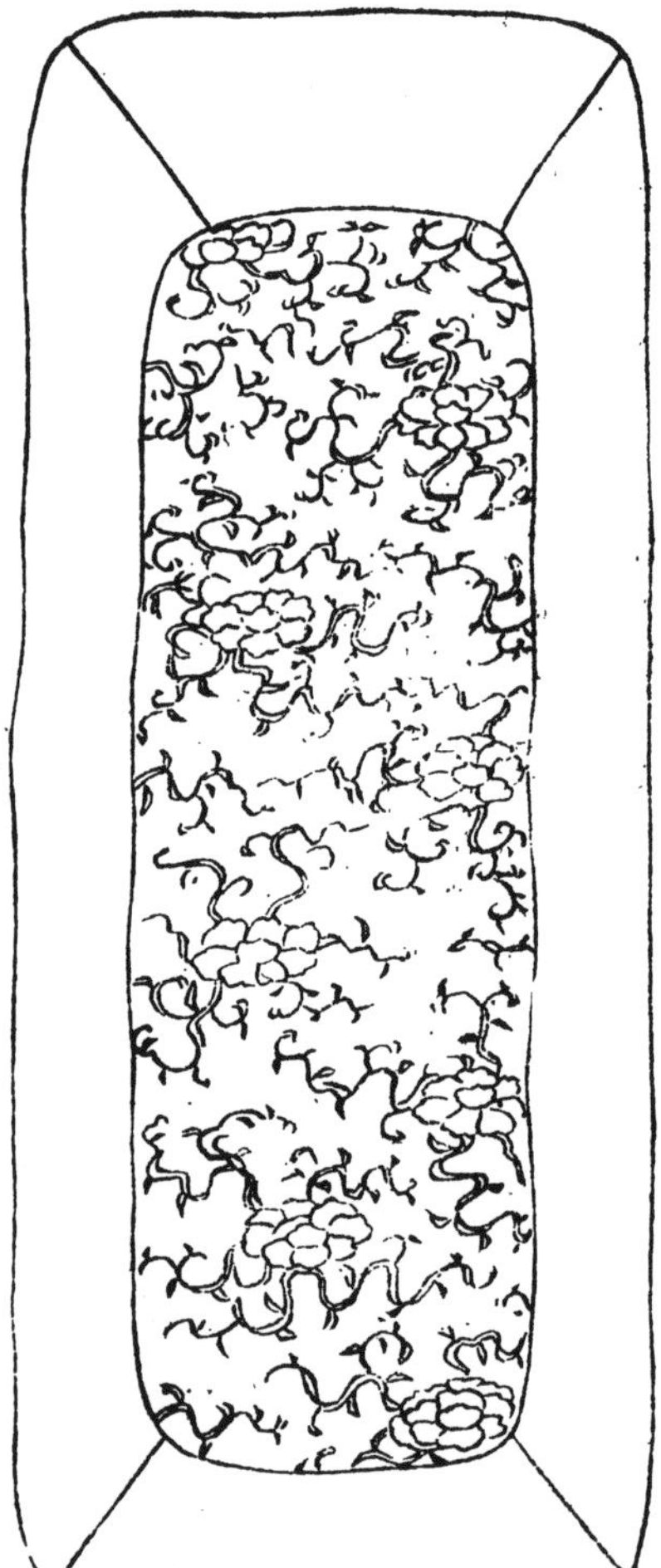

花毯

簟《たん》

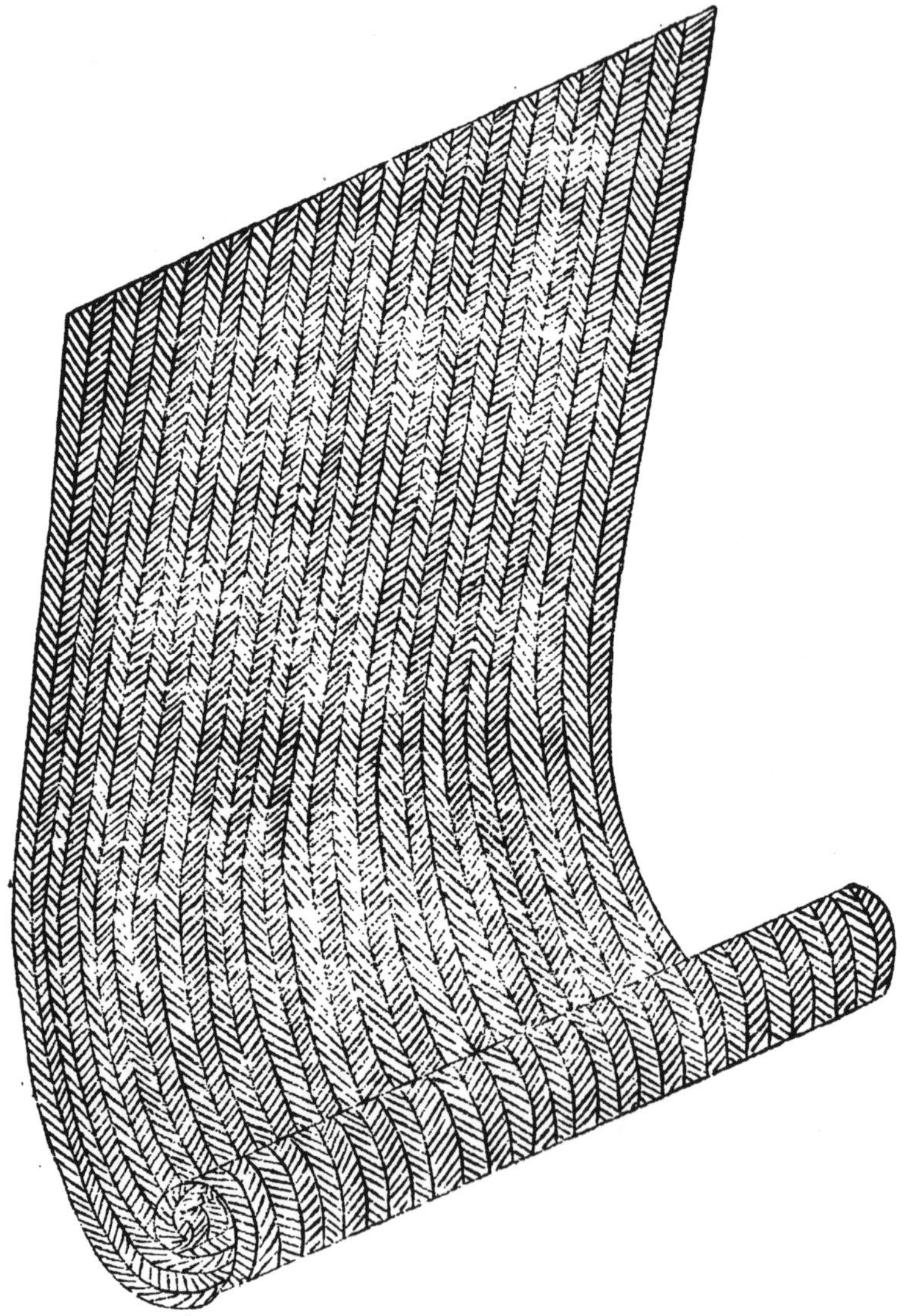

筵《えん》

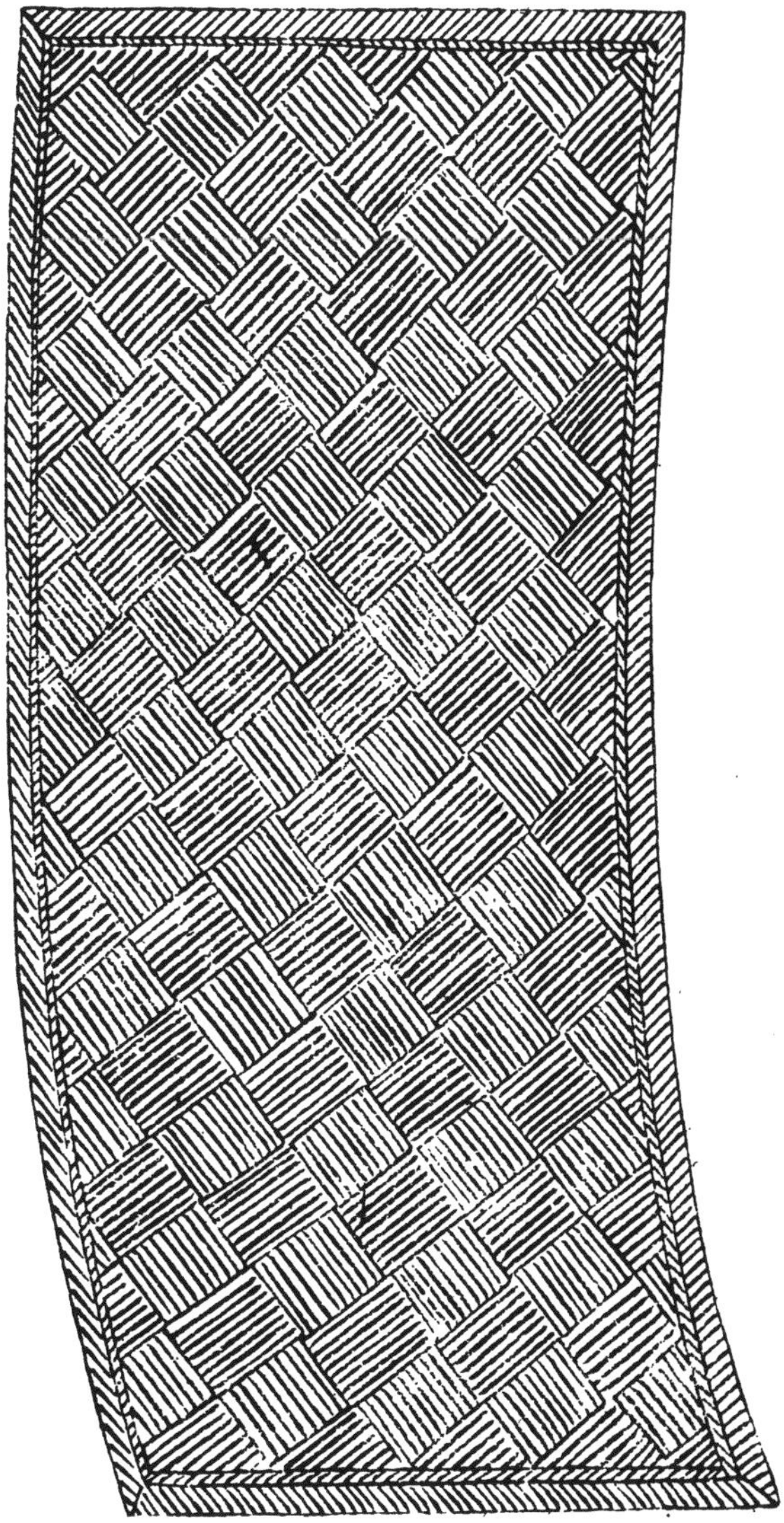

溺瓶《みようへい》 一名 夜不收《やふしう》 しゆびん

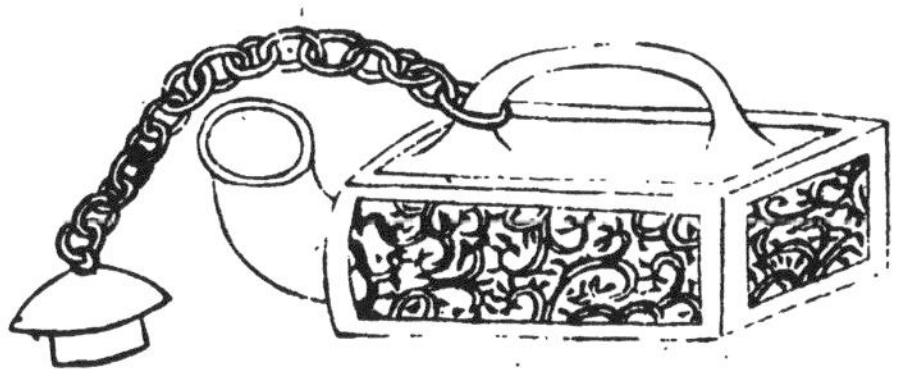

馬桶《たう》 一名 淨桶《じやうたう》 おまる

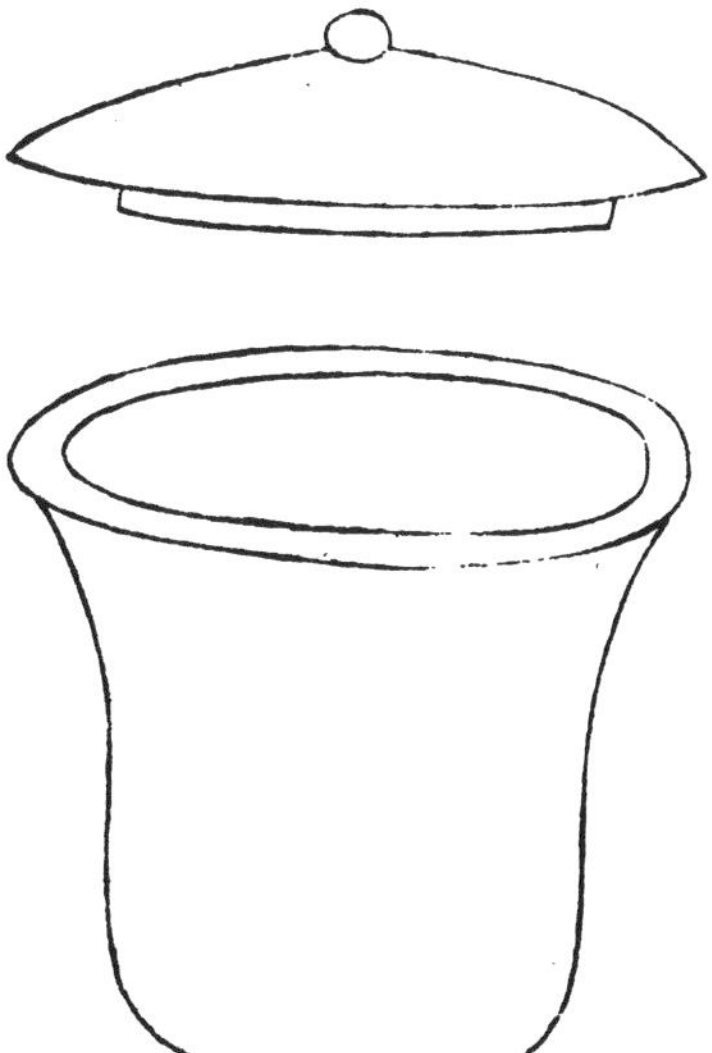

帳《ちやう》

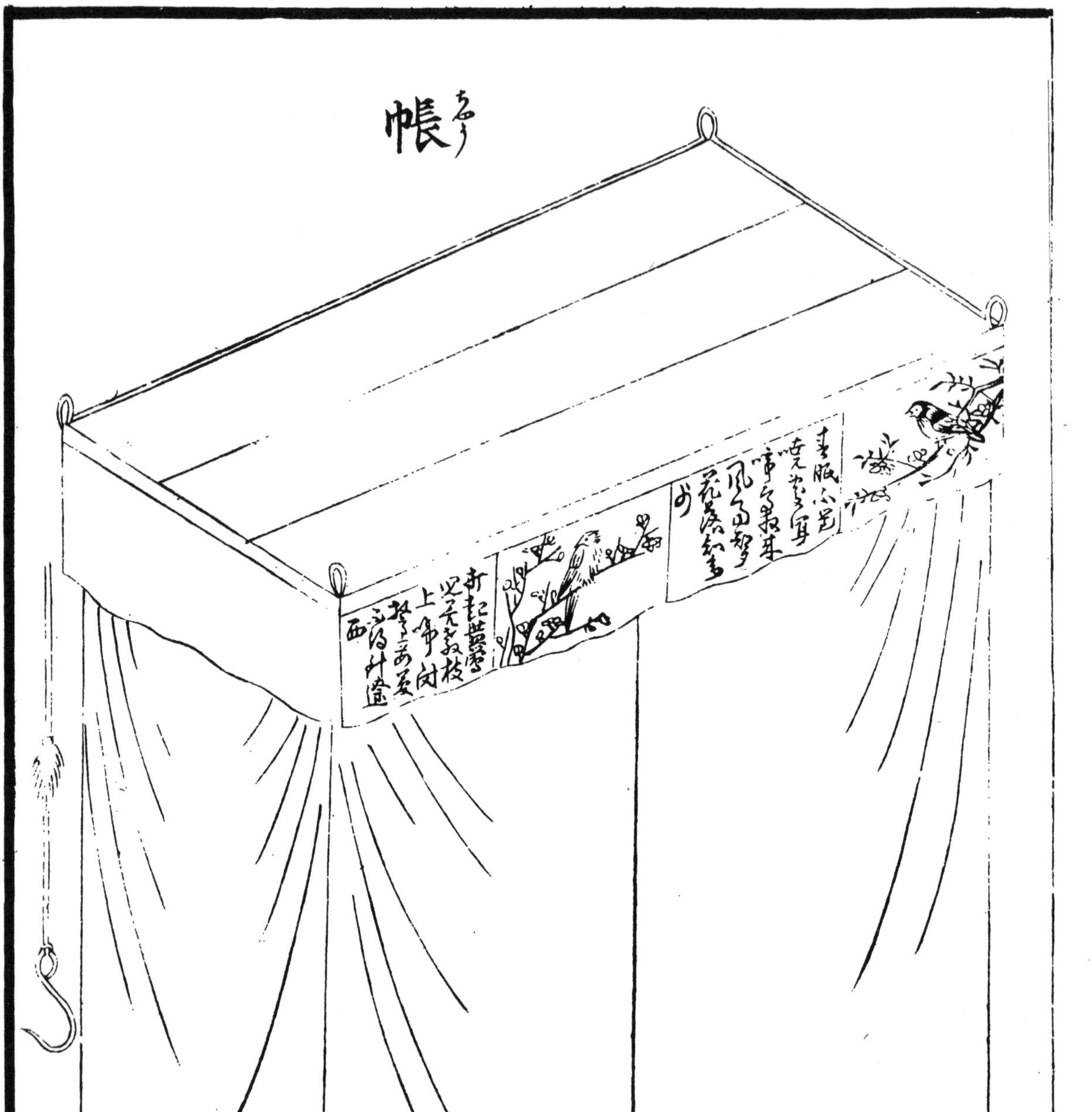

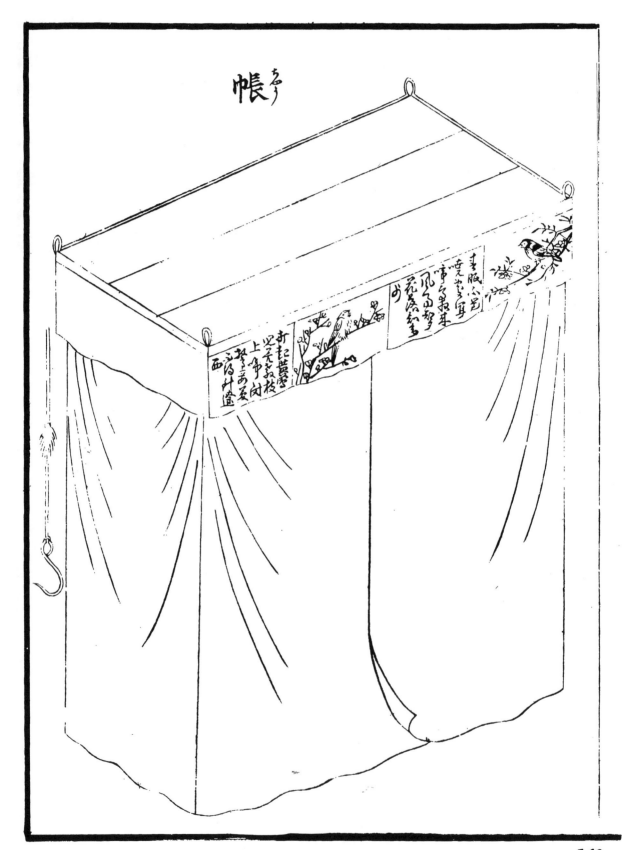

○厨下《ヂイヤア》《だいところ》ハ土間《どま》或《あるひ》ハ板敷《いたじき》ニして竈《かまど》を設《もう》け竈付《かくつき》ニなる脂柜等の諸道具食器類或ハ置《おき》
竈《かまど》の側《かたわら》へ水甕《シユイヲン》水桶《シユイトン》手桶《シウトン》等或ハ厨房《ヂーワン》ニ樓《ろう》を設《もう》け奴婢《ぬひ》の腫房と為し又ハ下へ耳房《ルイワン》
を設《もう》けあるもあるなり奴婢《ぬひ》夫婦者《ふうふもの》なとハ同居し其外《そのほか》の者ハ奴《ぬ》の房ハ外ニ設《もう》け婢《ひ》ハ
厨樓《ちうろう》ニ住居《すまい》し臥房《ねべや》ハ一房づゝ出入口《でいりくち》ハ扉ニ内より鎖《ソー》をさし閉《とぢ》し奴婢《ぬひ》の衣服《いふく》手道
具《ぐ》等ハ自身《じしん》腫房《ねべや》の側《かたわら》ニ貯《たくわ》へ置なり○奴僕《ぬぼく》下婢《かひ》ハ朝《あさ》早く起て發燭兒《ハチヨルウ》火刀《ホータウ》
石火刀《シホータウ》を取て飯《めし》炊《たき》の支度《したく》し○鋪面《フウメン》の制度《せいど》作ハ街道《キヤイタヲウ》《まち》通りに或ハ店《みせ》肖ニして内住居
續《つゞき》ニ建《たて》るもあり又店《みせ》ハ別檻《へつむね》ニ建るもあるなり等かしく店《みせ》の向ふへ柜《ウヘ》或ハ設け物件《ウヘケン》或
ハ端物《たんもの》藥種《やくしゆ》店《みせ》等ハ側《かたわら》ニ天平《テンヒン》を設け銀櫃《インクイ》を置主管《チイクワン》其ハ前《まへ》ニ坐して代銀錢《だいぎんせん》
等改《あらため》め銀櫃《イングイ》ニ入《いれ》帳ニ記し其余《そのよ》ハ小店《こみせ》ハ天平《テンヒン》銀櫃《インクイ》等設《もう》けざるも人店ニ坐し
商賣《あきない》ハ商賣とくも内住居廳堂《テンタン》内房《スイワン》等の造作《ざうさく》異ハなる事なし

烟《えん》窗
浴《よく》室
毛坑
厨《ちう》房《ばう》

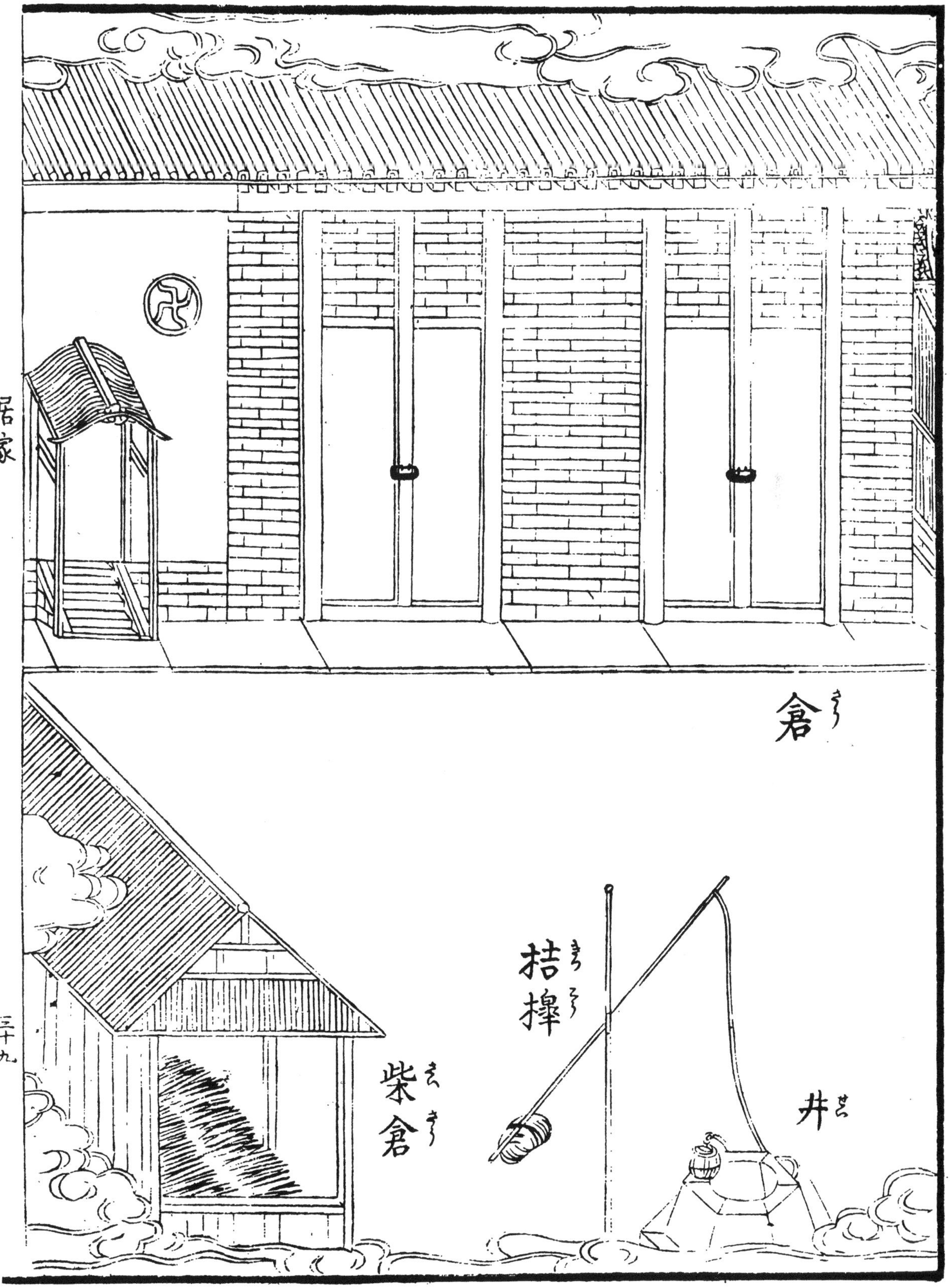
倉
桔槹
柴倉
井

錫飯《ちん》斗《と》

汁瓶

飯《ちん》捅《たう》

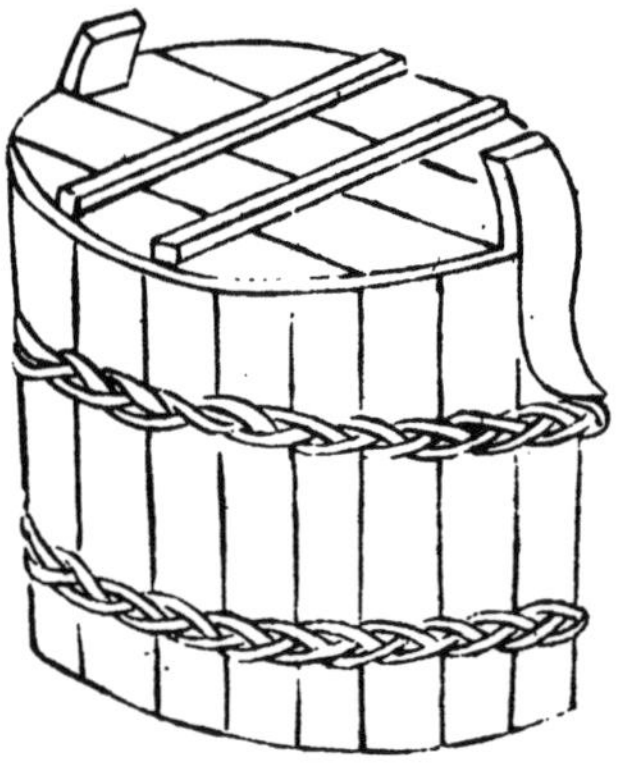

銅杓

木《ぼく》杓

磁飯《ちん》斗《と》

鉄杓

大《たい》盆《ぼん》

菜《さい》碗《わん》

碟兒

同《おなじく》

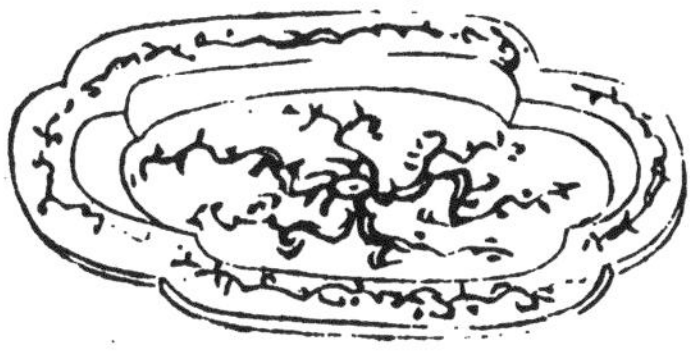

水漉《すいろ》

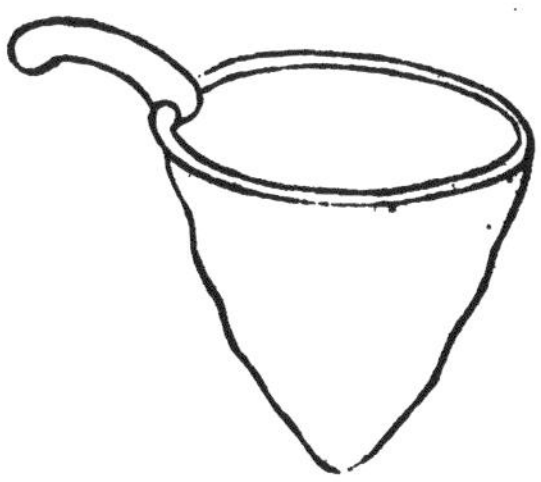

水杓《すいしやく》
一名 水《すい》管《くわん》

水《すい》缸《かう》

水《すい》甕《よう》

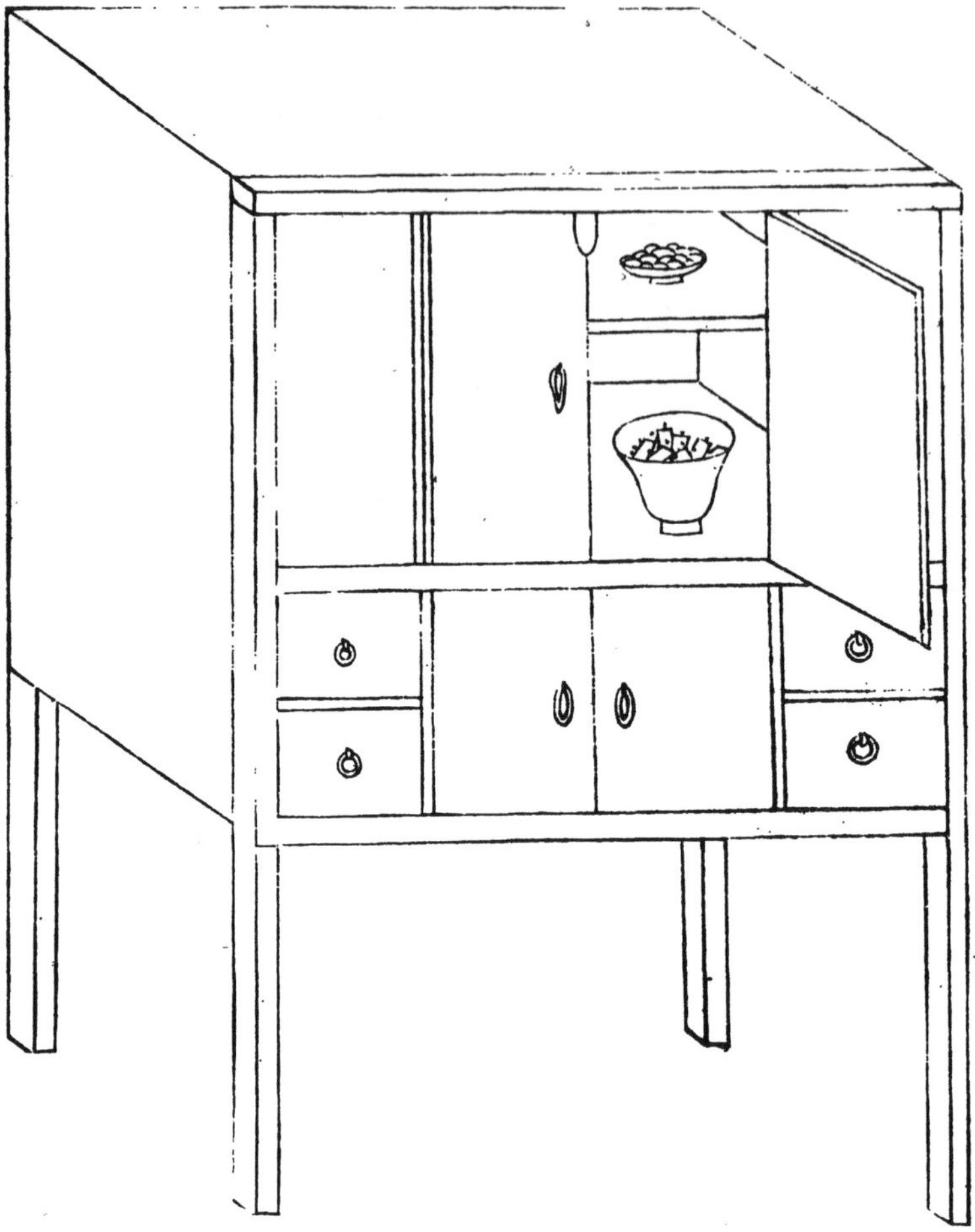

厨《ちう》櫃《き》

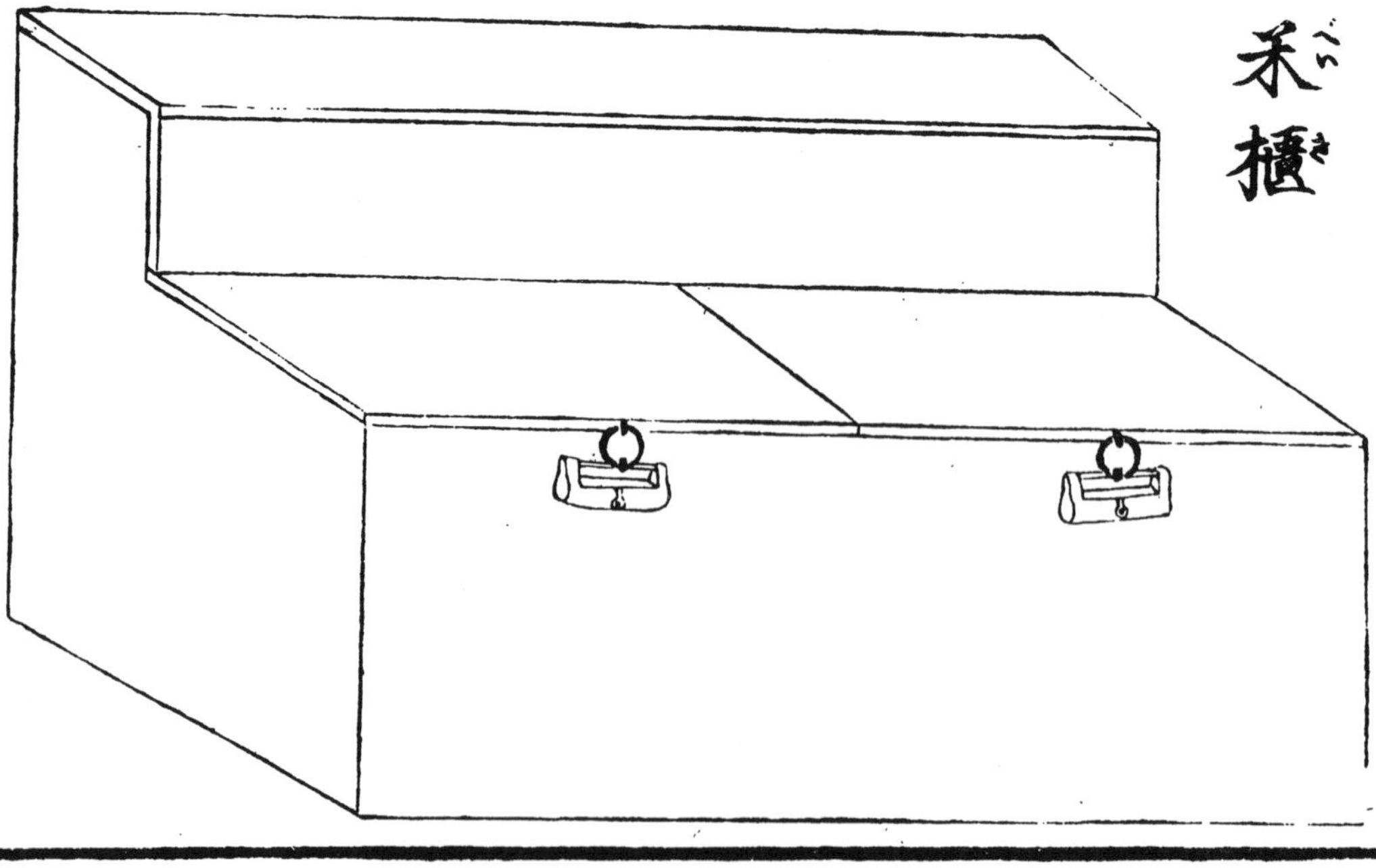

米《べい》櫃《き》

酒罈《どん》

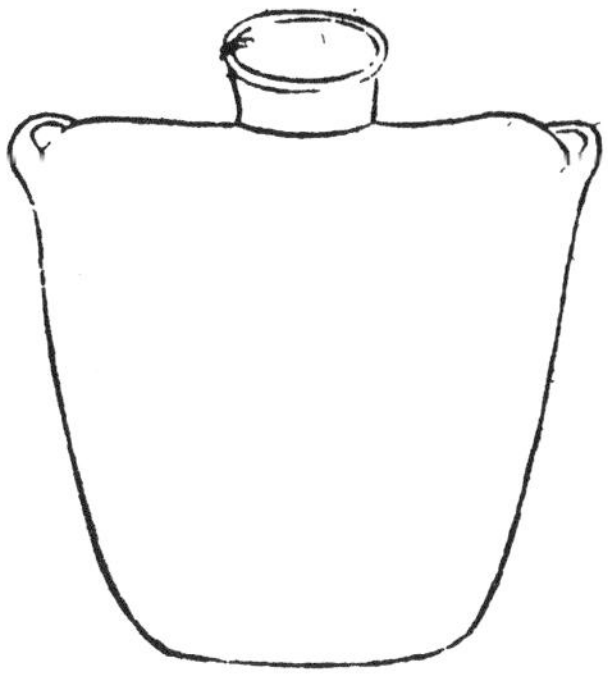

油罈《どん》

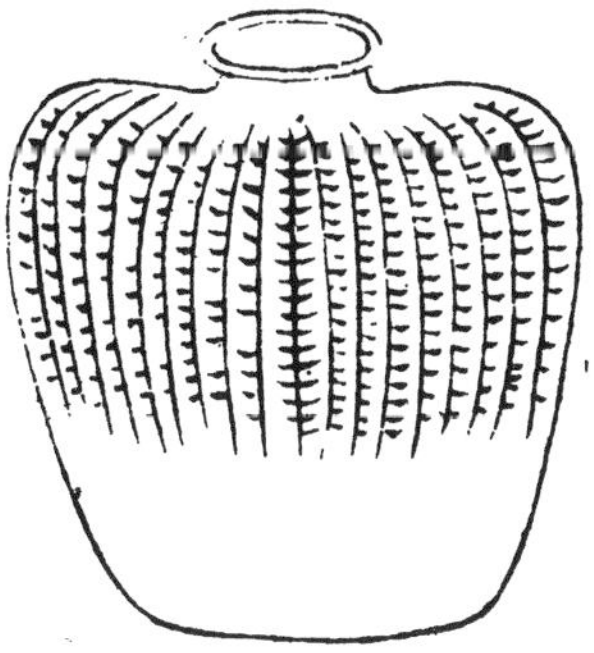

酒缸

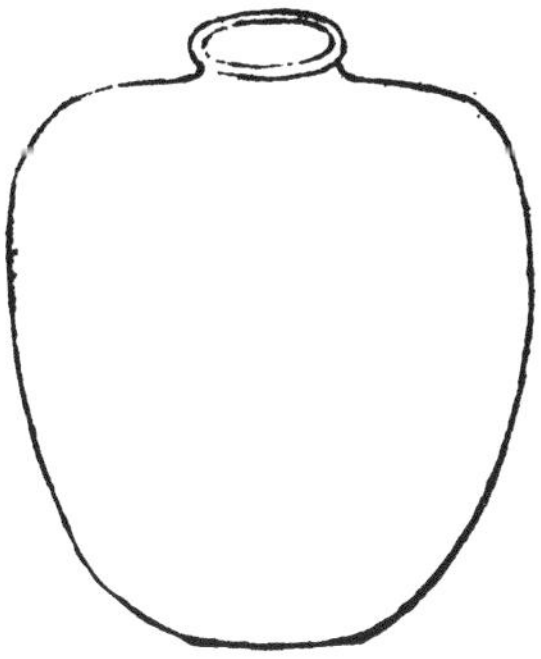

醤缸

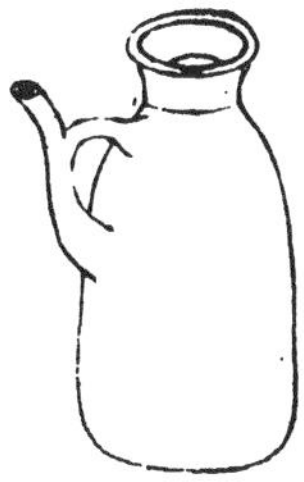

油壺

漏斗

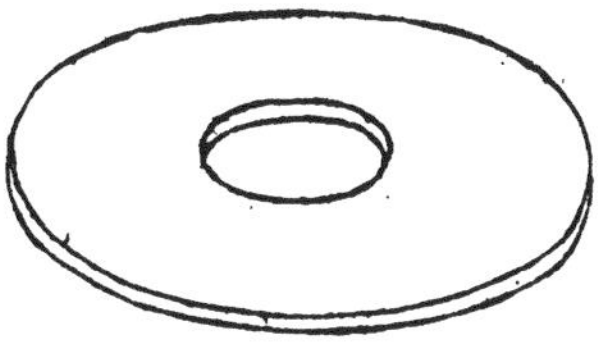

鉄鍋

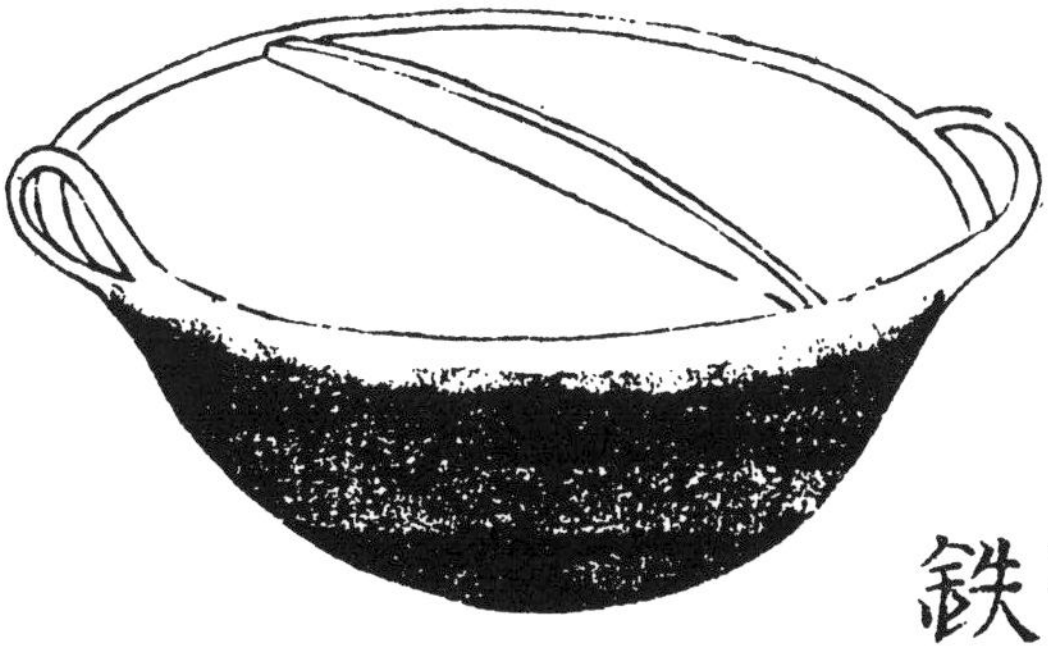

煖《なん》鍋

平《へい》底鍋

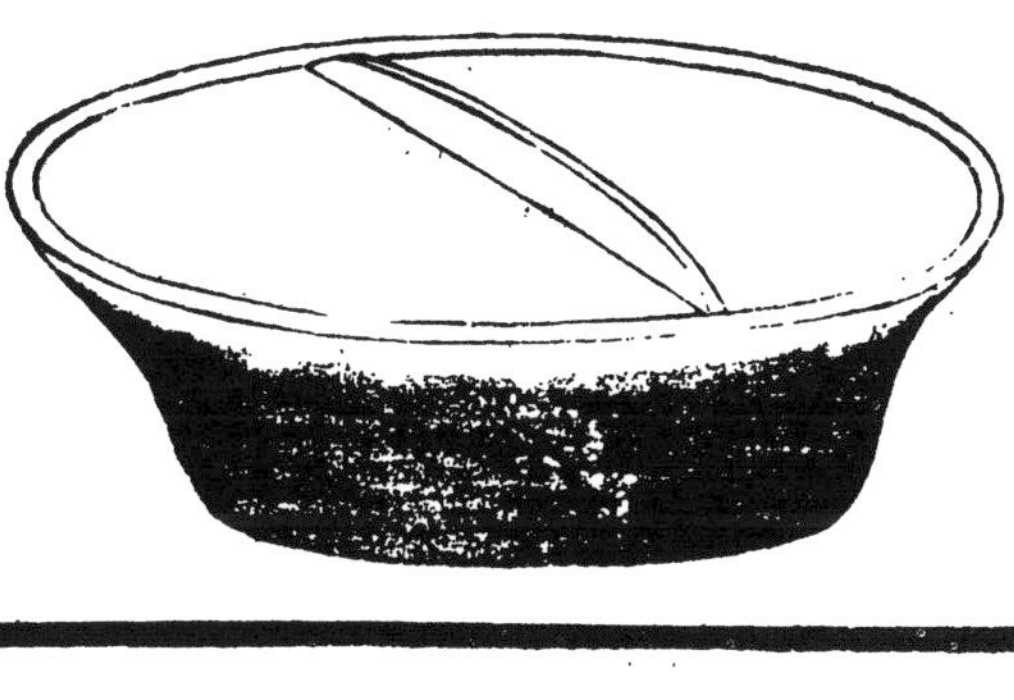

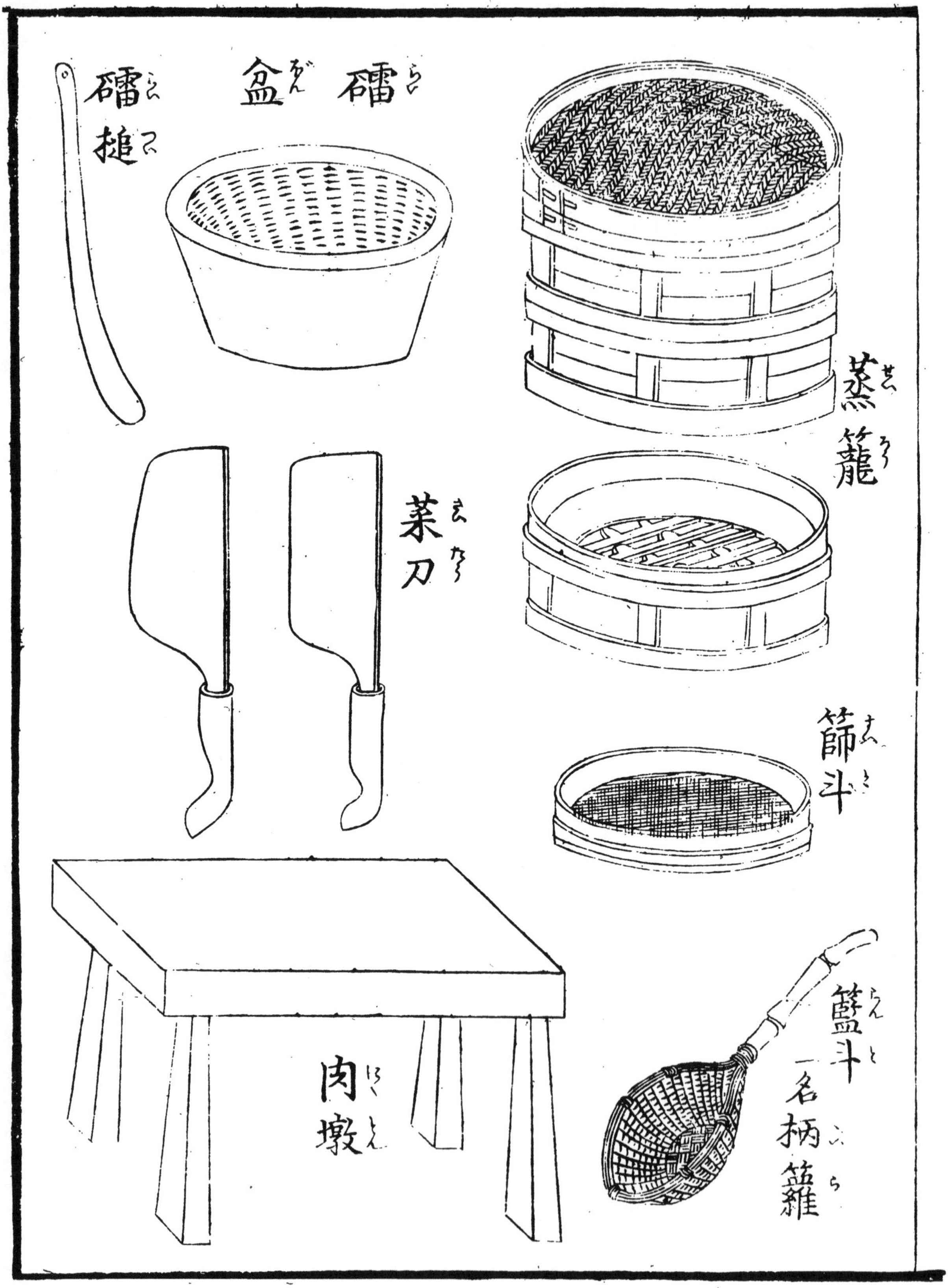
擂槌
擂《ら》盆
蒸籠
菜刀
篩斗
肉墩
籃《らん》斗《と》
一名
柄笊籬

火連《れん》刀《たう》

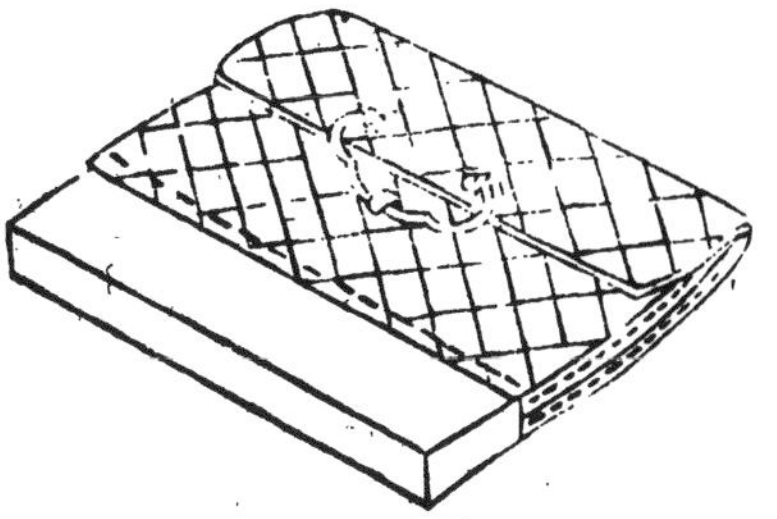

發《はつ》燭《ちよく》兒《じ》

三《さん》脚《きやく》馬《ま》

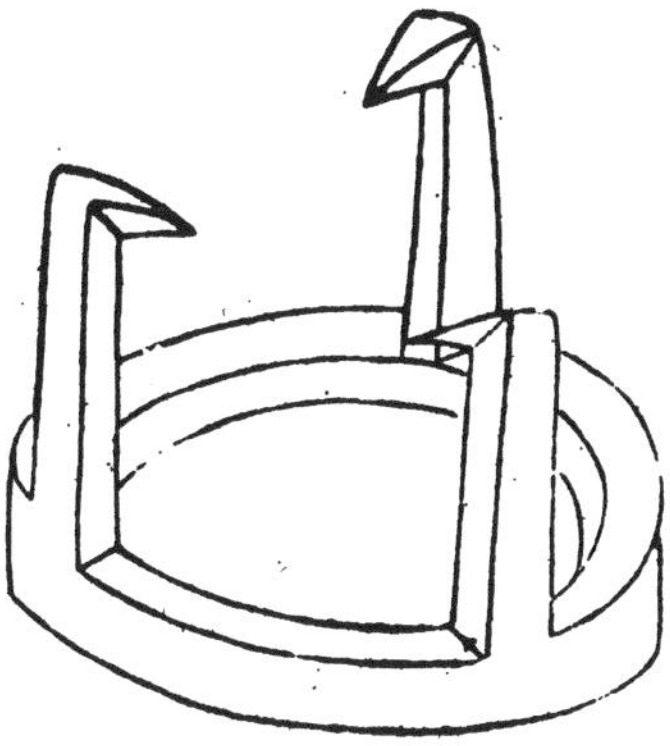

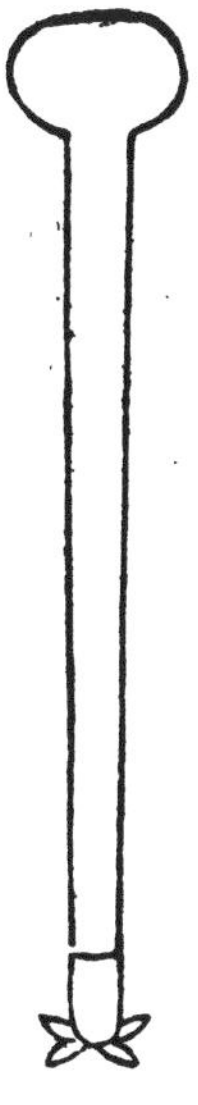

杵《ちよ》子《し》

米《べい》臼《きう》

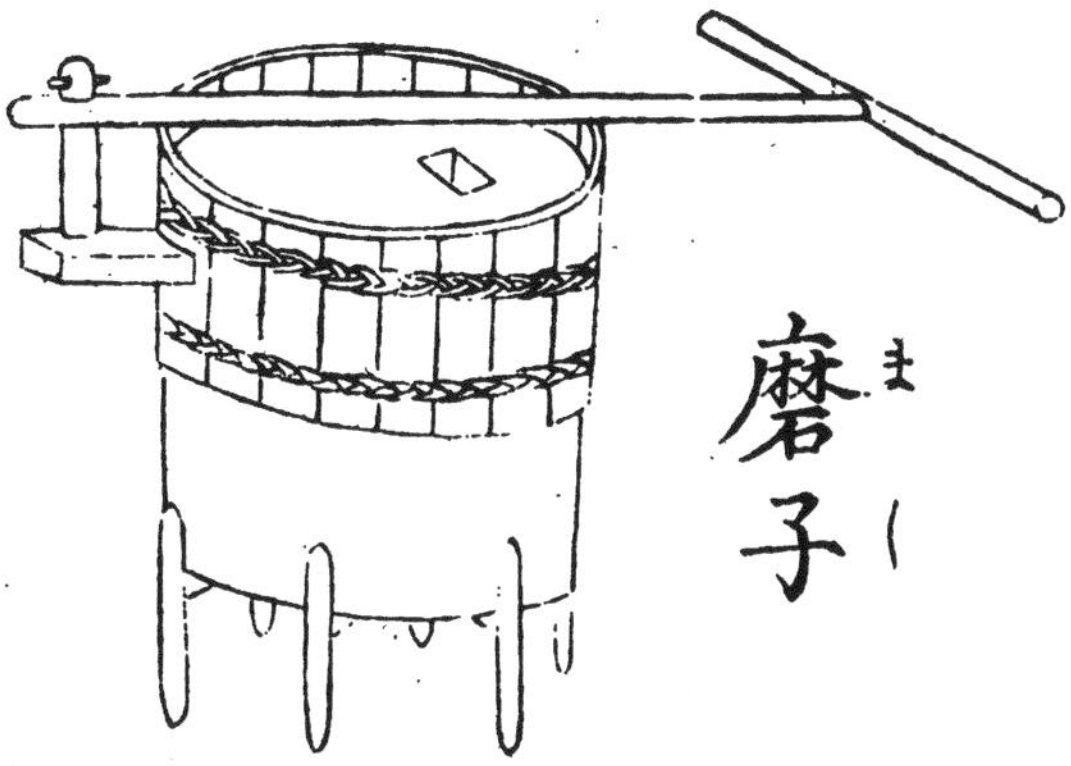

磨《ま》子《し》

居家

四十二

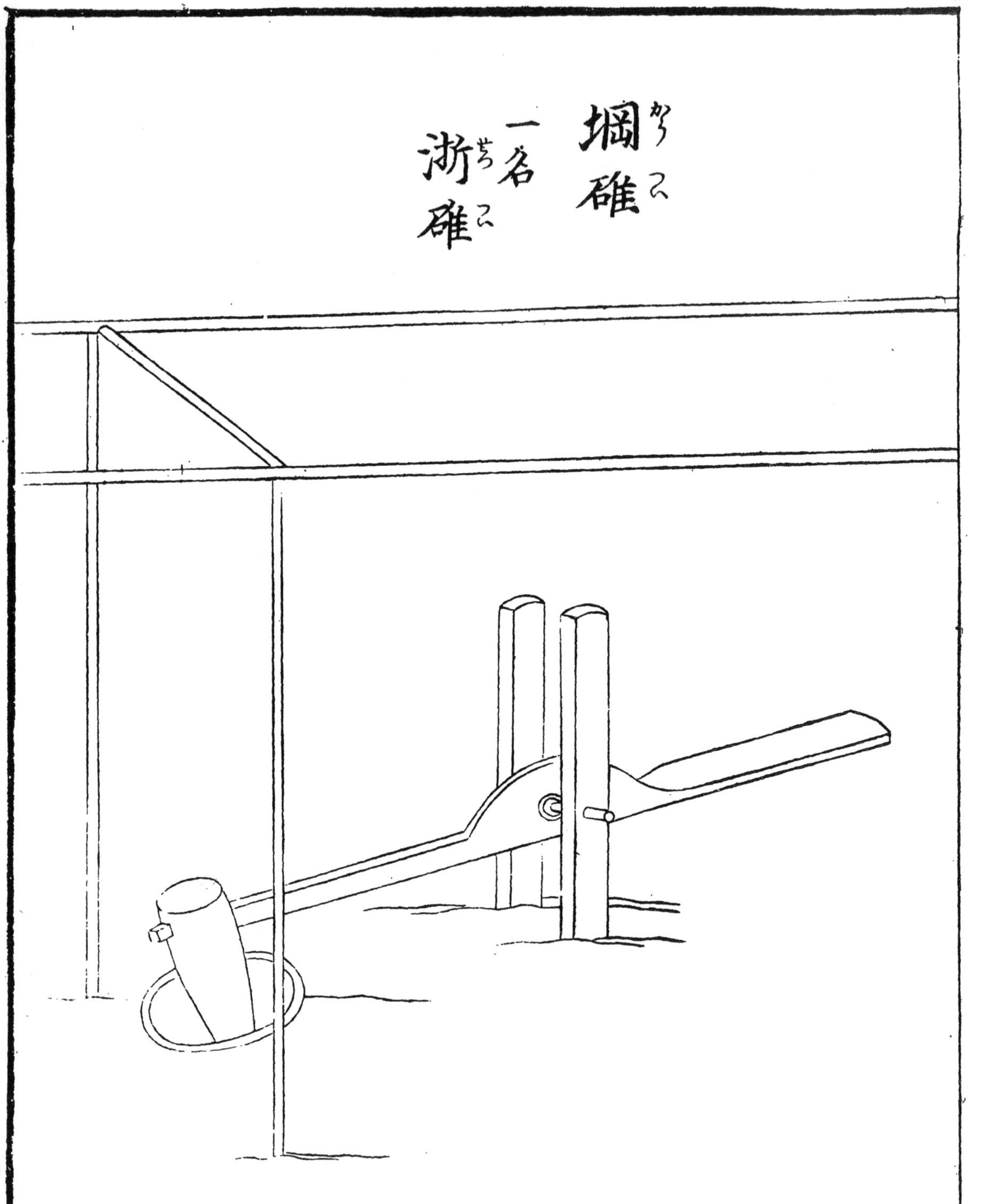
堈《かう》碓《たい》
一名
浙《せう》碓《たい》

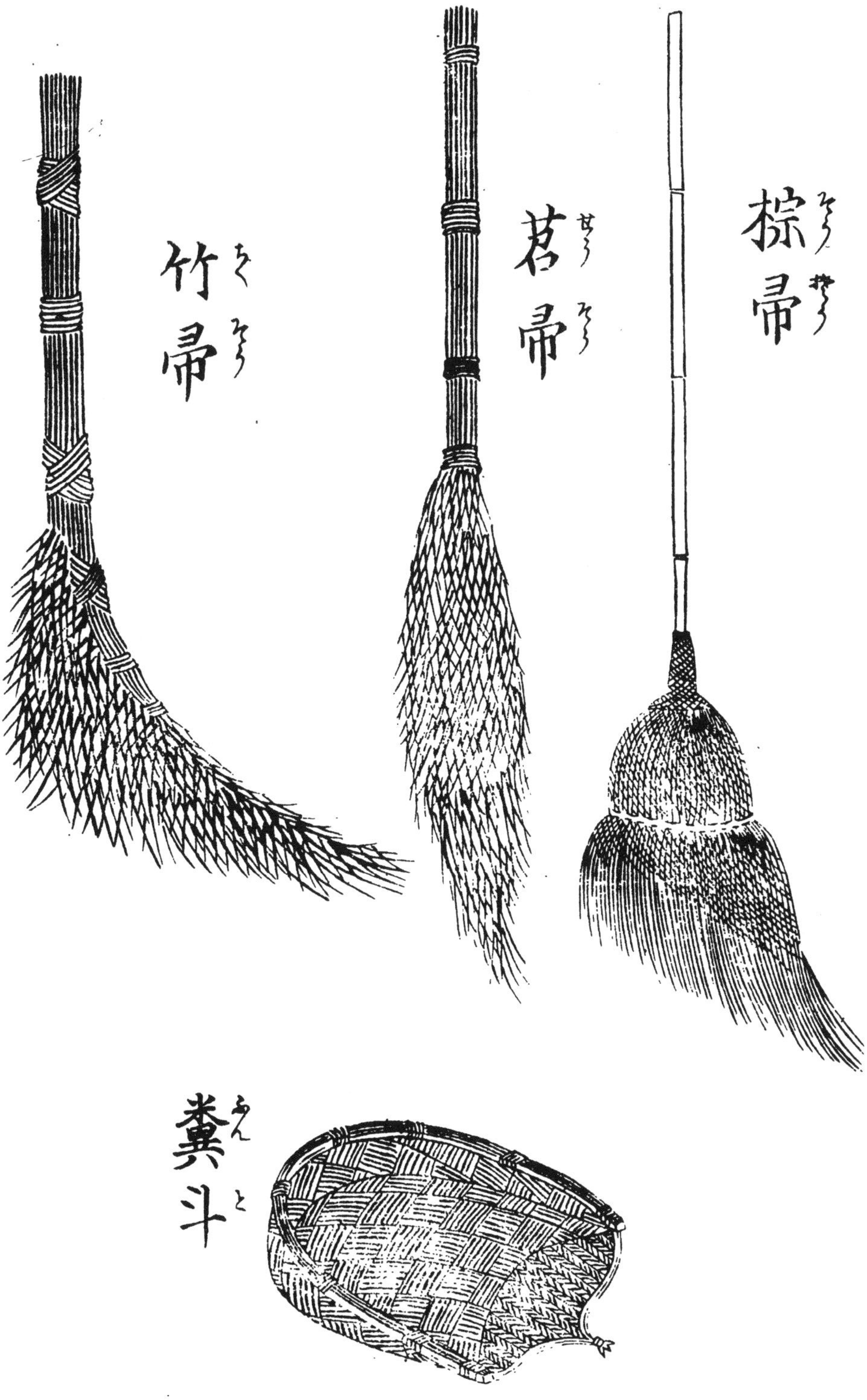
棕《そう》帚《さう》
苕《せう》帚《さう》
竹《ちく》帚《さう》
糞《ふん》斗《と》

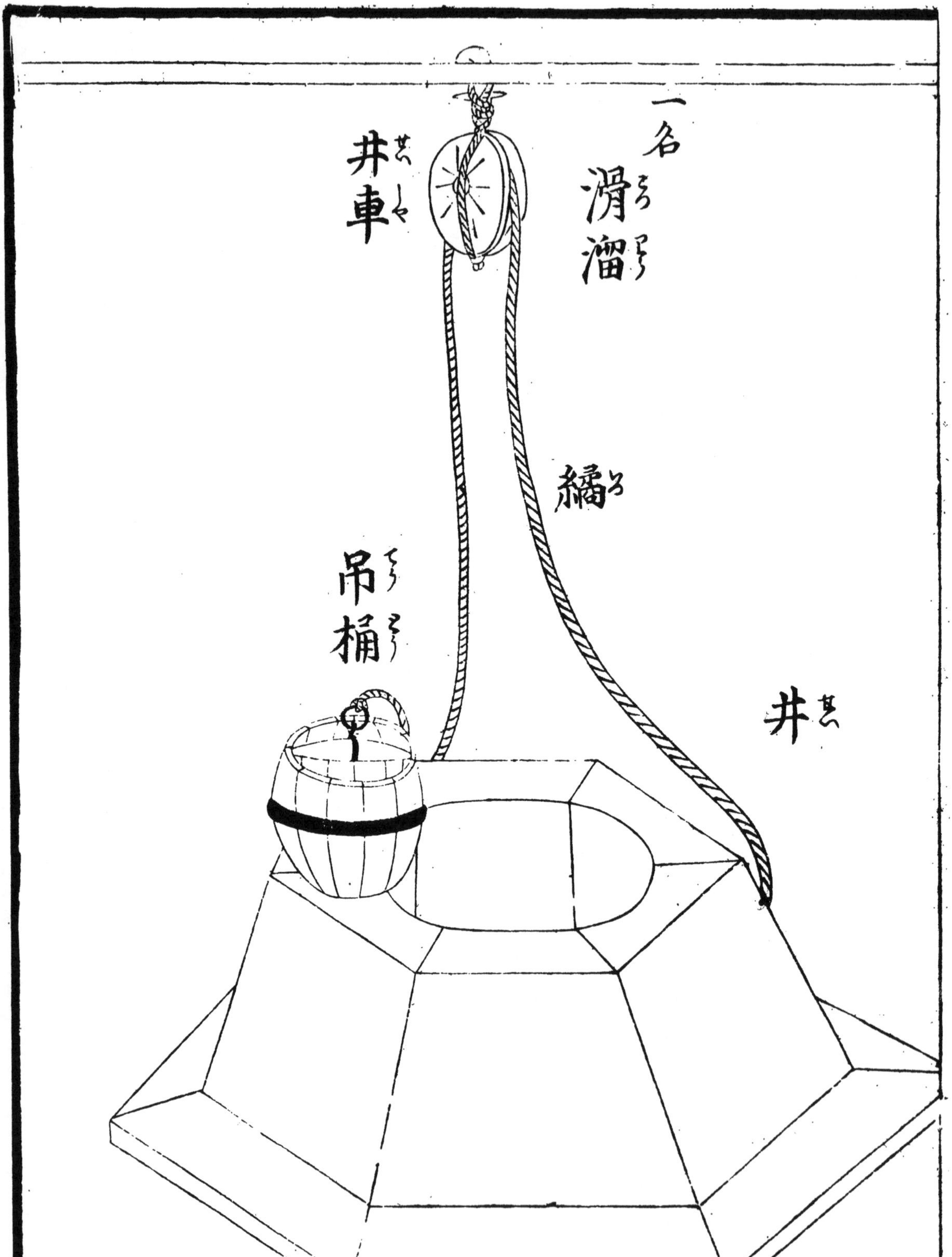

一名
滑溜
井《せい》車《しや》
繘
吊《てう》桶《とう》
井《せい》

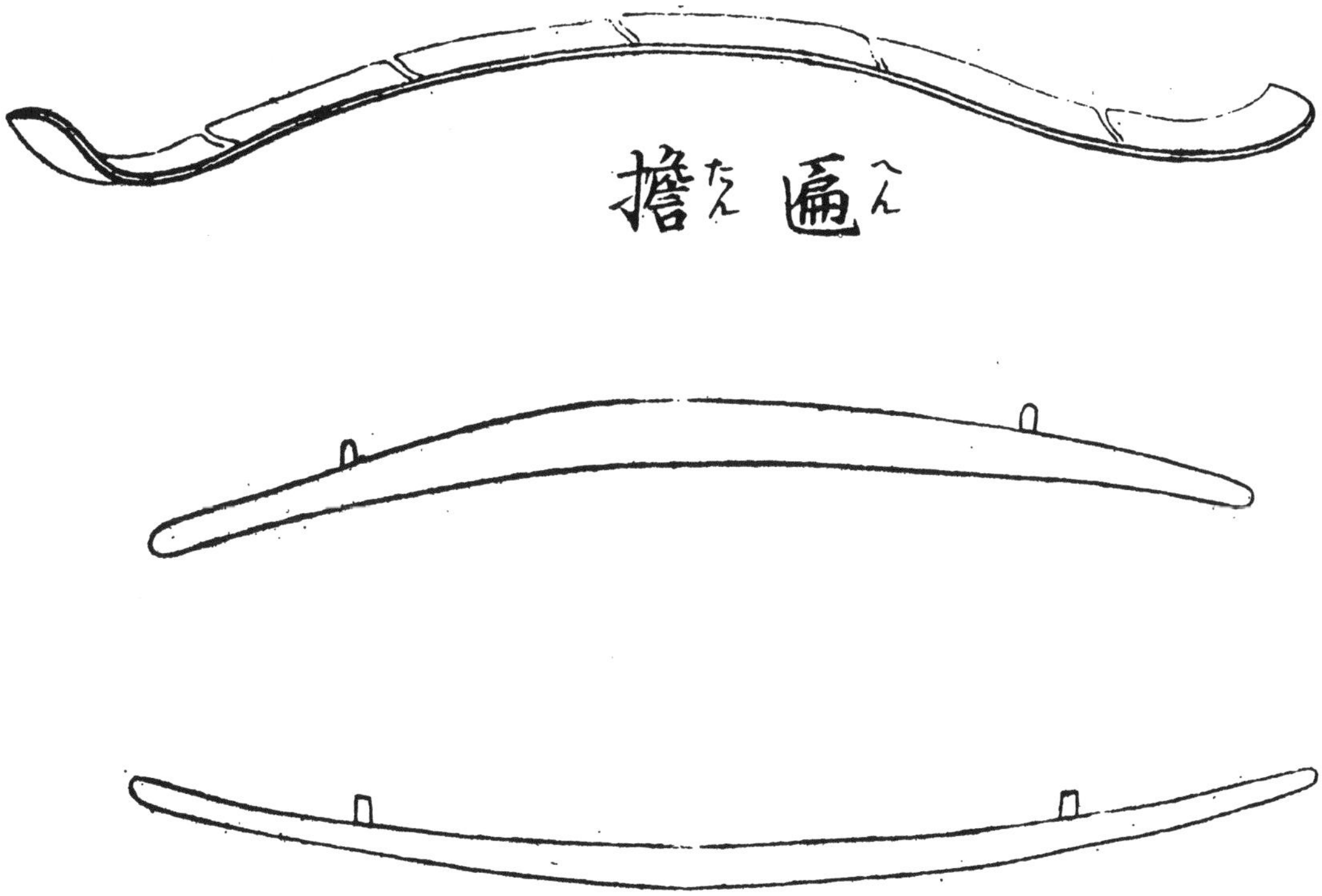

匾《へん》擔《たん》

提籃

提水桶

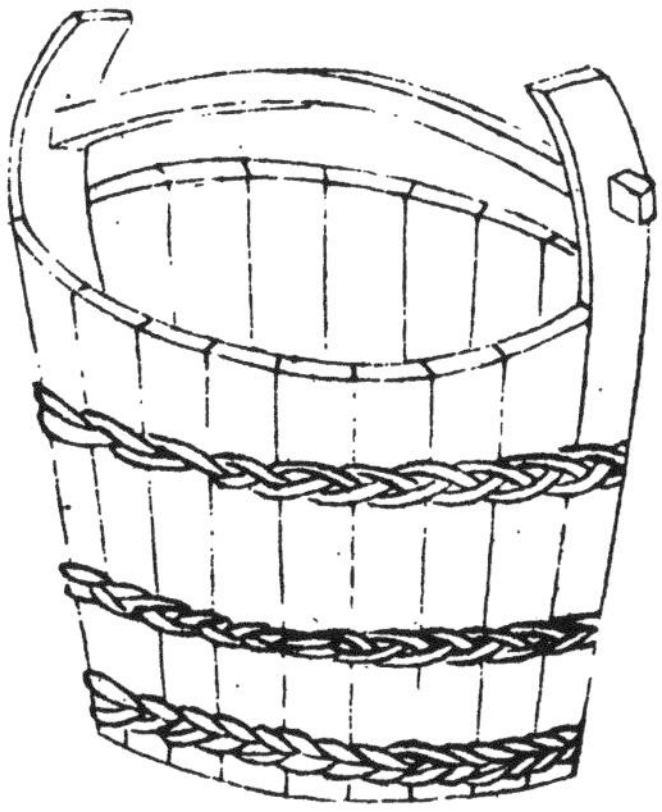

衣い蓑さ

笠かさ

提さげ桶おけ

盆ほん浴よく

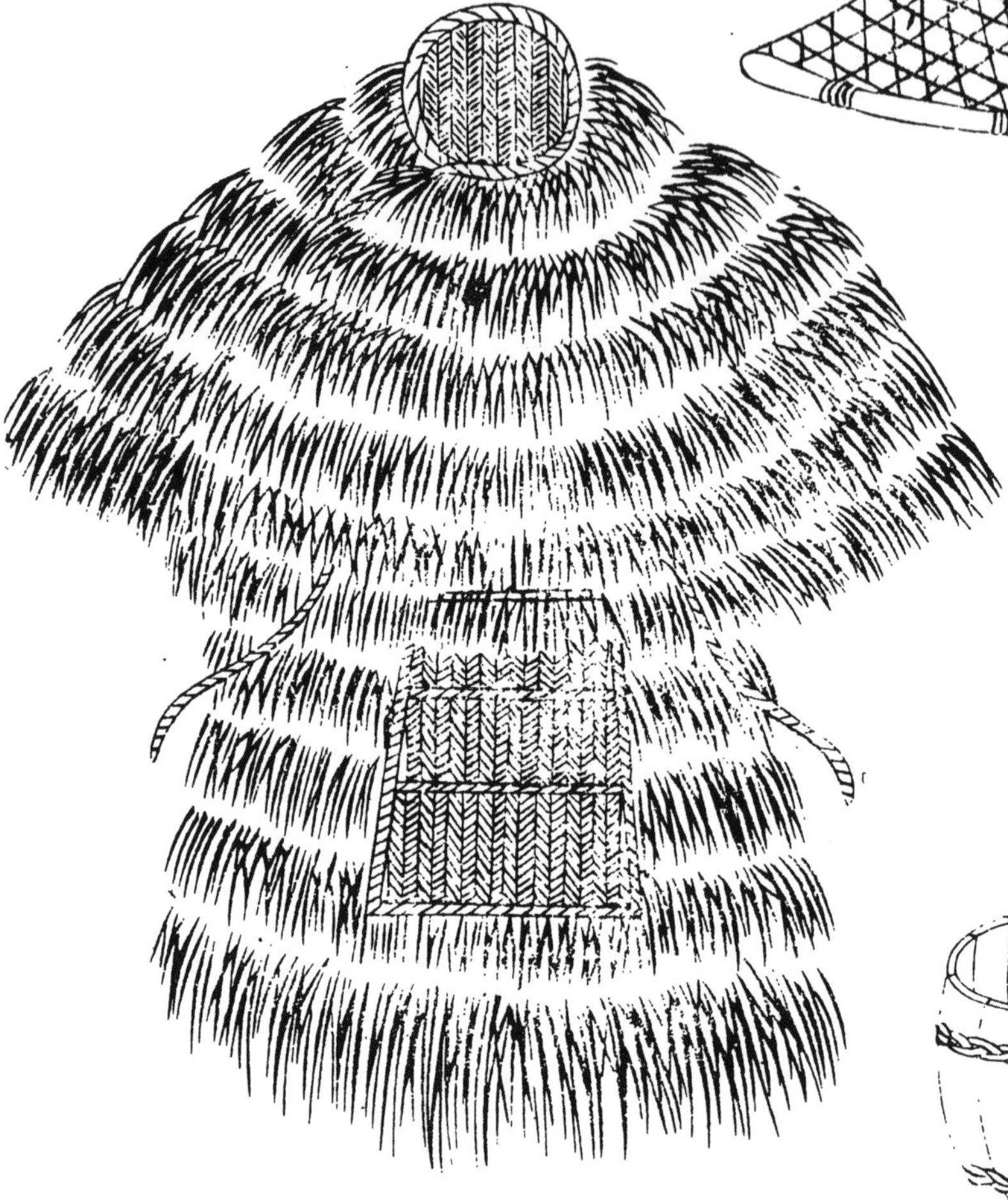

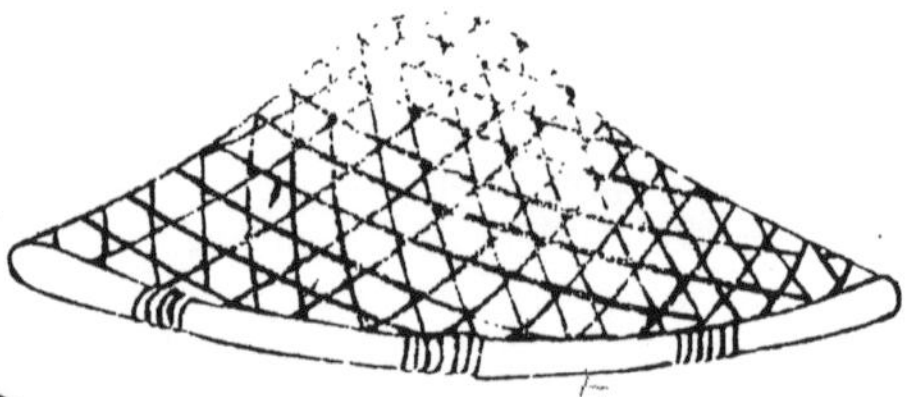

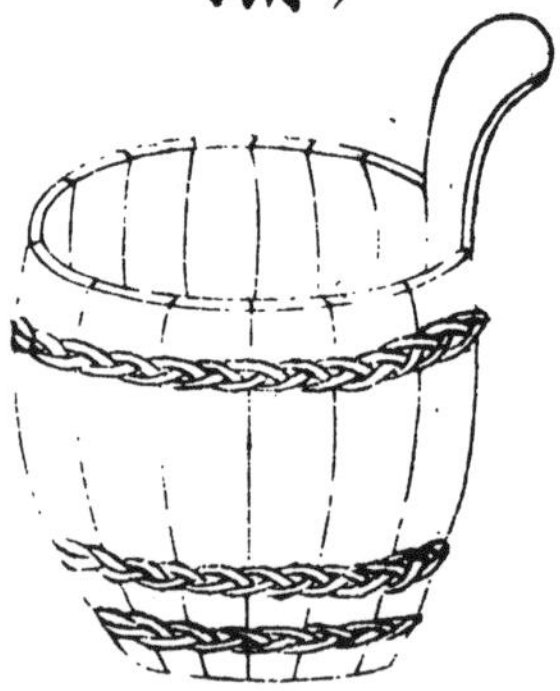

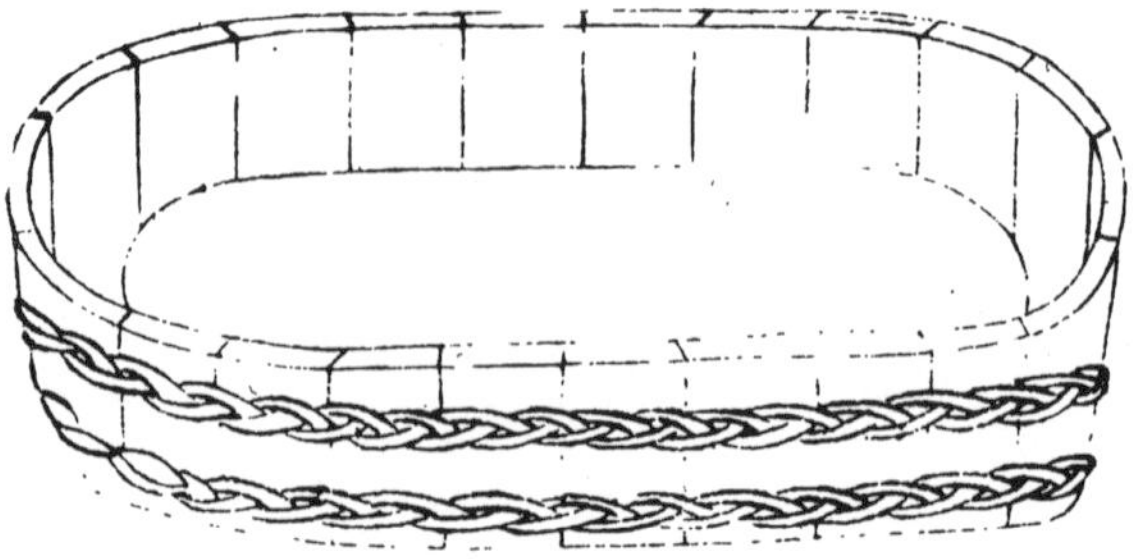

○主人《しゆじん》起《おき》て梳洗《スウスイー》畢《おわり》て便服《べんふく》のまゝ内房《ヌイワン》の椅子《いす》に坐《ざ》して茶《ちや》たばこのミ家廟《かびやう》ならびに信仰《しんかう》の佛神《ぶつじん》を拜《はい》し家内《かない》起揃《おきそろ》ふて朝飯《てうはん》を喫《きつ》す朝《あさ》ハ惣《そう》じて粥《チヨ》を喫《きつ》す又稀飯《ヒイハン》ともいふ遠方《ゑんはう》などへ行《ゆく》か又は他《た》に出《いで》て用事《ようじ》等《とう》に勤《つとむ》る時《とき》ハ肉麪《ジヨメン》などを喫《きつ》するなり未明《みめい》常《つね》にハ木綿《もめん》絹紬《ケンチウ》の小衫《スヤウサン》又《また》ハ上に背心《ポイスイン》馬褂《マアクワア》あるひハ袍《ハウ》といふ類《るい》を着《ちやく》し頭《かしら》に睡帽《シユイマウ》を一に小帽《スヤウマウ》ともいふ戴《いたゞ》きて人《ひと》に面談《めんだん》するか又ハ外出《ぐわいしゆつ》の時《とき》ハ大帽《ダアマウ》を戴《いたゞ》き外套《ワイタウ》を着《ちやく》る扨《さて》食事《しよくじ》の時《とき》ハ十二三歳《さい》ゟハ男女《なんによ》共《とも》に打交《うちまじ》りて喫《きつ》す尤父子兄弟《ふしけいてい》姉妹《しまい》に限《かぎ》らず子婦《よめ》ハ公公と同席《どうせき》せず兄弟《けいてい》の婦《ふ》ハ夫《をつと》の兄弟《けいてい》と同席《どうせき》せず多《おほ》く男子《なんし》ハ外房《ワイワン》にて喫《きつ》し婦女《ぢよ》ハ内房《ヌイワン》にて喫《きつ》す僕従《きうじ》ハ奴婢《ぬひ》の類《るい》なり朝飯《あさはん》すみて役方《やくかた》勤《つとむ》る者《もの》あるひハ行商工《ヒンシヤンコン》人《ジン》脚夫《キヤフウ》坐商《ヅーシヤン》等《とう》何《など》によらず夫々《それぞれ》の職分《しよくぶん》営《なる》ゆく家事《かじ》もなく見《み》はからひ申付《まうしつけ》るに事《こと》皆《みな》同《おな》じ

常《つね》の衣服《いふく》小衫《スヤウサン》馬褂《マアクワア》背心《ポイスイン》外套《ワイタウ》袍《ハウ》等《とう》の圖《づ》ハ冠服《くわんふく》の部《ぶ》にあらはす

○婦女《ふぢよ》ハ早朝《さうちやう》内房《ないばう》にて身仕舞《みじまひ》し椅子《いす》に坐《ざ》し針線《チンスヱン》等《とう》ならびに大戸《たいこ》の家《いへ》ハ妻女《さいぢよ》ゟ衣類《いるい》を縫事《ぬいこと》なし切細工《きれざいく》あるひハ

繍花《スイクハア》挑花《テヤウハア》は好《この》みてするもはら中小《ちうせう》等の家々丈夫《じやうぶ》の衣類《いるい》等《とう》皆妻女《さいぢよ》の業《わざ》なれば○男女《なんによ》とも面《おもて》を洗《あら》ふにも先《まづ》衣袖《ころもで》を捲《まきあげ》ぬらさぬ様《やう》にして洗《あら》ふ但《たゞ》茶《ぜん》後《ご》に水を志《こぼ》さぬやうにすべし○食事《しよくじ》の時《とき》も膳《ぜん》をよごさず衣類《いるい》を汚《よご》さぬやうに志く吐《き》ほ且道路《だうろ》を歩行《ほかう》の時《とき》も泥土《でいど》の付《つか》ぬやうにて衣を付《つけ》歩《あゆ》むも仕業《しわざ》ある時《とき》はらき着《ぎ》を脱《ぬぎ》小衣《きやい》を着《き》るとも帯《おび》を緊《きび》しく締《しめ》て便利《べんり》を第一《だいいち》とすべし

○坐《ざ》する時は身を定《さだ》め端坐《たんざ》し両足《りやうそく》を斂《をさ》め手《て》を拱《こまね》き偃仰《えんきやう》傾斜《けいしや》せずあるひは几席《きせき》に倚靠《おそ》せず又人《ひと》と対坐《たいざ》する時は尤《もつとも》身を斂《をさ》め荘粛《さうしゆく》して臂《ひぢ》を張《はり》て妨碍《ばうがい》すべからず

○立《たつ》時は手《て》を拱《こまね》きて両足《りやうあし》相並《あひなら》ぶるべき方位《はうい》に正《ただ》しく立《たち》て歪斜《ワイスヤ》せず困倦《クンケン》するも近《ち》く牆壁《かきかべ》に倚靠《いかう》すべからず○行走《インフエウ》るは両手《りやうて》を袖《そで》に入《いれ》て徐々《そろそろ》と緩歩《くわんぽ》す足《あし》を挙《あぐ》るに大《おほ》きに闊《ひろ》く左右《さいう》に揺擺《ヤウハイ》して衣《ころも》の裾《すそ》を動《うごか》すべからず常に心《こゝろ》づかひ足《あし》の顧《かへりみ》高《たか》きに登《のぼ》るかぬ必《かならず》手《て》にて衣《ころも》をかゝげ傾《かたむ》き躓《つまづ》かん事《こと》を防《ふせ》ぐ常《つね》行《ゆく》は従容《しやうよう》として

貴《たつと》きは跳足《ちやうそく》するが如《ごと》くなれば尊長《そんちやう》に見《まみ》ゆる事あらば必《かならず》敬《けい》し恭《きやう》に趨《はし》りて大《おほい》に後《おくれ》あるべからず

○言語《げんぎよ》は常《つね》に口《くち》を緘《とぢ》謹黙《きんもく》し軽忽《けいこつ》に詞《ことば》を出《いだ》さず言《いふ》べき事《こと》あらば声気《せいき》を低《ひく》く俏《やさ》しく喧呼《けんこ》すべからず詞《ことば》は真実《しんじつ》にして揉和《じうわ》なる事を旨《むね》とし虚誕《こたん》すべからず亦《また》亢傲《かうがう》にして切《せつ》りがましく人物《じんぶつ》の長短《ちやうたん》を議《ぎ》せず

○飲食《いんしよく》は身《み》を斂《をさ》め卓《たく》に逼《せま》るべからず従容《しようよう》として筯《ちよ》を挙《あげ》盤中《ばんちう》に筯《ちよ》を入《い》れ急遽《きうきよ》せば肴蔬《かうそ》を撥乱《はつらん》し咀嚼《そしやく》に声《こゑ》をなさば嗜《たしな》む物《もの》ありとも貪《むさぼ》り吃《きつ》せば盤《ばん》に筯《ちよ》を安《たく》ぬ人の困《くるし》め誤《あやまり》て地《ち》に投《なぐ》るは心《こころ》なからず酒《さけ》を飲《の》むとも多《おほ》く呑《のむ》べからず

○男子《なんし》は四五歳《さい》五六歳《さい》にもなれば書法《しよほう》を教《をし》へ読書《とくしよ》せしめ女子《ぢよし》は針線《しんせん》専一《せんいつ》として教《をし》へ中《なか》にも女《をんな》に書法《しよほう》を教《をし》へ読書《とくしよ》詩作《しさく》等《とう》せしむる者《もの》ありて書法《しよほう》は男女《なんによ》ともに楷書《かいしよ》より教《をしへ》るなり惣《そう》じて書法《しよほう》読書《とくしよ》は師《し》を有力《ゆうりよく》の家《いへ》に家内《かない》に館《くわん》を設《まう》け師傅《しふ》を受《うく》る事《こと》あり此先生《このせんせい》の門館《もんくわん》先生《せんせい》といふ家内《かない》に師《し》を請《ちやう》する能《あた》はざる力

或る者ハ寺院《じゐん》ニ館を設け日々《ひゞ》家内《かない》より往来《わうらい》して書法を学《まな》び讀書《とくしよ》等せしむ
或ハ女《をんな》を外館《ぐわいくわん》ニ出《いで》して讀書《とくしよ》等せしむ事《こと》絶《たえ》てなし貴家《きか》の子ハ師を請じて義法を
教授《きやうじゆ》せしむ ○家内《かない》ニ祭《まつ》る佛神《ぶつじん》ハ天后聖母《テンヘウシンバウ》関老爺《クワンラウチー》観世音菩薩《クワンスウインブウサ》等にて
信仰等からば家廟《かべう》ハ先祖《せんぞ》の木主を設へ香花を手向《たむけ》あり脱し

○朋友の探望《タンワン》或ハ用事ありて来《き》たれバ奴僕《ぬぼく》公堂《コンダン》にて迎《むか》ふ客《かく》より主翁在麽《ナイサンザイモア》と
問ふ在宿《ざいしゆく》せざれバ有事出外不在家裡《ユウズウチワイボザイキヤアリイ》と云へ在宿すれバ請坐《ツインヅー》とて客《かく》を椅子《いす》
ニ坐《ざ》せしめ内《うち》ニ入りて某相公《ムイスヤンコン》 江南浙江等相公《スヤンコン》とよぶ又ハ官ニ錢を納て官を買たるハ某爺《ムウヤ》と ハ福建等ハ某の一官二官とよぶ山東或ハ徽州等にてハ某朝奉とよぶ
来りたまへりと主人《しゆじん》ニ告れバ主人《しゆじん》出《いで》て勞駕《ラウキヤア》と云へバ客《しく》より驚動《キンドン》と云て互ニ寒暄《かんけん》を
叙《のぶ》る親類の者ハ直に奥の居間へ通り某翁在麽《ムウヲンサイモア》と云へバ 某先生 主人在宿せば
も婦人《ふじん》老姑《らうこ》等出逢《いであひ》萬福して時の寒暄《かんだん》を演ぶ 女ら拜とらず 萬福《ワンホ》とよぶ 朋友《ほうゆう》等ニても堂客
揔《すべ》て女《をんな》を出して對話せバ客帰《きやくかへ》る時ハ親戚《しんせき》ハ外廳《ワイテン》の際《きは》まで送《おく》る婦女《ふぢよ》ハ外廳《ソイテン》ニハ
堂客とよぶ

出迎男子《なんし》は送《おく》りて門際《もんぎは》まで出或は外廳《ワイチン》まで出《いづ》る此時客《かく》ゆするを請留歩《ツインリウブウ》といへば主人《あるじ》免送《メンソン》といふ凡客来《きた》りて尋問《たづねとふ》する時に主人《あるじ》在宿《ざいたく》せざる時《とき》は奴僕出て東人《トンジン》我主人を東人《トンジン》といふ不在《ポサイ》有《ユウ》什麼《シモ》貴幹《クイカン》説《セ》把我《パアゴー》といへば云ふべき事は奴僕《ぬぼく》に云ひ又奴僕《ぬぼく》よ云置かれし事は令郎《リンラン》在麼《サイマア》某《ムイ》伯《ペ》某《ムイ》叔《シヨ》在麼《ザイマア》と問ふ某在《ムイザイ》といふ時《とき》に其人《そのひと》に逢ふて云ふべき事はあれども妻女に面會《めんくわい》なく云ふべき事なし然れども小戸《せうこ》の者《もの》は奴僕《ぬぼく》も少《すくな》く家人《けにん》もなければ妻女《さいぢよ》内房《ヌイワン》の口《くち》まで出て布簾《フウレン》越しに應對して至て下《げ》賤《せん》の者或は農家《のうか》の類は内房《ヌイワン》とても少く常に男子《なんし》にても應對し或は魚野菜等は女自《おのづか》ら買《かひ》に出る事あるなり○外人《ぐわいじん》來《きた》りて門に人《ひと》居合せば取次《とりつぎ》の者《もの》なければ在麼《サイマア》々々と二聲《こゑ》三聲《こゑ》も云ふて答《こた》へなければ其儘《そのまゝ》に帰る又懇意《こんい》なる者《もの》は内房《ヌイワン》の口《くち》までも入《いり》て在麼《サアマア》某來《ムイきた》れりといふ○日用《にちよう》の飲食《ホーし》は士農商《しのうしやう》とも買辦《マイバン》といふ者《もの》ありて諸事《しよじ》厨下《チイヤア》の入用料理まで代料

理ニ又管家《クワンキャア》と云ふ金銀《きんぎん》の出入其外《そのほか》他《た》一家の取引《とりひき》する者《もの》あり此方《このかた》ハ手代《てだい》のごとし

然《しか》れども中戸《ちうこ》以下《いか》ハ家にハ主人《しゆじん》自分《おのれ》料理する事《こと》多《おほ》し◯惣じて沐浴《もくよく》ハ暦本に

湯沐《たうもく》の日《ひ》剃頭《テイデウ》ハ日《ひ》あり冬ハ三四日四五日程隔《へだて》て浴《よく》は日々湯《ゆ》の中に入て浴する事

絶て無し多く浴盆《よくぼん》に湯《ゆ》を入て手巾《シユウキン》を浸《ひた》し絞《しぼ》りて惣身《そうみ》を拭《ぬぐ》ふ事《こと》多《おほ》し

◯農夫《のうふ》雇工等ハ小戸《せうこ》も浴堂《ヨダン》にて湯沐《たうもく》ハ浴堂《ヨダン》の浴池《ヨスウ》なる八九尺方或《あるひ》は一丈二三尺

方の大なる箱にて湯を湛へ二十人三十人程《ほど》も入べし浴堂《ヨダン》の主人《あるじ》又ハ家人《けにん》の

類《るい》衣櫃《いき》を預《あづか》る者あり是《これ》ハ湯《ゆ》に入《い》る人来《きた》れバ櫃《ひつ》に號數《アウスウ》を記して其《その》鑰匙《ヤスウ》に號《アウ》

數《スウ》の札《ふだ》を付《ツケ》又手巾《シウキン》にも同《おな》じ號數《アウスウ》の札《ふだ》を付《ツケ》て其人に渡《わた》し衣裳《いしやう》を櫃に入《い》れ鎖

を卸《おろ》し浴池《ヨスウ》に入て洗浴《せんよく》すれバ右ハ手巾《シウキン》と鑰匙《ヤスウ》の號數《アウスウ》を照《てら》し櫃《ひつ》を開《ひら》き湯錢《ゆせん》并

拂ひ衣裳《いしやう》を着《ちやく》して湯錢《ゆせん》ハ一人前《まへ》三銅なり・◯盆湯《ベンタン》と云ふもあり一人一口宛《で》の木盆《モベン》

を備へ一間宛《まで》仕切て一人宛《で》湯浴《たうよく》せしむ是《これ》も一人前《まへ》三四分宛《えで》なり

○惣《すべ》て衣類《いるゐ》の洗濯《せんだく》は年《とし》よりたる老媽《ろうば》の稼《かせぎ》ある者《もの》など世話《せわ》にする事《こと》多《おほ》しされど
奴僕《ぬぼく》の類《るゐ》も針《はり》を取《とる》事《こと》あり或《あるひ》は寡婦《クワアフウ》暮《ぐら》しの者《もの》賃銭《ちんせん》を取《とり》て渡世《とせい》にするも有《あり》

○冬《ふゆ》は手爐《しゅろ》に火を用《もち》ひ極寒《ごくかん》の中《ちう》など手足《てあし》冷《ひゆ》る時《とき》は脚爐《キャルウ》に火《ひ》を入て一床《ひとゆか》を覆《おほ》ひ椅子《いす》
の前《まへ》或《あるひ》は臨床《せうゆか》の前《まへ》に置《おき》て足《あし》を其《その》上《うへ》に置《おき》て温《あたた》むる又《また》は一間《ひとま》の所《ところ》に大《おほい》なる
火鉢《ひばち》に火《ひ》を入て二ッ三ッも据置《すゑおき》ては火鉢《ひばち》の側《そば》に寄《より》て手足あぶる事也
地爐《ディルウ》石爐《じルウ》といふ事は此方《このはう》の巨燵《こたつ》の如く地《ち》に爐《ろ》を掘《ほり》て置《おく》事あり是は南方
温暖《をんだん》の土地《とち》にては用《もち》ひず

○往来《わうらい》の書翰《しょかん》は皆《みな》紅唐紙《こうとうし》或は斗方花箋紙《とはうくわせんし》などいふ紙に書《かき》て各《おのおの》封筒《ホントン》に
入《い》れ僕《やつこ》に持《もた》せ遣《つかは》す亦《また》拝盒《ハイホ》に入て遣《つかは》すもあり弔喪《てうさう》には白紙《はくし》を用ひ願書《ぐわんしよ》も
奏本紙《そうほんし》を用ゆ折紙《をりがみ》にして上に全啓《センキイ》副啓《フツキイ》などいふ文字《もじ》を書《かき》かぶせ筋《すぢ》封《ふう》を紅《べに》
彩綃《さいせう》紙にしたるもあり是《これ》を格紙《ゲツ》といふ

剃《てい》頭《とう》店《てん》

浴殿
楊梅結毒休來浴
酒醉年老没入堂

浴《よく》堂《だう》

○客人《たびゝと》に茶《ちや》を出し又は自《み》から吃《きつ》する時《とき》にも先《まづ》茶碗《ちやわん》を能《よ》く拭《ぬぐ》ひ上げし茶《ちや》の葉《は》を入置能く煮《に》て白湯《クンタン》を入置蓋《ふた》を覆《おほ》ひて暫《しばら》く蓋上に泡《あわ》のたちたるを捨《すて》又蓋《ふた》を覆《おほ》ひて客《きやく》に出し茶碗は惣《すべ》て蓋物《ふたもの》なり

○烟包《ヱンパウ》は巾着《きんちやく》にして烟筒《ヱンドン》の棹《さを》は長《なが》さ二尺三尺位《ぐらゐ》の紫竹《ツウチヨ》方竹《ハンチヨ》通天竹《トンテンチヨ》などと云竹《たけ》にて多く白銅《はくとう》にして吞口《のみくち》に象牙《ぞうげ》などをすげたるもあり白銅《はくとう》ばかりなるもあり高位《かうゐ》高官《くわん》の人は銀《ぎん》にて造《つく》りたるを用ふるもあり

○奴婢《ぬひ》は幼年《ようねん》より一生買切にして身價銀《シンキヤアイン》何程《なにほど》と極《きは》め親か親類《しんるい》より賣身契《マヒシンキヒ》をつかはし其成長《せいちやう》の後《のち》外《ほか》にて稼《かせぎ》などせんとて自から贖身《チヨシン》せんと思《おも》へば親《おや》より元極の身價《シンキヤア》銀《イン》を納《をさ》め引取《ひきとる》事あれば人柄《がら》よき者にて主人の氣に入て数《す》十年實躰に勤《つと》むれば相應《さうおう》の世帯《せたい》を立させ或《あるひ》は家内にありて媳婦《そくふ》を擇《えら》て娶《めと》して夫婦《かふふ》ともに住《すま》ふもあれ下婢も同じ或は五年十年の間賣切又給料にて勤《つと》むるを雇公《クウコン》と云

烟《えん》筒《たう》

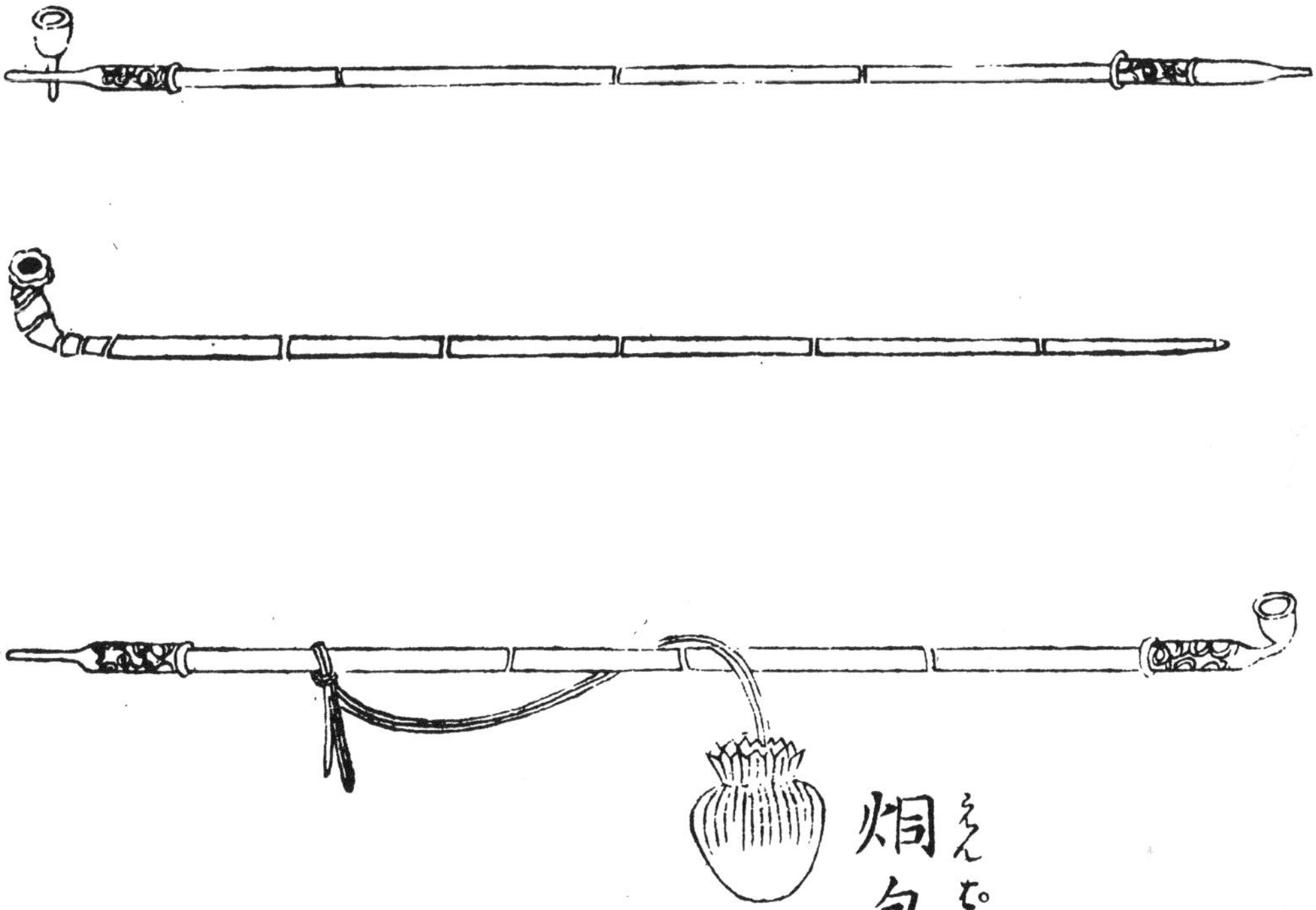

烟《えん》包《ぱう》

爪《さう》杖《ちやう》

香袋 からを

扇墜 せんつい

香包 からつゝ

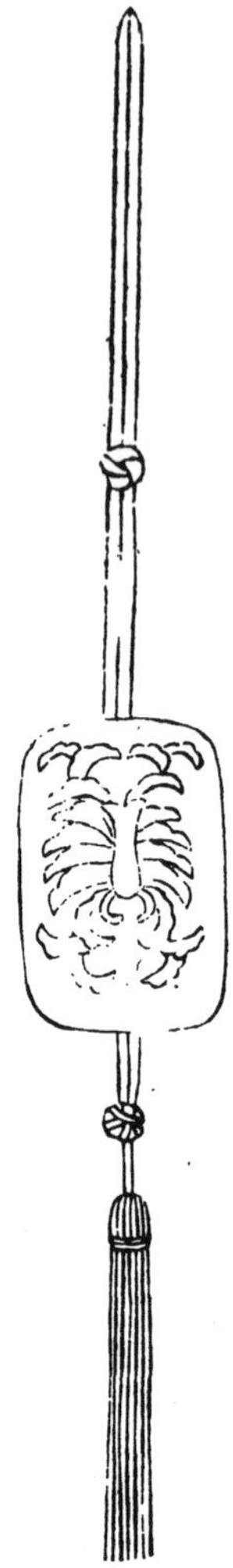

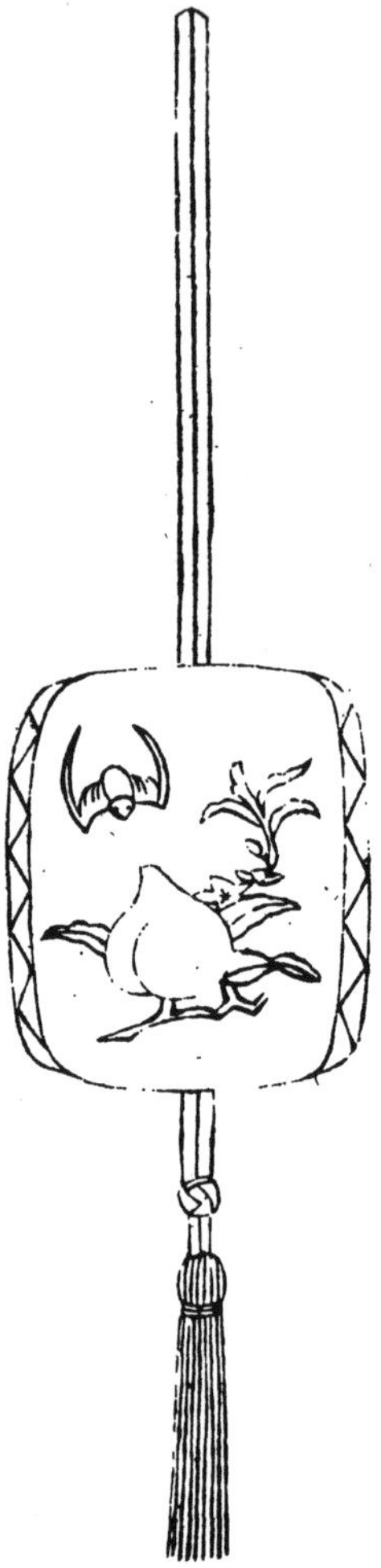

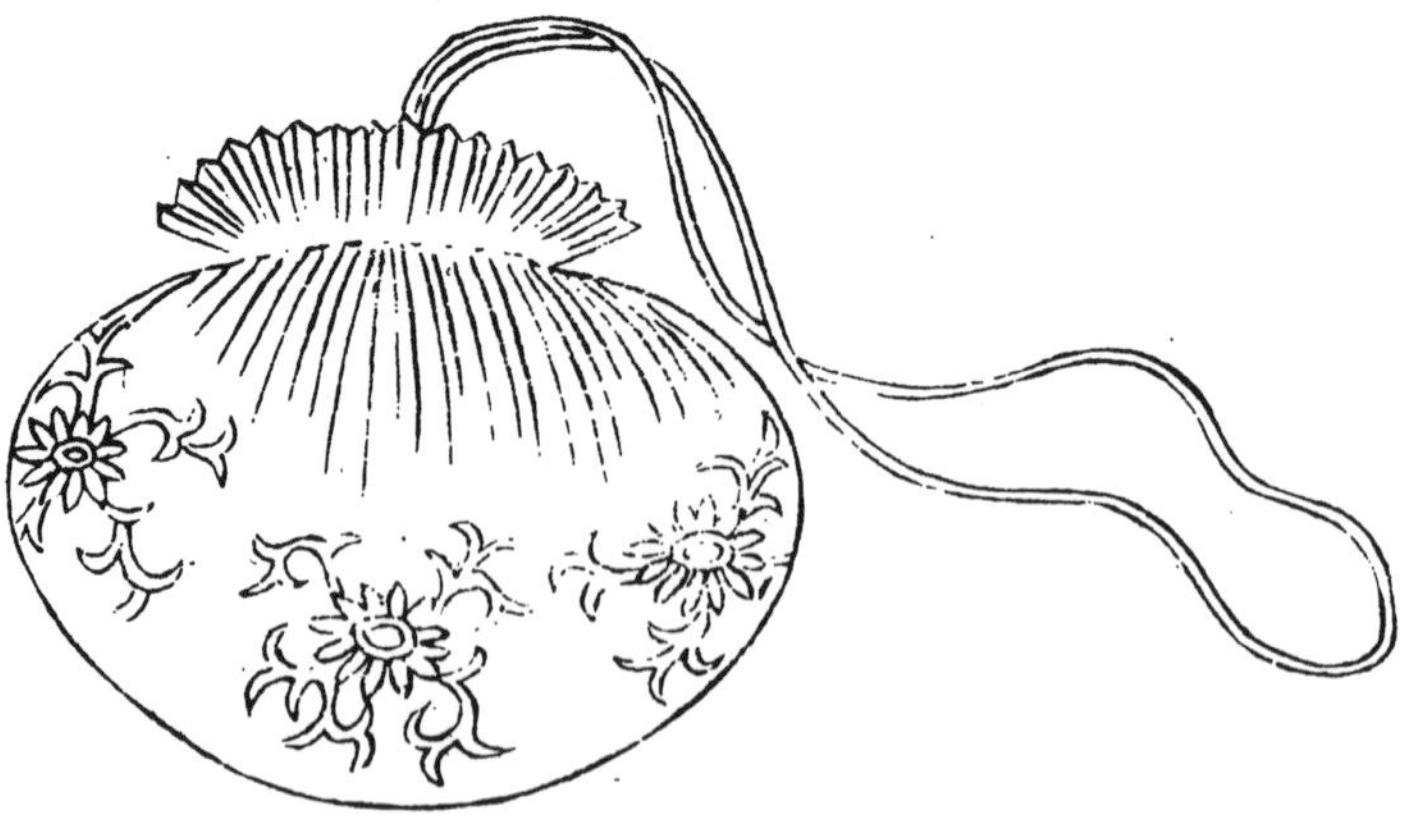

賣《ばい》身《しん》文《ぶん》契《けいの》式《しき》

立賣身文契某人今因衣食不週情願
央中保某人等將自己所生嫡子某賣
到某府為僕三面議定自價七折制錢
若干兩其錢當日一併收足自賣之後
任憑更名使喚倘有不測各聽天命如
逃亾走失惟中保是問追還並無異言
立此賣身文契存照

計開

某現年若干歲某月某日某時生原籍某府某縣某鄉人氏

年月日立賣身文契某人畫押

中保某人畫押

某人畫押

大抵《たいてい》辛銭《シンツエン》《きうきん》は一ヶ年《ねん》五六十目等《ひやく》からバ一生買切《いつしやうかいきり》の身價《ちんか》は二十貫《くわん》文五十貫《くわん》文までも

不同《ふどう》あれど婢《ひ》は皆買切《みなかいきり》なれど

○凡《およそ》五節《せつ》あるひハ婚禮《えんれい》の如き故に臨時《りんじ》は祝ひあれバ非人門前《ひにんもんぜん》に来りて祝儀《しうぎ》を乞《こ》ふ事《こと》あるとき此《この》を見て米錢《べいせん》を施《し》しわたし或《ある》ハ前廣《まへびろ》に甲頭《キヤデウ》《ひにんかしら》を呼《よ》び裁《つく》日頃《かねて》ゆゑに祝《ぞ》ひ事《ごと》あるよし門前《もんぜん》に非人《ひにん》一人も寄《よせ》ぬやうに銅錢《どうせん》五六十文あるひハ百文二百文も取《と》らすれバ甲頭《キヤデロウ》より投票《ニウピヤウ》《うけとりがき》を持越《もちこ》して門前《もんぜん》に貼《ちやう》しおく此《この》收《シウ》票《ビヤウ》を張《む》りたる家《いへ》にハ非《ひ》人一人も寄《よる》らぬと称す

○官所《くわんしよ》より尋《たづね》等の用事《ようし》ある歟又は名《な》紙圆及んで呼寄《よびよせ》る時《とき》は衆局《ヂンギヨ》或《あるい》ハ管家《クワニキヤ》に帖《ちやう》紙持《もた》せ其《その》家《いへ》に行《ゆき》向《む》ひ帖を主人《て》にわたして用事《ようし》あるよし清越《そだつらん》あるよしとふ又居宅《きよたく》なしと称ハ其街《そのかい》《まち》の保長《パロウチヤン》《なぬし》等に通《つう》じ其人に通《つう》ずる事《こと》あり

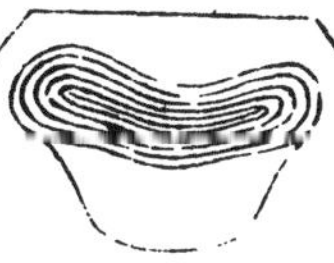

一應乞丐頭上人打發毋許強索

収《しう》票《ぴやう》

大吉利市　端陽喜慶　招財進寶
日進斗金　　　　　　黃金萬兩

或《あるひハ》

新《ちん》春《しゆん》喜《き》慶《けい》

新《ちん》冬《とう》大發

○卯《ぼう》の刻《こく》衙門《ヤアメン》に一切《いっさい》属《しょぞく》の吏胥《リイシイシユイ》出仕すれば本官《ほんくわん》も堂《どう》に出《いで》て此時《このとき》皂隷《ツアウリイ》足軽《あしがる》杯まで領文牌《リンウエンバヒ》を持出《もちいだ》せば諸官《しよくわん》所よりの公文《コンウエン》の申覆《シンホ》をまた持来《もちきた》りたるを役人《やくにん》に渡し傳逓《セエンデヒ》すべき事は舗司《プウスウ》に渡して其次《そのつぎ》に投文牌《テロウウエンバヒ》を持出《もちいだ》せば訴訟《そしよう》の者《もの》訴状《そでう》を直に本官《ほんくわん》の公案《コンアン》の上《うへ》に出《いだ》して退《しりぞ》く其次《そのつぎ》に稟事牌《ピンズウバヒ》を持出《もちいだ》せば機密《きみつ》の事等本官に直達《しきたつ》せんとする者《もの》出て口稟《こうりん》す右の事《こと》終《おは》りて過犯《くわはん》の者をよび出し裁許《さいきよ》す○吏胥《リヒシイ》は卯の刻《こく》衙門《ヤアメン》に出仕《しゆつし》し是《これ》を點卯《テンマウ》といふ午の刻《こく》に退食《たいしよく》し政事《せいじ》に従《したが》ふ者は午飯《ウウワン》すんで又出仕《しゆつし》す此方《このほう》の御用日《ごようび》を放告日期《ハンカウジギヒ》といふ訴訟《そしよう》箱《ばこ》を投文牌《テロウウエンバヒ》に當《あた》る本官《ほんくわん》は政事《せいじ》閑暇《かんか》の節《せつ》人々この好《この》みによつて詩文書學《しぶんしよがく》あるひは琴棋騎射《きんきやしや》等かゝれば家事は都管《トークワン》よりて辨理《バンリヒ》を朝暮《あさゆふ》自身《じしん》に家事《かじ》などわづらふときは政事《せいじ》を専一《せんいち》とす（投文牌の圖下領文牌の式《しき》におなじ）○商家《しやうか》は主人《しゆじん》朝飯《あさはん》畢《をはり》て店《みせ》を見廻《みまは》り夥計《ホーキヒ》に指圖《さしづ》して賣買《ばいかい》を取引《とりひき》しむ酌

量《はかり》し晩《ばん》に至《いた》りて一日の賣高帳面等引合《ひきあはせ》勘定《かんぢやう》し賣高の金銀錢兌秤點見《ランケン》又く収斂し又大商《だいしやう》なれバ店數《みせかず》多く夥計《ホーキヒ》も多く抱《かゝ》へおく家の夥計《ホーキヒ》數年信織に勤《つと》むる者ハ主管《チイクワン》せしめ或ハ同族の者ハ照管《チヤウクワン》せしめ諸勘定自からする事《こと》少《すくな》し一月に一度二月に一度徹底磨算《モースワン》も大商の他州他府に出店《でみせ》數余計持ざるハ何ぞ親類を頼みて店主として何物買入等の駈引《かけひき》も自身料理又遠方の場所歟或ハ主店の親類駈引《かけひき》に怠りなき者ハ一辨を任せ置もあり賣高の金銀錢一月二月に勘定《かんぢやう》して其店《そのたな》の入用《いりよう》を残《のこ》し余分ハ本家《ほんけ》へ渡して討債ハ端午仲秋年邊此三節を定とし其限りに至れバ債主或ハ貨物賒賣の分くに書付を遣し手夥計《ホーキヒ》を向《むき》して債を討よ約束の通り拂ふもあり又此季《このき》ハ延《のべ》て再限に拂方をさかもあり限期なる本家ハ主人自ら諸帳を調べ金銀を改め記帳し欠帳に点を掛る年多きなどハ総て取引して欠主拂不足等

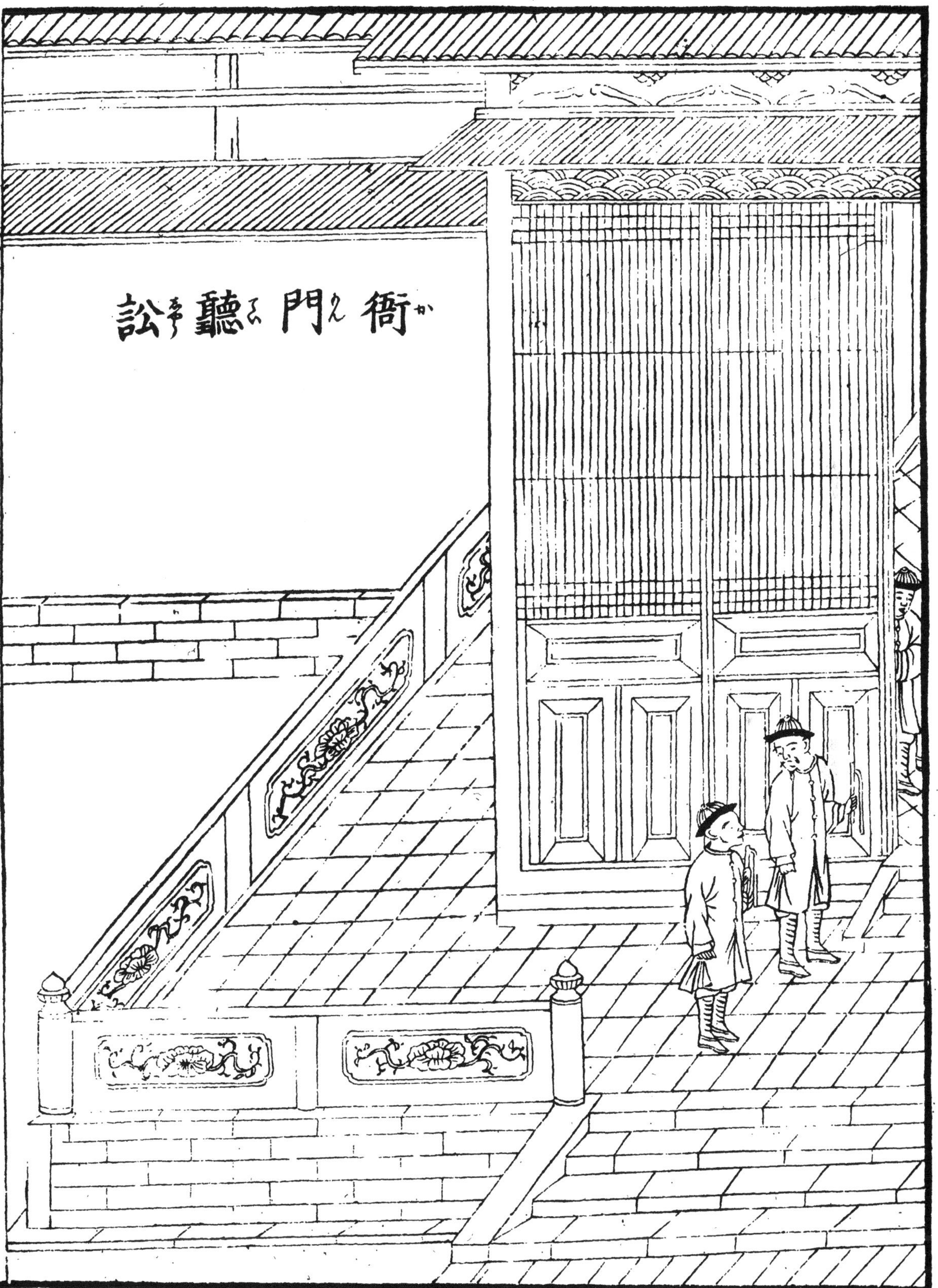
衙《か》門《もん》聽《てい》訟

告《こう》狀《ぜう》畧《りやく》式《しき》

盜賊呈子

某都某里地方某等呈爲被盜牛隻事本
都某於本月某夜某時分被賊盜去耕牛
一頭當投地方某跟尋到某處地方捉獲
及得現賊是的係干賊盜事情不敢擅便
私和理合送官懲究爲此具呈須至呈者

年　月　日原告某人

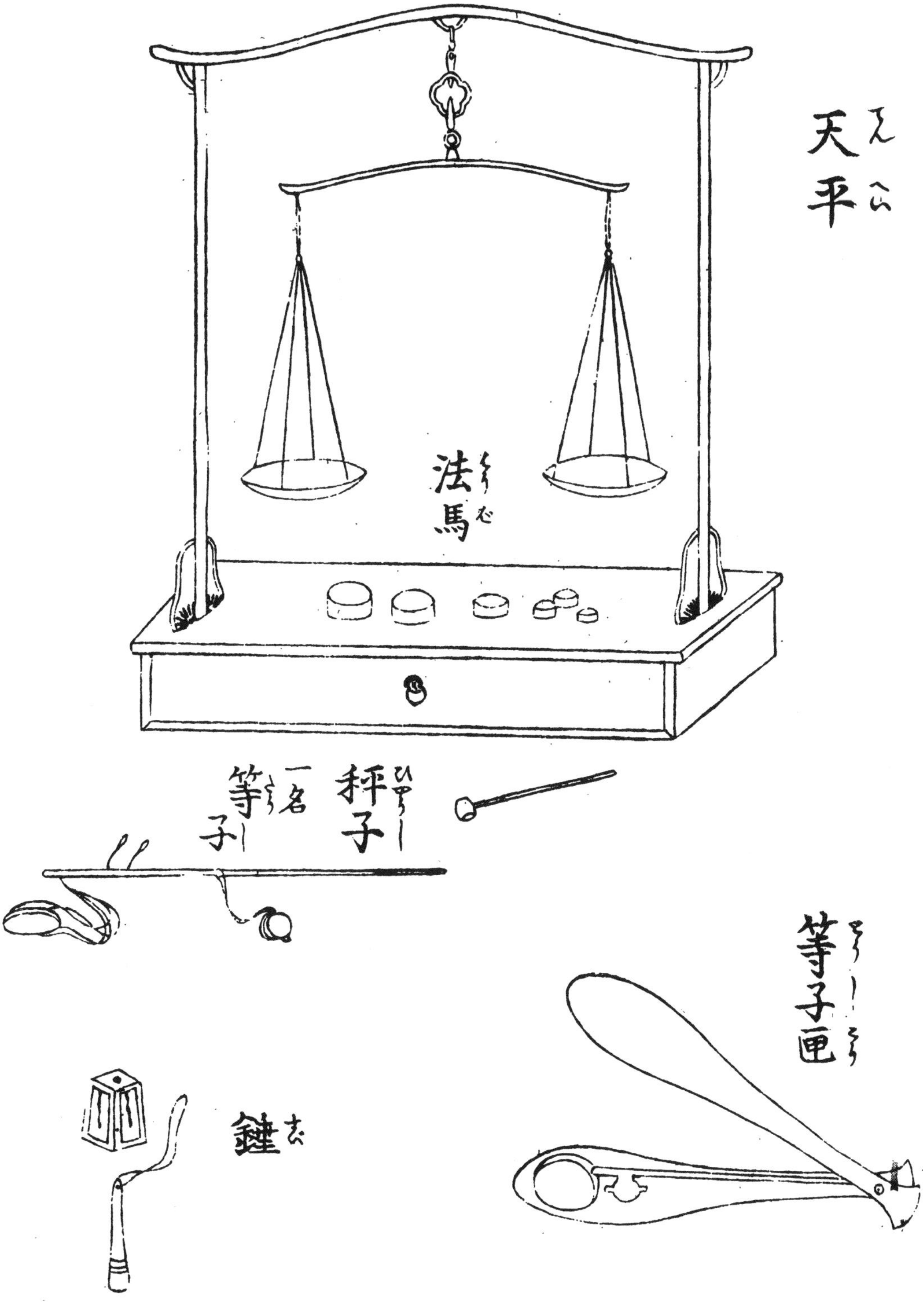
天《てん》平《へい》
法《ほう》馬
秤子《ひやうし》
一名
等《とう》子《し》
等子匣《とうしこう》
錘《すい》

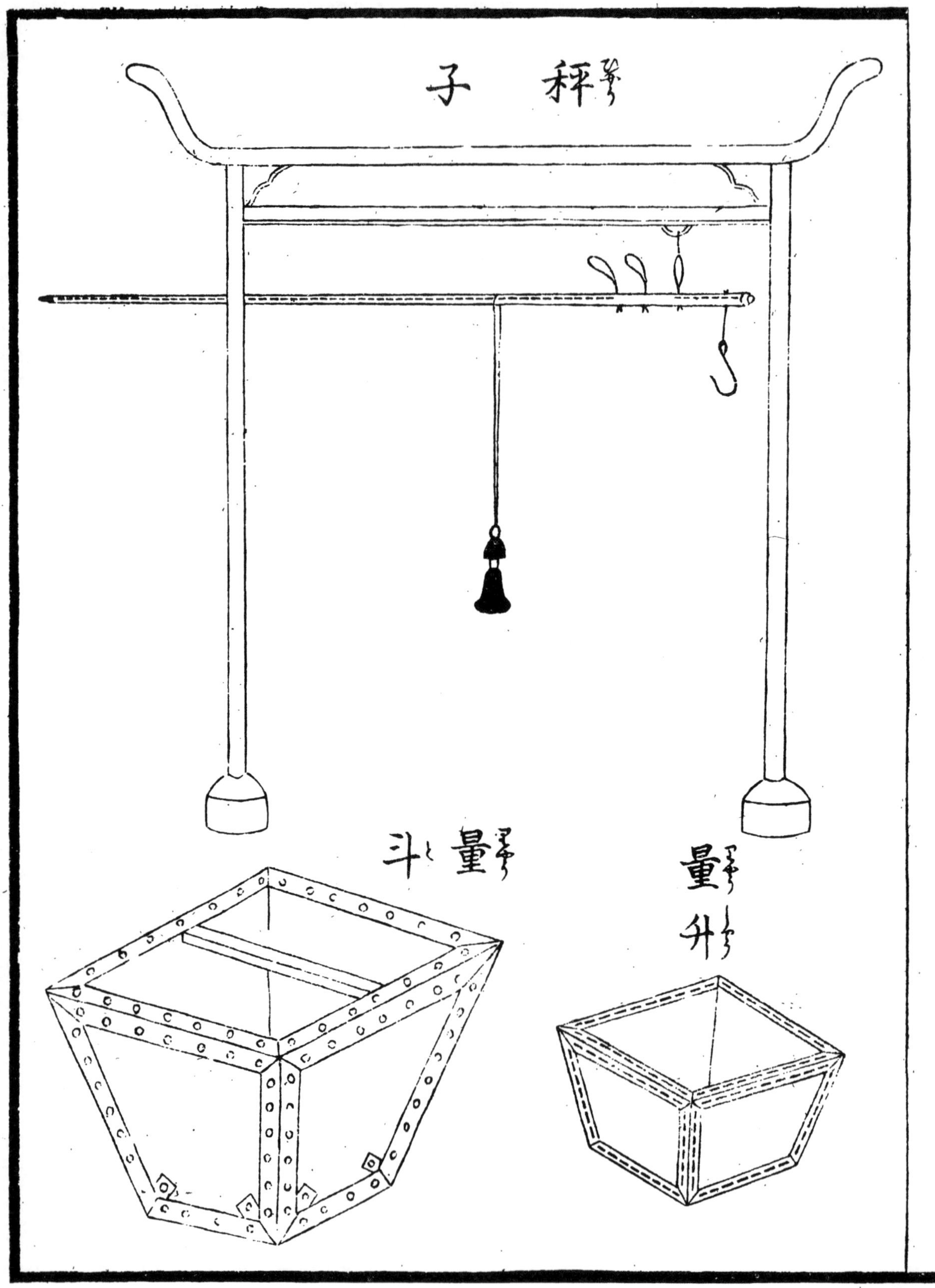
秤子
量斗
量升

夾《けう》板《はん》箱《さう》 一名 金《きん》銀《ぎん》櫃《き》

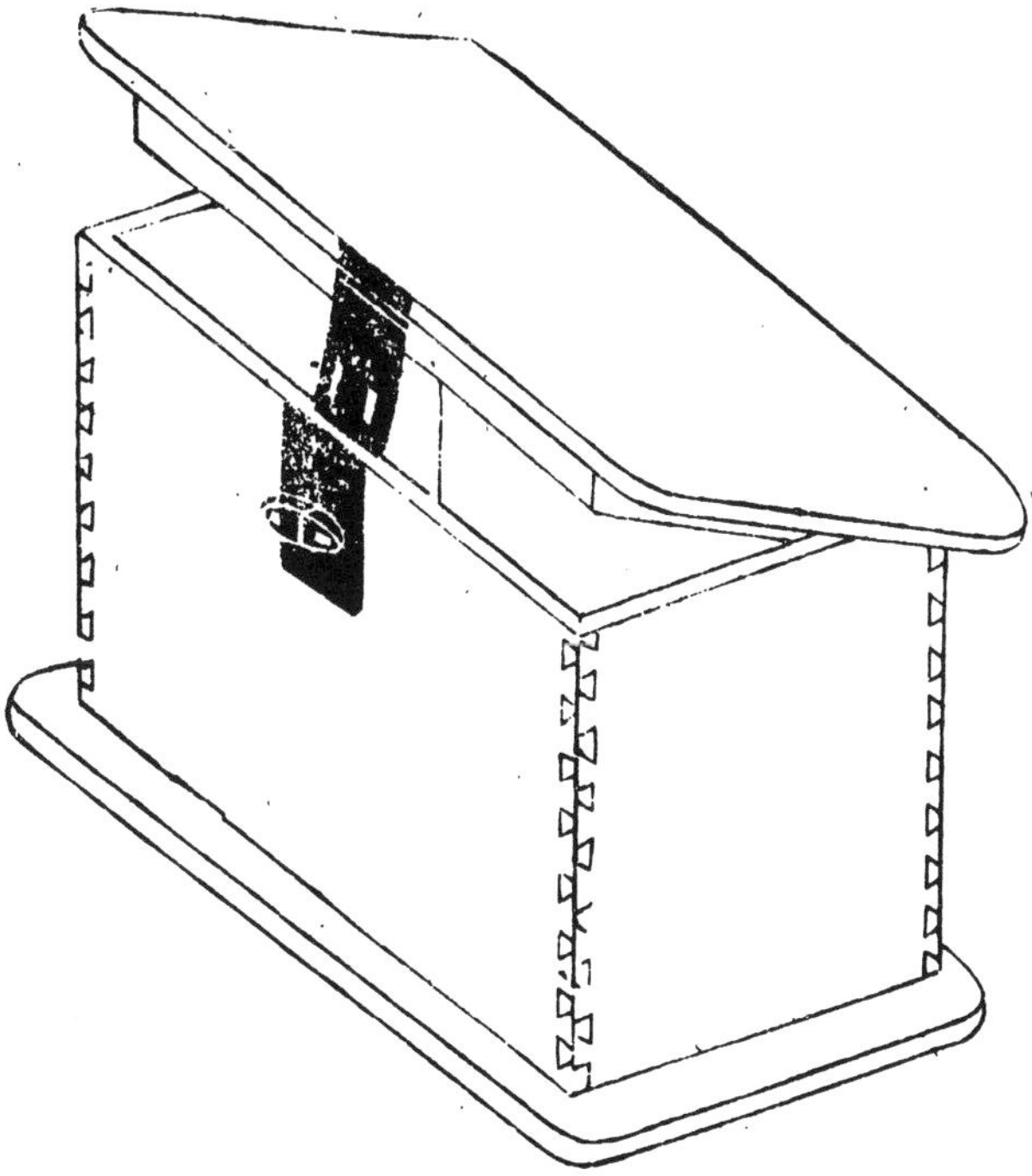

鎖《さ》

鑰《やく》匙《ひ》

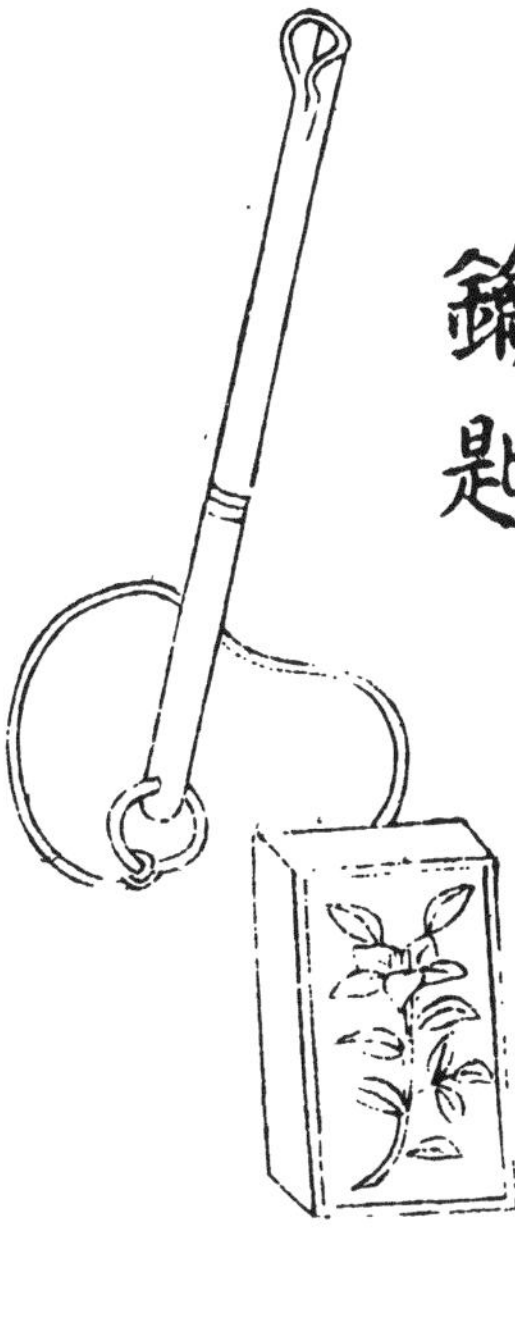

簿《ぶ》子《し》

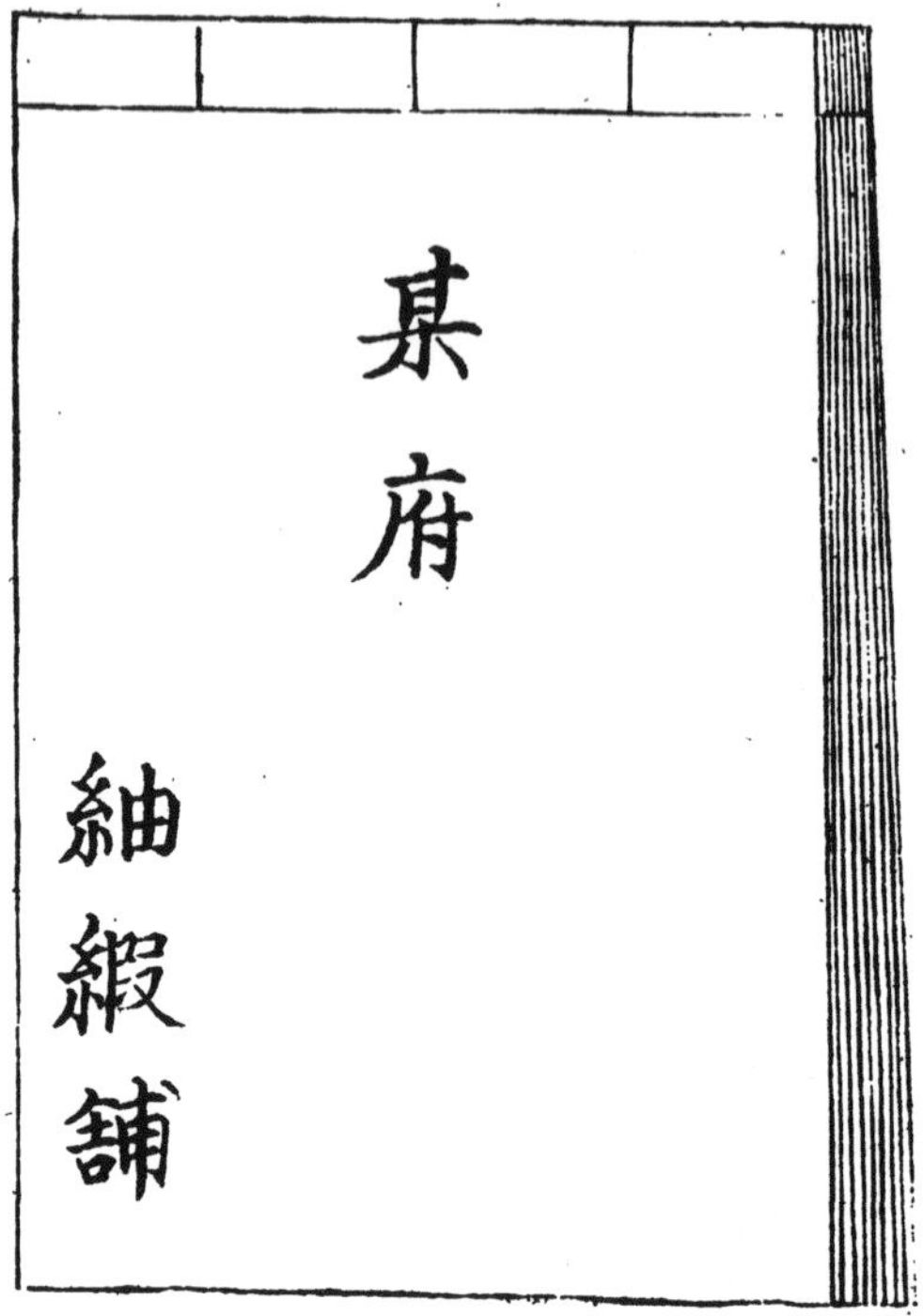

更《こう》鼓《こ》　一名　街《かい》鼓《こ》

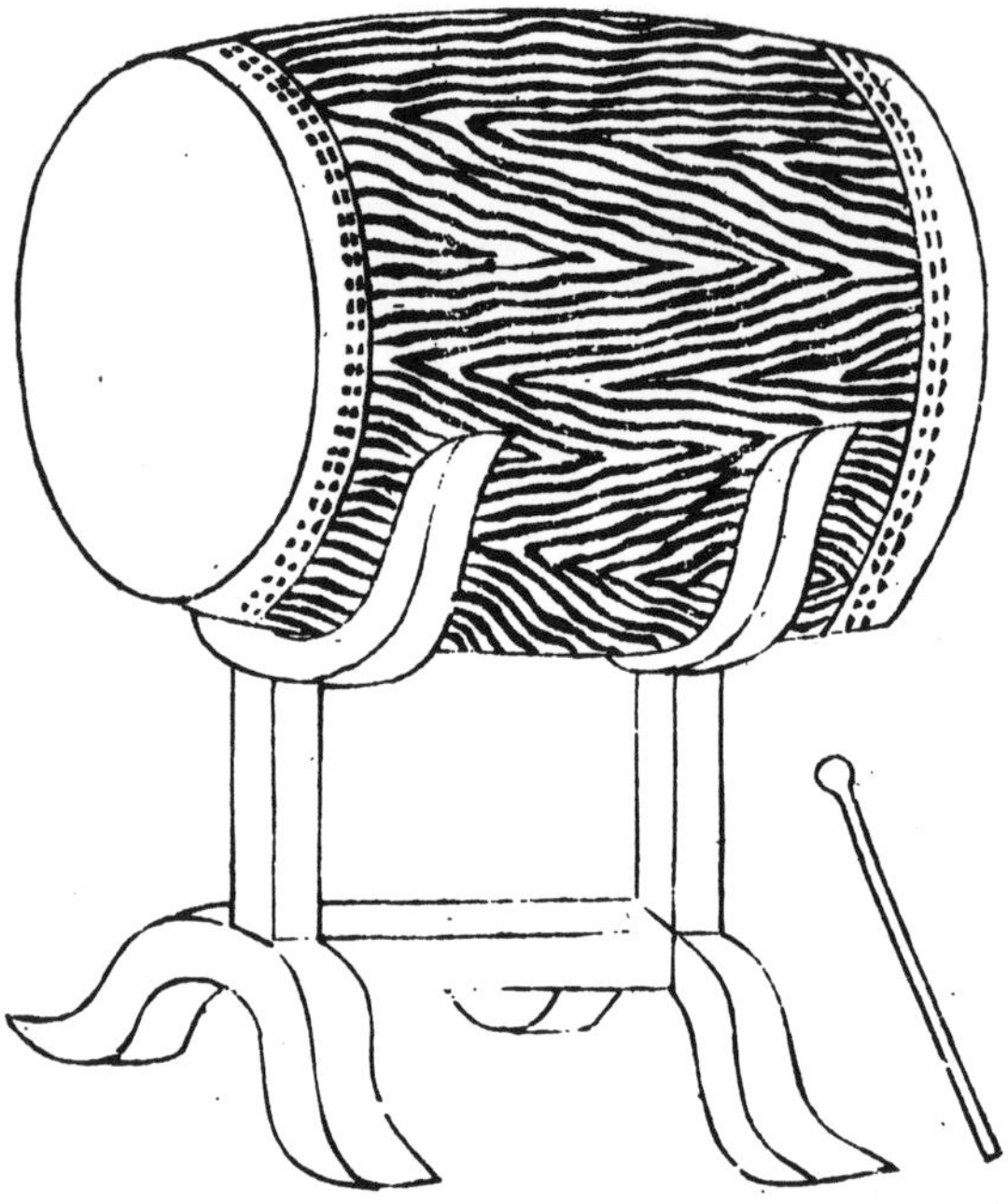

帳《ちやう》箱《さう》

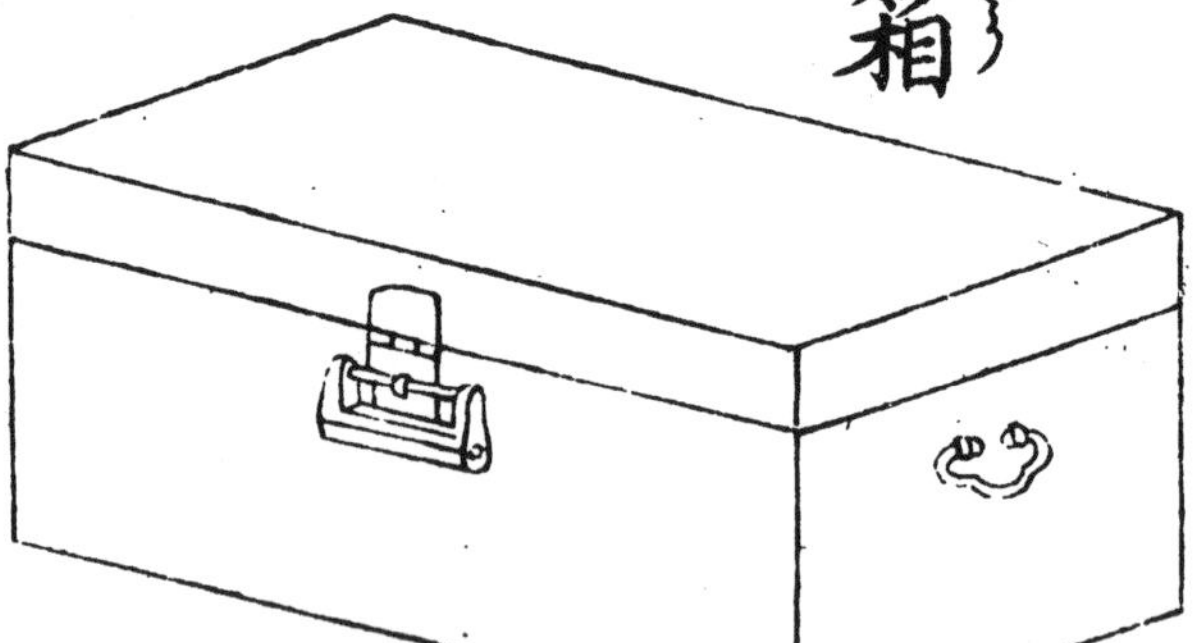

套《たう》

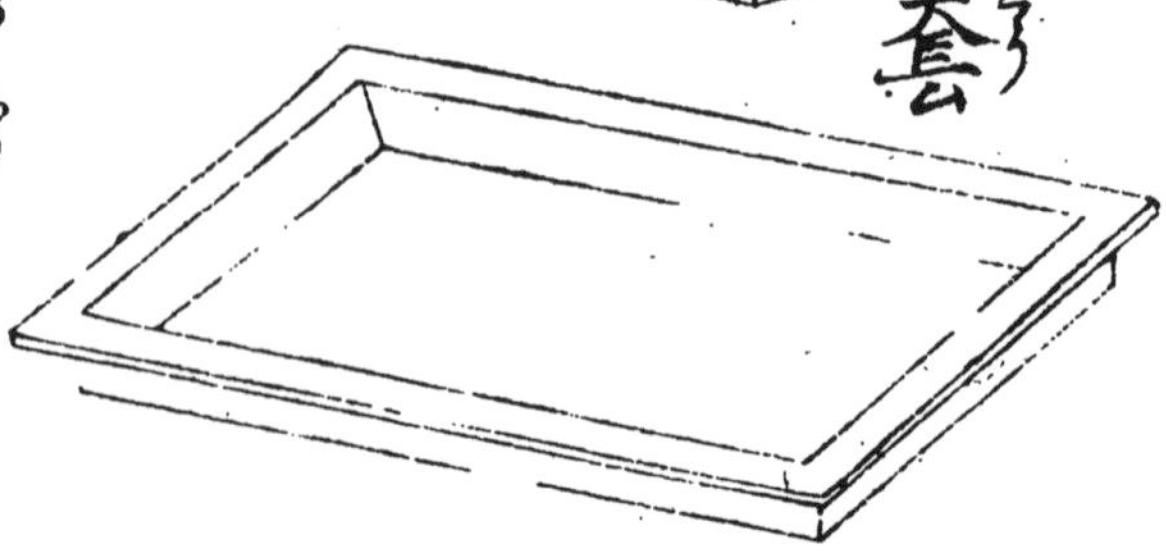

更《こう》梆《はう》

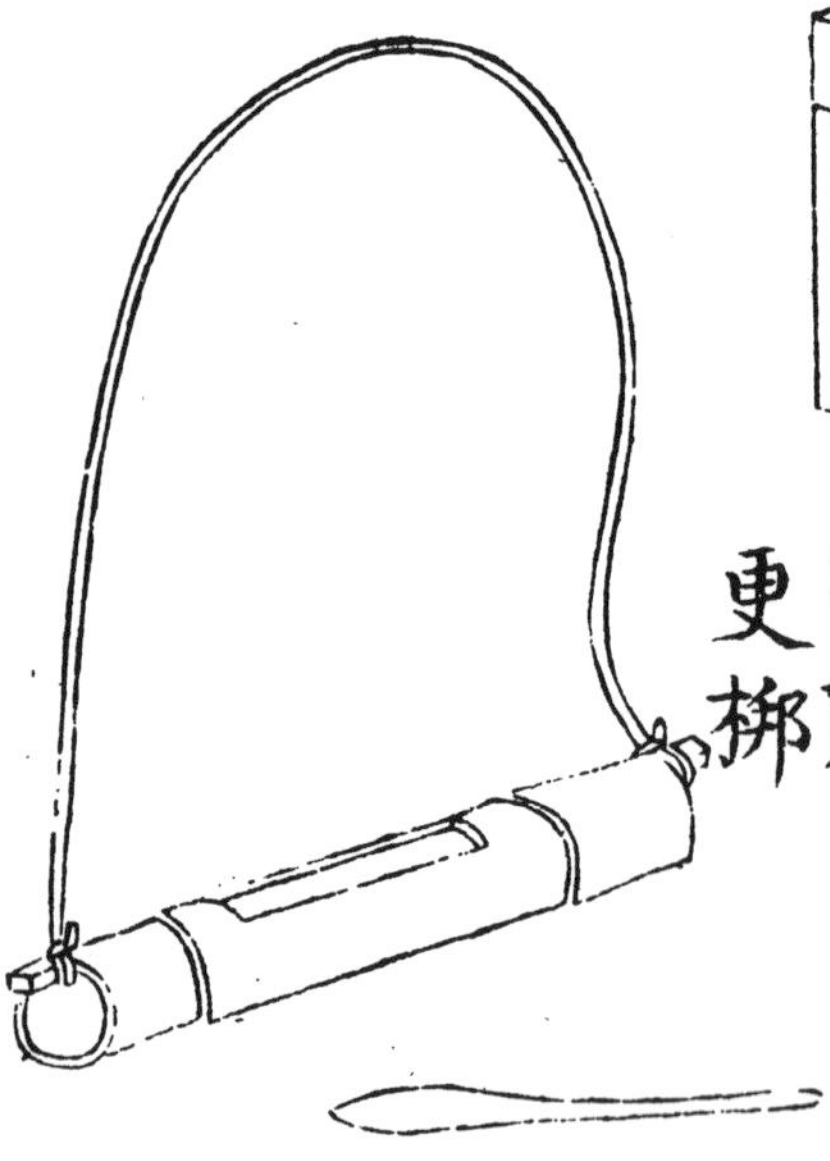

あれハ天亮《テンリヤ》まで燈籠《とうろう》を点《てん》じ往来《わうらい》ハ元朝《ぐわんてう》日の出《ひので》ほどにありて夜引《ひき》て止《や》む帰《かへ》るか

○諸店《ちよてん》よりも通《かよ》ひ帳《ちやう》の掛《かけ》あるもの掛方《かけかた》ハ三節或ハ五節なり 惣《すべ》て五節の内端午《トンニウ》冬至《トンチ》年邊の三節を大節《ダアツイ》とよぶ立夏《リヤア》中秋《チユツチウ》の二節ハ小節《スウツイ》とよぶ 柴粗《ジヤイツウ》ハ百斤《ひやくきん》ニ付二分又ハ火炭《くわたん》ハ百斤《ひやくきん》ニ付十分又ハ食塩《しよくゑん》ハ一斤ニ付十文位山國《さんごく》などにゆくハ一斤五十文位銭相場《ぜにさうば》当時《たうじ》銭《ぜに》一貫文《もん》七分二三分位時の長屋《ちやうや》等ならば

○問屋《とんや》を行戸《ハンウー》又行家《ハンキヤア》とよぶ船宿《ふなやど》ハ船戸《ゼンウー》とよぶ牙行《けかう》をも飄行《ヒヤウハン》ともいふ惣《すべ》て売物《うりもの》等には問屋口銭《とんやこうせん》あり是《これ》ハ打抽豊《ダアチウホン》といふ船宿《ふなやど》も同じ

○農家《のうか》ハ都《すべ》て草葺《くさぶき》にして表《おもて》泥墻《テイツヤン》板墻《ハンツヤン》等《とう》を設《もう》け門構《もんがまへ》したるもあり小戸《せうこ》ハ居家《きまか》ばかりにてさなるもあり農家《のうか》も大戸《たいこ》ハ庁堂《テンダン》書房《シユイワン》内房《ヌイワン》等《とう》の設《まう》け異《こと》なる事なし何ぞも瓦葺《かはらぶき》にして前後《ぜんご》空地《くうち》のあるか例にて収納《しうなふ》小屋《こや》を茅葺《かやぶき》に建《たて》是《これ》を打麦場《ダアメチヤン》と《むぎうちば》いふ同じく地面《ぢめん》に倉庫《ツアンクウ》を建《たて》米穀《べいこく》等《とう》貯《たくは》へ置《おく》

○都《すべ》て庫蔵《こざう》倉《くら》ハ二間方《にけんはう》一二間方《けんはう》大小不同《だいせうふどう》あり瓦葺《かはらぶき》にして四方《しはう》甎石《チユンジ》を以て墻《かべ》を築上《つきあげ》内外《うちそと》白灰土《はつくい》にて塗《ぬ》る

一方《いつぱう》へ出入《でいり》口《ぐち》を設《まう》け内《うち》に板扉《いたとびら》外《そと》は土扇《どせん》にして関鎖《くわんさ》し内《うち》に樓《ろう》を造《つく》りてなかにもあり平建《ひらだて》もあり両方《りやうはう》へ小《ちいさ》く牕を明《あ》け重樓《ろう》を造《つく》りて庫藏《こざう》とし柱《はしら》を堅《かた》く樓を造作《ざうさく》し樓《ろう》にき平建《ひらだて》の庫藏《ざう》も多《おほ》く柱《はしら》を用《もち》ひず四方《しはう》塼《せん》にて築上《つきあげ》屋根《やね》の所《ところ》へ梁《ちが》をならべて渡《わた》し蓋《がい》を作《つく》り瓦《かはら》を葺《ふき》下《した》は土間《どま》或《あるい》は塼《せん》石《せき》を敷《しき》俵物《ひやうもつ》等《とう》積《つみ》置《おき》にも其を填《てん》し高《たか》積《つみ》置《おく》形《かた》り○農家《のうか》は日々《ひび》朝早《あさはや》く起《おき》て耕作《かうさく》を勤《つと》む耕作《かうさく》の繁閑《はんかん》によりて朝出《あさいで》の遅速《ちそく》あるとも多《おほ》くは卯《う》の刻《こく》頃朝飯《あさはん》を喫《きつ》し田園《でんえん》に往《ゆ》く晝食《ちうじき》は近所《ちかきところ》なれば帰宅《きたく》して喫《きつ》し若《もし》遠方《ゑんぽう》なれば家内《かない》より食事《しよくじ》を調《とゝの》へ碗皿箸等の類《たぐひ》まで竹籃《チクラン》に入《い》れ女房《にようぼう》あるひは小女《せうぢよ》等持行《もちゆき》て喫《きつ》せしむ暮前《くれまへ》に帰宅《きたく》し晩飯《ばんはん》を喫し休息《きうそく》す其耕作《かうさく》繁忙《はんばう》の時節《じせつ》又は至《いたつ》て小戸《せうこ》の農夫《のうふ》或《あるい》は佃戸《デンウー》等は女房《にようぼう》ともに出《いで》て耕作《かうさく》するにもあり家内《かない》残《のこ》らず耕作《かうさく》に出《いづ》る時《とき》は食事《しよくじ》朝《あさ》より用意《ようい》して携へ田地《でんち》にて喫《きつ》するにもあり耕作《かうさく》の物《もの》米《こめ》麦《むぎ》等《とう》収納《しうなふ》して例《れい》のごとく官糧《クワンリヤン》を払《はら》ひ余《よ》を除《のぞ》き分配

犁《て》田《でん》

挿《そう》苗《びやう》

割《カツ》稻《タウ》

麦笐

木《もく》礌《らい》

土《ど》羅《ら》

居家

六十二

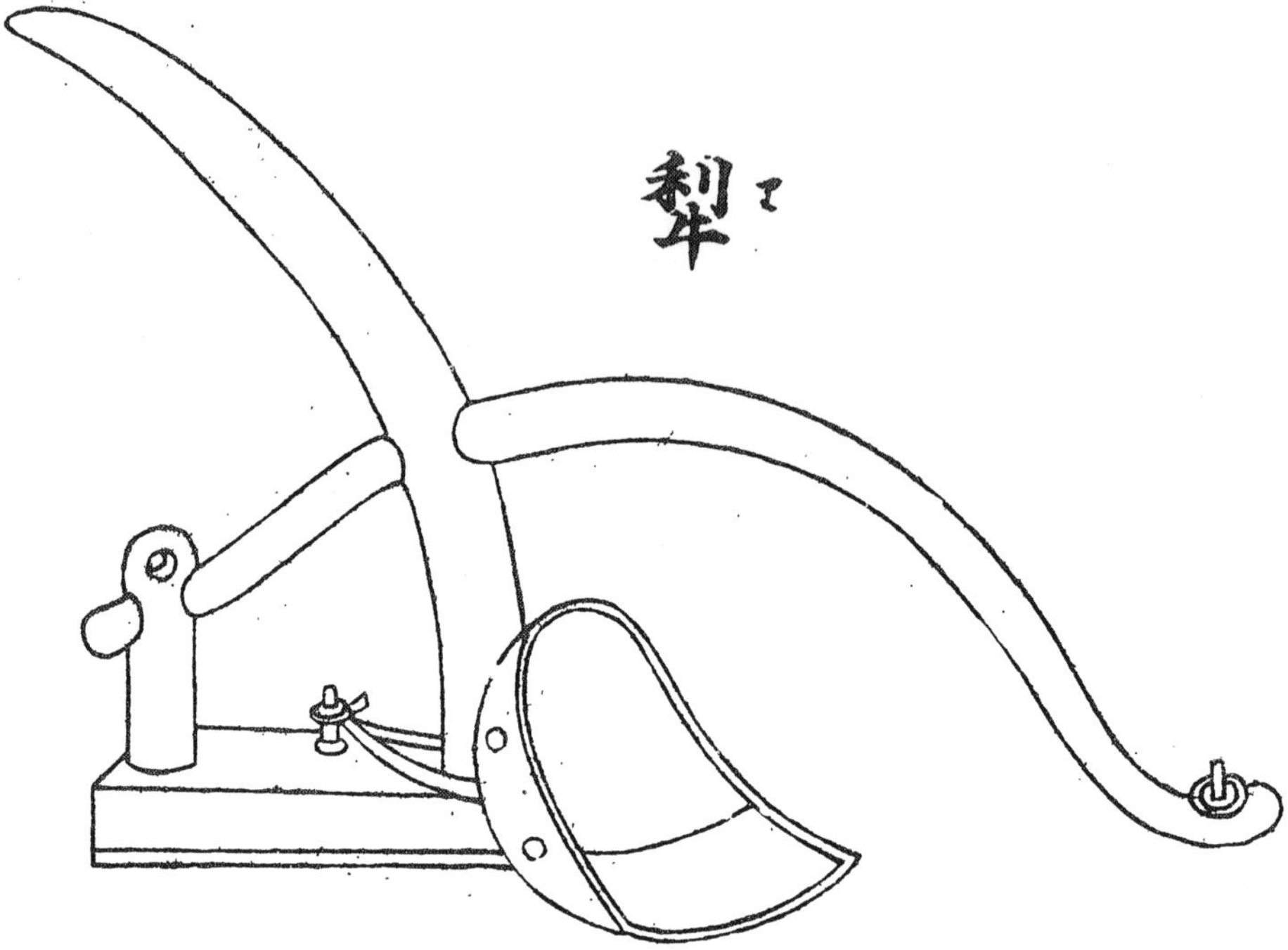
犁《て》

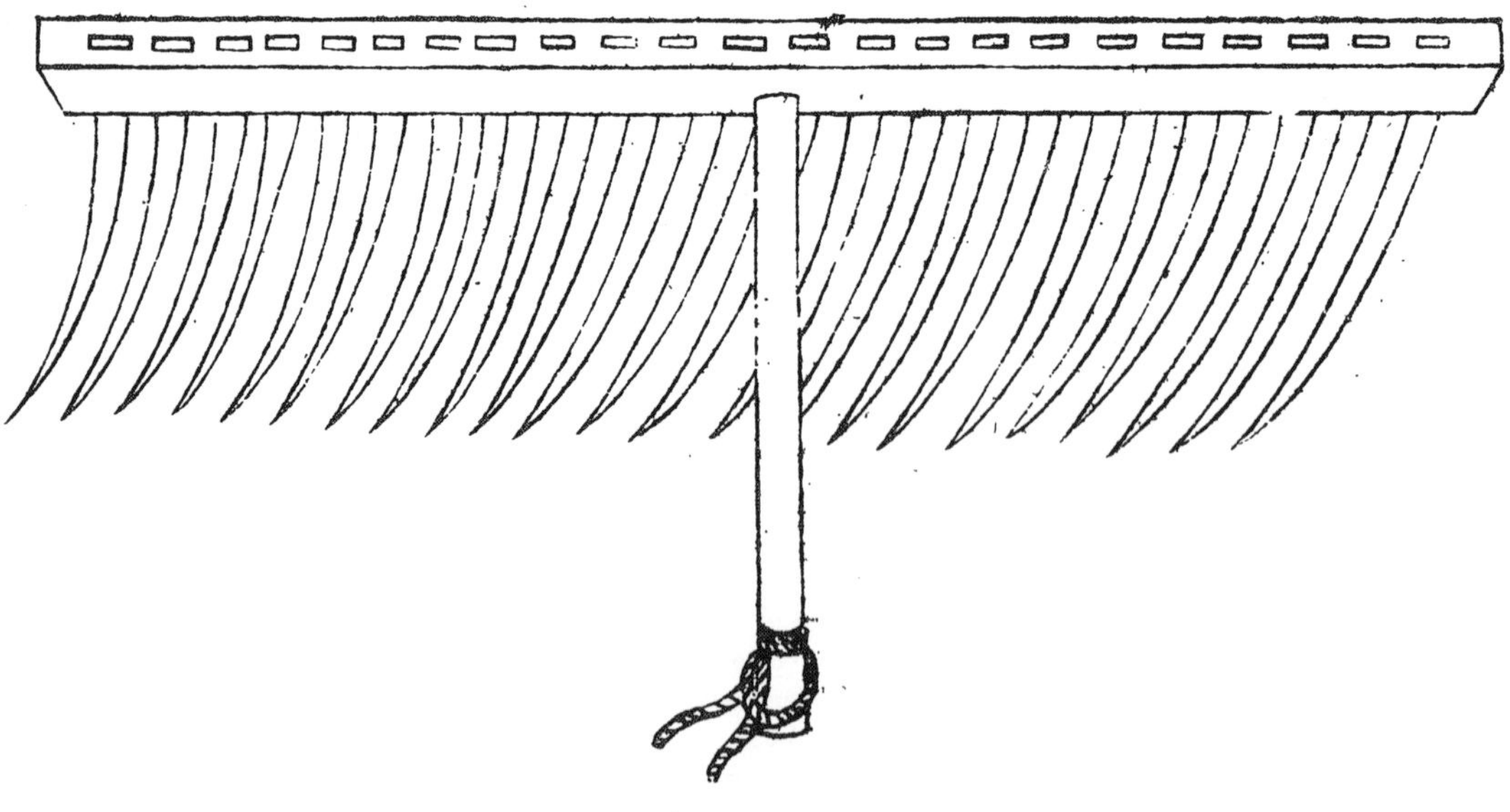
把《を》 拖《た》

阿鑁
めづん

鉏
きよ

木斫
くきゃく

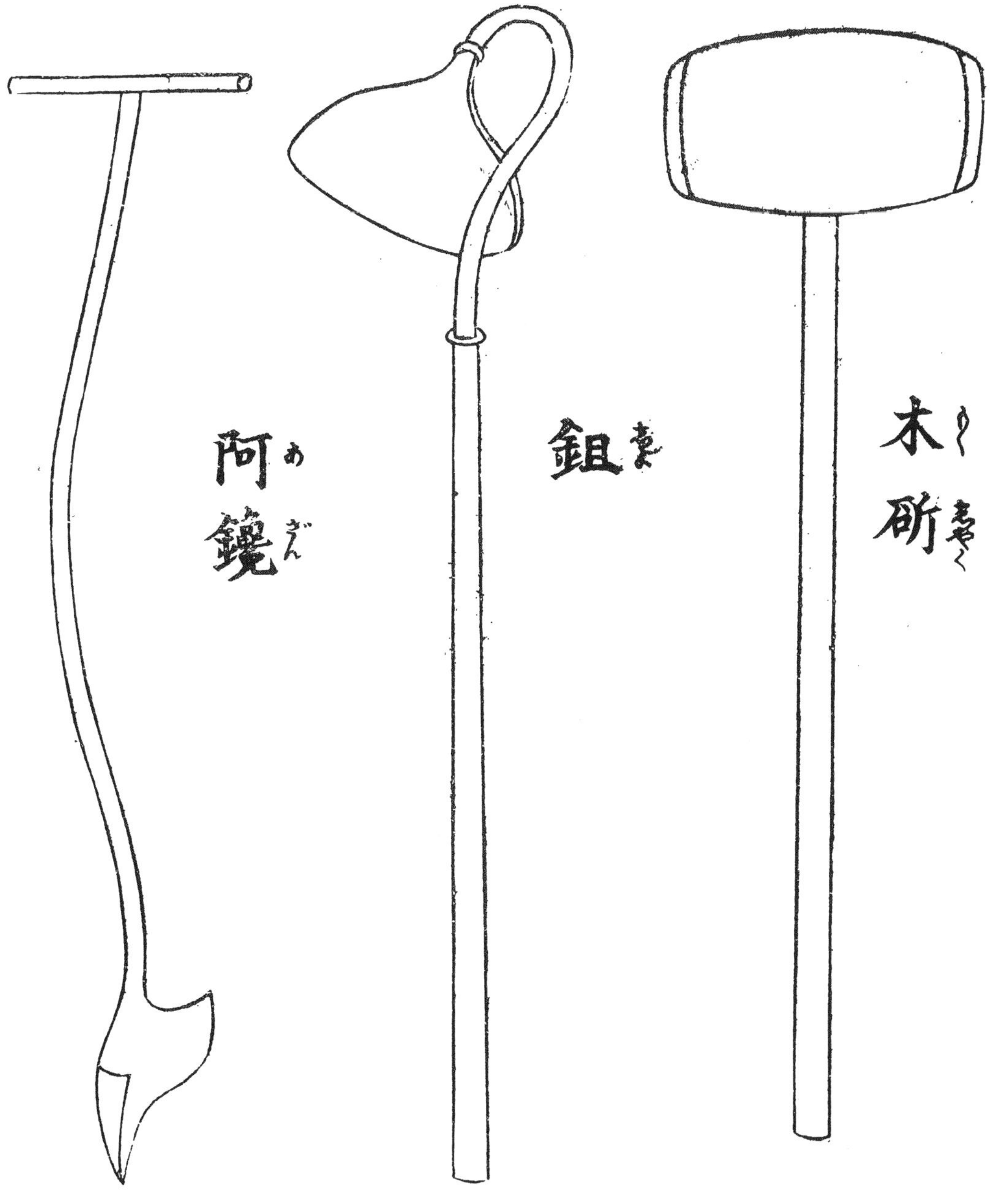

艾《がい》

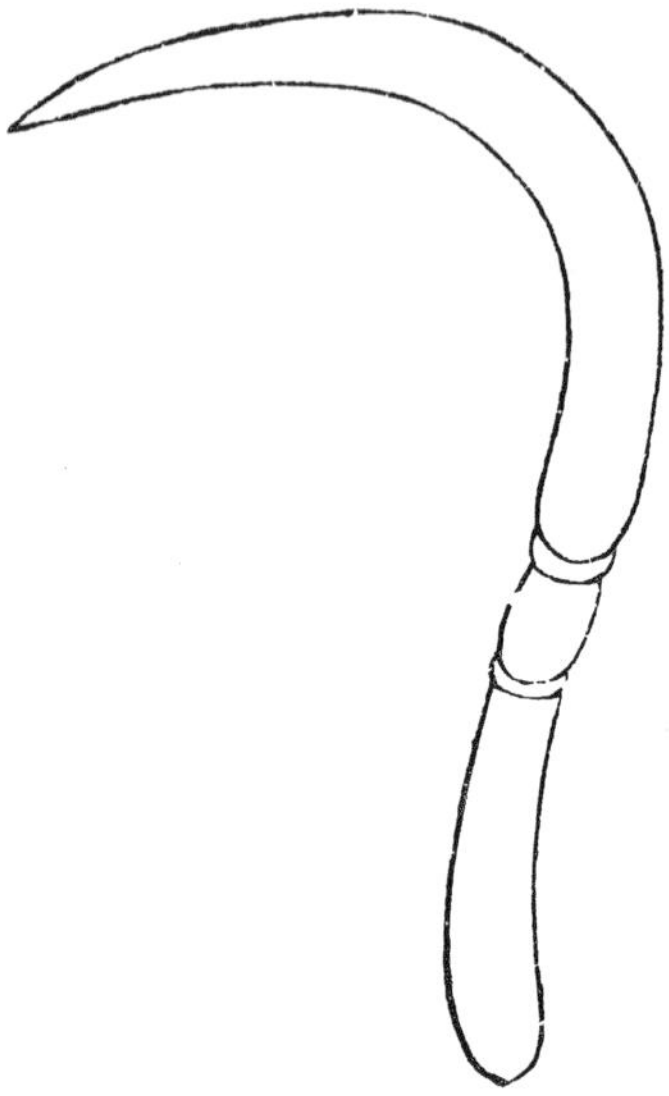

銍《ちつ》

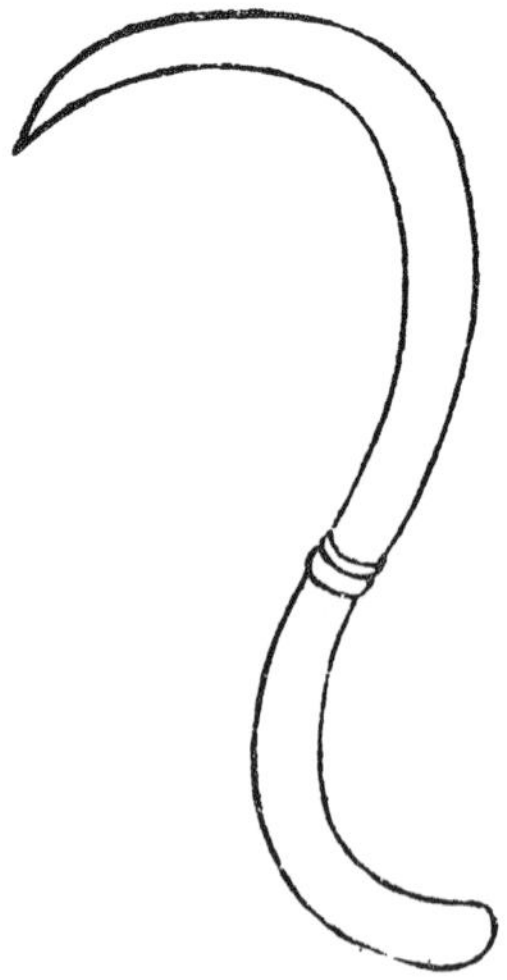

竹《ちく》把《え》

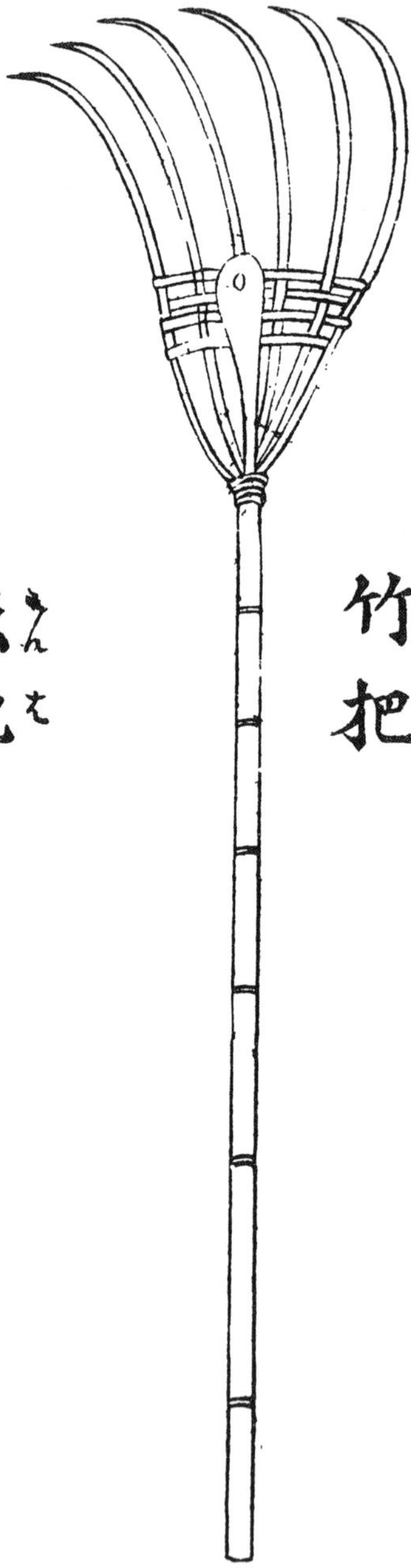

耘《うん》把《え》

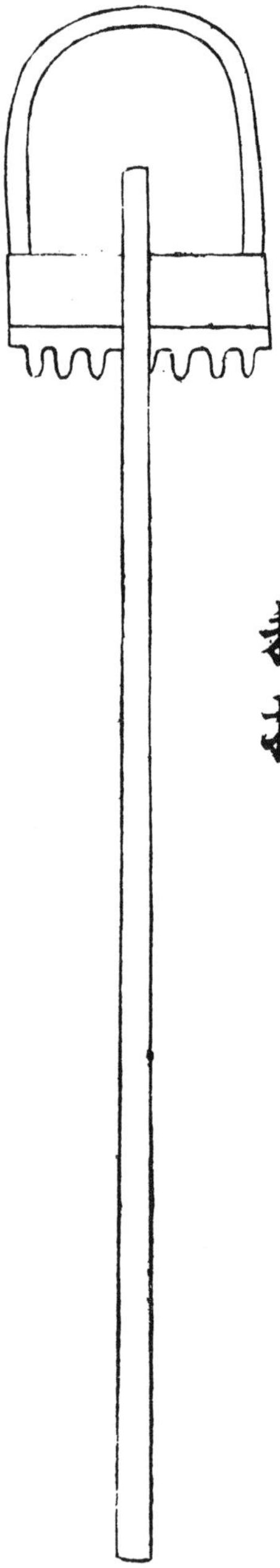

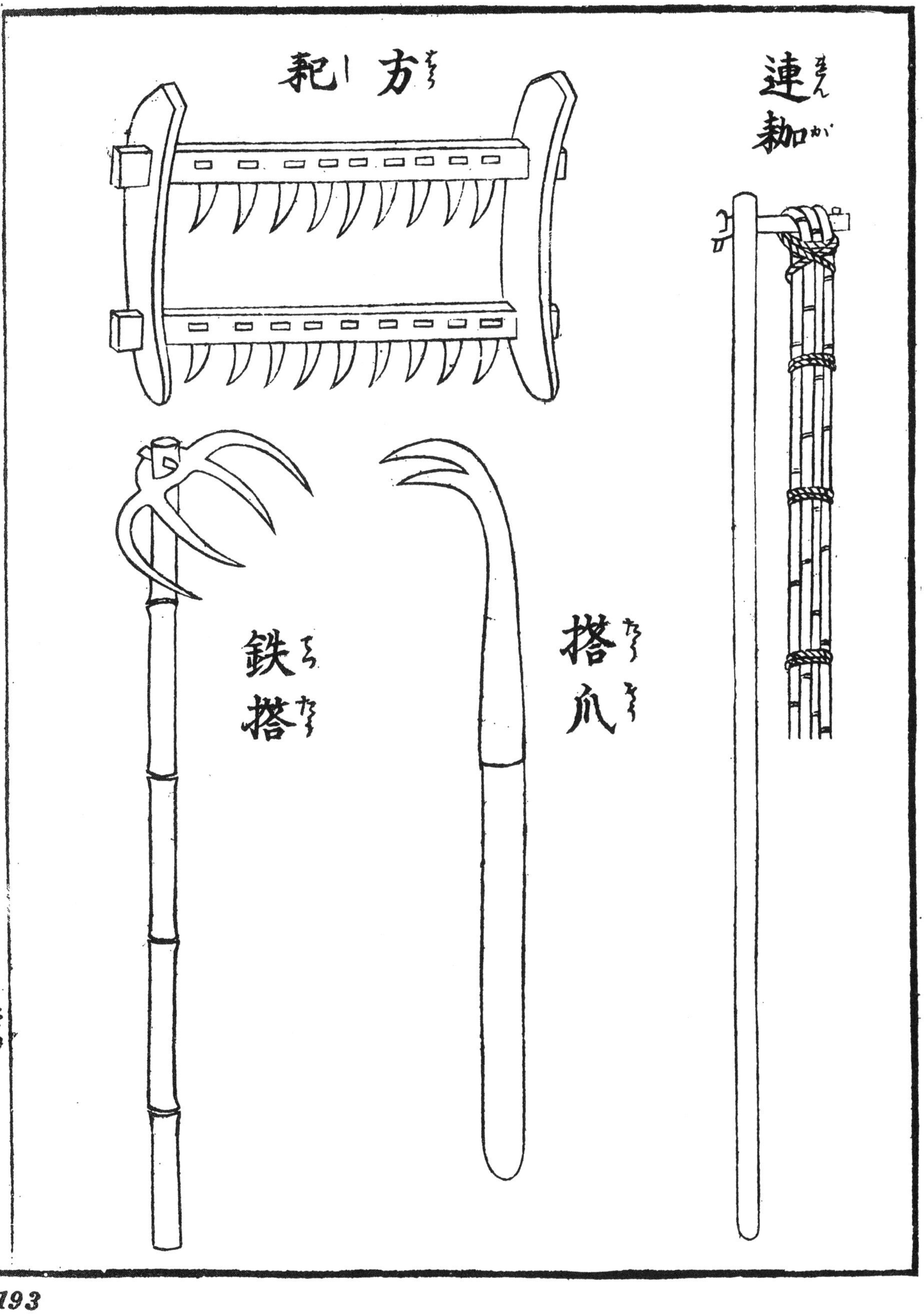

方《はう》耙
連《れん》枷《か》
鉄《てつ》搭《たふ》
搭《たふ》爪《さう》

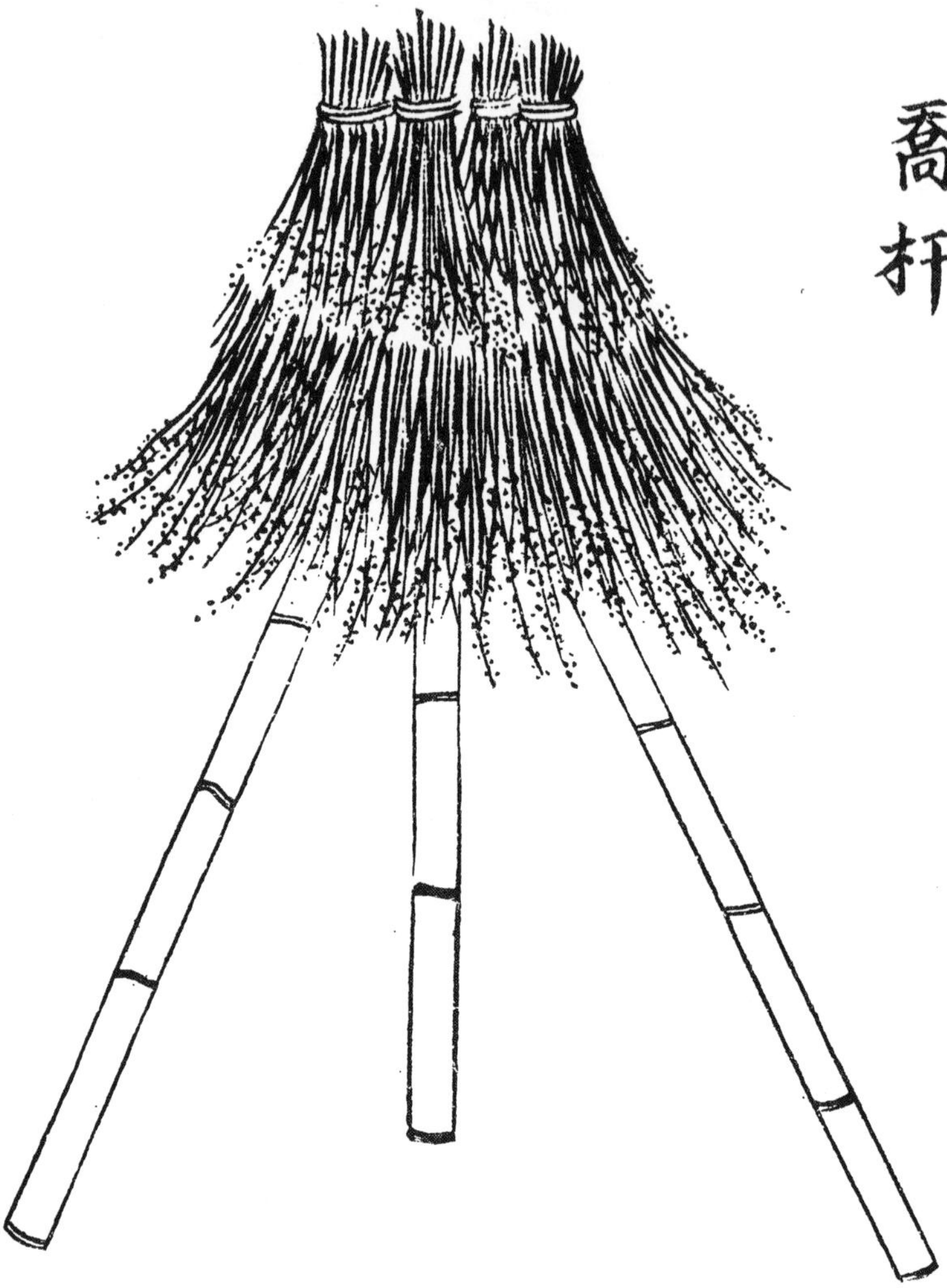

喬《きやう》杆《かん》

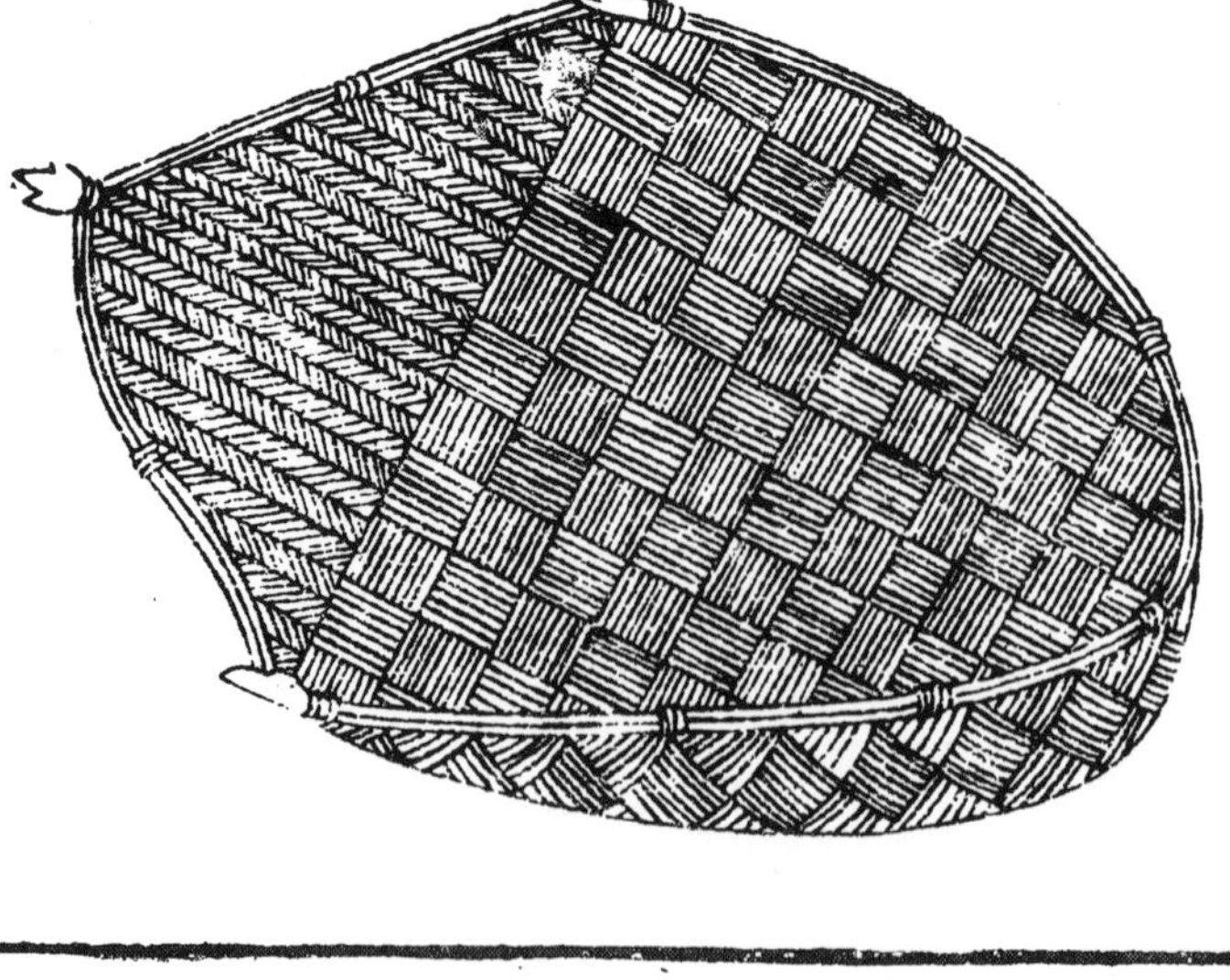

簸《ひ》箕《き》

積《せき》苫《せん》

草《さう》畚《ほん》

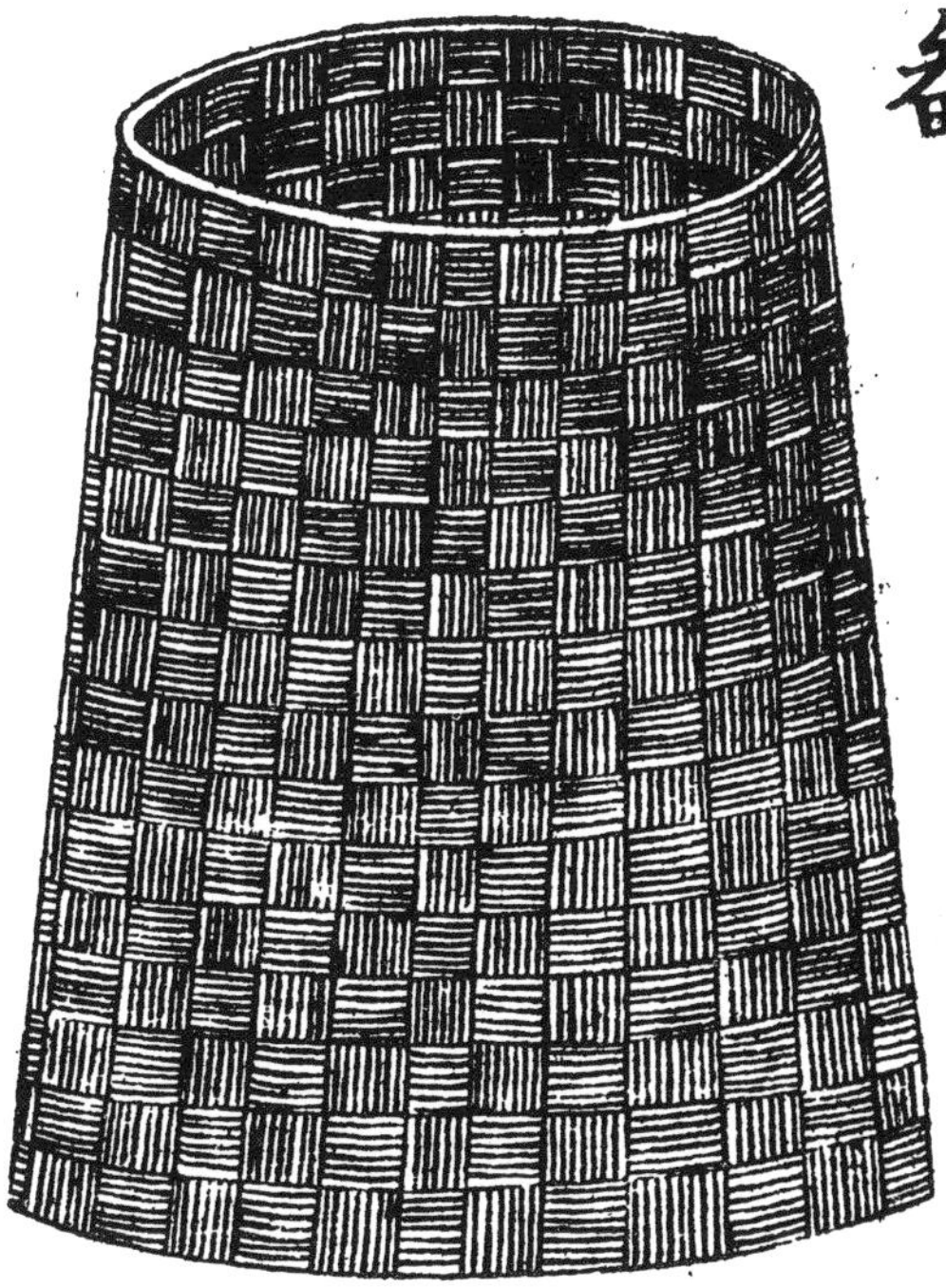

包《はう》銀《ぎん》筒《とう》

糞《ふん》窖《かう》

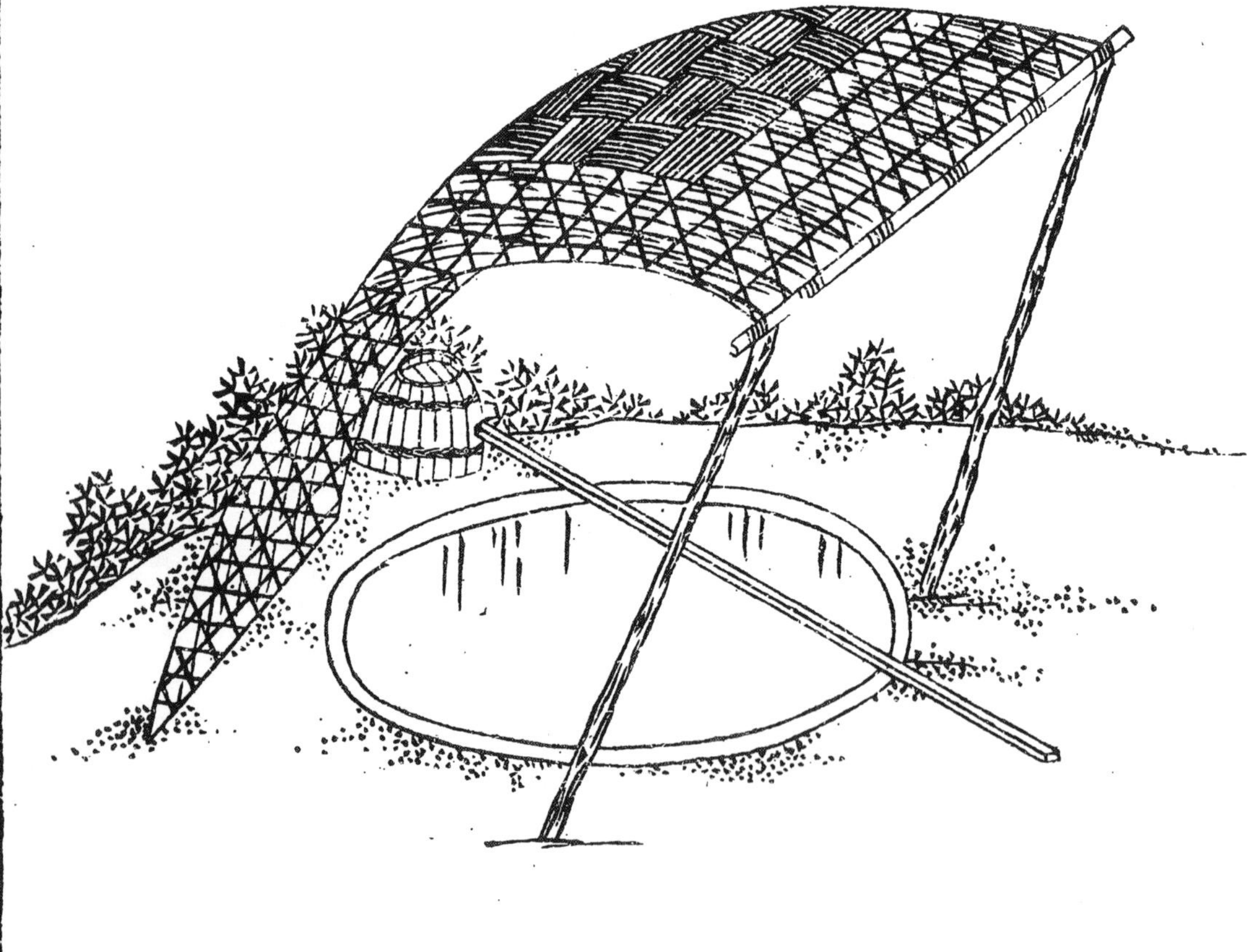

機《き》《はた》

繅《そう》車《しや》

梭《き》《ひ》

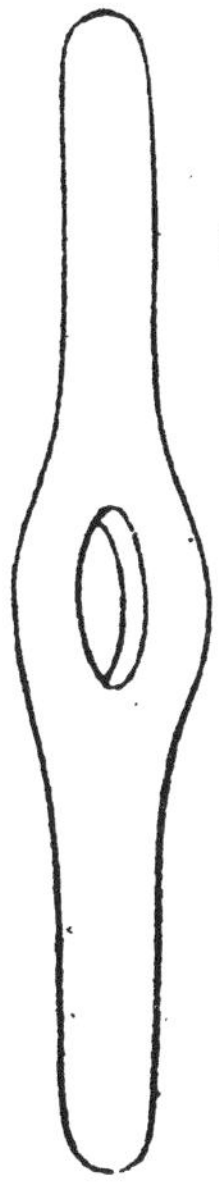

布撐《ふとう》

籰子

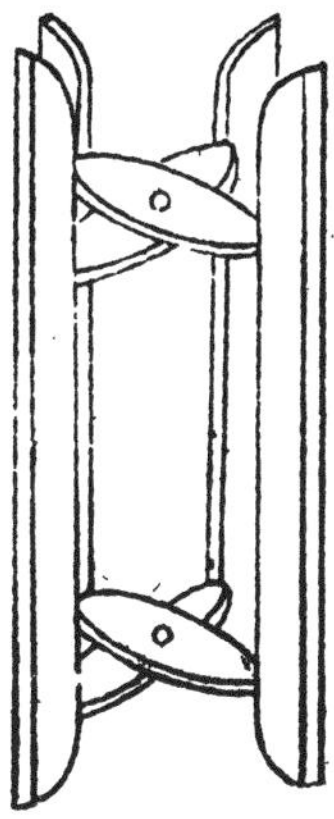

筬《をさ》

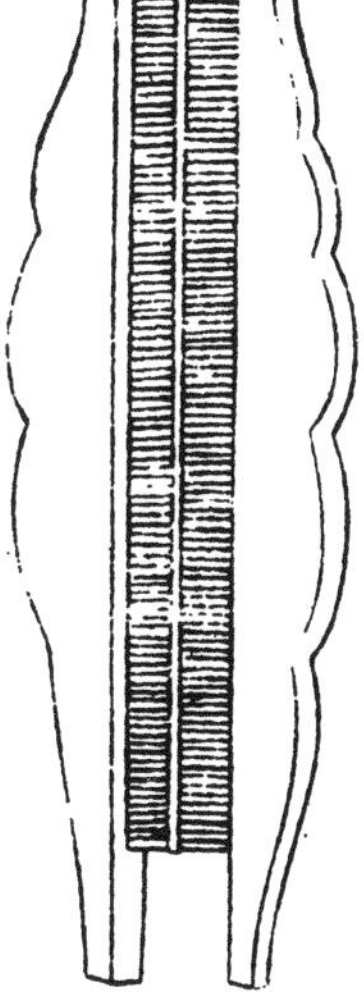

績桶《せきとう》

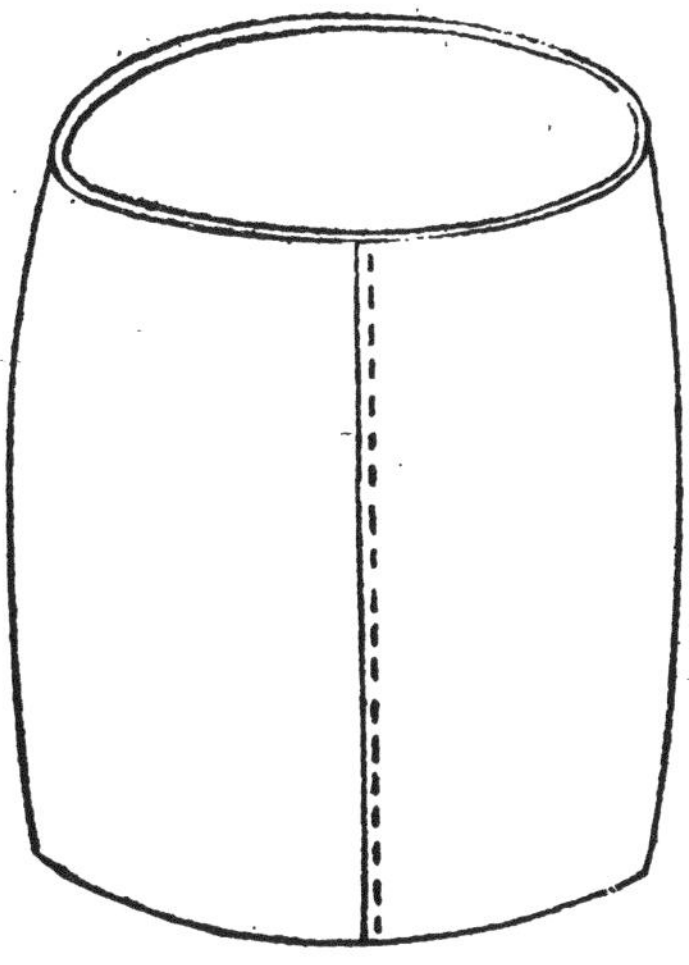

筟兒《ふと》

家内《かない》に貯《たくは》へ置《おき》時《とき》に随ひ賣《う》ることも有て

大戸田地持《たいこでんぢもち》たる人は都《すべ》て農夫《のうふ》に命《めい》じて耕作《こうさく》せしめ年分何程《ねんぶんなにほど》と云田租《テンツウ》を定め是自家《じか》にて作《さく》する事《こと》なし佃戸《てんこ》より約定《やくぢやう》の通《とほ》り糧《りやう》を納《おさ》め其内《そのうち》にて官糧《くわんりやう》を納《おさ》め残《のこ》りを我貯《たくは》へ置家内《かない》年分《ねんぶん》の食糧《しよくりやう》を存留《ぞんりう》し除分《よぶん》は時《とき》に随ひ賣去《ばいきよ》す

官糧《くわんりやう》は凡田一畝《およそでんぽ》に付米《こめ》一斗程税《ほどぜい》を納《おさ》む也上田《じやうでん》下田《げでん》の差別《しやべつ》あり米にて納《おさむ》るもあり銀納《ぎんなふ》あるものは銀米納《ぎんべいなふ》ありて米納《べいなふ》は耗米《ハウミイ》あるものは米色善悪《こめいろぜんあく》の作難《ツサナン》ありて至《いた》りて面倒《めんだう》なるゆへ大戸《たいこ》の家は多くは銀納《ぎんなふ》なり田租《テンツウ》は一畝に付米一石より一石五六斗まで不同《ふどう》あり田地《でんち》の善悪《ぜんあく》農夫《のうふ》の貧富《ひんぷ》によりて不同《ふどう》あり官糧《くわんりやう》は穀を云糠米《けんまい》に高納《おさ》む麦《むぎ》は一畝に付一石五六斗より二石あるものは二石三四斗まで出る

惣《すべ》て人別《にんべつ》を花名《ハアミン》といふ戸別《こべつ》を花戸《ハアウー》といふ花戸《ハアウー》十軒《けん》を一組《くみ》として組《くみ》の頭《かしら》を戸頭《ウーデウ》と云此戸頭《このウーデウ》より十軒分《けんぶん》の銀米《ぎんべい》を催促《さいそく》して取立《とりたて》るなり此戸頭《ウーデウ》十人の頭《かしら》を甲《キヤ》

長《チヤン》といふ村里《そんり》の大小に依《より》て甲長《キヤチヤン》多少あり此總頭《さうかしら》を里長《リヒチヤン》といふ此里長《リヒチヤン》一村《いつそん》の納銀
米《べい》銭催促《さいそく》して縣《けん》に納《をさ》む此時《このとき》花戸《ハアウー》自身《ぢしん》に納《をさ》む其《その》納銀《なうぎん》銭包む代あり厚紙二
枚合《まいあせ》せにして違ひ定の字に捺判ありて納銀《なうぎん》を櫃吏《グイリヒ》といふ役人へ包の銀《ぎん》を請取代《うけとりぶみ》に
上に其の村某《それがし》に項《コア》納銀《なうぎん》米《べい》何程《なにほど》何月《なんぐわつ》何日請取《うけとり》役人《やくにん》某々《それがし》相總《あひをさめ》牧簿《シウプウ》にも同様
に記《しる》して米納《べいなう》銭上倉《ジヤンツアン》交糧《キヤウリヤン》といふ納米《なうまい》の外《ほか》に加耗《キヤアハウ》茶果《ザアコー》倉書《ツアンシイ》斗級《テウキ》紙張《ツウチヨン》量斛《リヤンコ》
看倉《カンツアン》等の入用あり又能運漕《うんさう》なし水脚《シユイキヤ》墊船《テンツアン》神福《シンホ》等の入用あり
〇米銭貯へ置には倉の下に五六寸角の木を填て上に板をならべて米銭積置
時々倉の扉窻門《チヤンメン》を開《ひら》き風を透《とを》し虫入ぬ様に米銭用の外一年貯へ置て新《しん》
糧《りやう》を收《をさむ》るまで餘分《よぶん》に殘《のこり》あらば皆陳米《チンミイ》を賣出し新米《しんまい》銭貯ふ倉の方位も空
地の有無《ゆうぶ》に從ひて制宜《せいぎ》に作る等かしは家道殷實《キヤアダウインシ》にして善事《ぜんじ》を行《おこな》はんと思ふ人も
官《くわん》に願《ねが》ひて年分《ねんぶん》何程の米銭納《をさめ》て非常《ひじやう》の備《そなへ》へになすべしとて米穀《べいこく》を輸納《シイナ》するもの有

居家

六十八

是《これ》を捐米《エンミイ》と云ふ是等《ら》の人々ハ官《くわん》より朝廷《てうてい》に奏聞《そう》し相當《さうたう》の官職《くわんしよく》を授《さづ》くる事《こと》あり又官職《くわんしよく》を好まざる人々ハ品級頂帯《ヒンキデンタイ》杯《など》を給ふて奨勵《セウレイ》し或《あるひ》ハ其子孫《そのしそん》の内學問《がくもん》優《ゆう》長する者《もの》杯《など》を挙《あげ》て官職《くわんしよく》を授《さづく》る事《こと》あり是《これ》を捐納官《エンナクワン》と云ふ又村内にて思《おもひ》にて志《こころざし》ある者《もの》米《こめ》杯出し合せ倉《くら》を建《たて》米《こめ》杯貯《たくは》へ置《おき》て村中の非常《ひじやう》に備《そなへ》る是《これ》を義倉《ニイツアン》と云ふ

○米一俵又斗依り一俵の直段凡銅銭二貫二三百文位年の豊歉に依《よつ》て不同《ふどうあり》

○雇役《クウヨ》ハ一日五十文七十文位と包飯《バウハン》とて自身《じしん》に食事《しよくじ》を備《そなふ》る時《とき》ハ百四十文位《くらゐ》より二百文位《ぶんくらゐ》辰の刻《こく》より來りて申《さる》の中刻頃《ごろ》まであり

○軽《かる》き吏役《りやく》杯朝《あさ》より衙門《が》に出《いで》て事杯辨理《つかさどる》に食事ハ衙門《がもん》の門前《ぜん》の酒店《さかや》飯店《めしや》にて喫《きつ》す辨當《べんたう》杯の事なし又衙門《が》より食《しよく》を給《きう》する事なり

○醫家《いか》ハ呂洞賓《リイドンピン》を祖《そ》とし都《すべ》て門前《ぜん》に招牌《チヤウハイ》を出し其内《かきうち》にも醫術《い》功者《じやうこうしや》にても療用《れうよう》に倦《うむ》る醫師《いし》ハ招牌《しやうはい》を引《ひき》て掛《かけ》ず至《いた》りて熟懇郷音《ごんいきやう》にあらされハ行《ゆか》ず

衙門《がもん》より請《しやう》ずるにあらず招牌《せうはい》を掛《かけ》ざる醫《ゐ》もあらしめて行《ぎやう》ば又官醫《くわんい》は都《すべ》て招牌《せうはい》なかりきすざる事を得ず○病人《びやうにん》ありて醫師《いし》を請《しやう》ずるには僕《ぼく》を使《つかひ》として中《ちう》へ入《いる》る時《とき》にまるかもあるは近邊《きんぺん》ならば多《おほ》く歩行《ふかう》にて來《きた》る主家《しゆか》より轎子《きやうし》を持《もた》せ遣《つかは》す事《こと》なし官醫《くわんい》大醫《たいい》を請《しやう》ずるにある使《つかひ》に請帖《ウイニデ》并《ならび》に銀《まん》二十目三十目或《あるい》は五六十目紙包《ねぐて》にて持《もた》せ遣《つかは》し門番《もんばん》まで中入るに門番人《もんばんにん》帖《ちやうだい》并に銀《ぎん》を持入《もちいれ》達《たつ》しければ醫師《いし》受《うけ》とり直《ひる》須《ごろ》より出《いで》て其家《そのいへ》に來《きた》るなり大醫《たいい》の家《いへ》にある毎日《まいあさ》病人《びやうにん》多《おほ》く來《きた》りて胗脉《チンメ》を求《たの》むる故朝《あさ》身仕廻《みじまひ》して直《すぐ》に病人《びやうにん》を順々《じゆんじゆん》に見《み》て其子《そのこ》に弟子《でし》に中《ちう》に藥法《やくほう》を書《かか》せて渡《わた》し飮食《いんしよく》を仕廻《しまひ》直《すぐ》に轎《かご》より出宅《しゆつたく》する（宿元《やどもと》の病人《びやうにん》も來《きた》り順番《じゆんばん》に牌《ふだ》を掛《かけ》其牌《そのふだ》の順《じゆん》に照《てら》して順々に見《み》るなり）何《いづ》れも自分《じぶん》の轎子《きやうし》を用《もち》ゆ醫師《いし》到來《たうらい》の時《とき》は外廳《ワイテン》の口《くち》まで出迎《いでむかへ》初見《しよけん》の醫師《いし》なれば門外《もんぐわい》まで出迎《でむか》ふ廳上《テンじやう》に請《しやう》じ茶《ちや》を進《すす》め畢《をはり》て醫師《いし》より有病貴府《ユウビンクイフウ》何人《ホーゲン》と問《とふ》主人《あるじ》某々《むしく》と答《こたふ》委《くは》しく容躰《ようだい》を問《とふ》時《とき》は醫師《いし》詳《つまびらか》に聞《きき》て其《それ》より病床《びやうしやう》に至《いた》りて容貌《ようなく》を見《み》る起居《ききよ》

成ば病人《びやうにん》を起《かき》て坐《ざ》し脉《みやく》を診《しん》せしむ若《もし》起坐《きざ》かなはざる病人《びやうにん》は臥《ふし》たるに傍《まき》より手《て》を出させ脉床《ミヤクゆか》の上に置《おき》静《しづか》に脉を診《しん》し容体《やうだい》によりて舌頭《ぜつとう》眼中《がんちう》腹中《ふくちう》並に脊背《せきはい》御上《ぶんへうや》まで篤《とく》と見合《みあは》せて聴上《ちやうじやう》に出主人《しゆじん》備へ置《そなへおき》たる書案《しよあん》に倚《よ》て椅子《いす》に坐《き》し主人に病躰《びやうたい》の大畧《たいりやく》を語《かた》て薬法《やくはう》を書《かき》或は医案《いあん》を書《かく》まあて書写《かきうつ》して主人より茶或は糕餅《カウヒン》を出し暫《しばらく》談話《たんわ》して帰《かへ》る病家《びやうか》右《うざ》の薬法《やくはう》は薬舗《ヤツホ》に持せ遣し薬舗《ヤツホ》より法の通《とほり》に薬《くすり》を調合《ちやうがふ》して遣《つかは》す都《すべ》て医師《いし》より薬《くすり》を遣《つかは》す事《こと》なし何程《なにほど》の急病《きうびやう》なくも医師《いし》薬《くすり》を持来《おくえ》せば郷村遠路《ざいそんゑんろ》より請《まねく》するにはる薬箱《くすりばこ》を持来《もちき》れば大抵《たいてい》郷村《ざいそん》は薬舗《ヤツホ》もなく市中《しちう》近《ちか》き遠路《ゑんろ》迄へ医師《いし》薬箱《くすりばこ》を持行《もちゆく》ありて先病躰《まづびやうたい》を見《み》診脉《しんみやく》して方《はう》は書《かき》ず薬《くすり》は調合《ちやうがふ》は薬紙《くすりかみ》に川練紙《センレンシ》五寸方《ゴスンはう》に切《きり》稱子《チンツウ》を以《もつ》て薬《やく》味は總《かけ》調剤《ちやうざい》するに薬匙《やくひ》を用《もち》ひは謝儀《しやぎ》は同《ひと》く請《せい》じたる時《とき》には送《おく》り遣《つかは》は懇意《こんい》の者なりけば同《ひど》く送《おく》るに及《およば》ず端午《たんご》中秋《ちうしう》年暮《ねんぐ》の三季《き》に送《おく》る大医《たいい》招請《せうせい》

ゆへに必《かならず》ず謝儀《しやき》を送《おく》りて請《しやう》ず若《もし》謝儀《しやぎ》の軽微《けいび》故又ハ招請《せうしやう》の不敬《ふけい》あれバ行肯《ゆきがへん》
ぜざる病家《びやうか》を侮《まん》じ頑《ぐわん》なる轎夫《キヤウフウ》の心得《こゝろえ》あしく頑便《ぐわんべん》成者《かんがへ》行あり急病《きうかんびやう》あるひは大事《だいじ》を
見せざる病人《びやうにん》ハ早朝《さうちやう》よりも轎夫《きやうふ》に銭《ぜに》を遣《つかは》し頼《たの》みて入《いれ》て何所《いづれのところ》何方《いづかた》を早く来《き》り給《たま》
いへども頼《たのみ》に置《おけ》バその時《とき》に連行《つれゆき》あり轎銭《きやうせん》《かごぜに》を増《ま》して病家《びやうけ》より謝儀《しやぎ》の外《ほか》出《いだ》されども
とも路《みち》の遠近《ゑんきん》によりて二百文三百文五百文位《ぐらゐ》とらしかりけれバ若急病《きうびやう》ありてもなく
出中食《そでちうじき》代《ろう》を欲《ほつ》するにあれバ飯店《はんてん》に至りて中食《ちうじき》するもあり熟懇《じゆくこん》の家《く》なれバ中食《ちうじき》を出されも
あり又手軽《てがる》なる小醫《せうい》ハ常《つね》に轎子《キヤウシ》《かご》にも乗《の》る事《そく》なくして歩行《ふかう》して僕《ぼく》一人連《つれ》て
病家《びやうか》を自身《じしん》の勝手《かつて》にまはる

○外科《げくわ》も内科《ないくわ》同様《どうやう》に招《まね》きに應《おう》ずる時《とき》は膏薬《あぶらかうやく》を宿許《やどもと》より擔《めぐ》らせたる箱《はこ》に
入れ剪刀《センタウ》《はさみ》小刀《セウタウ》《こがたな》等《とう》の包袱《ハウホク》《ふくさ》に包《つゝ》みて持参《ぢさん》せ

藥《やく》箱《そう》

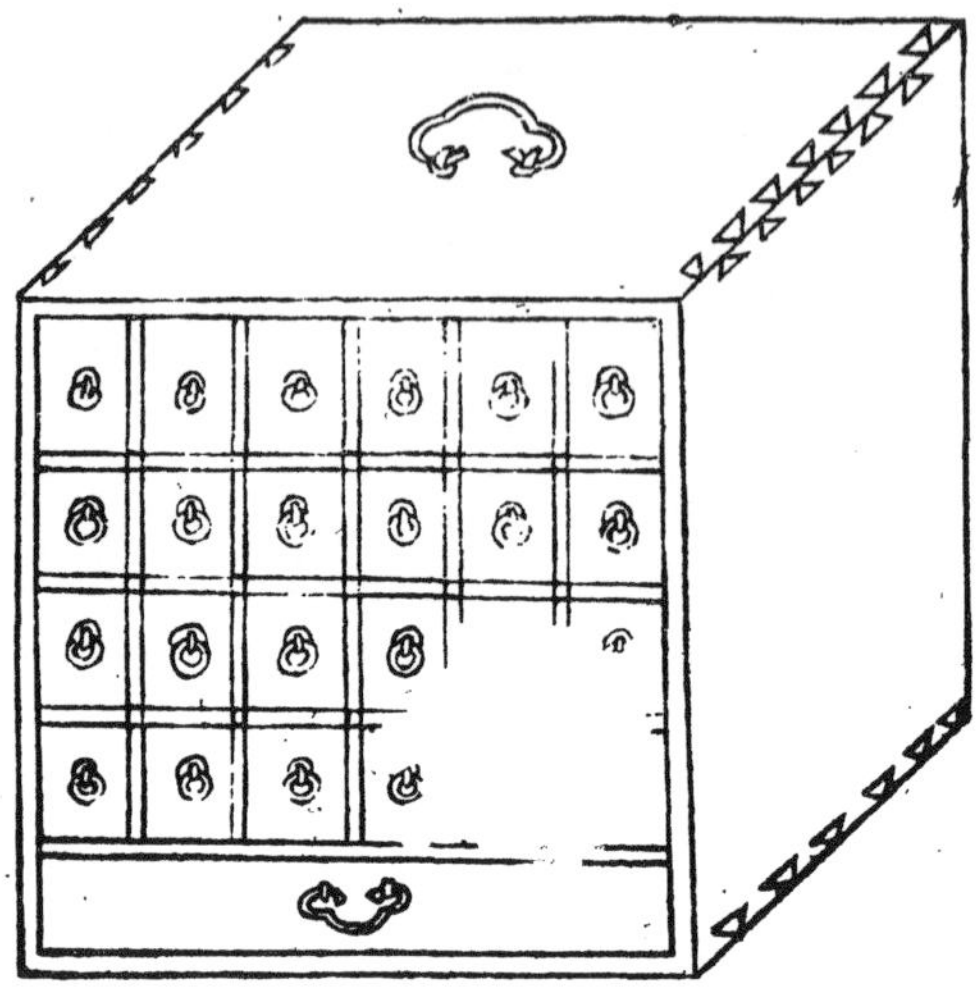

套《とう》子《し》

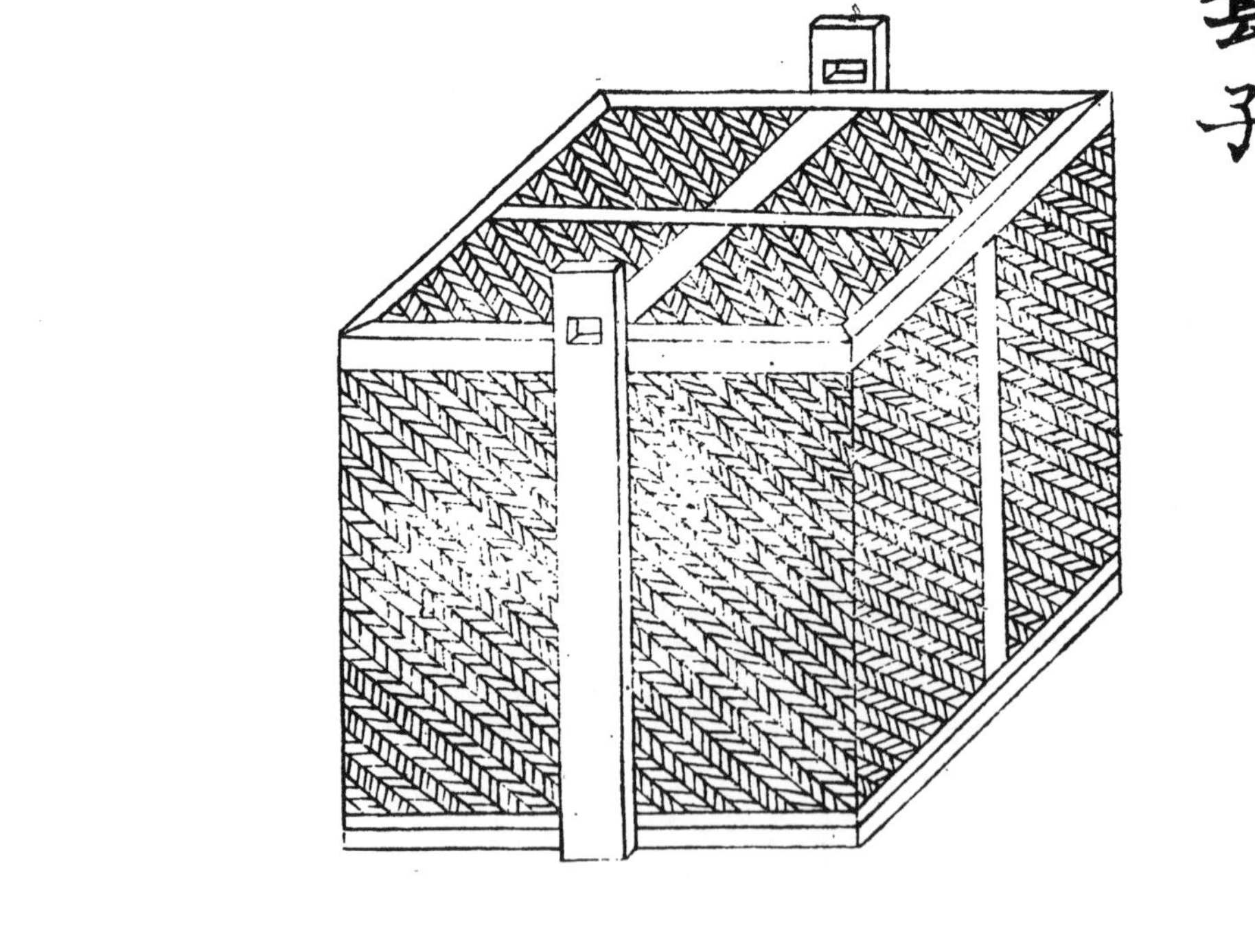

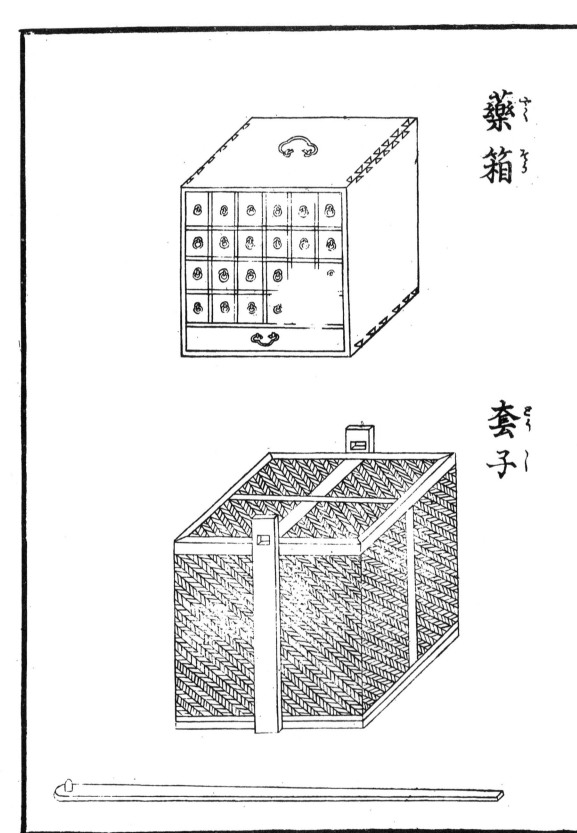

脉《みや》枕《ちん》

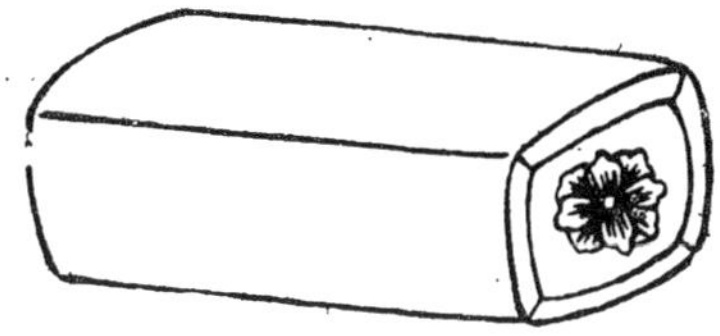

薬《やく》研《けん》

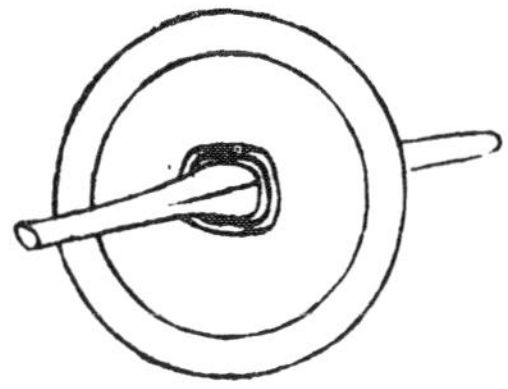

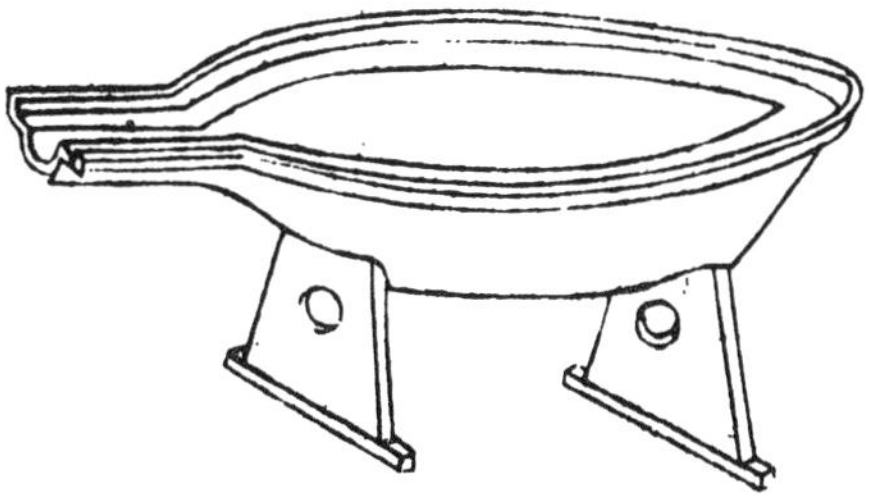

脉《みやく》褥《ぢよく》

薬《やく》刀《たう》

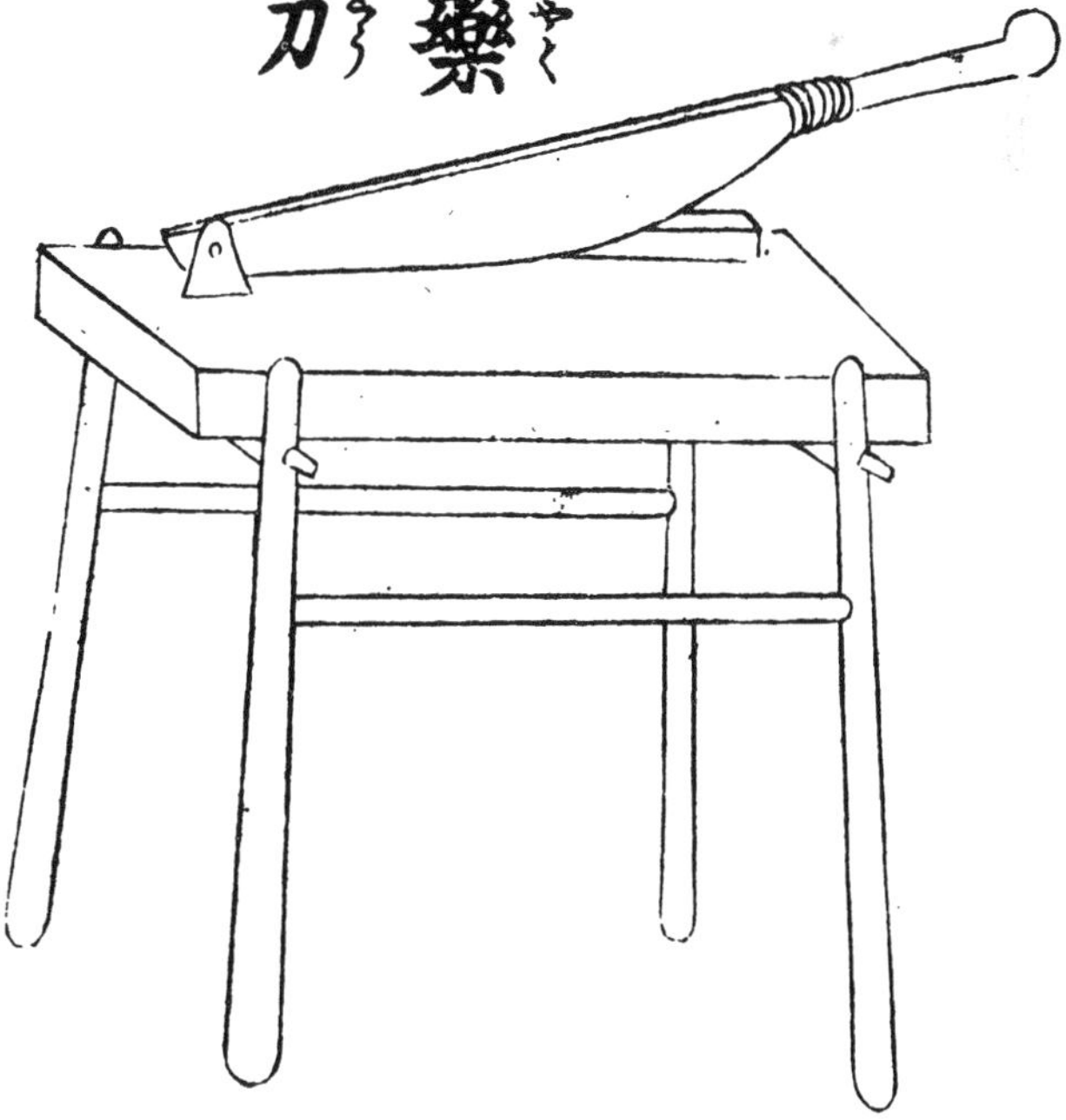

脉《みや》床《しやう》

攤板_{だ ゑ}

膏藥刀_{こ やく たう}

膏藥器_{こ やく き}

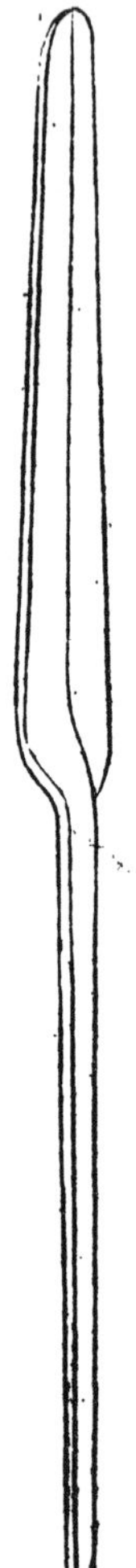

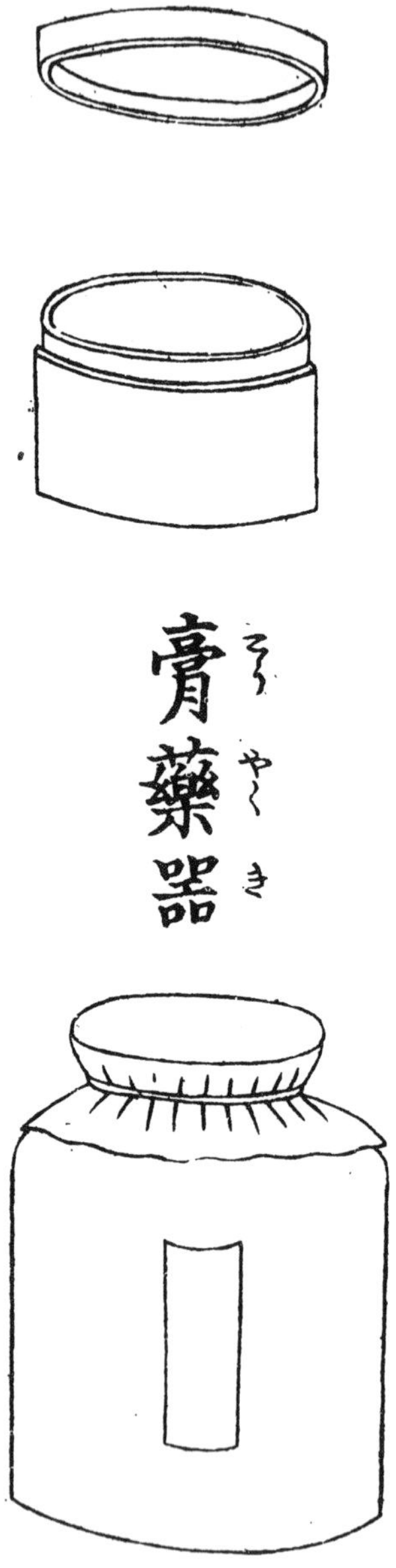

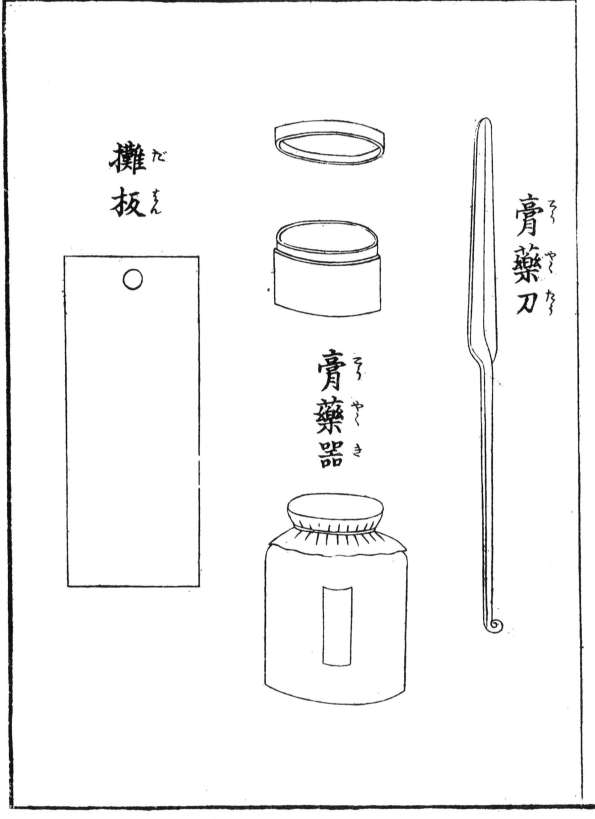

○金《きん》の上品《じやうひん》は足赤金《そくせききん》といふ(正金《しやうきん》とも嘆金ともいふ)其次《そのつぎ》を九程《きうてい》一歩《いちぶ》差《さし》八程《はつてい》二歩《にぶ》差《さし》七程《しちてい》として極下品《ごくげひん》は六程《ていい》なり量目《りやうめ》通例《つうれい》五十目以下《いか》折《をりく》あり分厘《ぶんりん》の小切《こきれ》は零碎金《れいさいきん》といふ惣《そう》じて金《きん》は國《くに》の珍宝《ちんほう》なる故《ゆへ》平日《へいじつ》調物《ちやうもつ》等《とう》の通用《つうよう》なし銀《ぎん》をもつて買《か》ふ時《とき》は十五六七双替位《さうがへぐらゐ》その余《よ》の金《きん》は足赤金《そくせききん》の割《わり》に準《じゆん》じ十四五双又は十二三双位《ぐらゐ》等《とう》なり

○銀《ぎん》は元寳《げんぱう》足紋《そくもん》元絲《げんし》此《この》名目《みやうもく》あり何《いづ》れも眞吹《しんぶき》なり元寳《げんぱう》は足紋《そくもん》に鑄《ゐ》るの時《とき》は銅《あかゞね》なし歩差《ぶざし》なし足紋《そくもん》を元絲《げんし》に鑄《ゐ》るの時《とき》も銀《ぎん》十匁《もんめ》に九匁四五分《ぶ》位此二品《ふたしな》を上品《じやうひん》として中品《ちうひん》は蔵封《ざうふう》とし下品《げひん》は二程《にてい》なり二程《にてい》は元絲《げんし》の割《わり》にて一割五歩落《ぶおち》蔵封《ざうふう》は元絲銀《げんしぎん》より五歩落《ぶおち》の割合《わりあひ》なり元寳銀《げんぱうぎん》一挺《いつてう》量目《りやうめ》五十目より足紋銀《そくもんぎん》は三十三匁より元絲銀《げんしぎん》一挺《いつてう》量目《りやうめ》十一匁より小粒《こつぶ》なるを碎子《へきし》といふ又碎銀《さいぎん》といふ是は入用《にうよう》に付切《きり》はかりにみするなり

○金銀《きんぎん》の庫《ざ》は省府《せいふ》州縣《しうけん》ともにあり布政司《ふせいし》の下司《きもつき》に庫司《こし》といふあり此庫司《このこし》

ゆゑ金銀《きんぎん》改革《かいかく》の事あり両替屋《りやうがへや》を金店《きんてん》といふ又銭舗《ぜにみせ》といふ 則《すなはち》金銀《きんぎん》座《ざ》あり 又傾銀匠《けいぎんしやう》少して金銀《きんぎん》を鎔化《ようくわ》して鋳型《いかた》に入足紋元系等色々に鋳造なさしむ元宝銀《げんぽうぎん》あり此年月《ねんぐわつ》地名《ちめい》金銀匠《きんぎんしやう》の姓名《せいめい》を記《き》せ

○銭《ぜに》は銅銭《どうせん》一文の量目《りやうめ》一匁二分に吹《ふき》なす定法《ぢやうはふ》にて相場《さうば》当時《たうじ》下直《げじき》の節《とき》ゆゑ七分より八九分八厘迄の軽き銭《ぜに》は緡《びん》に貫《つらぬ》き凡百文二百文あるを一串《くわん》とし緡は麻縄にて銭《ぜに》を貫《つらぬ》く銀札《ぎんさつ》は絶《たく》てなし

○河浚等に民間《みんかん》有徳《うとく》の者《もの》より金銀銭出して公用《こうよう》を助《たすく》る事あり是を捐《えん》といふ ○官庫《くわんこ》に貯《たくはへ》る金銀は皆元寶の形にして貯置《たくはへおく》り

○米《こめ》の高下《かうげ》等《ひとし》からず江浙《かうせつ》の米《こめ》は上穀《じやうこく》とし今《いま》當地《たうち》に持越《もちこし》米《こめ》は湖廣《こくわう》等の産《さん》ゆゑ私米《せんべい》と称《しよう》じ下穀《げこく》なり即《すなはち》早稲《さうたう》なり江浙《かうせつ》上穀《じやうこく》の直限《ねだん》よりも一割《わり》二割も相場《さうば》下直《げじき》なり一石二三十五六匁の米《こめ》は江浙《かうせつ》の上穀《こく》なり一日一人の食《しよく》

凡米一升也 ○惣《そう》じて馬にハ米穀員《かず》せし馬も驛路《えきろ》の用なすことなく駄荷をせし
一人にて米穀荷物ハ凡百二十斤程米二三俵荷物と小車ニ載せ一人にて
推《おす》欽又ハ米ニ挽る也十俵程の時ハ大車に載せ牛一疋又ハ二疋にて挽也又山
東筋にハ大坂の都會《とかい》など所にハ挽舩《ひきふね》場所によりて牛車に檣《ほばしら》を立帆を懸《かけ》順風
に随ひ走らす事もあり ○市中米問屋ありて表向定りたる事なし 素より定りたる
株《かぶ》なし米仲買とて諸省に米穀請込《うけこみ》相場を見合せ賣出すのミ
○米一斛《こく》ハ五斗二斛を一石とし 又一揆《ひとくくり》重さ百二十斤俵造りハ通例五斗俵なり 唱ふ
一石代銀《だいぎん》凡二十五六匁程一升ハ此方の升にて五合程ニ當る白米玄米とも
店小賣《みせこうり》ありて貧民《ひんみん》日々買て日用を弁ず ○麦一升銭十二三文江浙福建山東
邊同し ○大豆一升同十五六文専ら油を搾る用とす ○黒豆一升同二十文程
○赤豆《あづき》一升同廿文程其他豆類の穀物米店にて賣出もあり又ハ此品のミ小賣の所もあり

○糠《ぬか》一斗同三十文程屠宗《とさう》より買て家猪《ぶた》の飼養に用ひ又牛馬の飼料にも用ゆ兼《かね》て得意《とくゐ》ありて麻袋《あさのつゑ》を持越て買調《かひとの》ふ○茶麦等の粉《けいし》に限り升量也其余《そのよ》の諸物《しよもつ》皆斤賣《きんうり》○紵《ちよ》木綿《きもめん》類品々名目多く代銀等かはれ共木綿一端《いつたん》七八匁より十匁位衣類《いるい》一ツ表裏《おもてうら》木綿にして一番並服《なみふく》凡十六七匁綿入《わたいれ》は二十目二十二三匁程掛《かけ》は在郷《ざいがう》より木綿など持越して城下の問屋抔の所に賣込事あり是を字號《ごう》と唱ふ是ハ米行などとハ違ひ格別《かくべつ》大金を貯へたる者にあらざれハ能はざる紙類《かみるい》品々多し代銀等かはれ共奏本《そうほん》紙など一束《そく》十疋五匁又ハ二十目位川連紙は一帖百廿八枚《まい》にして三匁位時によりて二匁位の事もあり尤上品ハ二三匁四五匁位もあり松江箋《しやうかうせん》とて五色の紙は一帖二十五枚又ハ二十枚ぐらゐハ定式なり上品は一帖七八匁位あるひハ拾匁位下品は二四匁位のもあり
○茶《ちや》一斤《きん》中品の一斤凡銀二匁程上品は二三十目四五十目まであり竜井雨前《りうせいうぜん》武夷

右上品なり○塩一斤九銭五十文程是も江南《こうなん》浙江の産成上品とす

○酒一斤九同三十文より六七十文程　飲食の部ふ委し　○種油《たねあぶら》一斤百四五十文惣じて燈

油わげ物何にも種油成用る種油成菜油と唱ふ菜種を油とす

○薪百斤九銀二分五厘程蘆柴木柴両品成用る蘆柴は芦なり成長さ二三尺位より

切竹みな胴二所に輪を入持運ぶ木柴も同じ九二尺位みな一把重さ十六五斤

位○銅一斤九銭百四五十文位○鉄一斤銀二三分程鉄釘一斤七八十文程

○石大小によりて代銀等かはる長さ六尺位方一尺位みな礎にする成一枚九十文位

位礎の精粗《せいそ》みなりて七八分位もあり○竹《たけ》長さ四間程みな胴り九寸位一本銭

二百文程○材木《ざいもく》大小《たいしやう》長短《ちやうたん》木料美悪《びあく》木名の差別ありて代銀等かはる杉

六七寸角長さ一丈五六尺位の一所みな十九匁程より二十匁位まであり又六七分位

より八九分位のもあり松も杉より二割も下直なり木の上下によりて代銀等かはる

○石灰《いしばい》百斤銀四分位○炭《すみ》百斤同十分位○大根一斤錢二文位○水菜一斤同二文位○たまご上品一斤同四五百文程下品《げひん》百五六七十文位まで○鶏一斤同五六十文より六七十文位○蝦《えび》一斤同八十文位又は百文位○麦粉《むぎこ》一斤銀二分又三分位○錫《すゞ》一斤同三分位○鉛《なまり》一斤同一分五分位○大工手間賃錢百四十文位手業不細ならバ二百文位上細工人ハ三四百文位○日雇人《ひやうにん》足手間賃一日同百四十文左官石匠等も百四十文宛○在郷《ざいがう》者月奉公人一人一ヶ月の給料同三百文位○金汁一年分請取る作人より代ハ物として種油つらね

○家屋鋪地租銀《やしきちそきん》一畝ニ付一ヶ年凡銀三分位上納田地ハ租則《そそく》ニよりて等かはる

○家賃《やちん》ハ其家の大小廣狹《くわう》によりて等かはれ凡五間表口なく店張《みせはる》べき家沽籅《こうそ》の地ならバ一ヶ年凡銀三貫目程又ハ二三間口の屋敷ハ一ヶ月家賃《やちん》五六百文位の所もあるを好場所ならバ一二三十目位のもあり貴家ハ月掛《つきかけ》秀才等の類ハ其高貴

のハヽ三季拂 ◯ 下賤《げせん》の者《もの》一人暮し方一人ハ錢二四十文にてハ當しかねとも二人ハ合食なれハ百文程にて安く暮す也食事ニテ魚野菜等也肉食ハ出来すト ◯ 中之《ちうの》商人《あきひと》ハ躰にて家に九十人程なれハ六ヶ年暮しかた三貫目程にてよし ◯ 吉凶《きつきやう》音物《いんもつ》諸《しよ》雑費《ざつひ》貧富《ひんふ》に應《おう》し等かちて

清俗紀聞巻之三

冠服

文《ぶん》武《ぶ》各《かく》官《くわん》蟒服《ふく》倶《ともに》天《てん》青《せい》色《しよく》

蟒《まう》衣《い》

職之《の》大小看二前《ぜん》後《ご》心《しん》補《ほ》子《し》一分《ふん》別《べつ》

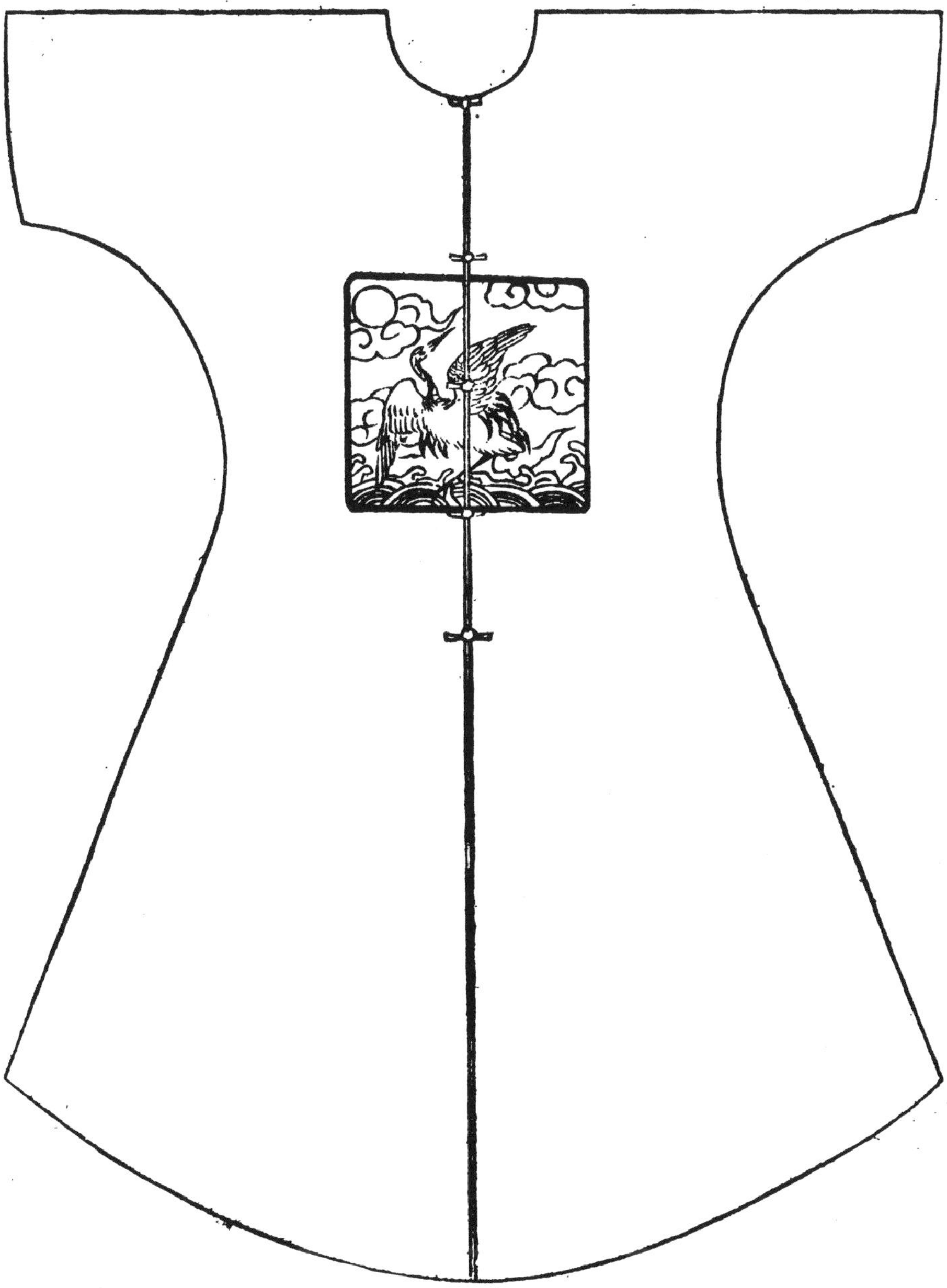

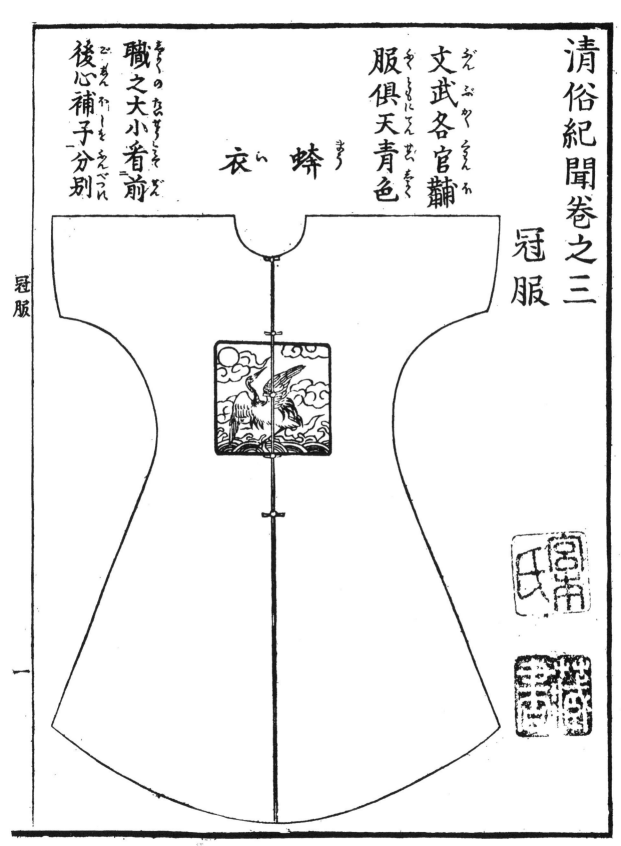

黼《ふ》子《し》

文《ぶん》一《いち》品《ひん》
仙鶴補子《せんくわくふし》

文《ぶん》三《さん》品《ひん》
孔雀《くじやく》補子《ふし》

文《ぶん》二《に》品《ひん》
錦鶏補子《きんけいふし》

文《ぶん》四《し》品《ひん》
鴻鴈《こうがん》補子《ふし》

文《ぶん》五《ぐ》品《ひん》
白鷴《ちくかん》補子《ふし》

文《ぶん》六《ろく》品《ひん》
鷺鷥《ろじ》補子《ふし》

文《ぶん》七品《ひん》
鸂鶒《けいちよく》補子《ふし》

文《ぶん》八品《ひん》
鵪鶉《あんぢゆん》補子《ふし》

都《と》察《さつ》院《ゐん》及《および》外《ぐわい》省《せい》風《ふう》憲《けん》各《かく》官《くわん》補《ぷ》子《し》

文《ぶん》九《きう》品《ひん》

黄鸝補《ぷ》子《し》

武《ぶ》一品

麒《き》麟補《ぷ》子《し》

獨角獬豸補《ぷ》子《し》

武《ぶ》二《に》品《ぴん》

獅子補《ぷ》子《し》

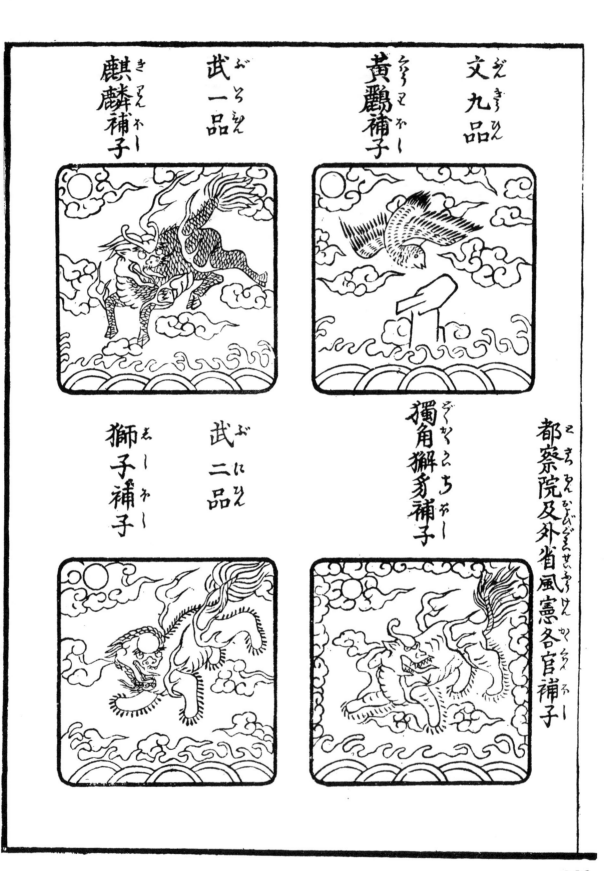

武《ぶ》三《さん》四《し》品《ひん》
豹《ひやう》補《ほ》子《し》

武《ぶ》六《ろく》七《しち》品《ひん》
彪《ひやう》補《ほ》子《し》

武《ぶ》五《ご》品《ひん》
熊《ゆう》補《ほ》子《し》

藍《らん》雲《うん》緞《だん》披《ひ》肩《けん》
文《ぶん》武《ぶ》各《れの》官《くわん》司《し》

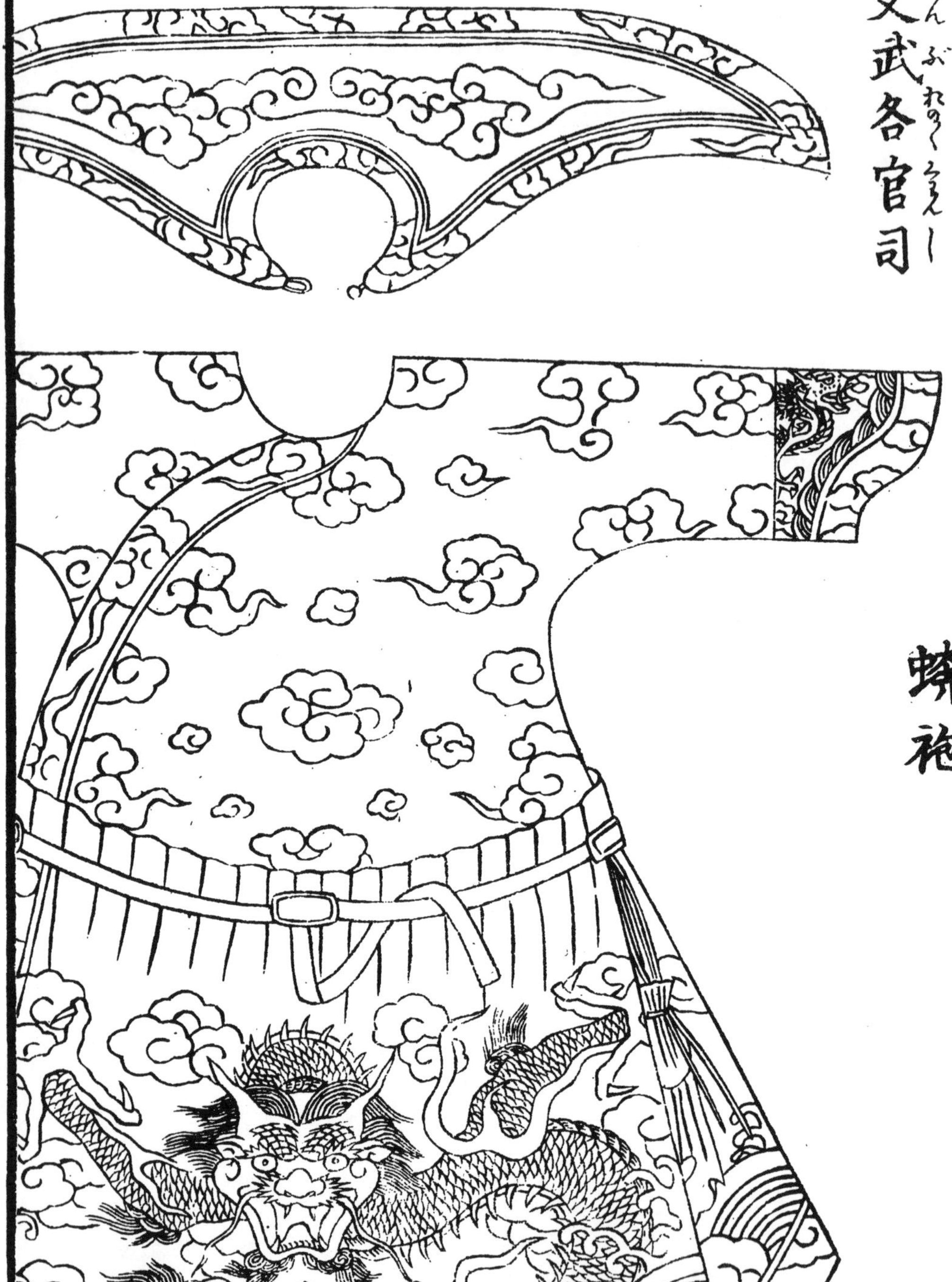

蟒《まう》袍《ほう》

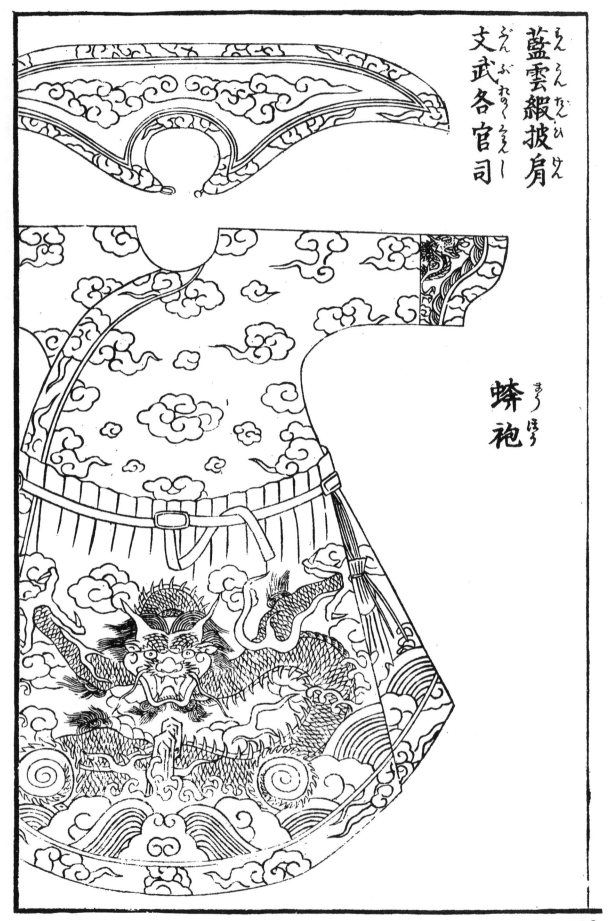

文《ぶん》武《ぶ》官《くわん》員《ゐん》朝《てう》服《ふく》藍《らんあを》者《もの》俱《とも》多《おほし》

文《ぶん》武《ぶ》冬《とう》朝《ちやう》帽《ばう》

文武夏《か》朝《ちやう》帽《ばう》

帽《ぼう》頂《ちやう》

文武一品冬朝帽頂

起《き》花《くわ》金《きん》盤《ばん》頂《ちやう》上《じやう》啣《がん》紅《こう》寶《ほう》石《せき》中《ちう》嵌《かん》真《しん》珠《じゆ》

文武二品冬朝帽頂

起《き》花《くわ》金《きん》盤《ばん》頂《ちやう》上《じやう》啣《がん》起《き》花《くわ》珊《さん》瑚《ご》中《ちう》嵌《かん》紅《こう》寶《ほう》石《せき》

文武三品冬朝帽頂

起《き》花《くわ》金《きん》盤《ばん》頂《ちやう》上《じやう》啣《がん》藍《らん》寶《ほう》石《せき》中《ちう》嵌《かん》紅《こう》寶《ほう》石《せき》

文武四品冬朝帽頂

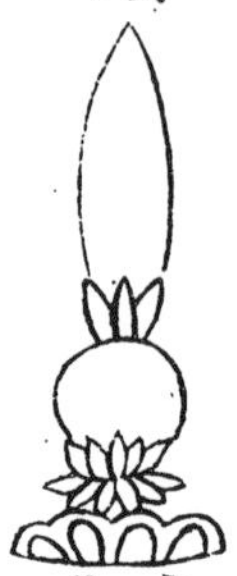

起《き》花《くわ》金《きん》盤《ばん》頂《ちやう》上《じやう》啣《がん》青《せい》金《きん》石《せき》中《ちう》嵌《かん》藍《らん》寶《ほう》石《せき》

文武五品冬朝帽頂

起《き》花《くわ》金《きん》盤《ばん》頂《ちやう》上《じやう》啣《がん》水《すい》晶《しやう》中《ちう》嵌《かん》藍《らん》寶《ほう》石《せき》

文武六品冬朝帽頂

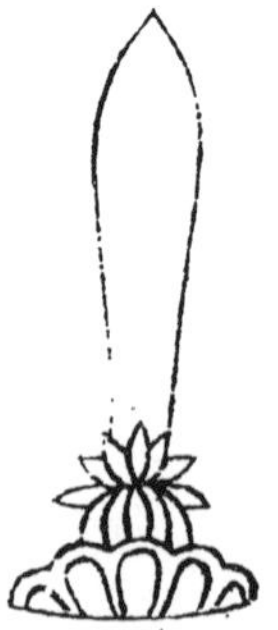

起《き》花《くわ》金《きん》盤《ばん》頂《ちやう》上《じやう》啣《がん》車《しや》磲《きよ》

文武七品冬朝帽頂

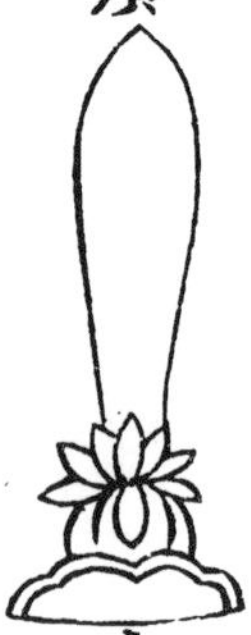

起《き》花《くわ》金《きん》頂《ちやう》中《ちう》嵌《かん》小《せう》水《すい》晶《しやう》

文八品冬朝帽頂

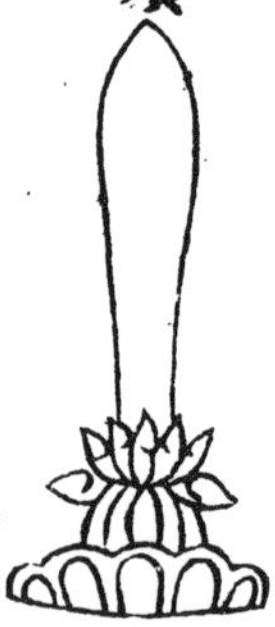

起《き》花《くわ》金《きん》頂《ちやう》

文九品冬朝帽頂

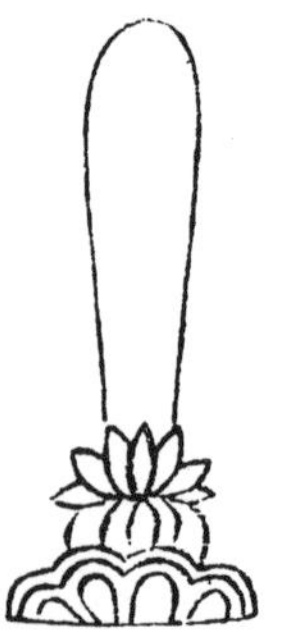

起《き》花《くわ》金《きん》頂《ちやう》

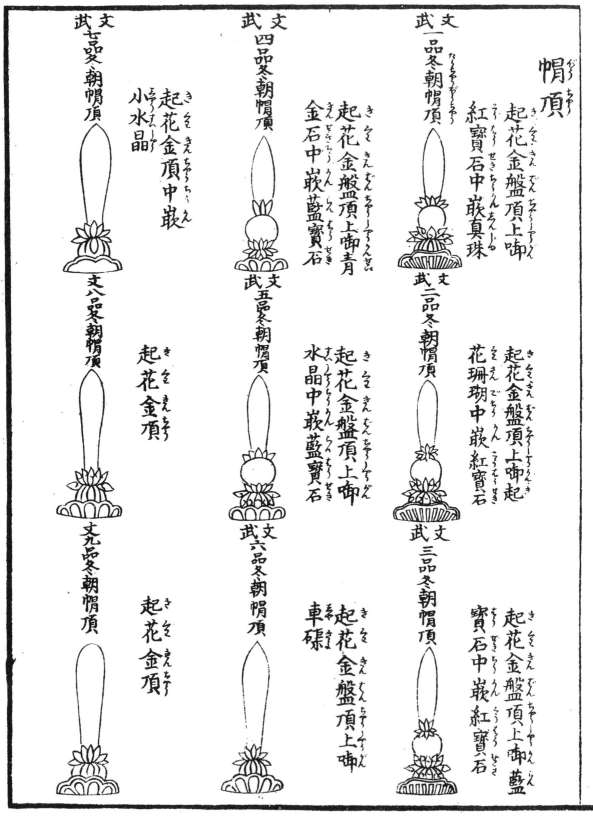

文武一品夏朝帽頂

文武四品夏朝帽頂

文武七品夏朝帽頂

文武二品夏朝帽頂

文武五品夏朝帽頂

文八品夏朝帽頂

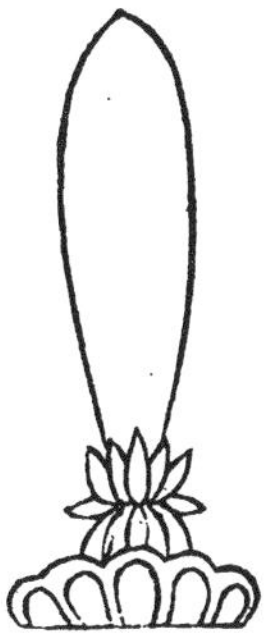

文武三品夏朝帽頂

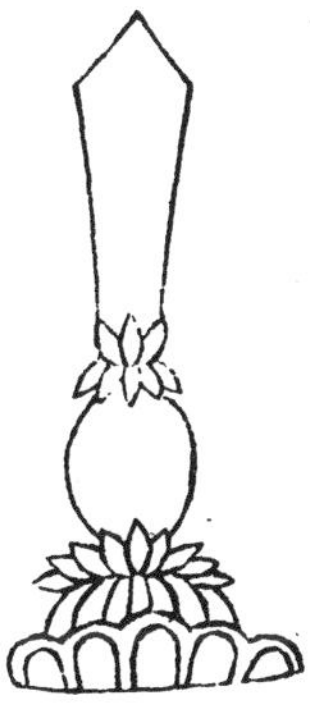

文武六品夏朝帽頂

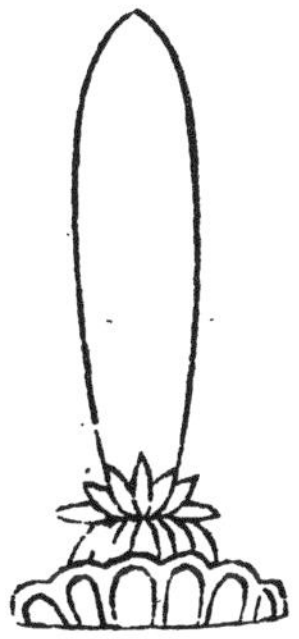

文九品夏朝帽頂

帽《ぼう》架《か》

藤《とう》胎《たい》

帽《ぼう》架《か》

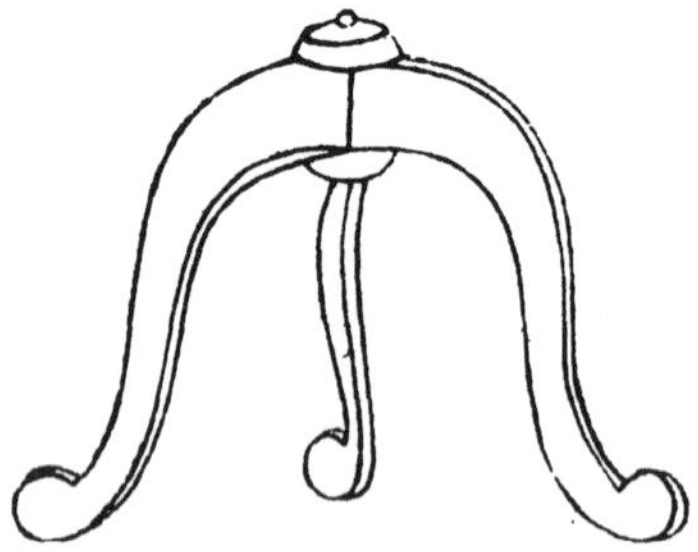

帽《ぼう》架

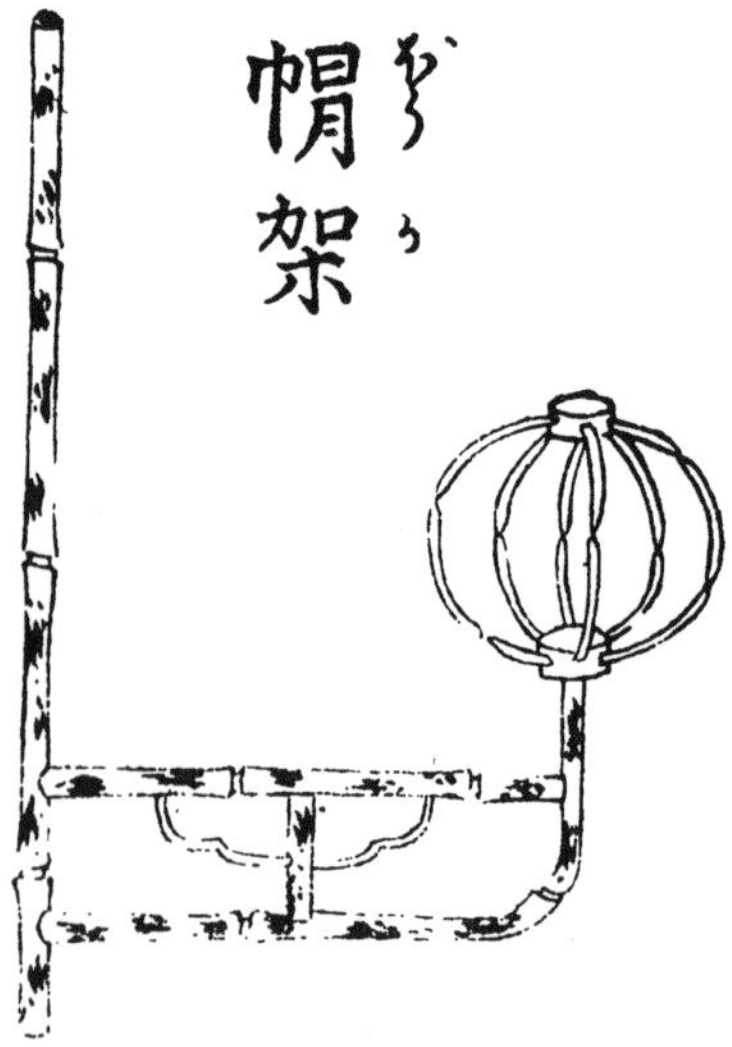

帽《ばう》箱《さう》

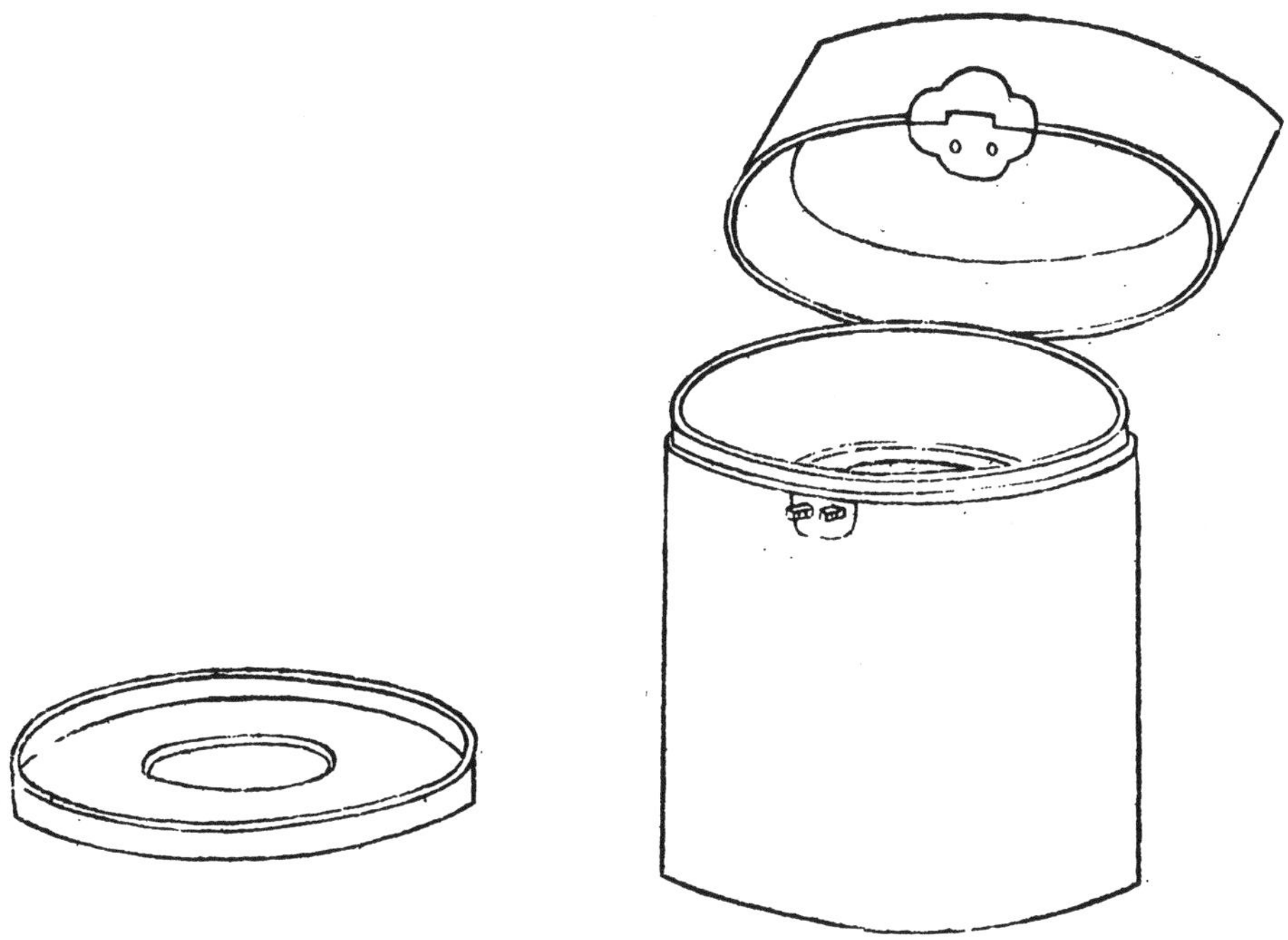

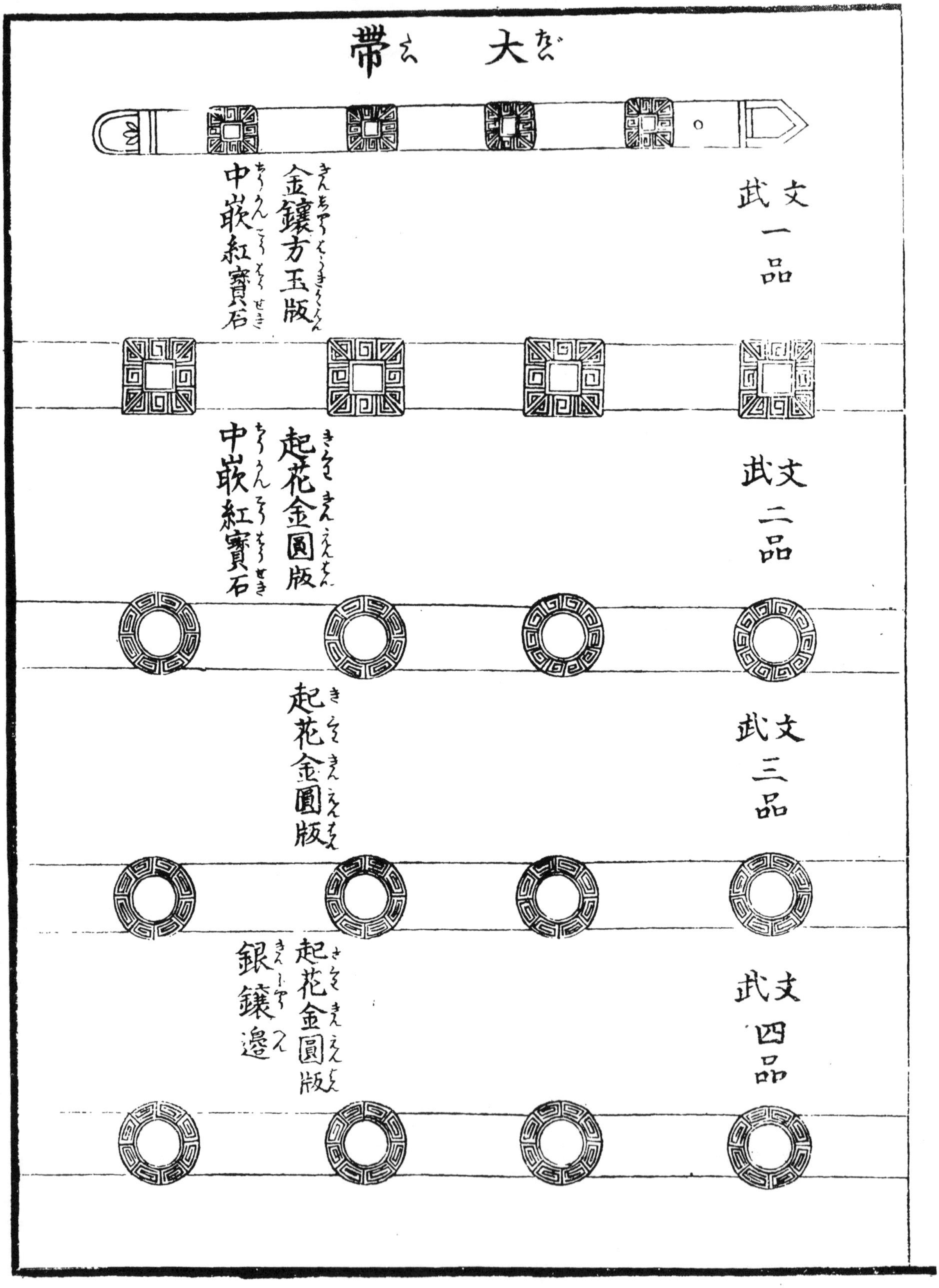

大《だい》帶《たい》
文武一品
金《きん》鑲《ちやう》方《はう》玉《ぎよく》版《はん》
中《ちう》嵌《かん》紅《こう》寶《ほう》石《せき》
文武二品
起《き》花《くわ》金《きん》圓《えん》版《はん》
中《ちう》嵌《かん》紅《こう》寶《ほう》石《せき》
文武三品
起《き》花《くわ》金《きん》圓《えん》版《はん》
文武四品
起《き》花《くわ》金《きん》圓《えん》版《はん》
銀《きん》鑲《しやう》邊《へん》

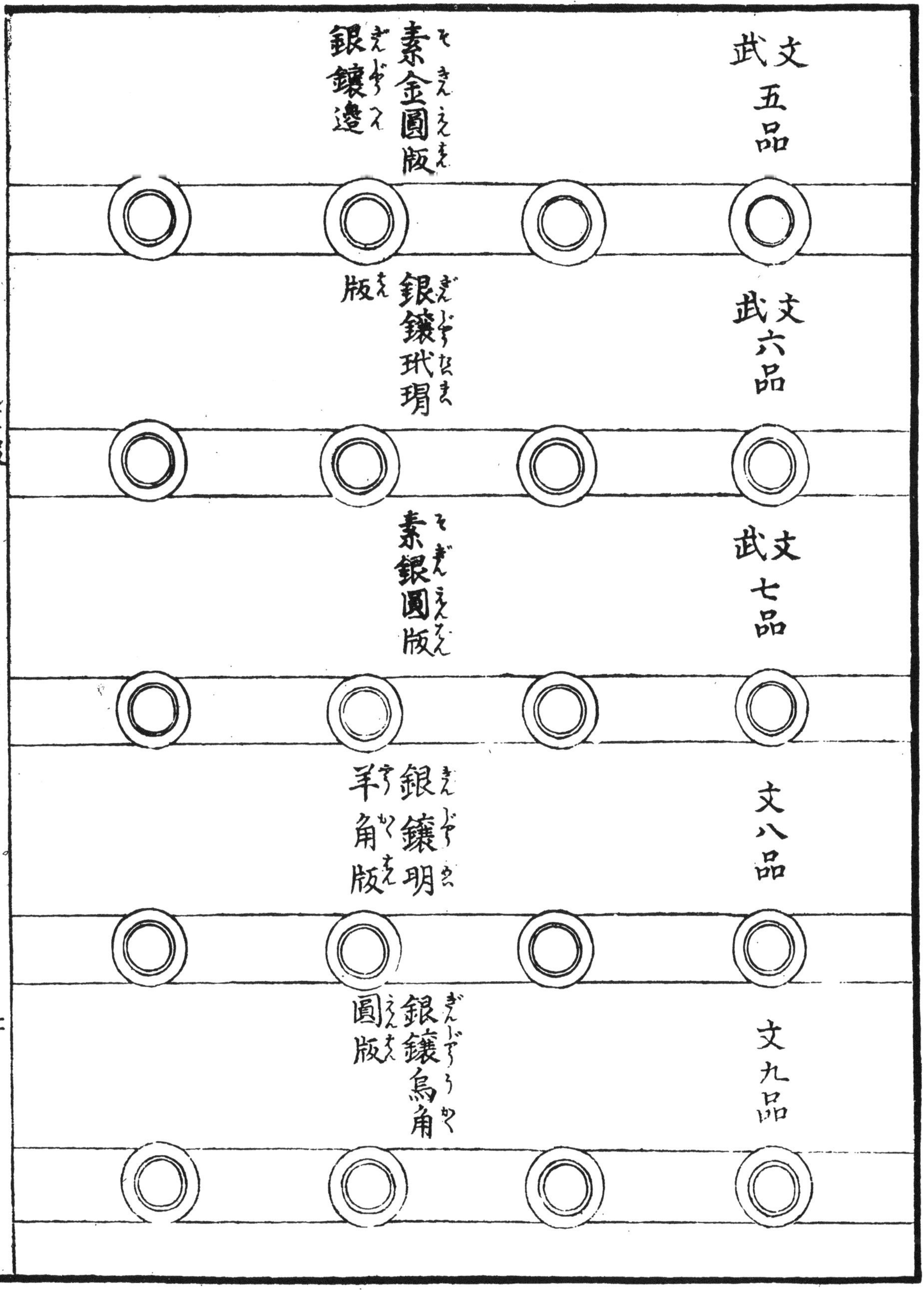

文武五品
素《そ》金《きん》圓《えん》版《ぱん》
銀《ぎん》鑲《じやう》邊《へん》
文武六品
銀《ぎん》鑲《じやう》琺瑯版《まえ》
文武七品
素《そ》銀《ぎん》圓《えん》版《ぱん》
文八品
銀《ぎん》鑲《じやう》明《めい》
羊《やう》角《かく》版《ぱん》
文九品
銀《ぎん》鑲《じやう》烏《う》角《かく》
圓《えん》版《ぱん》

韈子《し》

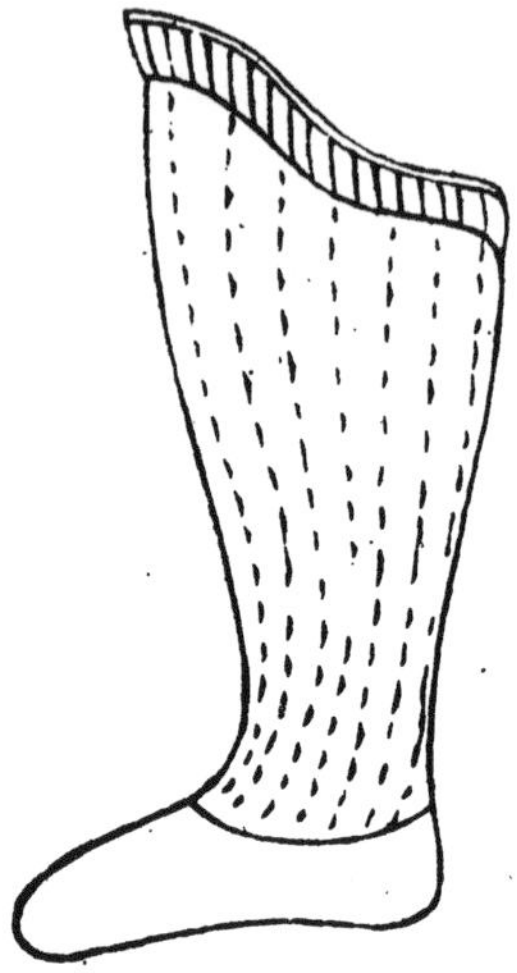

護膝

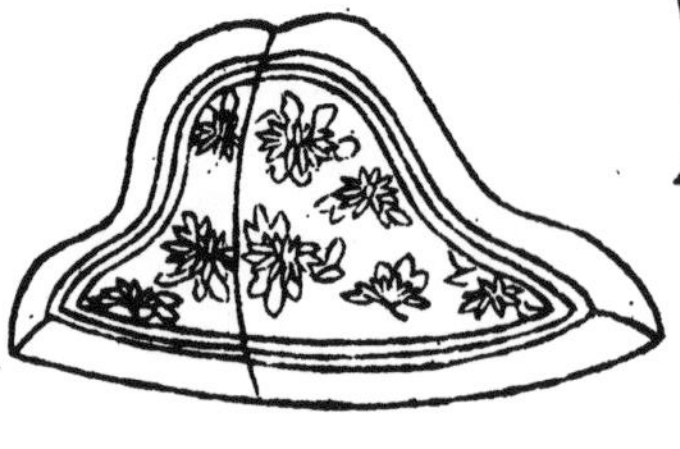

鞋子《し》

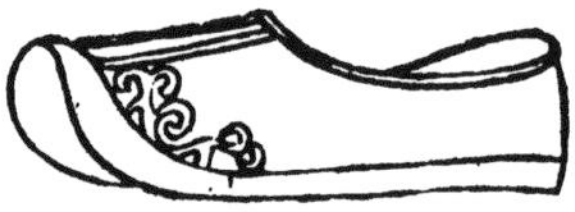

履筐《きやう》

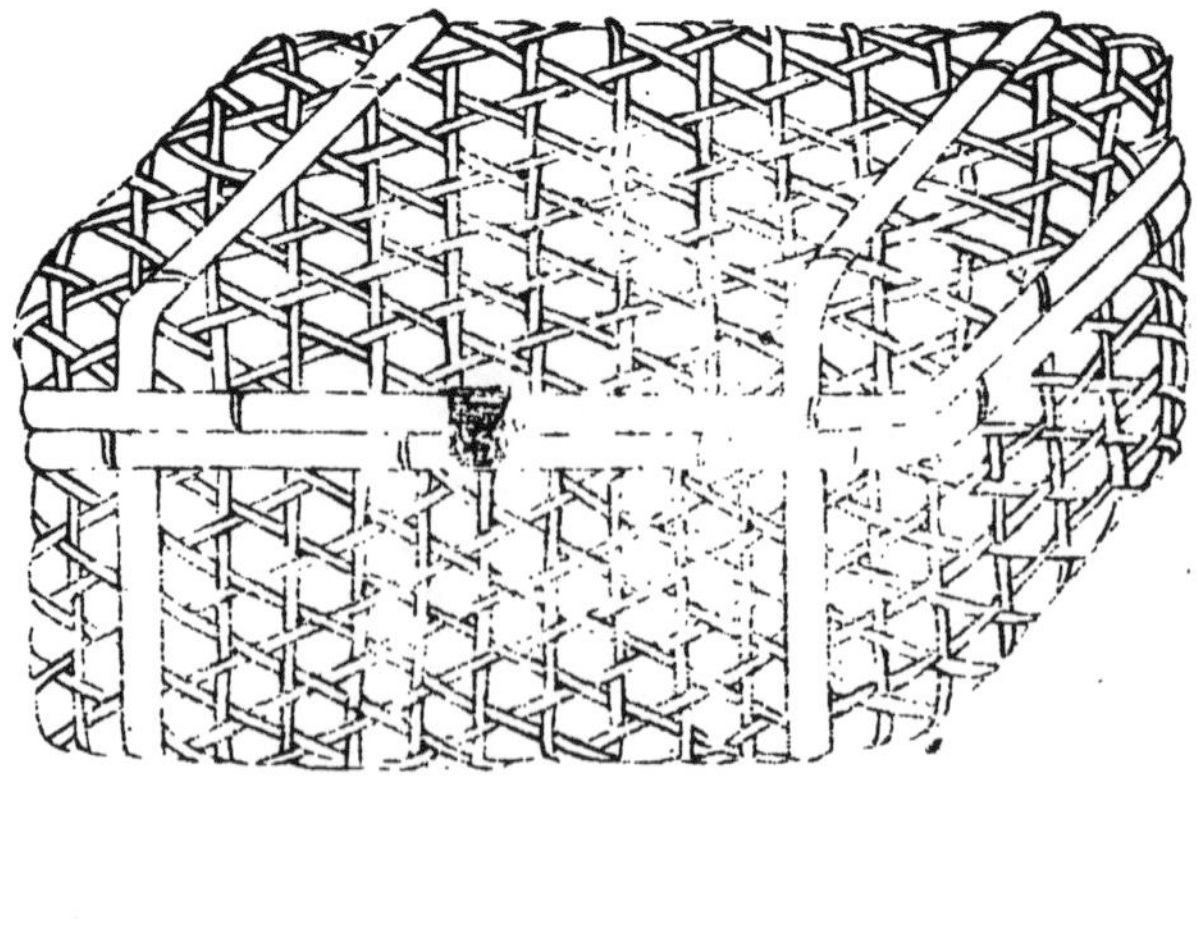

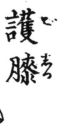

暖《なん》帽《まう》

睡《すい》帽《まう》
一名小帽《せうまう》

凉《りやう》帽《まう》

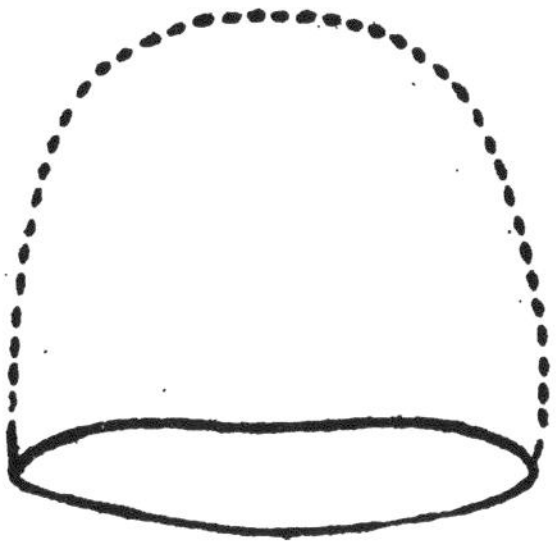

氊《ぜん》帽《まう》

笠《りつ》兒《じ》
一名草帽《さうまう》

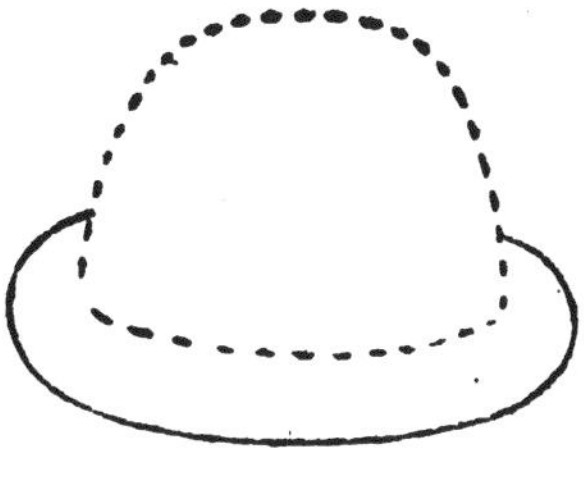

氊《ぜん》帽《まう》

頂子 ^{ちゃ-}^{-い}

帽纓 ^{ぼう}^{えい}

笠兒 ^{りう-}^{-ド}

緯帽 ^い^{ぼう}

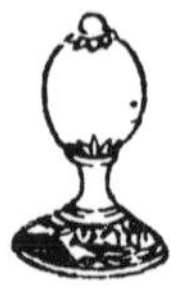

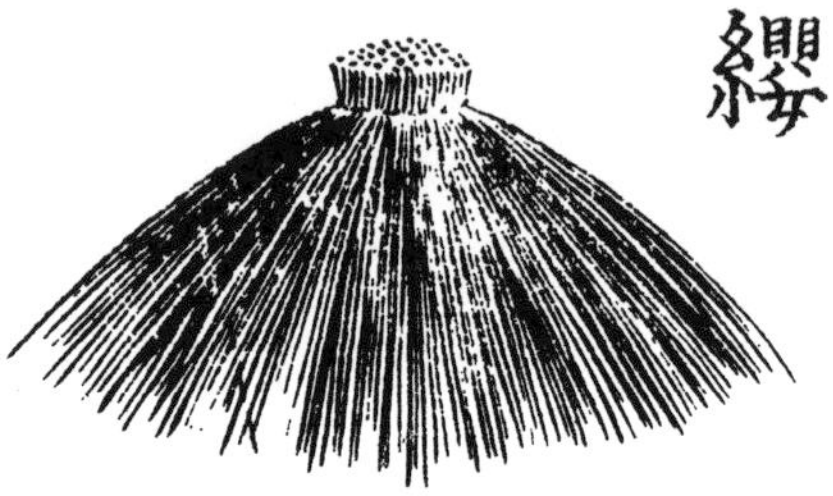

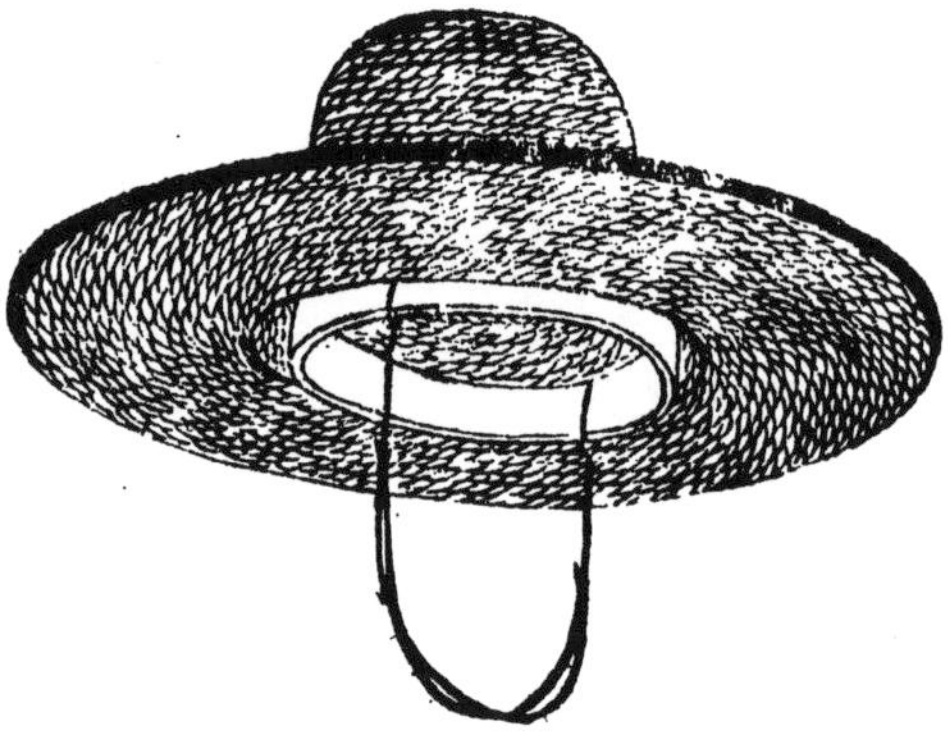

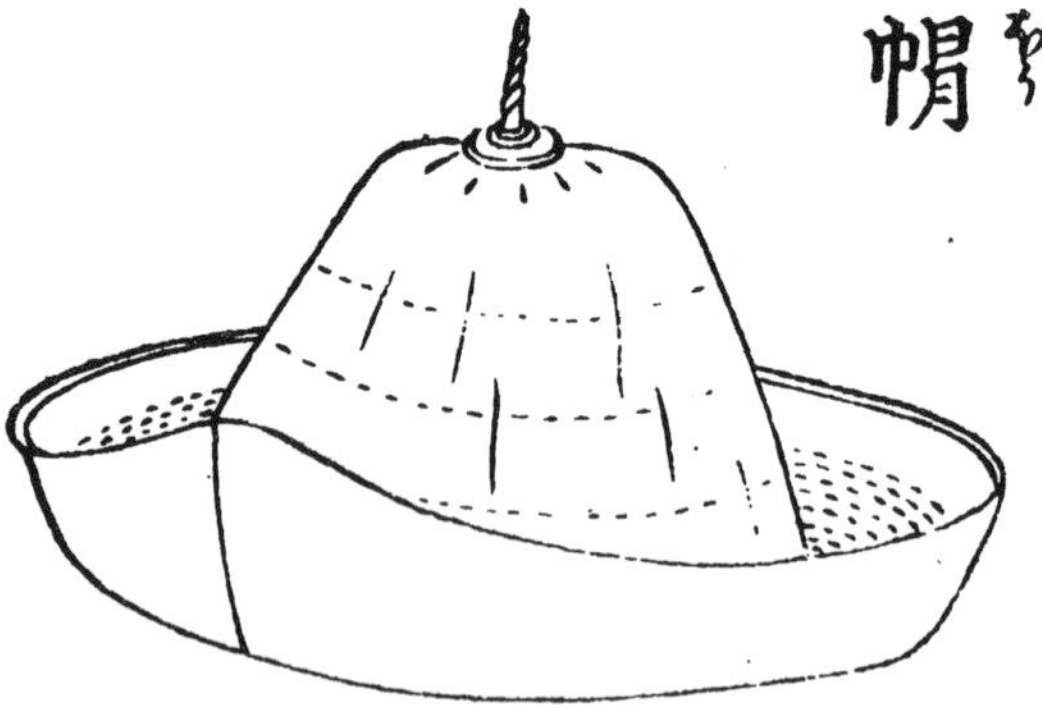

雪帽 （ゆきがう）

釘鞋 （とわ）

草鞋 （さうわ）

仝 （たうーく）

冠服

九

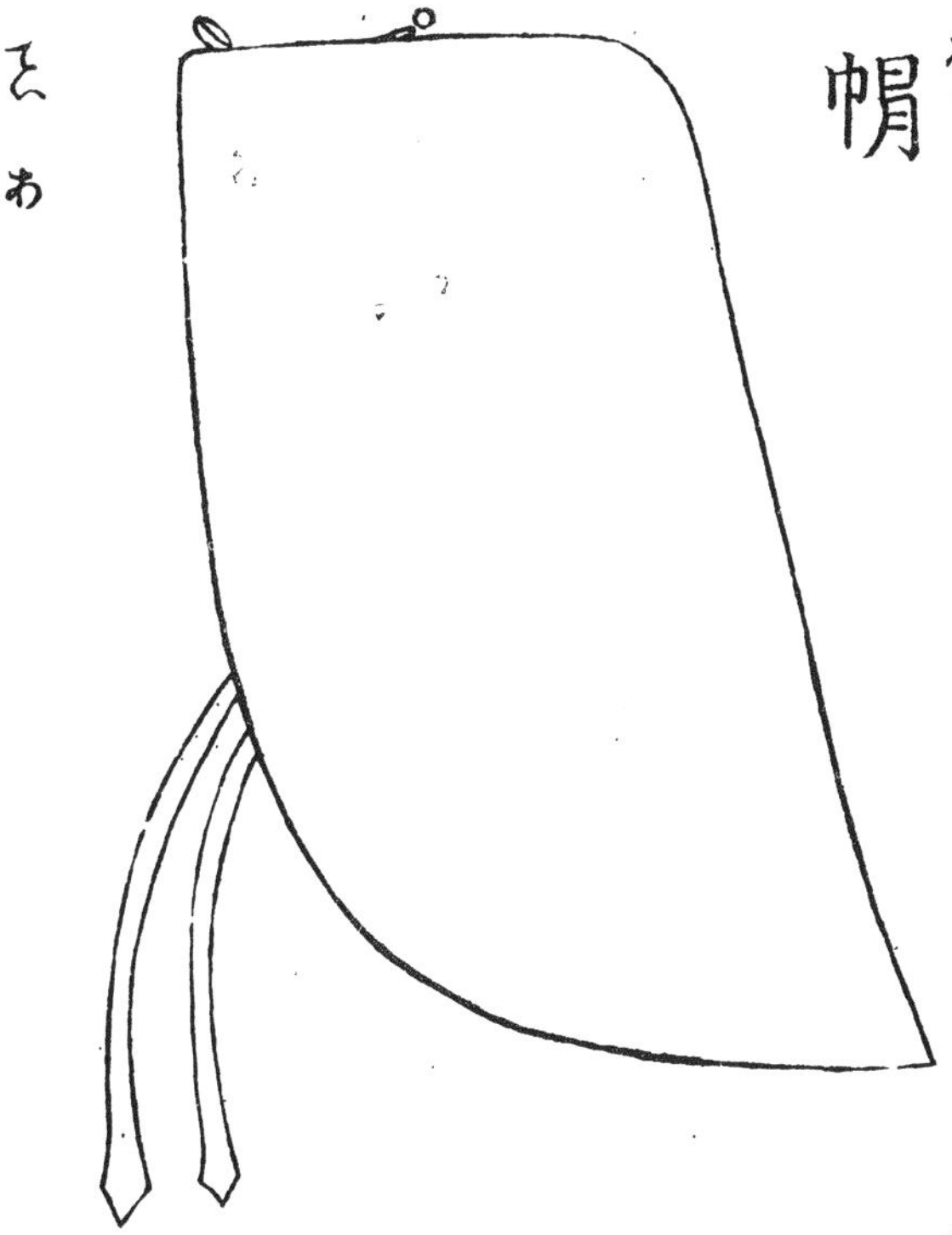

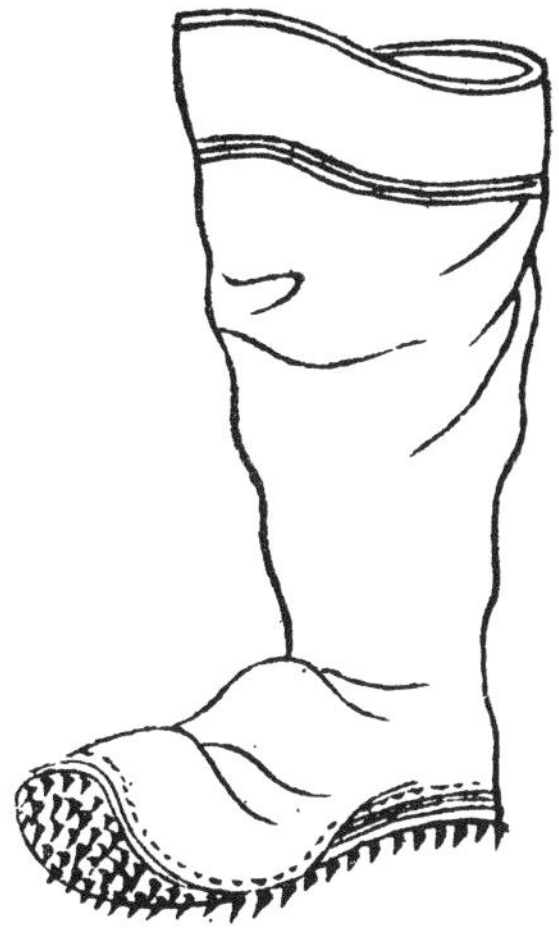

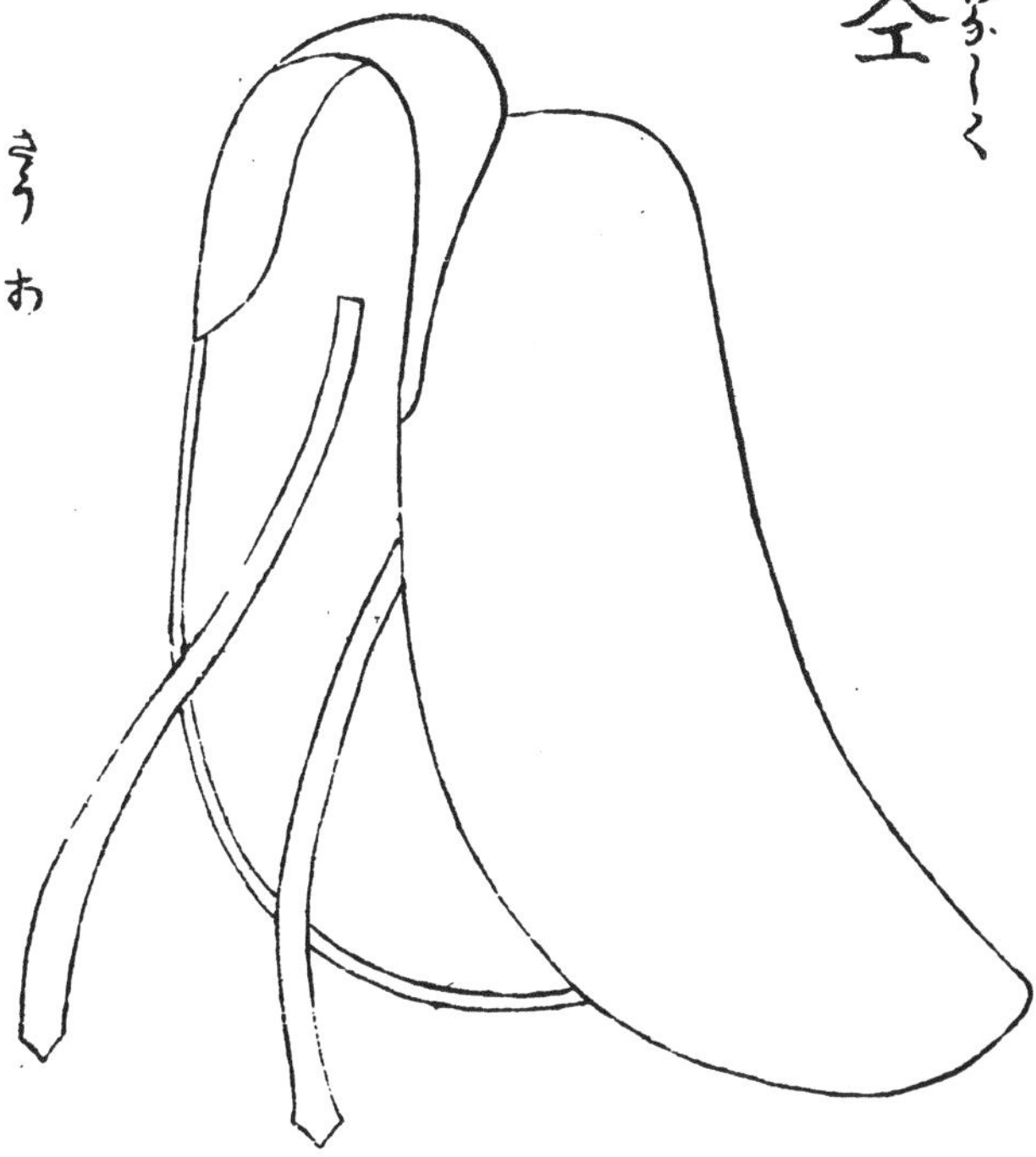

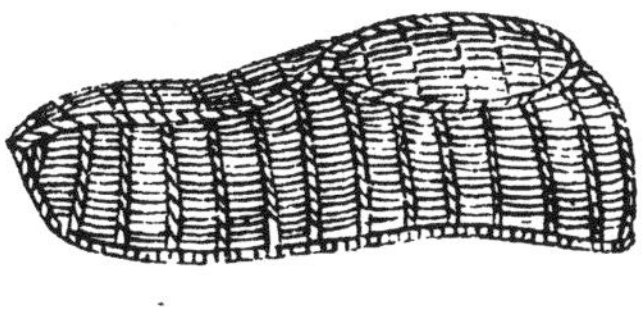

袍子

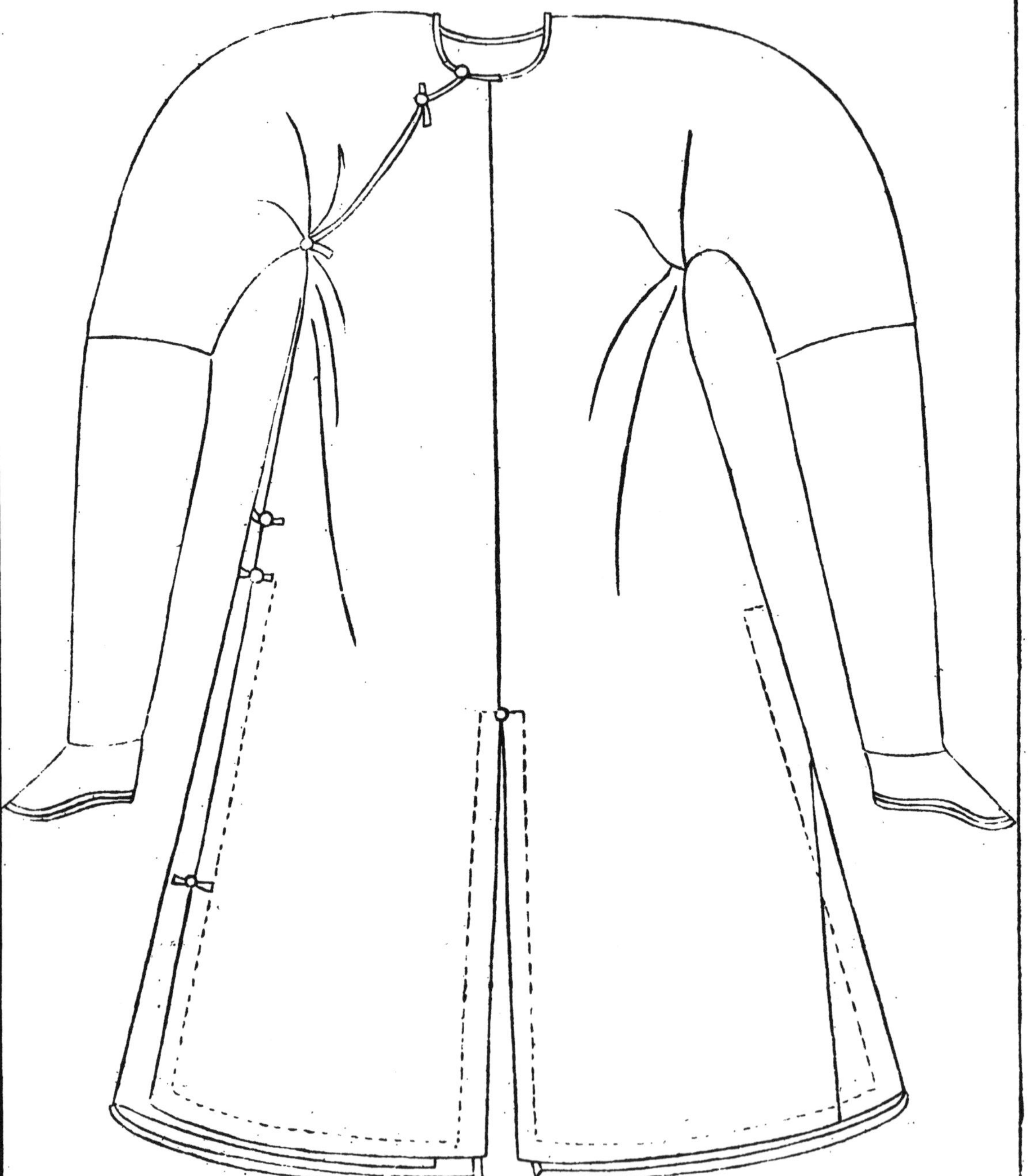

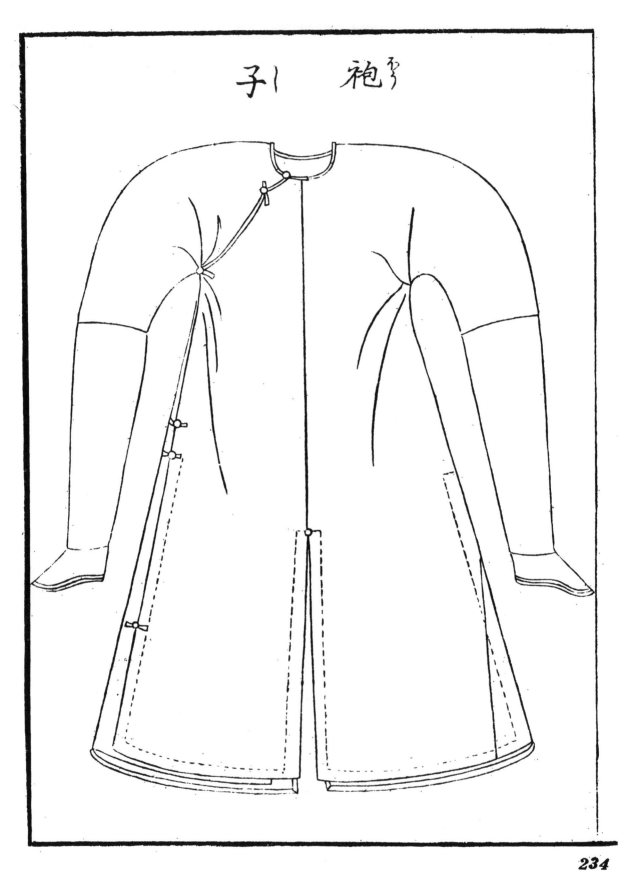

外套

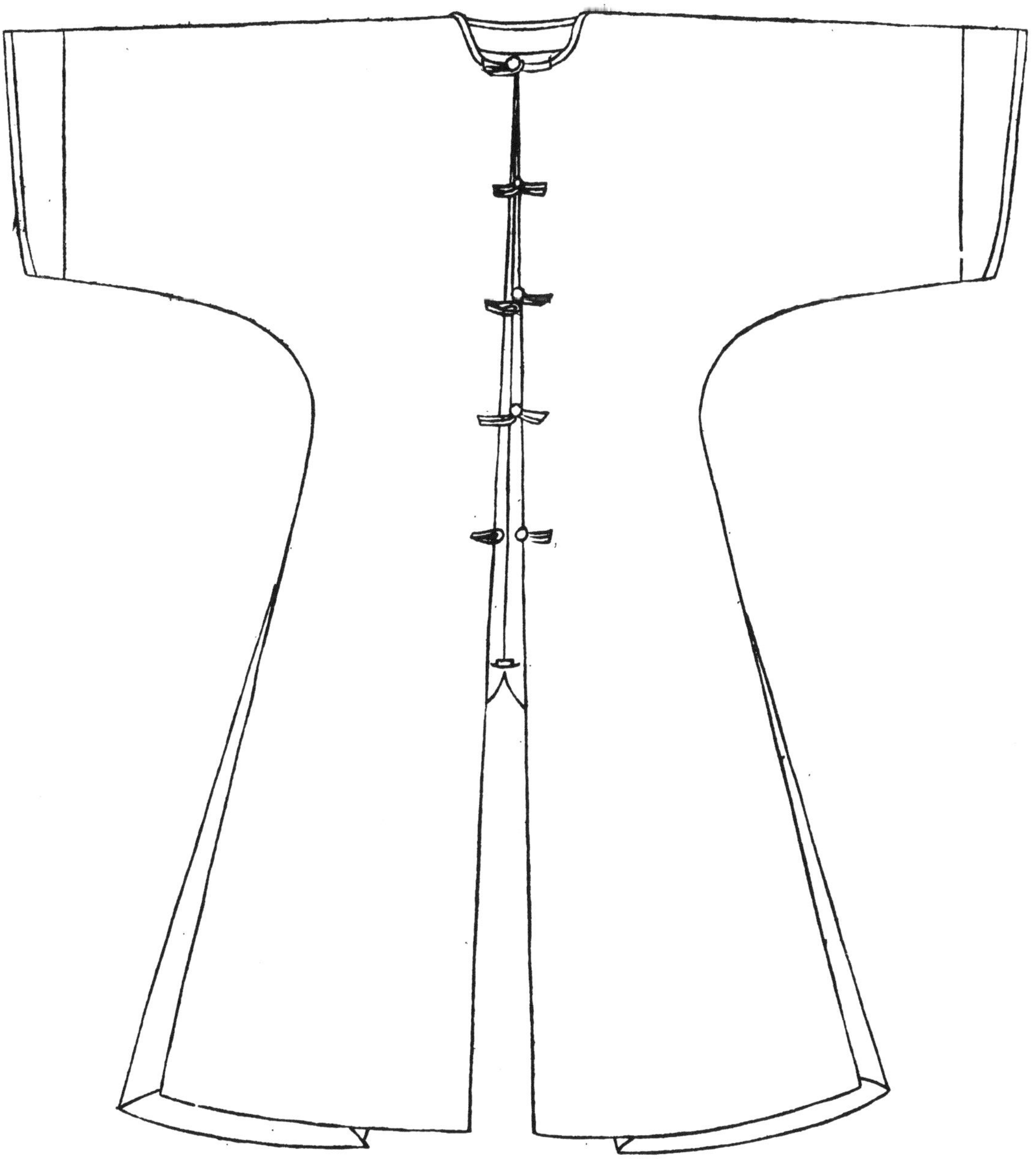

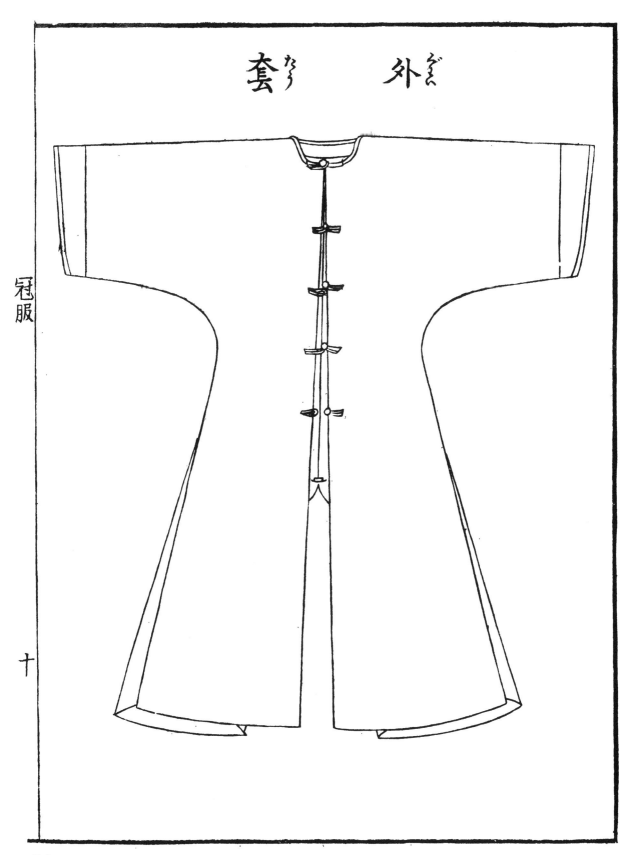

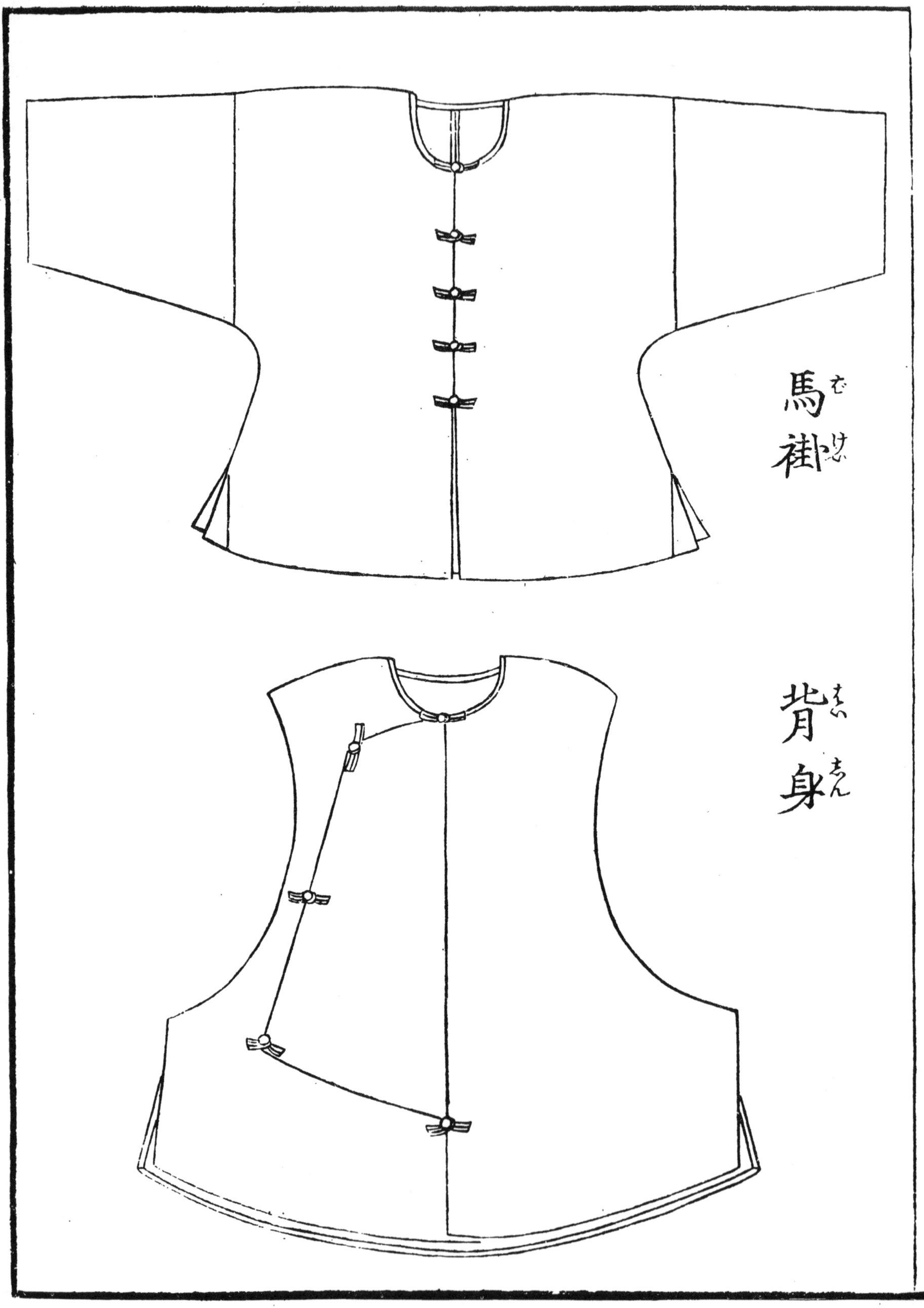

馬《む》褂《けい》

背《まい》身《きん》

大衫 た
い
き
ん

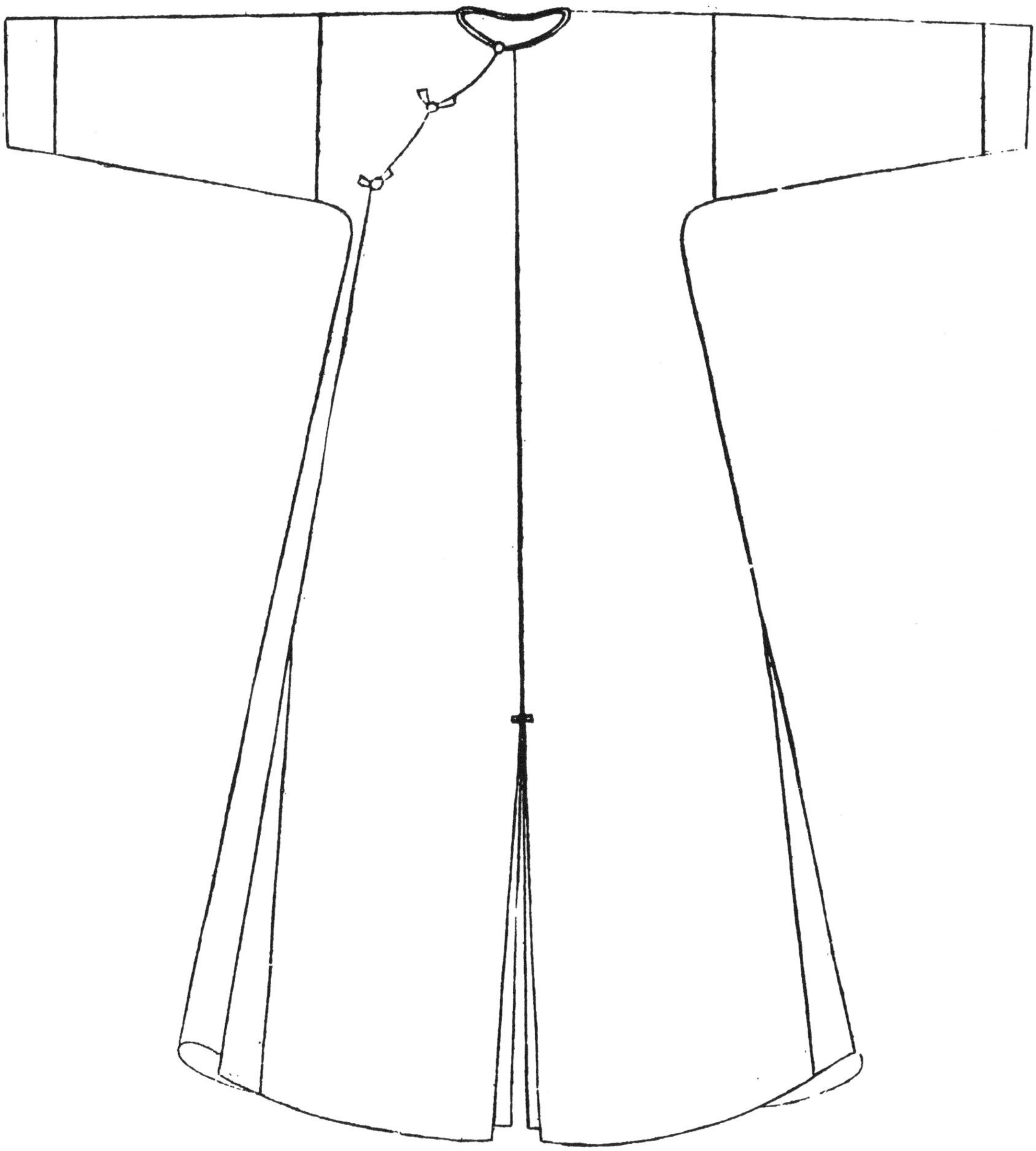

短衫 たんさん

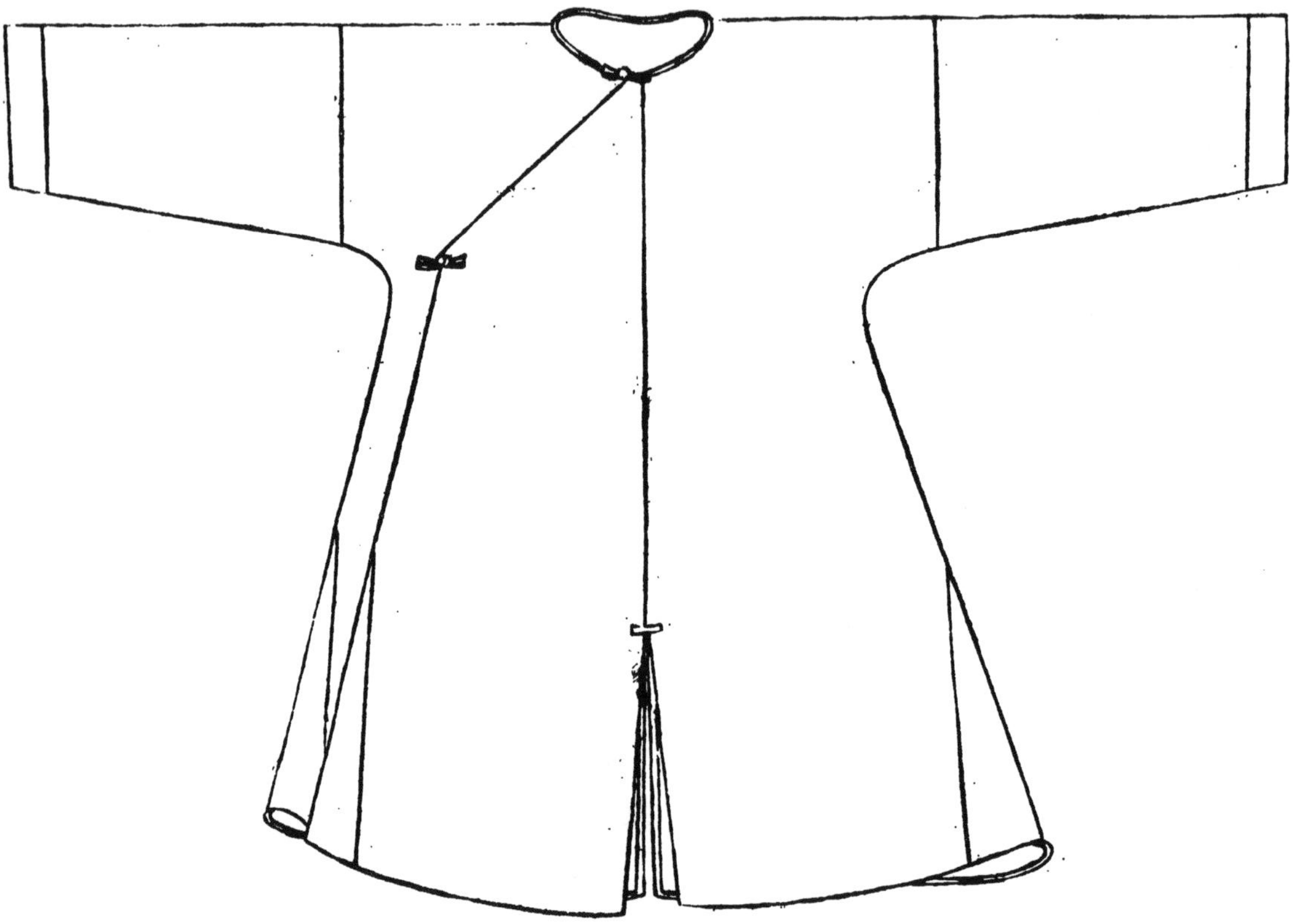

披《ひ》風《ふう》

裙《え》子《し》

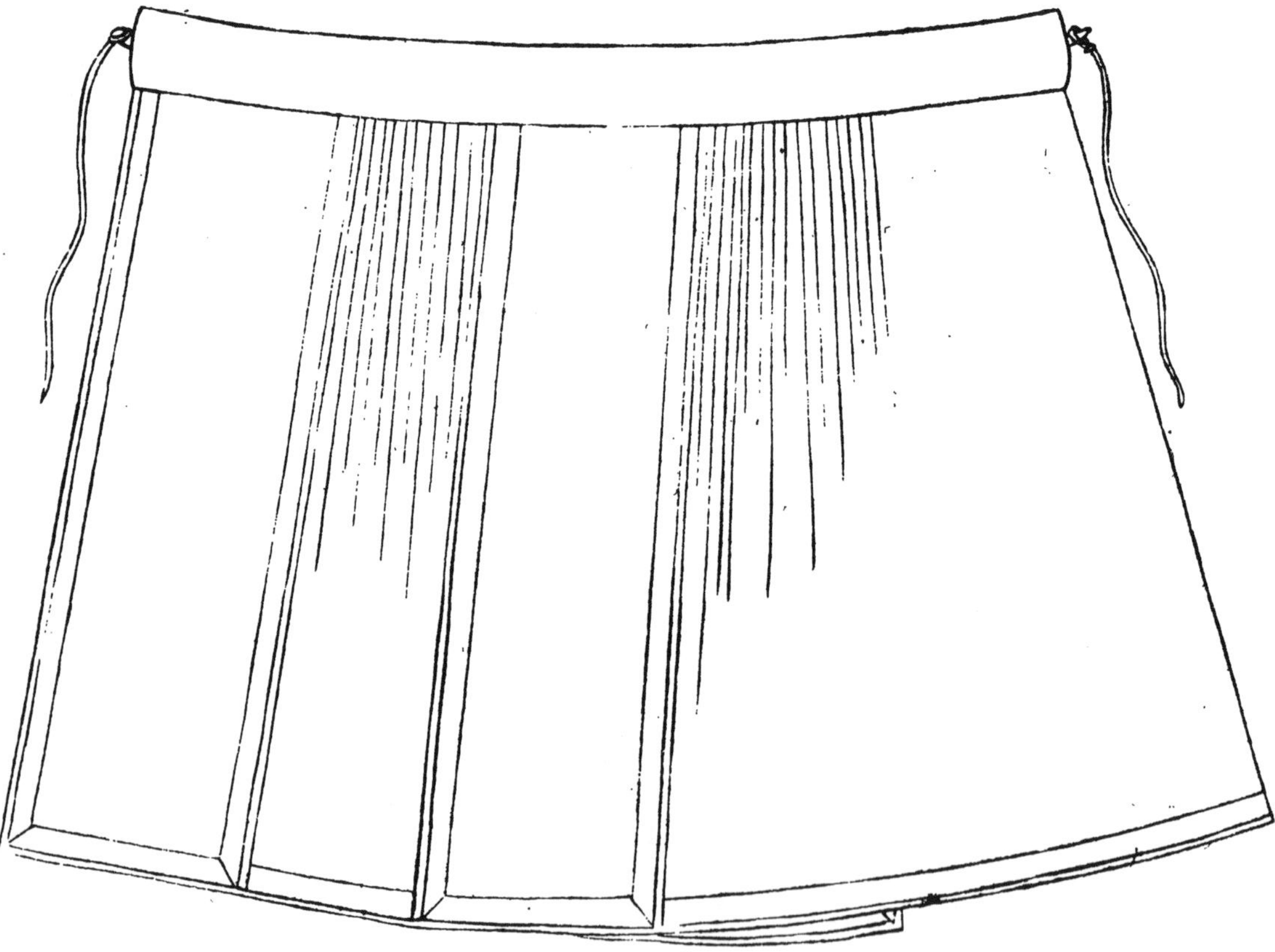

裙子《えんし》 前《ぜん》面

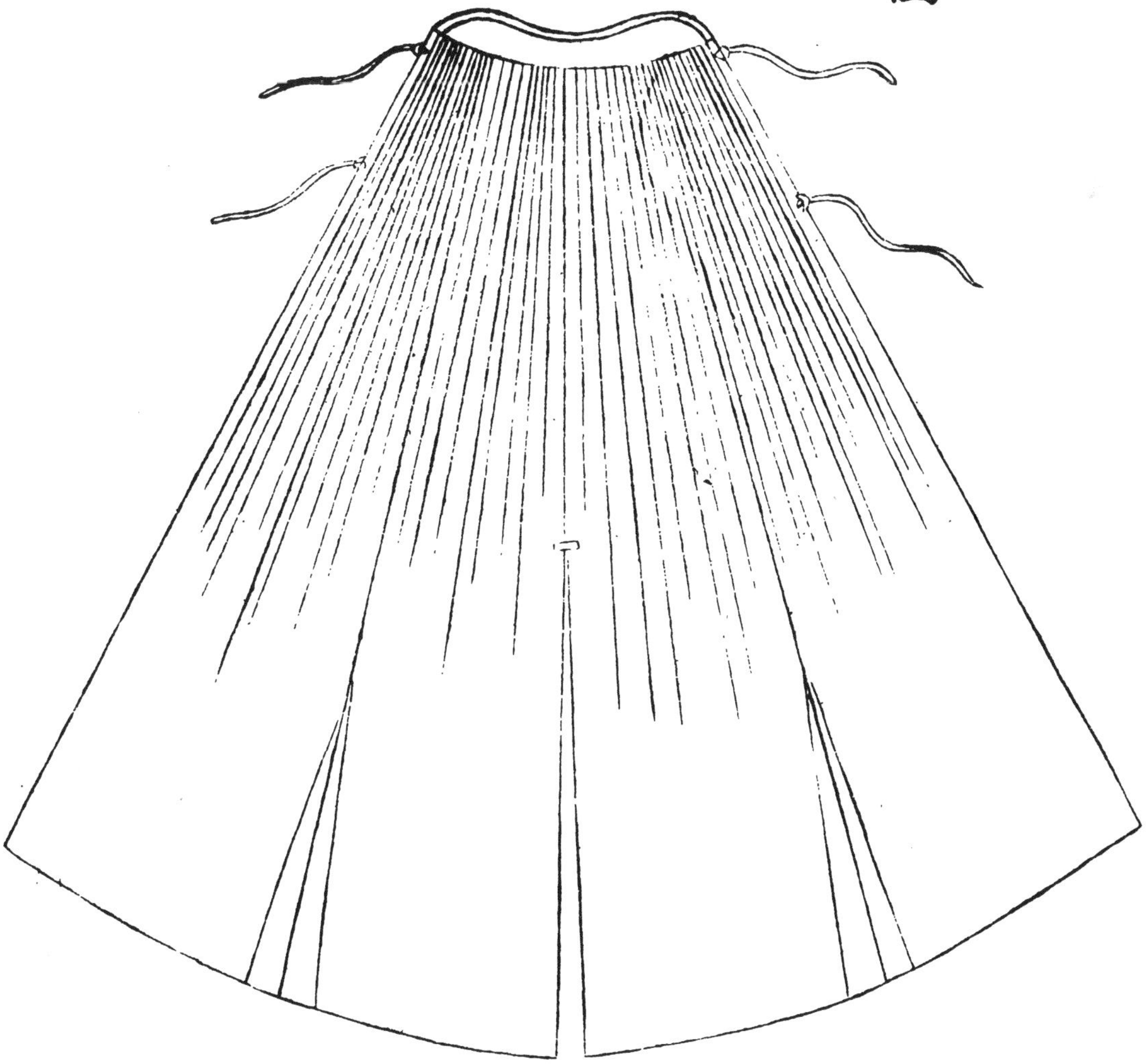

裙《くん》子《し》 後《こう》面《めん》

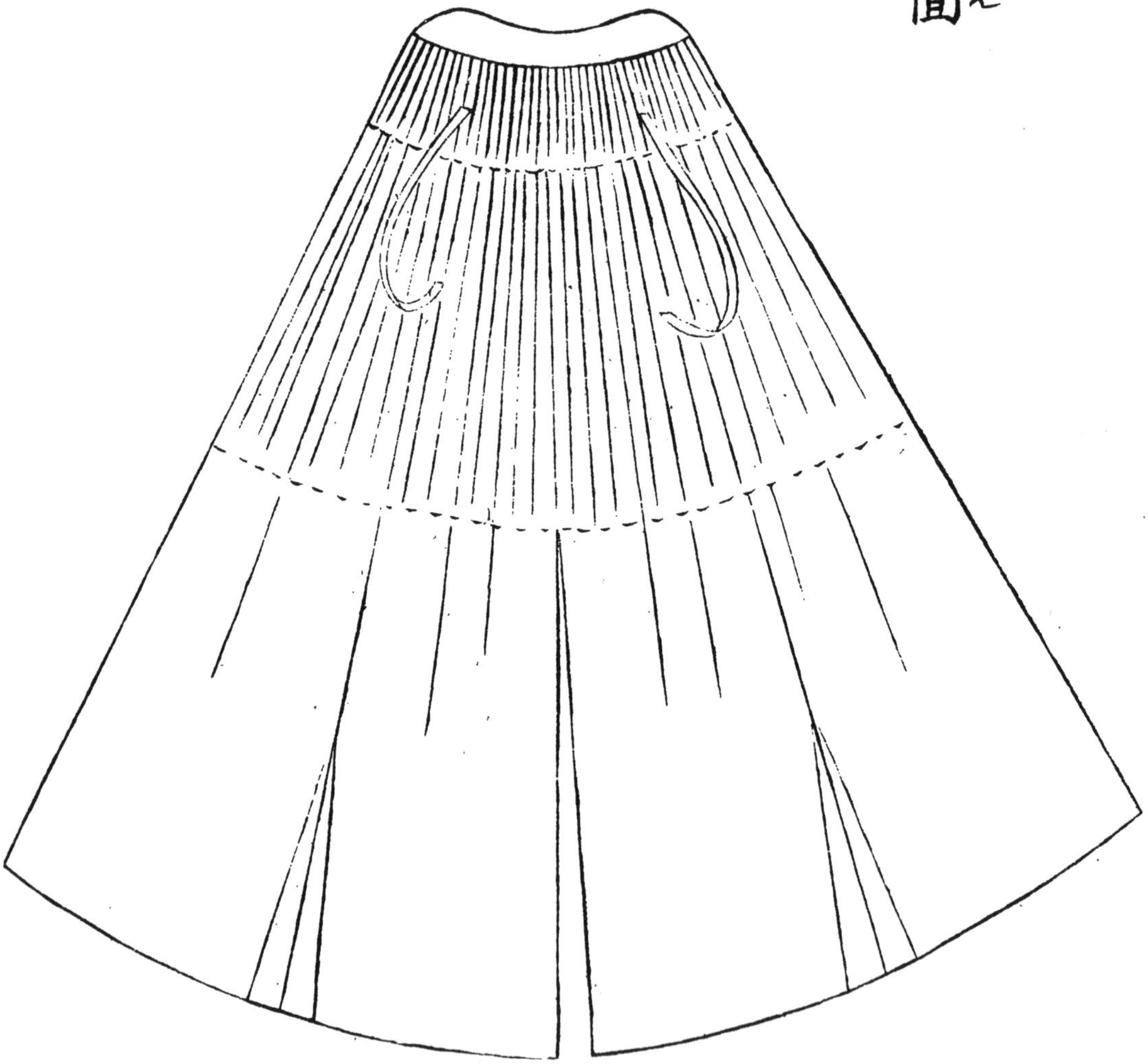

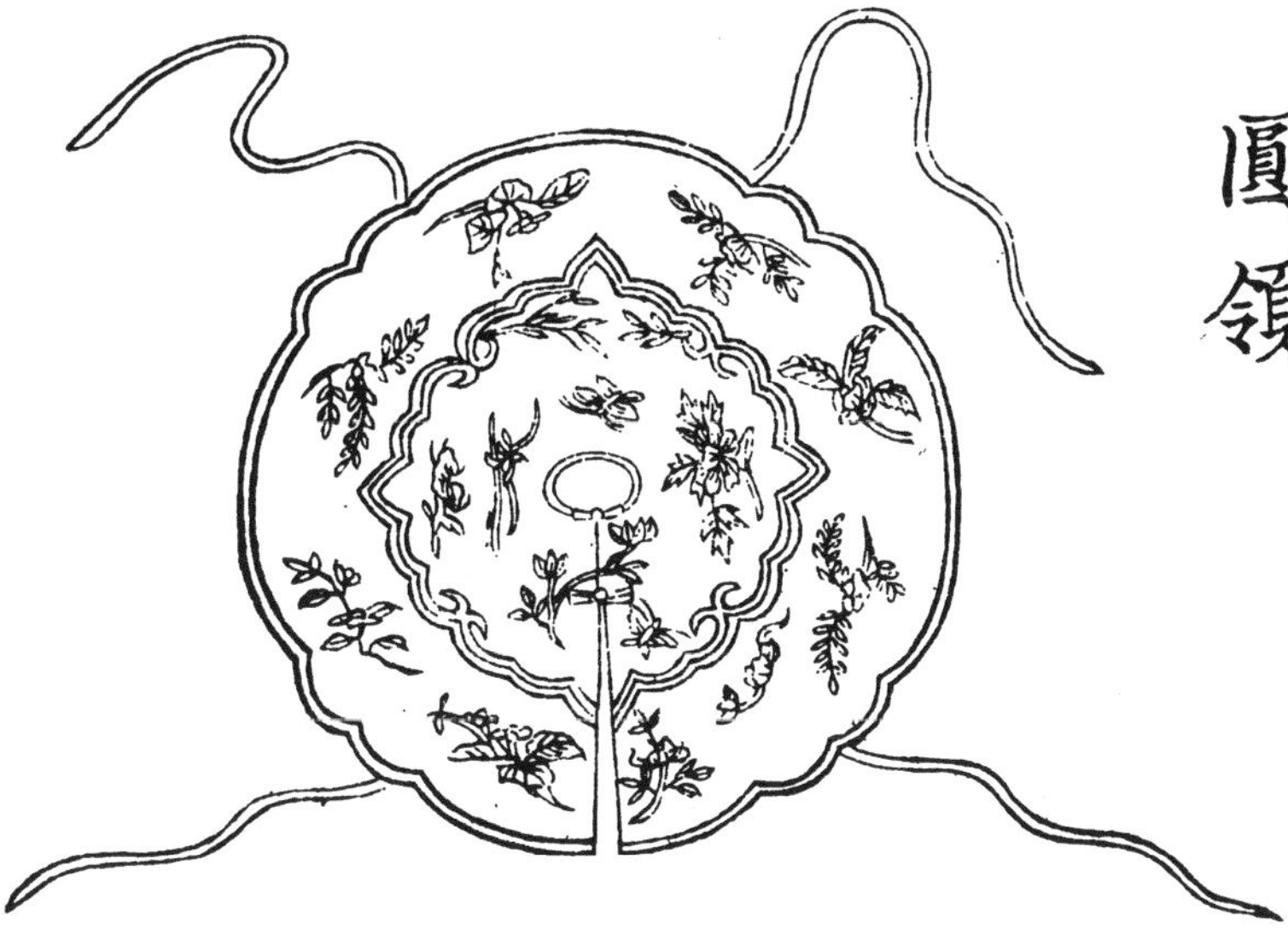

圓《ゑん》領《りやう》

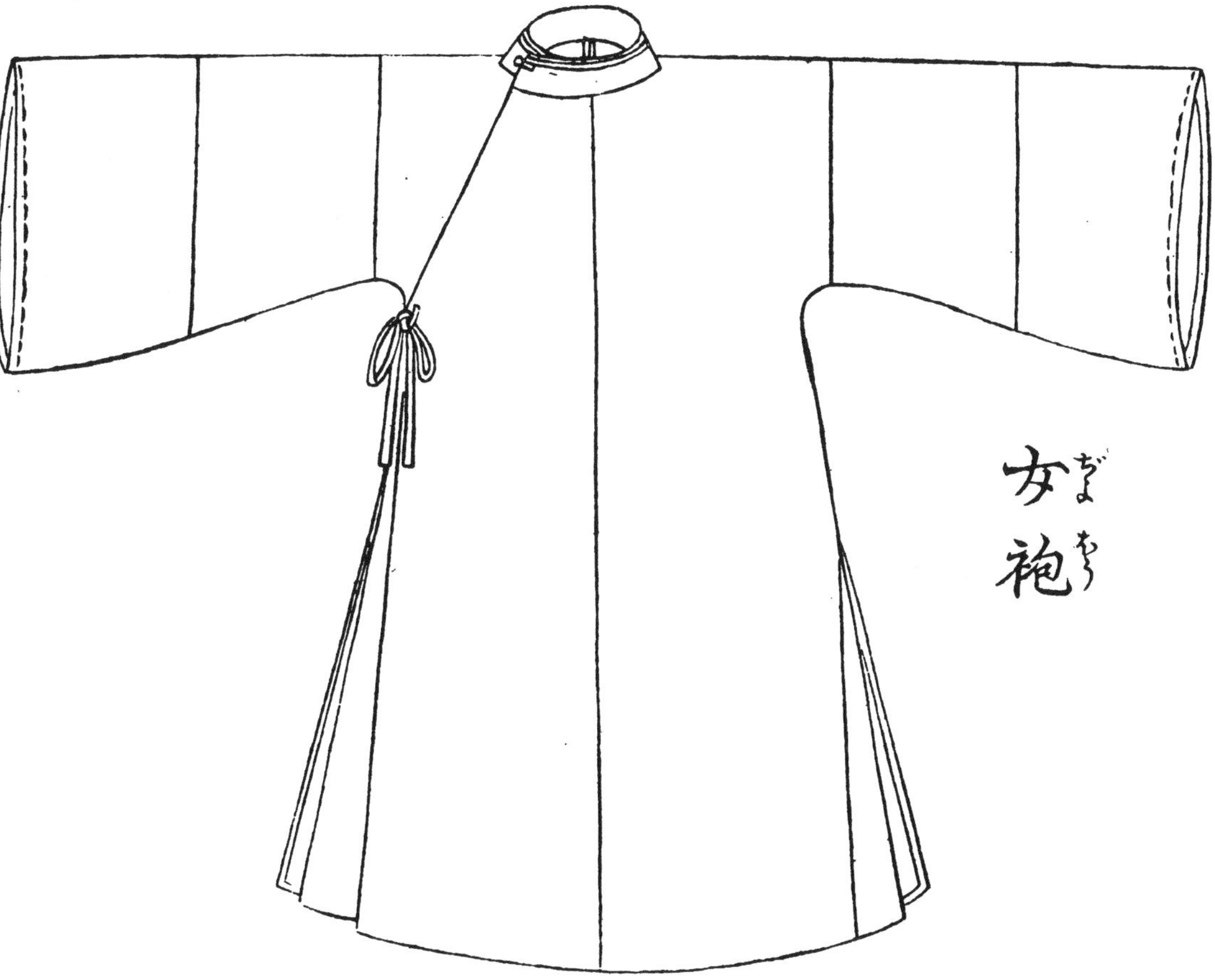

女《ぢよ》袍《はう》

浴《よく》衣《い》

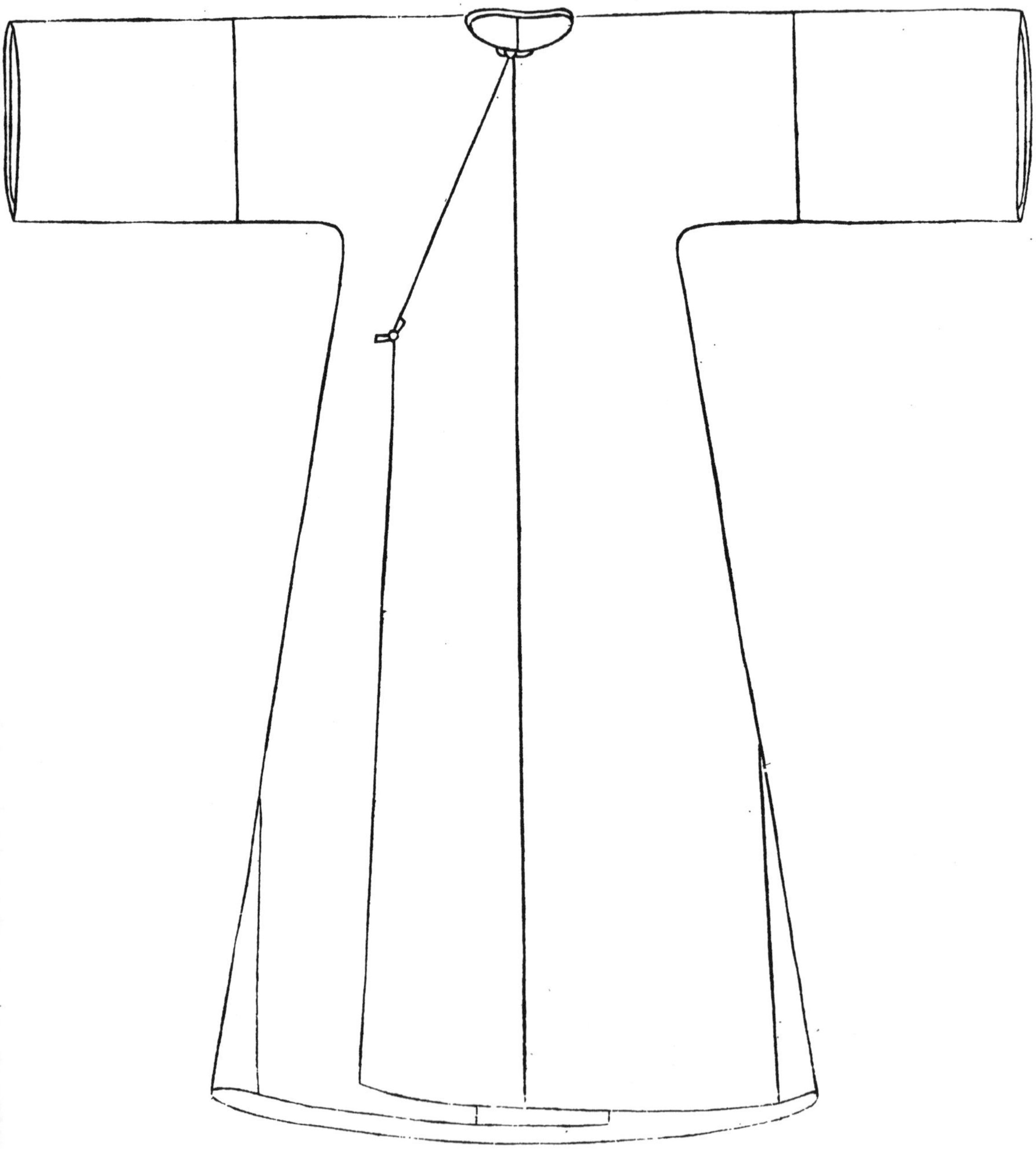

衣《い》架

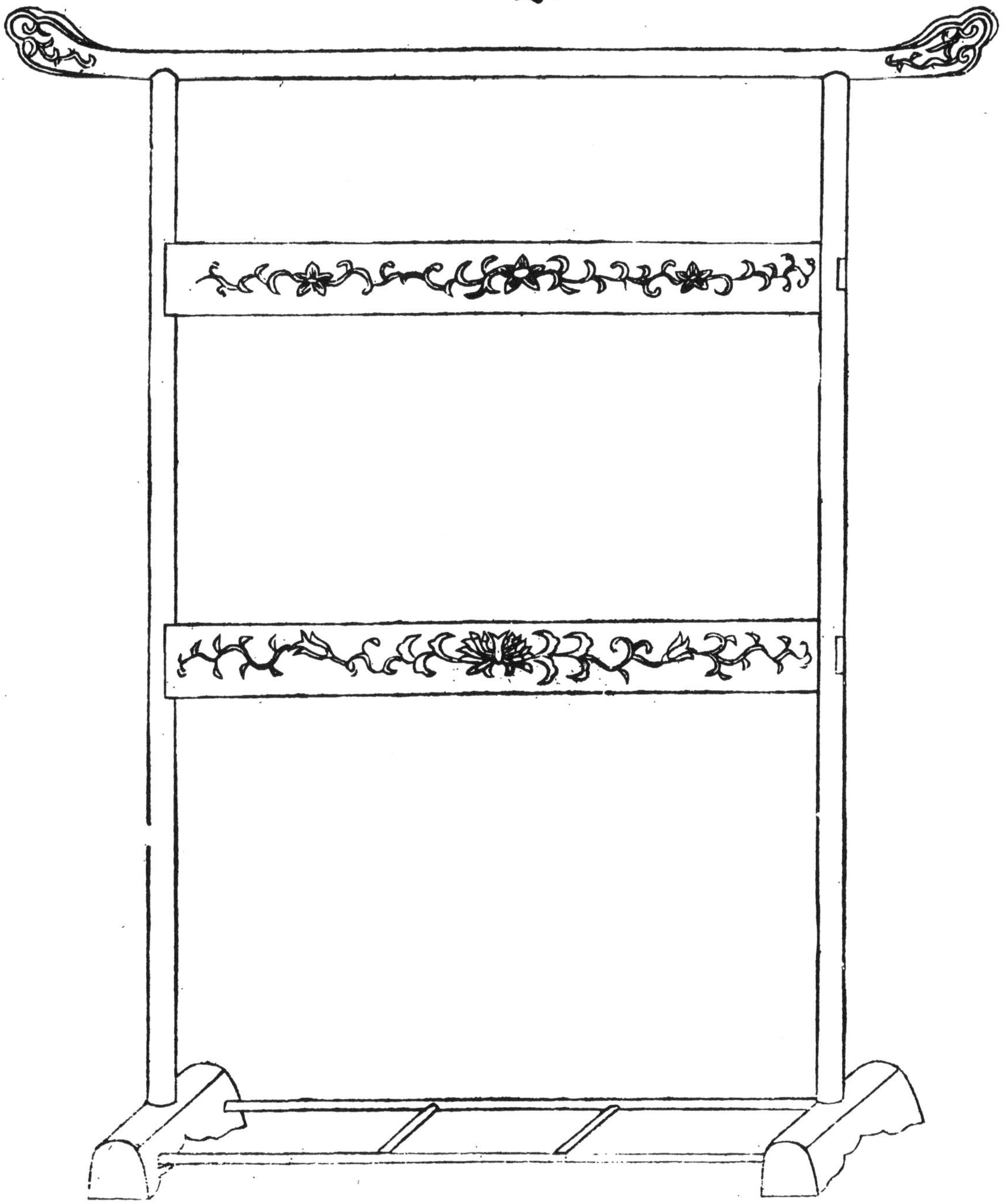

大《たい》轎《きやう》

高《たかき》連頂六尺

濶三尺

進三尺五寸

小《せう》轎《きやう》
高五尺五寸
濶二尺五寸
進三尺

車
高五尺
濶三尺五寸
進四尺

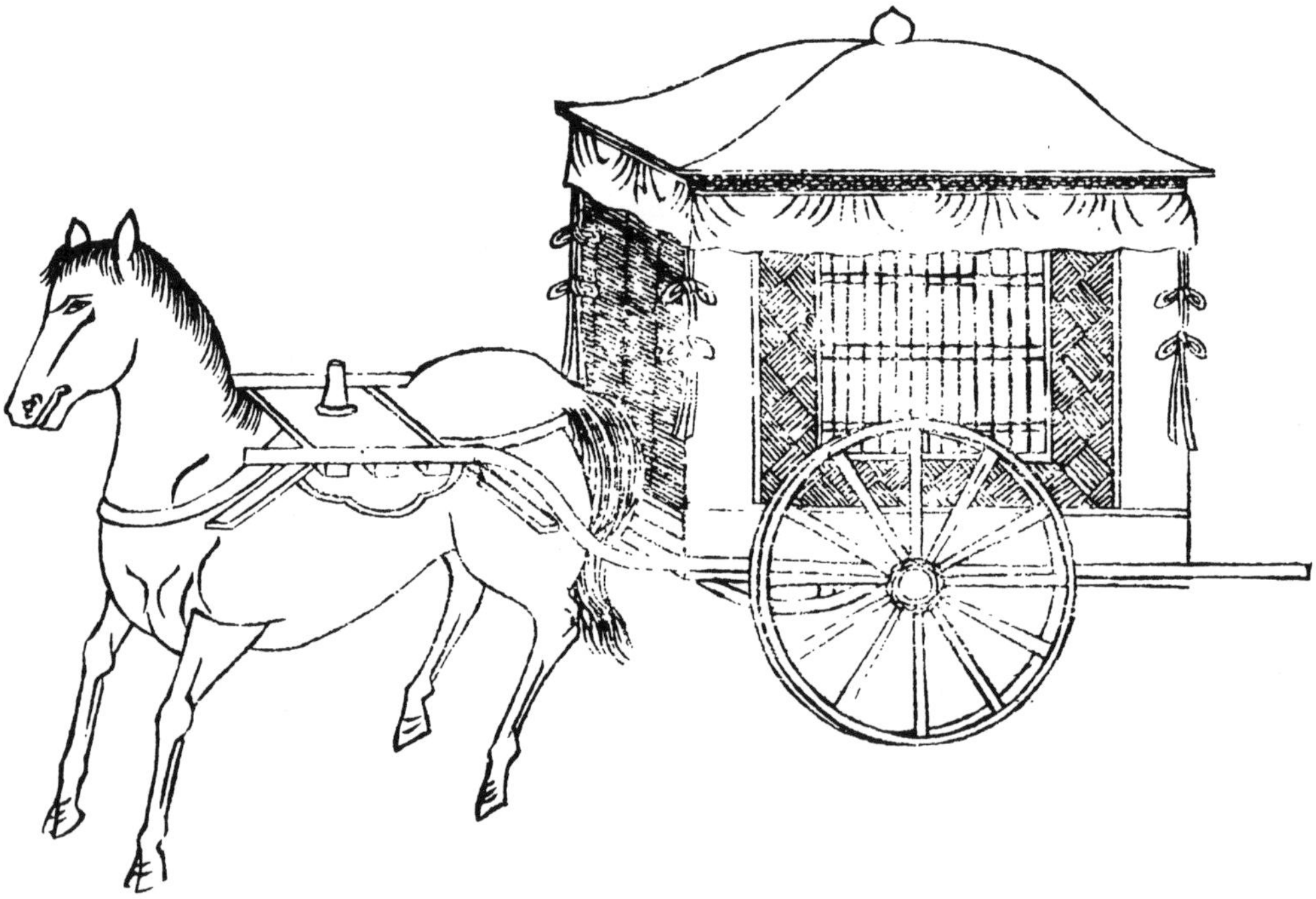

清俗紀聞巻之四

飲食製

○飯《ワン/めし》　桶《おけ》に水を入米を淘浄《タヲウズイヱ/とぎあらい》して水一同に鉄鍋《てつなべ》へいれ米より上茶碗《ちやわん》一ツの高《たかさ》ほどに水を増《まし》柴火《シヤヒホー/まき》にて焚《かし》くよく〳〵にえ乾《くわん》たる時柴《シヤヒ/まき》を退《しりぞ》け暫《しばら》く悶蒸《メンチン/むし》置

○茶《サア/ちや》　三月穀雨節《こくうのせつ》に葉を摘取《つみとり》鉄鍋《てつなべ》にて炒《いり》焙炉《ほいろ》へ移し手をもつて揉縒《もみよれ》其後数遍《すへん》鍋《なべ》にて炒上葉を大約《おほよそ》廿遍《へん》ほども炒取《いる》

○茶名大畧《ちやのなたいりやく》

比絡《ちくハ》壺販一斤ニ付上十二匁
中七匁　下三四匁位
茶絡壺販一斤
ニ付三十目位
をもて壺販
竜井茶上品

珠蘭茶《チヒランザア》　茶舗《ちやみせ》壺販《ねだん》一斤《きん》に付銀弐匁位

松羅茶《ソンローザア》　茶舗壺販一斤　銀二匁より三匁位

武夷茶《ウーイヽナア》

竜井茶《ロンツインザア》　地絡壺販元　武夷茶に同

旗戯茶《ギヒツヤンザア》　茶舗壺販武　夷茶に同し

蓮心茶《レンスインザア》

寿眉茶《ジウムイザア》　茶舗壺販竜　井茶に同し

紅梅茶《ホンムイザア》　茶舗壺販武夷　茶の上品に同し

雀舌《ツヤゼ》　葉の細き

雨前《イヽズエン》　穀雨《こくう》茶は清明よりまへを云一名青茶《チンサア》といふ壺販
上廿ゟ五匁位　中六七匁　下二三匁位

総《そう》じて茶は大なる甕《かめ》に入て売買《うりかふ》旅行《つゝみ》又は進物《しんもつ》等には二十目五十目

雜穀《ざくこく》入は小《こ》簍《くご》を用ひ或は錫罐《スイクワン》にいるゝなり錫罐《スイクワン》に入て買もの罐《クワン》の大小に依《より》て出販《しゆつぱん》高下《かうげ》あり日用《にち》の器は磁壜《ジウウー》錫瓶《スイビン》等に入おく形も茶簍錫罐《スイクワン》等の圖《づ》居家《きよか》部《ぶ》に出す○茶煎《ちやせん》じやうは清水《せいすい》を炭《すみ》火にて能《よく》煮《にそ》上《あぐ》るもまづ茶をたれ水をすこし入又よく煮《にそ》立《たて》茶碗《ちやわん》に茶をすこし入其上へ滾《にえ》湯《ゆ》を茶碗八分目ほど入攪《まぜ》て蓋《ふた》をしてまゐらする

○酒《ツイウ》 米《こめ》麴《かうじ》並《ならび》に水をひとつに甕《ノン》或は桶《たけ》に仕《し》込《こみ》造《つく》るなり十月より翌《よく》正月二月頃までの内《ない》通して造りこむなり量目《はかりめ》は酒の種類《しゆるゐ》によりて不同《ふどう》なる法まぢわからず

○酒名大畧《さけのなたいりやく》

惠泉酒《ヲイズエンツイウ》 常州出産 味淡《うす》し

烏程潯酒《ウーヂンツインツイウ》 湖州《こしう》出産

福珍酒《ホチンツイウ》 蘇州《そしう》出産

潞安酒《ルウアンツイウ》 山西出産味甜《さんせいしゆつさんあぢあまし》酔《よい》易《やす》し

汾酒《フンツイウ》 山西出産 即《すなはち》焼酒也

紹興酒《チヤウヒンツイウ》 紹興府《せうけうふ》出産

○惣じて酒は壜に入斤目ほどく賣買は五斤入十斤入不同《ふどう》あり出販《しゆつぱん》大約十斤入一壜《ひとつぼ》三分ほど或ハ五六分ほど雜なり下賤《げせん》の者端買《はしたがい》ハ手前よりも酒瓶《ツイウビン》をもちゆき十文二十文程宛

朔に也酒壺酒瓶等は圖《つ》會家の部《ぶ》に出す

酢《ワツ》 糯米一斗一夜水に浸し甑蒸籠にて蒸し能《よく》冷して壺類《つぼのるい》に移し入れ三日程経《へ》て清水《せいすい》三十斤程入柳の枝《えだ》を以て毎日《まいまい》たびたびかきまわす七日程右のごとく日々掻《か》き其のちは必ず手を入れず其まゝにしおく事一月程にして布《ぬの》の袋《ふくろ》にて以て絞り糟《かす》を去山椒《さんしやう》茴香《ういきやう》の粉少し加へて一遍《へん》煮返し用ゆ

醬油《シヤウユ》 大豆をよく煮て釜に其まゝ一夜入置次に右煮大豆を麦の粉《むぎこ》にまぜ筵《むしろ》にうつし広《ひろ》げ風のあたらざる所に三四日程も捨置黄花《きばな》よく生さるまで附日に干し甕《かめ》に移し入煮塩汁入よくかきまぜ半月余を経《へ》て又一遍《へん》煮返し木綿《もめん》袋《ぶくろ》に入絞《しぼ》り用ゆ量目は大豆一斤水七斤塩四十目の配法なり

漬物醬油《つけもののしやうゆ》 大豆《だいづ》或は黒豆を炒粉にして一升麦粉《むぎこ》二升五合湯《ゆ》にて拌合《まぜあは》せ餅《もち》のごとくかくして薄く切蒸籠にて蒸能く冷しまゝ筵《むしろ》に並べ上に茅《ちがや》を散し覆ひ捨置

黄花付《きばな》たる時日《ひ》ふ干《ほ》し花を拂《はら》ひ落《おと》し細《こま》く搗砕《つきくだ》き甕《つぼ》ふ入煮塩《にしほ》を入て炎天《えん》ふ毎日干《ほし》数度かき廻し十日程経《へ》て色合《いろあい》赤《あか》くなりたる時用也量目《りやう》麹《かうじ》一升塩《しほ》四十目の配法《はいほう》也薄《うす》く好まば加減《かげん》すべし此漬物《つけもの》醤油《せうゆ》ハ大根《だいこん》瓜茄《うりなすび》菜《な》等一夜塩《しほ》して後能干乾《よくほしかはかして》此醤油《せうゆ》ふ漬《つけ》るなり

麹《キヨク》　白米《はくまい》を淘浄《タウズイン》して蒸籠《せいろう》或ハ甑《ソウ》ふて蒸《むし》莚《むしろ》ふ薄《うす》く広《ひろ》げ上に莚を覆《おほ》ひ火室《むろ》へ入三日程置て厚分《あつぶん》て四五日程ふ八十日程経《へ》て黄花付たるを取出し用也

香蘿蔔《ヒヤンローブウ》　大根をたんのまに切一夜塩《や》してよく干乾し生姜《スヱンキヤン》橘皮《キビイ》の糸切蒔蘿《ズウロー》（小茴香《きやう》也）茴香《ウイヒヤン》をおし加へ能くまぜ合せ甕ふ入酢《す》を煮《に》て上より炎天《えん》ふ能干乾《よくほしかはかし》用也

香瓜《ヒヤンクワ》　菜瓜《ワアイクワ》をうすく切一夜塩して其塩汁《しほしる》を煮返し右の瓜ふかけ能《よく》く干かはかし糸切《いとぎり》の生姜《せうが》紫蘇《しそ》蒔蘿《ズウロー》茴香《ういきやう》をくはへよくまぜ合せ甕《つぼ》ふ入酢《す》を能煮《に》たてして砂糖《さとう》少し加へ上よりかけ炎天《えん》に干乾《ほしかはかし》用ゆ

豆豉《テウヅウ》　和名納豆《なつとう》

大豆を蒸《むし》麦《むぎ》炒《いり》磨子《チーツウ》にて引割にして蒸豆《むしまめ》へ一同に拌合《まぜあわせ》せむしろにひろげ醤油麹《せうゆかうじ》のごとく寝させ能花の付たる時煮《に》塩《しほ》を能さまして右麹《かうじ》を桶《をけ》に入煮塩《みれ》を入よく浸《ひた》るほどに入て掻合せ桶《をけ》に漬《つけ》上に石を置強《つよ》く重《おも》しにて蓋十日程経て又煮塩《にしほ》を入まぜあはせ元《もと》のごとく漬《つけ》重《おも》しを置五六十日経《へ》て用るなり三十日経て生姜《せうが》を漬に生姜《せうが》を酒《さけ》にて洗ひ短冊《たんざく》のごとく細《ほそ》く切薄塩《うすしほ》に漬《つけ》置《おき》納豆《なつとう》仕込の節三十日程経《へ》て大形に桶《をけ》より出し生姜《せうが》を入よく拌《まぜ》合せて元のごとく桶《をけ》に漬《つけ》置《おき》重《おも》しをかけ置百日程も経て用ゆるなりよし配法は大豆一斗大麦一斗水一斗塩二升六合是を煮《に》塩をすりあはせ塩残《しほのこ》りたらば甚佳右十日程経《へ》て又是を入まぜ合せ又残《のこ》りたる同じく斯のごとくして入是《なを》を一同に入て能《よ》く得てすれ但しかくのごとくあり此迄《まで》にすれてよくねかしに用ゆる物なり

飲食

三

請《ちやう》容《かく》各《く》品《ひん》

桂圓湯《クイエンタン》　竜眼《りうがん》の皮《かは》を去《さ》りて肉《にく》ともに熱湯《あつゆ》に浸《ひた》し其肉《にく》の太く白く成たる時氷砂糖湯《こほりさとうゆ》にて煮《に》て其肉汁《にくじる》ともに進む又氷砂糖湯《こほりさとうゆ》へ錫鍋《なべ》に白湯《さゆ》を煮《に》氷砂《こほりさ》糖見積《つも》りにて入れ残らず鎔化《ヨンハア》ある時味《あぢ》はひを試《こころ》み随分《ずいぶん》甜《あま》くして篩子《サイツウ》にて以て黒塗物《ぬりもの》に濾入《こしいれ》塵《ちり》等能《よく》去《さ》りて元《もと》の鍋《なべ》へ竜眼《りうがん》を入て煮《に》たる物也

扁豆湯《ペンデウタン》　薬《くすり》に用ふ白扁豆《へんづ》を湯《ゆ》にて能《よく》煮《に》え和らかに成たる時塩《しほ》にて氷砂糖湯《こほりさとうゆ》にて煮《に》て其肉汁《そのにくじる》ともに進む氷砂糖湯《こほりさとうゆ》有にかなし

◯杏酪《インロ》　薬《くすり》に用ふ杏仁《きやうにん》を熱《ねつ》き湯《ゆ》に浸《ひた》し柔《やはら》かになりたる時乳鉢《にうはち》にてよくすりて氷《こほり》砂糖《さとう》をいれ随分《ずいぶん》あまみ相入る分量《ぶんりやう》を見はからひ用ゆ

◯鶏豆湯《キロテロウタン》　一に芡實《ケンジ》ともいふ　芡實《ケンジ》は池水《いけみづ》に生《しやう》ずるものにて葉《も》は蓮の如くなるが葉《も》なく根《ね》に丸き四五六寸ぐらいの根《ね》ありて此中に種《たね》の如く余計《よけい》ある物なり

三

此方の黒菱《たこひし》わらを製《せい》しかるを扁豆湯《ゴブツタン》といへり

○雪粉糕《スイフンカウ》 一名雪粉團《スイフンドハン》 又百菓糕《ペコーカウ》 糯米《イミイ》《もちごめ》粳米《コンミイ》《うるし》等分《たうぶん》にして水を少しぬらし手にて合せ米篩《ミイサイ》《コメトホシ》にかく蒸籠《チンロン》《せいろう》の内へぬりひろめ丸粉の厚《あつ》さ二三分《ぶ》にして蒸《むし》よくよく蒸上《むしあげ》たるを折敷《をしき》の物にうつし少冷《さま》るを待て上に白砂糖《ちろさとう》を一面《めん》にふりかけ其外に紅糸《ホンスウ》 梨子《リイツウ》《なし》を薄《うす》く切《きり》生臙脂《きうゑんど》にて染《そめ》砂糖に漬《つけ》糸《いと》のやうにしたるを云 瓜子《クワアツウ》 西瓜《すいくわ》の核《さね》なり 橙子《ヅンツウ》 橙子の青皮《あを》肉《にく》をとり皮を薄《うす》く砂糖に漬《つけ》糸切《いときり》にしたるを云 等をすこしちらし上に又一寸四五分角《かく》に切《きる》なり

○餃子 麦粉を水にてかため擂棒《すりぼう》にて薄《うす》くのべ径《わたり》三寸程《ほど》ばかりに丸く取《とり》肉は猪肉《ちよにく》を糸作《いとづくり》にして椎茸《しいたけ》葱《ひともじ》を細《こまか》く切《きり》まぜ右の皮に包《つつ》み蒸籠《チンロン》《せいろう》にて蒸用《むしもちゆ》也

○紅粉糕《ホンフンカウ》 糯米《イミイ》《もちごめ》三分粳《ゴン》《うるし》七分臼《うす》にて搗粉《つきこ》にして湯にて生臙脂《せゑんじ》を解《とき》其汁《しる》にて米の粉《こ》をよく擂拌《すりまぜ》蒸籠《チンロン》《せいろう》にて蒸《む》し餡餅《エンビン》をこしらへるごとくして肉に小豆餡を入図《づ》のごとく包《つつ》み皿《さら》に盛《も》り皿《さら》ともに又ざいに蒸《む》して出す小豆餡は小豆

のばんをとり白砂糖《しろさとう》を入猪油《ちよゆ》を加へよく〱煉《ねり》合せ用ゆ小豆一升のせんよ

砂糖《さとう》三斤の配法《はいはう》なり

蓑衣餅《ソーイヽヒン》 一名太史餅《タイスウビン》 麦粉《むぎこ》を菜《な》の油《あぶら》と水等分《みづとうぶん》にして擂《こ》ねあはせ白砂糖《しろさとう》を少しまへ棒《ぼう》にてのべ又丸くかためて餅《もち》のごとくしてまはりを少し押《おし》ひらめにして油にて黄色《きいろ》になるまであげ白砂糖をぬりこのまゝ用ゆ

○藕粉糕《ゲウフンカウ》 一名蕨粉糕《ゲフンカウ》蕨《わらび》のせんにて製《せい》に 藕粉《ゲウフン》を水にてよく溶《と》き砂糖を入火にかけよく煉《ねり》外に藕《ゲウ》粉《コン》を細末《さいまつ》にして右煉たるへに入能擂拌《こねまぜ》小豆《あづき》餡を入用ゆ小豆餡製法《せいはう》前に同じ

○肉饅頭《ジヨコンヂウ》 此方饅頭《まんぢう》の製法《せいほう》のごとくにして肉に猪肉《ちよにく》葱《ひともじ》をこまかく切白砂糖をまぶし加《くハ》へ餡にして用ゆ

水晶糕《シユイツインカウ》 糯米《もちこめ》七分粳米《うるし》三分粉にして冷水《ひやみづ》にてよく擂拌《こねまぜ》白砂糖猪油《ちよゆ》おろしまへ蒸《む》しさましたるに附長角《ながかく》にて切用ゆ

糖糕《ダンカウ》　糯米《イミイ》粳米《ゴンミイ》等分《ぶん》粉《こ》にして水にてよく擂《する》蒸籠《チンロン》《せいろう》にて蒸《むし》白砂糖《さたう》を入
てよく搗《つき》粉に為《なし》薄《うす》くのべ厚一寸四五分かくにきりて油あげにして用ゆ　糯米粉《こめのこ》
一升に白砂糖半斤程の配法時宜によりて加減《かげん》等《ひとし》あるべし

○扁豆糕《ペンデウカウ》　白扁豆《はくへんづ》を煮《に》て皮を去水に入擂《すり》漉し粗布《あらぬの》の袋《ふくろ》に入絞《しぼり》てせん
じたるをよく為筈を絞《しぼり》去麦粉《むぎこ》少し砂糖少し入拌《まぜ》あはせ蒸《むし》籠《さや》にて
成待《まち》て一寸四五分角に切二ッばかりあはせ其間に砂糖を入用ゆ
右の外點心《テンスイン》種《しゆ》々あれども詳《つまびらか》ならず大約《おほよそ》右の製法《せいはふ》に擬形し

菜類上等十六碗《さいるいじやうとうじふろくわん》

熊掌《ヨンチヤン》　熊掌《くまのたなごゝろ》左右二ッよく毛《け》を除《のぞき》湯《ゆ》にて煮《に》其汁を去《さり》酒醤油《さけしやうゆ》に
て能《よく》煮《に》熟《じゆく》し小蝦《スヤウヒヤア》を炙《あぶり》て合せ粉となし酒《さけ》二分醤油《せうゆ》二三分の配法《はいはふ》のごとく
人の淡鹹《たんかん》に應《おう》じて加減《かげん》あるべし

藕《ゲウ》粉《フン》糕《カウ》

藕一ニ作紅《ポン》ニ

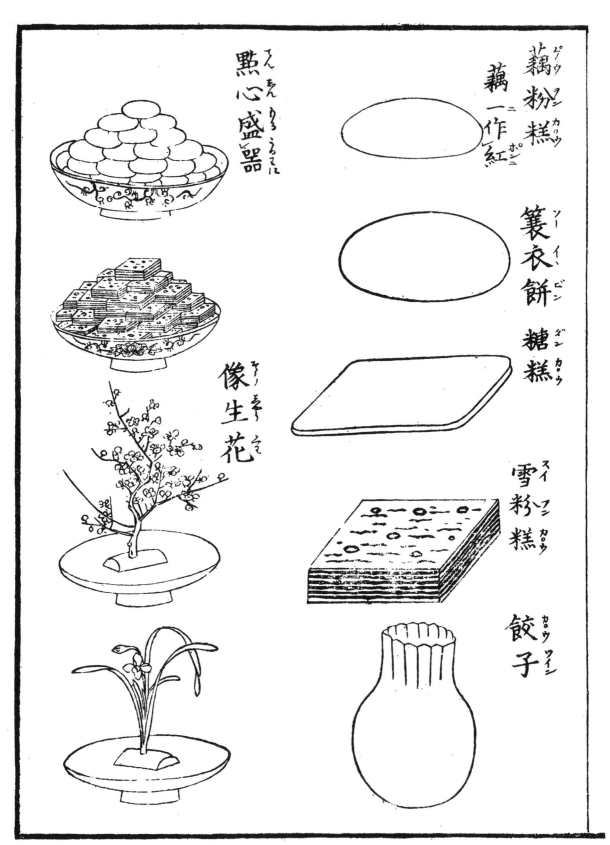

蓑《ソー》衣《イー》餅《ビン》

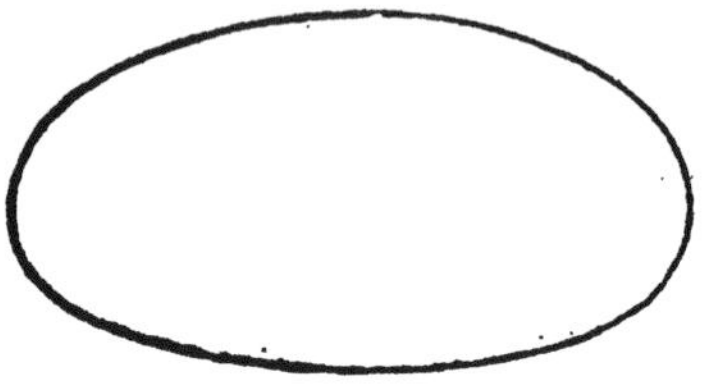

糖《ダン》糕《カウ》

雪《スイ》粉《フン》糕《カウ》

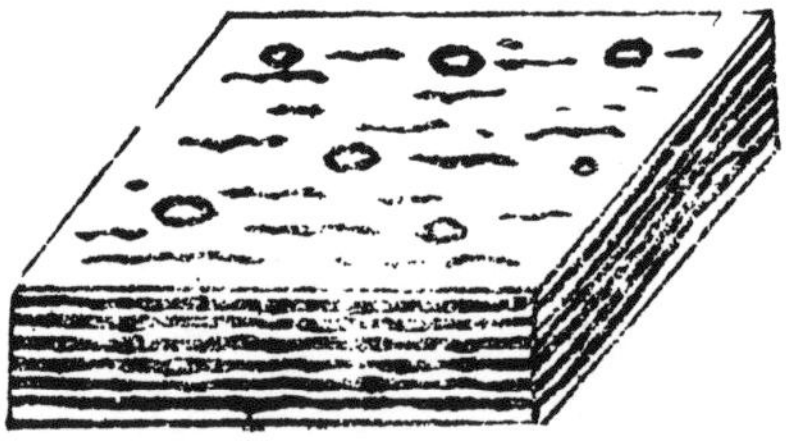

餃《カウ》子《ツイン》

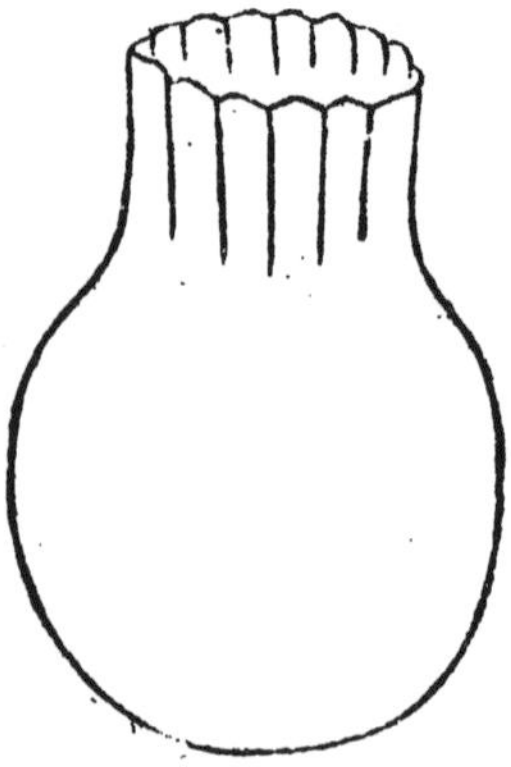

點《てん》心《しん》盛《もる》器《うつはに》

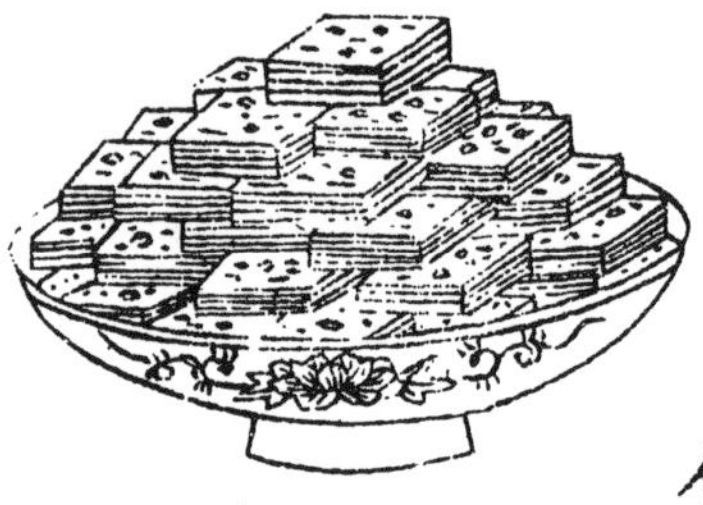

像生花

○鹿尾《ロウイ》　鹿《しか》の尾《を》付《つき》の所の肉《にく》を湯《ゆ》にて半《なかば》煮《にえ》る迄煮《に》て湯《ゆ》を去《すて》酒醤油《さけしやうゆ》にて煮《に》つくし小蝦《スヤウヒヤア》《こえび》を炙《あぶり》て上に韮《にら》淺きざみ糸にかけ出す酒醤油配法《さけしやうゆくばいはう》前に同《ぜんにおなじ》

○燕窩湯《ヱンヲータン》　一名大菜《タアツアイ》　是《これ》を先《まづ》一夜《や》水に浸《ひた》し又湯《ゆ》にて能《よく》洗《あらひ》毛塵《けちり》等残《のこ》らず能《よく》去《さり》て細《こまか》く裂《さき》湯《ゆ》に浸《ひた》し更《さら》に鶏《にはとり》の煮汁《にしる》に塩酒《しほさけ》を加《くは》へ至極《しごく》淡塩梅《うすあんばい》にして煮

鶏肉火腿《キイジヨホートイ》　猪塩《ぶたのしほ》丁寧　鮮肉《スエンジヨ》糸切《いときり》にして煮熟《にじゆく》し碗《わん》へ盛《もり》其上《そのうへ》へ右是《これ》を残《のこ》し盛《もる》べく葱《ねぎ》を少《すこ》しきざみ入《いれ》て煮汁《にしる》七分酒《さけ》三分の配法《はいかう》塩ハ無し

○魚翅湯《イーツウタン》　鱶鰭《ふかのひれ》を水に浸《ひた》し是《これ》を同様《どうやう》にして鶏《にはとり》をこまかく角切《くぎり》にして鍋《なべ》に油を入《いれ》けづり付と炒醤油《しやうゆ》酒《さけ》水を入塩梅《あんばい》して細火《ほそび》にて煮《に》つくし鰭《ひれ》を為茸《たけ》葱《ねぎ》を入《いれ》煮《に》ずしく盛《もる》時《とき》ハ鰭を上に盛《もり》て水酒等《みづさけとう》分《ぶん》にして八分醤油《しやうゆ》二分程ずんぶん淡塩梅《うすあんばい》にして用ゆ

○海参湯《ハイスエンタン》　いりこ残堅《そ》四ツぎりにして湯《ゆ》にて能《よく》煮熟《にじゆく》し火腿《ホートイ》の煮汁《にしる》入り

酒醤油《さけせうゆ》を合せ入塩梅《あんばい》し魚圓《イヱン》魚《うを》のかまぼこを云 椎茸《しいたけ》葱《ねぎ》を入煮《に》るなり酒醤油の配法《あんばい》魚翅《イーツウ》湯《タン》にするなり

○羊羔《ヤンカウ》 羊《ひつじ》の肉《み》を一塊《ひとかたまり》二斤程宛《づゝ》にして水にて能《よく》煮熟《にじゆく》し汁を去《さり》肉《にく》残よくあらひ大根《だいこん》生姜《せうが》葱《ねぎ》を合せ入醤油《せうゆ》酒《さけ》にて能《よく》煮《に》迄《まで》骨を去《さり》て冷《さま》し附落《うす》く切用ゆ酒《さけ》七分醤油《せうゆ》三分の配法《あんばい》にて煮《に》えたる時に酒をふり入又煮《に》出すべし醤油《せうゆ》を肉《にく》煮《にえ》たる上にかけるなり

○猪蹄《チヰデイ》 一名東坡《トンボー》肉とも云 猪《ぶた》の股付《もゝつき》の肉《にく》を五寸角《かく》ほどに切湯《ゆ》にて能《よく》煮《に》酒醤油《さけせうゆ》と白砂糖《しろさたう》茴香《ういきやう》を合て加へ皮付《かはつき》の肉色《にくいろ》あかく成るまで煮込《にこみ》木耳《モルウ》山薬《サンヤ》葱を入て酒醤油《さけせうゆ》配法《あんばい》羊羔《ヤンカウ》の製《せい》にするなり

○野鶏《ヤーキイ》 雉子《きじ》の皮を去《さり》て腹付《はらつき》の肉《にく》斗《ばかり》落して切鍋《なべ》に油をひきて炒《いり》あげ酒醤油《さけせうゆ》に葛《くず》粉《こ》を少し加へ汁気《しるけ》なきまでに炒《いり》て用ゆ酒八分醤油二分の配法《あんばい》

○鰣魚《ハウイー》　ゑそらの魚を酒娘《ツイニヤン》《さけのもと》にて蒸塩醋加ふ

○鹿筋湯《ロキンタン》　鹿《しか》の筋《すじ》を水に浸《ひたし》長さ一寸程に切火腿《ホートイ》の煮汁《にしる》にてよく煮熟し酒醤油にて塩梅して肉圓《レヨエニ》《かくをふ》椎茸乾筍《カンシユン》《ほしたけのこ》葱をも入煮へ立のち少酒醤油配法魚翅湯《イーツータン》にならふべし

○炒鶏《ファウキイ》《いりとり》　鶏を骨ともに一寸ほどづゝに切鍋《なべ》にあぶら残りし炒又水をさし少し入半煮になりたる時酒醤油猪油《ちよ》少しを入栗山薬蒜《にく》を合へ煮《に》熟し汁のかわかぬうちに煮こむ酒醤油東坡肉《トンホーヨ》の配法におなじ

○全鴨《スエンヤ》　あひるかもの羽付残《くろき》るまで皮身損ぜぬやうによく毛を去腹をあらひ糯米《もちごめ》蓮《はす》肉を腹に詰藁《つわら》にてくゝり巻湯にて七分程煮和らげ其汁をさまし火腿《トイ》の煮汁《みしる》に酒醤油《さけせう》を加へ塩梅し又能く煮熟し其藁を去全躰の崩れぬやうにして木耳《モルウ》金針菜《きんさいのるゐ》葱などを加へ煮ある煮汁酒醤などにて十分に醤油を用ふ

○鵞《ゴー》　鵞の肉を骨ともに切湯にて能煮和らげ酒醤油にて煮熟する也

○蟹《ヒヤイ》羹《ゲー》　蟹《かに》を煮て殻《コ》を去肉を鶏の煮汁に酒醤油を入葛粉を加へ葱生姜《せう》を細くきざみ入煮熟し煮汁酒等分にて八分醤油二分の配法葛せし

○蟶《レン》乾《カン》　蟶《まて》を水に浸し石を除り能洗ひ猪肉を薄く切鍋に入煎し其油に二品炒猪肉ともに炒熟し酒醤油を加へ塩梅して葱を細くきざみ入煮る酒八分醤油二分の配法

○魚肚《イトー》　魚のわたを水に浸し湯にて煮和らげ鮮肉火腿の煮汁に酒醤油を加へ煮熟し椎茸乾笋木耳等を入て酒醤油配法蟹羹に同

○都て煮物は酒勝醤油少にして何れの品も淡塩梅なりければ小皿に醤油を盛並へて淡鹹のこのみによりて鹹きをこのむ者は醤油を付て喰ふもこのましき方を用ひ是配法に一定せし分量なし多く淡味よしとぞ

中等十碗或八碗《ちうとうじうわんあるひハはちわん》

八碗の时ハ羊肉魚翅湯《ヤンジヨイヽツウタン》を減《げん》ず

○燕窩湯《エンヲータン》 ゑんす煮方前ニおなし楡肉乾《イヽジヨカン》笋《ジヒ》《たけのこ》鷄《にハとり》の皮《かハ》を入るなり

○全鴨《ズヱンヤ》 煮《に》かたまへニ同し腹に詰《つめ》ものなし蓮肉《れんにく》木耳《モルウ》《きくらげ》葱《ねぎ》を上ニ置よするなりまた

或《あるひ》ハ醤油《せうゆ》ニ氷砂糖《こほりさとう》を加へ煮るなどもあり

○魚翅湯《イヽツウタン》 煮《に》かた前ニ同し魚圓《イヽヱン》鮮肉《センジヨ》火腿《ホートイ》葱《ねぎ》等杯加ふ

○猪蹄《チイテイ》 煮かた前におなじ蝦米《ヒヤアミイ》海粉葱杯入るゝ

○鹿筋湯《ロキンタン》 煮かたまへニ同じ肉圓《ジヨエン》葱を入るゝ

○海参湯《ハイスヱンタン》 煮かた前におなじ蝦魚圓《ヒヤアイヽセン》葱香蕈《ヒヤンクウ》《しいたけ》を加ふ

○羊肉《ヤンジヨ》 前の羊羔《ヤンカウ》のごとく煮《に》込山藥《サンヤ》を入るゝ

○鯽魚《ツヰイヽ》 ふなを丸煮ニして椎茸《しいたけ》肉圓《ジヨヱン》韮《にら》を入るへ醤油を添《そ》ふ又油あげニ

しても濁醤油ニて煮こむもよし

飲食

八

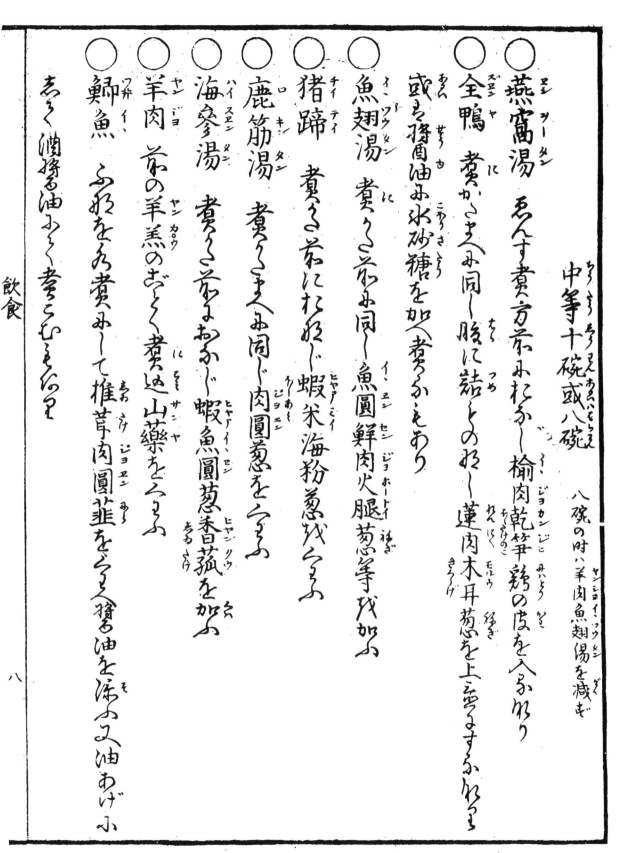

○鮑魚《バウイー》 干鮑《ほしあはび》を水に浸し薄く切 鍋《なべ》に油を引 炒《いり》あげ 鮮肉《スエンジヨ》を薄く切

加へ酒醤油にて煮《にさて》え蒜をくはふ

○炒鶏《ツアウキイ》 鶏《にはとり》をよくさばき炒《いり》魚《うを》のごとく油あげにして栗《くり》葱《ねぎ》を加《くは》へ煮るなり

○醒酒湯《ハインツイウタン》 鶏を丸煮にして肉《にく》を去《さる》右の煮《に》汁《しる》に塩をおし入葱をきざみかく

きたうとましへ類

囲千《ホイツエン》 昂撒羨盤《まぜがしハン》にて一器《き》に一色《いろ》づゝ鉢《はち》に盛《もり》て卓子の上に排《なら》ぶ

○荔枝《リイツウ》《れいし》 竜眼《ロンエン》《りうがん》 松子《ソンツウ》《まつのみ》 榛子《ヅインツウ》《はしばみ》 蓮子《レンツウ》《はすのみ》 橘餅《キピン》《くねんぼつけ》 胡桃《ウータヲウ》《くるみ》

棗子《ツアウツウ》 雪梨《スイリヰ》 杏仁《インジン》 雲片糕《インペンカウ》 落花生《ロハアスエン》 瓜子《クワツウ》《西瓜のさね》 梔子《ツウツウ》

柿餅《ズウピン》《つるし》 明姜《ミンキヤン》《せうがつけ》 太史餅《タイスウピン》 芝麻扁《ツウマアペン》 連環《レングワン》 氷糖《ピンタン》 火腿《ホートイ》

鶏鴨蛋《キイダン》 眉公餅《ムイコンピン》 冬瓜糖《トンクアタン》 枇杷根《ビイバアゲン》 夾砂糕《キヤサアカロウ》 桂花糕《クヰバアカウ》 佛手柑《ウヘシウカン》

玫瑰糖《ウエクイダン》 風雨梅《ホンイームイ》 山査糕《サンザアカウ》 造花五六種《つくりばなごろくしゆ》 大根《だいこん》にて菊《きく》牡丹《ぼたん》水仙《すいせん》等《なり》の时新《じしん》花を作るなり

右の外時新の菓物桃李花紅《ハアホン》香圓《ヒヤンヱン》橙子《フヱンツウ》等の品時に随ひ用也

請客各不排出の次第

茶《サア》　桂圓湯《クイヱンタン》　盞茶碗に盛匕を添盤に客せ一人前一ツヽ出すなり　扁豆湯《ペンテロウタン》　同上

○卓子《チヨツウ》　熊掌《ヨンチヤン》　鹿尾《ロウイ》　同上　燕窩湯《センヲータン》　大碗に盛　魚翅湯《イーツウタン》　同上

海參湯《ハイスエンタン》　同上　羊羹《ヤンカロ》　鉢に盛　猪蹄《チヨテイ》　同上　野鷄《アーキー》　同上　鰣魚《ズウイー》　大碗に盛　鹿筋湯《ロキンタン》　同上

四點心《スウテンジン》　に一皿通す　雪粉糕《スイフンカロウ》　小鉢に盛　餃子　同上　紅粉糕《ホンフンカロウ》　同上　簑衣餅《ソーイーピン》　同上

醒酒湯《スイツイツタン》　茶碗に盛て一人前一盃づゝ出す　炒鷄《ツアウキイ》　鉢に盛　全鴨《スエンヤ》　同上　鵞　同上　蟹羹《ヒヤイケン》　大碗に盛

蟶乾《ジンカン》　同上　魚肚《イードー》　同上

四點心　藕粉糕《ケウフンカロウ》　小鉢に盛　肉饅頭《ジヨマンタウ》　同上　糖糕《ダンカロウ》　同上　扁豆糕《ペンテウカロウ》　同上

○茶《ザア》　○飯《ワン》　右畢りて卓子を引田千を出す也八碗菜

十碗菜の時も菜数四五碗の後點心《テンジン》を出し醒酒湯《スイツイウタン》を出し又菜を出すなり

朝暮《てうぼ》平食《へいしよく》の菜数《さいすう》ハ鮮肉鷄魚類《せんにくけいぎよるい》附合の野菜《やさい》等をまじへ煮《に》て二三四碗碟《わんたく》ばかり大碗《おほわん》に盛《もる》。點心《てんしん》等ハ好し。毎朝《めうてう》ハ粥《かゆ》に干菜《ほしな》醤瓜《ツヤンクワア》《うりつけ》干蘿蔔《カンローブウ》《ほしだいこん》等を食し、魚肉《ぎよにく》菜類《さいるい》ハ昼食《ちうぢき》晩食《ばんしよく》ばかりに用ゆ。○凡村落の小民ハ食飯《しよくはん》に麦類を多くまじへて食し、或ハ米にまじへ麦飯《むぎめし》とし、又麦粉《こ》を飯《め》に代《しろ》て水にて煮《に》る。あるひハ餅《ぴん》へ入湯せ蒸ばかりく麺《めん》蒸《ぞう》《むし》して食する分量《ぶんりやう》不同《ふどう》あり。麦を丸にて多くまじへ米にし、其外大豆小豆黒《ご》豆粟《あは》黍《きび》等附に麺《たう》じまぜ粉にして喫《きつ》す也。市《し》中のものハつねに何れも米繊《せん》をまじへ食する事稀なり。力作《き》人とても然ればく茶飯《ちやはん》を食《しよく》す。

月餅製法

○第一餡　熟麪《じゆくめん》一斤五合　麦の粉を甑《こしき》に布《ぬの》を敷蒸したるを云　菜油《なの》半斤　胡麻《ごま》油　白砂糖《さとう》二斤

右三品拌《しやくまぜ》あわせ橙丁《ツヱンテン》紅子《ホンツウ》瓜子《クワアツウ》核桃《ホタウロウ》茴香《ムイヒヤン》五味見合せ一つに餅皮型に入餅焼先

打出し型《き》に入て押出す時一つの量目《めかた》十匁程是を為以造《まろめて》る也

第二酥《スウ》　生麪《きうめん》一斤二合五夕　麦《むぎ》の生《きき》粉なるを　菜油《なのあぶら》半斤　右二品よく擂《すり》ませ合す也

○第三皮　生麪一斤八合七夕五戈　菜油三合　白砂糖半斤　温湯《ヲンタン》　ぬる湯なるを是をいふなる

麦ハ麦の粉と油の加減《かげん》をよく合せ候てきゞんの合せかげんになるまでは湯にてよく和かにする也　右第二の酥《スウ》を為る麦粉《そだ》などの度る中にて棒《ぼう》にまるめのべ数八十に切丸一寸方程にして第三の皮を為れよく加減《かげん》したら丸く長《なが》手に棒《ぼう》のごとくこしらへ是を数八十にちぎり平《ひら》めにて壓《おし》て其うへに第二の酥《スウ》をつゝみ完らかに麪《めん》を以て一備《ひらまき》に是をのばせば右の粉くるめて棒《ぼう》にまきひろげ殘そのまゝ棒を抜《ぬき》とれば右の粉は煎解《せんろく》れ巻《まい》たる所ごとくに層なる是を手に取小口《こぐら》によく又のばせば此第二の酥と第三の皮と幾重《いくえ》にもかさなる是を丸くのべ形其内に第一の餡を包みよく揉合《もみあわ》せ饅頭《まんぢう》の形《なり》のごとくして上に生圓子《しやうえんじ》にて煮汁《にしる》にて卵《らん》を押《たし》又極残らず平《ひら》めにて形のまゝに壓《たし》下にちらさゞく角《かく》に切なれ

唐紙《とうし》をもつて菓子《くわし》鍋《なべ》に入上下に火をおき焼《やく》なり

雪片《スイベン》糕《カウ》製法《せいはう》

糯米《もちこめ》二百目 大白にしらげ水にひたし二三日も経てよくあらひ水をこし ほらし日に乾し又炒てしやうかに磨り粉とし 熟麪《じゆくめん》百二十目 白砂《しろさ》
糖《たう》百六十目 油をやうやうにまぜ候水の合 ひたるかくれ粘《ねば》のかげんなるへし 右三品を粉合せよくこなし鍋《すゞ》の型《かた》にいれ
上よりも圖《づ》のごとく按《うら》へて物のごとく能おしてる上に厚《あつ》き紙《かみ》を四疊《たゝ》み鍋の内《なべ》へ入
煮《に》る也其粉に湯氣《げ》の通りよきたる程度《ど》として取上る也是型《かた》を鍋に入るには型の
内は粉の高《たか》さに鍋《なべ》の内は湯もかげんする事第一也粉の高さより湯少くなれば其
其湯より上に出《だ》て粉蒸熟《これ》せず又粉より湯の方多《おほ》くなれば型の内へ湯入て
粉糊《こね》て也火のかげんは炭火《すみび》にてそろそろ焼《やき》たるは如ゆうによべし強く焚《たけ》ば
湯玉《ゆだま》あがりて型《かた》の内に湯入粉焦《こげ》るなり鍋蓋《なべぶた》は藁《わら》にて按《うら》へ作《なれ》ば其粉
田家《でんか》に用ゆ鍋蓋《なべぶた》のごとし右の粉蒸熟《むしあつ》したるを型《かた》の内にてよく三寸《ずん》に切

傾《かたむ》け出し麦粉《むぎこ》の内ニ押入《おしいれ》置冷《さむ》るを待て取出し薄《うす》く片ニ切用ゆ

○連環製法《れんかんせいほう》

生糯米粉《きもちごめのこ》一斤　麦粉《むぎこ》八匁　白砂糖《しろさとう》二十目　膠飴《ぎやうあめ》少し　水《すゐ》少し

是ニて右の粉砂糖を餅《もち》ニなる位《くらい》ニ加減《かげん》を右よくすり粉あはせ径《わたり》二寸に五分程の餅《もち》と成し湯煮《ゆで》置別《べつ》ニ生糯米粉五斤麦粉に十目白砂糖百目膠飴《ぎやうあめ》少々是ニ一盃入《いれ》一緒ニ擂《すり》まぜ右ゆでたるを湯茶碗《ちやわん》ニ二ツ程入よくこねかへし又粉すり糯米粉《もちごめのこ》をとり粉ニして細《ほそ》くのべ紐《ひも》の如く切丸め延《のべ》して圖《づ》の如くこしらへ油ニて揚《あげ》冷《さめ》たる上すり砂糖をふりかけ用ゆ

火腿製法《ホートイせいはふ》　一名臘乾《らかん》臘月寒中に製するゆへ臘乾といふ

○寒中《かんちう》ニ猪《ちよ》の股《もゝ》を足付《あしつき》ながら一腿づゝ切てよくあらひ毛《け》を取去り暫《しばら》くさらし乾《かわか》し右肉《にく》一斤に塩二十目程のわりを以てよくすり入日に乾《かはか》し

寒《かん》風《ぷう》のあたる所に一所に十日程掛るし其又塩湯《あらしほ》を冷《さま》しその肉に浸《ひた》し日に
干ほし半日に五段ほどして能くさらしかわかし水のおちくはなしに並取り
○肉類《にくるい》をよく煮和《にやわ》らぐるなれば鍋《なべ》の内《うち》へ肉《にく》豆蔻《づく》を二ッ三ッ程入煮れバ甚に
和《やわ》らかなるものなり志かし肉の味《あぢはひ》よからざれバ随分《ずいぶん》細火《ほそひ》にて緩《ゆるく》と煮和《にやわ》らぐべしなり

做餡器

鍋蓋《なべふた》

錫匣《すゞはこ》

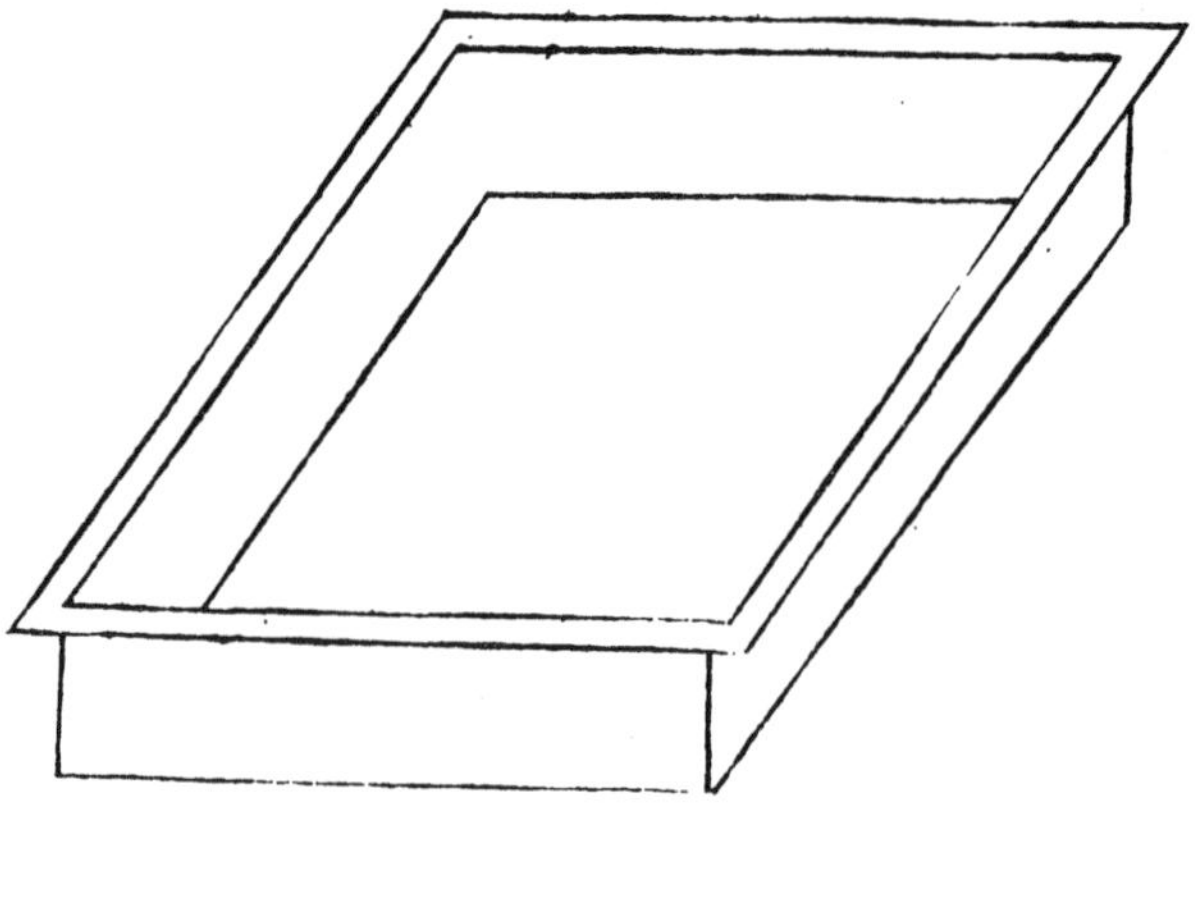

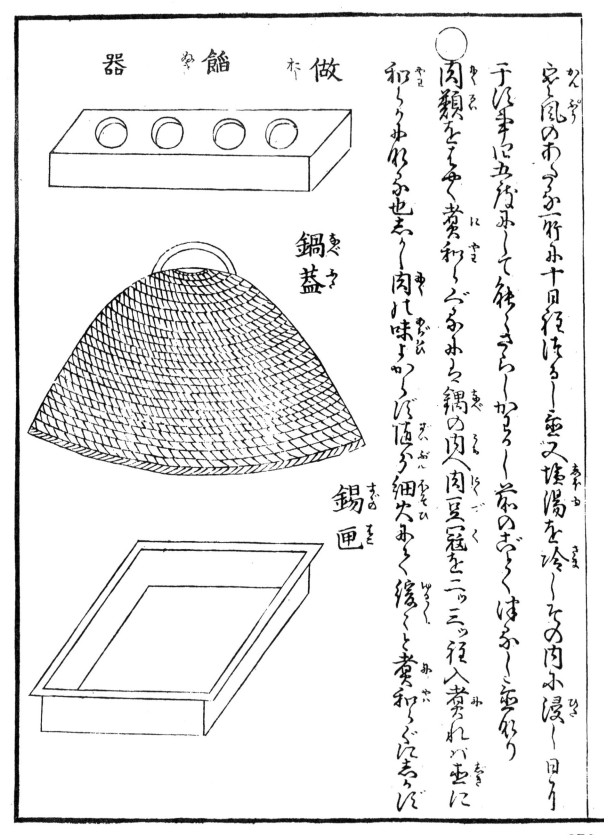

切片刀《せつへんとう》

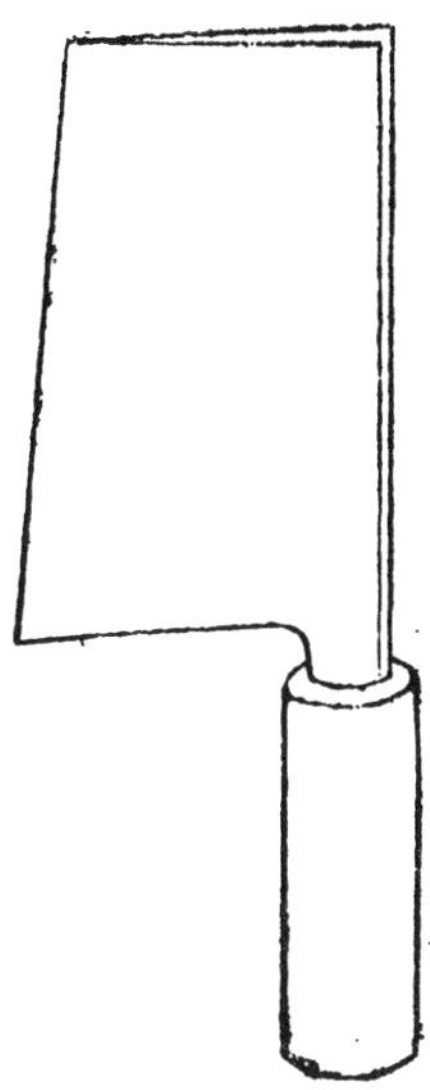

連環《レンワン》

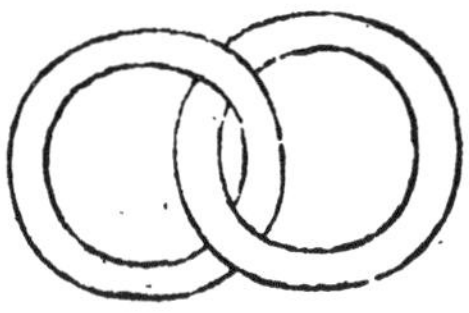

扞皮棒《かんぴぼう》

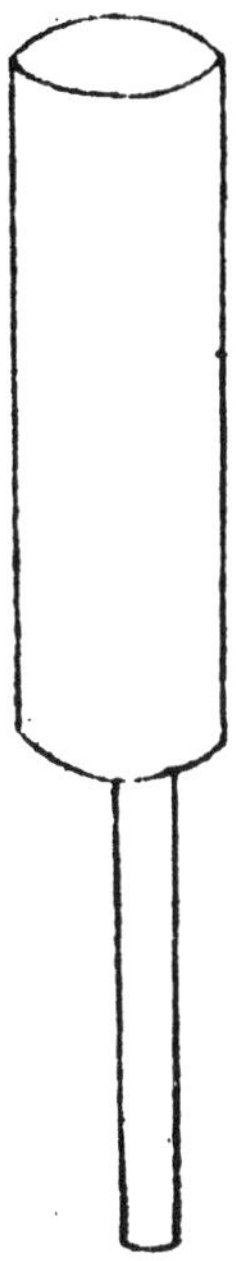

壓子《たし》

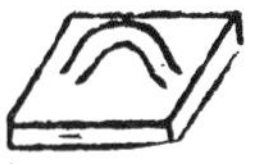

扞棒《かんぼう》

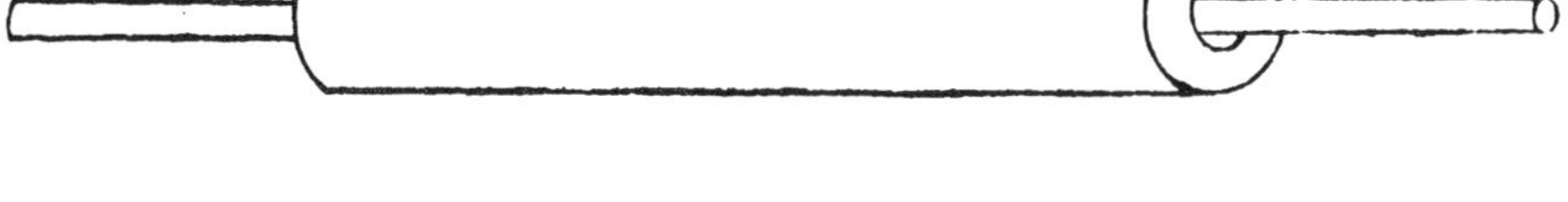

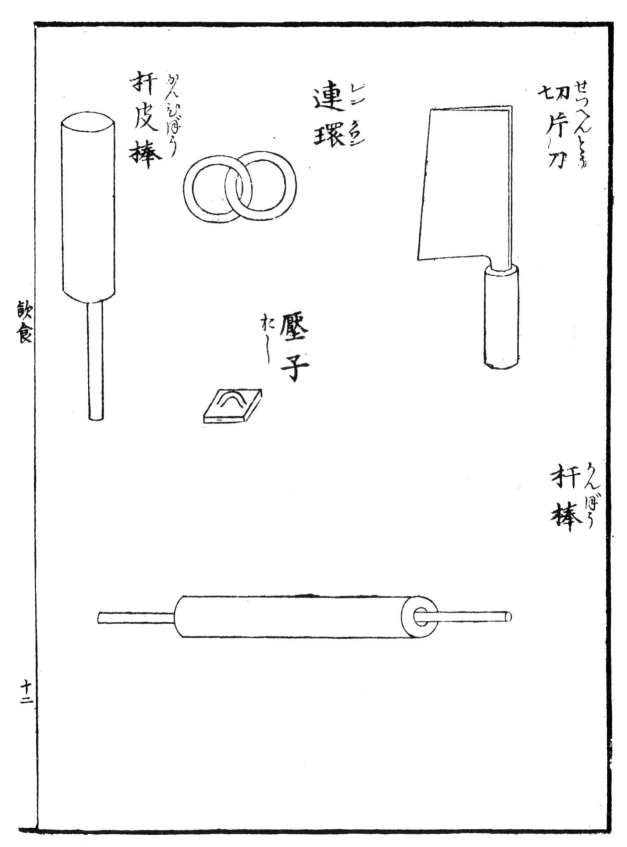

清俗紀聞卷之四

清俗紀聞巻之五

閭學

○閭學《リイヤ》《りよかく》といふハ一郷《きやう》の中《うち》に館《くわん》を設《まう》け郷黨《きやうたう》の子弟《してい》を教授《きやうじゆ》する所《ところ》にて志《こゝろざし》ある先《せん》生《せい》無禄《むろく》なる無位《むゐ》無官《むくわん》の人《ひと》あるひハ家貧《ひん》又ハ居宅《きよたく》を持《もち》ぬる宅借《たくがり》なして書生《しよせい》を集《あつ》め教導《キヤウダウ》《おしへみちびく》ハ此所《このところ》を學館《ヤツクワン》といふ制造《せいざう》も式《しき》もなき事《こと》ゆへ庭廡《デシウー》門墻《ソンズヤン》等の制《せい》もなく又春秋《しゆんじう》祭祀《さいし》の禮《れい》もなし學宮《がくきう》にて執行《しつぎやう》ふ事《こと》なり故《ゆゑ》且ても文事《ぶんじ》に志《こゝろざし》ある者《もの》ハ毎年《まいねん》十一月四日ハ孔夫子《こうふうし》聖誕《せいたん》にあたりて「焚香《たんかう》礼拜《らいはい》を祭《まつ》る事にハいつれも神廟《しんびやう》の祠堂《しだう》或《ないし》ハ寺院《じゐん》の菴室《あんしつ》を借《か》りて聖道《せいだう》を講《かう》ずる事何の世《よ》に何れ《いづれ》の祠堂《しだう》菴室《あんしつ》を借《か》りしや明朝の時《とき》も借《か》り用《もち》ひし事《こと》にして博學《はくがく》なる先生《せんせい》を請《こう》じ其地《そのち》の初學《しよがく》幼童《ようどう》を教育《けういく》する事今《いま》ハ盛《さかん》なりし凡男子《およそなんし》五六歳《さい》にもなれバ其天質《テンチ》《むまれつき》を見《み》て聰明《ソウミン》《ちうめい》なる子《こ》ハ五歳《さい》六歳《さい》

又《また》は生質《むまれつき》によりて八歳《さい》にても學館《がくくわん》に入《い》りて句讀《キイテウツ》を授《さづ》くる事あるも皆人々の生《むまれ》付《つき》によりて大く八歳入學《にうがく》する事あれどもその限《かぎ》りなく教《をし》へ始《はじ》むるにや詳《つまびらか》ならず其父兄《ふけい》先生《せんせい》の許《もと》へ行《ゆき》孩兒《ハヒルウ》當年《たうねん》幾歳《いくさい》なるや何《なに》の教《をしへ》も授《さづ》けざる間《あひだ》先生《せんせい》の御教授《ごきやうじゆ》を受《うけ》させて賴入《たのみいる》と叮嚀《ていねい》に禮儀《れいぎ》を以《もつ》て拜帖《バヒテ》を出《いだ》す其《その》時《とき》先生《せんせい》立《たち》て作揖《ツオヰ》し何時《いつ》にても來《きた》り稽古《けいこ》なすべしといへば父兄《ふけい》も揖《いふ》をなし然《しか》らば當月《たうげつ》又《また》は來月《らいげつ》何日《いくか》は吉日《きちにち》に（入學《にうがく》には百成《ひやくせい》の日《ひ》をえらみ用《もち》ゆ）よりて孩兒《ハイルウ》を召連《めしつれ》罷出《まかりいづ》べしといふも有《あり》又《また》入門《にうもん》の前《まへ》吉日《きちにち》を選《えら》み豫《かね》て何月何日《なんがつなんにち》は寡酒《クワアツイウ》を整《ととの》へ某宅《それがしたく》へ御入來《ごにうらい》下《くだ》さるべしと約束《やくそく》するもあり其時《そのとき》は先生《せんせい》も禮《れい》をなし拜望謝々《パイワンズエーズエー》但不必《タンポピ》費心《フイフイン》と挨拶《あいさつ》す父兄《ふけい》も一禮《いちれい》をなし告別《カウベヘ》去《さ》りかゝる入門《にうもん》の前《まへ》先生《せんせい》を招請《ちやうしやう》する事定式《ぢやうしき》なし富家《ふうか》豪家《がうか》の孩兒《ハイルウ》を學館《がくくわん》に遣《つかは》す前《まへ》先生《せんせい》を招請《ちやうしやう》するは孩兒《ハイルウ》の先生《せんせい》を厚《あつ》く賴《たの》む意《こゝろ》なり此時《このとき》饒初《?》して孩兒《ハイルウ》に書《しよ》を教《をし》ゆるも又《また》教《をし》えぬもあるは先生《せんせい》の隨意《ずいい》也

居宅之圖
きたく の づ

二

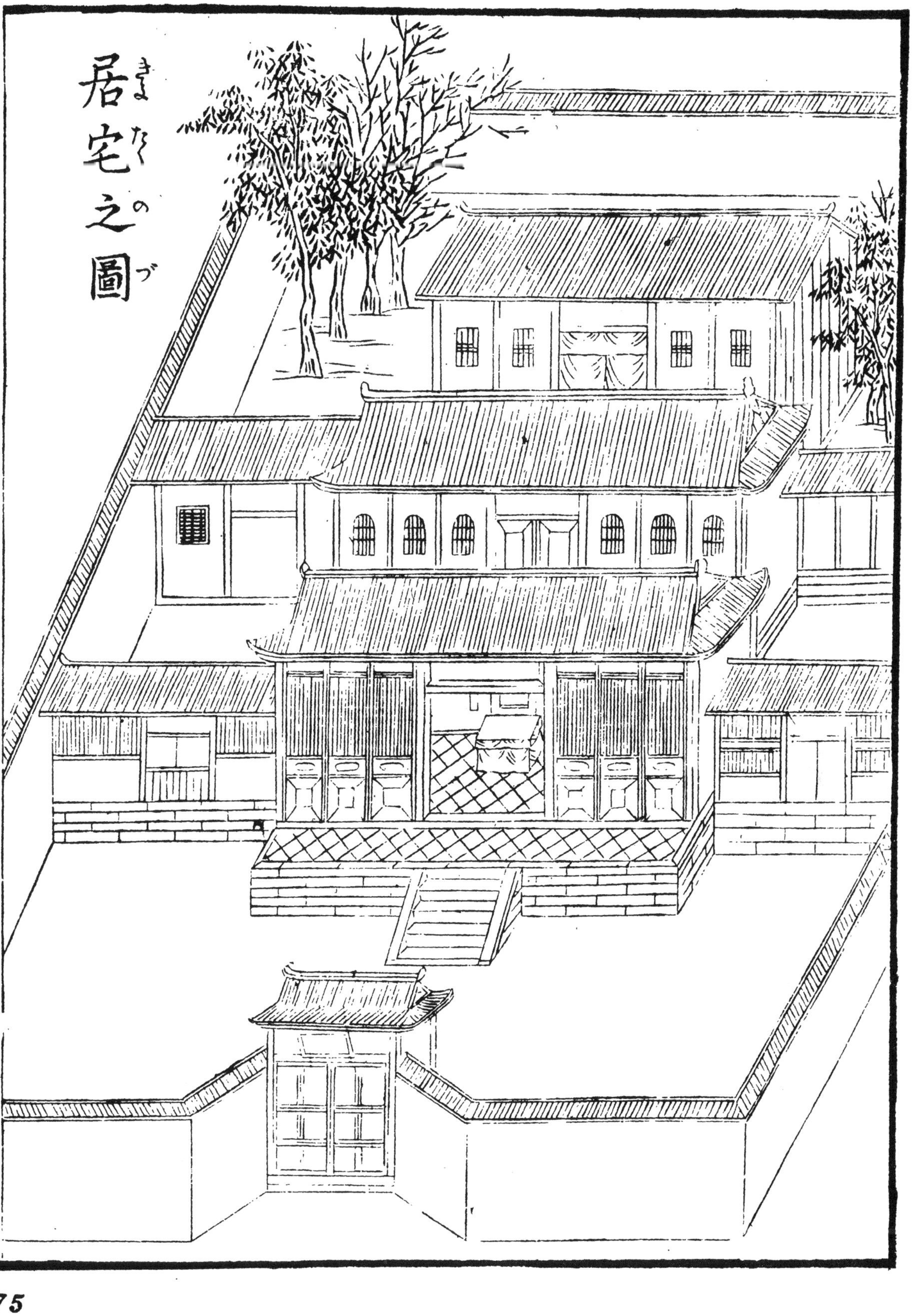

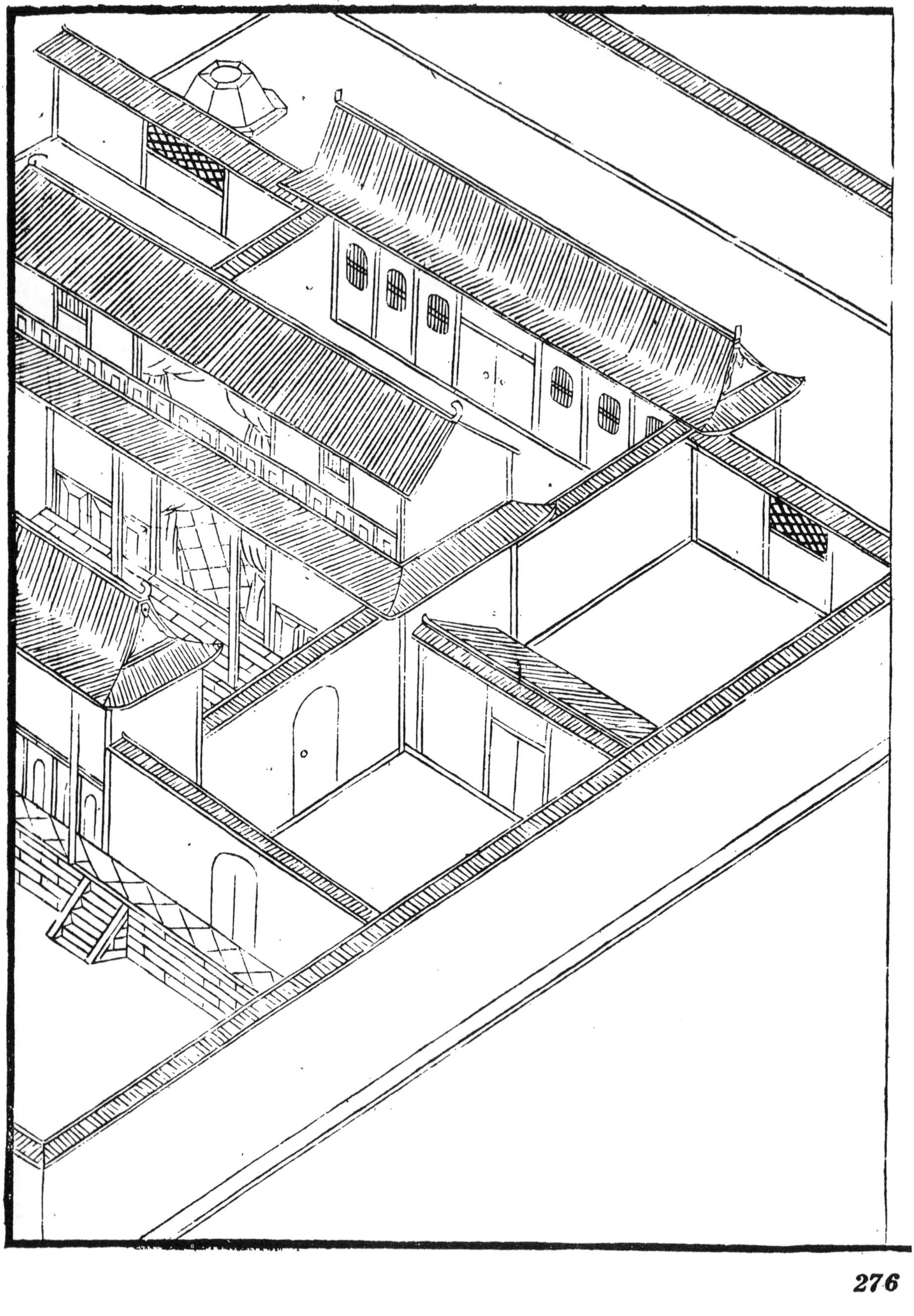

學がく館くゑんの之圖づ

三

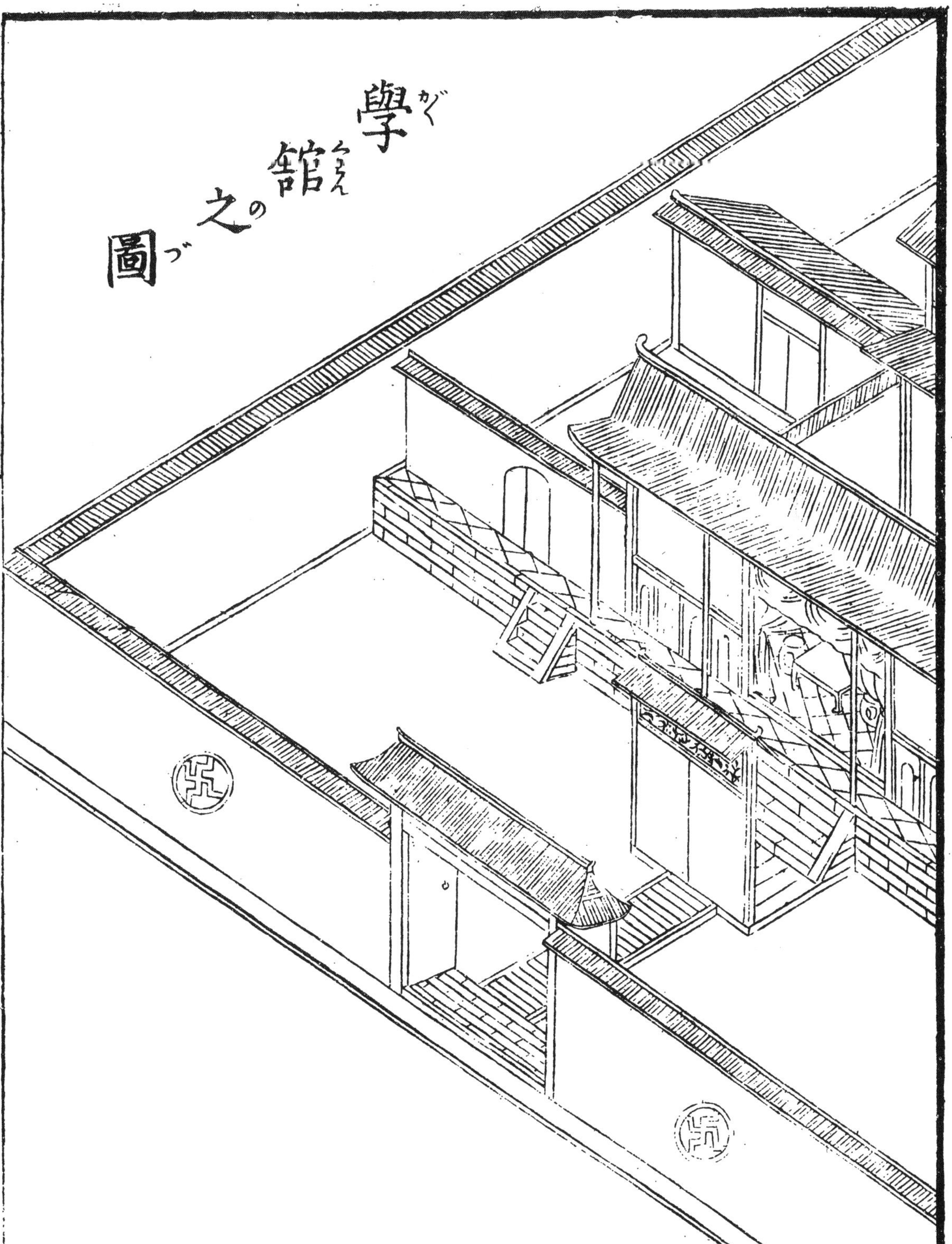

○何月何日ハ兼ゝ先生ヘ拜諾《パヒノ》し置《おき》けるに吉日《きつにち》なれバ前日《ぜんじつ》より門前《もんぜん》を打掃《タアサウ》し當日《たうじつ》に至り別《べつ》して饗應《きやうおう》の手當《てあて》を致し随分《ずいぶん》不敬《ふけい》なる事なき様《やう》に主人ハ自《みづか》ら周

旋《せんせん》す約束の時刻近くなれバ主人方より家僕《かぼく》を遣《つかは》し案内《あんない》に及ぶ其時《そのとき》先生使《つかひ》と一同《どう》に來《きた》るもあり又ハ使の口上《こうじやう》を聞《きゝ》並就來《スイコウライ》とて返すもあり或ハ時分《じぶん》案内に及ば

ぬもあり先生入來《じゆらい》の時ハ主人門口《かどぐち》まで出迎《でむか》ふもあり外廳《テン》の口まで出迎ふもあり賓主《ひんしゆ》互《たがひ》に礼《れい》をなし先生主人に打向《うちむか》ひ前日特蒙下臨所以今日踵門拜謝《ズエンジデモンヤアリンソーイヽキンジチヨンメンパヒズエー》と挨拶《あいさつ》すれバ主人も豈敢《キイカン》と揖《いふ》をなし先生《せんせい》を上座《じやうざ》に請《しやう》し椅子《イーツウ》に座《ざ》せしめ茶《ちや》をすゝむる人先生に向《むか》ひ請茶《ツインツア》と云此時《このとき》先生立《たつ》て礼《れい》をなし椅子に腰《こし》を掛互に寒暖《かんだん》を叙挨拶なる主人ハ孩兒《ハヒルウ》を引連《ひきつれ》書物《しよもつ》を持《もた》せ先生の前《まへ》へ來《きた》り此間《このあひだ》教訓《きやうくん》煩《わづら》し置たる小児《せうに》を是なりといふて孩兒に揖《いふ》をなさしむ先生《せんせい》も起身《キヒシン》して拱《きよう》ハながら手あり其時《そのとき》孩兒《ハイルウ》包《つゝ》みし書物讀初《よみぞめ》の書ハ三字經千家詩《サンツウキンツエンキヤアスウ》千字文百家姓《ツエンツウウエンヒヤキヤアスイン》等不同あるを出し一句《く》づゝに按し一行《ぎやう》又ハ四字六字讀初《よみぞめ》の

市近に數へ又は近て學《がく》館《くわん》に來るに日《ひ》の讀初《よみはじめ》とするにもあり先生《せんせい》は隨意《ずいゐ》なり當日《たうじつ》
教ゆるには五六遍《へん》も口授《くじゆ》するのみなり後に讀しめば孩兒《ハヒルウ》は書物を收拾《シウシ》し陪座《ホイア》は
其傍に從へ立るもあり此時用意せし菓子を並べ饗應を致し惣じて杯を菓子は
上に並べ置たる後賓客各一同に飲其時主人の方より客の杯を頂戴するは
領盃《リンポイ》と云返盃するを回敬《ツイキン》と云此為に右の孩兒を呼出し奉敬領盃《ホンキンリンポイ》為は事
なきもあり又は小児の在事は斯にもあり酒宴終りて菓子を方身抔の菓子糕品
を並べ菓子を出す事定式なり此時賓主打語《タアハア》して當日の款待《クワンダイ》を挨拶し多々攪擾《タウタウキヤウジヤウ》
重來拜謝《チヨンライハヒズエー》と云ひ告辭をなせば主人も立て豈敢怠慢《キヒカンタイマン》と互に揖し先生は立して主人
孩兒を伴連門迄送る門内にて別るゝも有此時賓主作揖斗なり其後入學の日取を小児學
館にて学ぶ小身なる者又は貧窮なる人は先生を招請せぬなり且孤獨等は其
家兄伯叔の内より先生へ日取を選て入學するにありて請に招請なし

招《せう》飲《いんする》先《せん》生《せいを》之《の》圖《づ》

○孩兒《ハヒルウ》はじめて入門《にうもん》のときハ其父兄《そのふけい》と一同に稽首の帖《てう》を持參《ぢさん》し學館《かくくわん》へいたるなり學館の造作尋常《ぞうさくじんじやう》ハ東階西階《とうかいさいかい》等《とう》の事なし門を入外廳《ムイテン》とて客を見る所の出入口より並《すぐ》に入なり孩兒入門の時着《ちやく》する服《ふく》も賓《ひん》客往來《かくわうらい》の服《ふく》と制《せい》同じ廣く人の禮服《れいふく》別《べつ》に制《せい》なし先生《せんせい》も書童《シイドン》管童《クワンドン》（書童 管童）とも〻側に云付聖像《せいぞう》畫像あるひハ至聖先師《ツイシンスエンスウ》の字《じ》紙用ひ多くハ襆衣幅巾なり又聖像紙をまひを云ふみな〳〵彩《いろど》色するなり是ハ蘇州府の虎丘といふ所より賣出すを以近《きん》國《こく》の學館に供奉《じふ》する事なり他國《たこく》にも賣出《うりだ》す例《ためし》あるといふ此處へ毛氈《もうせん》を敷《しき》香燭《かうしよく》をならべ糕粽《カロウチヨン》《もちちまき》（糕粽《カウチヨン》ハ高中《カウチヨン》の音通を以《もつ》て入門を稱する意あり）を備へ畢《をはり》て孩兒聖像に禮拜《らいはい》し（拜ハ漢禮を用ひ跪興四拜なり）次《つぎ》に先生《せんせい》を拜して此時《このとき》贄儀《ツーイー》として身分相應《みぶんさうおう》に銀《ぎん》七八匁あるひハ拾匁程を封筒《ホントン》に封じ其上《そのうへ》に簽《ツエン》とて紅唐紙《こうたうし》を小さく切張付《きりはりつけ》其紙に贄儀《しぎ》と書《かき》先生《せんせい》へ捧《さゝぐ》る事初見《しよけん》の禮《れい》なり此時《このとき》先生同門《どうもん》の書生《しよせい》を集《あつ》め和氣湯《ヲヽキヒタン》（瓜仁棗肉を白砂糖湯にて用ゆ）を飲《のま》しむ是《これ》ハ朋友《ほうゆう》の和氣《わき》を和する心《こゝろ》なり何國《いづく》の學館にても用ゆる事にハあらず江南《かうなん》の地方《ちかた》にてハ此事ある人によりて

書《しよ》包《ばう》藍《らん》布《ふ》

他国《たこく》にても用事《ようじ》なきは毎日《まいにち》功課《こうくわ》の如《ごと》く稽古《けいこ》なして早晨《ツアウジン》に学館《がくくわん》に来《きた》り先《まづ》座《ざ》して聖像《せいざう》に向《むか》ひ作揖《さいつ》し次《つぎ》に先生《せんせい》の案前《あんぜん》に来《きた》りて作揖《さくゆう》し自己《じこ》の請持《うけもち》の椅子《いす》にかけて書物《しよもつ》を案上《あんじやう》に並《なら》べ休息《きうそく》の後《のち》ぞ先生《せんせい》書生《しよせい》にむかへ来々讀書《ラヒくトシー》とて其時《そのとき》先輩《せんぱい》の者より先に稽古《けいこ》は其朝出席《そのあさしゆつせき》の遲速《ちそく》によりて次第《しだい》をあらそふこともあるなり到着帳面《たうちやくてうめん》等《とう》なし　都て書生《しよせい》は書物《しよもつ》を先生《せんせい》の案上《あんじやう》に並《なら》べ包《つつみ》を披《ひら》き書物《しよもつ》を取出《とりいだ》し前日《ぜんじつ》授《きやう》らるる所《ところ》を三四遍《へん》読《よみ》ければ先生《せんせい》右《みぎ》の書物《しよもつ》をとりて背誦《ボイジン》をなさしむ此時《このとき》書生《しよせい》は先生《せんせい》に背《そむき》て前日《ぜんじつ》習《なら》ひ得《え》たる所《ところ》を誦《せう》じて毎日《まいにち》同様《おなじやう》なり然《しか》る背誦《はいしよう》の時《とき》一字にても讀違《よみちがひ》ある時《とき》は元《もと》の坐《ざ》に返《かへ》し其次席《そのつぎせき》の書生《しよせい》を呼出《よびだ》し句讀《キヒデウ》を授《さづ》くなり句讀《くとう》の授《さづ》けかたは先《まづ》一句宛《くづつ》先生《せんせい》讀《よみ》て傳しに讀《よむ》こと三四遍《へん》も一同《いちどう》に讀《よま》せてのち書生《しよせい》一人讀《よむ》なり其間《そのあひだ》に未熟《みじゆく》なる所は句讀《くとう》あらびに點圏《テンキエン》を加《くは》へ句《く》を行《ぎやう》の右《みぎ》に圏《けん》し讀《とう》を行《ぎやう》の真中《まんなか》に一點《てん》を加《くは》へするなり

小圏《せうけん》を加《くは》ふ事《こと》もあり若《もし》一字《じ》両音《りやうおん》義理《ぎり》異《こと》なる字《じ》は其四声《そのしせい》に応《おう》じて加ふ

平上去入《ピンジヤンキイジ》をわかつ小圏《せうけん》の點《てん》は是は門生《もんせい》十人已上《いじやう》三四十人迄《まで》に教《きやう》ゆる時にて是

法《はう》なり又十人以下《いげ》は書生《しよせい》なきに付て初學《しよがく》の時《とき》塊頭字《クイテウヅウ》塊頭字《くわいたう》とは紅唐紙《こうたうし》方一寸斗《ばかり》に切文字《せつもんじ》を一字《じ》づつ書《かき》たるなり

を以て一日に一字二字三字と次第《しだい》に見覚《みおぼ》えしむるなり認字《ジンヅウ》とはなり又初《はじめ》

日に總《そう》て三字二日目には總《そう》て三字前日《ぜんじつ》の二字共《とも》に温《あたゝ》めて見覚えしむる也但し生

得の才氣《さいき》薄《うす》き者《もの》あらば幼稚《ようち》の者《もの》且《かつ》は門生《もんせい》もすくなき時《とき》は時々《ときどき》讀《よま》して見ぬ

ここに教養《きやうやう》するの法《はう》なり凡總字《そうじ》三百字《じ》に過《すぐ》れば素讀《そどく》を教《をし》へ漸《やうや》くと學業《がくぎやう》

進《すゝ》みて四書《ししよ》五經《ごきやう》を讀《よま》しむ且《かつ》毎朝《まいてう》讀書《とくしよ》の時《とき》は容《かたち》を整《ととの》へ其句讀《くとう》を定《さだ》め句讀《くとう》す

心を付字《つけじ》を分暁《フンヒヤウ》に讀《よ》む讀書中《とくしよちう》に他《た》の所《しよ》を見る事なく他物《たぶつ》を玩《もてあそ》ぶ事なく遍《へん》

數《すう》を細《こまか》に記《き》し其遍數《へんすう》満《みつ》れば背誦《はいせう》しむ満《みち》て後背誦《はいせう》する迄《まで》返《へん》遍も讀《よ》ませ

遍數《へんすう》満《みち》ずして背誦《はいせう》なるとても遍數《へんすう》の満《みつ》るまで讀《よ》まして是《これ》までなさしめ得《う》るなり

問學

七

興

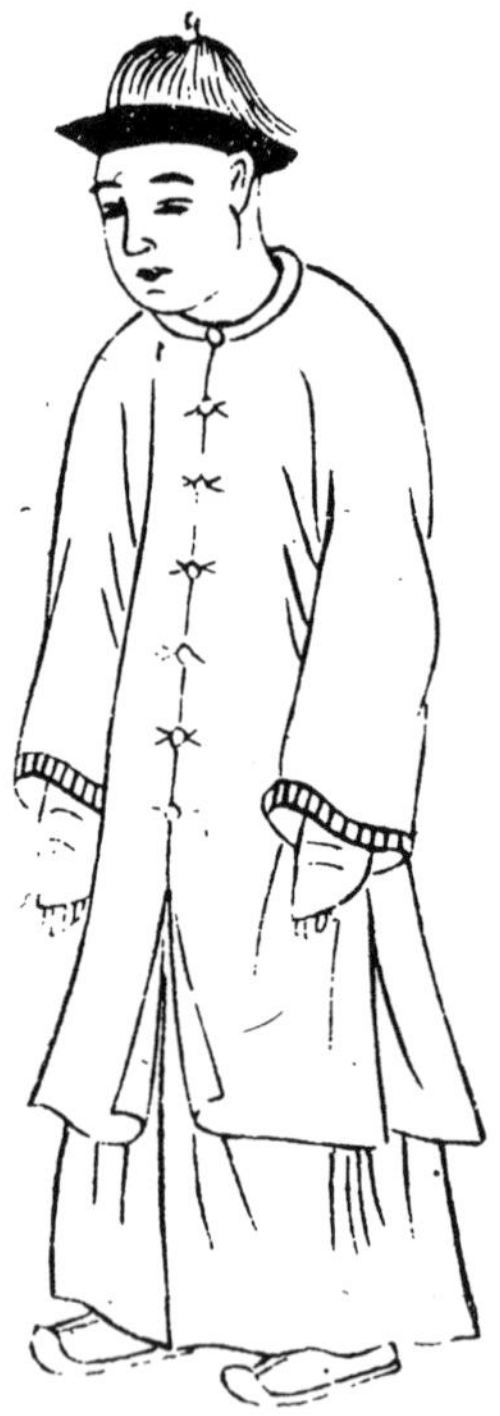

拱手

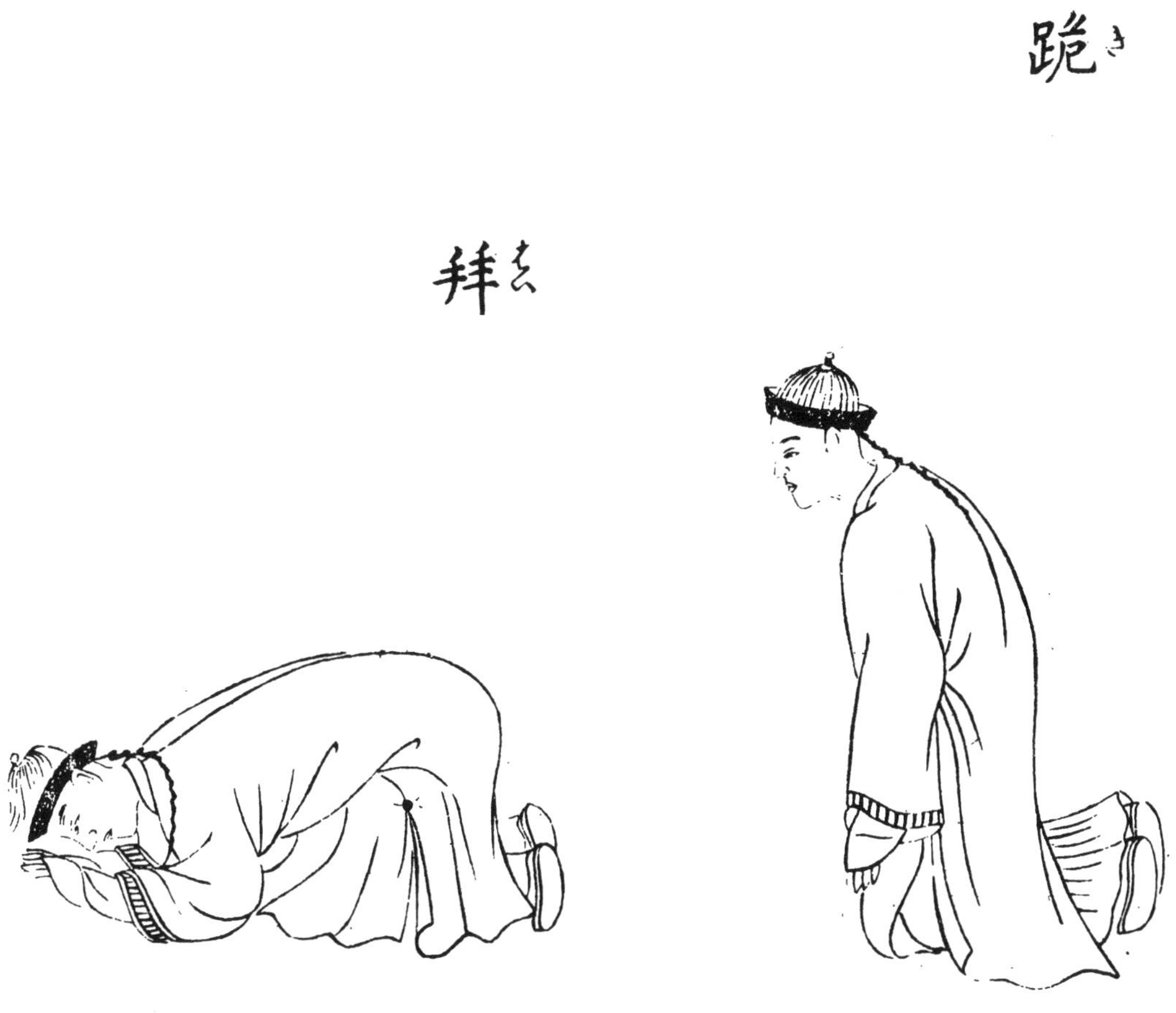
跪
拜

封筒大小不同用白綿連製造 正面式

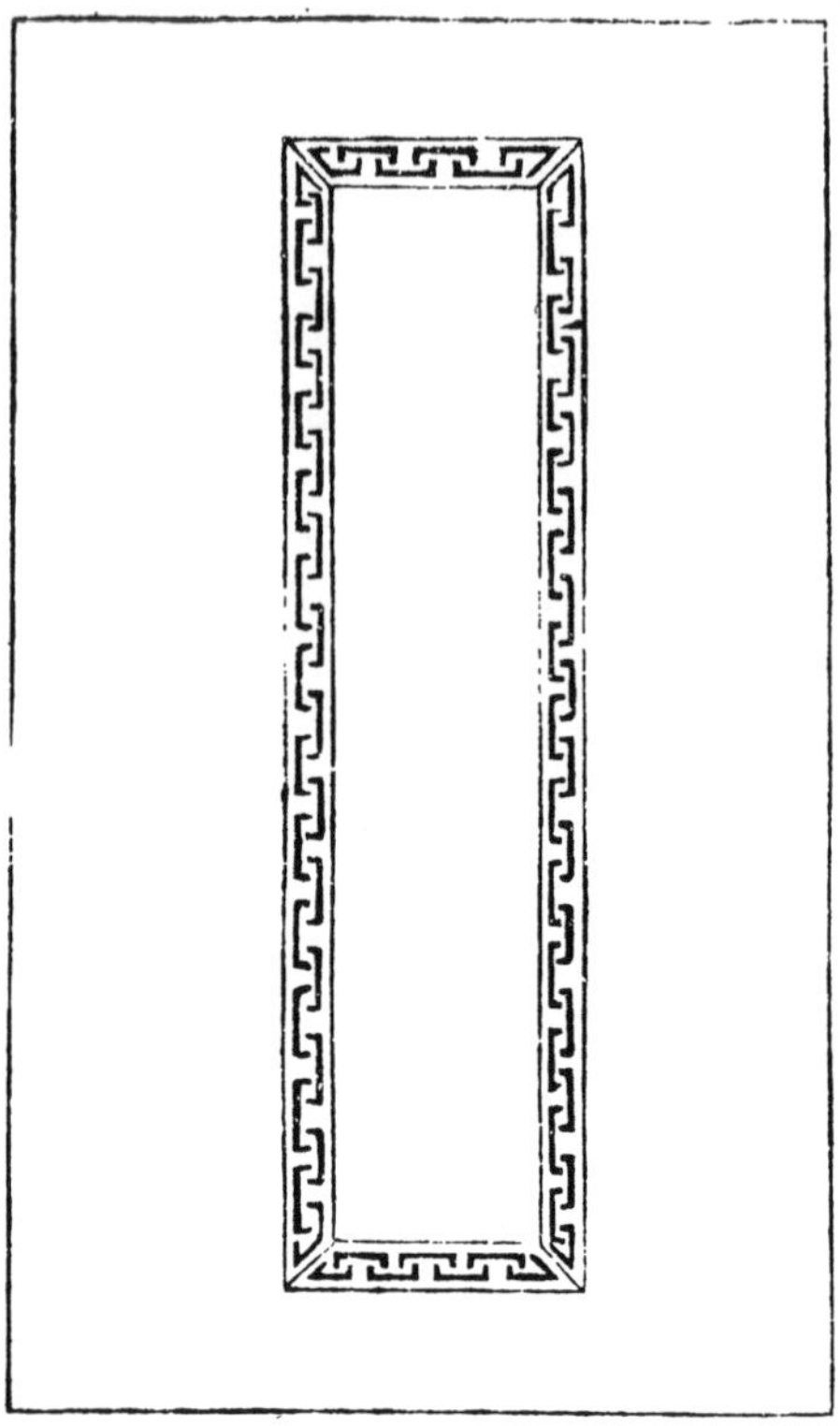

背面式

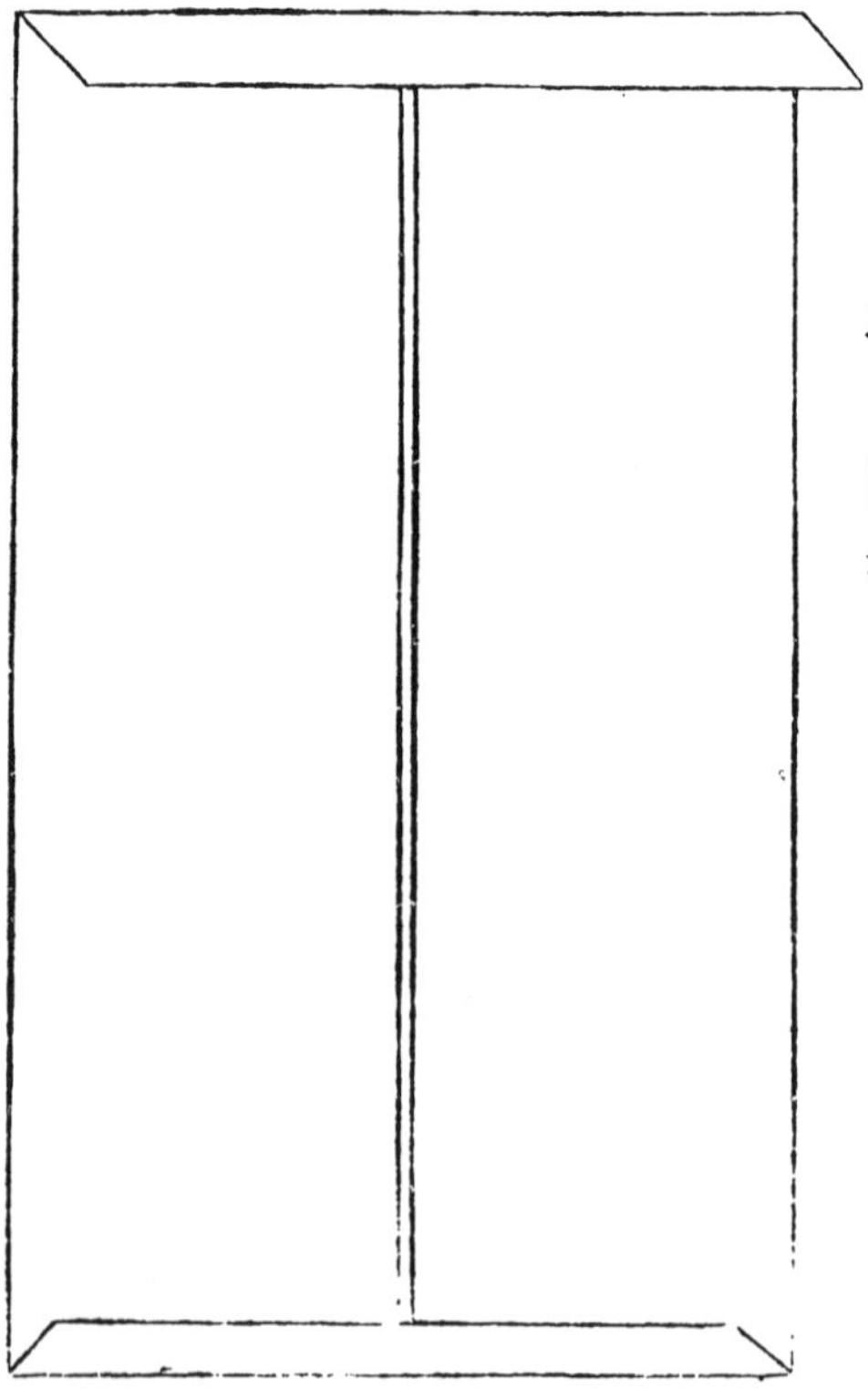

封筒釘封面式 一面用大紅或梅紅箋貼固上下轉至後面糊貼牢固 背面式

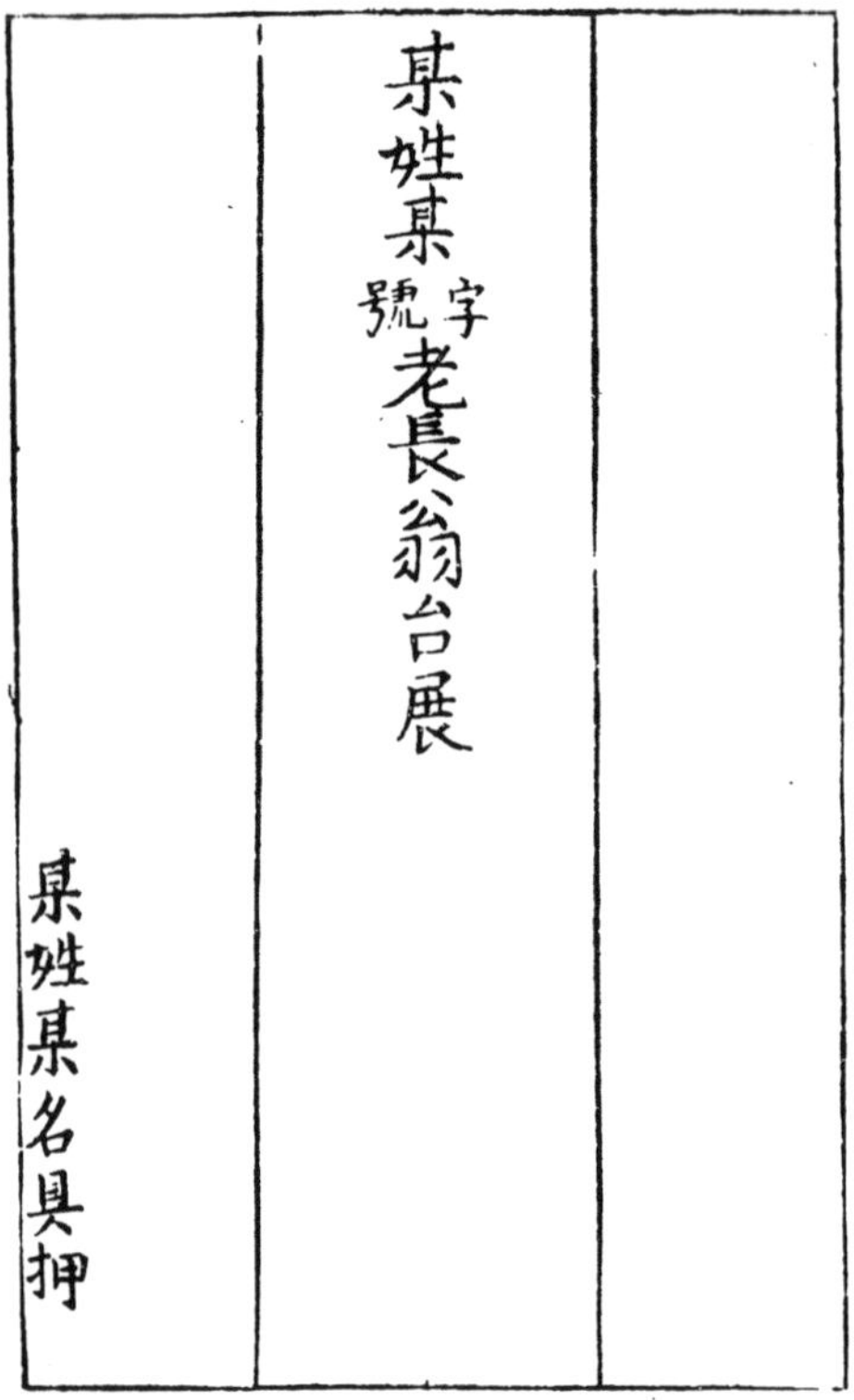

某月某日發

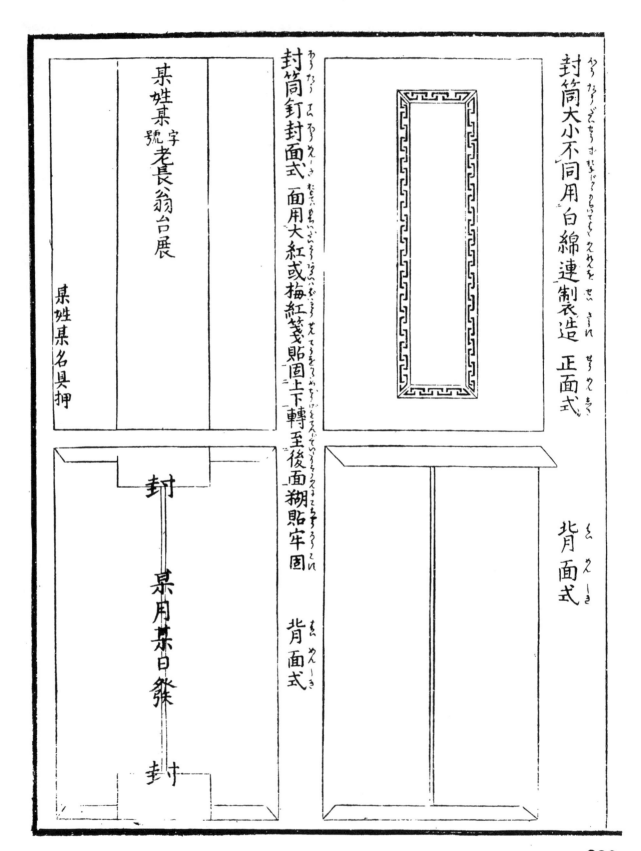

某姓某字號老長翁台展
某姓某名具押

贄儀　脩

書成帯《タヒ》温《ヲン》復《ホ》習《ズ井》するに事同く問得あり受業したに上《うへ》ゆく會得せざる事あれバ年長《ねんちやう》の書生に問ひ並みに先生に問の事始し先生に問ぞしてかゆきざる所を整《チン》衣《イー》斂《レン》容《ヨン》し席をあるにし先生の前にすゝみく某《ムー》於《ノー》某《ムー》事《ズウ》未《ウイ》明《ミン》はくさを某《ムー》書《ジイ》未《ウイ》通《トン》敢《カン》請《ツイン》先《スエン》生とゆ先生さつくあゝい如成滑め聽《きく》く坐《ざ》に帰ふ事せ

午《ウー》時《ズー》に至りてハ進るよりす来り學ぶ書生ハ先生の許容成らけ家にかへるべし

吃中飯《チヨンハン》《ちうはん》し又走《すご》れ學館《がくくわん》に來《きた》るに二町三町《てう》も隔《へだ》てたるあれ書生《しよせい》ハ許《かく》より喫飯《ひきさん》を送る也人帰るに及びて午飯《ウーハン》過《すぎ》て習字《ヅ井ヅウ》は八點時候《パテンズウヘロウ》《やつどぶん》に先生講書《キヤンシヒ》し學館《がくくわん》の書生《しよせい》各《かく》々正《たゞ》しく拜聽《ちやうちやう》す先生講《せんせいかう》し了《おはれ》れバ學業《がくぎやう》進《すゝ》みたるに書生當《たう》日先生の講しある所《ところ》を輪講《りんかう》は了て又當日授《じゆ》りたる書を熟讀《じゆくどく》は允習字ハ手拙《しゆせつ》に拘《かゝは》らず專ら字畫《じくわく》端正《たんせい》にして歪斜差落《キヒセエツアーロ》等の病なきやうに紀律《くらつけ》學ぶべし筆《ふで》墨《すみ》硯《すゞり》の取扱《とりあつか》ひを丁寧に静《しづか》にし戯《たはむれ》に硯の面《おもて》に書落《かきよご》しする等の事なきやうすべし戒しむるべし習字《しうじ》ハ初《はじめ》に上大人孔乙已化三千七十士尔小生八九子佳作仁可《ジヤンダアジンコンイズウハアサンツエンツイシズウルウスヤウスエンパキウツウキヤアツオジンコー》知禮也《ツウリイヱー》と云ふ字をお手本にして是を定法《ぢやうはふ》として先生《せんせい》朱《しゆ》にて書與《かきあたふる》へバ書生《しよせい》墨《すみ》にて填《テン》寫《スエー》は筆《ふで》の取様ハ大指中指人指にて筆管《ひつくわん》の中ほどを握りゆるやかに持ち空《くう》にあるやうにす是《これ》を把筆《ハアピ》と云ふ墨《すみ》を摺るは遅きにあらぬやうに順《じゆん》に右へ廻《めぐ》らし是を磨墨《モーメ》と云ふ清書《せいしよ》の法も同じ字を二三字あるひハ四字書事《かくこと》ありたらば

塊頭《たう》字《じ》

上	孔
大	乙
人	己

錫盂《う》

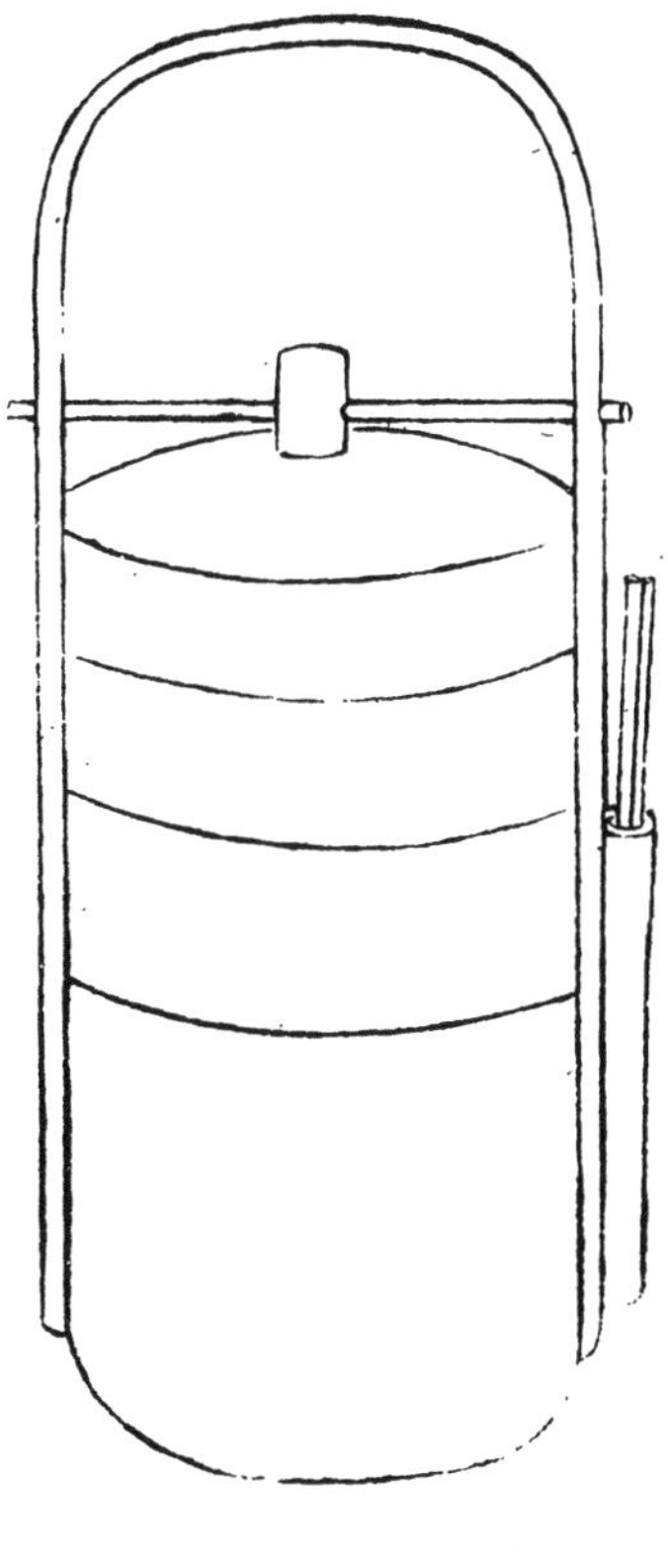

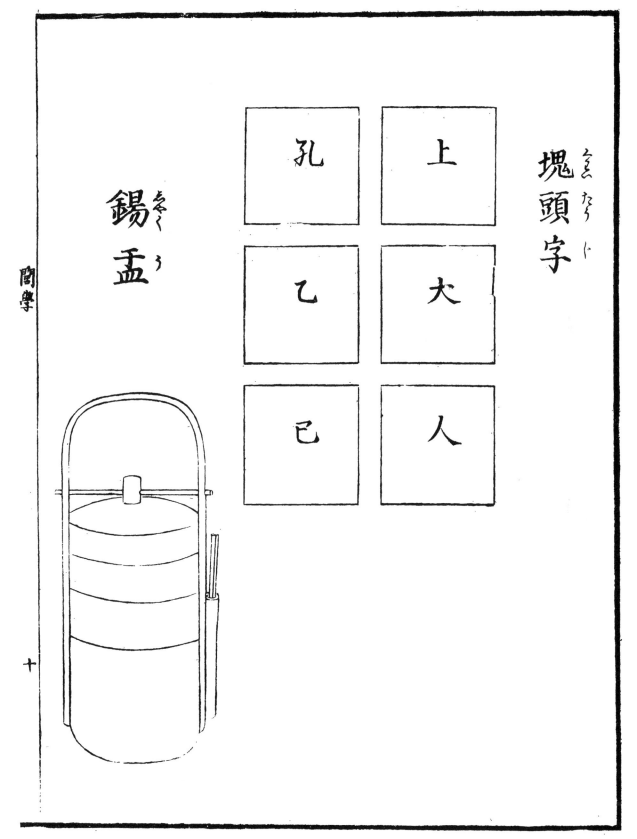

學《かく》館《くわん》諸《しよ》生《せい》列《れつ》位《ゐ》之《の》圖《づ》

上の字《じ》を三字書《かく》時ハ初《はじめ》の一字は塡寫《てんしや》し残《のこ》りて二字《じ》は自身《じしん》に書《かく》是清書《せいしよ》の法《はう》なりかくのごとくすること毎日《まいにち》清書《せいしよ》し請改し其末千字文《せんじもん》あるハ古筆《こひつ》法帖《ほうでう》等の習《なら》はしむ法帖《ほふてふ》は習《なら》ふ時《とき》は油紙を覆ひおけ写《うつ》しに習《なら》ふ黄昏《たそがれ》に及《およ》ぶ頃《ころ》は書生《しよせい》を家《いへ》に帰《かへ》らしむ又一月半月も滞留《たいりう》さするなるとも毎日《まいにち》家に帰らしめて書生《しよせい》は又其以下《そのいか》にて路陽まで送るには奴僕時刻を考《かんが》へ迎《むかひ》に来《きた》る故午飯《ごはん》を送《おく》るなみにも陽の器物《きぶつ》に入《いれ》来《きた》る故に因入門の日より書生《しよせい》に教《をし》へらるるハ先家《いへ》に帰《かへ》りて神（土地公《とちこう》灶君なと云）へ礼し次に父母兄弟姉妹にもみえ礼儀し進退周旋の礼節《れいせつ》懈怠《けたい》あるべからざると心ひおしへらるる事故に○詩作は数年にては先對を作らしむ其法を二字三字は古人《こじん》の句《く》は書見に對《つい》を作《つく》らしめ追く五字七字は法《はふ》を教へ點削《テンサク》を加ふ其後五言七言の絶句《ぜつく》を作らしむ作り習《なら》ふ時《とき》は其人の好《この》みにより韻書《ゐんしよ》類書《るいしよ》等を用《もち》ふれども何《なに》の書は用ふよろふ定《さだ》なし又其間《そのあひだ》に唐詩《たうし》三百首を毎月誦せし

むつかしき事常なり文章《ぶんしやう》を属《ぞく》する法は天然才氣《てんねんさいき》ある幼童《ようどう》は十二三歳《さい》なりとも

左傳《さでん》史記《しき》漢書《かんしよ》の類《るい》をよく熟讀《じゆくどく》せしめ義理體裁《ニイリーツーザイ》等を追へ教へ

又ら先生《せんせい》は講《かう》する書《しよ》を輪流《リンリウ》に講《かう》しさせ義理《ぎり》違《ちが》ふ所《ところ》あれば講《こう》し

率て逐一《ちくいち》に先生《せいせい》のなほしへあらためかくのごとく志るし句意《くゐ》文法《ぶんはう》の略《りやく》なる所

消ろかうへみなく先生題《せいせいだい》を出して文《ぶん》を作らしめて文法照應《ぶんはうせうおう》等を示す事《こと》之

○学館《がくくわん》に供奉《きようぶ》する聖像《せいざう》の左右《さゆう》に文昌帝《ウエンチヤンデー》君《トン》魁星《クワイスイン》像《ズヤン》を安置《あんち》する事《こと》あり

此二神《かうしん》は都《すべ》て文明《ぶんめい》をつかさどる神《かみ》ゆへ讀書《どくしよ》する人多く礼敬《れいけい》する事《こと》之

志らし所《ところ》によりてはまつらぬ事《こと》あり○先生《せんせい》賓客《ひんかく》と應對《おうたい》の事《こと》あれば書生《しよせい》

次《つぎ》に隨《したが》ひ序立《ジヨーリ》し先生《せんせい》賓《ひん》と礼儀《れいぎ》をなす所待《まつ》諸生《しよせい》賓《ひん》に向《むか》ひ奉揖《ホンイ》し賓《ひん》退

時《とき》も奉揖《ホンイ》し送《おく》る賓《ひん》と先生《せんせい》と諸生《しよせい》に命《めい》して門《もん》を出《いづ》る事《こと》なりとあれば

銘《めい》く位《くらゐ》に凝立《ニンリ》し先生《せんせい》賓《ひん》を送《おく》りて帰《かへり》て坐《さ》を命《めい》ぜられば元《もと》のごとく坐す客賓《かーひん》か

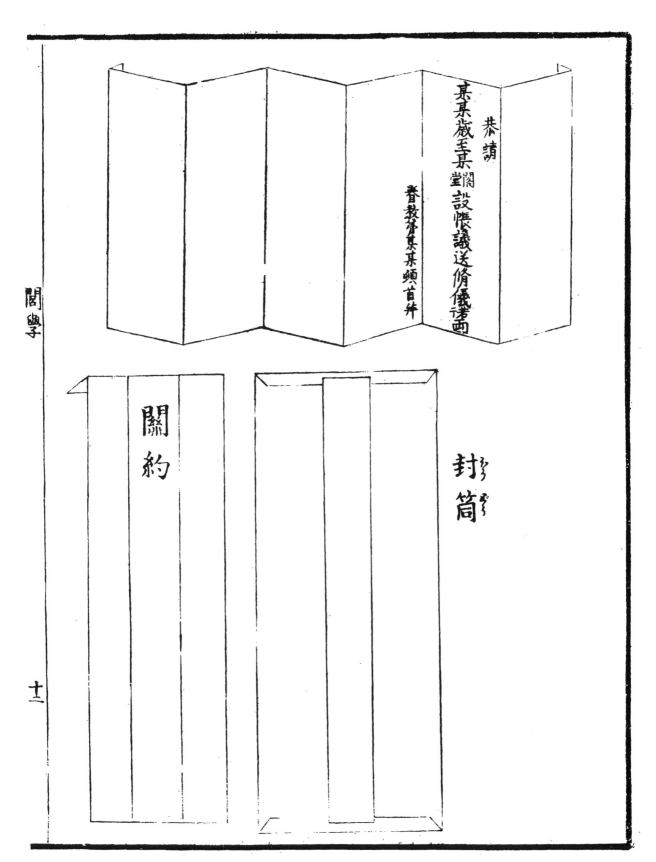

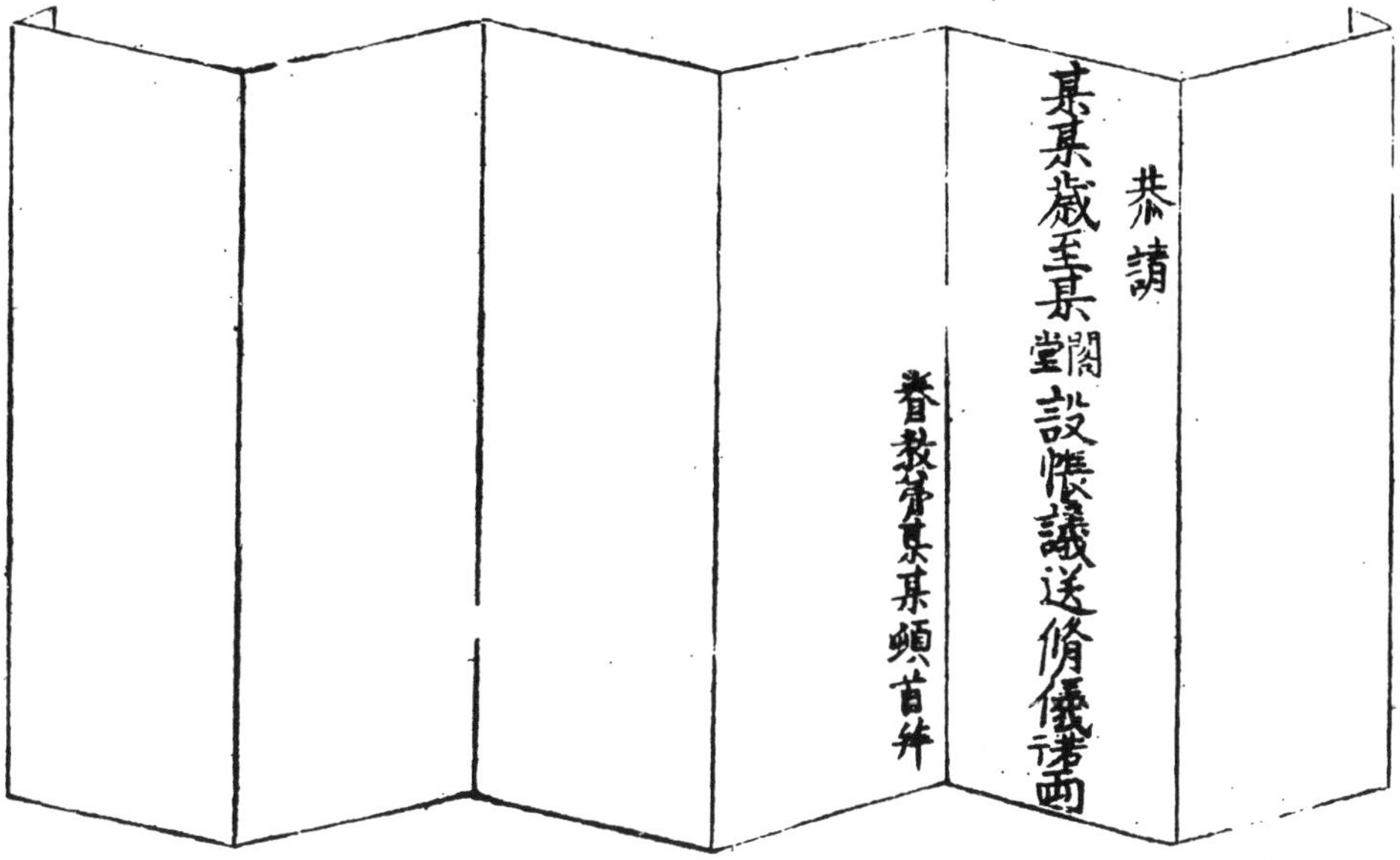

封筒

諸生中《しよせいちう》に相見《さうけん》を欲《ほつ》する時《とき》も先生《せんせい》と礼儀《れいぎ》謝《すゝ》たる人にて作揖《さくいふ》し賓退《ひんそう》く時も
遠《とを》く送《おく》る事《こと》を得《え》ず又此類《るい》にあらざれバ親押《ちんかふ》する事なし
知縣同知又ハ其已下の官人或ハ富家なとにハ我家《わがいへ》に博学《はくがく》先生《せんせい》を請《しやう》じ
孩児《がいじ》の教育《けういく》を頼《たの》み礼儀《れいぎ》ハ何《いづ》れも同様《どうやう》なり其関約《くわんやく》とよべる全帖《ズエンテ》を拝与て
或《あるい》ハ三家五家申合せ先生《せんせい》を請《しやう》じ孩児《がいじ》を教《おし》ふる惣《さう》じて我家《わがいへ》に先生《せんせい》を招《しやう》
請《しやう》する事何《いづ》れの世《よ》に始《はじま》りしにや知《し》る者《もの》なし然《しか》れ共其地に先生《せんせい》とすべき人なけれバ
他邦《たはう》よりも招請《ちやうしやう》し孩児《がいじ》を教《おしゆ》るなり其招請《しやうしやう》しなる家《いへ》に学館《がくくわん》なき時ハ内房脇房
等迄講本家にて孩児《がいじ》右の学館《がくくわん》に日々《ひゞ》に行て学《まな》ぶ也日々の賄《まかなひ》を本家より
心付時《こゝろづけとき》にも衣服《いふく》なと送《おく》る事あり若《もし》先生《せんせい》召仕《めしつかひ》の者なき時ハ招請し
たる家より書童《シイトン》管童《クワントン》など云人《いふひと》まへ三人附添《つきそひ》伏侍《ホスウ》せしむ十二月にいたり先《せん》
生学館《せいがくくわん》を収拾《しうしう》し郷里《きやうり》に帰《かへ》りて正月十日頃《ごろ》より来《きた》り学館《がくくわん》に入る

功課單

夫書生每日清晨上學宜整頓几案令潔淨端正平心意氣將昨日所教之生書讀熟背誦仍理溫讀過書每本正文十張然後方教生書再讀計遍數成誦午飯後習字筆硯墨錠須頓放有常處不可散亂未時講書又熟讀舊時讀過之書務要讀得字字響亮不可錯誤夜間在家亦讀到二更凡在本館受業者愼之毋忽

戒《かい》方《はう》

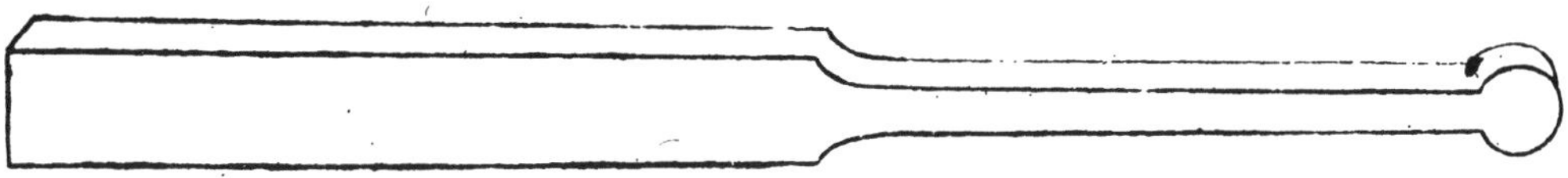

竹《ちく》片《へん》

○女子《ぢよし》学問《がくもん》の法《ぎやう》は男子《なんし》に異《かく》なる事《こと》なし。尤も女先生《ニースエンハ》とて寡婦《クワフー》又ハ人《ひと》の妻《さい》学者《がくさ》あるひは諸家《しよけ》の女子《ぢよし》を教《をしゆ》るを見《み》るに女子《ぢよし》は家《いへ》にありて教授《きやうじゆ》し初《はじめ》には女訓《ニイヒン》孝経《ヒヤウキン》を教《をし》へ後《のち》には千字文《せいじめん》百家姓《ぺくかせい》四書《ししよ》等《とう》を読《よま》しむる事《こと》男子《なんし》に同《おな》じ。贄《ツウ》儀《イー》束脩《ソスイロウ》の礼《れい》も同様《どうやう》あり。習字《しうじ》も初《はじめ》は女先生《ぢよせんせい》に教《をしへ》られて上大人《しやうたいじん》を習《なら》ひ後《のち》は男女《なんによ》に限《かぎ》らず経書《のうしよ》の先生《せんせい》を招《まね》き習《なら》ふ。因《かつ》豪家《がうか》は女子《ぢよし》には詩文章《しぶんしやう》を教ゆるもあり。小家《せうか》にても志厚《こゝろざしあつ》なるハ其父兄《ふけい》の好《この》むにまかせ詩作《しさく》等《とう》教《をしゆ》る此外《このほか》女先生《ぢよせんせい》女子《ぢよし》に教《をしゆ》る事《こと》なし。婉娩《エンワン》《あてやか》聴従《テンツン》《すなを》等《とう》の事《こと》は女子《ぢよし》の母《はゝ》常《つね》に教《をしゆ》るあり。折〻《をりふし》は女先生《ぢよせんせい》も招《まね》ゆる事有り。

○学館《がくくわん》の壁《へき》書《しよ》は功課単《コンコータン》といふ牌《ふだ》を壁《かべ》に張《はり》置《おき》て常《つね》に書生《しよせい》に見《み》せ置《おく》。若《もし》掟《おきて》を犯《そむ》き偸懶《テウラン》《ぶせい》作怪《ツオクワイ》《あやさ》あるものあれバ戒方《キヤイハン》一名戒尺《キヤイチ》と云板《いた》にて作るなりにて竹片《チヨペ》竹にてはくりたる紙を重くさて手唯にめるなりを以《もつ》て打手心《タアシウスイン》《てのひらをうつ》又おもく懲《こら》しめには打屁股《タアピイクウ》《いしきをうつ》するなり

開館票《かいくわんひやう》

本月某日、開館

○毎年《まいねん》放學《ハンヤ》《やすみび》の定日ハ三月清明《ツインミン》五月朔日より五日まで七月中元《チヨンエン》八月中秋《チヨンツイウ》九月重陽《チヨンヤン》十月冬《トン》至《ツウ》十二月廿日頃より來正月十日前後《ぜんご》まで放學《ハンヤ》とい是《それ》年中《ねんぢう》放學《ハンヤ》の定日《ちやうじつ》なりと玄東母よ又毎年《まいねん》端午《タンウー》中秋《チヨンツイウ》の日だにも放學《ハンヤ》するにもあらず其餘《そのよ》日食《ジジ》月食《エジ》國喪《クオサン》などの節《せつ》も放學《ハンヤ》せし頃平生《へいぜい》のごとく教授《きやうしゆ》するなり先生《せんせい》毎年《まいねん》十二月廿日頃《ころ》より稽古《けいこ》止め郷里《きやうり》へ引《ひき》取《とり》正月十日前後《ぜんご》に來りて請持《うけもち》の學館《くわん》に入《い》るに當月《なり》何日《いくか》より稽古《けいこ》初《はじめ》を致《いた》さしく日《ひ》取《とり》極《きは》め紅唐紙《こうたうし》に書門口《かきかどぐち》に張《はり》出《だ》し日限《にちげん》を見《み》て書生《しよせい》上學《シヤンヤ》頃此時《このとき》讀初《よみはじめ》等《など》の式《しき》あり先初學《しよがく》入門《にふもん》あらば聖像《せいざう》に香燭《かうしよく》供物《くもつ》餝《かざ》り使《つかひ》禮拜《らいはい》するに事《こと》等常行ふ式《しき》のごとし右《みぎ》の外《ほか》年中《ねんぢう》放學《ちやうがく》れ日《ひ》なし先生《せんせい》又ハ書生《しよせい》の内《うち》に故障《こしやう》あらば時《とき》ハ放學《ほうがく》

すなはち志らし書生《しよせい》の故障《こしやう》あるなれば其者《そのもの》なるの事也

贄《し》儀《ぎ》束《そく》脩《しう》包《はう》法《はふ》

面

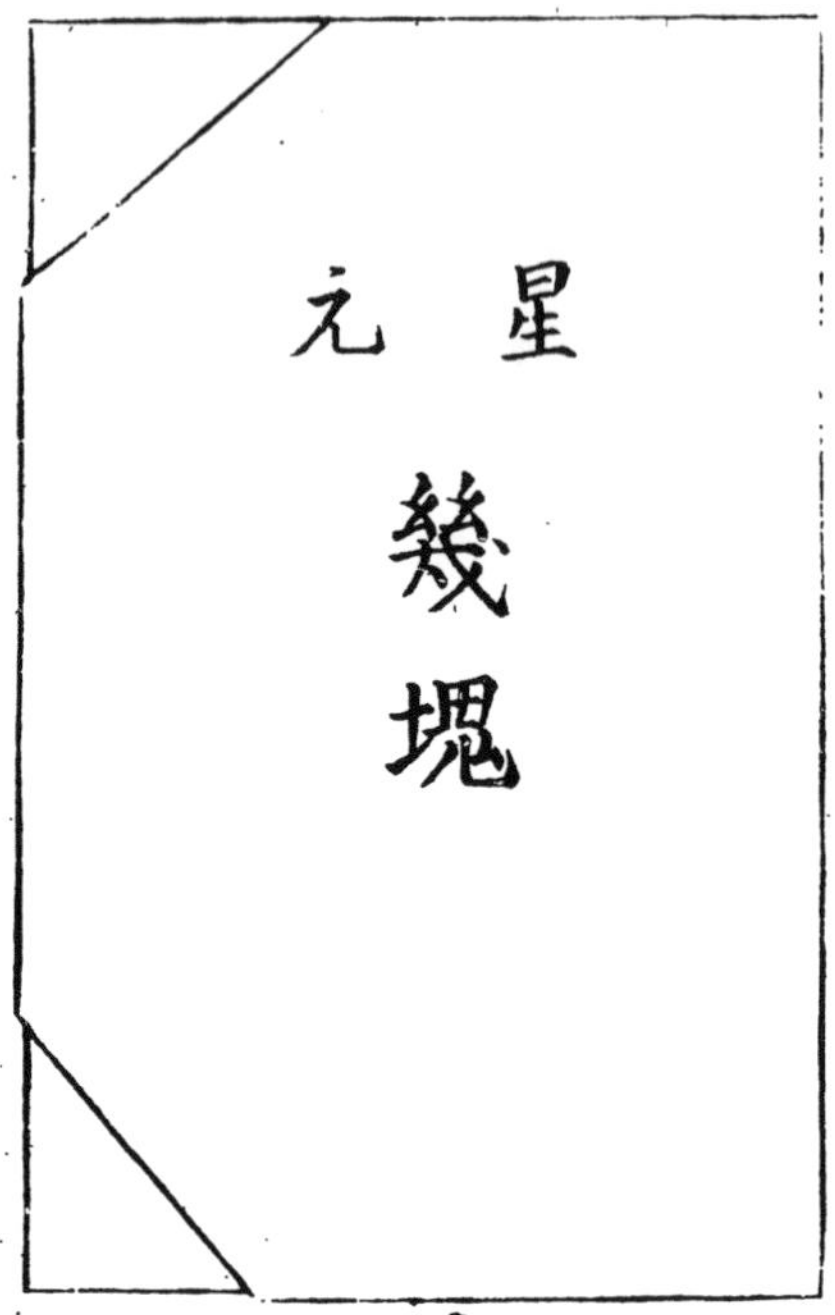

背

單《たん》帖《てふ》

拜《はい》匣《こうの》蓋《ふた》

同《おなじく》身《み》

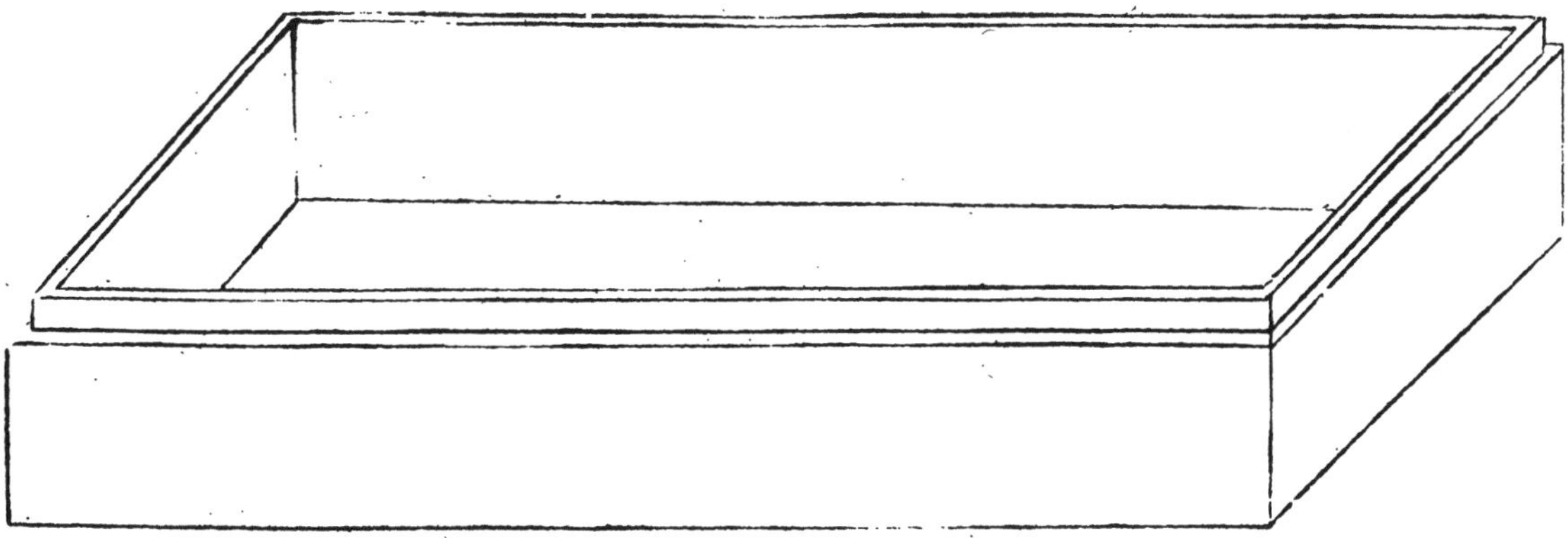

○毎月《まいげつ》朔日《ついたち》十五日には書生《しよせい》早晨《ツアウシン》に学館《がくくわん》へ来《きた》りて先後《せんこう》の書生互《たがひ》に揖《いふ》し皆《みな》く揖《いふ》ひたる
後年長《ねんちやう》の書生諸生《しよせい》を従《したが》へ聖像の前《まへ》に至り焚《たき》香《かうを》礼拝《らいはい》して直《すぐ》に先生
にむかひ再拝《さいはい》して此時先生立《たつ》て揖《いふ》するなり

○先生《せんせい》が家《か》内《ない》に招請《ちやうしやう》したる人への謝儀《しやぎ》は一ヶ年《ねん》に銀《ぎん》五百目より六百目迄にて二家四
家《か》位合せて招請する時は一家より一年百目二百目宛《づゝ》送る事完初中
誤《なんど》ありて先生も先諸の人あり学館《がくくわん》の諸生《しよせい》へ与《あた》へ代相懇に一ヶ年の脩儀《しうぎ》銀《ぎん》
五十目位より百目位まで不同《ふどうあり》大家《たいか》小家《しやうか》ともに一年に三度《ど》（端午《たんごちうしう》中秋歳暮なり）又は
五度（立夏《りつか》端午中秋冬至《とうじ》歳暮なり）に割合送る束之銀《ぎん》の包《つゝみ》中《なかく》あるひは切銀《きりぎん》あるひは星《スイン》幾塊《キイクワイ》
と書全き銀《かたまり》は元幾塊《エンキイクワイ》と書《かく》量目《めかた》を書載《かきのせ》ぬなれども其《その》を封筒《ふうたう》とて紅唐紙《こうたうし》
にて袋《ふくろ》を作りて能《よく》封《ふう》じ上《うへ》にかけ紙《がみ》をして脩儀《しうぎ》と書《かき》拝匣《ハビや》といふ箱《はこ》に入れて
奴僕《ぬぼく》に持《もた》せ行《ゆき》て是は此《この》先生請《うけ》取《とり》の謝帖《スヱーテ》ありて

祠《し》堂《だう》

羅《ら》紋《もん》斗《と》方《はう》紙《し》

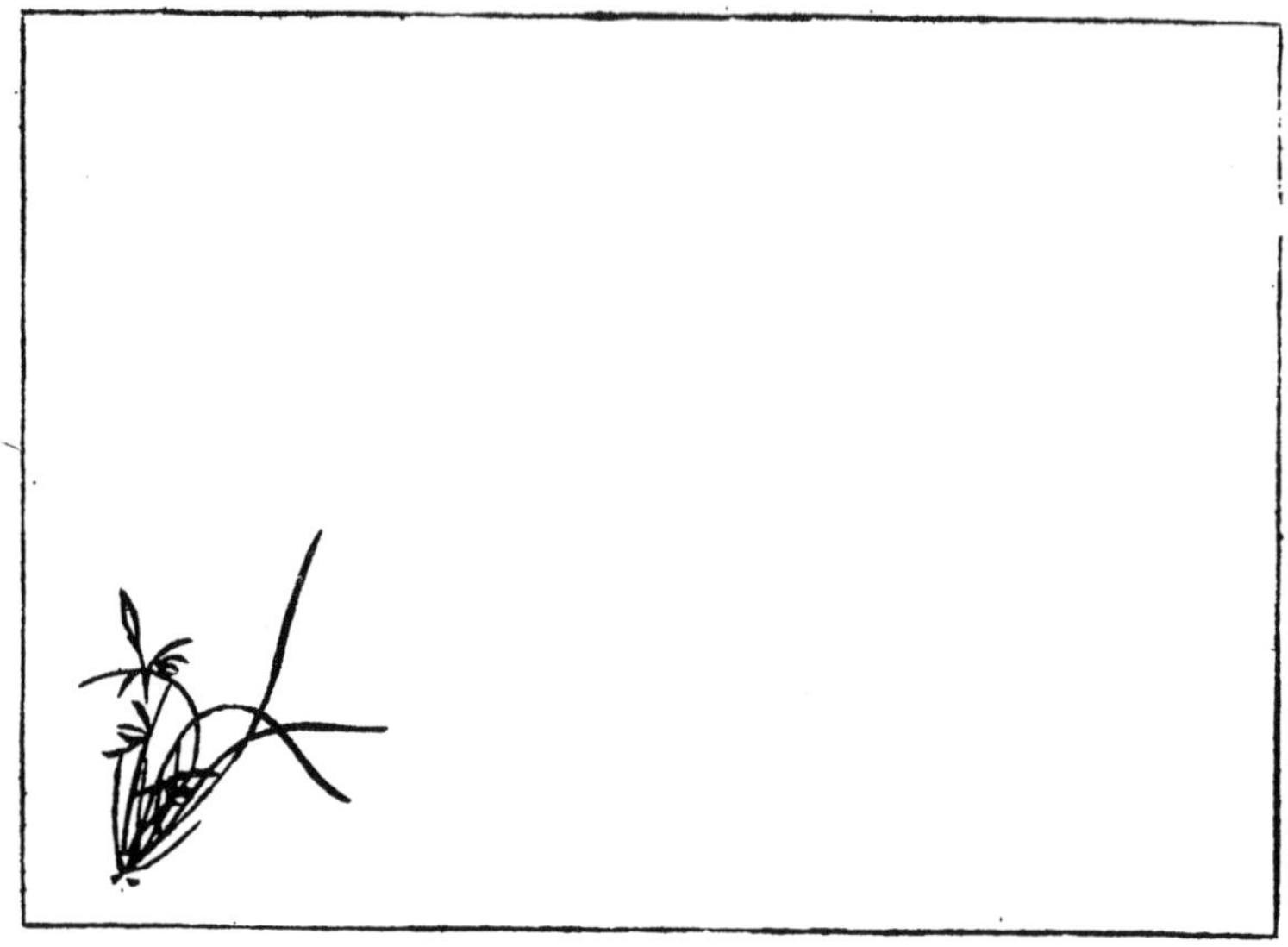

斗《と》方《はう》花《くわ》箋《せん》紙《し》各《おの〳〵》色不同

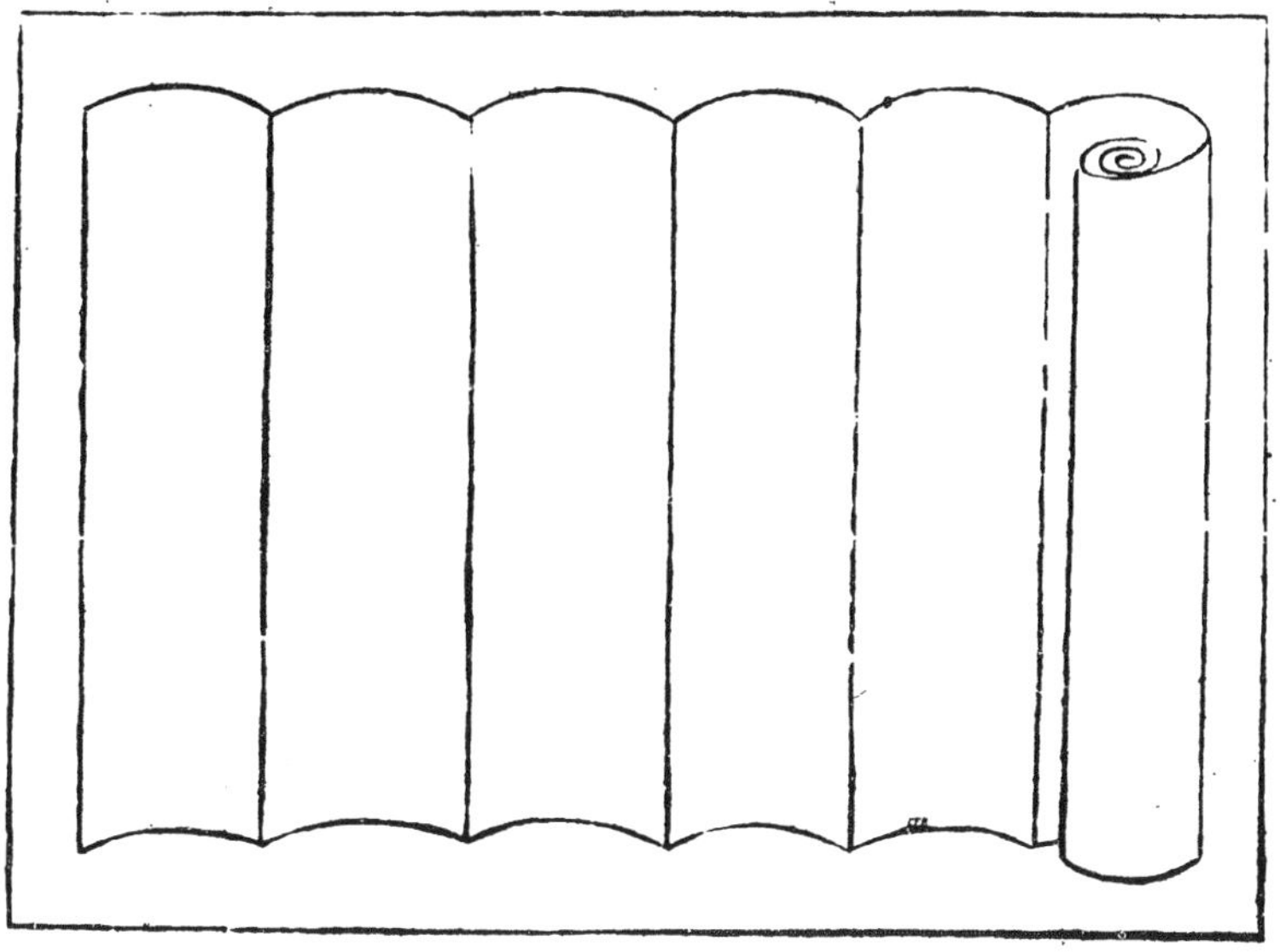

格《かく》紙《し》

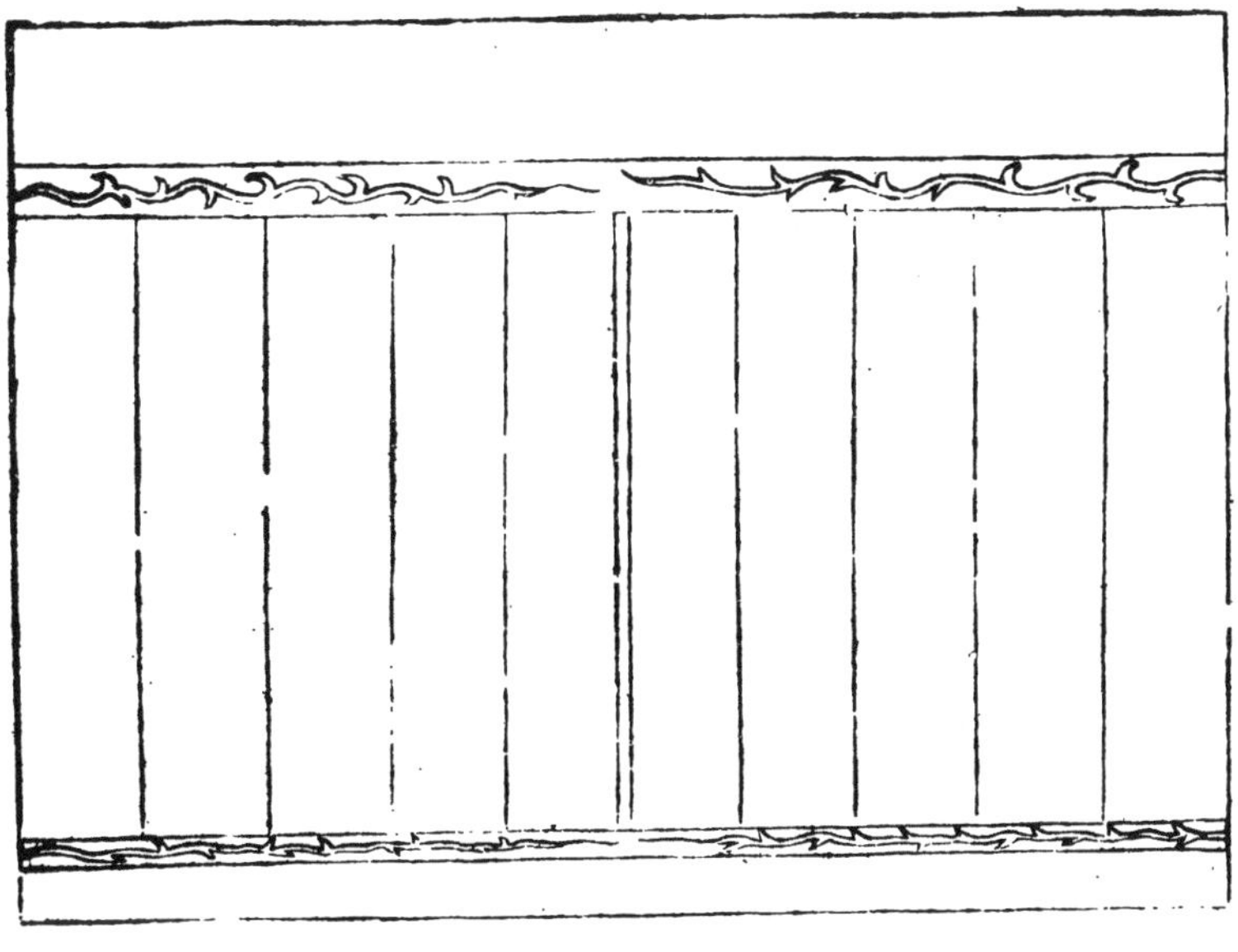

白地《ち》紅《こう》格《かく》

縣《けん》學《がく》
文昌閣
訓導署
明倫堂
啓聖祠
儒學
孝子祠
名宦祠
土地祠
泮池
下馬碑
石碑坊
萬仞宮墻

閭逌子

十八

石《せき》碑《ひ》坊《ばう》東《なう》位《ゐ》

石《せき》碑《ひ》坊《ばう》西《せい》位《ゐ》

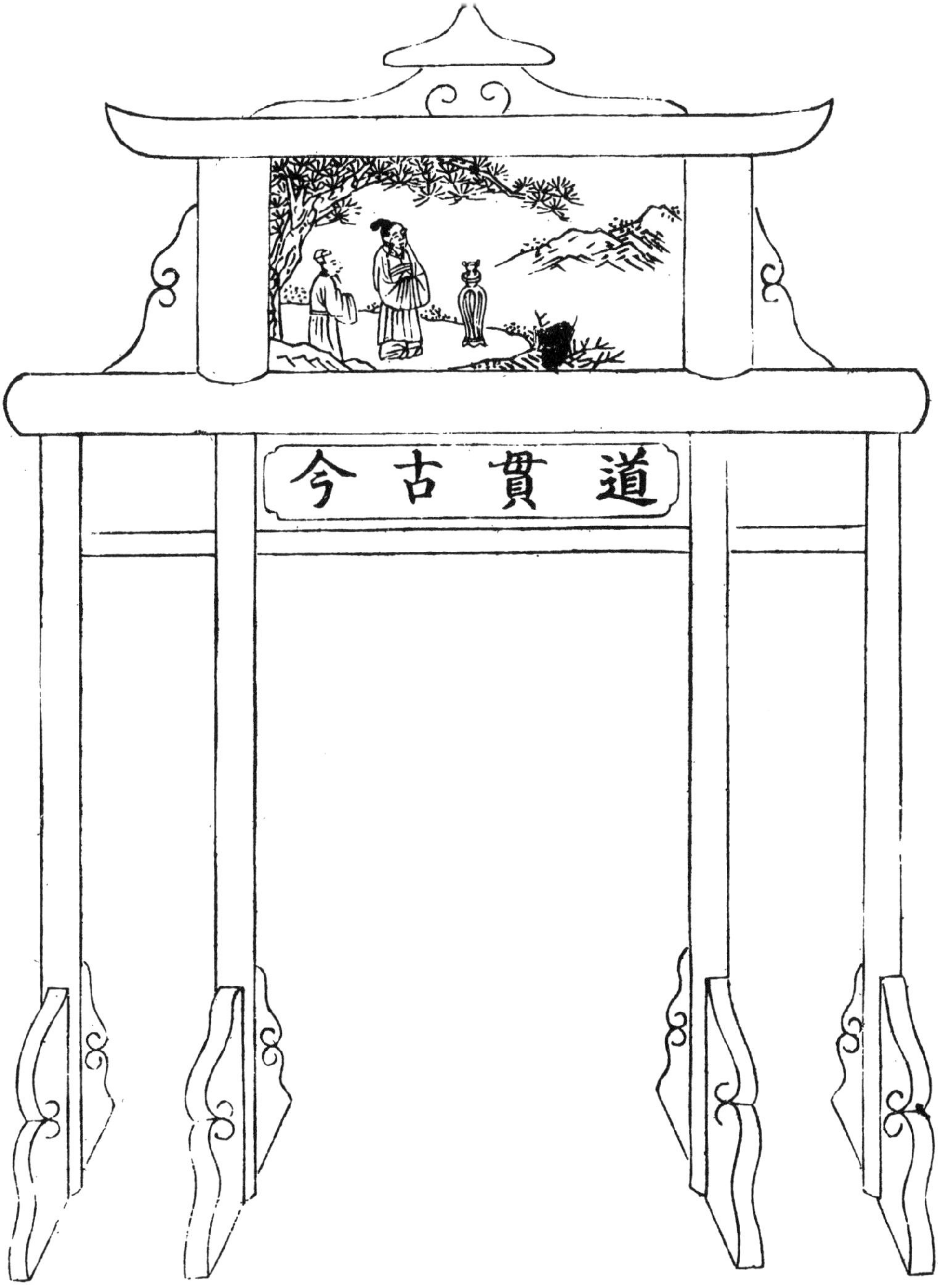

下《げ》馬《む》碑《ひ》

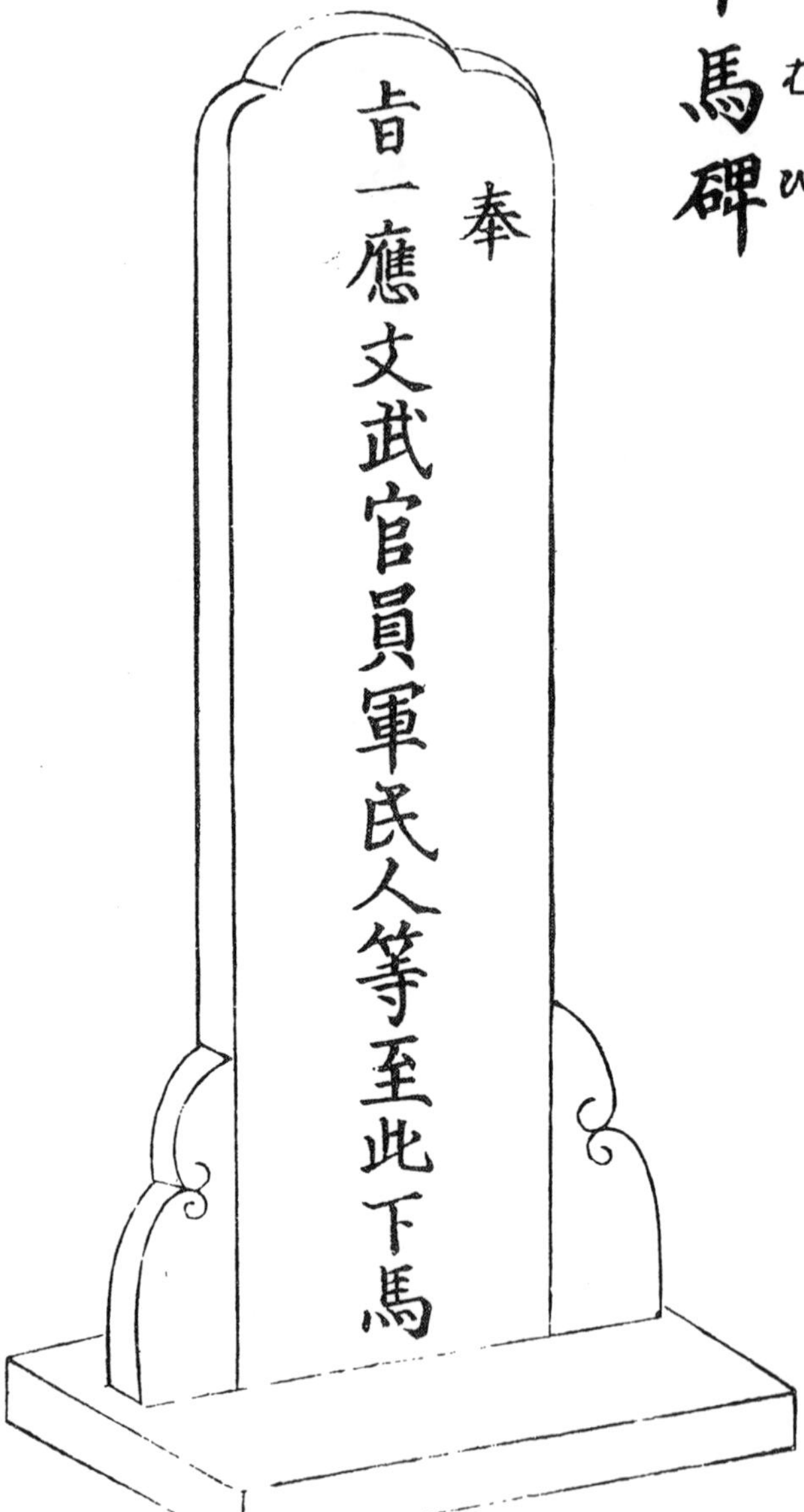

謝《しや》帖《てう》

承

恵領

謝

某姓某名

○義學《ニヒヤ》とて所々にあり大官の人又は其地《そのち》の豪家《がうか》等の志厚《こゝろざしあつ》き人銀を出し先生《せんせい》を招請《せうせい》し郷中《きやうちう》の祠堂《しだう》抔《など》を借《か》り其所《そのところ》を學館《がくくわん》として貧窮《ひんきう》にして束脩《そくしう》等の禮《れい》を行《おこな》ひがたき人を集《あつ》め教導《きやうだう》せしむ是《これ》を義學《ニヒヤ》といふ教授《きやうじゆ》の法《はう》其外《そのほか》の作法《さはう》等同學《どうがく》に同《おな》し○凡《およそ》書生《しよせい》學業《がくげふ》進《すゝ》み詩作《しさく》文章《ぶんしやう》等の稽古《けいこ》大概《たいがい》熟習《じゆくしう》すれば人々の意思《いし》によりて良師友《りやうしいう》に随《したが》ひ猶《なほ》く經儀《けいぎ》を討論《たうろん》し其後《そのゝち》郷試《ヒヤンスウ》とて一郷中《いちきやうちう》の試《こゝろみ》に出《いで》て選《えら》まるゝ秀才となるも是《これ》も志《こゝろざし》ある者《もの》ばかりなり

其《その》郷試《ヒヤンスウ》を司《つかさど》る官《くわん》を主考官《チイカウクワン》とす是《これ》も原《もと》より考試《かうし》を経《へ》て當時《たうじ》翰林院《ハンリンエン》に侍る又は詹事科道六部九卿《チエンズウコーダウロブウキウキン》等《とう》の内《うち》に勤《つとむ》らるゝ人を欽差《キンチヤイ》する所なり且《かつ》郷試《ヒヤンスウ》の第《だい》一場《いちぢやう》にては四書《ししよ》の文《ぶん》を題《だい》として文章《ぶんしやう》三篇《へん》五律詩《ごりつし》一首《しゆ》を作《つく》り第《だい》二場《ぢやう》にては五経《ごきやう》の題《だい》にて經《けい》をもつて文章《ぶんしやう》一篇《へん》并《ならび》に論《ろん》一篇《へん》を作《つく》る第《だい》三場《ぢやう》にては策《さく》五道《だう》表《ひやう》一道《だう》を作《つく》らしむ是《これ》を郷試《ヒヤンスウ》として此《この》人を選《えらび》て縣《けん》府《ぶ》の試に出して及第《ギデイ》なる事なり

清俗紀聞巻之六

生誕

○凡婦人《およそふじん》孕《はらみ》む事あれバ四ヶ月五ヶ月程に縮緬紗綾木綿《ちりめんさやもめん》の類を以て一幅長《ながさ》さ其人の肥瘦に應じ肚帯《ドウタイ》を（腹帯《はらおび》とて）造《つく》り腹《はら》に巻《まき》結《むす》び平日《へいぜい》身を安静《あんせい》にして労《ろう》せず或《あるい》ハ重き物を持《もち》又ハ高き所《ところ》にある物を手《て》に取上《あげ》などせぬやうに心を付べし食事《しよくじ》も随分《ずいぶん》淡薄《たんぱく》にして胎内《たいない》を害《そこな》ふ事なし孕む事あるよし穏婆《オンバウ》一に救生《シウサン》婆《バウ》とも云を呼《よび》三日五日間に腹《はら》を按摩《アンモー》せしむ○臨月《りんげつ》になれバ草紙《ツアウツウ》裰襁《パウキヤン》を用意し安産《あんざん》の氣《け》つきたるときハ床の上に褥子《ジヨウツウ》を補安《ほあん》して穏婆《オンバウ》に腹を擦《さす》らせ産《さん》に臨《のぞ》みたる時ハ穏婆《オンバウ》腰《こし》を取《とり》時刻《ふこく》を考《かんが》へて力《ちから》を添《そへ》産しむ産落《うまれおち》しより穏婆《オンバウ》小児《せうに》を取上《とりあげ》手足《てあし》身肉《しゝむら》を洗《あら》ひ竹篦《たけへら》を以て胎衣《タイイ》を切臍帯《ツイタイ》の切口を綿《きぬ》にて緊《きび》しくむすびよく包み腹に巻《まき》手当をし甘草湯《カンツアウタン》を以て嬰児《うぶこ》を

あらはしに洗《あら》ひ口中《こうちう》に指《ゆび》を入て瘀血《をけつ》等を洗《あら》ひ出《いだ》し胞衣《ゑな》をよく拭《ぬぐ》ひ綿わたひは臍切《きれきれ》をほどきて其上《うへ》を襁褓《ハウキヤン》《むつき》にてつゝみ人の懐中《くわいちう》に横《よこ》にして抱《いだ》しかして母を産屋《ツアンヲ》に一に産臺《さんだい》至らしむ産臺《ツアンタイ》は常の床《ゆか》より上に左右《さゆう》へ褥子《チヨウツウ》《ふとん》を數《あま》多く積《つく》かさね中に胞衣《ゑな》の動《うご》かぬやうに安坐《あんざ》せしめ多くは十日或は七日程も平《こ》臥せしめば血暈《けつうん》なければ五七日過《すぎ》て平臥《へいぐわ》させるもあり産臺《ツアンタイ》に坐《ざ》して早速《さうそく》糯米《ノウミイ》《もちごめ》の粥《チヨ》《かゆ》を吃《キツ》《くらは》せしむべし一度に多分《たぶん》食《しよく》せぬやうに毎時《まいじ》少しづゝ食《しよく》せしむ糯米粥《ノウミイチヨ》《もちごめのかゆ》も多く一度《いちど》にして其後《そのゝち》は飯《めし》を食《しよく》も三十日の内は魚肉油物《ぎよにくあぶらもの》を忌《いむ》五七日の内は姜辛《きやうしん》鹹味《かんみ》を忌《いむ》又七日過《すぎ》て鹹味《かんみ》を少しばかり吃《きつ》せしむ七日乃間は砂糖《サアタン》《さたう》汁にあまく益母草《イムウツアウ》を煎《せん》じ飲《のま》しむ毎度《まいど》瘀血《おけつ》を去《さ》る血暈《けつうん》なさるぞ湯薬《ゆやく》を用ひずば産臺《さんだい》に居る内は老女阿媽《ラウニイアア》《うば》の類《るい》昼夜附添《ちうやつきそひ》産婦《さんぷ》の頭をさまぶ衣を障らせぬやう凶風寒《かん》を受《うけ》ぬやうに心づけ家内《かない》も物静《ものしづか》に

高聲《たかごゑ》なとびに物音《おと》の響《ひゞき》も戒禁《いまし》め随分《たいぶん》産婦《さんふ》の気《き》を静《しづか》に安寝《あんねい》し保《ほ》

養《やう》すべきやうに心掛《こゝろがく》べきなり○胎衣《タイイ》は小《ちいさ》き磁器《やきもののうつは》に入て蓋《ふた》を覆《おほ》ひよく包《つゝ》みて

居宅《いゑ》の内《うち》潔浄《けつじやう》なる空地《あきち》を深《ふか》さ二四尺程《ほど》に堀《ほり》て埋《うづ》め並《ならび》に永遠《えいゑん》動《うご》かさぬ

やうにして埋むなり埋むる所《ところ》の方位《はうゐ》吉凶《きちきやう》に泥拘《なづむ》の事なし昔時《むかし》十歳《とせ》を父入て

埋《うめ》ぬ雑《ざつ》なりしを当時《たうじ》は必《かなら》ず用《もち》ひず○嬰児《えいじ》生《うまれ》て洗《あら》ふには甘草湯《かんざうたう》に食塩《ジエン》を

すこし入よくかきまぜ小さき盥《たらひ》にいれて洗ふ只《たゞ》血汚《ちよごれ》を去《さる》までにあらふべし

にあらひ畢《をはり》て臍粉《ニイフン》を細末《さいまつ》にして惣身《そうしん》に擦《なすり》並《ならび》に襁褓《むつき》にはさむ 臍粉《ニイフン》は混乱《ちうき》残らぬなり

○臍帯《さいたい》は切《きり》てよく切口を絹《きぬ》にて結《むす》び包《つゝみ》て腹《はら》に当《あて》て外《そと》を絹切《きぬきれ》にて巻《まき》置又六

日ほどありて絹切《きぬきれ》を解《とい》て乾不乾《カンフカン》を見て乾《かはき》たらばそのまゝ縮《ちゞ》み臍《へそ》の内《うち》へ入る其

時絹切《きぬきれ》をはずす 臍帯《わそのを》を切るに長さ余すぎぬ程残し切る若長ければかならず後障《のちさはり》ありて強き時は風邪を受る

○嬰児《みどりご》に乳《ち》を付《つく》る事は四時を待《まち》て乳汁《ジイチ》を呑《のま》しむ 一昼夜《ちうや》にして呑《のま》するもあり其あつかる

草紙《さうし》《ちりあげかみ》

襁褓《はうきやう》《むつき》

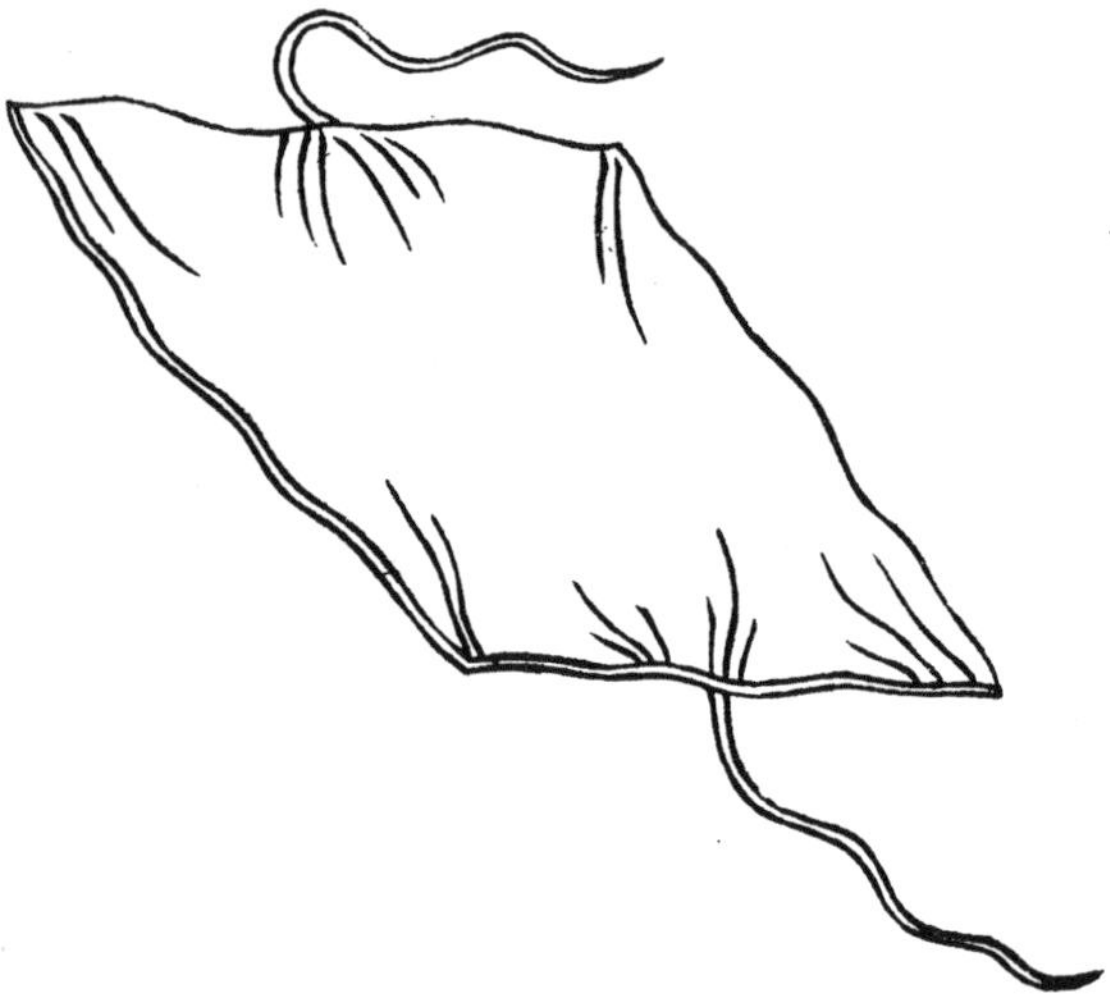

胎衣器《たいき》《えなおけ》

肚帯《とたい》《はらおび》

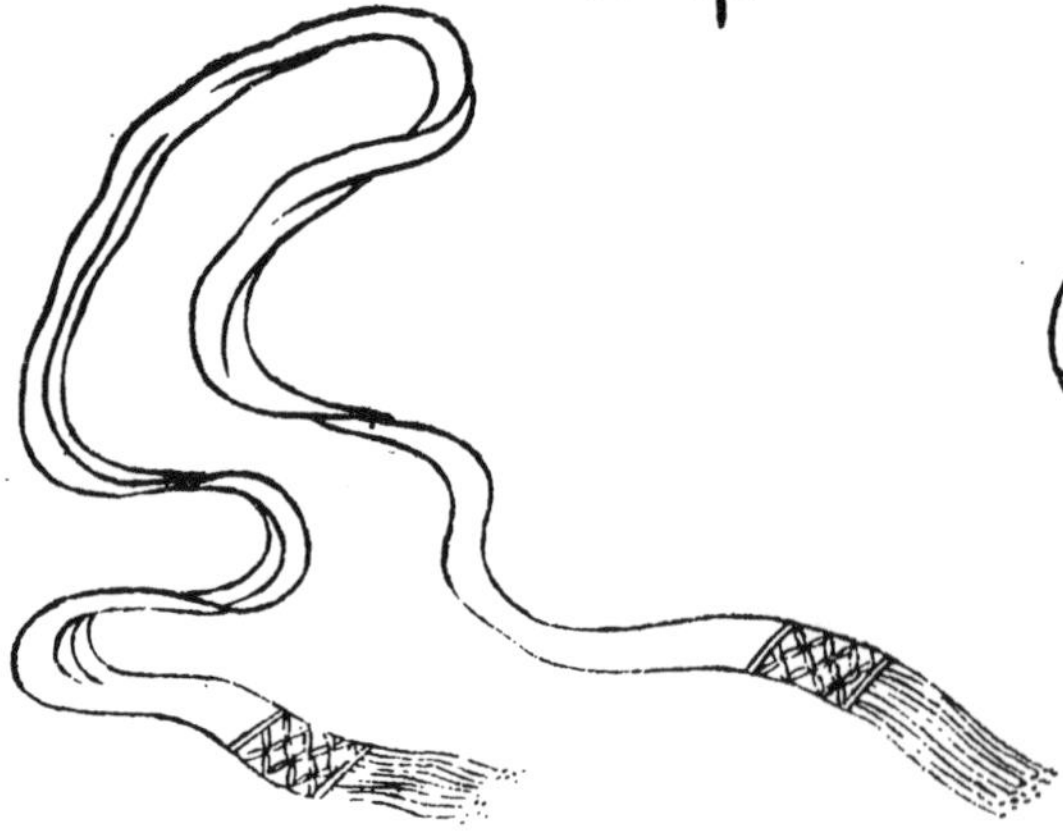

生誕

三

牛黄《ニウワン》黄連湯《ワンレンタン》などを呑《のま》せあるひハ葡萄《ブウタウ》大棗《タアツアウ》を搗砕《つきくだ》きて煎《せん》じ呑《のま》しむ胎毒《たいどく》を去《さ》るに胎毒《たいどく》少《すくな》きにあらず牛黄《ニウワン》を用ひず乳《ち》ハ母の乳汁《にうじう》出《いで》ざれバ是《これ》をもちひ未出《いで》ざるハ親族《しんぞく》の婦女《ふぢよ》に乳《ち》を用ゆ○三日目或ハ七日目に麦《むぎ》の粉《こ》にて餅《もち》を作《つく》り祝《いはゝ》ひするに是《これ》を湯餅會《タンピンホイ》と云 一に三朝《サンチヤウ》 此日男子にあるゝ名を付て男子《なんし》の名《な》にハ阿福《アホ》阿壽《アジウ》官哥《クワンコウ》などめでたき吉利字眼《キリイツウエン》を用《もち》ゆ 吉利字眼《トリイヅウエン》とハ目出《めで》たき文字《もじ》を云事なり 女《をんな》ハ惣《そう》じて幼名《ようめい》を付《つけ》ず十四五歳《さい》にもなりて詩作《しさく》をまなび或ハ書《しよ》をよくするものハ字《あざな》を命《めい》ずる事《こと》あり其《その》外《ほか》ハ都《すべ》て一娘《イニヤン》二娘《ルウニヤン》大姐《ダアツエ》二姐《ルウツエ》と呼《よ》ぶ 惣領《ソウリヤウ》を一娘《イニヤン》又大姐《タアツエ》といひ二女《じぢよ》を二娘《ルウニヤン》二姐《ルウツエ》といふ娘《ニヤン》ハ婦女《ふぢよ》を呼《よ》ぶ尊称《そんしよう》の俗語《ぞくご》なり 子よりも母を娘《ニヤン》と称す父母《ふぼ》よりも女子《ぢよし》を娘《ニヤン》と呼《よ》ぶ愛《あい》の言《こと》なり 嫁《よめ》して後《のち》ハ夫家《ふけ》の姓《せい》を唱《とな》ふたとへバ王氏《ワウし》なれバ王娘《ワンニヤン》と称《しやう》し張氏《ちやうし》なればば張娘《チヤンニヤン》と称《しやう》す餘《よ》ハ是《これ》に準《じゆん》ず一生《いつしやう》名字《なあざな》を用《もち》ひぬもの多《おほ》し 此湯餅會《タンピンホイ》の日《ひ》ハ嬰児《えいじ》に湯浴《たうよく》させ 冬寒《さむ》の時《とき》ハ拭《ぬぐ》ひて無なり 袖《そで》の付ざる衣服《いふく》を着《ちやく》せしむ和衣

肚《と》兜《とう》《はらあて》

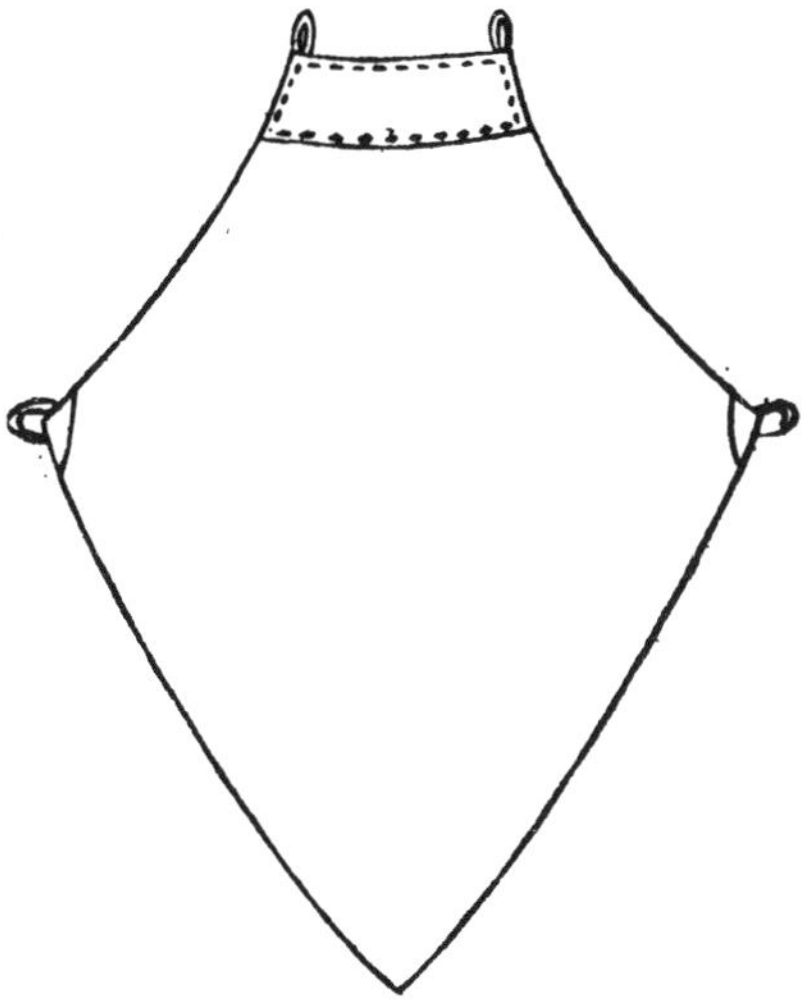

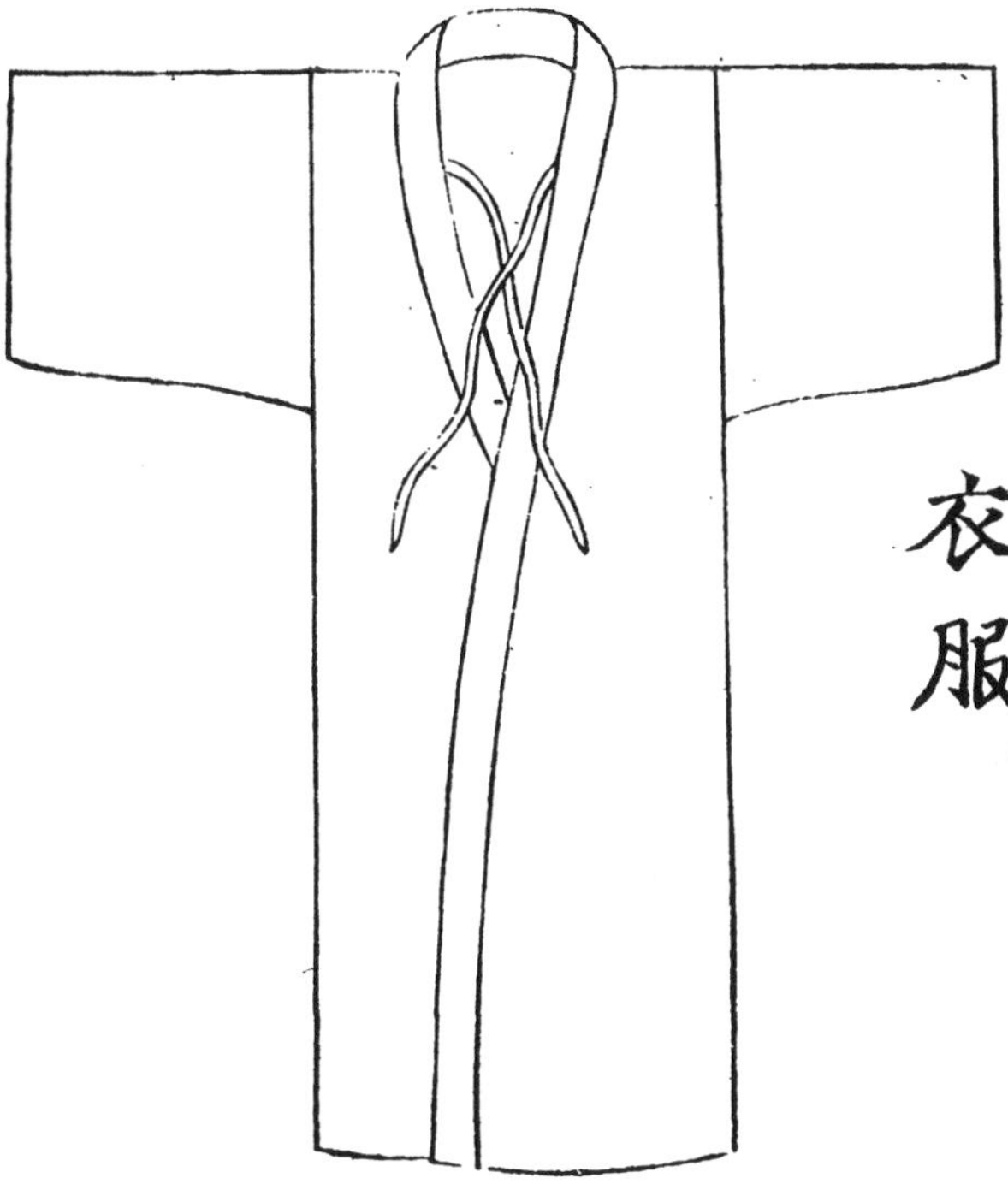

衣《い》服《ふく》

韈《ゑ゛つ》子《し》

湯《たう》餅《ぴい》

鶏《けい》蛋《たん》

鞋《あ》子《し》《くつ》

ニ安置《あんきい》して祝儀《ちうぎ》ハ酒宴《きうえん》を行ふ親友《きえゆう》より鶏鴨《キイヤ》の卵《たまご》を赤く染《みろ》二ッ或ハ五ッおくる又主家《きゆう》よりも卵并《ならび》ニ餅《もち》を綿《わた》ニ産絹衣服《うぶきぬいふく》等《とう》を添て親友《ちんきう》そうとも三朝《さんちう》まてハおくる事《こと》なし 此送《このたく》り物《うのもの》等《とう》雙方《さうほう》ともに目録《もくろく》を用《もち》ひず たまご鵞鴨《あひるかも》時ハあひるを以て用ふるなり

○二十日過満月《マンユ》といふ 一ニ弥月《ミイユ》といふ 皆男女《このたびなんによ》ともに胎髪《タイハ》を剃《そり》て湯浴《たうよく》せしめ壽星菩薩《ジウスインブウサ》《じゆせいぼさつ》ニ 壽星菩薩《ジウスインブウサ》ハ所々《ちよく》の寺院《じゐん》ニ安置ハ南極星《なんきよくせい》を表《ひやう》し用《もち》ゆるなり 参詣《さんせい》せし家内《かない》より客《かく》を請《しやう》し祝宴《しゆくえん》をなし胎髪《うぶかみ》を剃《そり》たる直《すぐ》ニ茶葉《ちや》を口中《こうちう》ニて嚼砕《かくさい》き細末《まつ》ニして小児《せうに》の頭《かしら》ニ擦《なす》りて又杏仁《インジン》《きやうにん》薄荷《ボボー》を用《もち》ふるもあり胎髪《たいはつ》ハ残《のこ》らず押《おし》かためて五色《ごしき》の糸《いと》をもつて結《むす》び又小児《しやうに》の寝所《しんしよ》ハ帳内《ちやうない》ニ掛置《かけおく》

○百日目《ひやくにちめ》ニ又客《きやく》を請《しやう》しいはひをなす満月《マンユ》百日《ひやくにち》祝ひの節《せつ》客方《きやくかた》より鞋韈《ヒヤイワ》《くつたび》肚兜《ドウテウ》《はらあて》衣服《イヽホ》《いふく》等《とう》を綿《わた》ニ載《すべ》て親類朋友《しんるいほうゆう》より魚肉《ぎよにく》或ハ鞋韈《ヒヤイワ》《くつたび》等《とう》の品《しな》を送《おく》て祝《しゆく》ふ 此節《このせつ》も目録《もくろく》ハ用ひず

○周歳《チウスイ》とハ一年目《ねん》をいふ　嬰児《ゑいじ》の長成《ちやうせい》を考《かんが》へて廳上《テンジヤン》に卓《つくえ》を設《まう》け上《うへ》に毛氈《もうせん》を敷《しき》筆墨《ピメ》《ふですみ》書籍《シイズイ》《しよじやく》金銀《キンイン》《きんぎん》算盤《サンハン》《そろばん》等《とう》をならべ置《おき》て嬰児《ゑいじ》に是《これ》を取《と》らしむ筆墨《ふですみ》を取《とる》れバ文筆《ぶんひつ》に達《たつ》し書籍《しよじやく》を取《と》れバ学問《がくもん》を好《この》むべしとて手跡《しゆせき》を教《をし》へ儒学《じゆがく》を教《をし》ゆ金銀《きんく》算盤《そろばん》を取《と》れバ商売《しやうばい》をなさしむ類《るい》のごとし此日《このひ》親友《しんゆう》を請《しやう》じ祝宴《しゆくえん》をなし親友《しんゆう》よりもおくるもの満月《まんげつ》の時《とき》におなじ

○胎髪《タイハ》《うぶかみ》を残《のこ》らず剃《そる》もあり又《また》ぼんのくぼ顙《ひたい》の際《きわ》頭《かしら》の中程《なかほど》なとに総角《そうかく》《あげまき》の方に少し残し置《おく》もあり或《ある》ハ四五歳《さい》までハ残《のこ》らず剃《そ》りて四五歳の歳よりハ髪を残《のこ》し総角《あげまき》を結《ゆふ》もありとぞ是も嬰児《ゑいじ》より花帽子《ハアマウツウ》を戴《いたゞ》く女子《ぢよし》ハ顙《ひたい》のかたち又ハぼんのくぼに少《すこ》しばかり髪《かみ》を残《のこ》し十歳《さい》程《わど》りなりて披髪《ピイハ》とて顙際《ひたいぎは》の髪ハ毛《け》を長《なが》さ又ハ六分《ぶ》位《ぐらい》に切《きり》顙《ひたい》にさがらし切禿《きりかぶろ》のやうにして包搭《ハウタ》（顙頭巾《ひたいづきん》の如《ごと》きもの也）を戴《いたゞ》く十三歳《さい》になりて髪を残《のこ》らず

生誕　五

周《ちう》歳《さい》拿《た》周《ちうれ》圖《づ》

養《すな》ひ包頭《ハウデウ》を用《もち》ゆ（包頭《パウデウ》は即《すなはち》包撲《ハウポ》なり大成包頭《パウテウ》といふ中成包撲《パウポ》といふ）雲髻《イーンキー》などつけ金銀珠玉《きんぐちゆぎよく》などの簪《ツアン》《かんざし》を用《もち》ゆ髻《まげ》なき人《ひと》は其《その》あらて等《ひとし》かくれば香油《ヒヤンユウ》を用《もち》ひて髪《かみ》の色《いろ》を潤《うるほ》し老年《らうねん》にいたりて冬《ふゆ》寒《かん》き時《とき》は浩然巾《かうぜんきん》といふ帽子《ばうし》を用《もち》ゆる事もあり惣《そう》じて男女《なんによ》とも大《だい》に誕生《たんじやう》して周歳《チウスイ》まで祝《いはひ》をなし其後《そのゝち》は年々《ねんねん》誕生日《たんじやうび》に祝《いはひ》をなさば十歳《さい》に至《いた》る迄《まで》誕生日《たんじやうび》には祝《いは》ひ諸客《しよかく》も来《きた》る其以後《いご》は十年目毎《ねんめごと》に誕生日《たんじやうび》には祝《しゆく》宴《えん》をなせり○女子《ぢよし》は都《すべ》て七八歳《さい》になれば纏脚布《ゼンキヤプウ》《てんきやくふ》（足《あし》を包《つゝ》む木綿《もめん》なり）を以《もつ》て足《あし》の先《さき》を固《かた》く巻《まき》しめ置《おき》て足《あし》の大《おほき》くならぬやうにする事第一なり故《かるがゆへ》七八歳《さい》已上《いじやう》の婦女《ふぢよ》は外《いそ》へ出《いで》て遠路《ゑんろ》へ行《ゆく》には都《すべ》て轎《キヤウ》を用《もち》ひ歩行《ふかう》せしめず近所《きんじよ》歩行《ありき》の節《せつ》は婢《こしもと》の類《るい》に手《て》を携《たづさ》へ又下賤小戸《ヒアゼンスヤウウ》は足《あし》を巻《まく》事《こと》も無《な》く歩行《ほかう》自由《じゆう》なり（此女子《このをなごし》は足《あし》を包《つゝ》む事《こと》何《いづ》れの代《よ》よりはじまりたといふ事はしれず）○嬰兒《えいじ》の枕《まくら》は外《そと》を木綿《もめん》にて造《つく》り内《うち》には茶葉《ちや》あるひは菊花《きくくわ》等《とう》清涼《せいアヤン》の

生誕　六

物《もの》を入用也袋《ふくろ》に赤小豆《あつき》等《とう》を入《いれ》小児《せうに》の腹《はら》を押《おさ》へ悪《あく》気ふるゝ事《こと》なし小児《せうに》を都《すべ》て
多周歳《シウスイ》の頃《ころ》まで〻横《よこ》に抱《いだ》く竪《たて》にして抱く事《こと》を忌《いむ》又生《むま》れて七日
稚なれども多《おほ》く下《した》に褥子を補安寝せしむ◯穏婆へ《とりあげ》の謝儀《しやぎ》は銀《ぎん》三拾目又
拾目或は百目身分《みぶん》に應《おう》じて等《ひとし》からば大家《たいこ》ゟ衣服《いふく》緞《たん》疋等を送《おく》るも有《あり》
◯都《すべ》て産《さん》の時《とき》醫師《いし》を招《まね》き服薬《ふくやく》する事《こと》なし産前産後《さんぜんさんご》ともに大病《たびやう》
あれば醫師《いし》を用《もち》ひよ若血暈《ちうん》あるか或《あるい》は難産《なんさん》等《とう》にて急なる時《とき》は
醫師《いし》を招《まね》くまでに血暈《ちうん》發《はつ》して醫師《いし》間《ま》にあはざる時《とき》は石《いし》あるひは鉄《てつ》の物《もの》
を火に燒《やき》て磁器《じき》に醋《す》を入産婦《さんぷ》の鼻《はな》によせて燒《やき》たる石鉄《いしかね》物《もの》の類《るい》を
醋《す》に入嗅せしめ醒覺《せいかく》せしむ又産後即時《そくじ》に童便《トンベン》《こどものせうべん》一盞《さん》天目《てんもく》へ半を用《もち》ひ飲《のま》し
むかも有血暈《けうん》を治《ぢ》す◯産縄《さんなわ》の類《るい》ならびに天児紙守札《まもりふだ》あるひは弓
蟇目《ひきめ》等《とう》ある事《こと》なし◯昔時《せきじ》は襁褓《きやうほう》を男子《なんし》は父《ちち》の舊衣《きうい》女子《によし》は母《はは》の舊

雲《うん》髻《けい》

戴《いたゞく》二包《ほう》頭《たうを》一圖《づ》

簪《さん》

笄《けい》

仝《おなじく》

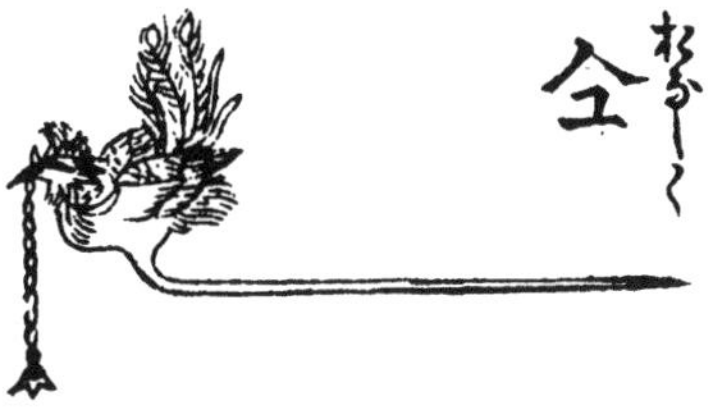

包《ほう》頭《たう》

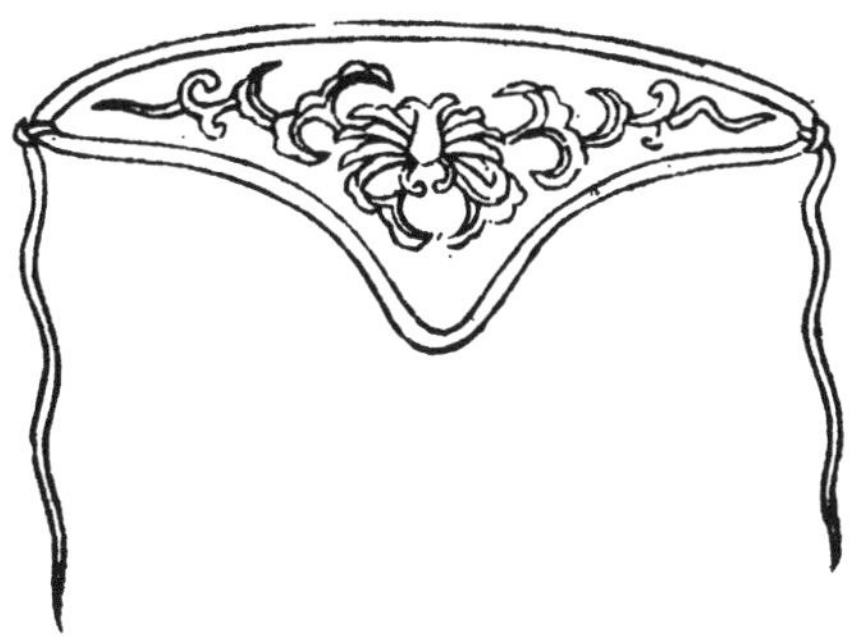

纏《てん》脚《ぎやく》布《ふ》

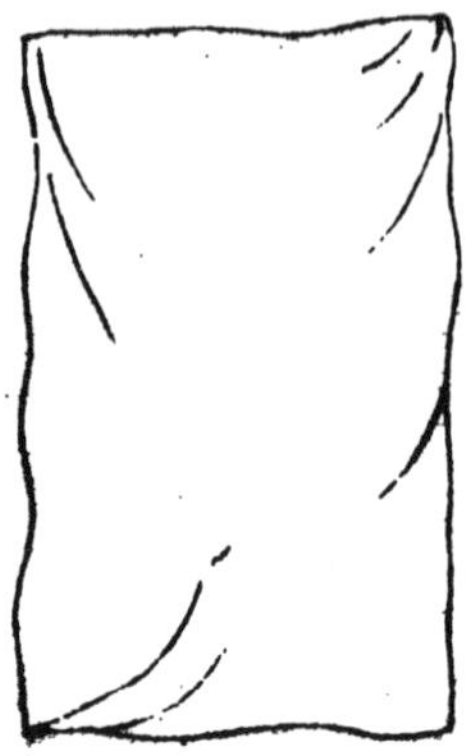

同《おなし》レ上《かみに》

布《ふ》枕《ちん》

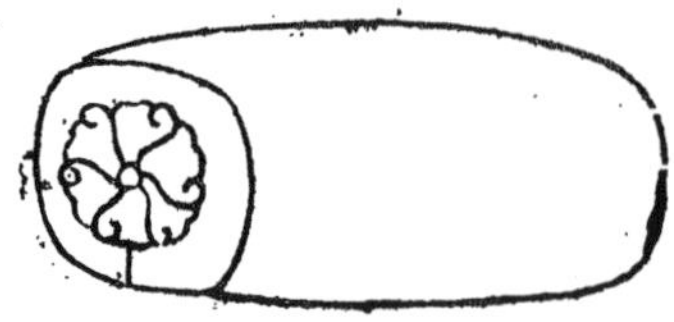

浩《こう》然《せん》巾《きん》

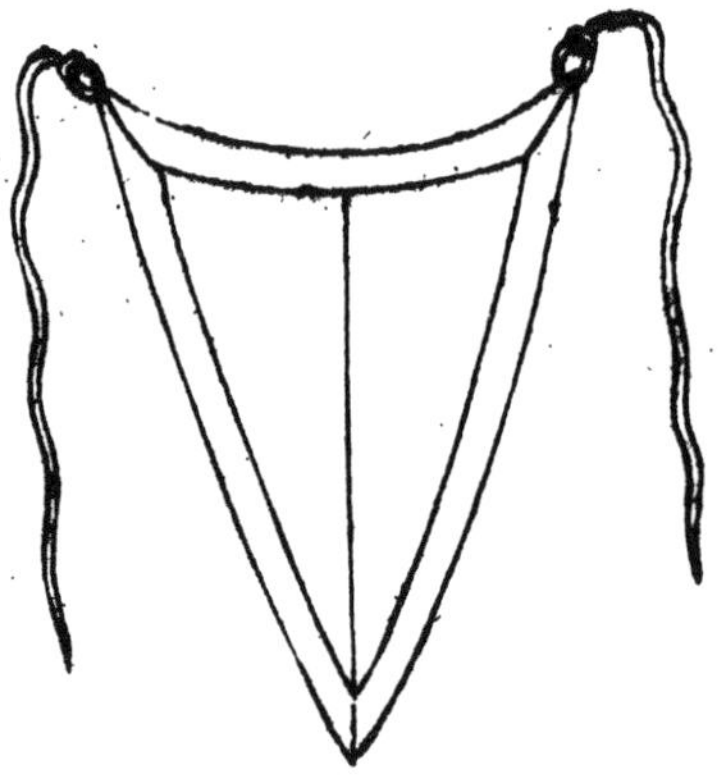

女《ぢよ》鞋《くあ》

衣裳《いしやう》用《よう》ゆゑ説《せつ》ありて常附《たうじつく》起《おこ》して行《おこな》ふ事多し

○子《こ》誕生《たんじやう》の後《のち》ハ母《ちゝ》は乳《ち》なき時《とき》ハ乳母《ジイムウ》を一ツ養娘《ヤシナヒムスメ》抱《かゝ》へ置《おき》て吃乳《チジイ》せしむ子《こ》ハ六歳《さい》に至《いた》りて乳《ち》を吃《きつ》せざる頃《ころ》に至りて乳母《ジイムウ》を帰《かへ》らしむ若《もし》其の子長成《ちやうせい》の後《のち》官《くわん》に仕《つか》へ或《あるひ》は家《いへ》繁昌《はんじやう》し其《その》乳母《ジイムウ》ハ子孫《しそん》もなく倚靠《イヽカウ》なき生べきよしのなけれバ呼《よび》迎《むか》へて一生《いつしやう》養《やしな》ひ置《おく》事ありて其《その》余《よ》ハ多《おほ》く又三歳限《かぎ》りとなして帰《かへ》らしむ辛工《スイコン》は凡《おほよそ》一ヶ月《つき》銀《ぎん》二拾目或ハ四拾目ほどにて尚来《きた》る者《もの》ハ衣服行李等も自身《じしん》備辨《ガイハン》して若《もし》郷村《きやうそん》より出《いで》る賤《いや》しき者《もの》成抱《かゝ》へ来るハ一ヶ月《つき》七八分又拾匁《もんめ》程《ほど》なり其外《そのほか》は衣服《いふく》等も主家《しゆか》より給與《きうよ》ハ故《ゆゑ》なくして一生《いつしやう》抱《かゝ》へ切《きり》あるひハ主家《しゆか》より人《ひと》に嫁《か》せしむるに類《るい》の事《こと》多し

清俗紀聞卷之六

清俗紀聞巻之七

冠禮

○今《きん》清《しん》の代《よ》冠禮《くわんれい》は古式《こしき》絶《たえ》て傳《つた》はる事《こと》なし男子《だんし》幾歳《いくさい》にて加冠《かくわん》すると云定《さだ》まりもなく十二三歳の内恰好《かつかう》見あたり元服《げんぶく》させ親類へ賀《が》する事《こと》也女子《ぢよし》も幾歳《いくさい》にて笄《かんざし》すべき式《しき》なし十五歳《さい》以上《いじやう》にて許嫁《きよか》すれば直《すぐ》に上笄《かんざし》は此日《このひ》祝賀《しゆくが》あるなる上笄《かんざし》を祝《しゆく》されあるは許嫁《きよか》《いひなづけ》成祝するか心《こころ》にて酒宴《しゆえん》を設《まう》く○男子《だんし》は三四歳《さい》より頭《つむり》の中程《なかほど》に髪《かみ》を生《はや》し總角《ツヲシコ》《あげまき》に結《ゆ》ひあるひは兩方《りやうはう》へわけて總角《ツヲシコ》《あげまき》を二《ふた》ツに結ひなどもあるを残《のこ》しておく際《さい》まで剃《そり》て花帽《ホワアニロウ》を戴《いたゞ》き十三四歳になれば天徳《てんとく》月徳《ぐわつとく》等《とう》は吉日《きちにち》を選みて元服《ぶく》は○元服《げんぶく》は前《ちう》より廳堂《デンダン》あるひは房中《ばうちう》にて剃髪人《テイハアジン》を呼《よび》て傍僕《ぼく》に命《めい》じて面盆《めんぼん》に湯《ゆ》を入させ其者《その》を椅子に坐《ざ》させ剃髪人湯にて頭《から》

冠禮

一

をも見し頭《から》の真中《まんなか》に髪《かみ》を残し銭《まるのに》程に其余《そのよ》を残《のこ》らず剃《そり》おとして真中《まんなか》の髪《かみ》を木《もく》
梳《スウ》を以て梳し竹篦《チヨジイ》にて垢《あか》を能《よく》掃《そろみ》二ツに辮分け打立《うちたて》是《これ》を辮子《ベンツウ》と
し
ふ（頂法苑珠林に出《いで》たる周羅《ちうら》髪《ぶつ》なるべし）髪先《すきさき》を紅《あか》黄《き》の糸《いと》にて留《とめ》帽子《ばうし》を着《ちやく》ば二十歳《さい》余に
も帽しバ茶《ちや》色《いろ》黒《くろ》等《とう》の糸《いと》を用《もち》ひ帽子《ばうし》も左宮の時《とき》ハ縦帽《ジユイニヤウ》を着《ちやく》し外出《ぐわいしゆつ》に
節《せつ》ハ大帽子《ダアニヤウツウ》を着《ちやく》け元服《げんぶく》の日《ひ》にても親戚《しんるい》を招請《しやうしやう》して祝賀《しうが》等《とう》の事《こと》あり
都《すべ》て剃髪人《ていはつにん》といふハ至て下賤《げせん》の者《もの》にて剃髪梳頭《ていはつそたう》を以て渡世《とせい》とす一人《ひとり》まへ
の賃銭《ちんせん》ハ二十文其時《そのとき》々にあらえ元服《げんぶく》ハ節初《せつそ》かにて呼ぶときハ百文《ひやくもん》も遣《つかは》す小児《せうに》の内《うち》ハ
剃髪人《ていはつじん》を呼《よぶ》に及《およ》ばず家《か》内の奴婢《ぬび》ハ類《るい》に命《めい》じて剃《す》らしむ凡《およそ》一ヶ月《つき》に両三度《りやうさんど》程
も剃梳《ていそう》するの所とても剃頭店《テイデウテン》ありて家内《かない》に幇手《バンシユウ》を両三人程《りやうさんにんほど》も抱《かか》へ置《おき》下賤《げせん》の者
行て剃梳《ていそう》せしむる也ハ十文十五文も遣《つかへ》し一定《いちぢやう》したる事なし

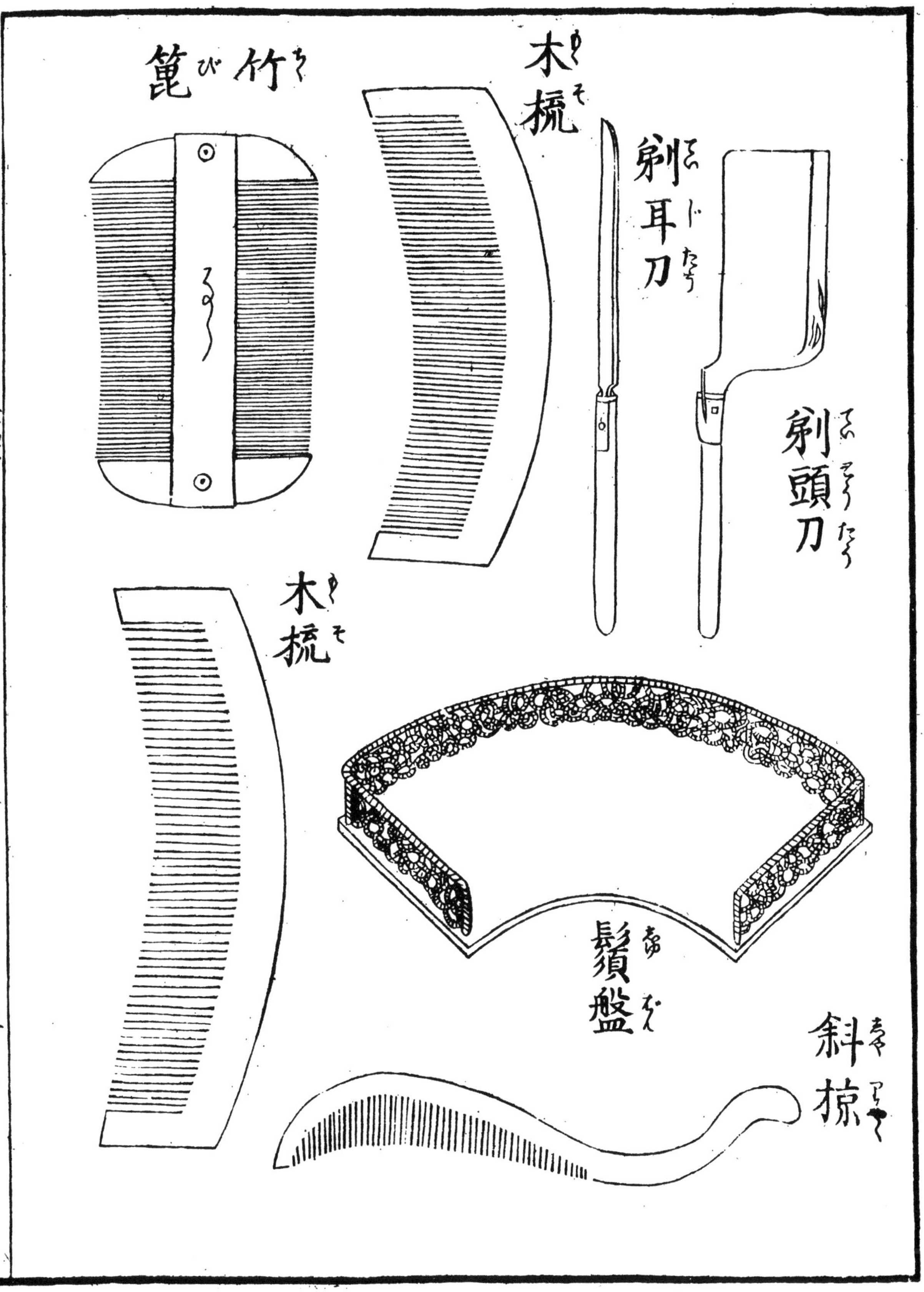
竹《ち》篦《び》
木《も》梳《そ》
剃耳刀
剃頭刀
木《も》梳《そ》
鬢盤
斜掠

抵《ゑ》子《し》

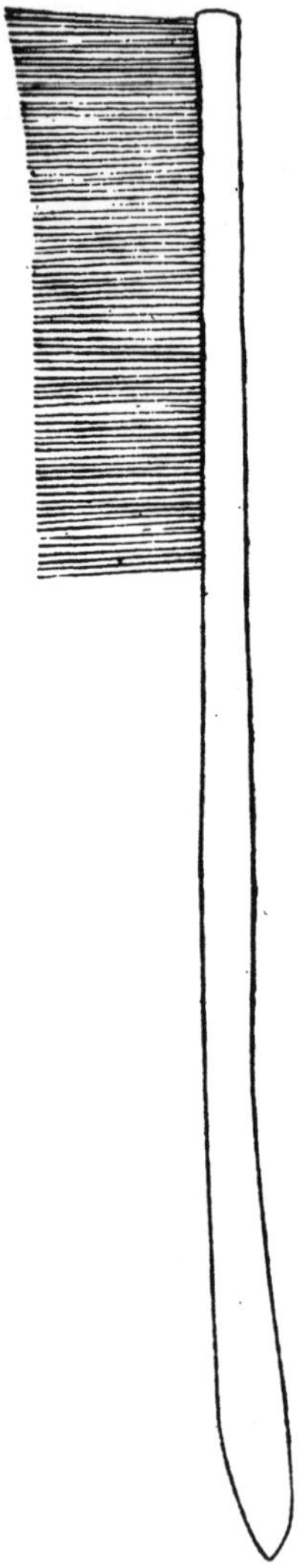

油《ゆう》刷《せ》

○女子《ぢよし》ハ額《ひたひ》のあたり或《あるひ》ハぼんのくぼ辺《へん》ニ少《すこ》し胎髪《タイハ》を残《のこ》しに又三歳《さい》となる
髪《かみ》を置しなひ玄又足先を揃へて結びしく包むる足袋をはかしぬる為
なる先を纏足《ジヨエンソク》といふ十歳《さい》頃《ころ》よりも披髪《ジイハ》とて額際《ひたひきハ》の髪の毛をみ工ニ歩
ばかりに切て額《ひたひ》にそろへなどし包搭とふる頭巾の中につゝむ物を戴
き十二三歳《さい》になりて髪《かみ》ハ残《のこ》らず掠て菜油《ツアイユウ》を用《もち》ひて髪の色を潤し
雲髻《うんけい》ハ結といふ髪包《かみつゝみ》のごとき物を用《もち》ゐ許嫁《きまり》するときハ聘納を為
後《のち》吉日をえらミて額髪生際眉毛等を剃付《すりつけ》笄《かんざし》をさしむ是《これ》を上笄と云
親類朋友等を請《まねき》して酒宴を設け祝賀す女の髪ハ婢《ひ》に命《めい》じて梳らしむ
○男子《なんし》三歳《さい》になりて自身《おしん》食事するに須く母の手ゑ手を取てまづ
食事の時ハ右の手に箸を取りたの手に碗を持正しく食する事を教
朝夕二度を限りて猥《みだ》りに食する事を許さず又ハ諸礼儀の道親

冠禮

三

類《るい》等《とう》は揖《いう》する事《こと》節《せつ》作揖《ソイ》（揖《いふ》へ拱手《あやまて》を組《くみ》腰《こし》をかゞめ 揖《ゆう》は少し近く腰をさげ）叉手《さしゆ》（拱手《きやうしゆ》と同し 拱手を組ゐる事 またみつく腰をかゞめず）叩首《ケウシウ》（叩《たゝ》き）
等《とう》は作法《さほう》長者《ちやうじや》の下《しも》にて兄弟《けいてい》と争《あらそ》はず睦《むつま》じき道をおしへ又十歳《じつさい》にもなれば
士《さむらい》たるは勿論《もちろん》農工商《のうこうしやう》ともに讀《ド》書《シイ》寫《スヱー》字《ツウ》を習《なら》はせ七八歳になれば身の行《おこな》ひを
正《たゞ》しくし先祖《せんそ》の大切《たいせつ》にし能《よく》家《いへ》の業《なく》は道のいひきかせ身上福有《しんしやうふくゆう》なれ
ば先生《せんせい》を宿許《やどもと》に請《しやう》じ至《いた》つて貧《ひん》なる者《もの》は義學《ニイヨ》にはからひ中通りへ参る
學館《ヨクワン》にあつかりて詩書《ししよ》の義《ぎ》をおしへしめ詩《し》の賦《ふ》し文《ぶん》を作《つく》る事《こと》を習《なら》はす
進退《しんたい》應對《おうたい》の諸禮式《しよれいしき》を専《もつぱ》ら教導《きやうだう》すは是《めし》假《かり》にも悪《あし》き行《おこな》ひなくあらせば
あるひは叱《しか》りても又は打擲《ちやうちやく》して戒《いまし》め兎角《とかく》正《たゞ》しく再《ふたゝ》びする事を許《ゆる》さゞれども
虚言《きよごん》の禁《きん》は射弓《ゼーコン》騎馬《キイマア》算盤《スアンパン》等《とう》の事は其《その》人々《ひと〳〵》の好《この》みによりて稽古《けいこ》は

○女子《ちよし》は専《もつぱ》ら母《はゝ》の手《て》もとにおきて食事《しよくじ》等《とう》の作法《さはう》をたしなむ事《こと》男子《なんし》に
替《かは》る事なし又十六歳《さい》になれば起居《たちゐ》の行義《ぎやうぎ》諸禮《しよれい》を教《をし》へ猥《みだ》りにはならぬべき

さて女の子は手先き三を学ばしむるかに針線する故に持事《まつこと》をおしへ十歳《さい》ばかりにもなれば且ハ繍花《スイウホワア》針工《チンコン》紡《ハン》織《ツ》の道《みち》を教導《きやうどう》すれば大戸《たいこ》なるは衣服《いふく》も多《おほ》く縫匠《ツンズヤン》を招《まね》きして仕立《したて》さするも少く唯《たゞ》貨《ホウ》包《ハウ》烱《ヨン》包《ハウ》等の縫事《ぬひこと》をなし而《しか》して其《その》程《ほど》々《/\》によりて衣服《ふく》の仕立をするもなすべきなり父母親《りやうしん》繍花等の道《みち》を能《よく》せざれば近隣《きんりん》の婦人《ふじん》を請《まねき》しあるひは繍娘《スイウニヤン》繍花《ぬひはく》を渡世《とせい》にする婦人《ふじん》ありなまらふ數《つ》の人《ひと》を呼《よび》寄《よせ》て習《なら》はしむ又七八歳《さい》の頃《ころ》より女先生《ぢよせんせい》の類して写字《てならひ》は勿論《もちろん》讀書《とくしよ》詩作《しさく》等を教《をしゆ》る人《ひと》もあり

妻《つま》しくハ閨學《つまがく》の都《みやこ》に見ゆ　十二三歳《さい》にもなれば閨門《けいもん》を出《いで》ず人《ひと》に見ゆる事《こと》を面かさずあたく與《よ》部屋の樓上《ろうしやう》に移《うつ》し門戸《もんこ》を構《かま》へ出入《でいり》を嚴《げん》にして年頃《としごろ》にもなれば男女《なんによ》同席《せき》せず煮《に》焼《やき》の事は其自然《しぜん》にまかせて詩文《しぶん》におしゆる事《こと》なし

辮《べん》子《し》
花《くわ》帽《ぼう》
總《そう》角《かく》

度德而處之量力而
行之相時而動無累
後人可謂知禮矣

繡《しう》花《くわ》之《の》圖《づ》

清俗紀聞卷之七

清俗紀聞巻之八

婚禮

凡男子二十歳餘《さいよ》にもなれバ其父兄婦《ふ》《よめ》を娶《めと》らむ何方《いづく》の處女《チイニイ》《むすめ》を貰《もら》はんとするにハまづ兎角女家なとに心易《こゝろやす》き人を頼《たの》みて說親《セツイン》《えんだん》を媒人《ムイジン》《なかうど》女の方に來らしめ主人に面談《めんだん》致したく中入せバ主人外廳《ワイテン》《ざしき》に出迎《いでむか》へ先生勞駕有何見教《スヱンくラウキヤウイウホーケンキヤウ》と云互に寒温《かんをん》をのべ主人より請坐《ツインヅー》《さしやうぞく》と云へバ客有坐《ユウヅー》《このまゝ》と答へ辭儀《じぎ》なして椅子《イツウ》《いす》にかけ令愛《リンアイ》《むすめご》を何方の子息此嫁《よめ》に貰《もら》ひ兄類某取持《とりもち》作伐《ツオワ》《なかうど》せしむと云へバ女家の主人某且不《ぶ》才《さい》の小女箕箒《スヤウニイチイチウ》《こむすめつかひめ》に備《そな》ふるにたらずなど云ひて辭退《じたい》の色あり媒人《ムイジン》《なかうど》押《おし》て中入なれバさらバ父祖《ふそ》伯叔《をくしゆく》にも相談《さうだん》致し返答申べきとて媒氏《なかうど》返しぬ又即座《そくざ》に父祖伯叔など列座《れつざ》にて領掌《りやうしやう》返答する事もあり或ハ其後《そのゝち》主人媒のかたへ此返答する事もあれども父祖《ふそ》なきものハ伯叔兄《をしゆけい》の内より應對《おうたい》する事なり又

通してまて入寃《えん》の者なれバ外廳《ワイテン》《ざしき》に坐するに及ばず直に内廳《ヌイデン》後軒《ヘウヒエン》にゆく
應對《なうたい》は男女幼稺《ようち》の時より聘定《ピンデン》《いひなづけ》又訂姻《デンイン》といふをなすもの十四五歳になりて說親《セツイン》《ゑんだん》を
なしもし女子幼稺より聘定《ピンデン》をなしたれども未曾做親《ウイスエンツヲーツイン》《まだとりむすびせぬ》已前《いぜん》にいづれか死する事あれば
相互《あいたがい》に定式《ぢやうしき》の喪服《さうふく》を着し喪《も》哉はとむ定式の喪期《さうき》《つきなけ》るて女を再嫁《さいか》せしめんと
思へバ男家へ内談《ないだん》して男家異議《いぎ》なければ再嫁《さいか》せしむ先を再醮《ツアイツヤウ》《さいゑん》と云若
男家より一旦貰ひたる事なれバ是非《ぜひ》贅婿《せいせい》《むこ》を入て妻《めとる》べしといへば
女家異議《いぎ》あるかもしくは成長《せいてう》の上なく約束《やくそく》の通り男家へ遣《つかは》し女
死する時ハ喪期《さうき》畢《おわ》りて其女《むすめ》の妹《いもと》あれバ妹代貰ひ若相應の妹なければ
外に縁談《ゑんだん》す惣《すべ》て婚《こん》を結《むす》ぶに媒人《ばいにん》ハ街長《キヤイチヤン》《まちなぬし》に届《とゞ》け官吏《くわんり》ハ長官《てうくわん》《たかやく》に
届《とゞ》る事なし ○媒人《ムイジン》《なかうど》ハ一に冰人《ピンジン》と云又中人《チヨンジン》と云親類《しんるい》又ハ朋友《ほうゆう》などの内女家な
懇意の者或ハ女家出入の輕《かろ》き阿媽《アマウ》收生婆《シウスエンボー》《とりあげばゞ》一名穩婆《ヱンボー》などゝ云て媒

者が頼みて内分中入る事歟《か》或ハ何方にハ幾《く》歳位《ぐらゐ》の娘あり此方の嫁《よめ》に欲《ほ》しく貰《もら》ひたしなど内々にて女房などに阿媽《アニウ》などより云入る事もあり此下媒人《なかうど》なくして口入《くちいれ》し扨親類朋友《しんるいほういう》などの内表向《おもてむき》の媒《なかうど》を頼みて誂《あつらへ》て女の方に貰ひに行もあり媒人《ムイジン》《なかうど》女の方より返事を兼《かね》て男の方に返答するを待男の方にて酒肴《さけさかな》など用意して饗應《きやうおう》する事もあり又別《べつ》に吉日を擇《えら》みて招請《ちやうしやう》する事も女の方も同し（縁《えん》談《だん》調《ととの》ひたるうへハ皆々阿《ア》媽《ニウ》などに謝《しや》儀《ぎ》貧《ひん》富《ぷ》によりて等《ひとしく》かゝりに）

○雙方《さうはう》允《イン》諾《ノ》の上二三日も經《へ》て吉日を擇《えら》み（天德月德などの吉日也）嫁《よめ》貰《もら》ひの書簡《しよかん》を遣《つかは》す此時に菓《く》茶《ちや》杯女の方に送るに小さき錫《すゞ》の罐《くわん》に入て数拾《すじふ》罐《くわん》百罐《くわん》程の不同あり送茶《ソンザア》《おくるちや》とて是を授茶《ジウザア》《さづくるちや》といふ（茶ハ本根を移し植《うゑ》ずして子を生ずといへる故に古の人婚姻結ぶに茶を用ひて禮とする事なりしとぞ此遺《い》なるべし）

○書翰《しよかん》并菓茶送るには奴婢《ぬび》を（奴ハ下男 婢ハ下女）使として遣す歟《か》或ハ媒《なかうど》を頼みて先方の媒

參る駕籠《かご》に乗《のり》て行末もあるに女の方に來りて有人在麽請教《ユウジンサイモアツインキヤウ》と申入べし取次の奴僕《ぬぼく》出て右の書翰并贈物請取《うけとり》受取にてもしに定る ふるまひ式なし 其上の趣《おもむき》を主人に達《たつ》て主人書翰并贈物受取《うけとり》其上に返翰《へんかん》を認《したゝ》め取次の者より右の使の者に遣す媒人《ムイジン》来りし時は主人對面《たいめん》して

授《ジウ》茶《サア》

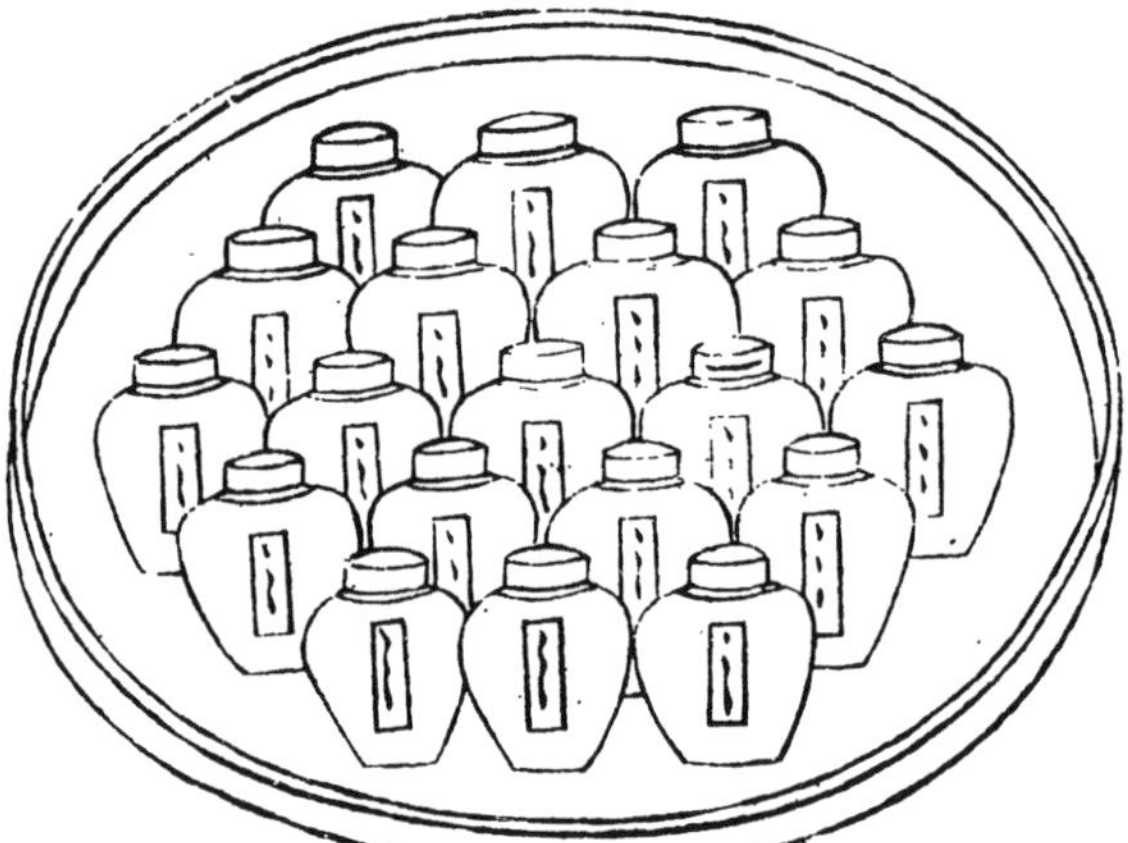

書翰男《だん》家《か》の式《しき》

初訂姻禮帖式用梅紅全帖恭求台允四字用金箋寫外或族長出名

台允

恭求

某某郡年家眷姻弟某姓名端肅頓首拜

仝

書翰女家《か》の式《しき》

台命

謹遵

某某郡年家眷姻弟某姓名端肅頓首拜

封《ふう》筒《とう》正《せい》面《めん》式《しき》

禮《れい》帖《てうの》封《ふう》筒《とう》用《もちゆ》大《だい》紅《こう》紙《しを》正《せう》面《めん》金《きん》簽《せん》寫《うつす》全《ぜん》啓《けい》二字《のふじを》

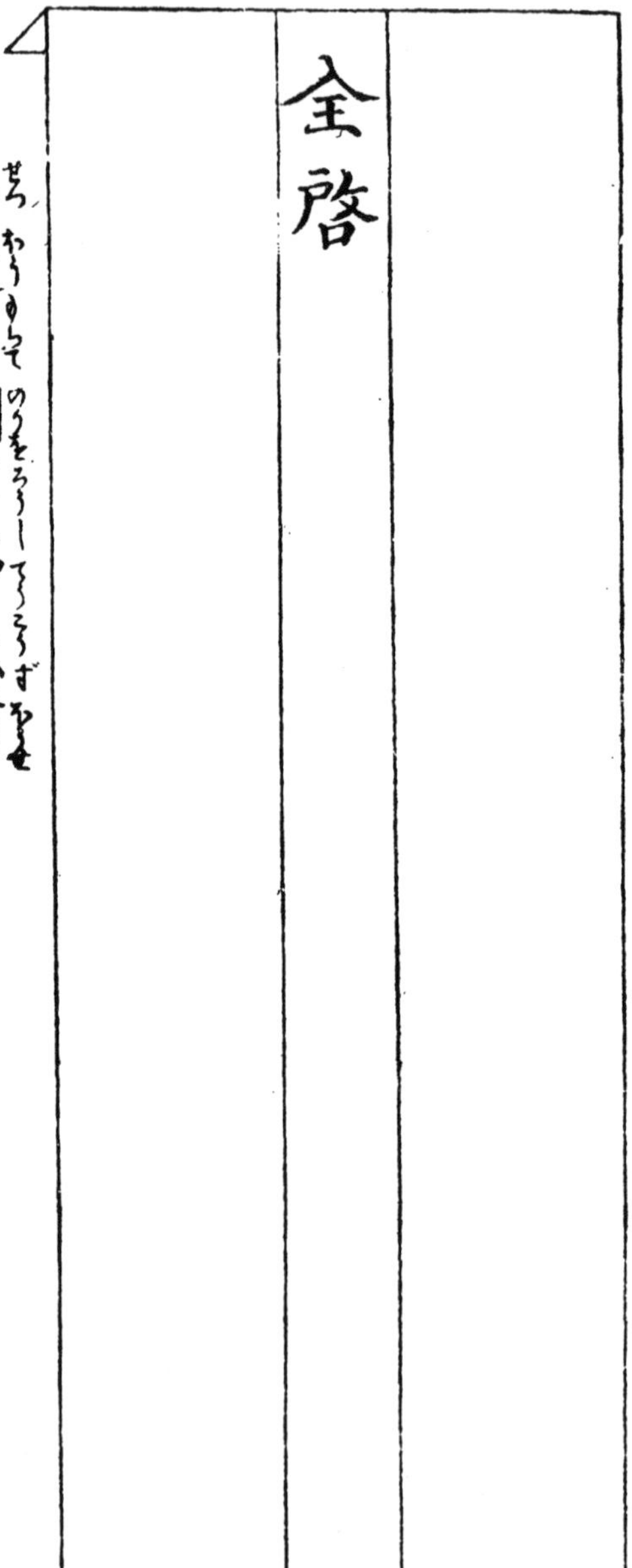

封《ふう》筒《とう》背《はい》面《めん》式《しき》

接《せつ》縫《ほう》用《もちゐて》糊《のりを》牢《らうし》貼《てう》口《こう》不《ず》封《ふうせ》

○又数日過《すぎ》て吉日を撰《えら》て送盤《そうばん》するに送盤とハ結納の送り物の事也一ニ遊盆《ほ》といふ送る物ハ端物《たんもの》珠玉《しゆぎよく》細工物《さいくもの》笄《くぜし》戒指《かいし》等之笄戒指《くいし》等代送る事を上笄《ジヤンきれ》といふ女に始て笄をさす故上笄といふ此時庚結《そりむすび》の吉期《きつき》を撰《えら》て女家に通ず是を道日《タウウビ》といふ道日と云俗語《ぞくご》にて日どりと云事日取を定め女の方に通ずる事なり日取を男の方より通したる時女の方にてつゝがなけれバ速に用意す若故障《こしやう》あれバ外に吉日を撰《えら》て由媒の方に相談するに此吉日陰陽《おんやう》先生道士に撰らしむ事なり此時女額際《ひたいきは》の髪《かみ》を切て額《ひたい》にハ包頭《パウチウ》をはけ又笄をさしむ是ハ此方の報も速しかるべし

縐《すう》さ紗

緞《ど》す子

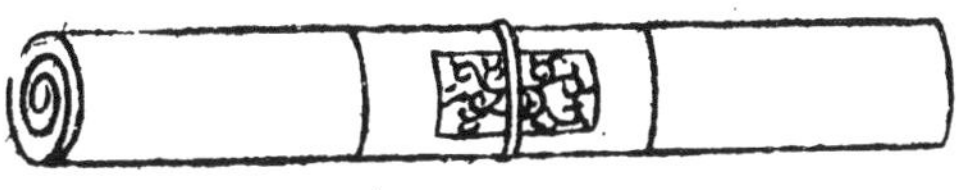

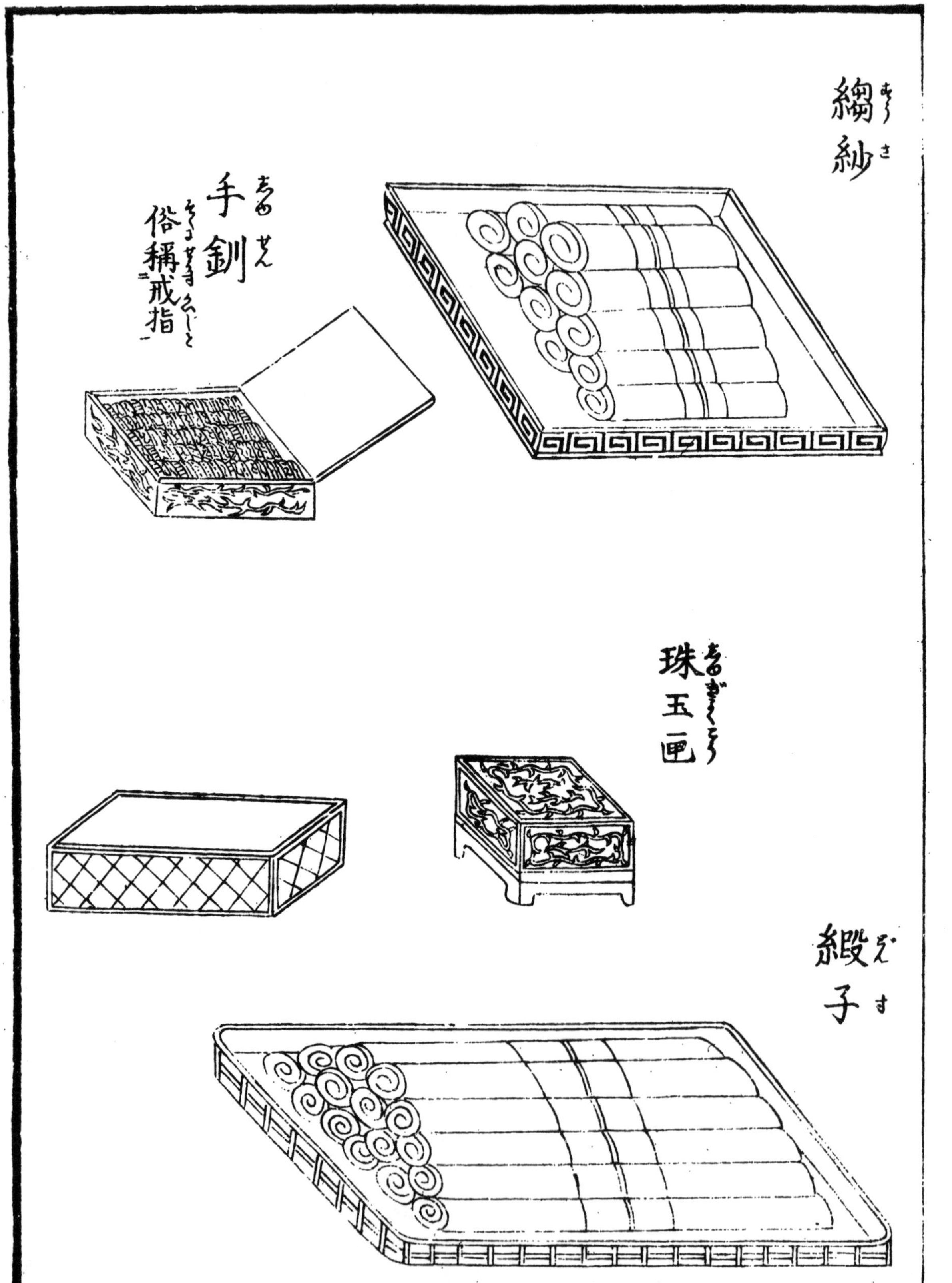
縐紗
手釧《しゆせん》
俗稱戒指
珠玉匣《しゆぎよくかう》
緞子《どんす》

〇此時書簡に目録《もくろく》を添《そへ》使をもつて女の方にも又媒《なかうど》頼て遣す事有
双方より祝儀《しうぎ》として使の者に銀子を遣す也書簡には父の名をかきて父
なき者は伯叔《おぢおぢ》兄の名にて遣す　結納受取状《ゆいなふうけとりじやう》渡し　定りたる式なし
〇右結納《ゆいなふ》の品受取の後四
五月も経《へ》て女の方よりも又贈《おく》り物に珠玉《しゆぎよく》緞匹《ダンヒ》の類不同あり反物《ふんもの》珠玉
の類男家よりも贈りたる品と摸様《もやう》なども同物なれども女に見えたるぬ光を回《サイ》
帖《テ》といふ　回帖とは返答也　此時女の八字《バヅウ》を送る〇双方の贈答《ぞうたふ》すみて婚礼道具《えんれいどうぐ》の
用意ある女の方に諸道具の用意出来て男の方より通じたる婚礼吉期《えんれいきろき》の
三日程前に粧奩《チヤンレン》を贈《おく》る〇粧奩《チヤンレン》の目録男の方に使の者持ゆき男の方
にて取次の者受取それぞれ取りて附并使の者には祝儀をとらせ嫁入道具《よめいりだうぐ》は
釣台《つりだい》などいふものへのせて道具を持ちて両人にて中擔《なかかつぎ》にして人数《にんず》
多く持運《もちはこび》を面目《めんぼく》とせり

送粧奩一
おくるさうまんを

極寿

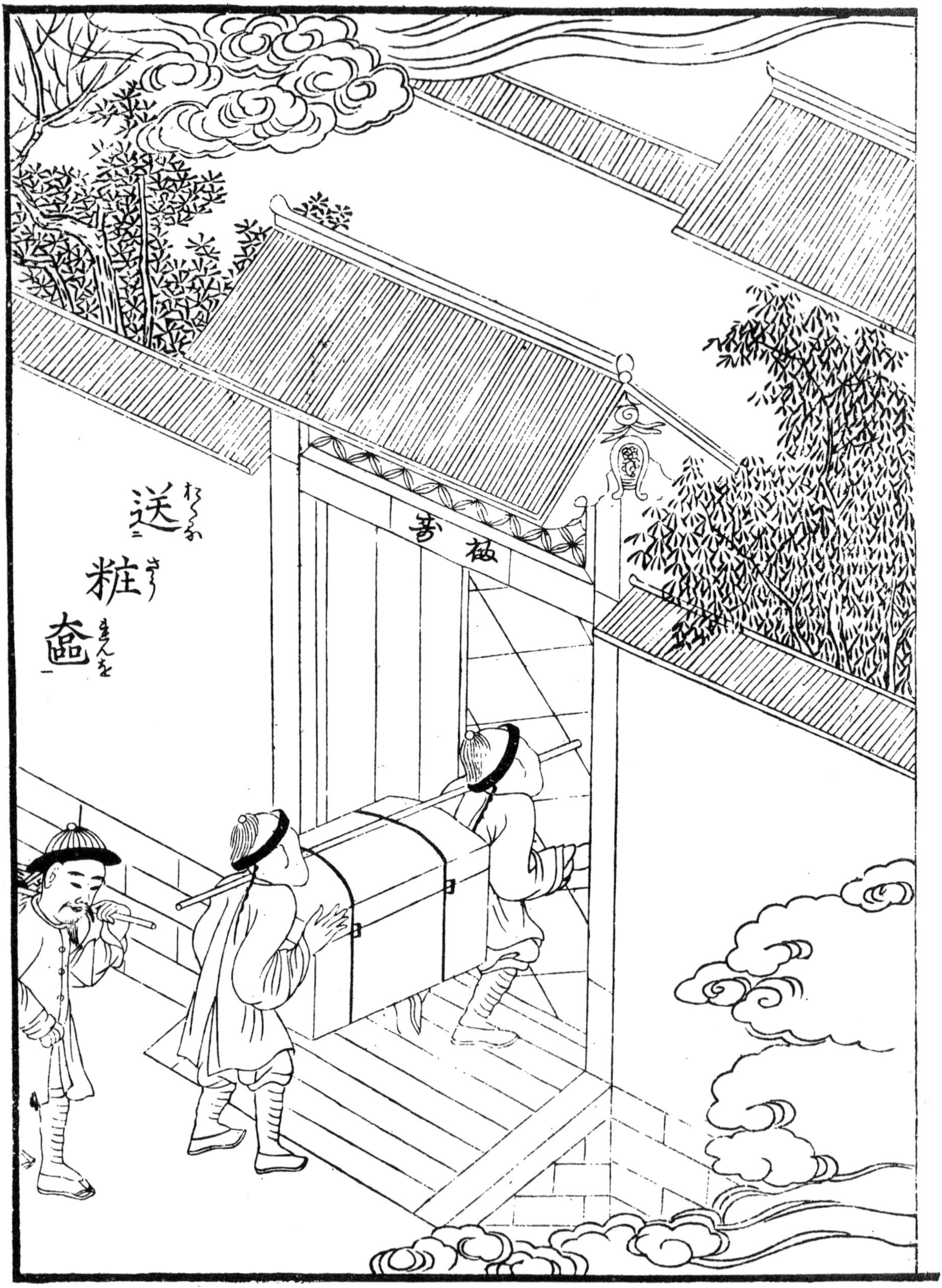

用梅紅全帖第二頁正面寫起每四行或六行不等納采加笄之敬六字用金箋寫頁數六頁為率故其物件多則每頁多寫少則少寫出名與帖式同

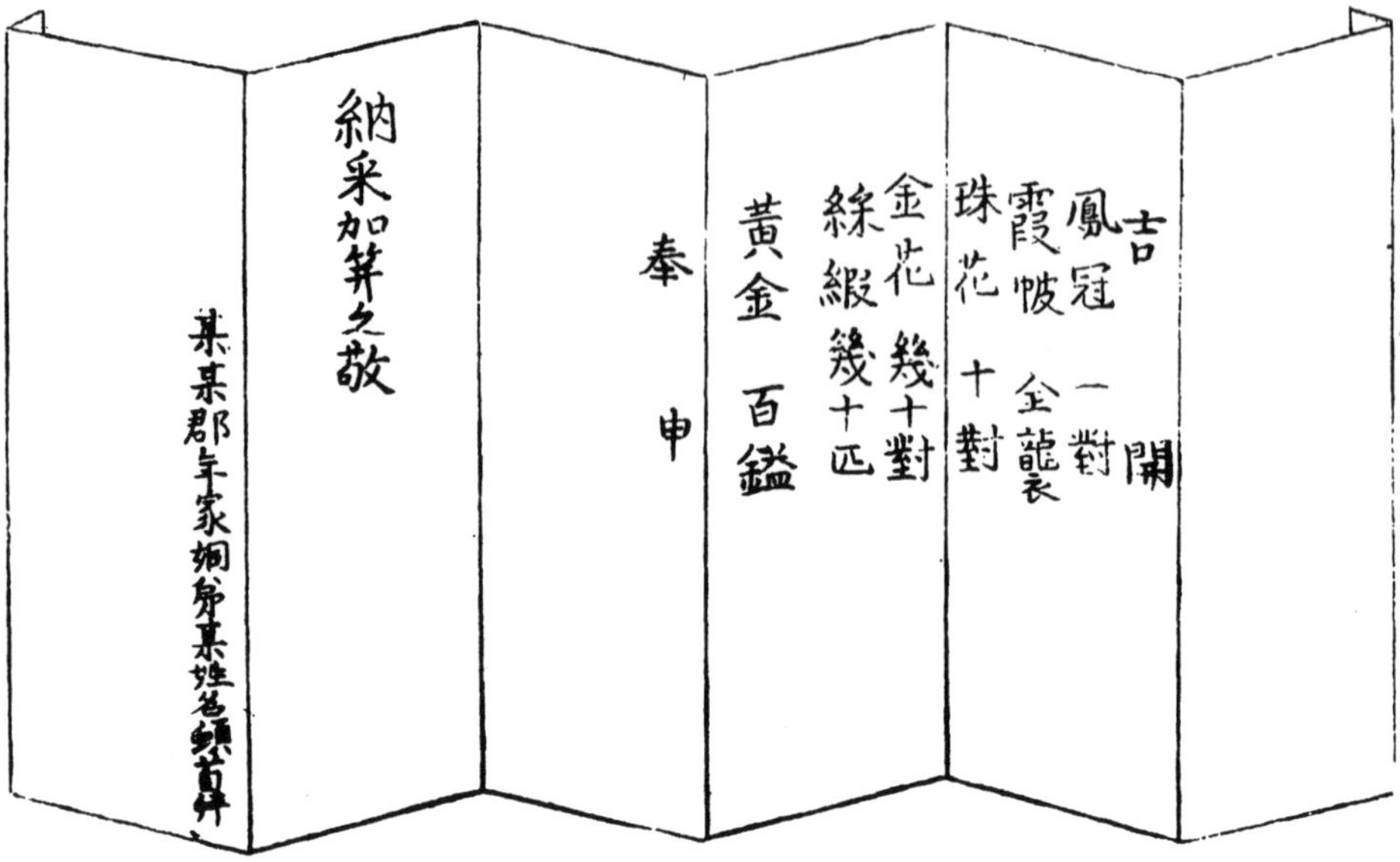

女家同帖式寫法

吉 開
朝冠 一品
袍套 全福
文房多寶 全副
京靴 成雙
出名與男家同

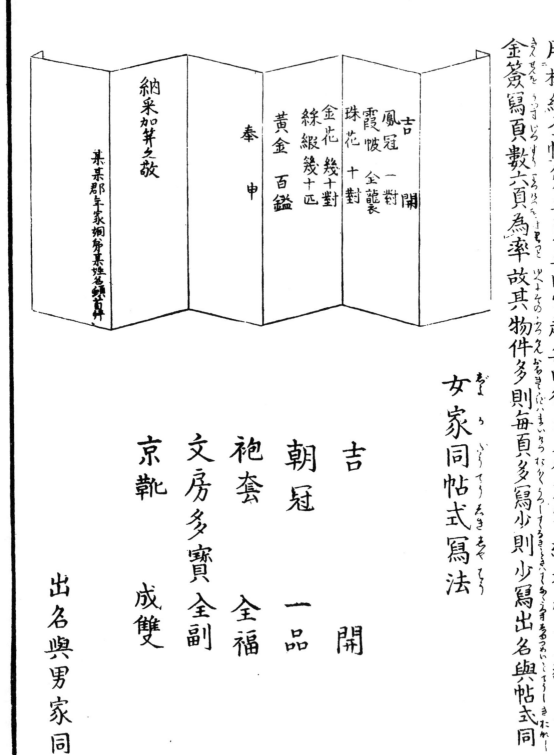

某氏八字

甲子年乙丑月丙寅日

丁卯時生

女家送粧奩帖式同前 岳父出名

眷生某姓名頓首拜

吉 開

梳粧臺 全副

圈椅 滿堂

立臺 成對

圓爐 成雙

衣箱幾十對

子孫桶千代

慶 餘

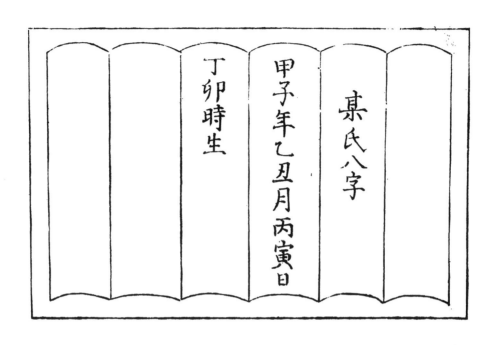

男《なん》家《け》回《くわい》謝《しや》帖《てう》式《しき》

領《りやう》謝《しやの》二字《じ》用《もちゆる》金《きん》箋《せんを》

謝

領

門下子壻某姓名端肅頓首百拜

同心釧

戒指

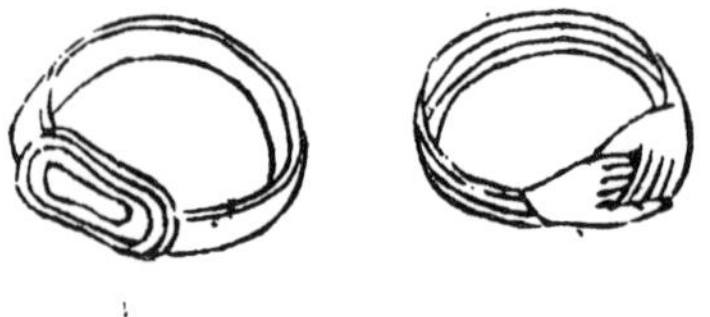

耳環

鈕鈎

手鐲

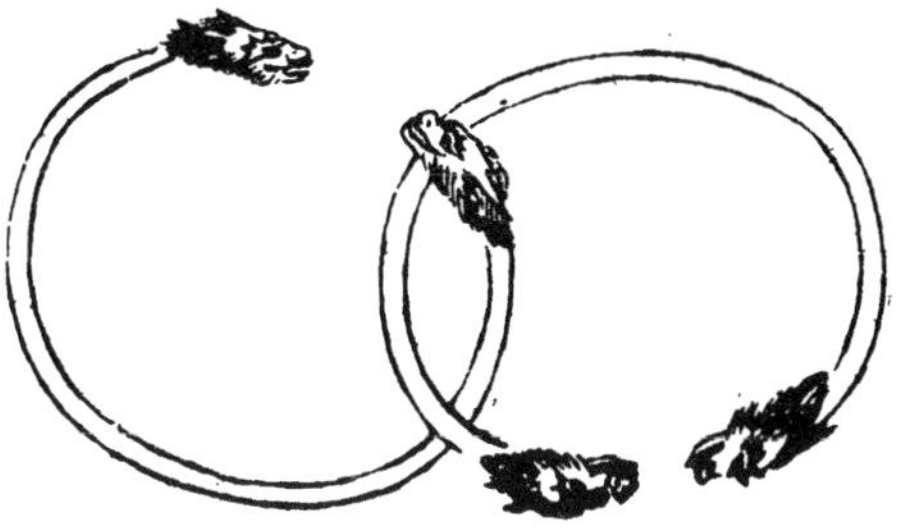

拝盒

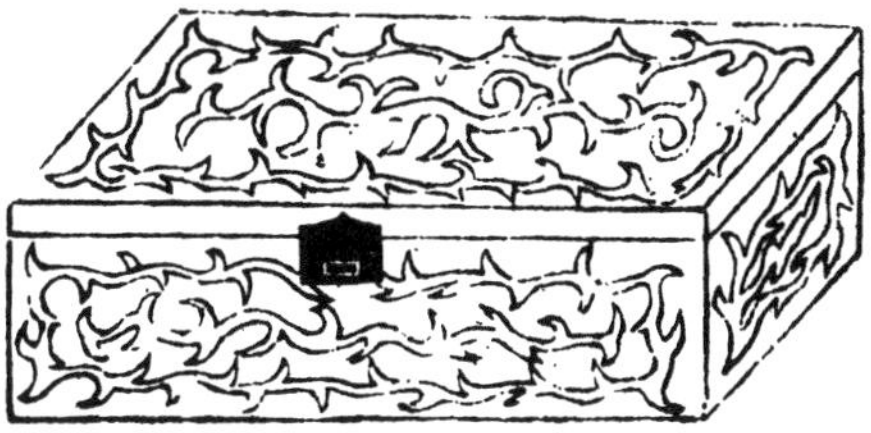

針線匣

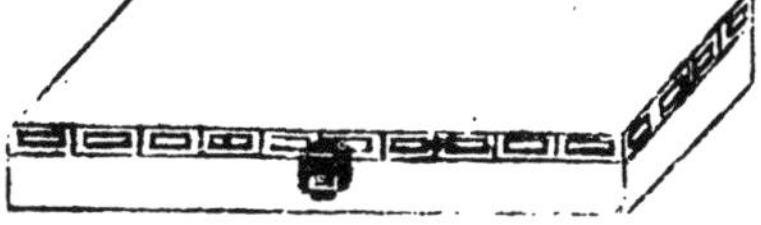

鏡子背

鏡子面

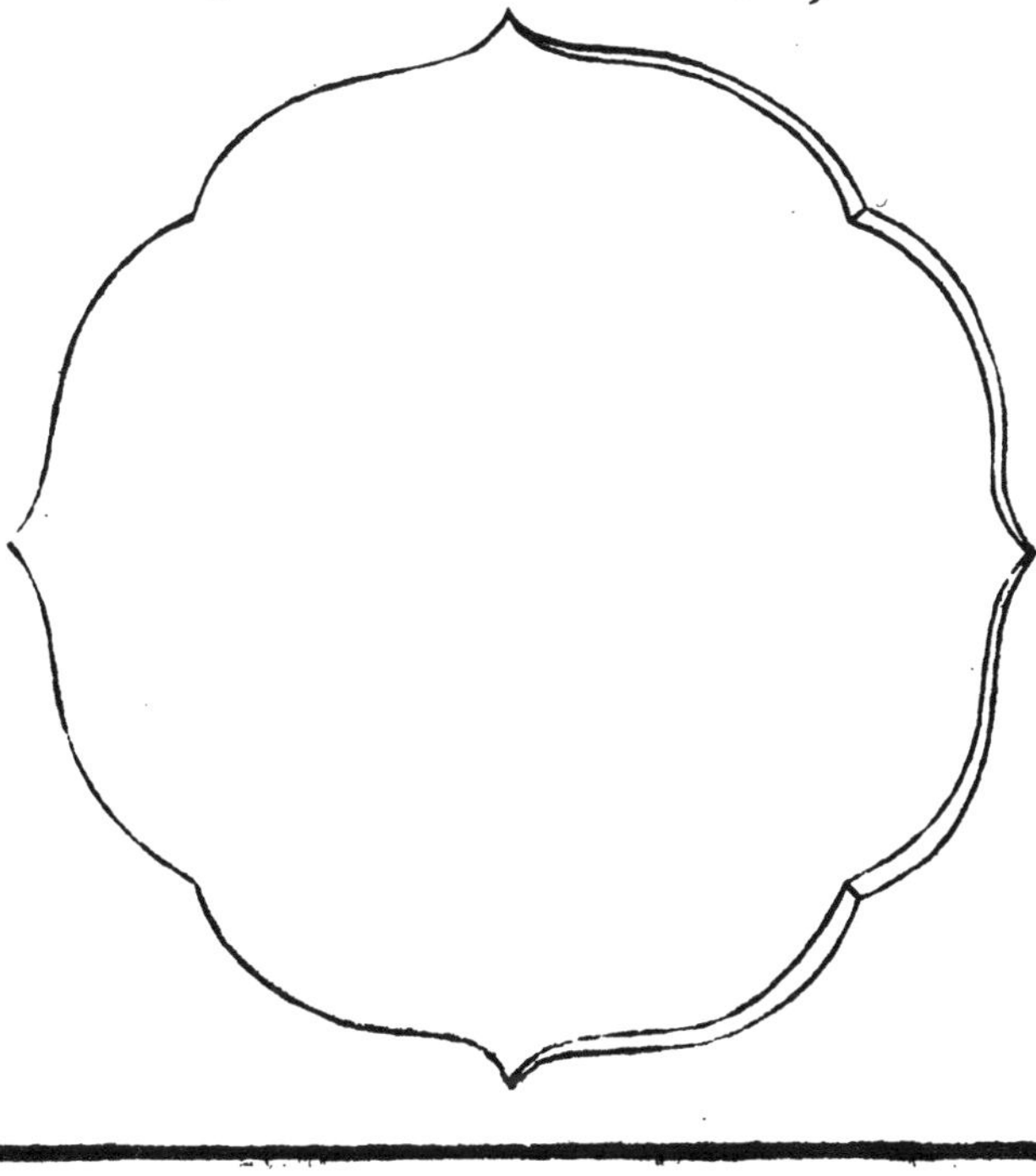

鏡《きやう》《かゞみ》

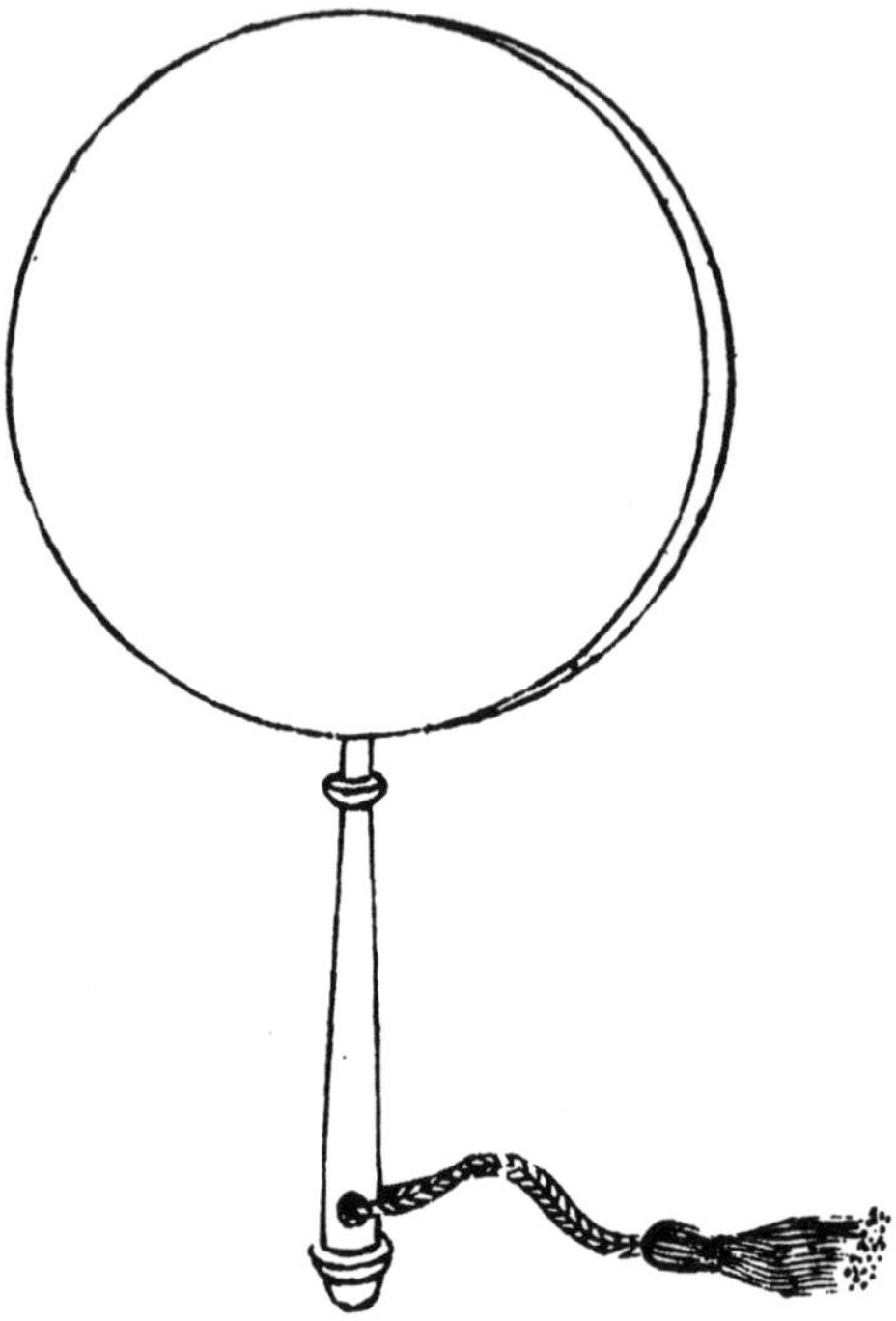

香水瓶《かうすいへい》《けしやうみづいれ》

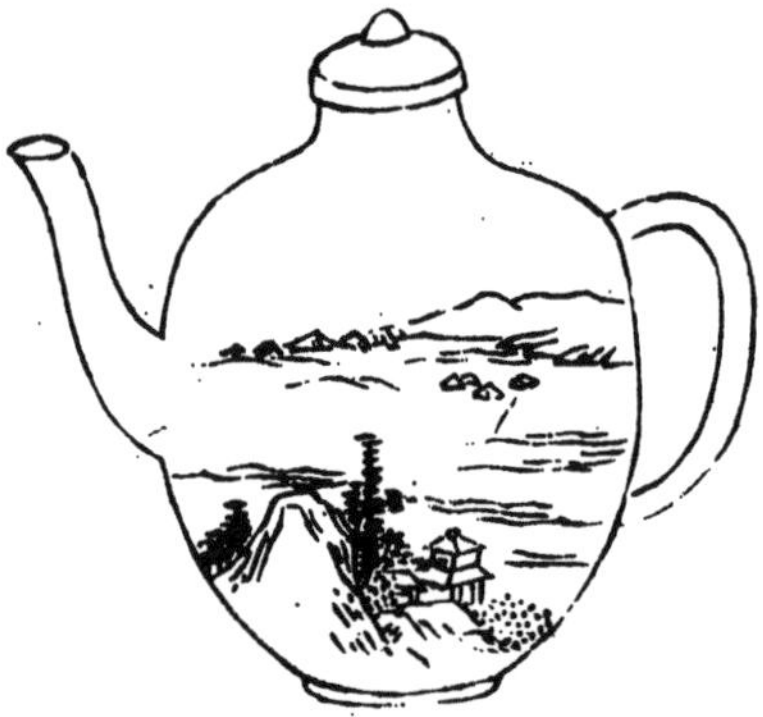

鏡臺《きやうたい》《かゞみたて》

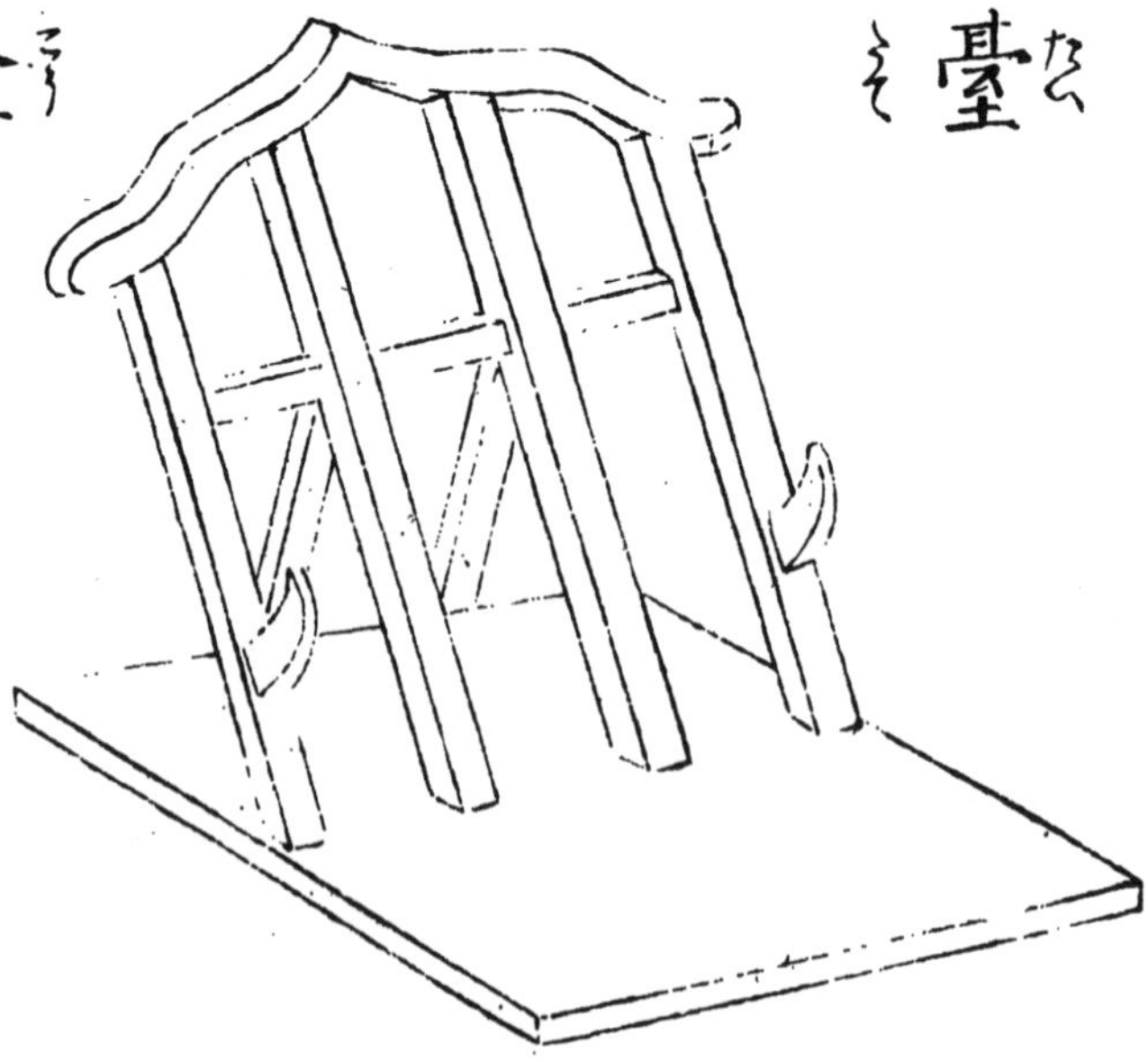

粉盒《ふんごう》《おしろいいれ》

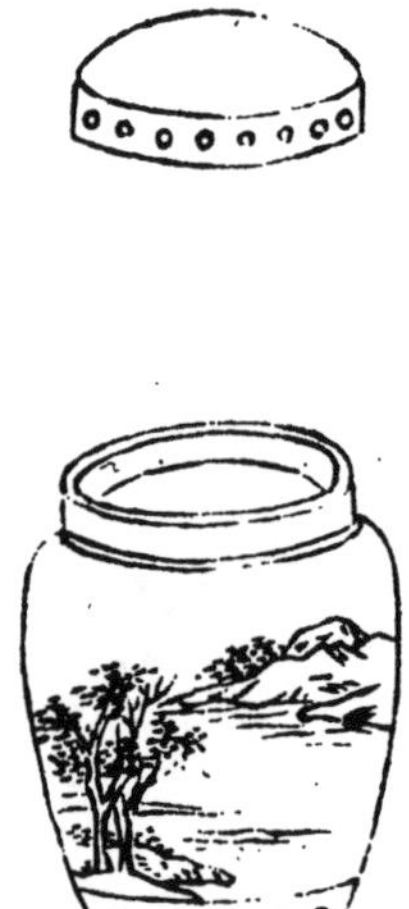

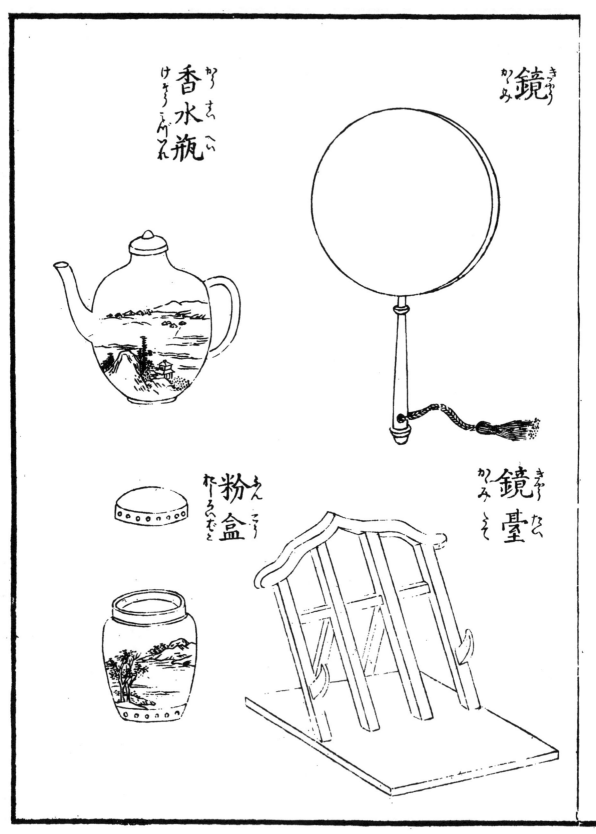

櫛笥

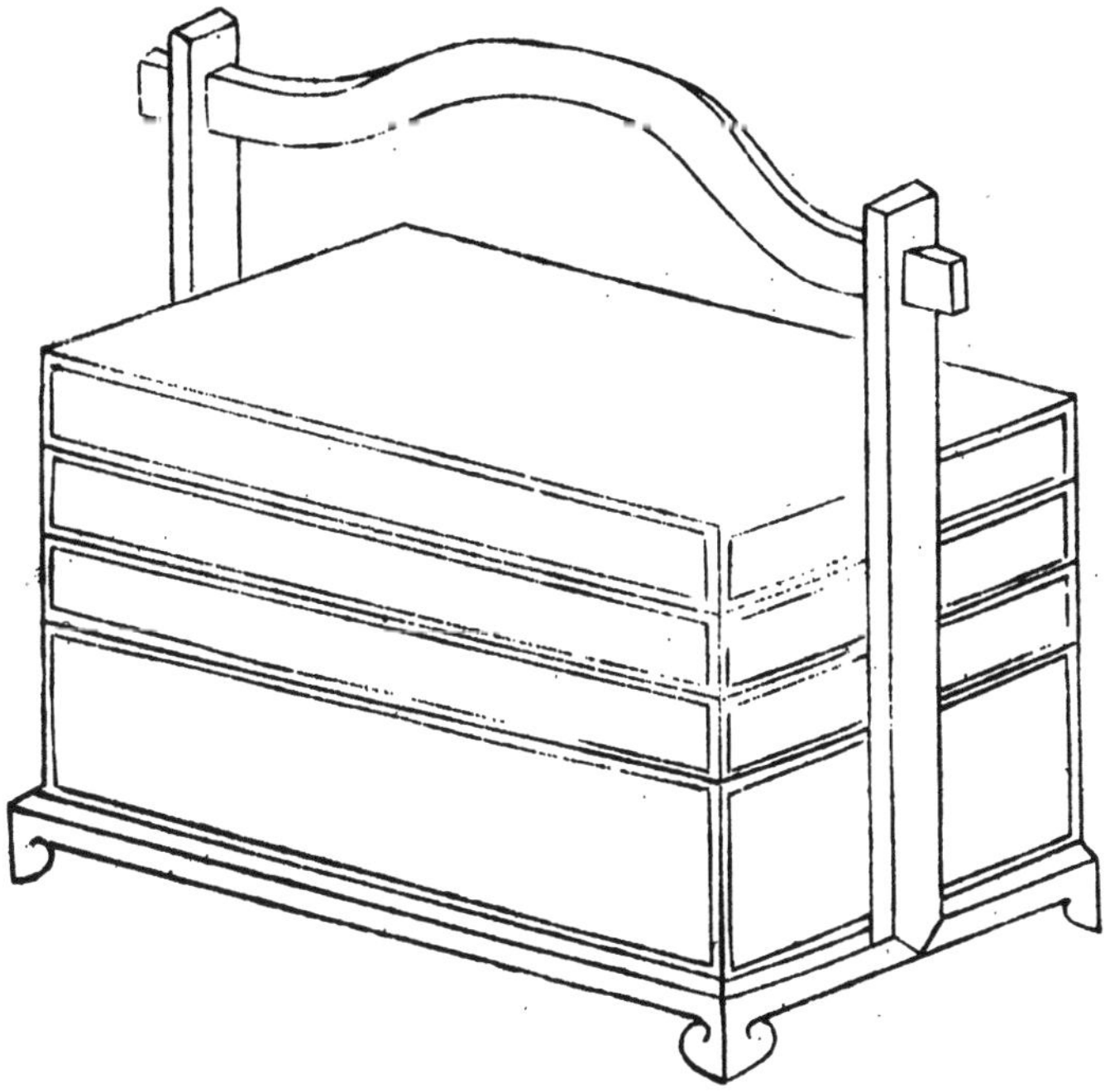

衣箱

一作舗蓋箱

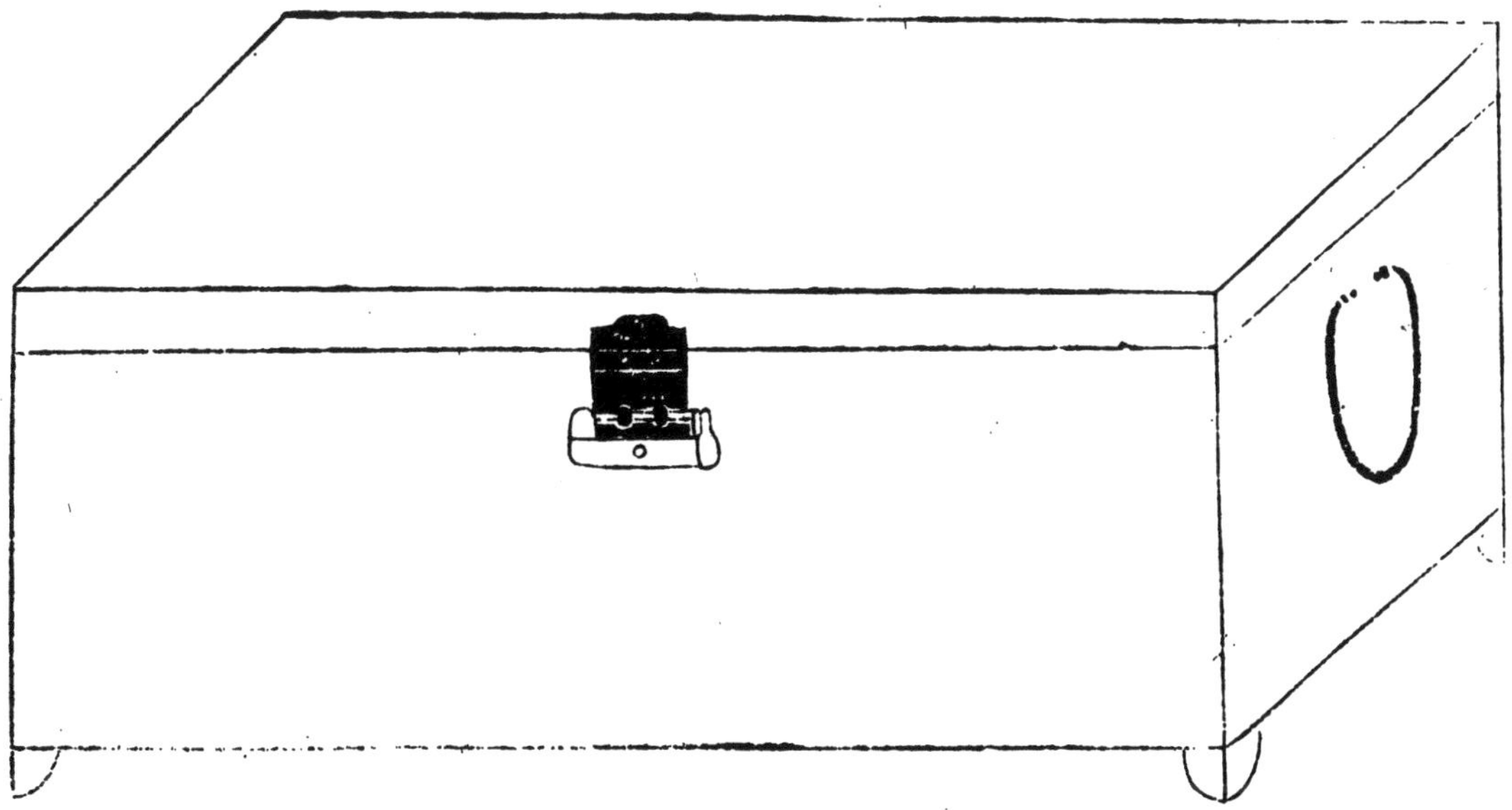

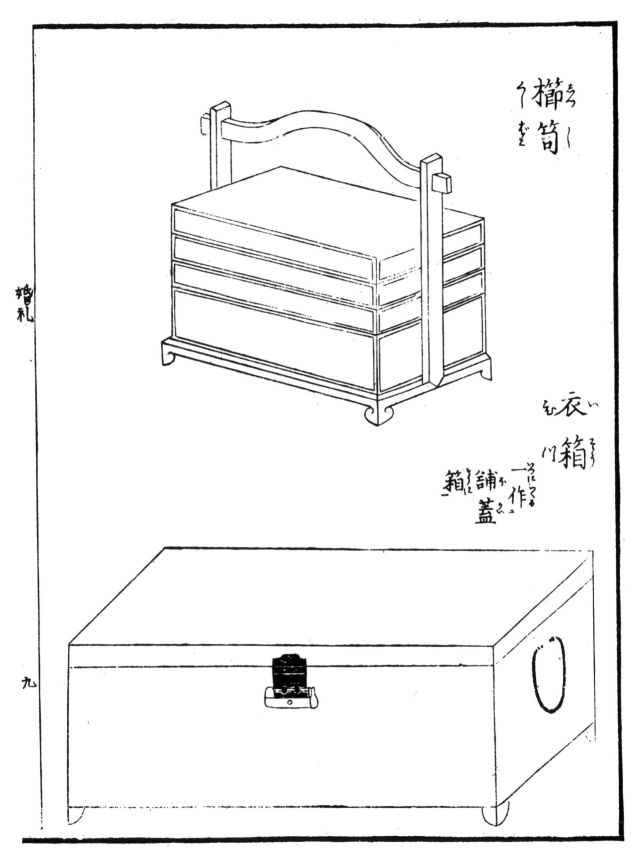

皮《ひ》箱《さう》《かはばこ》
一作《ひとつくる》㆓衣箱《いさうに》㆒

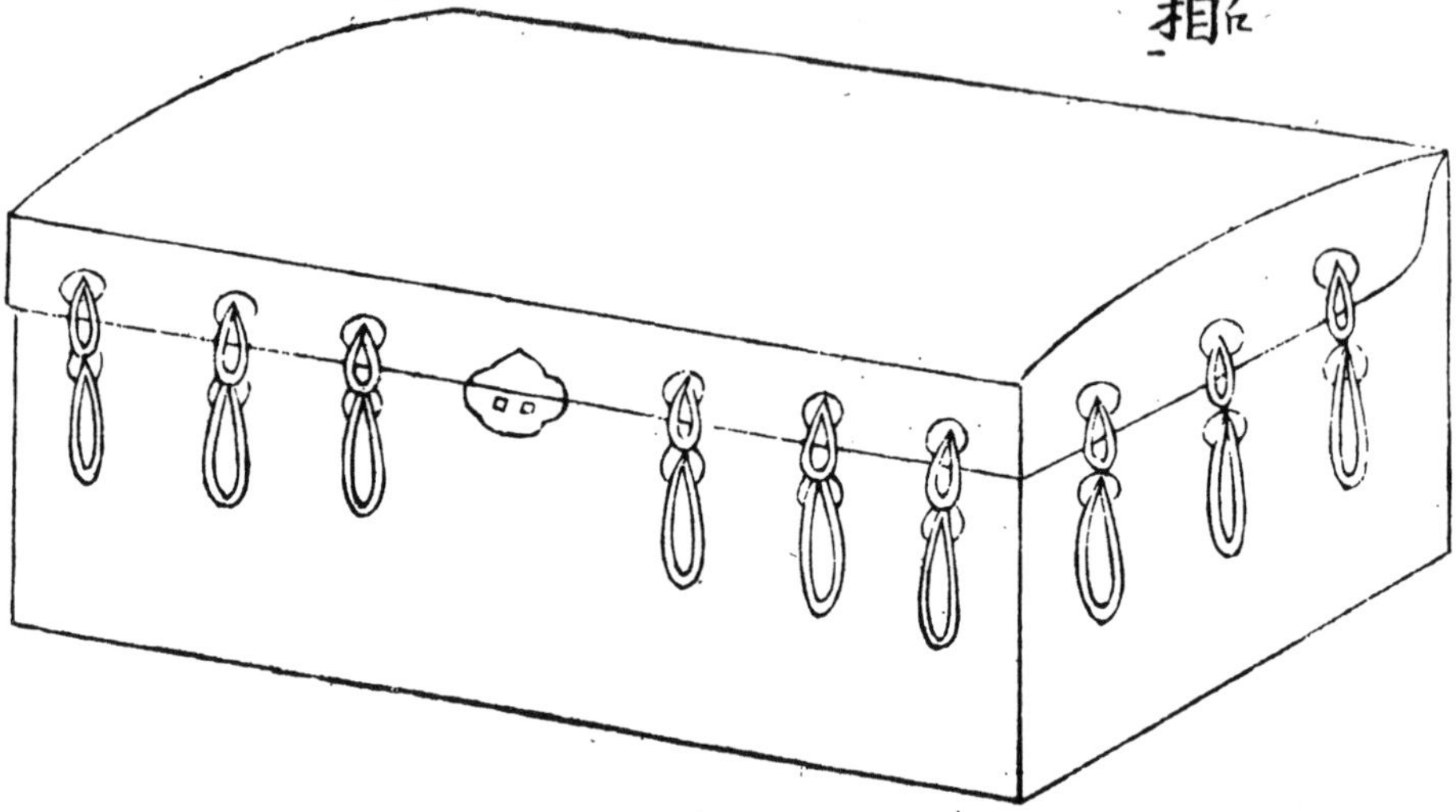

仝《おなし》上《かはに》

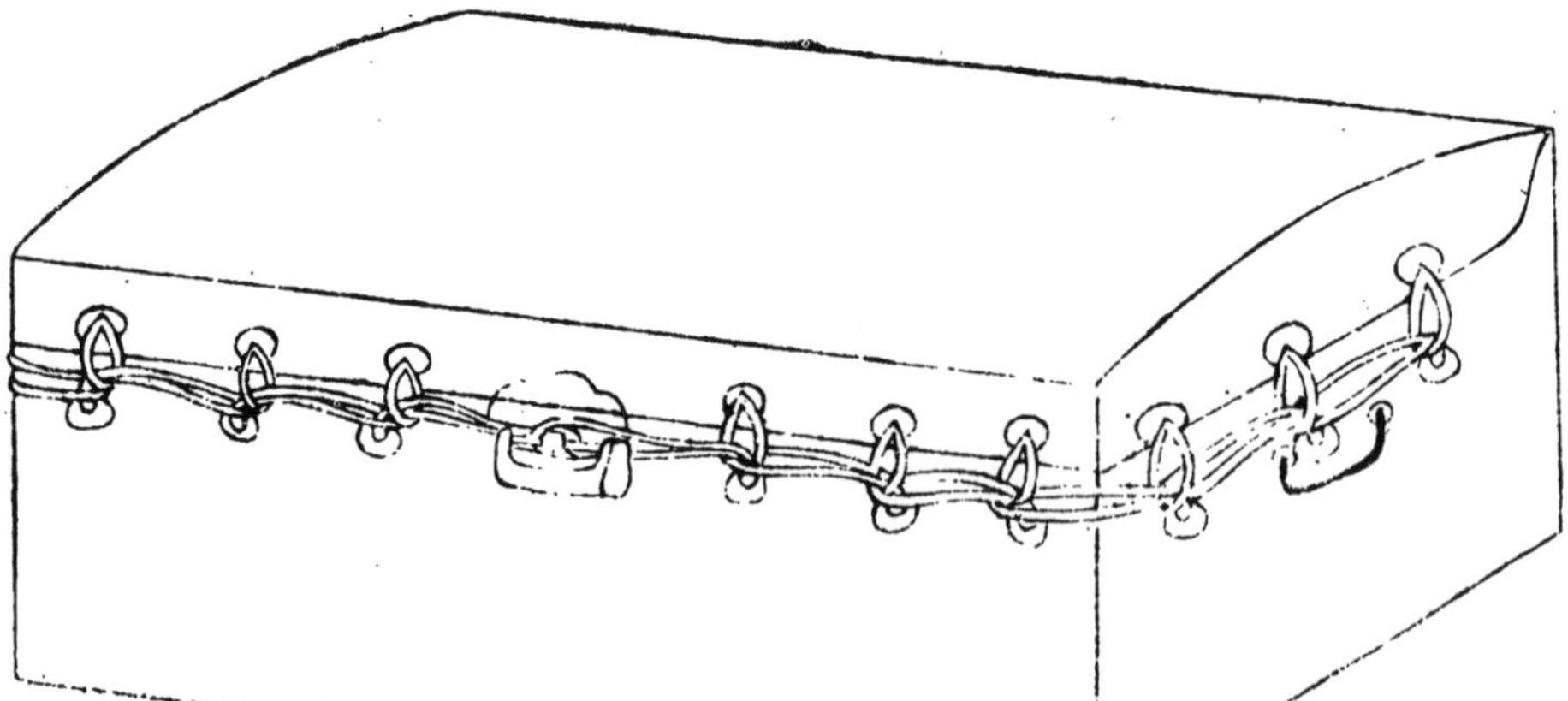

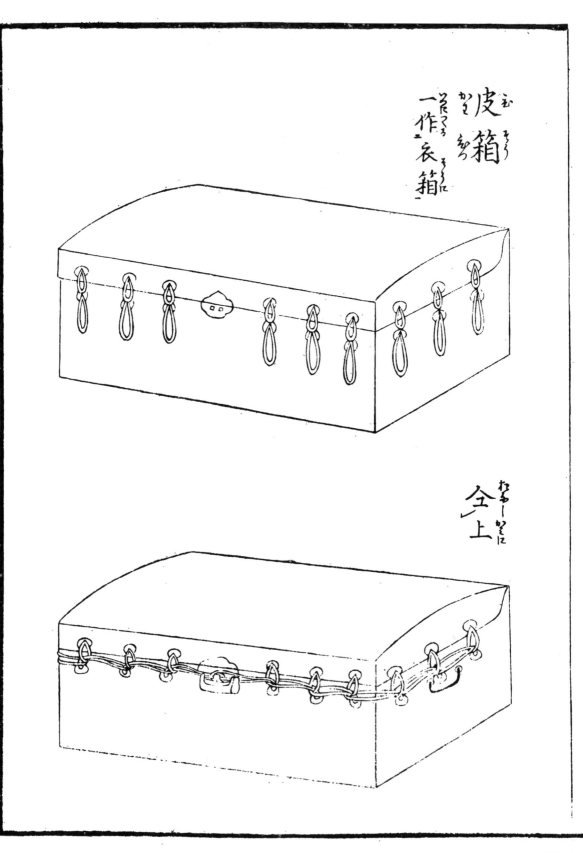

○儌親《ツヲーツイン》の日ハ七ッ時分より媒人《ムイジン》《なかうど》男の方ニ来り用意よくハ同道すべしといへば壻《むこ》衣服《いふく》を改《あらた》め用意して（壻の衣服常より立派ニ出立はなはだく極りたる色目などもなし）花轎《ハアキヤウ》（花轎ハ轎子縮綿などにて綺麗ニ錺《かざ》りたる乗物《のりもの》壻の方ニて用意すること）を整へ楽人《がくにん》を迎へ（楽人ハ法師花芸者《くわげいしや》の類《るい》ニて盲人なども有り常に楽《がく》をもつて業《げふ》とす）女の方ニゆく是を親迎《ツイニン》《しんげい》といふ（此時壻ハゆるにニ媒人《ムイジン》むかふまで事もあり媒人も壻もかゝる篭ニのり媒人の轎子まづ先案内し其次ニ壻の轎子其跡ニ花轎《ハアキヤウ》をかゝらせゆく）壻親迎《ツインニン》の時岳父《ヨフウ》《しうと》の廳上《ざしき》の中央ニ書案《しよあん》を設《まう》け壻《むこ》の才芸《さいげい》を試《こゝろ》みんとて文房四宝《ウヘンワンスウパウ》を（紙墨筆硯を文房四宝《パウ》といふ）整へ其《その》雲箋《うんせん》《詩文をかくかみ》ニ詩《し》の題《だい》を書置或ハ文章《ぶんしやう》の題を出し書を乞《こ》ふ来る詩文の題ハ岳父《ヨフウ》《しうと》より出し又女詩文ニ志《こゝろざし》ある者ハ女より題を出す事あり

○大戸《たいこ》《おほどし》の家ハ（家口十四五人以上を大戸といふ）媒妁人《なかだち》あまたありて男家の媒人ハ女家ニ行ず女家の媒人《ムイジン》《なかうど》ハ男家ニ面談《めんだん》せず中戸《ちうこ》の家以下ハ（家に六七人以上を中戸といふ）さなくてもなししかれども婚姻《こんじふ》の花筵《くわえん》ニハ両家の媒人もまゐりて花筵を勤く媒人の妻《さい》も来るなり

試《し》レ才《さい》

○壻《むこ》の轎子《キヤウシ》女家の大門前に至るを見れば女家の奴僕《ぬぼく》壻よりも祝儀《しうぎ》を求めん為門を堅く閉て容れず此時壻の下部《しもべ》よりも女家の下部に祝儀を遣《つかハ》し門を開《ひら》きたまへといへば門をひらき壻の轎子を門内に通《とを》す（此祝儀家の貧富《ひんぷ》によりて五十目百目二百目等《とう》かわず）○此夜壻の方よりも女家へ三度の書翰《しよかん》を送る初度は迎に轎子《キヤウシ》を出すといふ書翰《しよかん》二度目は支度《したく》ありやといふ書翰三度目は合卺の迎を遣すといふ書翰なり女の家にて町役も来る媒人《ムイジン》の懐中《ふところ》より初度の書翰を出し拜匣に入使の者に持せつかへせば女家より饗し主人門前迄迎《むか》ひに出る

第一道帖式

男《だん》家迎娶三帖式用大紅全帖縁輿恭迎四字用金箋　父或族長出名

迎

縁輿恭

某某郡年家眷姻弟某姓某名端肅頓首拜

第二道帖式

速粧二字用金箋

粧

速

同前

第三道帖式

恭迎《けうけい》合卺《がうきん》四字用《もちゆる》ニ金箋《きんせん》ニ

恭迎　同前
合卺

○女家の少し手前ニて媒人《ムイジン》も婿《むこ》も轎子《ギヤウツウ》《かご》より下りて門前ニ至れバ主人出むかへ廳堂《テンダン》ニ（一ツ外の廳と云）案内して請上坐《ワインジヤンツー》と云て手紙措《こまぬき》て挨拶《あいさつ》スれバ媒人《ムイジン》も今日恭喜《キンジコンヒイ》と會釈す主人より且請坐《ツエーワインヅー》と云へバ媒人《ムイジン》手紙措《こまぬき》て得罪《テエフイ》と云て椅子《いす》ニ坐を婿ハ始終媒人《ムイジン》の跡ニ引添て諸事媒人《ムイジン》の指圖《さしづ》ニ任す

○花轎ハ新娘の内房《スイワン》ニ入るへく（内房《スイワン》ハ女の居間也）

○樂人《がく》ハ奧の一间ニ控へさせおく

○主人自《みづから》茶を取て媒人《ムイジン》に進め今晩多労且請拜茶《キンワンターラウフエーツインハイザア》と挨拶《あいさつ》して又媒人《ムイジン》椅子《ゐす》に坐して茶碗《ちやわん》を手に受取得罪多謝《テスイターシエー》と會釈《ゑしやく》して元のごとく椅子に坐し茶を呑《のむ》親類《しんるい》朋友《ほうゆう》なんど相伴《しやうばん》の面々出て媒人《ムイジン》にむかひ今晩労駕《キンワンラウキヤア》種勞玉成請阿《チヨンラウヨインツインアー》と挨拶《あいさつ》して又媒人《ムイジン》にむかひおなじく請阿恭喜《ツインアーコンヒイ》々々とらふ互に手を拱《こまぬい》て逸《いちく》挨拶《あいさつ》しをみて元のごとく媒人《ムイジン》は椅子《ゐす》に坐し主人は内に入て相伴《しやうばん》の親戚《しんせき》朋友《ほうゆう》なんども椅子《ゐす》に坐して其あと奴僕《ぬぼく》茶を持出て逸々《いちく》に茶を進む茶畢《すむ》て桂圓湯《ケイエンタン》萹豆湯《ペンデウタン》あるひは杏酪鷄豆《インロキヒデウ》湯《タン》の類いづれも砂糖に煮たる也一種又は二種出す畢《をはり》て奴僕《ぬぼく》卓子《たくし》を先媒人《ムイジン》の前に居おき其次にならべて卓子《たくし》をもち出し主人出て請々《ツインく》とあいさつしてまづ其前に座《ざ》し酒瓶《ツイウビン》をもち出て媒人《ムイジン》の前の酒鐘《ツイウチヨン》に酒《さけ》を斟《つ》て媒人《ムイジン》にさし得罪《テズイ》と挨拶《あいさつ》して酒鐘《ツイウチヨン》をいたゞき卓子《たくし》のうへにおきて主人もま

相伴《とうばん》の面々にも酒を斟《つ》ぐ相伴のめん〳〵も斟《つぎ》て媒人《ムイジン》《なかうど》にむかつて請々《ツイニく》《いざ〳〵》と
挨拶すれば媒人《ムイジン》《なかうど》猪口《ちよく》を一杯つゝのむ相伴の面々も一同にのむ其とき主人
上菜《シヤンツアイ》《さいをまいらせよ》といへば僕《ぼく》菜《さい》《さうか》を持出て卓子《たくし》《てえ》の上におく主人請菜《ツインツアイ》《おさいをあがれ》といふ媒人
これ多謝《タースヱー》《かたじけなし》といふ相伴人《きうばんにん》箸《ちよ》をもつて菜《さい》のよそひき別をとりつけく
媒人《ムイジン》《なかうど》に請々《ツイニく》《いざ〳〵》といふてすゝむる媒人相伴人《きうばん》に請先《ツイニスヱン》《おさきに》々々といふて辞譲す
これより先《まづ》一箸《ちよ》吃《きつ》すれば皆《みな》々箸《ちよ》を採りつけ一箸づゝ吃《きつ》し酒をのむ　酒ゟ數
此式にての式賓客《ひんかく》は一事に推并にては同出慶事なれば諱避《ホヒビイ》《いみきらひ》のことなどあり
大抵《たいてい》水酒《シユイツイウ》《うすきさけ》寡酒《クワアツイウ》《すくなきさけ》なとの類なれば一雙《井シヤン》《ひとそろ》を成雙《チンシヤン》《せいそう》といひ收席《シウツイ》を成
席《ツ井》《せきを》といふの類なれば單殺《えんまう》《ちんのうず》ともいひ雙殺《そうまう》《ちやうのうず》ともいふ

親《しん》迎《げい》
花《くは》轎《きやう》

婚札

十四

○媒人《ムイジン》往合成見むかひ二度目の書簡を出す此書簡出するなりと見
花娘《バアニヤア》ハ衣服を着《き》かへて花娘ハ支度出来たるかと思ふと紀媒人《ムイジン》又二度
目の書簡を出して此とき紀媒人《ムイジン》よりも多《トー》蒙《モン》盛《チン》設《シエ》深《シン》感《カン》厚《ヘウ》意《イー》且《ツエー》請《ツイン》成《ヂン》
席《ズ井》をひらきさはすゝ主人往きて酒席を引く既に花娘の用意整《ととの》へ〈さて
内房《スイワン》のはうへ直《すぐ》に轎子《キヤウツウ》にのせ僕《ぼく》などが轎子《キヤウツウ》を舁《かく》て廳堂《チンタン》に送り
出れば媒人《ムイジン》ハ辞儀《じぎ》をせずして先にかへりて出迎ふべくにて花娘の轎《ギヤウ》
子《ツウ》を舁《かき》つげば親類の婦女《ふじよ》ある内房《スイワン》のはう迄おくるまで親類朋友なかども
外廳《ワイテン》のはうまでおくる親類はなしやめいめい女壻《ニイスイ》も出て主人に向ひ多謝《タースエー》
丈人錯愛《ジヤンジン ソンアイ》といひ又一座の客《きやく》にむかひ各位先生少陪《コウイスエンシヤウポヰ》といひて立つる
これハおかまひなくと辞す又立てば壻《むく》不敢々々《ポカンポカン》請留歩《ツイリウプウ》といふ壻廳堂《テンダン》
のはうに出れば主人堂前に出て禮儀《れいぎ》をすれば媒人《ムイジン》堂前にて主人

並びに親類《しんるゐ》朋友《ほうゆう》相伴《あひとも》ひて辞儀《じぎ》ありて先にたちて門前にいたりて轎子にのるに
花娘《よめ》の轎子《キヤウツウ》《けうし》も媒人《ムイーレン》《なかうど》の轎子《キヤウツウ》《けうじ》舁上《うきあげ》るに随ひて行列をたてゝの人此
花娘《よめ》の轎子《キヤウツウ》をおさむるまゝに舁出されども不事へおしゆ又先祖四代
祠堂の宮に昇《のぼ》るまでなるそのくに子孫も執事《チズウ》《しつじ》等の儀仗《イーヂヤン》《ぎぢやう》をもちゆ

四代祠堂の宮
知府布政司の類
紅燈《ホンテン》　執事《チスウ》　一對鸞《ラン》　駕ともいふ　鼓樂《クウヨ》　旺相《ワンスヤン》　紅黒帽《ホンヘマウ》　喝道《ハタヘウ》

○花娘の轎子も出るに随ひて新郎《スイニラ》 花聟と云事也 轎にのるなり
○男家より一丁程も前より媒人人を遣し嫁《よめ》の来るを待うけ

〇男家の門前にハ人を出し置花娘の来るを伺せ置媒人《ムイジン》《なかうど》の使来ル時ハ直ニ内へ云らす内にも用意して主人媒人《ムイジン》の迎《むかへ》として門際《きわ》を出て手を拱《こまぬい》て立媒人《ムイジン》轎《ギヤウ》《のり》子《ツウ》《もの》より下りて主人の前ニ来り出迎る主人労駕《ラウキヤア》《ごくろう》と云媒人豈敢《キヒカン》と答主人先に立案内《うち》して廳堂《テンダン》《ざしき》に至り主人より請上坐《ツインジヤンゾー》と云ふ媒人不敢當《ポカンタン》と答主人再應請《ツイン》坐《ゾー》《たまへ》々々と云ハバ媒人《ムイジン》得罪《テズイ》と云て椅子《イーツウ》に腰掛る此時ニ主人ハ婿内へ入る其間に新娘《よめ》の轎子《キヤウツウ》《のりもの》来れば傍娘《ハンニヤン》婢《こしもと》の類新娘《スインニヤン》を轎子《キヤウツウ》より下し廳堂のかたへ導く傍娘等両方より手を引て媒人《ムイジン》の次に立しむ養娘等傍に付添養娘ハ乳母之花娘の衣裳ハ下に披風《ピイホン》襖衣《アヲウイー》と云袷并常の衣服を着し上に大紅《ダアホン》の圓領《エンリン》と云ふ上着を着し頭に頭面覆《テウメンホ》と云紅の被《かつぎ》やうの物を着る

〇媒人先立て内に至り婿を伴ひ廳堂《テンダン》《ざしき》に出来り花娘を新郎に相見せしむ此時親戚《しんせき》の内の幼年の者か又ハ奴僕の内にて二人一對《つい》の燭臺に金銀にて色々の草花を画

ならバ大なる紅蠟燭《ホンラツチヨ》《あかきらうそく》を立る人左右に立並びて持出て新人二人の前に出る先払
花燭《ハアチヨ》といふ新娘《よめ》壻《むこ》に向ひ礼儀をなせバ壻答《たふ》礼して椅子《いす》に座す新娘ハ椅子に
坐せず○新人《スイーンジン》《わかうど》相見事すミたれバ又父母廳堂《デンダン》《ざしき》に上り椅子に着て新人《スインジン》二人並びて
天地を拝し次に家廟を拝し次に父母を拝す事なく新人《スインジン》二人を儐娘《バンニヤン》粮娘《ニヤン》《めのと》ども
案内して房中に入此時に父母ハ廳堂《テンダン》《ざしき》をさりて内廳《スイデン》《なかざしき》に入る又ハ媒人《ムイジン》並びに親類客
に請寛《ツインクワ》《ごゆるりとなされ》と挨拶《あいさつ》して内廳《スイデン》《なかざしき》に入る外廳の客《かく》ハ坐定《ざざま》まりて謔語に移り奴僕《ぬぼく》
茶を持出て媒人《ムイジン》にさし次に相伴の客あいにも茶を出し茶終りて桂圓《クヒエン》
湯《タン》扁豆湯《ペンデウタン》杏酪《インロ》の類を出し卓子《ツエ》を出し酒宴を始む主人出て媒人《ムイジン》の不足を
言酒を斟《つぎ》あげて奉敬一盃《ホンキンイホイ》種々費心多勞《フヒスインターラウ》々々と挨拶して其外の客《かく》にも
衆位相煩奉陪請寛暢飲と挨拶して酒宴をなす○新娘ハ先に房中より
出て立並ぶ新郎《スインラン》出て入来れバ養娘《ヤンニヤン》より相公請坐《スヤンコンツインツー》といふ新郎床の縁《ふち》に

新《しん》人《じんの》
花《くわ》轎《きやう》

女婦送出内《ヌイ》房《ワンヲ》之《の》圖

腰《こし》を掛《かけ》させ次に傍娘《パンニヤン》新娘《スイニヤン》を伴《ともな》ひ同床に坐せしめ傍娘《パンニヤン》合巹盃《ハキンホイ》を持出て二つに割《ワア》て手にもちて鬟《ヤアクワン》等酒瓶《ツイウビン》の酒を程よく二つの盃に注がせつゝ盃に移し合せつゝ新人《スインレン》二人に一時に呑しむ是を合巹《ハキン》と云

瓢《ひさご》あるひは金銀にて造《つく》り中より二つに割てあるもの

合巹《ハキン》畢て始て花娘《ハアニヤン》の頭面霞《デウメンホ》をとりて圓領《エンリン》を脱《ぬが》せ天青《テンツイン》色の

紅桔梗《べにききやう》といふ中なる色也是ハ清朝の吉《きち》色にて男子ハ妾に服する事能はず先祖にても天子よりたまはりたるならでは着する事止ハ庶人といへども着する事を許さず

上着を着る人も其より父母ならびに親類の婦女《ふぢよ》姉妹《しまい》の類皆来りて賛話して盃事あり新娘《スイニヤン》も答拝せしめ諸来傍娘《パンニヤン》養娘等まで答拝す

○外廳には媒人《ムイジン》其外の客酒宴深更に至るまで興ハ酣なるところに管家《クワンキヤア》

下部の内年寄たるものにて手代頭なるもの

紙にて張ぬきにこしらへたる獅子《しし》を持出て廳堂《デンタン》の前《まへ》なるに居並び衆客酒興に乗じ手て獅子に舞をさせ足踏を揃て種々の分銀にて祝ふ

○壻ハ外廳の客に陪坐《ボヒブー》せしめ天地を拝してのち壻ハ臥房《ゴーワン》に入て翌朝の酒席に陪坐《ボヒブー》せしめ壻一人臥房《ゴーワン》に入て

其夜陪坐せしめ

酒宴翌朝までにおよぶ翌日ハ楽人《がくにん》等を盛に

鼓手音曲にて花娘《ハアニヤア》を外廳《ワイテン》の上座に座《ざ》せしめ父母並に親類朋友等拜賀し

又音楽舞踏《をんがくぶたう》して其日は夕方に卓子をたてる也立るにハ園子《ホイツエン》を十六ならへ以て

皿の菓子物に菓物山海の珍味を つらね立るなり 撤《サカ》羹《コ》盤《ハン》あり 四十ヅヽならへ花娘ハ房中に入て外廳

にて出て夜に入て傍娘《パンニヤン》と花娘ハ衣服改させ睡房に入しむ此日ハ晝より

夜までも燭臺に蠟燭を點じなからも心ありて夜に入て酒席を設る 第二日目也

○第三日目にハ花娘早く起て父母の居間に行て拜し又房中に入て婿も

はやく起て父母を拜し房中にありて新人二人同卓にて朝飯を喫す

此日より親類朋友都來道喜《トーライタヲウヒー》(ことごとくきたりて悦びをのべる)とて親類朋友より慶賀に贈る物あり是を酬ゆ

謝帖をつかはすなり使の者にハ賞封《ニヤンホン》をつかはす 婚禮の日より送るものあり定る事なし

婚儀済て三日目あるひハ五日目程に婿の方より請帖《ツインテ》を以て外父《ワイフウ》外母《ワイハウ》(妻のおやふうふ)を招

請して來ある時先を進門《ツインメン》といふ 請帖《ツインテ》ハ文の名也あんないのふみなり 外母よりも帖を出し 此日も酒宴をもふくる

親《しん》迎《げい》
帰《き》路《ろ》の
行《かう》位《ゐ》

婚札

鼓こ
樂ぐ

喝かつ
道だう

紅か
燈う
燈と

執しつ
事じ

二十

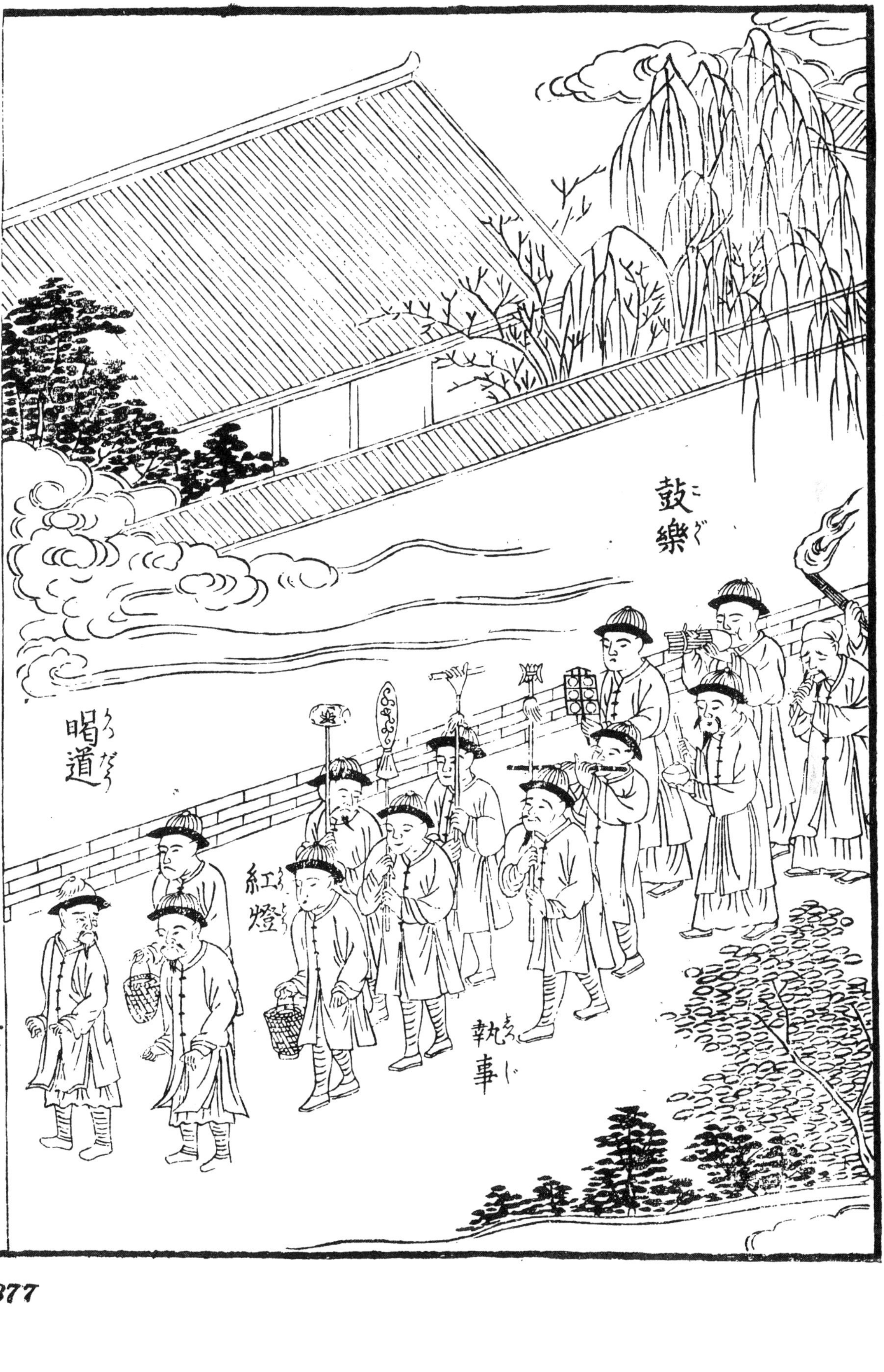

吉《きつ》期《き》
鼓《こ》樂《がくして》待《まつ》レ客《かくを》

新《しん》人《じん》拜《はい》ニ天《てん》地《ち》

合《ハ》巹《キン》
しうげんのさかづき

回《ホイ》《くわい》千《ツエン》《せん》

親類朋友なとをも案内して饗應《きやうおう》す又樂人等をも呼招く外父《ワイフウ》外母《ワイムウ》暮前《くれまへ》より
出宅より道路遠けれバ轎子《キヤウツウ》を用ひ近邊なれハ歩行《かち》にて外母《ソームウ》ハ近邊なりとも轎子《キヤウツウ》を
用ゆ花娘《ハアニヤウ》の兄弟姉妹《しまい》も打連《うちつれ》て壻の方へ一同に来るなり女ハ皆轎子《キヤウツウ》をもちゆ
○壻の門前にまで下部の者うかゞひ外父《ワイフウ》外母《ワイムウ》の来るを内にしらす主人迎へ出
壻ハ廳堂《テンダン》《ざしき》の口に至り門限を出むかひ手を拱《こまぬき》て主人より敢勞移玉《ロンラウイヨ》といふ
客豈敢《キイカン》々々と答ふ主人案内して廳上にあかる堂客《ダンケ》すべて女を堂客といふ養娘《ヤンニヤン》の類
出て廳上にて迎へあひて互に挨拶をなし此間に養娘《ヤンニヤン》の類花娘《ハアニヤア》を伴《ともな》ひ出て堂《ダン》
客に挨拶して内廳《ヌイテン》《おくざしき》に伴《ともな》ひゆく ○主人ハ外父小舅《ワイフウスヤウギウ》等に挨拶して椅子《おす》に
坐《ざ》せしむ壻ハ下座の方にて手を拱て打茶 饗應《きやうおう》ハ婚禮吉期《きき》の時のごとし
○内廳《ヌイテン》《おくざしき》にハ花娘《ハアニヤア》の兄弟此妻女並に姉妹等にも卓子《てへ》を出し饗應《きやうおう》す相伴《せうばん》ハ
壻の姉妹並に兄弟の妻女等出て陪坐《ポヒヅー》《せうばん》す母出て外母《ワイムウ》に酒を勸《すゝ》む 饗應《きやうおう》も吉期と同し

○酒宴漸更にいたりて客より暇乞して退けば主人も程合を見合せて席《せき》を納《をさむ》

○進門《ノインメン》《むこいり》とて数日過て男の方より婿を招請《チヤウセウ》するに来る此時新娘《よめ》も伴《ともなふ》

ひろうのを囲門《ホイメン》《むこいり》といふ 此方の里びらきなるべし 親族を請せず

○婿男方の門に入れば男女廳堂《テンタン》《ざしき》にて出迎ひ案内して婿を廳堂《テンタン》《ざしき》に案内し下座のかたに手を拱《こまぬき》て揖《ひゆ》すれば丈人請坐《ワインヅー》《ざへ》といへば婿辞譲《じじやう》して不敢《ポカン》《およばず》と答へて坐せざれば丈人強《しい》て請坐々々《ワインヅーく》《ざしきへざしきへ》我也要坐《ゴーエーヤウヅー》《それがしもざすべし》といへば婿得罪《テヅイ》《ごめん》といふて丈人まづ主席に坐せしめば婿も坐す親戚《しんせき》朋友なども出て婿に対面《たいめん》して婿より遠く辞譲《いちくどじやう》して請坐々々《ワインヅー》《ざしきへく》といふ皆一同に椅子《ゐす》に坐す

○花娘《ハアニヤア》は轎子《キヤウツウ》に乗て先《まづ》に内廳《ヌイタン》迄で帰る時轎子《のりもの》より下りて養娘《ヤンニヤン》など附添ひて廳《テン》に入る ○内廳《ヌイテン》《おくざしき》にては嫁《よめ》の母をはじめ姉妹姑《シマイー》《あねいもとおば》の類までも相伴《せうばん》して嫁子饗應《きやうおう》は交を折くありて酒を勧《す》む外廳《ワイテン》《おもてざしき》の酒宴果れば内廳《ヌイテン》《おくざしき》も見合せて酒宴を収《をさ》む婿より丈人に挨拶して廳《テン》《ざしき》をいで其のち内廳《ヌイテン》より嫁《よめ》も

姉妹も辞儀《じぎ》して外聴《ワイテン》に出来る外聴《ワイテン》にゆく轎子《キヤウツク》《かご》にのり養娘《ヤンニヤン》など付そひて門を出る◯婚姻《こんゐん》の後一月程もすぎて嫁《よめ》親里《おやさと》に帰省《きせい》する事有此時人事《ジンヅウ》として土産《みやげ》贈物《おくりもの》あり菓物《くだもの》時新《ときどく》の物或は火腿《ぶたのもも》の乾物等《ひとし》うるもの親里に一月程も逗留《とうりう》し迎《むかひ》来りて帰る此ときも聟の方よりもおくり物あり昔とかはらず是古《いにしへ》の帰寧《きねい》の遺なるらん

◯聟の方よりも娘に逢《あひ》に来る時は奴僕《ぬぼく》をひきつれ中遣《つかひ》せば嫁よりも公姑《そうこ》《しうとしうとめ》にうかゞひ其のちまに伺《ねがひ》ひ幾日《てつごろ》頃にまいる事を定しるく日取をはかる事実母《おや》の方に返事して其日になりて公姑《そうこ》《しうとしうとめ》丈夫《せうふ》《をつと》にはかり嫁を伴《さそ》ひて親朋友よりも新娘《よめ》餞招請《ちやうせう》なる事有翌年《よくねん》の正月かあるいは寿誕《ざうえん》《賀のとし》などのはれにも行く聟《むこ》も嫁を伴ひゆく事はなし

紙獅子

清俗紀聞巻之九

賓客

○請客《ツインカ》の時ハ前以《まへもつて》當日《たうじつ》筵酒を進じ度段《だん》案内《あんない》の帖《てう》をもつて先使《つかひ》を以て中入《なかいり》いたし置べき由返事《へんじ》あれバ相伴《しやうばん》の向《むか》々もおなじく帖《てう》を以《もつ》て申《まうし》遣其當日《そのたうじつ》廳《デン》堂《ダン》ならびに諸所《しよ〳〵》表門《おもてもん》まで掃除《さうぢ》し酒宴《しゆえん》の用意《ようゐ》をなす

○請帖《ツイテ》ハ紅唐紙《こうたうし》をもちひ楷書《かいしよ》にてしたゝめ貴人《きじん》へハ白唐紙《ちやうし》に入候ハ通套《トンタ°ウ》とていふ袋を用《もち》ひず返事も小廝《スヤ°ウスウ》を小者《こもの》を使《つかひ》といふ して持せ候ものなり

○相伴《しやうばん》の向々中入《なかいり》あるも請帖《ツイテ》にかゝる事《こと》なし帖《てう》の文面《ぶんめん》に幾日《いくか》某人《それがしのひと》を請《しやう》じ來《きた》るを陪成候様にと認め遣《つかハ》す尤上客《しやうかく》となる位《くらゐ》貴《たつと》き人《ひと》を相伴《しやうばん》に招《まね》き候ハゞ上客《しやうかく》に對《たい》して失禮《しつれい》なればなり

○客方《きやくがた》よりも前禮《ぜんれい》に使者《ししや》あるひハ自身《じしん》來りて謝《しや》する事なし其《その》案内《あんない》ハ當日《たうじつ》

賓客

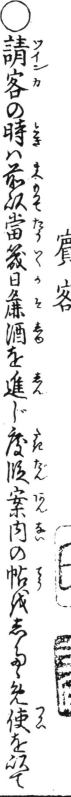

謹卜某日敬具杯茗奉迎

高軒側聆

鴻誨伏惟

惠然早臨曷勝榮感之至

右啓

大德望某號某姓老大人　臺下

眷晚生某姓名頓首拜

急なる故障《こしやう》あるときハ謝帖《シヤーテ》をもたせ先使を以て謝し拒請《きよせい》し後《のち》へ自身《じしん》来り謝し候。仮令《たとへ》延引《えんいん》するとても使を以て謝を申し候事なし

○賓當日持參《ぢさん》の土産物《みやげもの》なし。貴人《きにん》へハ先《まづ》見ゆるとても贄《にへ》等持參《ぢさん》す。猶《なほ》事なし。進物《しんもつ》ハ兩三日《りやうさんにち》以前に饋《おく》るなり。又さしつかへたる事もあり。其《その》席《せき》の事によりて品々《しなじな》不同《ふどう》あり。たとへバ壽筵《じゆえん》にハ壽麪《ジウメン》壽桃《ジウダウ》など、湯餅《タンピン》會滿月等の筵にハ猪肉《チイヂヨ》《ぶたのにく》鷄蛋《キイダン》《たまご》、小児のきるものハ花帽子胸當等、臨時の請酒《ツインツイウ》にハ魚肉《イイジヨ》猪肉《チイジヨ》あるひハ時新《ズウスイン》の菓子《くわし》等なり。

○廳堂《テンダン》《ざしき》かざりハ先《まづ》正面《しやうめん》に蜂猴圖《ホンヘコウドー》《さるのづ》（蜂猴《ホウコウ》ハ封侯《ホウコウ》と同音ゆへ賓筵《ひんえん》喜数するゆへ多くハ此圖《このづ》を用ゆ）或《あるい》ハ祝意《しゆくい》の文字《もじ》又ハ花鳥《くわてう》の掛物《かけもの》をかけ上《うへ》へ額《がく》をうち、掛物《かけもの》の左右《さゆう》に祝意《しゆくい》の文《ぶん》又ハ貴人《きにん》有徳《うとく》の人《ひと》の書《かき》たる聯《れん》をかけ、前《まへ》に高卓《たかつくゑ》を居《す》へ、卓幃《チヨヲイ》《つくゑのまへかけ》を掛《かけ》、卓《つくゑ》の上《うへ》に宣徳《スエンテ》《せんとく》などの香爐《かうろ》に香《かう》を焚《たき》、錫《すゞ》の燭臺《しよくだい》一對に紅燭《ホンチヨ》《ろうそく》を立、花瓶一對に時候の草花色々取《とり》まぜていけおき、中以下《ちうい》の客《きやく》にハ香爐燭臺を

封《ふう》筒《とう》正《せい》面《めん》式《しき》

某姓名老大人帳下

恭謝

前席盛饌

某姓某名拜

用《もち》ひるは唯《ただ》掛物《かけもの》の前《まへ》に唐金《からかね》焼物《やきもの》等《とう》は大《おほ》きなるが花瓶《くわひん》に花《はな》多分《たぶん》に生《いけ》あつかひ卓幃《チヨヲイ》《つくゑのまへかけ》は紅緞子《こうどんす》羅紗《らしや》等《とう》にて造《つく》り金糸《きんし》にて麒麟《きりん》雨竜《あまりやう》蝙蝠等を縫《ぬひ》箔《はく》し布裏《ぬのうら》を用《もち》ゆ

書《しよ》函《かん》畧《りやく》式《しき》

數日不面

足下屋梁顏色無刻不在念也

足下倘亦念及鄙生乎請移

玉趾早降話敘衷曲即刻竚聽

履聲不一

某字某姓老長翁

台電

某姓某名具

某月某日發

同《おなじく》答《たふ》覆《ふく》

別來數日真若九秋之隔忽辱
寵招恨不能掰飛
左右適緣冗羈姑容片刻即當趨
命此
覆
某々老長兄台展

某姓某名
即刻

○廳堂《テンダン》の四面《しめん》上框《ジャンワン》に紅縐綿《こうちりめん》なとの水引《みづひき》を張《はり》て一間《ひとけん》二間《にけん》をちみに結綵《キツアイ》し下は
鋪毛《しきもう》の上へ残《のこ》らず紅氈《こうせん》を敷《しき》冬《ふゆ》向《むき》寒冷《かんれい》の節《せつ》は廳堂《テンダン》を用《もち》ひず暖閣《ノアンコ》とて
下は板敷《いたじき》なとは四方《しはう》ともに風《かぜ》の漏《もれ》ぬやうにしつらひたる座敷《ざしき》にも毯氈《たんせん》

鋪《ふ》く若暖閣《カンノハンコ》あれバ廳堂《テエタン》鋪毛《しきもう》の上《え》ニみなだんつうを敷《しきもの》甚よく毛氈《もうせん》又敷《しき》結
絲る紅縐緞《こうちりめん》ニて牡丹花《ぼたんくわ》の形《かたち》を結《むす》び下《さげ》ニ正面《しやうめん》卓子《つくえ》の前《まへ》に椅子《イツウ》《いす》を並《かきろ》上ニ
座褥《ゾーシヨ》《ふとん》二ッ三ッ宛重《かさ》ね客《あい》人数《にんじゆ》ニ應《おう》じ正面《しやうめん》ニ上客《しやうかく》ハ坐席《ざせき》を設《まう》け両側《りやうがハ》ニ
相伴人《しやうばんにん》の數《かず》ニ應《おう》じ椅子《イツウ》《いす》を並《ならべ》同じく座褥《ゾーシヨ》《ふとん》をしく廳《へや》の内《うち》画蓋《ワアカイ》（天井《てんじやう》ニ絵《ゑ》画《ゑ》あるを云）
ある諸所《しよ〳〵》ニ紅燈《ホンテン》《こうとう》紗燈《サアテン》《さとう》羊角燈《ヤンコテン》《やうかくとうろ》耀糸燈《ヤロウスウテン》《ふらすことうろ》などかけ軒先《のきさき》ニもかけおく燈
籠《ろう》をかけおく椅子《イツウ》のむきは廳《ちやう》の方位《はうい》にまかせ座褥《ゾーシヨ》《ふとん》ハ緞子《どんす》天鵝絨《びろうど》
等《とう》ほしきつらく綿《わた》を入《いれ》椅子《イツウ》《いす》ハ寸法ニかなへて造《つく》る夏向《なつむき》ハ佳紋席《キヤコウヘンスイー》《アンペラ》香《ヒヤン》
牛皮《ニウピイ》ニてはるあり紅燈《ホンテン》ハ紅縐緞《こうちりめん》ニて張《はり》たる燈籠《とうろう》紗燈《サアテン》《さとう》ハ紗《しや》ニて張《はり》て其
花人物等の繍《ぬい》ニ羊角燈《ヤンコテン》《やうかくとう》ハ羊角《ひつじのつの》を煉《ね》りて硝子《びいどろ》のごとくにして張《はり》て耀《ヤロウ》《ふら》
糸燈《スウテン》《すこてうろう》ハ硝子《びいどろ》の玉《たま》を糸《いと》にてつなぎ色《いろ》々ととりまぜて燈籠《とうろう》をこしらへたるもの
もの形《かたち》なり四種《よつともえしゆ》の燈籠《とうろう》いづれも形《かたち》ハ四角《しかく》六かく丸《まる》等ありしかれバ

結《けつ》綵《さい》
掛《けい》燈《とう》之《の》圖《づ》

○座席《させき》は正面《しやうめん》を上座《かみざ》とし右《みぎ》の方《かた》を次座《つぎざ》とし左《ひだり》の方を三座《さんご》とし正面《しやうめん》に居《すわ》るべき賓《ひん》なれ
時《とき》は右《みぎ》の方《かた》上座《かみざ》とし左《ひだり》を次座《つぎざ》とす○上面《しやうめん》より真向《まむかふ》にあるかた下座《しもざ》の方なり
屏風《びやうぶ》あるひハ大なる挿屏《ファビン》をたて前《まへ》に卓子《たくし》をすえ大花瓶《おほくわびん》に花《はな》を生《いけ》あるひは
種々《さまざま》の造《つく》り花《はな》をならべ置《おく》○廳堂《テンダン》の側《かたはら》書房《ジイリン》小閣《スヤウカウ》等《とう》ハ正面《しやうめん》に文字《もじ》か
あるひハ画《ゑ》の掛物《かけもの》かけ卓子《たくし》に文具《ぶんぐ》ハ書画《しよぐわ》の巻物《まきもの》書籍《しよじやく》珠玉《しゆぎよく》の細工物《さいくもの》等
をかざるべし○婦女《ふぢよ》一同《いちどう》招請《ちやうせい》の節《せつ》ハ内廳《スイテン》に席《せき》を設《まう》け傍付《わきつけ》れバ外廳《ムイーラン》よ
同《おな》じ○勝手《かつて》向《むき》は饗食《きやうしよく》廳の多少《たしやう》に應《おう》じ料理《りやうり》の用意《ようい》をなし主人新《あらた》に
献立《こんだて》を致《いた》す事《こと》なし料理《りやうり》に一定《いちぢやう》の献立《こんだて》ありて六碗《ワン》八碗《ワン》十碗十二碗なり碟《たく》ハ
六碗菜《ワンさい》ハ何《なに》々それ点心《テンシン》をはじめ幾品《いく》なれば八寸《はつすん》ハなにゝ幾《いく》つる定《さだま》りあるに
此《こ》ハ我《わ》が国《くに》菜《さい》のすゝめ方《かた》を定むべしといへバ料理《りやうり》なされ者《もの》も好《この》みて数多《すうた》なり
料理《りやうり》の品数《しなかず》貴《たつと》くされ次第《しだい》なる飲食《いんしよく》の部《ぶ》に詳《つまびら》かなり

賓客《かく》坐《ざ》位《ゐ》
卓《たく》子《し》排設《せつ》

○高位《かうゐ》貴人《きにん》招請《せうしやう》の節《せつ》ハ卓子《たくし》一脚《きやく》に上客《しやうきやく》一人《にん》別《べつ》の卓子《たくし》に相伴人《しやうばんにん》一人或《あるい》ハ二人卓子あるひハ残《のこ》りに侍《はべ》る中以下《ちういか》にハ卓子一脚《きやく》に向《むか》ふ客一人あるひハ二人手《て》前《まへ》の方に相伴人《しやうばんにん》一人あるひハ二人同卓《どうたく》につく貴人《きにん》なれバ卓子に羅紗《らしや》等《とう》にて敷《ちやき》の紋など足刀《しきちやう》へ緑紋《ゐり》なれ其外《そのほか》の料理《れうりで》など排列《はいれつ》も中通《ちうとう》となれバ敷物《しきもの》など用《もち》ひず卓子《たくし》にハ牙筋《ゲアズウ》酒鍾《ツイロウチヨコ》磁碟《ズウデ》調羹《デヤロウケン》を傍《わき》て持出《もちだ》す箸《はし》ハ一ぜんづゝ紙《かみ》にはさみ楊枝《やうじ》一本《ぽん》づゝ添《そ》へ包紙《つゝみがみ》ハ四角《しかく》に折《をり》上ハ福寿《ふくじゆ》等《とう》の文字《もじ》を彫《ほり》て文字の下《した》にハ紅唐紙《こうたうし》を用《もち》ゐ酒猪口《さけちよく》ハ匕皿《さじさら》一組《くみ》づゝ客《きやく》の数《かず》に應《おう》じ卓子《たくし》にかざる同卓《たうたく》幾人《いくにん》と限《かぎ》りて卓子《たくし》二脚《きやく》三脚五脚宜しかるべし

○官民《くわんみん》ともに皆《みな》卓子《たくし》にて食事《しよくじ》をなし高位貴人《かうゐきにん》を招請《せうしやう》するとても食《しよく》器《き》ハ何《なに》にても焼物《やきもの》菜碗《ツアイワン》茶碗《ちやわん》皿《さら》等《とう》あり食法《しよくほう》ハ先《まづ》右手《みぎの》に箸《はし》をとり直《すぐ》に下《くだ》してどんぶりより肉の煮物《にもの》肉類《にくるい》を喫《きつ》し終《をは》りて箸を収《をさ》め匕《さじ》をとり汁《しる》

廳《てう》堂《たう》下《か》首《しゆ》
排《はい》設《せつ》

をすゝひ吸《す》ふ汁《しる》を吸《し》て後《のち》又《また》肉《にく》を喰《く》ふ事なし初めに汁《しる》を吸ふ事無禮《ぶれい》なり
又膳《ぜん》に菜《さい》數《すう》出《つぎ》し時《とき》ハ一碗《わん》出でしは以前《いぜん》の菜《さい》ハ引くなり其内《そのうち》に客《きやく》の喫《きつ》する節《せつ》
事ある時ハ菜を其《その》まゝ引すに殘《のこ》し置事もあるべしたとひ殘《のこ》し置《おき》てもおに
菜《さい》の出る時ハ上ずめく以前《いぜん》の菜を喫《きつ》するハ失禮《しつれい》なり丸煮《にき》焼物等何方《いづかた》
より箸《ちよ》を下《おろ》し何方《いづかた》より喰《くら》ひ始《はじ》むなどいふ定めなし菓子《くわし》其外品《しな》々出る時上《じやう》
客《きやく》より相伴人《しやうばんにん》へ挨拶《あいさつ》する事も有し出物揃《そろひ》て相伴より上客《しやうきやく》へ向ひ請《ツインく》と
と挨拶《あいさつ》して其時上客も請《ツインく》々とふく喫して又相伴同卓《なうたく》なれバ煮物《に》出る時ハ我
箸《ちよ》を取《とる》て宜《よろ》しき所《ところ》を撰《えら》ミ上げ上客《しやうきやく》へ請《ツインく》々とふく上客箸《ちよ》を下《おろ》して是を喫して
為《ある》向《むき》客《かんきやく》の節《せつ》ハ厨下《ヂウヒヤア》《たいどころ》より持参《ちさん》の同物《おなじもの》は忘れぬため器物《きぶつ》に蓋《ふた》を覆《おほ》ひ持
出すべく卓上《たくしやう》に並べ盞《さかづき》を並《すぐ》におきて持入《もちい》るか

○宜しき刻限《こくげん》になれバ好時候請過來《ハウスウヘウツイコーライ》と使《つかひ》を以《もつ》て申遣《つかは》し客來る時《とき》に主人

賓客

七

衣服《いふく》をあらため帽子《ぼうし》戴着し平常《ふだん》の服に新《あらた》しく綺羅《きれい》をかざりちるは賓主《ひんしゆ》ともに礼服《れいふく》にて外《わい》にあらし色等《いろとう》も論《ろん》ずる事なし官人《くわんにん》とても朝見大祀《てうけんたいし》の外朝服《わうてうふく》を着《ちやく》する事なし民間《みんかん》にありては貴人《きにん》高位《かうい》に見ゆるも平常《ふだん》服の外礼服《れいふく》なし客貴人《きやくきにん》なれバ門外迄迎《もんぐわいまでむかひ》に出中通《なかどほ》りより廳堂《ざしき》口までで出る客来《きやくきた》りて雙方《さうはう》一揖《いふ》 揖ハ両手を組腰《こし》をかゞめ膝《ひざのと》えまで手をさぐる しかくして主人《しゆじん》今日屈駕不勝感激《キンジギエキヤウボシンカンキ》と挨拶《あいさつ》す客よりも今日相擾不必多煩《キンジスアンジヤウボビトウワン》（おせわおそうてうにおよばぬ）など挨拶《あいさつ》に及び主人手を拱《こまぬき》て 拱《きよう》ハ手を組なり すでにかく腰《こし》をかゞめれ 且請廳上坐《ツエーツインテンジヤンサヲ》（まづていじやうにざしたまへ）といふて先にたち案内《あんない》して客随《つと》にしたがひ廳上《てうちやう》に登るか主人《しゆじん》ハ下座にありて請上首座《ツインジヤンシウサヲ》（上座にざしたまへ）といふ客不敢《ホカン》と再三《さいさん》禮譲《れいじやう》して椅子《イヽツウ》《いす》のかたはらにあるを相伴《しやうばん》の者出来れバ客椅子《いす》をはなれ手を拱《こまぬき》て恕罪《シウツイ》《ごめん》といへバ相伴人《しやうばんにん》も拱手《きようしゆ》しかく挨拶《あいさつ》す雙方《さうはう》禮譲《れいじやう》ありて天色和暖《テンスヱホウナン》《よきてんきあたゝかなり》好熱阿《ハアウゼアヽ》《あつし》涼快《リヤンクワイ》《すゞし》冷得緊《レンテトン》《あまりさむきかくれなし》好天《ハウテン》《よいてんき》下雨《ヤアイー》《ふるあめ》久違《トウライー》《いそえ》尊翁好麼《ワエンラエハウヽア》《ごちんぶごきげんか》 尊體没有違和麼《ワエンテイーメユウヲイホウヽア》《ごべつしやうなきか》長久不得拜候《ジヤンキウポデパイヘウ》《たえてまゐらさんで》 恕罪々々《エイツイ〳〵》《ごめん》

あまり長く挨拶《あいさつ》ありて〔挨拶《あいさつ》も煩雑《はんざつ》と鄙俗《ひぞく》なる事を忌《いみ》肝要《かんえう》なる事のみをいふ〕互《たがひ》に請坐《ツインサウ》しあひて客《きやく》先《まづ》椅《い》子《す》に坐《ざ》して相伴人《しやうばんにん》を側《そば》の椅子《いす》に坐《ざ》して客《きやく》貴人《きにん》なれば相伴人《しやうばんにん》敢《あへ》て坐《ざ》せず ならべく侍《はべ》る中通《ちうどう》にて然《しか》れば何《いづれ》も坐《ざ》し主人《しゆじん》も下座《さ》の椅子《いす》に坐《ざ》し是《これ》定《さだま》りて主人上茶《シヤンザア》又は献茶《ヘンザア》と云《いへ》ば客《きやく》不労賜茶《ボフラウスウザア》と挨拶《あいさつ》す僕《がく》茶《ちや》を盆《ぼん》に乗《のせ》て一ツ宛《づゝ》もち出《いだ》す茶《ちや》を点《たて》て茶碗《ちやわん》に入湯《ゆ》をさして蓋《ふた》を覆《おほ》ひ持出《もちいだ》す茶碗《ちやわん》〔せんじたる茶《ちや》を客《きやく》に出《いだ》す事なし濃茶《こいちや》薄茶《うすちや》の式《しき》もなし〕主人《しゆじん》座《ざ》をさりて茶碗《ちやわん》を請取《うけとり》客《きやく》の前《まへ》に持《もち》ゆけば客《きやく》も立《たち》て両手《りやうて》にうけとりて左《ひだり》の手《て》に茶碗《ちやわん》を持《もち》右《みぎ》の手《て》にて蓋《ふた》を取《とり》椅子《いす》の脇《わき》に置《おく》衆客《しゆうかく》も遠《いちく》茶碗を向《むか》ふに持《もち》て皆揃ひ主人《しゆじん》拱手《きようしゆ》して請用茶《ツイヨンザア》といへば上客《じやうきやく》より相伴人《しやうばんにん》まで各《おの〳〵》辞儀《じぎ》ありて茶を喫《きつ》す主人《しゆじん》も喫《きつ》し客《きやく》茶碗《ちやわん》を手《て》に持《もち》ながら請収茶碗《ツインシウザアワン》といへば僕《ぼく》盆《ぼん》を捧げて出来《いでき》る各《めい〳〵》茶碗をふたして茶碗《ちやわん》を盆《ぼん》に移《うつ》すとき盤に音《おと》せぬやうに卓《たく》に来《こと》あり僕《ぼく》茶碗《ちやわん》を引《ひく》ときは客《きやく》は背《せ》むけて跡《うしろ》見送りして引入《ひきいる》を見れば上客《きやく》を歓待《シヨヒガイ》

賓客

八

すなはちの禮《れい》あつて

竜眼湯《ロンエンタン》扁豆湯《ヘンテウタン》等《なり》の点《てん》じ茶《ちや》蓋茶碗《ちやわん》にいれて　僕《かく》ら客《かく》の傍《かたはら》にゐて居《ゐ》る客《きやく》茶《ちや》を飲《のみ》終《をは》りて茶碗《ちやわん》を掛《かけ》出《いだ》す又《また》次《つぎ》に　菓子《くわし》とは取《とり》も出《いだ》す事《こと》なく深《ふか》く客《きやく》を致《いた》する時《とき》ならば常《つね》は酒宴《さかもり》にはあらじ

なとの已《すで》を添《そ》へて出《いだ》せば主人《あるじ》遠《ゑん》りよなく勧《すゝ》め客《きやく》喫《きつ》し終《をは》りて僕《ぼく》出《いで》て是《これ》を引《ひく》此《この》兆

客方《きやくかた》の僕《ぼく》烟管《エンクワン》煙包《エンパウ》又《また》煙袋《エンダイ》なり等《など》を持《もち》来《きた》りて次《つぎ》に我《わが》主人《あるじ》ゝゝに渡《わた》すなり

主方《あるじかた》は僕《ぼく》是《これ》を持《もち》出《いで》て客人《きやくじん》へ遣《つかは》して爐《ろ》に火《ひ》を生《いけ》客《きやく》の向《むか》へ持《もち》て来《きた》る延

客人《きやくじん》多葉粉《たばこ》をすひ　唐国《から》にてはかれ多葉粉《たばこ》をすふといふものなし銅盤《えんばん》の器《うつは》あれども其制《そのせい》知《し》るものなし主方《あるじかた》より出《いだ》すの所《ところ》に火《ひ》を入《いれ》あるのみ痰罐《たんくわん》を出《いだ》し烟草《たばこ》烟管《きせる》なとを出《いだ》す

すゝ来《きた》りし都《すべ》て自分《じぶん》に持《もち》来《きた》る痰罐《タンクワン》を　いつれも帯《おび》なとに喫《き》がらは袋《ふくろ》の内《うち》に捨《すつ》る　互《たがひ》に談話《だんご》に及《およ》ぶ主人《あるじ》行《ゆき》て見合《みあはせ》て請進書房《ツインツインシユイフワン》

少叙《シヤウシユイ》と挨拶《あいさつ》すれは客《きやく》立《たち》て書房《しよばう》に入《いり》暫《しばらく》談話《だんご》するに内《うち》主人《あるじ》僕《ぼく》に云《いひ》付《つけ》卓子《たくし》を

出《いだ》さしむ卓子《たくし》廳堂《テンタン》に出《いだ》せば主人《あるじ》客《きやく》にむかひ請上席《ツインジヤンズイ》といふ客《きやく》多謝《タウズヱ》といふて次第《いぜん》

の席《せき》に随《したが》ひ客人《きやくじん》を従《したが》へて卓子《たくし》に就《つく》となれば僕《ぼく》錫《すゞ》の酒瓶《さかびん》を持《もち》出《いだ》せば主人《しゆじん》

是《これ》を取《とり》て上客《じやうきやく》より始《はじ》め卓子《たくし》の上《うへ》に猪口《ちよく》を起《おこ》し酒《さけ》を盛《もる》に客《きやく》立《たち》て多謝《タウスヱー》

とふく猪口《ちょく》ハ手《て》にとりて戴《いたゞ》き卓子《たくし》の上《うへ》に盃《さかずき》を置《おき》衆客《しゅうかく》へも酒ハ盛りて主人《しゅじん》と相伴《さうばん》ある送へ我《わが》猪口《ちょく》へも盛りて主人《しゅじん》我《わが》猪口《ちょく》ハ取上《とりあげ》げ上客《じゃうきゃく》にむかひ請干《ツイニカン》ゆと挨拶《あいさつ》して飲干《のみほし》猪口《ちょく》ハ傾《かたむ》け客《きゃく》に見《み》せてから客《きゃく》其《その》侍猪口《ちょく》ハ取りて飲《のみ》何也も飲《のみ》おりて主人《しゅじん》上菜《ジャンツァイ》とふ時《とき》僕《ぼく》菜《さい》ハ持出《もちいだ》すか主人《しゅじん》とりて卓子《たくし》の真中《まんなか》へ置《す》く請《ツイン》菜《ツァイ》と挨拶《あいさつ》まをバ客《きゃく》も又々禮《れい》を成《な》す菜《さい》を出《いだ》す毎《ごと》に客《きゃく》又々禮《れい》をなし其《その》主《た》むとすなれ主人《しゅじん》客《きゃく》にむかひ不敢とふくたしと云度々《たびたび》にえせぬやうにするか也

主人《しゅじん》見合《みあわ》して外《ほか》の盃《さかずき》ハ取《と》らせ 此盃《このさかずき》ハ銀《ぎん》あるひハ錫あるひハ陶ものにてまじらへる足付《あしつけ》の盃《さかずき》 或ハ犀角盃《スイコポイ》等を用《もち》ゆ此盃《このさかずき》を爵盃《ツヤボイ》とふ 主人《しゅじん》客《きゃく》にむかひ要奉敬一盃《ヤウホンキンイホイ》とふく盃《さかずき》に酒《さけ》を満《みた》して兩手《りゃうて》に持《もち》客《きゃく》に進《すゝ》む客《きゃく》雙手《さうしゅ》にて受《うけ》とまいあらバ敬領《キンリン》とふく飲干《のみほ》して其盃《そのさかずき》にて又酒《さけ》ハ満《みた》して盤《ばん》まて客《きゃく》主人《しゅじん》にむかひ回敬《ホイキン》とふく返盃《へんぱい》ハ主人《しゅじん》雙手《さうしゅ》にとりて戴《いただ》き飲干《のみほし》その主人《しゅじん》相伴人《さうばんにん》も此盃《このさかずき》を取て段々《だんだん》に上客《じゃうきゃく》に盃《さかずき》ハ勧《すゝ》め手づて主人《しゅじん》又相伴人《さうばんにん》へ

る盃《さかづき》ハ其客の名を取て其盃《さかづき》を勧《すゝ》むる事なり酒《さけ》ハ満《まん》々《〳〵》と受《うけ》て遣《つかは》す

も返盃《へんはい》の時《とき》も元《もと》の如《ごと》く受《うけ》て返《かへ》す盃《さかづき》ハ取かはしハ手前《てまへ》より向《むか》ふへ奉敬《ホンキン》といふて

遣《つかは》す礼《れい》とは手前《てまへ》より領盃《ノンポイ》とて向《むか》ふより奉敬《ホンキン》といへバ領盃《リンポイ》と云

る戯《げうぎ》くなれバ此方《このはう》より敬意《キンイー》をあらはすといふ心《こゝろ》にて向《むか》ふへ盃を差《さす》事を第一《だい》とす

肴《さかな》ハ自身《じしん》好《この》むに任《まか》せとりて喫《くら》ふ盃《さかづき》をあらびおくに肴喫《きつ》する事《こと》もなし

且《かつ》寂《ろう》さ好《す》きとて外《ほか》にいづさバ卓上《たくしやう》に菜蔬《さいさい》を肴《さかな》とし酒《さけ》も醉《たけなは》になれバ鼓楽《こがく》人

を出《いだ》し鼓楽《クーヨ》唱曲《チヤンキヨ》

鼓楽《イヨ》ハ多くハ迎仙客《ミンスヱンケ》といふ楽《がく》を奏《そう》す曲兒《キヨル》ハ醉花陰《ツイホワイン》醉扶歸《ツイフーコイ》あるひハ

集賢賓《ツイーヒエンピン》など専用《もはら》ゆ種々《しゆ〳〵》名目《みやうもく》多し詳《つまびらか》に録《しる》す事あらず

拇拳酒令《ハーゲンツイーウリン》

酒令《さけのきまり》ハちよつとしたかけことにて酒ある皿衆客《しゆうかく》一枚《まい》宛《づゝ》に分《わけ》取《とり》猜三《ツアイサン》を催《もよほ》して酒を

其酒《さけ》にまけて酒《さけ》を喫《くら》ふ事も喫《きつ》せざる事もあるなり

進《すゝ》む

猜三《あんこ》ハ卓上《たくしやう》にある所《ところ》の瓜子《クワツ》あるひハ黒豆《くろまめ》等《とう》の数《かず》をとりて即時《そくじ》にかくし其《その》あたりハ一人西瓜《さいくわ》

の核《たね》を我手《て》の中にかくして幾個《いくつ》といへバ対《あひて》もおなじく西瓜の核《たね》を出《いだ》して一ッ二ッあるひハ

五ッ六ッと出《だ》す相対《あひたい》して其うちに物《もの》なしとおもへバ自分《じぶん》もた徳を出《いだ》さずして没有《メイユウ》といふ事もあり

いひあてたる者ハ勝《かち》とし負《まけ》たる者ハ酒《さけ》を飲《のま》しむいひあてざれバいく度《たび》も催《もよほ》しかくの数《かず》の数多《あまた》方

とてもみ二ッ三ッほどになれバ少《すこ》しにいたると

甚《たく》ふも上ハッみかきるなり

菜数《さいすう》十にもなりてハ客《かく》々も酒《さけ》も盛《さかり》の誠《まこと》に

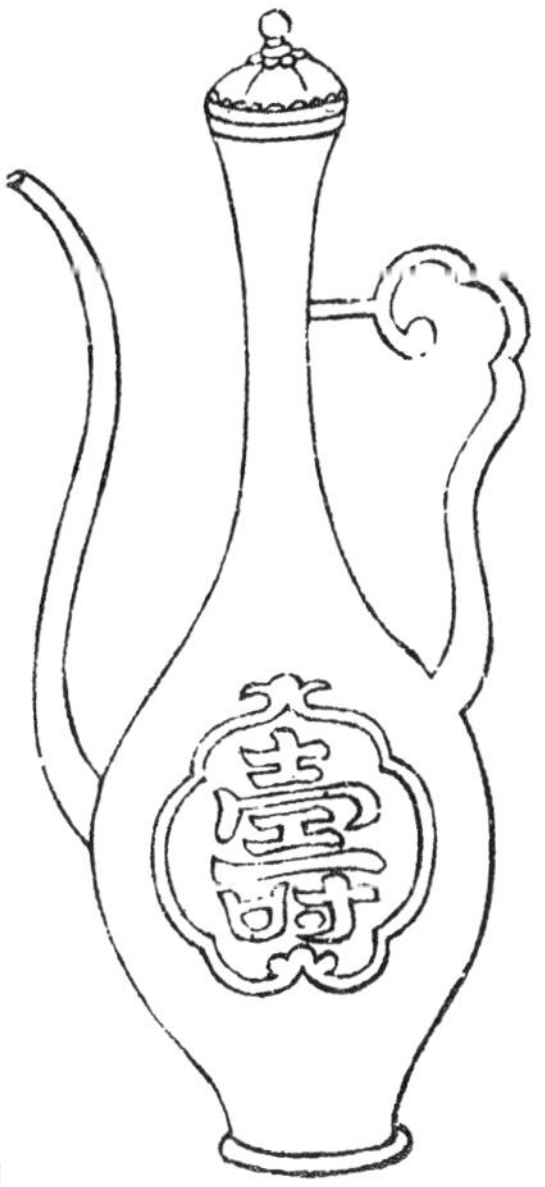

酒《ちう》瓶《ぺい》

筯《ちー》包《つゝみ》

筯《ちー》子包《つゝみの》式《しき》

酒《ちう》令《れい》

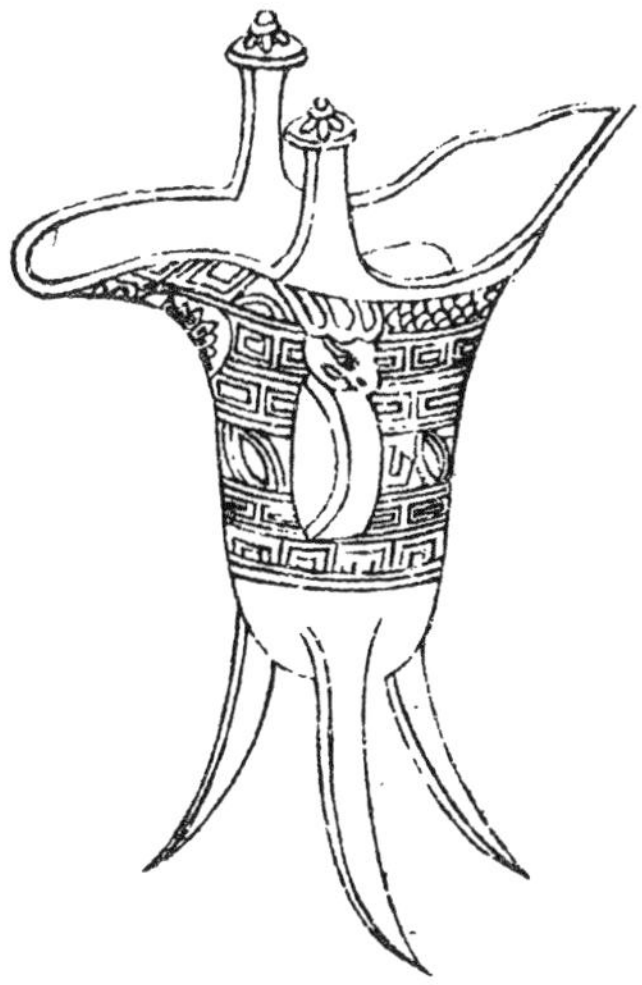

爵《ちやく》盃《はい》

同

酒《ツイウ》醉《ツイ》肉《ジヨ》飽《パウ》不《ポ》必《ピ》再《ツアイ》費《フイ》心《スイン》と挨拶《あいさつ》する主人《あるじ》豈《キイ》敢《カン》無《ウー》甚《ジヤア》可《コー》口《ケウ》菜《ツアイ》蔬《スウ》怠《ダイ》慢《マン》得《テ》緊《キン》請《ツイン》寛《クワン》懐《ワイ》暢《チヤン》飲《イン》といふ菜数《さいすう》に又碗《わん》出《で》て忽ち又醒《スイン》酒《ツイウ》湯《タン》を出し茶《ちや》碗にて出す菜《さい》を出して酒《さけ》飯を出す定式《ぢやうしき》の菜数《さいすう》出しおはれば客《きやく》請《ツイン》收《シウ》席《スイ》と挨拶《あいさつ》する主人《あるじ》客早酒をよしにせよとおのおの頗る飯を出すべしと挨拶あれば客《きやく》多くは酒《さけ》をやめ

高飯を一向《いつかう》喫《きつ》する事《こと》あるべしと辞退《じたい》するなれどもそのうちにも格別《かくべつ》酒量《しゆりやう》の浅《あさ》き者なく飯を喫《きつ》するもあれば飯おはれば卓子《たくし》を収む振舞《ふるまひ》には酒《さけ》を専《もつぱ》らとするものゆへ最初《さいしよ》より飯をもて本膳《ほんぜん》の出ることなし

○卓子《たくし》を収めて後《のち》銅《あかがね》あるひは真鍮《しんちう》の面盆《めんぼん》に湯《ゆ》を取りて臺《だい》に乗《の》せ僕持出て廳《テン》堂《タン》の側《かたはら》に置き客人《きやくじん》へ請《ツイエ》解《キヤイ》手《シユウ》と云ふ客《きやく》立《たつ》て手水《てうづ》をつかひ（手水は客人去て自分面をあらふ）手《て》を入洗ひ拭ふ湯をかけ加ふる事なし主人あるひはつれば僕また湯をとりかへ元の椅子に座したまりたるにあらずむすめて嗽せしめて酒にて嗽する事なしその後にをりし茶を一通り出し回《ライ》千《ワエン》を出す（回千は砂糖菓子薬物彩蛋猪玉子等にて器に盛卓上にならべ出す）

十錦盃《シキンポイ》といふ大盃《だいはい》を主人《あるじ》持出《もちいだ》し十錦盃ハ三ッ入子五ッ入子七ッ入子なとしたるに焼物盃なとを十錦と云焼物ハ名目なく五ッ入子なれハ五色に焼三ッ入子ハ三色に焼一ツ〳〵にて色をかへたるを十錦といふ酒《さけ》を盛りて客《きやく》にすゝむ客領し受れバ相伴人《しやうばんにん》領盃《リンポイ》等ありて囲千《サイツヱー》れうりの菓子鮮肴影を喫ひ種合色見はからひて客ごとに多蒙盛設《トーモンヂンセ》實不敢當好妝盃《ジボカンタンハウシウポイ》と挨拶《あいさつ》する主人《あるじん》豈敢再請《キイカンツアイツイン》などゝいふて再三《さいさん》すゝめん席《せき》を收む囲千えればとりて又茶代出れば茶《ちや》を飲《のむ》なりて客《きやく》立《たち》て主人《あるじ》に向ひて今日相擾蒙賜佳肴多謝々々《キンジスマンジヤウモンスウキヤウヤウタウスヱー》要告辭《ヤウカウスウ》といふて暇乞《いとまごひ》して主人《あるじん》ハ豈敢《キイカン》今日特蒙光臨多慢々々《キンレトモンクワンリントーマン》といふて互に一揖《いちいふ》し客《きやく》も代拱して相伴《しやうばん》の向《むか》くへも多蒙款待《トーモンクワンダイ》と述て挨拶《あいさつ》をすれバ相伴人《しやうばんにん》も拱手して豈敢《ヤイカン》々々といふて送り出る客《きやく》請留歩《ツインリウブウ》と留る相伴人《しやうばんにん》ハ廳堂《チンタン》まで送る客主人に向ひて不勞遠送《ポウラウエンソン》と挨拶すれバ主人《あるじん》再容少送《ツアイヨンシヤウソン》といふて門外《もんぐわい》まで送り出る客馬駕籠にて来れバ主人拱手して請坐轎請騎馬《ツインヅウギヤウツインギイマア》などゝ挨拶客《きやく》も手を拱し

事不敢請固より所ふ主人又強て請ば客得罪となる事甚だ成まして馬駕篭に
乗ながら主人の門内へ行ときは官人ならでは行ぬ事なり
○座並ぶ上客并一位に坐し年長の人并二席に坐し年以下は其次に坐
す若親戚一座する時ハ母方の親戚其次とし父方の親戚を下座とす
もし又叔舅先生抔と一座する時ハ子姪婿并子等ハ椅子に坐せず
挨拶を受て後に坐す又高位貴人官ハ何に高長を勿論官位なりとも
我より排行の高長なる人に年長の賓ハ主人敢て坐せず賓ハ席の
聴の正面に設けたる座に侍る賓ハ座は命して側に座す相当
の賓へ対坐して見る尊長の賓二人以上の席ハ正面真向へ一席右の方へ
二席左の方へ三席と順に設け侍座此席ハ右の方へ一座左の方へ二座又
右の方へ三座左の方へ四座と順にめぐる賓主共向ひの時ハ右を賓位

左を上位と定む但いづれの上賓たりとも間或の間等に事なし

○昼客ハ其方限りも客來ある時ハ其晩相伴人或ハ親友などを寄て

まゝ客あるも首尾よくなりて恭喜《コンヒイ》と祝しつゝ廳堂《テンタン》に請して酒

宴を備け飲酬したる後洗廚《スイージイ》といふ 廚ハ臺所なり料理の間成あらひ殘物をさらひ出ときまりといふ事にて洗廚とは名付るなり

殘物にて酒宴を催すものなれども殘物ハ用ひず別段に用意して多く

是夜客あれバ洗廚ハ翌日催し相伴人の内に洗廚に殘り居るもあれば

帰るにもおよばず○客席に鼓樂或ハ傲戲をして款待す尤も席中にて踊

るに事にし廳堂の外庭へ戲臺を掛へ踊らしむ踊るを見る人の集る事なれバ又

ハ困運の場なれば古史の内より撰み出し鼓樂等の鳴物あるなれバ席

中にて相催し戲臺の圖ハ祭礼の部に詳なり

○客來る夜ハ表門に大燈籠一對かけて灯し

紫氣東來
門《もん》燈《とう》

○客貴人《きやくきじん》なれバ主人《あるじ》其翌日《そのよくじつ》来《すく》て礼《れい》に行《ゆき》 昨蒙光駕《ソモンクウキヤア》蓬壁生耀《ポンピスヱンヤウ》特《テ》来拜謝《ライパイスエー》と云《いふ》客《きやく》ハ亭主《ていしゆ》なれバ堂《だう》に請《しやう》じ見《まみ》へ 昨蒙厚待《ソモンヘヤウダイ》盛設多謝《ヂンシエトースエー》々々《くく》なるべく挨拶《あいさつ》して茶《ちや》を出《いだ》し緩《ゆる》々《ゆる》談話《だんわ》して門《ひきと》めなるに差立させれバ礼《れい》に来《きた》るまで

なるたけ然るべき者《もの》へいひおかれてかくなく客方《きやくがた》も翌日《よくじつ》又ハ一両日《いちりやうにち》の内《うち》礼《れい》に出《いづ》べく双方《そうはう》ともに礼《れい》にゆく時ハ紅唐紙《こうとうし》の名帖《ミンデ》を持《もち》ゆく親友等《しんゆうなど》の請酒《ツイヽツエウ》の礼《れい》にハ名帖《ミンデ》におよばず貴人《きにん》へハかならず名帖《ミンデ》を用《もち》ゆ

○婦女《ふぢよ》ハ親族《しんぞく》の外《ほか》ま往《ゆ》く事《こと》なし たとへ親族《しんぞく》たりとも男女同席《なんによどうせき》する事《こと》なし婦女《ふぢよ》もかならず内廳《メイテン》内房《ヌイワン》にて酒宴《しゆえん》をなす

○婚禮《こんれい》其外《そのほか》諸祝言《しよしうげん》或《あるひ》ハ見舞《みまい》等《とう》に来《きた》る客《きやく》にハ主人《しゆじん》直客《きやく》なれバ廳《テン》へ請《せう》じ見《まみ》へ茶《ちや》を出《いだ》し親《した》しき友人《ゆうじん》なれバ有合《ありあひ》の菓物《くだもの》二三種《しゆ》も出《いだ》して談話《だんわ》す婦女《ふぢよ》の居所ハ廳堂《テンタン》の口《くち》までなくなる桐窓《きりまど》の賓《ひん》を對座《たいざ》にて見《み》る

○弔喪《ちやうさう》の客《きやく》にハ親友《しんゆう》にあらざれバ見《まみ》ゆる事《こと》なし若親友《かくしんゆう》ならバ苫室《てんしつ》に請《ちやう》し見幕《まく》廬《ろへ》に於くなる事《こと》なし弔客《ちやうかく》来《きた》れバ主人《しゆじん》ハ対《たい》し一揖《いふ》して哭《こく》し不淑《ポシユ》と稽顙《かいさう》する主人《しゆじん》答礼《たうれい》して哭《こく》し特蒙屈駕多謝《デモンギユキヤウトースエー》といふ互《たがい》に礼義《れいぎ》畢《おはり》て椅子《いす》に請《ちやう》し談話《だんわ》に及ぶ○弔喪《ちやうさう》に支配《たいはい》頭役《かしらやく》等《なう》ハ別《べつ》して熟懇《じゆくこん》にあらざれバ来《きた》らず弔喪《ちやうさう》の客《きやく》ハ着服《ちやくふく》も常《つね》にかはる事《こと》なし帽子《ぼうし》の赤纓《しやえい》除《のぞ》くまでなり○法会《ほうゑ》の節《せつ》ハ親族《しんぞく》ならびに別懇《べつこん》の朋友《ほうゆう》来りて招請《ちやうしやう》に饗応《きやうおう》ハ素菜《そさい》なりて其外《その》礼譲《れいじやう》応対《おうたい》の言葉《ことば》も俗の酒宴《しゆえん》に等《など》かはる事《こと》なし鼓楽《こぐ》豁《らく》拳《けん》等《とう》ハかねて聞き事《こと》を憚る○平人《へいみん》貴人《きけん》に見《まみ》ゆるにハ披露《ひろう》を前以《まへあつて》名帖《ミンテ》を差出《さしいだ》し於て見《まみ》ゆるなり貴人《きじん》る名帖《ミンテ》をよく見《み》て何某《なにがし》かくかくなる時《とき》小的便是《スヤウテペンスウ》といふ服《ふく》より披露《ひろう》する事《こと》なし拝揖《はいいふ》ハ貴人《きじん》の品位《ひんゐ》によりて一拝《いつはい》一揖《いつしふ》三拝《さんはい》三揖《さんしふ》叩首《こうとう》四拝《しはい》不等《ふとう》

高《かう》位《ゐ》貴《き》人《にん》臨《りん》光《くわう》の節《せつ》ハ門《もん》外《ぐわい》に出《で》迎《むか》へ揖《いう》し又《また》手《て》を拱《こまぬ》き請《ツイン》々《く》といふ客《きやく》答《たふ》礼《れい》して主《あるじ》人《ん》先《さき》に立《たち》大《だい》門《もん》の真《まん》中《なか》を通《とほ》りて案《あん》内《ない》に従《したが》ひ客《きやく》其《その》跡《あと》より通《とほ》る行《ゆく》儀《ニイ》門《メン》の中《ちう》扉《ひ》を開《ひら》き中《ちう》道《だう》より案《あん》内《ない》し廳《テン》堂《タン》に至《いた》り主《あるじ》人《ん》廳《テン》の外《そと》に立《たち》客《きやく》を迎《むか》へ請《ツイン》々《く》といふ其《その》時《とき》客《きやく》先《まづ》に廳《テン》に通《とほ》り正《しやう》面《めん》の椅《い》子《す》へ坐《ざ》せ主《あるじ》人《ん》廳《テン》に進《すゝ》みて下《しも》座《ざ》より揖《いう》して見《まみ》ゆ客《きやく》椅《い》子《す》に坐《ざ》しながら手《て》を拱《こまぬ》き答《たふ》礼《れい》す跟《ゲン》從《ゾン》ハ儀《イー》門《メン》外《そと》まで附《つき》添《そひ》来《きた》り留《とゞま》りて儀《イー》門《メン》内《ない》へ入《い》らず但《たゞ》し主官《クワン》人《ニン》儀《イー》門《メン》外《ぐわい》より出《いで》て跟《ゲン》從《ゾン》の人《ひと》々《〵》を請《あつ》し外《ぐわい》房《ばう》へ坐《ざ》せしむ儀《イー》門《メン》ハ平《へい》人《にん》制《せい》造《ぞう》する事《こと》を得《え》ず官《くわん》府《ふ》衙《が》門《もん》の外《ほか》紳《しん》衿《きん》等《とう》の家《いへ》にハ之《これ》を造《つく》る民《みん》間《かん》にハたとへ富《ふう》家《か》豪《がう》家《か》民《ん》なりても大門二門ばかりにて儀《イー》門《メン》ハ禁《きん》制《せい》なり大門の扉《とびら》ハ常《つね》に開《ひら》き二門ハ扉《とびら》を開《ひら》く事《こと》なし両《リヤン》角《コ》門《ノン》より出《しゆつ》入《にう》す客《きやく》来《らい》の節《せつ》ハ二の門の扉《とびら》を開《ひら》きて通よりて客《きやく》を通す民《みん》間《かん》に高《かう》位《い》貴《き》人《にん》来《らい》臨《りん》ある事《こと》稀《まれ》なり若九十歳《さい》以《い》上《じやう》また

門前迎客
えんさんに　なよ　かを

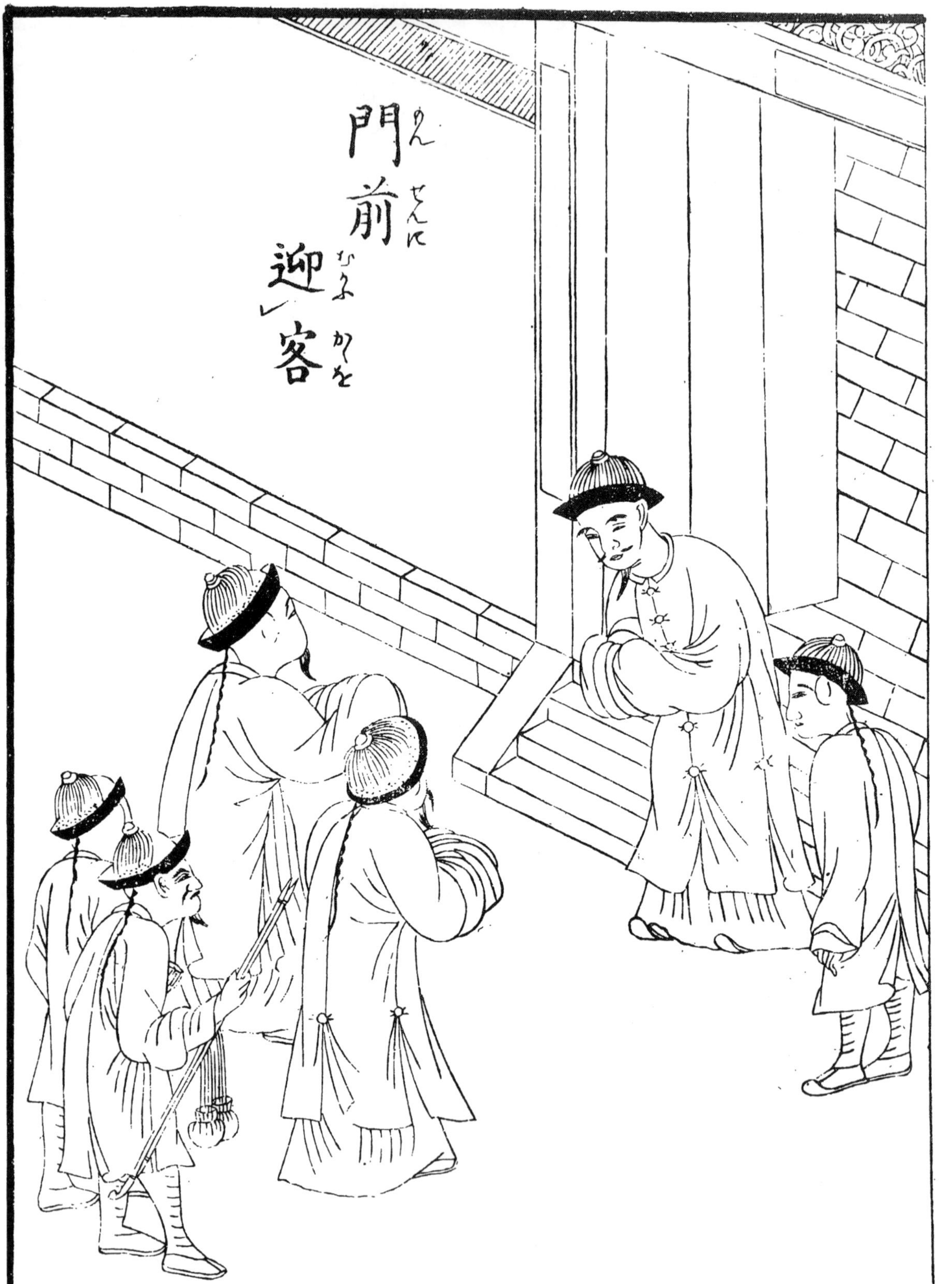

老人《ろうじん》ある家か又は功徳ある或《あるひ》は孝子順孫等にて格別《かくべつ》の訳ありて朝廷《ちょうてい》より旌賞にあづかりたる家には官人も来臨あるかなれば一段官人来臨あれば其家《そのいえ》に儀門を造る事免許ありて足は官人を通す為なれば平日は閉て官人の来臨あるときに開《ひら》くなり○高位貴人にあらずとも先生なれ老人《ろうじん》等来客あるときは主人門外へ出むかふ事あり其外朋友親戚等来るには多く聴堂《テンダン》まで迎にも出ず又は直に聴《テン》へ通し座出して見ゆるもあり又ちかき親戚は聴堂《テンダン》へいれず直に内房《ヌイワン》内室へ来るもあり主人左宿せず又は婦女見え應対せし親戚の外婦女見ゆる事なし

○客来あるときは馬駕籠等にて来る節は大門前にて下乗し小廝《スウスウ》一人附添聴堂《テンダン》に至る小廝《スウスウ》は堂にて主人堂に登るときは階段側にて付あり直に退き耳房《ルイワン》小部屋《こべや》あるひは厨下《ジイヤア》に至り休息し民間にては

供《とも》数《す》人《にん》連《つれ》て来る事《こと》なし小者《こもの》一人あるひハ二人までなり不時《ふじ》の訪問《はうもん》等に来《きた》る節《せつ》ハ
門番人《もんばんにん》居れバ小者を遣《つかは》し某相公在麽《ムウスヤンコンザイーマア》と問《とは》しむ 某ハ姓《せい》を云《いふ》 主人《しゆじん》在宿《ざいしゆく》なれば
門番《もんばん》相公在家請進《スヤンコンザイキヤアツインツイン》と云て直《すぐ》に主人《しゆじん》へ達《たつ》し客門番に随ひ小者も内《うち》
に入《い》る問しむ客《かく》主人在宿《ざいしゆく》せぬときハ彼方《かのかた》に僕《ぼく》出きたり東人不在家《トンジンホザイキヤア》と
云賓《ひん》僕《ぼく》にむかひ某特來問候《ムウデライウエンヘウ》と 某《それがし》ハ自身《じしん》の姓名《せいめい》をいふ 云置《いひおき》て客又僕を連《つれ》て一人
来《き》たるときハ自身名のおもく問《とふ》内《うち》へ召《めし》ひとへ客人たる時ハ某翁在麽《ハウワンザイヤア》 某兄《ハウヒヨン》
在麽《ザイーマア》と姓《せい》を呼《よう》で声《こゑ》を発《はつ》し内《うち》より聞付《ききつけ》主人《しゆじん》或ハ奴僕《ぬぼく》出来《いできた》り対面《たいめん》し主人不在《ホザイ》
家《キヤア》なるく奴僕《ぬぼく》も居合《おりあは》せざるときハ女房《にようばう》出《いで》て内房《マイワン》に布簾《ブウレン》の内《うち》より主
人不在家是那位《じんがザイキヤアスウナアウイ》といふ親友《しんゆう》なれバ何某《なにがし》まゐりてさふらへ云置《いひおく》べき用事《やうじ》あれば
云《いひ》おけと見舞《みまひ》なれバ其段《そのだん》云置《いひおき》て直《すぐ》に帰《かへ》る婦女《ふぢよ》に対面《たいめん》せず親友《しんゆう》なれば
直《すぐ》に内房《ヌイワン》へ通《とほ》るなれどもおふく玄関《げんくわん》下座敷《ざしき》等《さう》の制《せい》なくひとびに当人《だんにん》取

次《つぎ》等《など》なし門番人《もんばんにん》も民間《みんかん》の大戸《たいこ》形《かた》ちでハなく事《こと》なし

○官府《くわんふ》向《むき》ハ馬《むま》駕籠《かご》大門《だいもん》前にて下轎《げけう》し大官《たいくわん》たりとも諸衙門《しよがもん》の大門《だいもん》内《うち》まで轎《のり》にのりこむ事《こと》を得《え》ず馬《むま》駕籠《かご》大門《だいもん》前にて下轎《げけう》する時《とき》駕籠《かご》付《つけ》ず等《とう》の式《しき》なし

從兒から手に飾《かざ》りつける涼傘《リヤンサン》籏《かさぼこ》執事《ナズウ》等《など》の道具《だうぐ》ハ喝道《ハダ゜ウ》 のことをなす 先立《さきだち》徒士《かち》旗《はた》もまき 供廻《ともまはり》ハ門前《もんぜん》にてたゞ左右《さいう》に開《ひら》き立《たち》ならんで控へ主人《しゆじん》門内《もんない》に進《すゝ》み入《い》るなれハ親随《ワインズイ》 近習《きんじゆ》ごときもの四五人附添《つきそひ》入《い》るなり 此時《このとき》主人《しゆじん》出殿 役所《やくしよ》かゝる事《こと》なし 廳堂《テンダン》へ登《のぼ》る時《とき》親随《ツインズイ》も共《とも》に登《のぼ》り主人《しゆじん》の左右《さいう》に侍立《じりつ》し饗応《きやうおう》等《とう》ハ當節《せつ》主人《しゆじん》より命《めい》じて退《しりぞ》かしむ時《とき》に堂《だう》を退《しりぞ》きて耳房《ルイワン》に入《い》り休息《きうそく》をもなさず民間《みんかん》へ官人《くわんにん》来臨《らいりん》の式《しき》あるも矣官府《くわんふ》へきたる官人《くわんにん》同士《どうし》対面《たいめん》の節《せつ》ハ親随《ツイニスイ》堂《だう》に登《のぼ》る事《こと》を許《ゆる》さず儀門《イーメン》まで附《つき》そひ此兒迎に退《あとぞ》く節《せつ》ハ門外《もんぐわい》に出《いで》て控へるなり供廻《ともまはり》ハ主人《しゆじん》門内《もんない》に入《い》るを待《まち》て諸道具《しよだうぐ》を架子《キヤウツウ》に挿《さ》し 諸官府《しよくわんふ》門前《もんぜん》に道具《だうぐ》置 立るに臺《だい》あり是《これ》を架子《きやうつう》と云 皂隷房《ツアウリイワン》 足軽部屋《あしがるべや》とも云ふべき所 に入《い》つて休息《きうそく》し

客賓ハ談話數刻に及ぶか又ハ饗應《きやうおう》等あり帰り延引《えんいん》すれバ供從
至する事もあり又ハ主方より酒飯代出しもあり或《あるい》ハ下部輩ハ近所《きんじよ》の
賣買店等にて酒飯を喫する事もあり供帰らせても親隨《ツインズイ》ハ帰らず是非《ぜ》
主方より酒飯等出し酒宴に招請したるときハ直《すぐ》に耳房《ルイワン》に伴《ともな》ひ行《ゆき》饗應《きやうおう》す
門番人《もんばんにん》ハ賓官來るを見て内《うち》に入て何官來到《ホウクワンライタウ》と何ハ官衛を示告知す親隨《ツインズイ》奥に
入りて主人《しゆじん》に達《たつ》し扨大門ハ諸官府《しよくわんふ》ともに昼《ひる》の内《うち》ハ門戸を開《ひら》き儀門《イーメン》斗
閉《とぢ》てあり儀門《イーメン》ハ高官《かうくわん》あらでハ通《とほ》る事あらず其儀門より通る外の官來臨《くわんらいりん》
ある時ハ門番《もんばん》門戸を開て直《すぐ》に耳房《ルイワン》へ躱避《トービイ》するなり官人《くわんにん》の通りて後に門番《もんばん》
閉通る人出《いづ》る事《こと》を聞て大門番人も内《うち》へ告《つげ》知《し》らせ直《すぐ》に耳房《ルイワン》へ躱避《トーピイ》す門番
る大門《タアメン》皂隷《ツアウリイ》儀門《イーメン》皂隷《ツアウリイ》とて皂隷ハ足輕躰の者なり番人ハ別ありし勿論《もちろん》民間《みんかん》にてハ奴僕《ぬぼく》
の勤役番人に置是ハ大門儀門と別る事《こと》もなく一人にて兼《かぬ》るなれども

衙門《がくもん》内の儀式《ぎしき》礼譲《れいじやう》等の事ハ詳《つまびらか》に知る事能ハず見及び聞及びたる通を挙るなり

○病氣《びやうき》の節上賓訪来る事あれハ子孫伯叔兄弟の内出迎ひ廳《テン》へ請じ應對し左に

病床《びやうしやう》に寝る人ハ上賓を接待するとも不敢《ポカン》と言て留る事を兼て禁忌なく強て入んと言ハ礼譲して病床《びやうしやう》に請じ見へしむ此時《このとき》病床の側に椅子《いす》を備け病人ハ床の上に坐《ざ》し衣服《イーホ》外套《ワイタウ》を着し帽子を戴き賓入来

其ハ坐の傍に居り拱手し恕罪《ジイヅイ》といふて礼を為し賓入て病を訪ひ椅子《いす》に坐して稍く談話ハ子孫伯叔兄弟等側に侍つて答話す賓暫く有て病人ハ對し保重《パヲチヨン》といふて出る時主人手を拱て答礼して得罪不能送《テズイポヌンソン》といへハ賓豈敢《キイカン》

請便《ツインベーン》といふて別る病者ハ起座不自由なれハ臥ながら傍にて外套《ワイタウ》を着隠ひ子孫等賓に向ひ恕罪といふ賓床の近に立寄病を訪て談話に及ハず直に出る子孫等廳堂《テンダン》に請じ應對せし勿論至親《しん》の交にあらされハ敢て病床に不至

問病

○初《はじめ》て人を訪《とふ》ふには紅《こう》唐《たう》紙《し》の名帖《ミンテ》を持《もち》門《かど》に至りて貴《き》人《にん》高《かう》位《ゐ》の家《いへ》ならば門《モン》
子《ツウ》にて表《おもて》門《もん》の番人ある是《これ》に名帖《ミンテ》を投《トウ》し某《ムウ》特《テ》來《ライ》拜《バイ》望《ワン》と達《たつ》し給《たま》ふべしと
頼《たのもし》入れば門子《メンツウ》名帖《ミンテ》を受《うけ》取《とり》主人《あるじ》に達《たつ》す主人《あるじ》逢《あは》んと思《おも》へば聽《テン》へ請《しやう》ずべしと云《ふ》
門子《メンツウ》出《いで》て請進《ツイン》上座といひて案内《あんない》して聽《テン》に到る時《とき》主人《あるじ》出迎《いでむかへ》て見ゆるも有
又聽《テン》へ請《しやう》じ置《おき》出《いで》てみゆるもあり主人《あるじ》出《いで》來《きた》れば客《きやく》一揖《いふ》して久《キウ》仰《ニヤン》高《カウ》名《ミン》特《テ》
來《ライ》拜《バイ》識《コ》といふ主人《あるじ》豈《キイ》敢《カン》有《ユウ》失《シ》迎《ニン》迓《ヤア》といひて答礼して互《たがひ》に叙話し主人《あるじ》請《ツイン》坐《ツヲー》と
いふて椅子《いす》を進《すゝ》む客《きやく》不《ボ》敢《カン》と礼譲《れいじやう》して坐《ざ》す主人《あるじ》も座《ざ》して談《だん》話に至りて貴人《きにん》
の方に行見ゆる時《とき》は客《きやく》辭して坐《ざ》せざる主人《あるじ》迎《むか》ひに出る事《こと》なし主人《あるじ》聽《テン》に出《いで》椅子《いす》
に坐《ざ》して待《まつ》客《きやく》來《きた》るを見ゆると椅子《いす》を放《はな》ち答《たふ》礼《れい》す客《きやく》見へて侍立し請
坐《サヲ》といふ主人《あるじん》座《ざ》して僕に椅子《いす》をなをさせ客《きやく》に進《すゝ》めして坐《サヲ》々々といふ客《きやく》再《さい》三《さん》
礼譲《れいじやう》して側《かたはら》に座《ざ》し敢《あへ》て對《たい》座《ざ》せざれば主人《あるじ》居ながら客《きやく》は堂《たう》に於《おい》て上司の

府下《ふげ》の司は官員参衙《くわんゐんさんが》の時《とき》の儀《ぎ》なり其外《そのほか》も尊卑異《そんびこと》なれども多《おほ》くは兼《かね》て主人《あるじん》

出迎《いでむか》ふ事なり◯廰《テイ》へ上《のぼ》るに東西《とうざい》の階《かい》等《とう》は式《しき》当時《たうじ》なし

赴宴《ふえん》私行《しかう》等《とう》の節《せつ》は武官《ぶくわん》ならずとも常《つね》に剣《けん》せば武官《ぶくわん》の外《ほか》諸官人《しよくわんにん》都《すべ》て常《つね》

剣《けん》するに事《こと》なれし然《しか》るに民間《みんかん》にては常《つね》に帯剣《たいけん》禁制《きんせい》なり

附録《ふろく》

◯臺熨斗《だいのし》は類《るい》ならびに雑煮《ざふに》又は高盛《たかもり》で五三など云へる数《かず》の事《こと》同《おな》じ飯《はん》の湯《ゆ》

等《とう》出《いだ》す事《こと》都《すべ》てなし

◯引盃《ひきさかづき》又盃《さかづき》は重《かさ》ね盃《さかづき》を使《つか》ふあるひは洗《あら》ふ事ならびに手長《てなが》の制銚子《じいちやうし》は

柄《え》盃は紙《かみ》にて包《つつ》み又は加《くは》へ等《とう》は事《こと》給仕《きふじ》の仕様《しやう》等《とう》の式《しき》都《すべ》てなし

◯料理《れうり》の内《うち》引物《ひきもの》ならびに類《るい》の事《こと》なし◯夜宴《よえん》は童子《どうじ》兼《かね》燭《しよく》の類《るい》な

らびに燭臺《しよくだい》出《いだ》す事《こと》なし夜分《やぶん》は燈籠《たうろう》を提来《さげきた》あり

○年礼《ねんれい》の客《きやく》に喰摘《くいつみ》熨斗《のし》など出し来れしならびに祝言《しうげん》の肴并常服にかゝるか事なし　屏風ならびに画文字等《ゑもじとう》は用ひ来る所別なし　附に随ひ用ゆ○床違棚《とこちがひだな》袋棚《ふくろだな》ならびに諸飾物等は制なし　備付に真行草等《しんぎやうさうとう》は別なくならびに三具足《みつぐそく》喚鐘《くわんしやう》払子《ほつす》又は飾備へ書画軸物文具額等《しよぐわぢくものぶんぐがくとう》の品飾方定式《ぢやうしき》なし　飾り見る所恰好《かつかう》よく備へ置なり　三具足五具足《ごぐそく》又は常に備へ置事なく別して儀式《ぎしき》なし　掛物《かけもの》も二幅対三幅対一幅物文字画等にも別段なし　尤も角請客《しやうきやく》の節は祝意は掛物を聴堂へ用ひ　書房小閣《かく》等《とう》には秀雅《しうが》の文字《もんじ》画《ゑ》等《とう》陰機窓寝に用ゆ　論じ難し　掛花瓶《かけはないけ》も多く書房等は柱《はしら》に掛《かく》るなり　聴《てい》の柱にも用ゆる事あれど一定《いちぢやう》にあらず　聴《てん》のちらには多く聯《れん》を掛《かく》る　薬玉匂袋《にほひぶくろ》等残懸《かく》る事なし
○瓶花《いけばな》の式先前枝数本数等は生方《いけかた》ならひに見る等は儀態に当時

郊外者《もの》なし唯《ただ》時《じ》候《こう》は草《さう》木《もく》の花《はな》を色《いろ》〳〵多《た》分《ぶん》に挿《さ》し置《おく》までなりし

清俗紀聞巻之九

清俗紀聞卷之十

羈旅行李

〇江南《ちやうなん》浙江《せつこう》等の諸省ハ旱路《ハンルウ》にて二十里も三十里にも（三百六十歩を里と云一歩ハ今の小尺にて六尺四寸あり小尺ハ即此方の曲尺と同し但一里ハ此方の六町弱にあたる）曠濶《クワンクヲ》僻静《ピツツイ》の所にてハわつか一二三里程間毎に村落《そんらく》あり村落ごとに鋪遞《フウテイ》あり是ハ一省の内ハ用向の通達《つうたつ》するに継場《つぎば》にて鋪司《フウスウ》とて頭分《かしら》の役一人鋪書《フウレイ》とて書役一両人又其村の百姓五人或ハ十人宛走役を取足を鋪司兵《スウピン》といふ（一名鋪兵共云）又京師にハ堤塘《テイタン》といふ役所あり一省ごとに設け置也都て十八ヶ所ありて京師の御用向等を其ハ本省へ通達するかゆゑに其ハ本省武官挙人《きよしん》を遣し勤番せしむ京師より本省までの路程《ルウチン》遠き所ハ十四五人近き所ハ十人計も相詰め其他勿論文書等通達《つうたつ》の事あれバ勤番の挙人兼て驛站《イサン》を経《へ》て其《その》ハ本省《ほんせい》に至るなり驛站《イサン》ハ八十里あるひハ百里に車馬の継場《つぎば》あり是ハ凡欽件《キンケン》（天子より出る事之）憲

件（上司より出る文也）公文官照の如く諸省へ通達し又ハ欽差《キンチヤイ》小差《スヤウチヤイ》《ごようあんせいのやう》に至る迄通行の為に設け置る人馬代分撥《てわけ》するに取り置所にして継場の里数遠き所ハ腰站とて間に継場あり専ら馬匹ハ疲れさるか為に本驛《ゑき》より設け無き所にしく村落の内場所宜敷所の民家を用ゆるなりと惣じて勘合《カンハ》とて此方の御證文の如き物あり大差《タアチヤイ》ハ兵部《へいぶ》より差官《チヤイクワン》有て右勘合《カンハ》を持行小差《スヤウチヤイ》等ハ其官員自身に持行さし出す所より起馬牌《キイマアハイ》ハ差出る所より至る所の驛站《ゑきえん》此牌《このまい》の数に合せ人馬代用意し其《それ》が持来る勘合と引合ハ散差《サンチヤイ》に至りては起馬牌《きてま》なく自身帯ぶる勘合の如く驛站に至り時に人馬を出さしむる所の驛の大小に従ひて馬匹の定額あり或ハ一百匹あるひハ百廿匹と定む此頭《このかしら》分れ役一人是を驛丞《イチ》といふ次に書役書人あるひハ三人あり是を驛書《イミイ》とよぶ馬醫《マアイ》一人あり獣醫《ジウイ》といふ又馬夫《マアフウ》あり俗言ハ一驛の養ふ所の馬六十四匹なれバ馬夫《むぶ》八人にて一人の者に附八匹《ひき》宛あり此《この》八匹の中に官座《クワンヅウ》とて主人の乗る

き馬《うま》一匹《いつぴき》次《つぎ》ニ緊差馬とて急用《きうよう》早打《はやうち》ニ用《もち》ゆる馬《うま》二匹包頭《パウヅウ》とて駄荷《だに》を附《つけ》る馬《うま》一匹《ひき》又小差馬三匹《ひき》あり大官《たいくわん》ニあらざれバ其駄荷《そのだに》も自分《おのれ》の家来《けらい》より散差馬一匹あり右馬夫八人の外《ほか》ニ四人ありて養《やしな》ひ方《かた》此助《すけ》を勤《つと》む是定数《ぢやうすう》の外ニも人馬入用の時《とき》ハ其所《そのところ》の百性《ひやくしやう》ニ申付《まうしつけ》て是《これ》を出《いだ》さしむる民馬《ミンマア》とふ所の民商の人馬車船ハ皆相對ニて雇《やと》ふ事《こと》なり此驛站《このえきさん》の邊《あたり》ニ一所《ところ》ニあつまれバ民商ハ宿每ニ牙行《ヤアハン》とふものの數軒《すけん》あり是《これ》ニて雇ひ出すハ民間ニハ先觸《さきぶれ》駄賃帳《だちんちやう》なぞといふ事なし諸民私用の旅行ハ牙行《ヤアハン》より牙行《ヤアハン》まで雇ひても多くハ終日雇ひて泊《とまり》まで雇ひ切あり右賃錢《ちんせん》ハ騾馬終日雇ひ切三分又驢馬《リイマア》ハ一里一文の積《つもり》なり但車《たゞしくるま》ハ騾二匹分の積《つもり》ニて一日六分又あり人足ハ終日百文荷《に》を擔《たん》すれバ二百文あり荷の重《おも》さ凡八貫目と定《さだ》む是《これ》より重き荷物ハ騾馬を雇ふ騾馬の負ふ所の荷物重さ四十貫目と定《さだ》む轎子《キヤウツウ》ハ一日六百文あり但轎子に大小あり民商用ゆる所のものハ皆小轎《ちいさきかご》あり又騾轎《ルウギヤウ》とて轎子以下

公《こう》堂《どう》
驛《ゑき》站《ざん》
驛馬《ゑきむ》
大《だい》門
驛站

車《しや》轎《きやう》

騾《ろい》轎《きやう》

右荷物《にもつ》は附環《つけだ》馬二匹をもつて是を負《お》はしむ人は其一人に負《お》はしむる荷《に》の重《おも》さ八十貫目
と定《さだ》む一日の料《れう》八百文なりとぞ
○驛詰《えきづめ》に至《いた》る路《みち》の道具《だうぐ》あり挾板《キヤパン》とて板《いた》二枚《まい》を以《もつ》て公文《こうぶん》を挾《はさ》む板あり鈴襷《リンパン》とて鈴《すゞ》の
附《つき》たる襷《たすき》あり是《これ》は差官《さくわん》補司兵《かしへいそう》等に持《もた》しむ此《この》鈴の音《おと》を聞《きゝ》て次《つぎ》の繼場《つぎば》まで
用意《ようい》するが為《ため》なり綏鎗《スイツヤン》とて総《ふさ》の付《つき》たる鎗《やり》油絹《ユウチン》とて油引《あぶらひき》したる絹《きぬ》あり
此方《このはう》の桐《とう》油《ゆ》のごとし
箬帽《ニヤテウ》とて竹笠《たけのこがさ》あり又びに蓑衣《ソウイー》とて蓑《みの》等の雨具《あまぐ》其外時計《とけい》常燈《ヂヤンテン》紅問棒《ホンウヘンバン》とて赤《あか》く
塗《ぬり》たる棒《ぼう》二本《にほん》囘暦《ホイレ》とて帳面《ちやうめん》あり差《さ》出す時刻《じこく》を記《しる》し帰《かへ》るが時点《ときてん》を
掛消《かけけし》とて顛絹包紙《ゼンケンハウシ》とて絹《きぬ》の風呂敷《ふろしき》あり公文《こうぶん》等を包《つゝ》むなるなり又馬具《ばぐ》或《あるい》は
箌《ワヤン》とて馬の草料《ソウリヤウ》を切《きる》具豆《まめ》を煮《にる》釜《かま》烟草《たばこ》入るゝ桶《をけ》等あり鋪遮《ホシヤ》にも挾板《キヤハン》鈴襷《リンパン》
箬帽《ニヤテウ》蓑衣《ソウイ》其外常燈《ヂヤンテン》等あり

盛甲箱^{しょくかふさう}

搭連^{たうれん}

被囊^{ひのう}

食兜^{しょくとう}

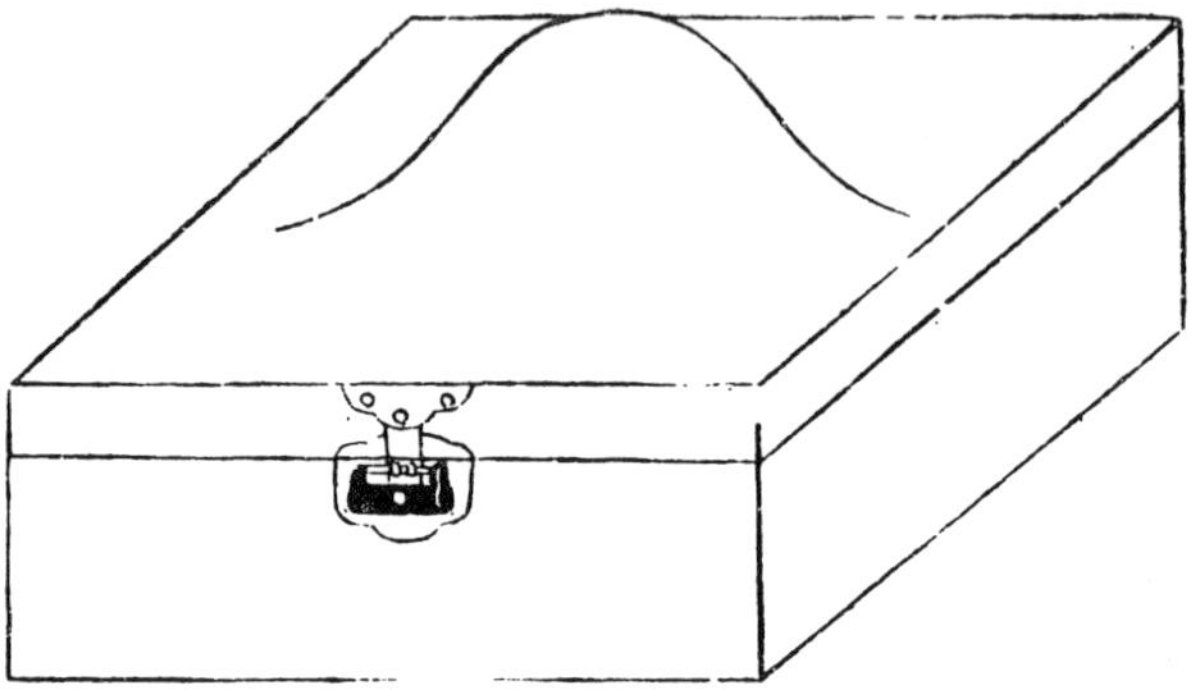

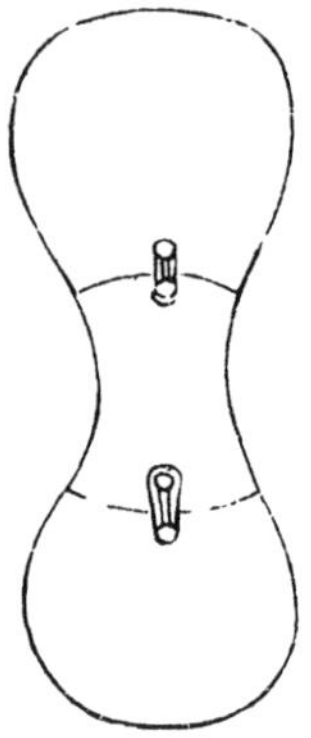

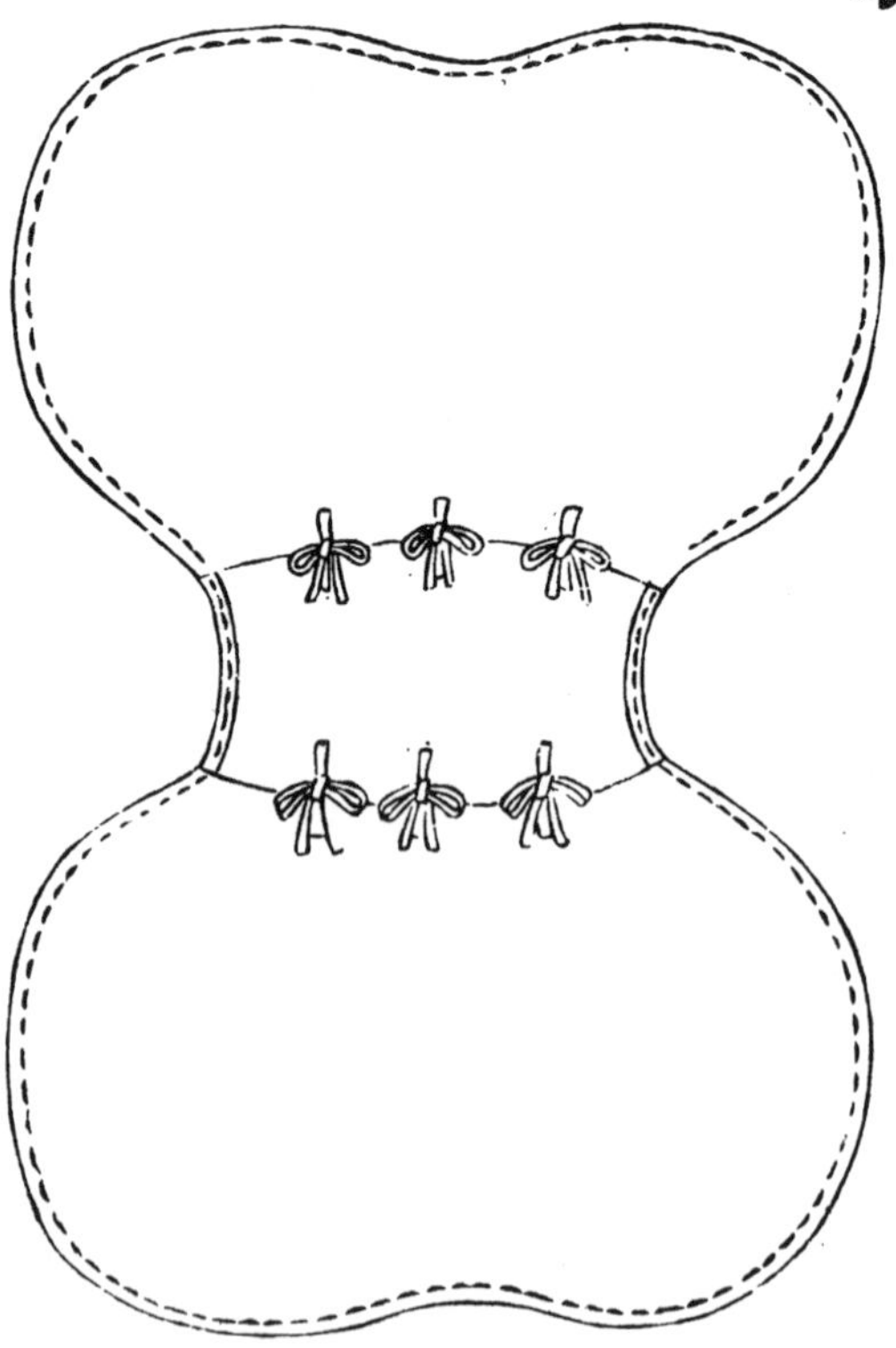

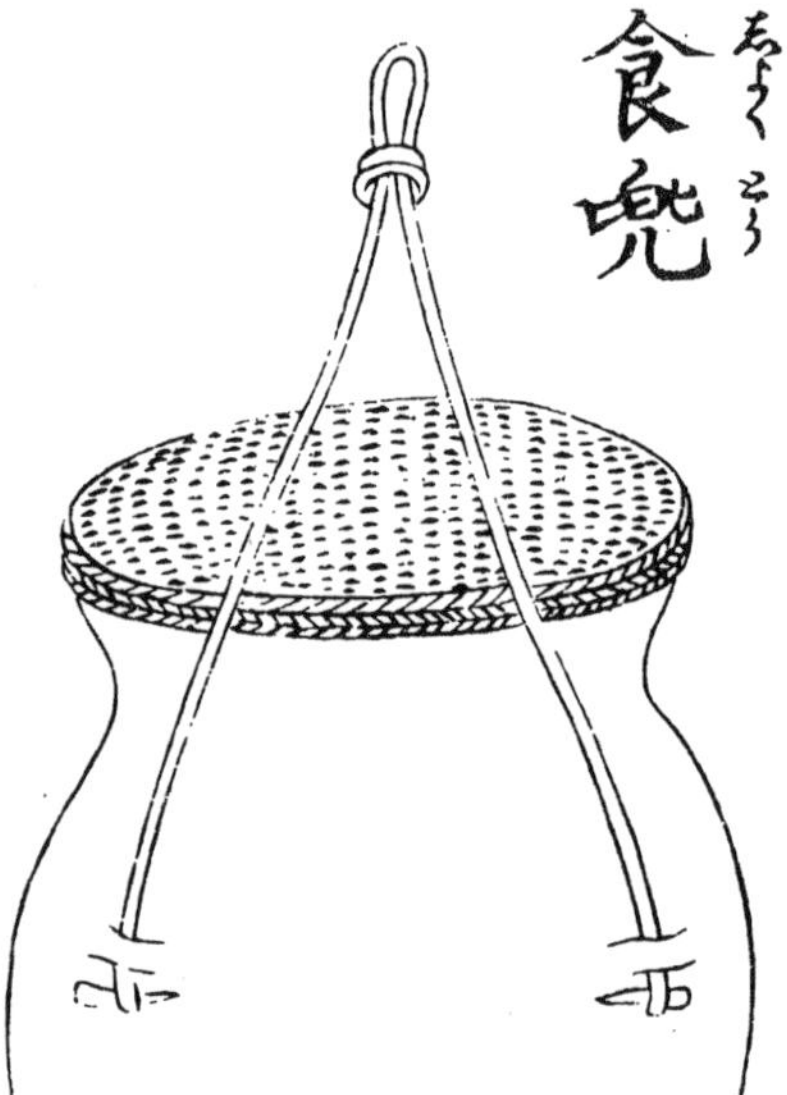

剿《さう》

くさきりの
つゝきり

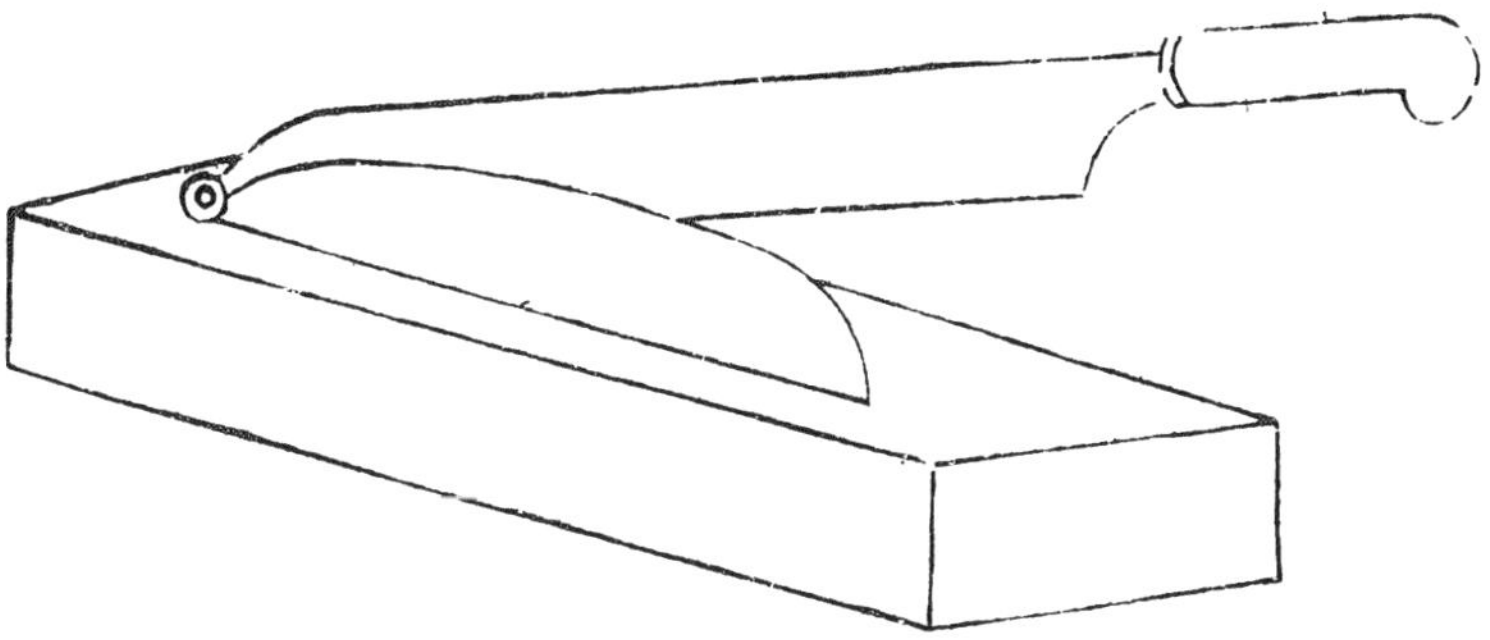

槽《そう》

くおけ

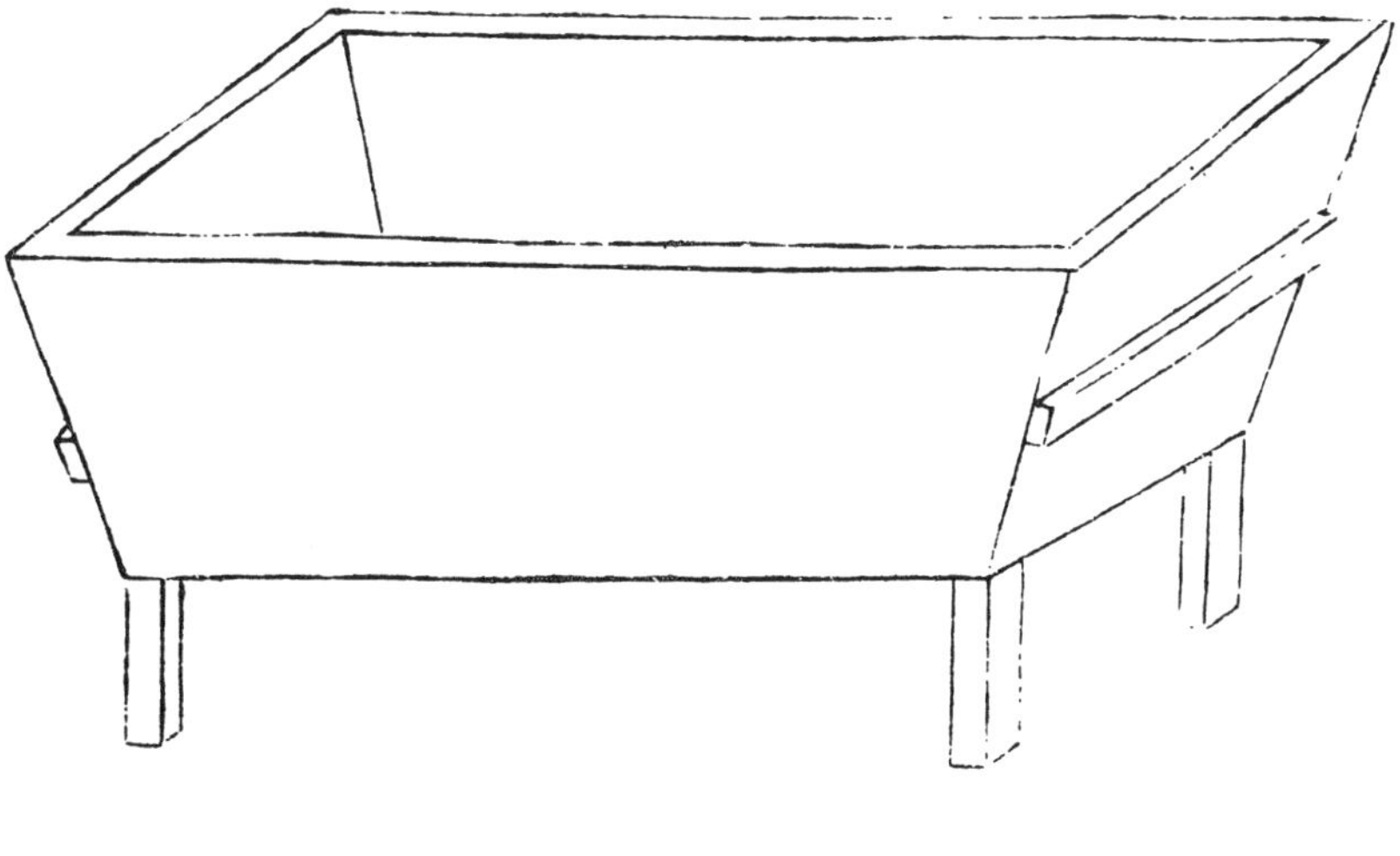

鈴襷
たすき

板
いた

狭
せま

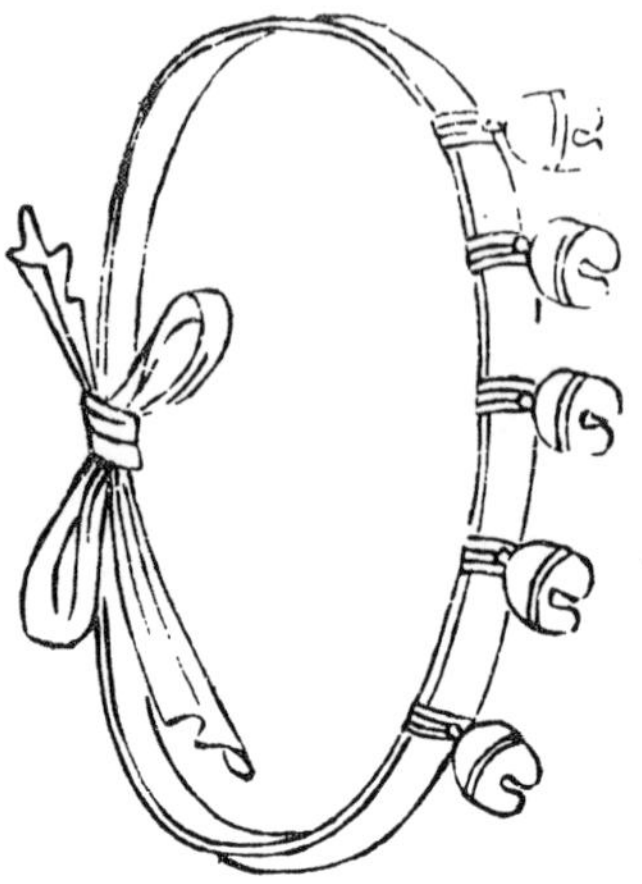

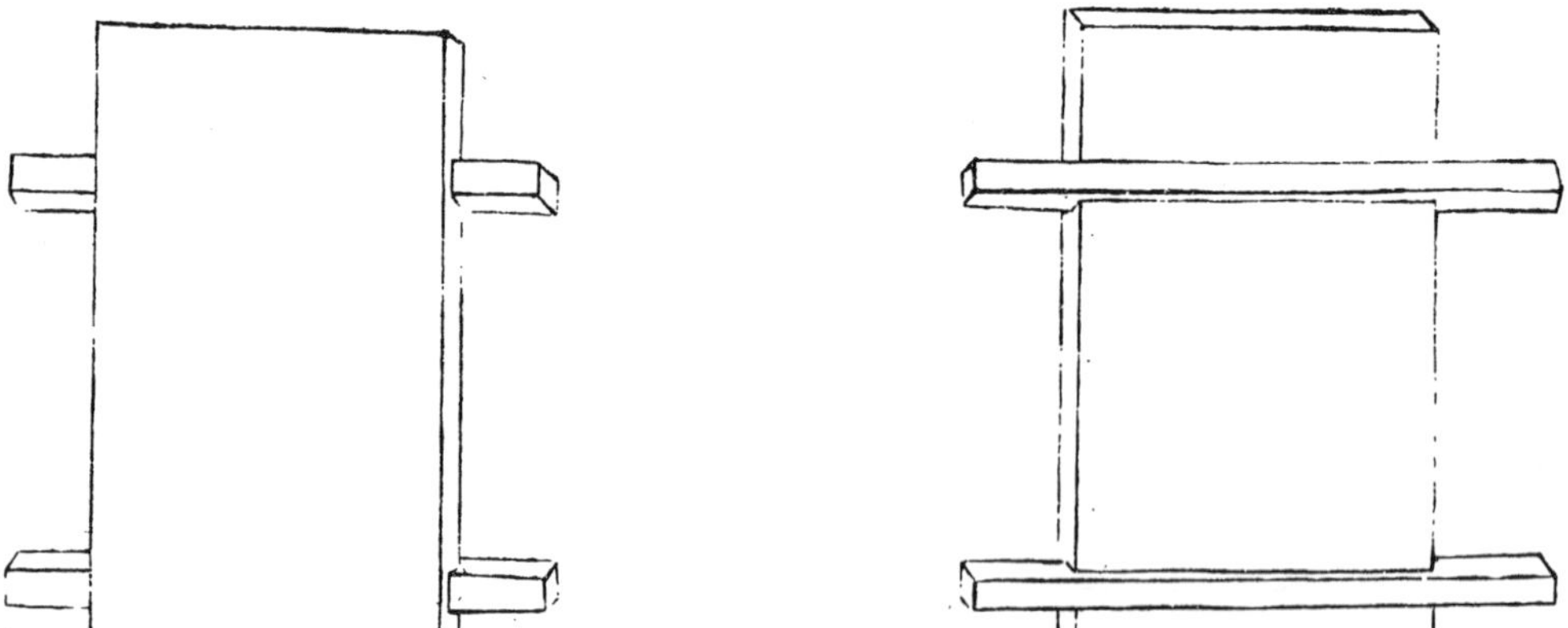

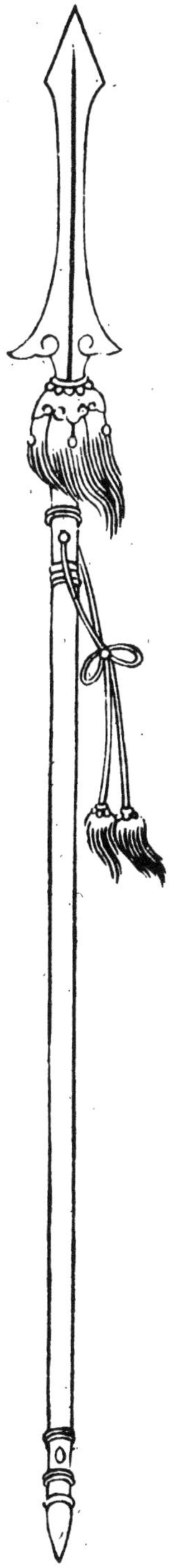

綏《すい》鎗《さう》

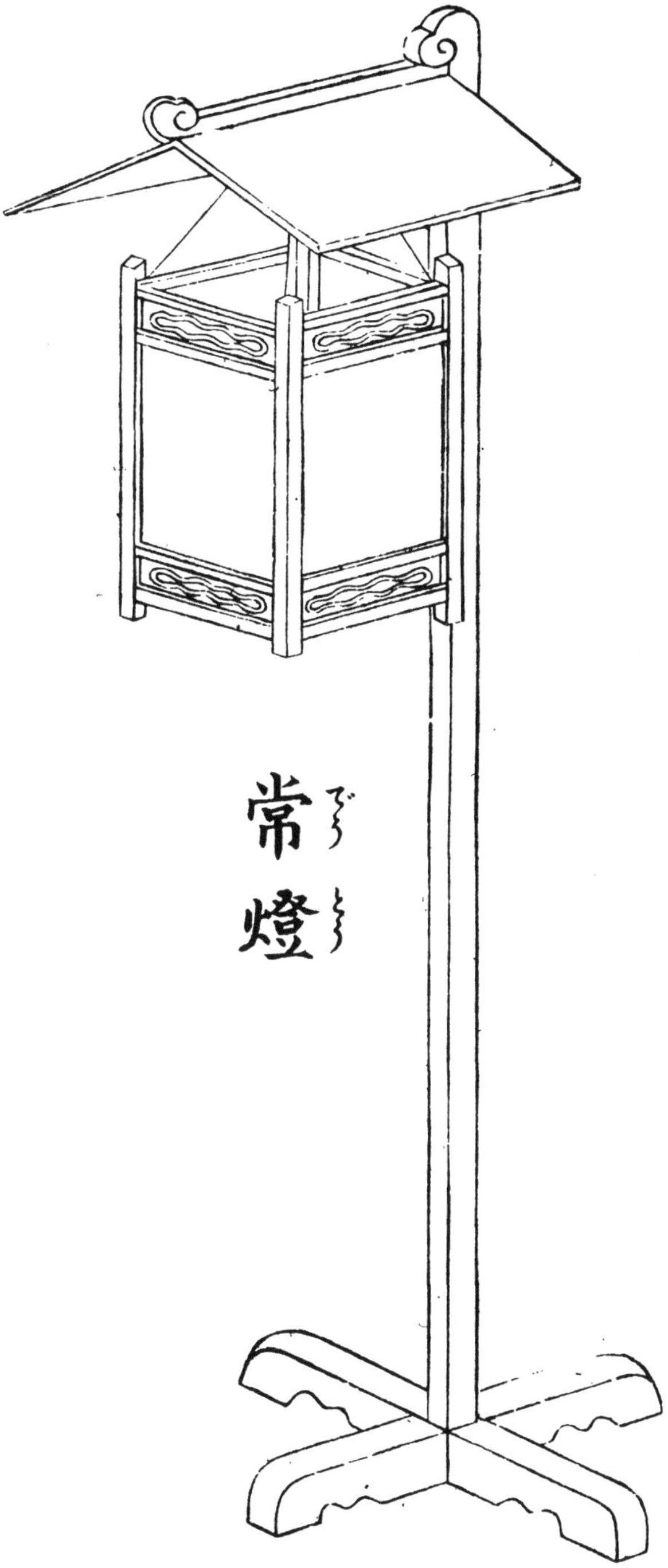

常《でう》燈《とう》

○里甲馬《リイキヤニア》とハ邊鄙《へんぴ》の州邑驛站《しうゆうゑきざん》の設《まう》けなき所ハみなその地《ち》の民馬《みんば》をもつて通行《つうかう》せしなれバ備《そな》ふる事とて里甲《リイキヤ》とて百性頭分《ひやくしやうかしらぶん》のものの支配《さいはい》して夫《ぶ》に用《よう》ゆるによつて里甲《りいきや》馬《ニア》といふ

○官人公用通行《くわんにんこうようつうかう》のときハ自身《じしん》より起馬牌《キイニアハイ》をさし出《だ》して此方先觸《このはうさきぶれ》のごとくなるものあつて其官人出立《そのくわんにんしゆつたつ》二三日以前《いぜん》家丁《かてい》一人を差立《さしたて》通行《つうかう》の驛站《ゑきざん》ごとに右牌子へ以て見すれバ驛站《ゑきざん》の書役《しよやく》其文面《そのぶんめん》を帳面《ちやうめん》に抄《せう》してするによつて抄牌《ツアウバイ》といふ此牌《このはい》に應《おう》じて人馬《じんば》の手當《てあて》致《いた》すなり

起馬牌式

某官某姓　為某公務到某處的於某月
某日起程一路所有應用夫馬合先遣牌
知會為此仰役前去着落該房吏書照依

後開夫馬轎槓名數一一喚備用過領給工價毋得遲悞須至牌者

計開

轎幾架　馬幾匹　夫幾名

右牌仰該房吏書准此

年　月　日

○大差《タアチヤイ》ハ欽命《きんめい》公用《こうよう》の大臣《だいじん》或ハ異國《いこく》の朝貢《チヤウコン》及《およ》び督撫《とくぶ》の往來《わうらい》等をいふ随從《ずいじう》の宗《せう》馬等《むとう》ハ其官《そのくわん》に應《おう》じて等差《テンサア》あり凡一品《ひん》二品《ひん》の大官《たいくわん》ありといへども表向《おもてむき》ハ官座《くわんざ》よりなく主人《あるじん》の用馬《ようむ》と散馬《サンニア》とて随從《ずいじう》の宗馬《せうむ》とありて凡《ねおそ》十匹《ひき》にるまでかぎりて其餘《そのよ》ハ皆《ころえ》自分《じぶん》入用《いりよう》にて召連《めしつれ》るに限り惣《そう》じて大差小差《タアチヤイスヤウチヤイ》に拘《かゝ》はらば公用《こうよう》にて通行《つうかう》の時《とき》ハ人馬《じんば》の賃銭《ちんせん》拂方《はらいかた》いまだ其為《そのため》に驛站《えきさん》にて官府《くわんぶ》より手當《てあて》ある事《こと》あり

○緊差《きんさ》ハ軍機《ぐんき》等《とう》急《いそ》ぐ事《こと》を注進《ちうしん》する時《とき》切《きう》の早打《はやうち》あり武官《ぶくわん》の内《うち》差官《チヤイクワン》を

此文書《ぶんしよ》等《など》て逓進《ていしん》往来《わうらい》する役《やく》あり是等《これら》ハ凡《およそ》一昼夜《ちうや》六百里行と定《さだ》む

○火牌《ホーイ》 火ハ速《そく》なる義《ぎ》あり は至極急《しごくきう》なる御用向《ごようむき》又ハ用事《ようじ》の文書《ぶん》なり是《これ》ハ公文《こうぶん》此上《このうへ》ニ鶏《けい》の羽檄《うげき》なく時ニ臨《のぞ》み急《きう》なる事ニ随《したが》ひて羽檄《うげき》一枚《まい》出増《でまし》但《ただし》一枚《まい》より七枚迄《まで》あるへし是《これ》を火牌文書《ホーハイウヘンシイ》といふ右の緊差《きんさ》の等《など》ニ用《もち》ゆる所《ところ》なり

○小差《スヤウチヤイ》ハ遠方《ゑんぱう》の文武官《ぶんぶくわん》より御祝儀《ごしうぎ》事あるひハ諸伺《しよかゞひ》事なく下役《したやく》京師《けいし》へ差遣《つかはし》等《とう》の事《こと》を云是等《これら》ハ一日凡《およそ》百里餘路程《よろてい》なり

○散差《サンチヤイ》ハ勤労《きんらう》多《おほ》き人又ハ父母《ふぼ》の喪《も》なく辞事《じじ》して郷里《きやうり》へ帰《かへ》る等《とう》の人を臨《あれ》て人馬《じんば》を給《きう》する所云

○省縣《せいけん》より運上《うんじやう》等《とう》の銀子《ぎんす》上納《せうなふ》の節《せつ》ハ銀鞘《インスヤウ》ニ銀《ぎん》積入て小差《せうさ》を以て人驛站《えきさん》より宿次《しゆくつぎ》を以《もつ》て差《さし》送《おく》る事なり

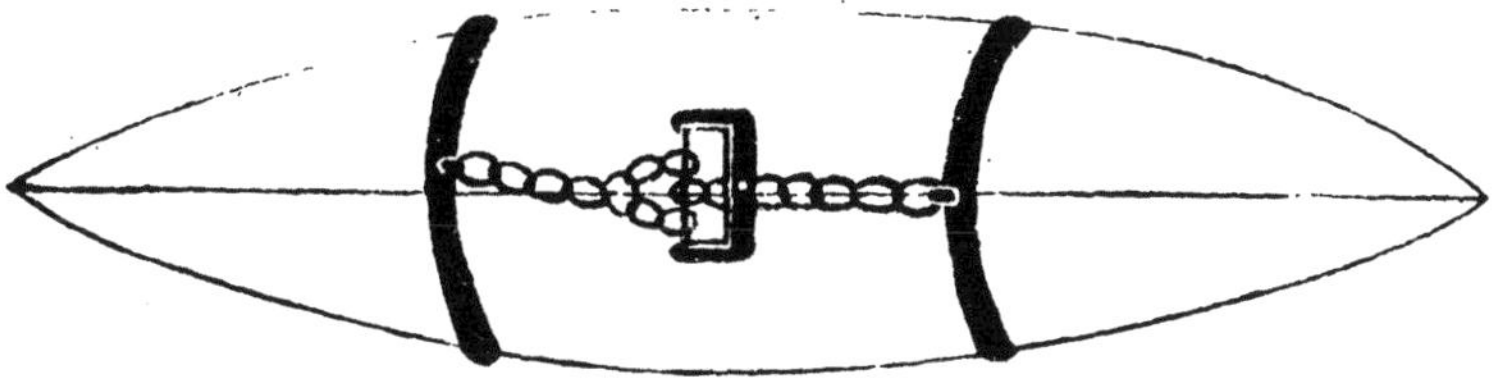

銀《ぎん》鞘《せう》

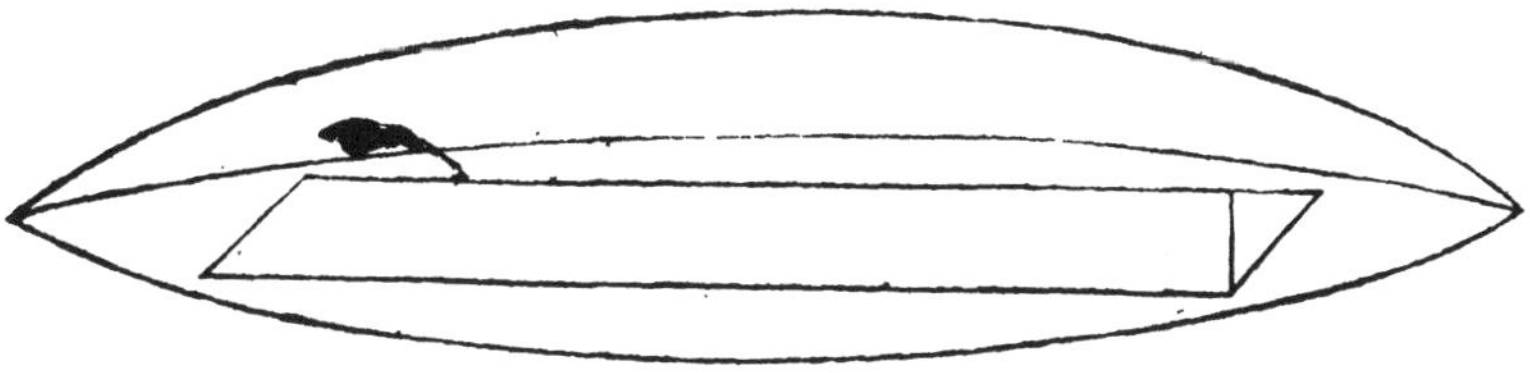

蓋《ふた》

身《み》

籠《ろう》

鎖《さ》

○官人《くわんじん》往来《わうらい》の宿所《しゆくしよ》は其地《そのち》の役所《やくしよ》より建並《たてなら》ぶ所《ところ》にて一驛《えき》八ヶ所《しよ》あるひハ十ヶ所の大館《たいくわん》あり十里に公館《コンクワン》といふもあり公用《こうよう》の官差《くわんさ》此所《このところ》に宿《しゆく》する也宿賃《しゆくちん》賄料《まかなひりやう》等の仕掛《しかけ》ハ其所《そのところ》の開銷《カイスヤウ》にて立《たて》おくなれども其官差《そのくわんさ》の心付《こころづき》にて十ヶ日あるひハ二十日位《ぐらい》の銀子《ぎんす》を公館《こうくわん》の支配人《しはいにん》へ与《あた》ふ事《こと》あり是《これ》を賞銀《シヤンイン》と云

○旅店《たびやど》ハ村落毎にあり是を打火房《タアホーワン》《はたごや》といふ打火房銭《タアホーワンフエン》《はたごせん》晩旦《ばんたん》《二じき》一人前《まへ》にて八拾文或《あるひ》ハ百文あり下飯《ヤアワン》《めしのさい》ハ豆腐類《たうふるい》一種魚肉等ハ其土のものに応じて何程《なにほど》も出《いだ》す此《この》料《れう》ハ別段《べつだん》に掛ふ

公《こう》館《くわん》

○水路《スイルウ》ハ水澤《すいえき》あり埠頭《ブウデウ》ニて百姓頭分《ひやくせうかしらぶん》の者《もの》船或支配《しはい》する所《ところ》ありてすべて船《ふね》或

雇事《やとふこと》ハ官民《くわんみん》ともニ此節《このせつ》ハ官船《くわんせん》のなきハ二三百里の所《ところ》ニて大船《たいせん》一艘《さう》

凡二百同位《ぐらゐ》小舟ハ二つ三つあるも現在官船《ゲンザイクワンゼン》のなきハ皆其土地《そのとち》の入用ニて造《つくる》

事なく官府《くわんふ》より別ニ造船《ざうせん》の賃銀《ちんぎん》出さる事一切なし又民商内地《みんかんないち》の水行《すいかう》或《あるい》

ハ陸地《りくぢ》ニても関所《せきしよ》ありて荷物《にもつ》ならびニ人數《にんじゆ》等改め石税運上等或納《をさむ》る事

ありと船賃《ふなちん》ニて海路《かいろ》二三里の渡《わたし》など小船一艘二百文十文位之渡し場《ば》ニ

郵亭《ユウデン》ニて休息《きうそく》所あり往来《わうらい》の客《かく》或待《まち》あるひハ雨雪《うせつ》を避《さくる》所ありとも

所《ところ》ニより茶烟《ちやたばこ》等出し事もあり

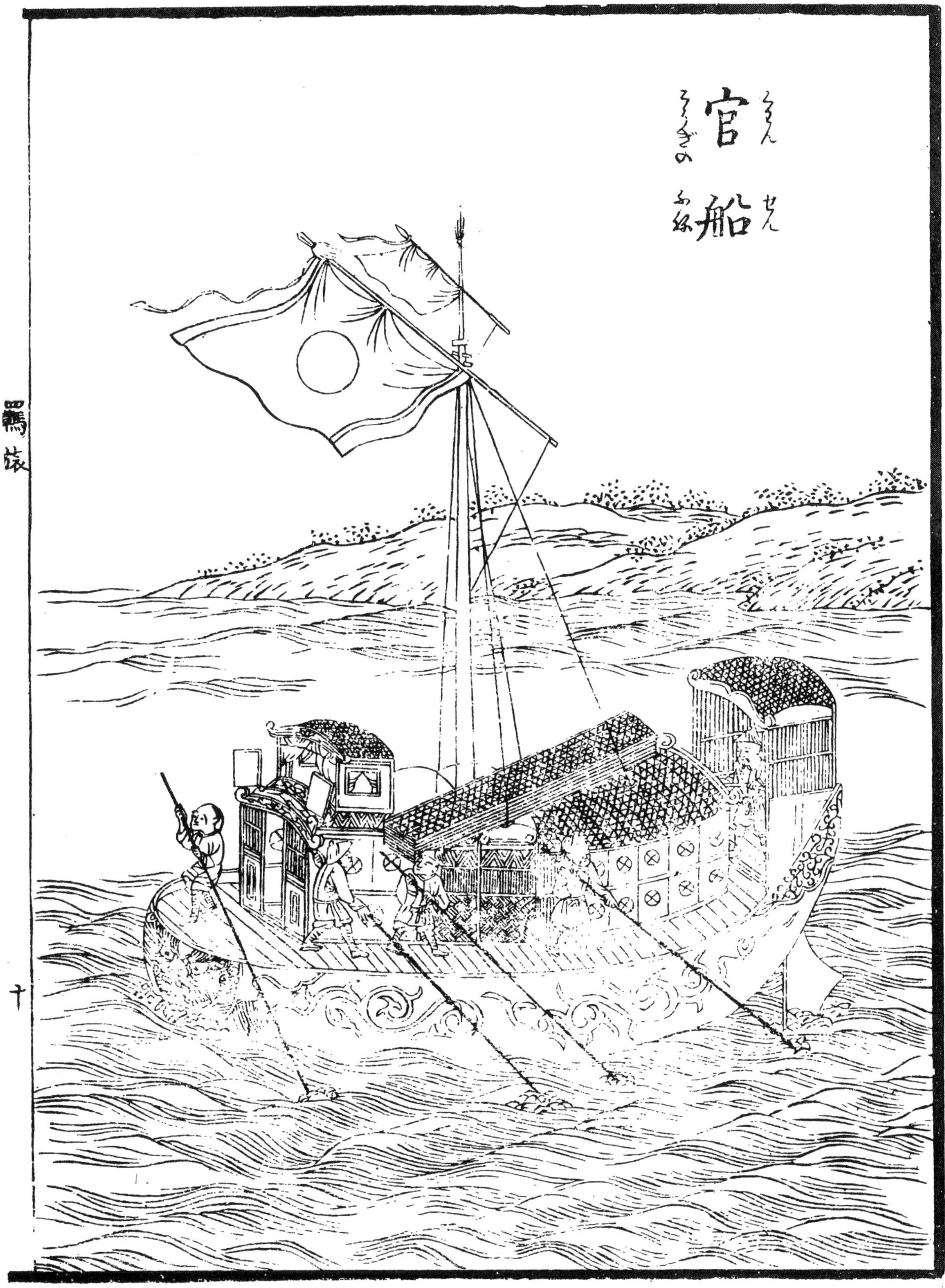
官《くわん》船《せん》
こうぎのふね

椗《てい》

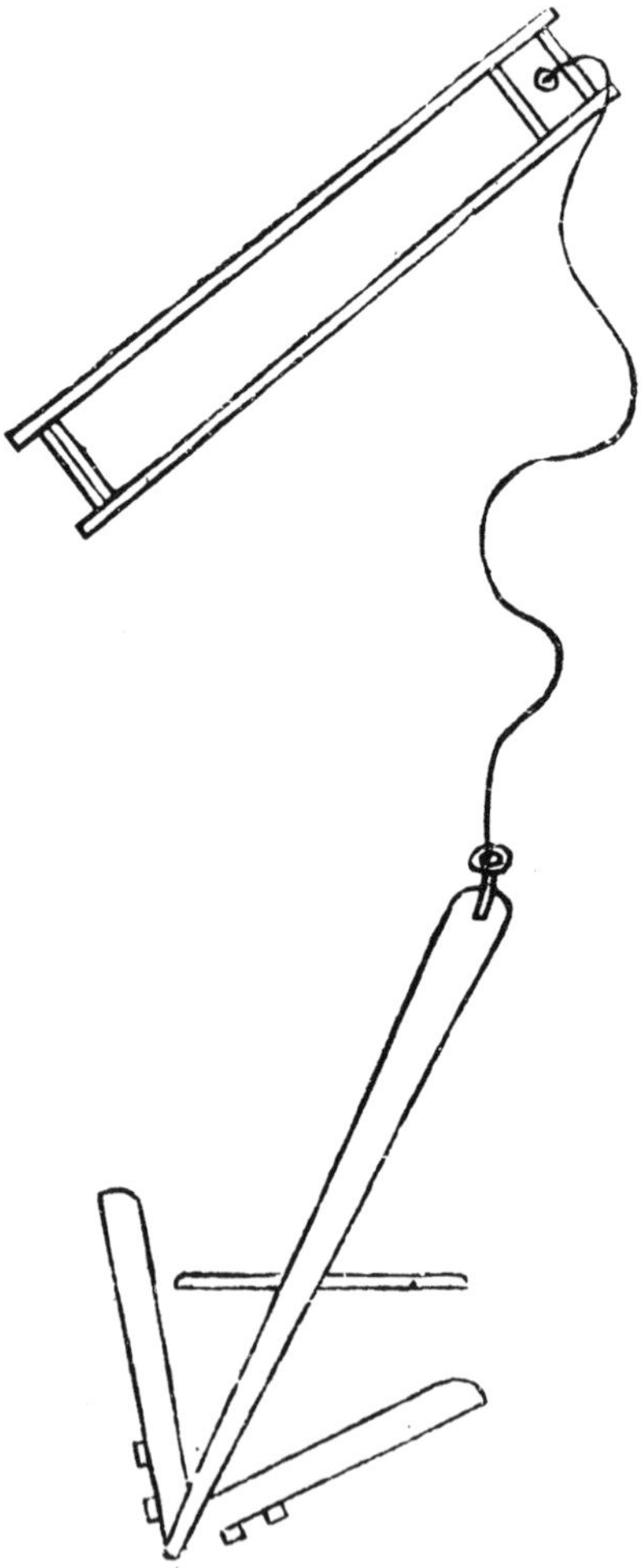

○河船《かはぶね》なども河泊所《カーペソウ》又ハ埠頭《フウデロウ》より船《ふな》出《だ》し候節閘壩《ヤバア》とて堰《ゑん》の際《きハ》に河役所《かはやくしよ》ありて其所にて荷物を外船へ積替又ハ荷舟《にぶね》を手にて引《ひき》て壩《バア》を越《こ》させしむ是《これ》を過壩《コウバア》といふなり役方ハ軍器《ぐんき》あるひハ茶《ちや》塩《ゑん》など官物《くわんぶつ》を奸商せざるかため也惣《さう》じて沿海《ゑんかい》沿河《ゑんか》ともに塘汛《ダニスイ》とて五里《り》十里ずつに番所ありて此所《このところ》を汛地《スイーテイ》と毎所ずつに把総《パアブン》一人兵士《へいし》二十人宛勤番《できん》しすべて専《もつぱ》ら河筋盗賊《たうぞく》なとをびよ

非常《ひじやう》の事《こと》を防禦《ぼうぎよ》するが為なり

○民商《みんせう》外國《ぐわいこく》に通商《つうせう》する時《とき》は海路《かいろ》なれバ船牌《ジエンハイ》を其《その》地《ち》の知縣《ちけん》へ納《をさ》め出領牌《ソリンバイ》す其《その》船牌《せんはい》都合《つがう》四枚《まい》あり撫院《ウーエン》より一枚《まい》是《これ》を部照《ブウチヤウ》といふ布政司《ブウチンスウ》《ふせいし》より一枚《まい》これを司照《スウチヤウ》といふ知縣より一枚《まい》これを縣照《ヒエンチヤウ》といふ海防廳《ハイバンテン》《かいばうちやう》より一枚《まい》これを廳照《テンチヤウ》といふ右四枚《まい》を持《もち》て津口《しんこう》乃塘汛《ダンスイン》へ至《いた》りて荷物《にもつ》のあらためありて牌《はい》のあらためも請《うく》る此《この》塘汛《ダンスイン》より其《その》役所《やくしよ》の印《いん》を押《おし》たる紙《かみ》にて縣牌《ヒエンバイ》を書《かき》たる札《ふだ》をくくりてこれを掛號《クアドウ》といふ

○民商《みんせう》内地《だいち》《うちのうち》十八省《せい》を通行《つうかう》するには切手《きつて》等《とう》の事《こと》なし若《もし》塞外《さいぐわい》に出《いづ》るときは其《その》知縣《ちけん》に納《をさ》め路引《ルウイン》を收領《しうりやう》し是《これ》を携《たづさ》へ境界《きやうかい》の関所《せきしよ》につきあらためを受《うけ》て通行《つうかう》す路引《ルウイン》《きつて》の書式《しよしき》詳《つまびらか》ならず

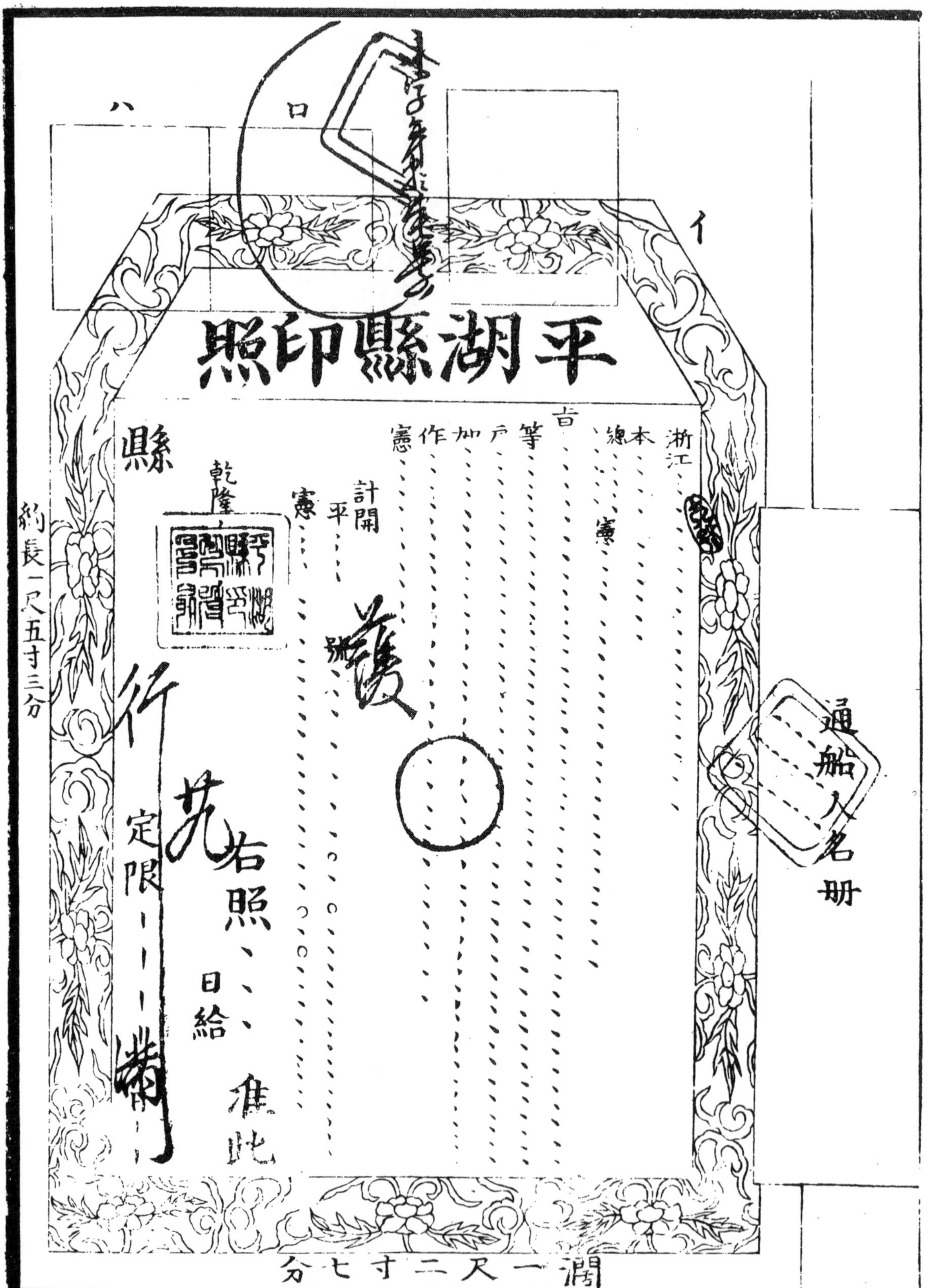

ハ
ロ
イ
平湖縣印照
浙江
本縣
總
憲
旨
等
戶
加
作
憲
計開
平
號
憲
乾隆
縣
右照
日給
准此
定限
行
通船人名冊
約長一尺八五寸三分
濶一尺二寸七分

平湖縣印照

浙江嘉興府平湖縣爲請嚴造船給照之法等事蒙
本府信牌蒙　布政司憲牌奉　總督福浙部院 巡撫都察院 憲牌内開准
平部咨覆本部院衙門會陳條議前事等因題覆奉
旨允准欽遵通飭奉行到縣刊刻木榜竪立城市通衢沿海口岸曉示
又奉單開稽核各條目又發尺式著書大張告示通諭等因奉此業
經刊刻榜示並大書告示通曉在案今據本縣船戶范三錫呈報前
來除將該船量烙併訊取船戶舵水澚甲里族鄰佑保家各供結外
合行給照爲此照給該船戶即便賫執依例駕赴掛驗前往貿易如
敢私行頂替及夾帶違禁硝磺樟板釘鐵大舵大桅含檀鹿茸桐油
黃麻棕片農器等物爲匪作歹情弊各口汛防暨巡司捕員五將該
船戶舵水一並拏送以憑嚴究解憲治罪毋違須至護照者

計開

平字第拾柒　號船樑頭壹丈捌尺○寸○分　配船戶
舵工水手共貳拾捌名又奉　憲行會同　關部額頒
尺式就船頭樑木量確一丈八尺○寸○分係歸輸課
船隻　右照給船戶　准此

乾隆陸拾年玖月　日給

縣　定限對年對月　日繳換

罵 痕

十二

粘縣牌掛號之圖

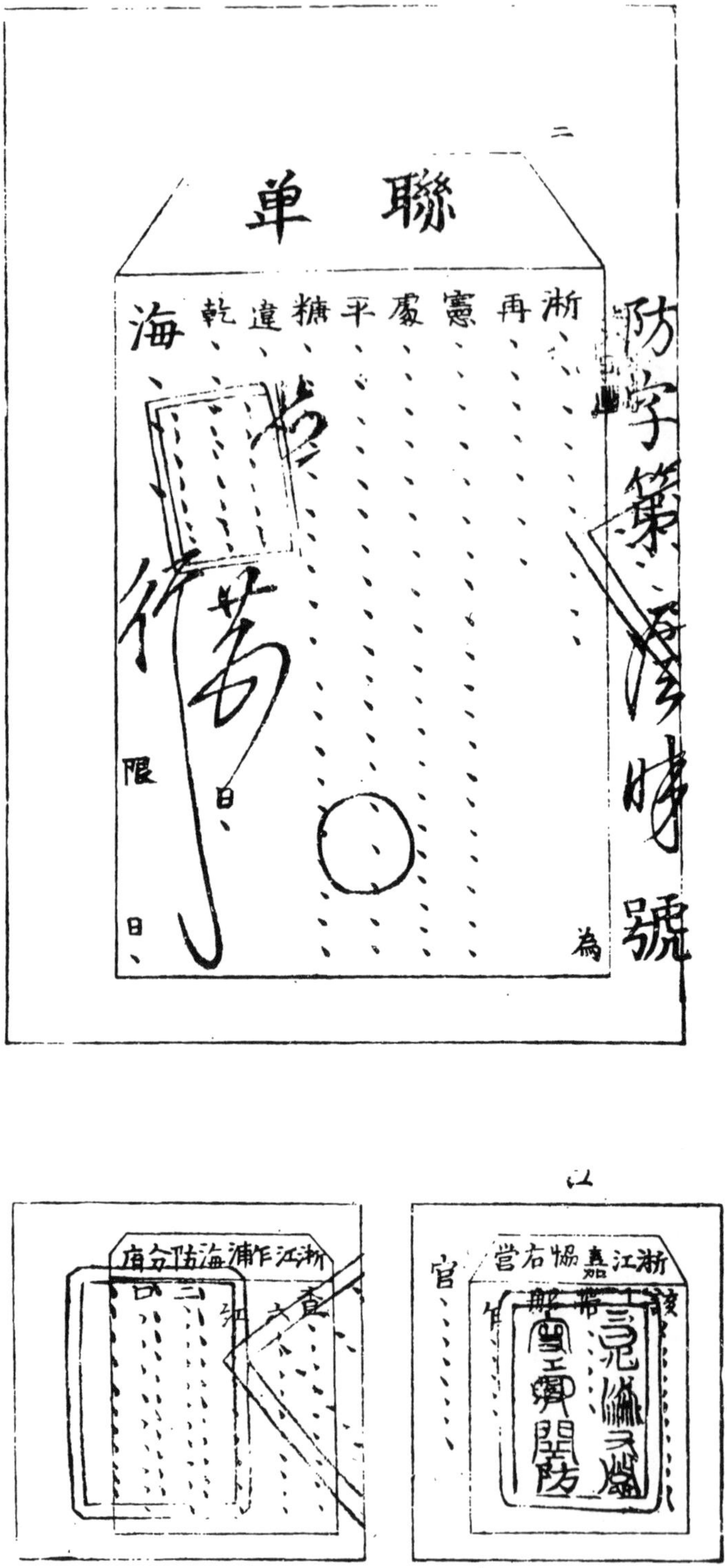

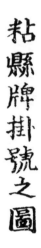

ロ

浙江嘉協右營

該船於六十年九月二十一日到口

十月二十五日將藥材等出口往東洋

帶食米一百石船戸范三錫　乍浦汛掛號記

官商錢繼善承辦洋銅

ハ

浙江乍浦海防分府

查驗船戸范三錫於乾隆　六十年九月二十

一日裝載紅銅進口於本年十月　二十五日

裝糖藥材等貨物出口帶食米壹百　石往東

洋

聯単

浙江嘉興府海防總捕分府再飭汛口等事案奉
憲行出海船隻設立聯単填明船商舵水姓名貨物
經由處所便汛稽查等因遵奉在案今據牙人譥
順興具報平湖縣船戶范三錫舵水共二十八名
裝商費晴與糖藥材等貨前往東洋處貿易經過
汛口驗明放行毋違須単

乾隆六十年十月　　日給

海防分府　　限　　日繳

接辦官商錢鳴萃之子錢繼善採辦銅觔

通船人名册

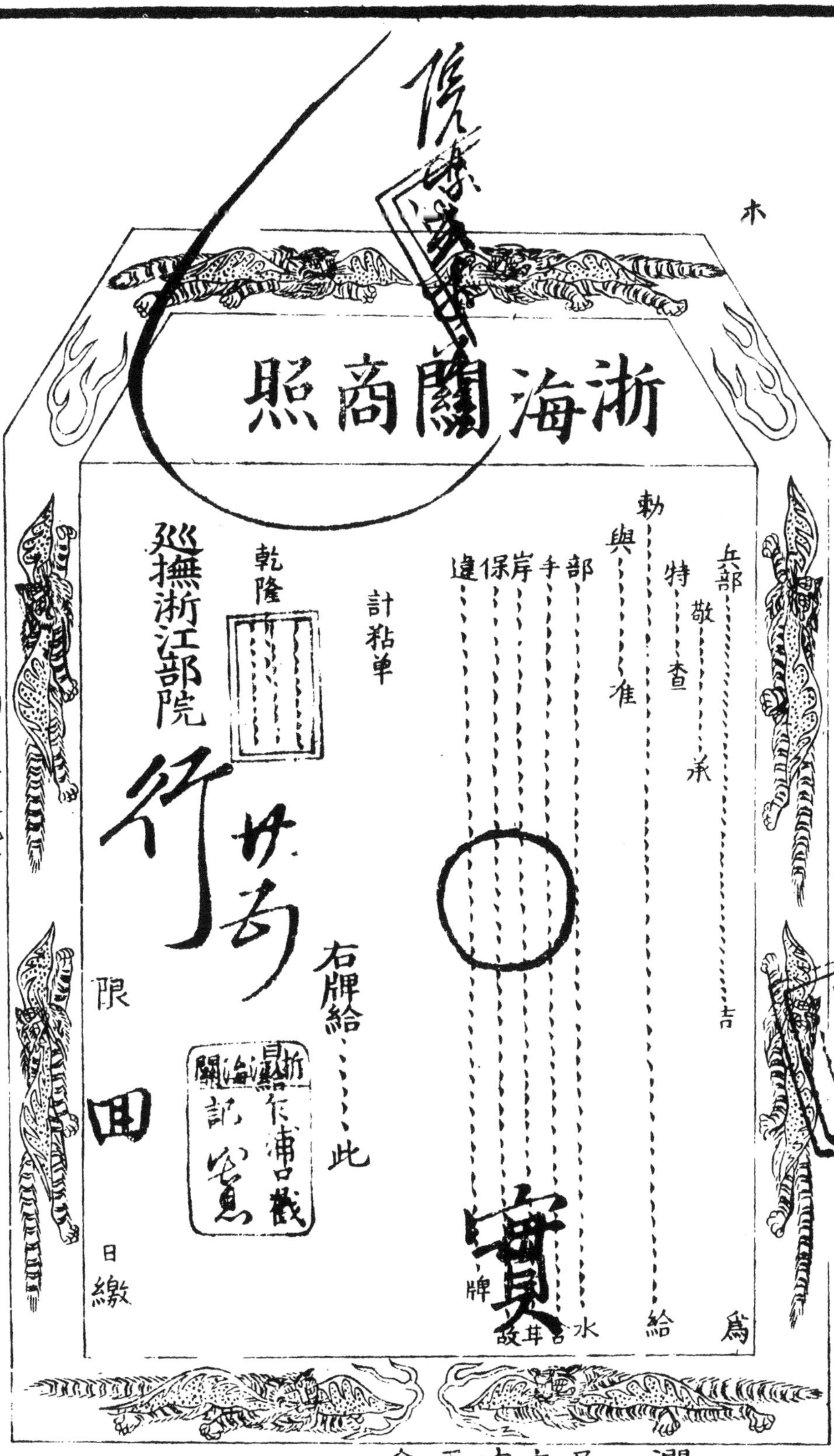

約長一尺九寸

濶一尺六寸五分

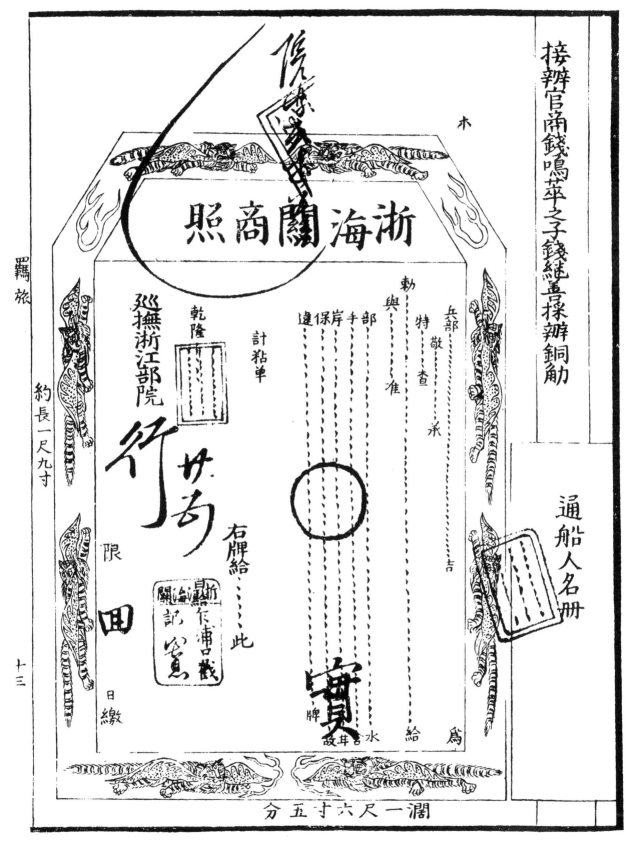

接辦官商錢鳴萃之子錢繼善採辦銅觔　浙海關商照

兵部侍郎兼都察院右副都御史巡撫浙江等處地方管理粮餉兼理全省營務世襲散秩大臣騎都尉覺羅吉　為　敬陳專一等事照得本部院恭承特簡兼理海關伏查　勅諭開載凡海口出入船載如有夾帶禁物照例拿究商民情願從浙省出海貿易登記人數姓名取具保結給　與印票以便出入欽此又准　部文内開船戸攬載開放時令海關監督將船隻丈尺親驗明白取具舵水連環互結客商必帶有資本貨物水手必查有家口來歷方許在船驗明之後卽將船隻丈尺客商姓名人數並載貨往某處情由及開行日期塡明船單令口岸文武官照單嚴查等因遵奉在案今據該商册報人數並載糖藥等貨往東洋貿易等情並據商揔併行船戸商伴各具甘保各結前來合行照數給牌為此牌給該商收執凡經過各海口岸汛處所驗牌查照人數卽便放行毋得留難覊阻需索分文如敢故違官參吏處囬浙到關船戸立刻先投岸汛營縣候點人數明確方許登岸以憑申報本部院存案仍將原牌繳銷毋得違錯須牌

計粘單

右牌給商人費順與准此

乾隆陸拾年十月　　日給

巡撫浙江部院

限　　日繳

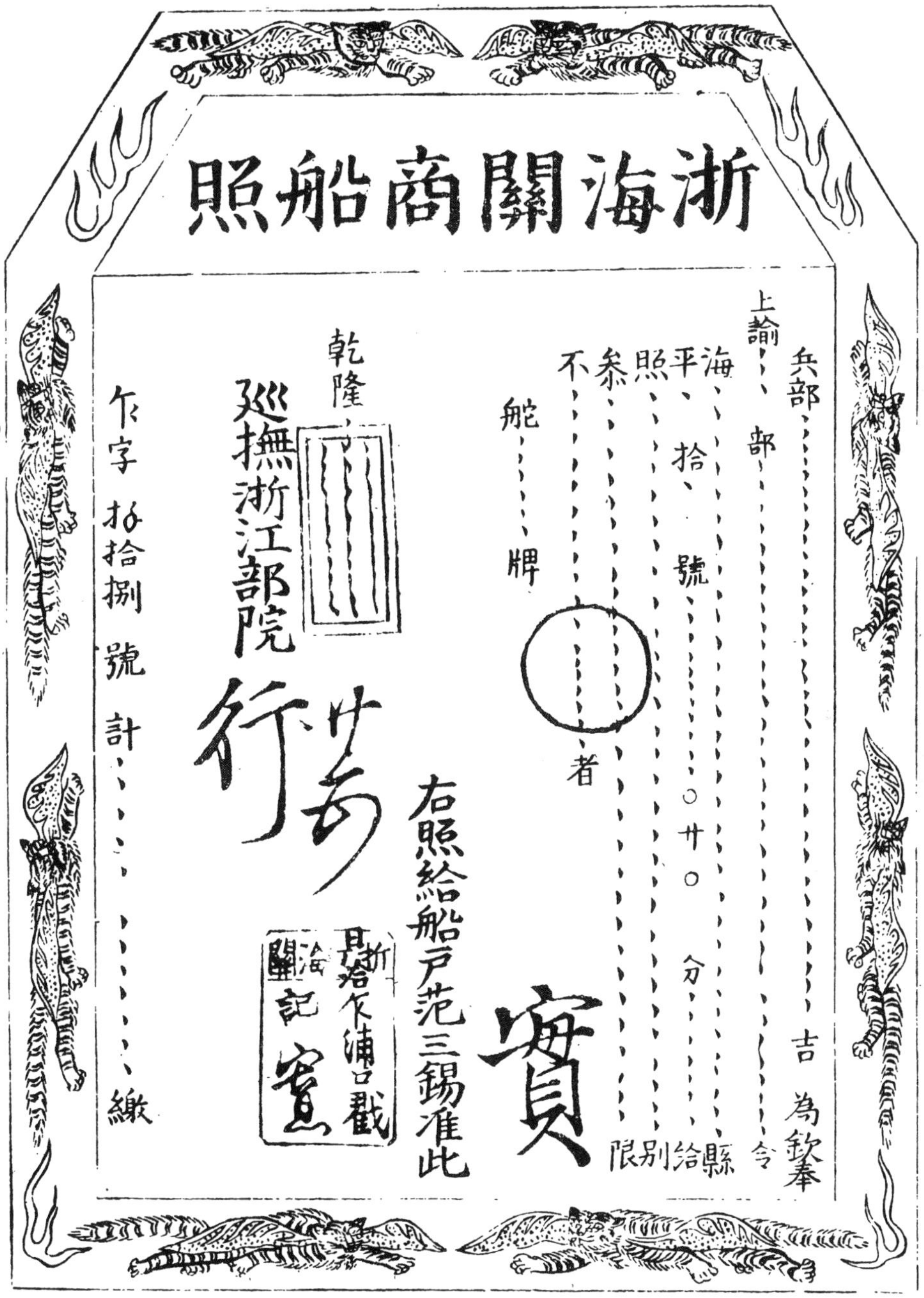

浙海關商船照

兵部……吉為欽奉

上諭……部……令

海……縣

平、拾、號……〇廿〇分……給

照……別

叅……限

不……者

舵……牌

實

右照給船戶范三錫准此

浙海關記

旦洛乍浦口戳

乾隆……

巡撫浙江部院

行

作字拾捌號計……繳

約一尺五寸七分

闊一尺五寸

浙海關商船照

兵部侍郎兼都察院右副都御史巡撫浙江等處地方管理粮餉兼
理全省營務世襲散秩大臣騎都尉覺羅吉　爲欽奉
上諭事案准　部文嗣後一切出海船隻初造時卽令報明海關監
督及攬載開放時令　海關監督將原報船隻丈尺親驗明白等
因遵行在案今據嘉興府平湖縣平字　拾柒　號船戶范三錫樑
頭壹丈捌尺○廿○　分合卽給照爲此照給該船戶執持出入貿
捕防口員役驗明放行如敢藉端需索分別參處該船務將此牌按
期繳銷如過期不繳該船戶解關究治均毋違錯致干查究須至照
者

舵工水手人數照縣牌

右照給船戶范三錫准此

乾隆陸拾年拾月　日給

巡撫浙江部院

乍字　第拾捌　號計完全年稅訖限次年柒月初捌日繳

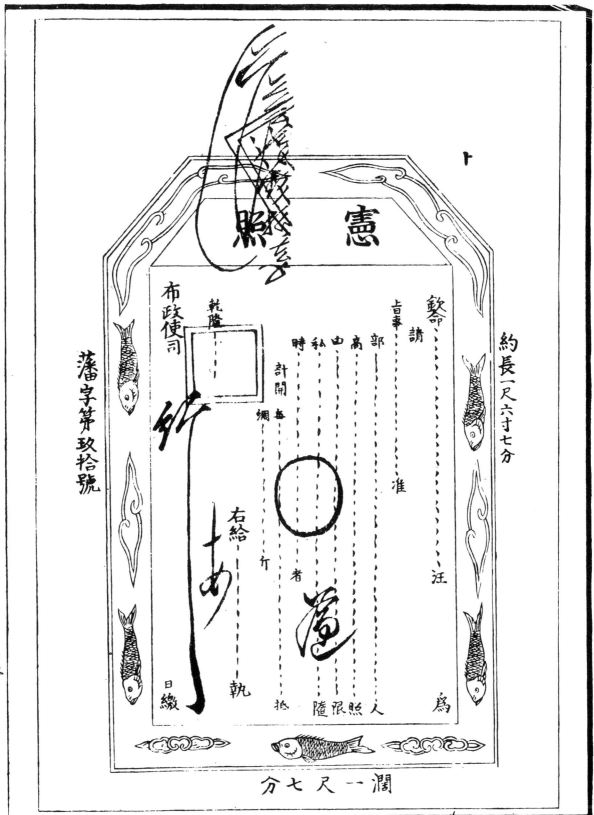

約長一尺六寸七分

憲照

欽命　　汪　　為
請
旨事　　准
部　　人
高　　照
由　　限
私　　隨
時　　者
計開
每　　抵
綢　　斤
右給　　執
布政使司
乾隆
日繳

藩字第玖拾號

濶一尺七分

五

憲照

欽命浙江等處承宣布政使司布政使隨帶軍功加三級紀録十五

次汪　為　請

旨事案照官商承辦各省官銅例應免税放

行奉准　部咨嗣後銅船出洋按船給與承辦官商印照以杜

影射等因今據嘉防同知詳官商錢繼善家人高陞具呈陞主運例

出洋採辦銅斤今雇有平湖縣船户范三錫倩行商費順興執例大

發各依照由乍出口等情請給印照前來合行須發為此仰該行商

卽使收執領費往洋採辦該商不得逾限私越禁洋以及夾帶違禁

貨物有干嚴例倘銅船遇風收泊閩浙各海口地方驗明印照督令

行商人等隨時撥囬乍口各關汛毋得稽阻留難有悞報鑄囬日仍

將原照繳銷毋違須至照者

計開

每船准帶綢緞三十三捲每捲重一百二十斤加有

願帶絲斤者許配二三蚕粗絲每一百二十斤抵綢

緞一捲其多帶者以此抵算每船絲斤不得過一千

二百斤

右給官商錢繼善商夥費順興收執

乾隆陸拾年拾月

布政使司　　日繳

○内地《ないち》と塞外《さいぐわい》の疆界《きやうかい》限《かぎ》りに関所《せきしよ》あり（此関所《このせきしよ》は専《もつぱ》ら往来《わうらい》の人を吟味《ぎんみ》する所なり）其関《そのせき》を守《まも》る役人《やくにん》は武官《ぶくわん》の総兵官《ツヲンピンクワン》よりも勤番《きんばん》せしむ民商《みんしやう》塞外《さいぐわい》に出《いづ》る事《こと》あれば関所《せきしよ》にて某《それ》の地《ち》の人某《それ》の事《こと》にて某《それ》の地《ち》へ行《ゆき》或《あるひ》は某《それ》の商売《しやうばい》に行《ゆく》との事《こと》を聞糺《きゝたゞ》して通行《つうかう》をゆるすは又其本籍《そのほんせき》にあらずして願《ねがひ》の品《しな》によりて其知縣《そのちけん》より前《まへ》かたに関所《せきしよ》へ掛合《かけあひ》はる事《こと》あり此文書《このぶんしよ》を関防《くわんばう》といふ文書《ぶんしよ》の式《しき》はつまびらかならず

○官民《くわんみん》ともに旅行《りよかう》の時《とき》四五日前《まへ》知音《ちいん》あるひは親属《しんぞく》より席《せき》を設《まうけ》て送別《さうべつ》の酒宴《しゆえん》を催《もよほ》す其外《そのほか》は必《かならず》贐儀《ぜんき》あり官人《くわんにん》は互《たがひ》に銀《ぎん》を用《もち》ゆ民商《みんしやう》より贐《はなむけ》するも皆《みな》銀《ぎん》なり民間《みんかん》にて多くは緞匹《ダンピ》を用ひ銀《ぎん》或は薄儀《ちくぎ》とは又酒肴《さけさかな》等携《たづさへ》郊外《かうぐわい》又は船路《ふなぢ》にゆくも二三里迄かくるも見送るものなる行事あり勿論《もちろん》昔時《せきし》の綰柳《ワンリウ》などいふ故實《こじつ》を用ゆる事《こと》なし

○馬《うま》の喂養《ヰーヤン》は青草《あをくさ》わら藁《わら》の古根《ふる祢》を去《さ》て凡《およそ》一寸斗に切たるものあはせてよく好みひ又黒豆を撰て清水をよく煮《に》豆汁《まめしる》を乾し筵《むしろ》にうつし冷し置凡豆四升程に

草《くさ》十五斤《きんづゝ》位を一昼夜《ちうや》の喰《しよく》とし其昼《ひる》の内《うち》喰《しよく》せ減食《げんじよ》後に入る度々喰《しよく》せ與ハ又草《くさ》に

小麦《こむぎ》の糟《かす》を少し交《まぜ》暑中《しよちう》なれハ此上《このうへ》に水を少し加《くわ》へ與《あた》へ水を飲《のま》しむ事《こと》朝《おき》ハ少

く昼《ひる》を少し増《まし》暮《くれ》におよび程《ほど》よく飲《のま》しむ事夏ハ二三日に一度宛浴《よく》せしめ毛《け》

を掻出し暫時《ざんじ》引廻《ひきまハ》り水氣かわくと上にあく涼棚《リヤンボン》に引入《ひきいれ》て涼棚《りやうボン》後手《うしろて》日陰《ひかげ》

の所にて風《かぜ》の吹透《ふきとほし》せるにあらひ秋《あき》なれハ一日に暖《あたゝか》なる日を見て一度《づゝ》

浴《よく》せしむ又冬《ふゆ》の寒《さむ》く引廻《ひきまハ》して後暖棚《だんぼう》に入て暖棚《だんぼう》ハ風《かぜ》の入さるやうにすへし

圍《かこひ》日向《ひむき》に修補《ちうらく》あり又緊差《きんさう》急《きう》に出るに馬《うま》ハ一時《じ》に喰《しよく》を多《おほ》く用《もち》ゆる事《こと》

まづ草《くさ》だけを少しあたへ水をも与へし飲《のま》せ其後《そのゝち》度々喰《しよく》せ與ふ可し

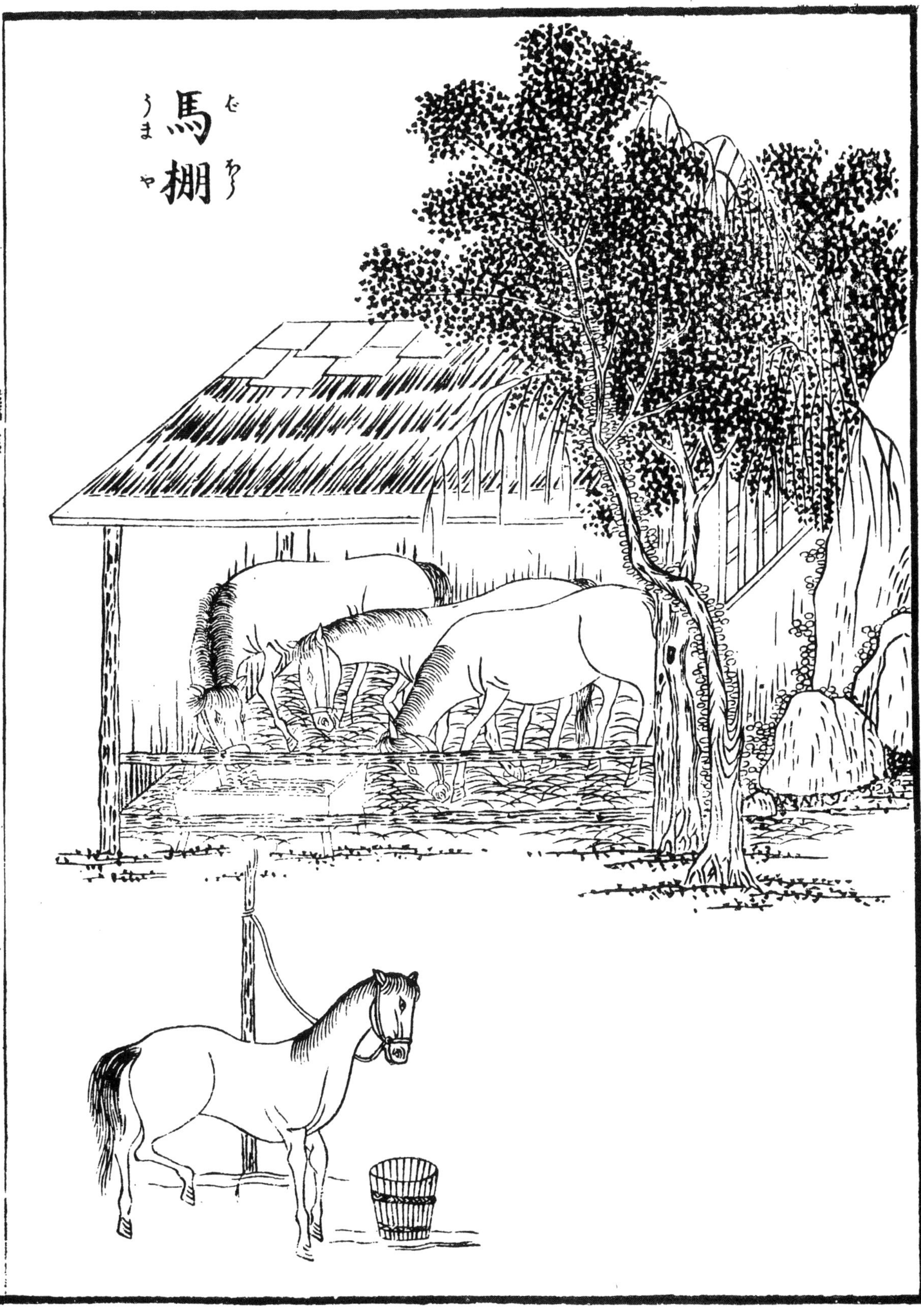

馬棚
うまや

清俗紀聞卷之十

清俗紀聞巻之十一

喪禮

○父《ふ》母《ぼ》死《し》去せば子《し》孫《そん》の男女《なんによ》號泣《がうきう》に堪《たへ》ず先《まづ》子《こ》たる者は斬衰《ツアンツイ》といふて至て粗《あら》き麻布《あさぬの》を以て裾《すそ》も裁切せずに作にして其外は荒増《あらまし》に縫《ぬ》ふて是を着《ちやく》す其外《そのほか》の子孫《しそん》は服位《ふくゐ》の次《つぎ》によりて稍麻布《スヤウマアプウ》稍熟布《スヤウシヨプウ》などいふ布《ぬの》にて齊衰《ツウツイ》緦麻《スウマア》などいふ喪服《もふく》を着《ちやく》す家内隨使《ズイスウ》までも帶孝《タイヒヤウ》す（喪服を着するを帶孝と云）隨使奴婢《ズイスウぬひ》へも喪服《そうふく》を與《あた》へて着《ちやく》せしむ何《なに》れも黒《くろ》き布《ぬの》にて拵へ與ふ也喪中《そうちう》男女《なんによ》席《せき》を同じくせず父母《ふぼ》の喪《も》中は子孫《しそん》男子《なんし》は外廳《ワイテン》へ薦《こも》を鋪《しき》晝夜《ちうや》とも住居《ぢうきよ》して内房《ヌイワン》へ入らず飲食は粥素菜《チヨスウツアイ》を食《しよく》し盛饌《せいせん》を設けず奴僕《ぬぼく》仕侍して妻女《さいぢよ》ありたる寝室《しんしつ》へ入らず妻女へ用向ある時は内房《ヌイロン》口へ立寄《たちより》用向を達《たつ》す婦《ふ》女も内室《ないしつ》にて喪《も》を勤《つと》む他家《たけ》へ嫁したる者は素服にて喪《も》に奔《はし》り都《すべ》て喪

あかなる門戸を閉る事なし。父母の喪《も》にハ白き粗麻布《ソウマプウ》を以て長さ一丈程にして一幅大門の上框に掛《かけ》置其余の喪《も》にも掛《かく》る事に及ばず。店商人《あきんど》等喪事取紛《とりまぎれ》みなく一両日商ひを止る事有といへども喪《も》にありても商賣《しやうばい》を止店《みせ》を閉《とぢ》る等は無事なし。小戸の者ハ定式の日数喪《も》を勤《つとむ》る事能《あた》はざれば素服《そふく》にて商賣《しやうばい》職工《しよくこう》等に出

身屍《シンスウ》ハ奴僕《ぬぼく》の者先《まづ》新《あらた》しき布をもつて湯《ゆ》に浸《ひた》し抹浴を（抹浴とハ拭ふを云）惣身《そうしん》ならびに拭く月代《さかやき》を剃《そり》て辮《ベン》を梳《すき》て結して蒲團《ふとん》の上に移せ置新しき衣服《いふく》を着せ帽子《マウツウ》韈子《ワツウ》迄も新しきを着《ちやく》せしめ枕《まくら》をさせ置◯入殮《にうれん》の道具《だうぐ》揃《そろ》ニ為衾《ギン》と云て入る物をそのまゝ遺骸《ゐがい》を衣服《いふく》の儘《まゝ》にて棺《くわん》に蒲團《ふとん》なとを婦ゑ三鋪《しき》て遺骸《ゐがい》を納《をさ》むるなり夜分《やぶん》に親類《しんるい》等よりて偶して骸《がい》を斂《とりをさ》むる棺材《くわんざい》は楠杉などの容易に朽《くち》ぬ板料を以て拵へ板の合せ目には漆《うるし》にて塗《ぬり》置人々身代《しんだい》の貧富《ひんぷ》によりて朱《しゆ》を以て詰《つめ》る事もあり砂糖《さとう》等にて埋め或は

斬《ざん》衰《さい》

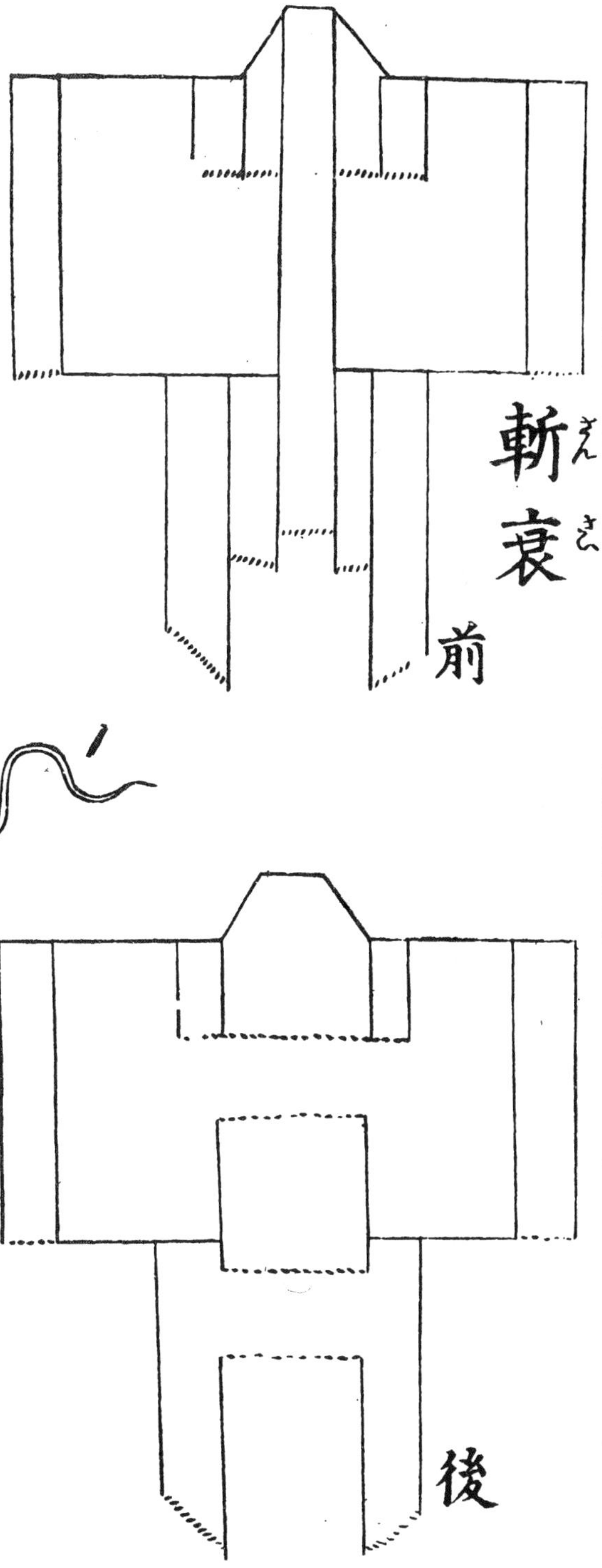

衾《きん》

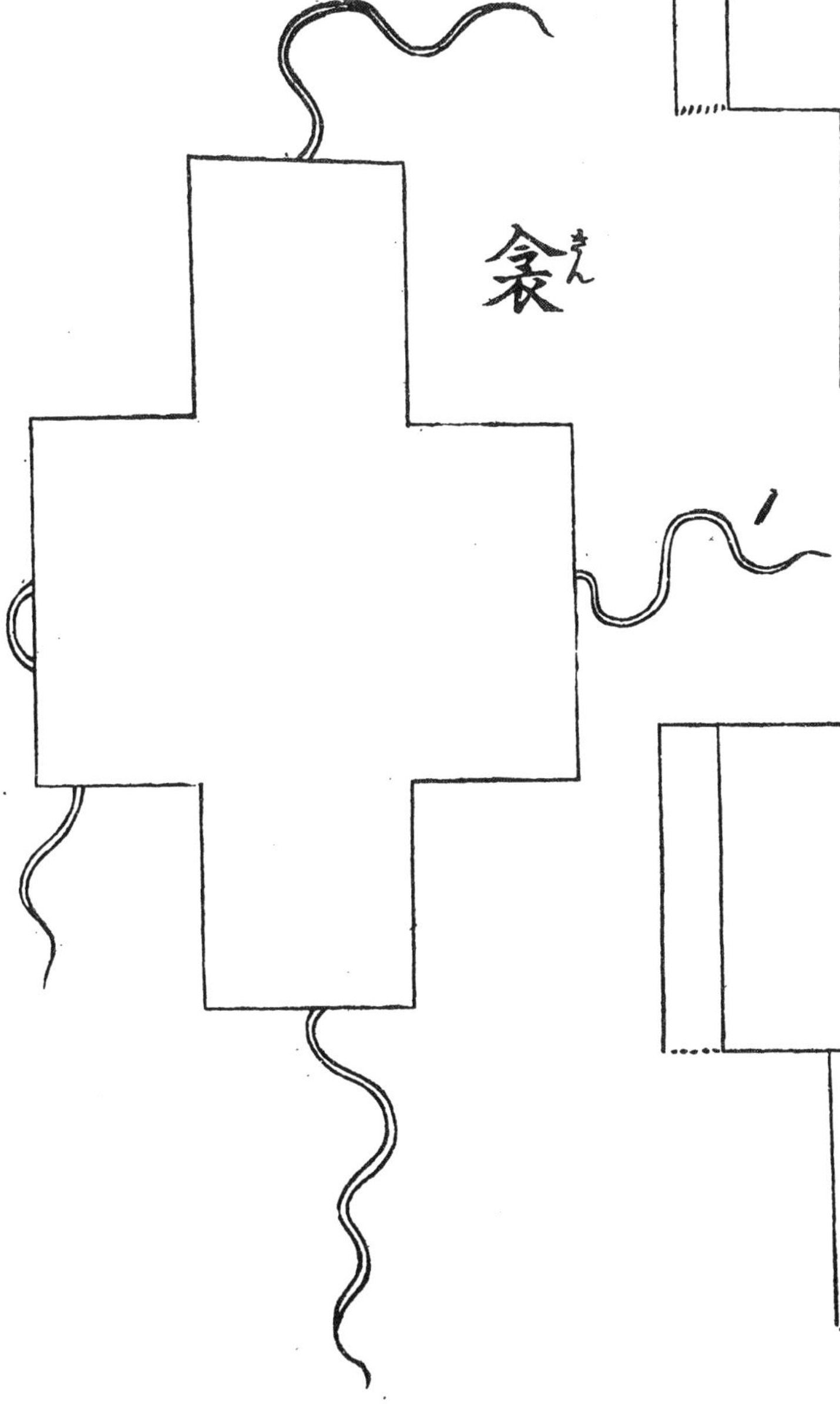

棺材
<ruby>くゎ<rt></rt></ruby>
<ruby>ざ<rt></rt></ruby>
<ruby>い<rt></rt></ruby>

提水桶
<ruby>ひ<rt></rt></ruby>
<ruby>す<rt></rt></ruby>
<ruby>ゐ<rt></rt></ruby>
<ruby>よ<rt></rt></ruby>
<ruby>ぅ<rt></rt></ruby>

浴盆
<ruby>よ<rt></rt></ruby>
<ruby>ぐ<rt></rt></ruby>
<ruby>ゑ<rt></rt></ruby>
<ruby>ん<rt></rt></ruby>

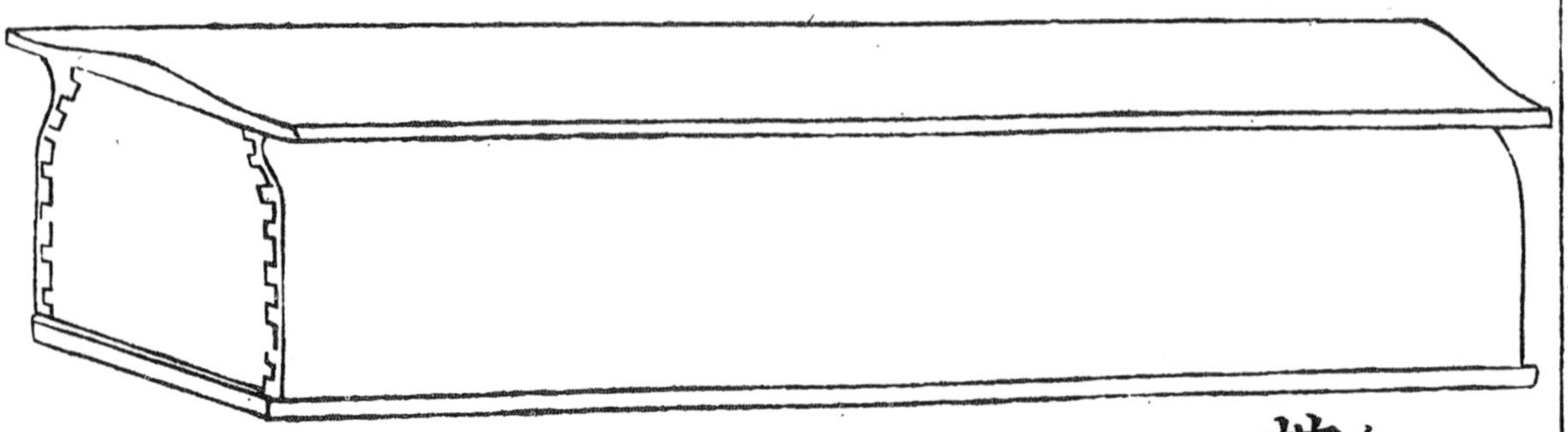

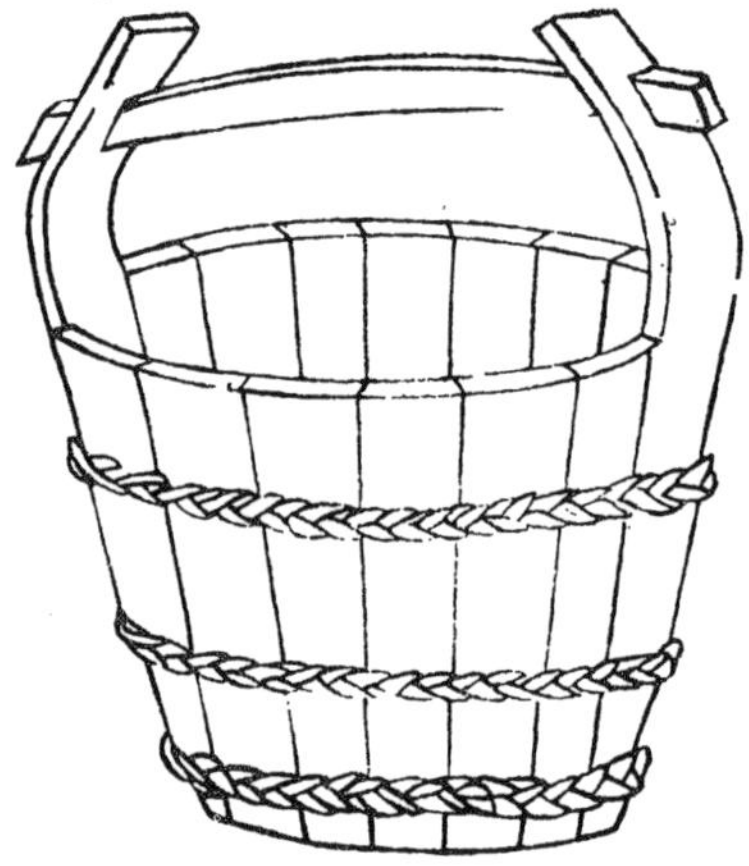

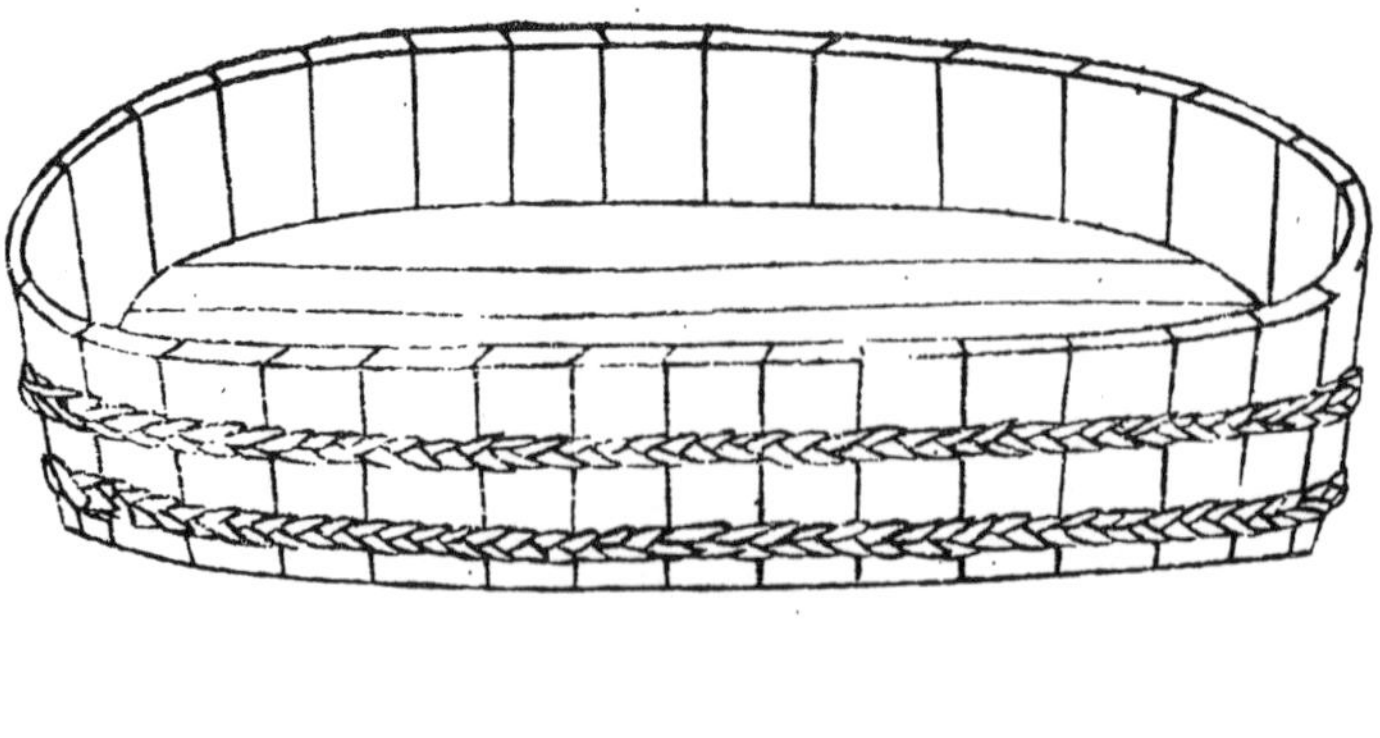

白炭《しらすみ》山炭《やますみ》にて堅《かた》く詰《つめ》蓋《ふた》を覆《おほひ》て釘《くぎ》以しめに 此釘《くぎ》を長命《ぢやうめい》釘《てん》と云棺桟《くわんさん》を造るに蘇木《すはう》の釘を用るなり

屍《しかばね》を納《をさむ》る時着《ちやく》の衣服の外何品《なにのしな》も棺《くわん》には入ず富《ふ》家《か》なとハ屍《しかばね》の口中《こうちう》へ生珠《ちくじゆ》

一粒入る事も有希《まれ》之◯棺材《くわんざい》は人に寄《より》て年六十歳よりなれば棺材《くわんざい》の板を用意《ようゐ》し置毎年〳〵に板を調へ其《その》替《かへ》なとする事是を寿板《チウバン》といふ棺桟《くわんさん》を大平《タイビン》車《チエイ》といふ棺桟の板を大平板《タイビンバン》といふ生前に備《そな》へ出来ぬものは死後《しご》に成《なる》も子孫の類《るい》調《とゝの》ふ是は蘇木《すはう》の釘《くぎ》に及ばず鉄釘《くぎ》を用也

◯抹浴《ニヨ》の浴盆《ヨベン》《たらい》提桶《デイトン》《ておけ》なとハ新に造《つく》る事もあり古き有合を用る事もあるなり

◯入棺《にうくわん》すみて廰上《ちやう》に白木綿《しろもめん》或は白紗綾《しろさあや》白縮綿《しろちりめん》等の幔《まん》を張《ちやう》中央に脚付《あしつき》の机或物を並べ其上に霊柩《リンギウ》を居《すへ》並《ならべ》其前には高紙卓《つくゑ》を並木主《モチイ》を立《たて》香爐《ヒヤンルウ》花瓶《ハアビン》燭臺《チヨダイ》傍《かたはら》に付燈籠《テンロン》を灯《とも》し並備物《そなへもの》は四十九日の間は野菜《やさい》菓物《くわつもの》類《るい》素食《スウジ》素菜《スウツアイ》を備へ酒《さけ》を奠《てん》し同居の親類朝暮《ちやうぼ》禮《らい》

拝《まい》し四十九日を過れば葷《ホン》を供ふ 葷《ぐん》ハ魚肉《ぎよにく》類をいふ

○毎《まい》七《しち》僧侶《そうりよ》を請《しやう》じ誦経し経《きやう》畢りて廳上《テンジヤン》へ請し齋《とき》を出す五七日又ハ道士《どうし》を請《しやう》じ法會《ほうゑ》を執行ひ齋を出す此七々の法會《ほうゑ》ハ親友《しんゆう》を請じ僧道《そうどう》一同《どう》に齋《とき》を出す也初死に寺へ届《とゞけ》僧徒《そうと》を請じ或ハ出葬すれバ寺へ送り至るを並びに僧徒送喪に來る事なし七日毎に僧道を請じ誦経をなのみ出す事古礼《これい》にかなへど中興《ちうこう》の風俗《ふうぞく》にて當時ハ一流の事あり○友人など弔ひに來りて霊柩《リンギウ》を拝《まい》する事あり此時子孫《しそん》たる者霊柩《リンキウ》の左りの方に跪《ひざまづ》き弔客《ちやうかく》に答拝《たうまい》を拝す畢る事弔客《ちやうかく》子孫《しそん》にむかひ不淑《ボシヨ》に逢《あひ》たる事を拝《まい》して哭《こく》を主人答拝《たうまい》して哭泣《こくきう》す弔客《ちやうかく》ハ帽子《ぼうし》の上に赤纓を除《のぞ》き来る衣服ハ平服なり

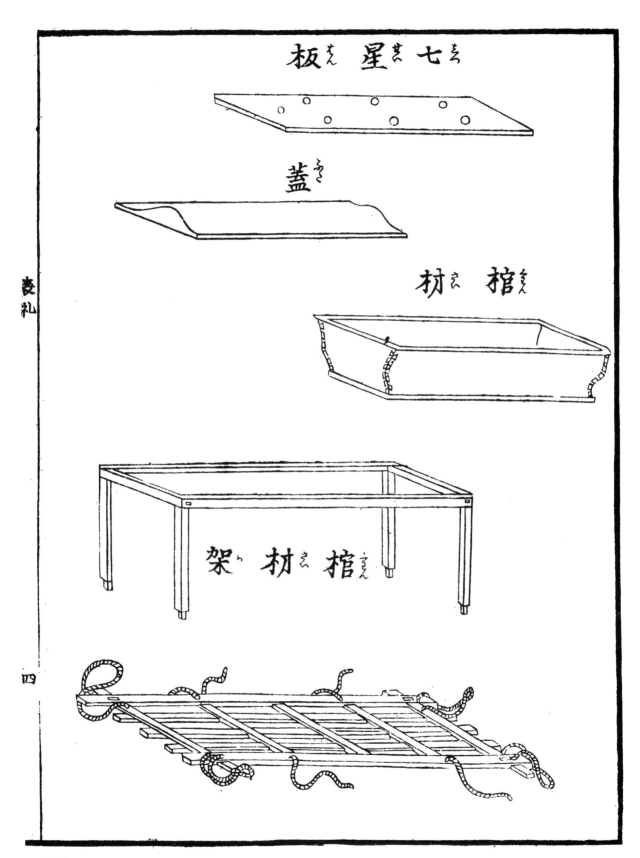

七星板

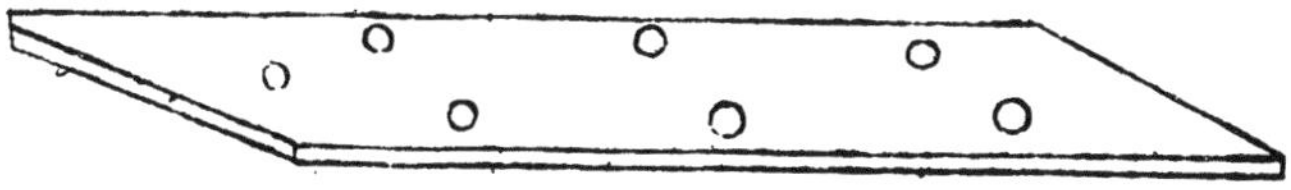

蓋

棺材

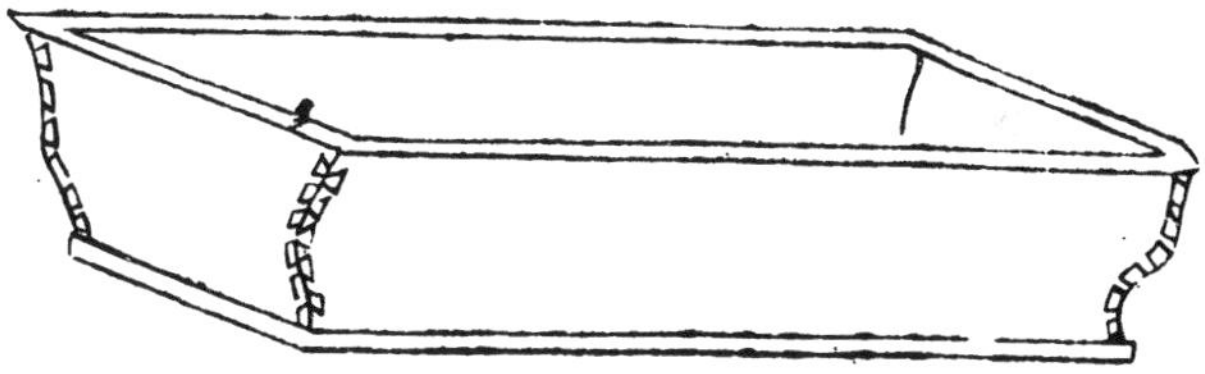

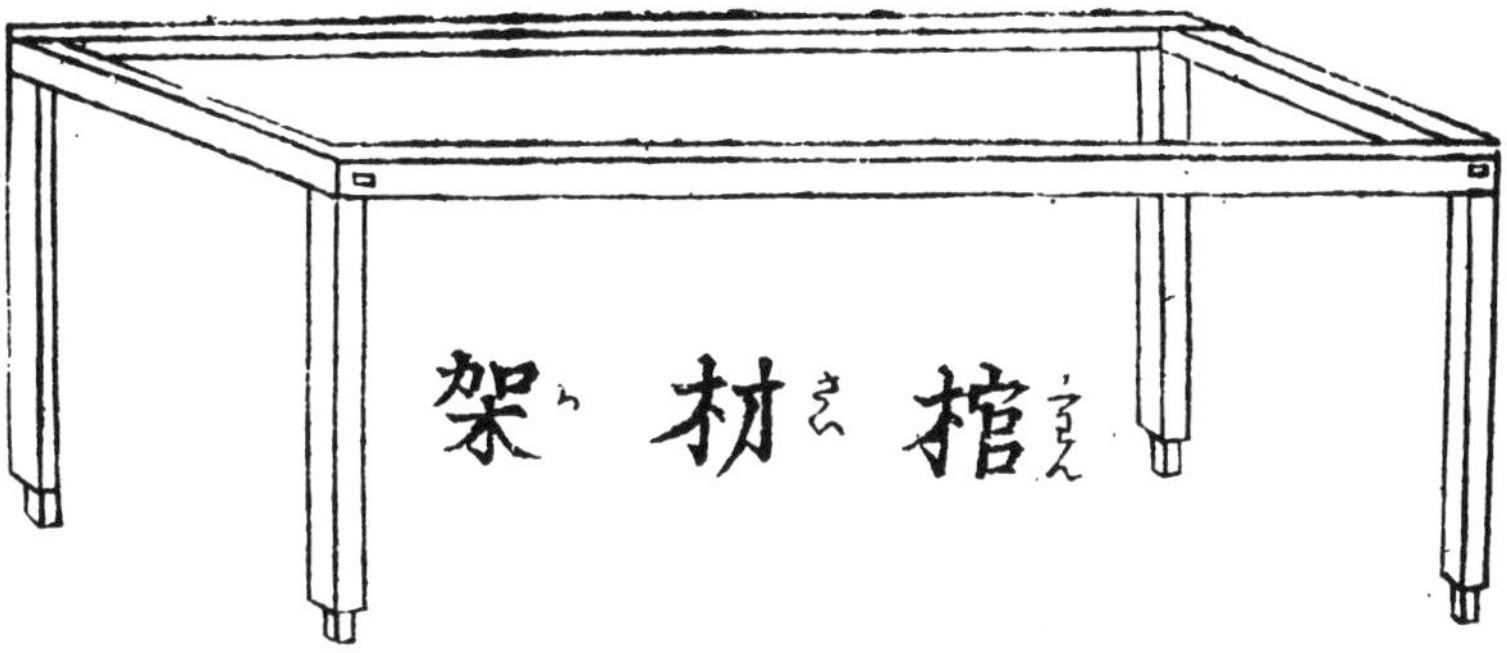

棺材架

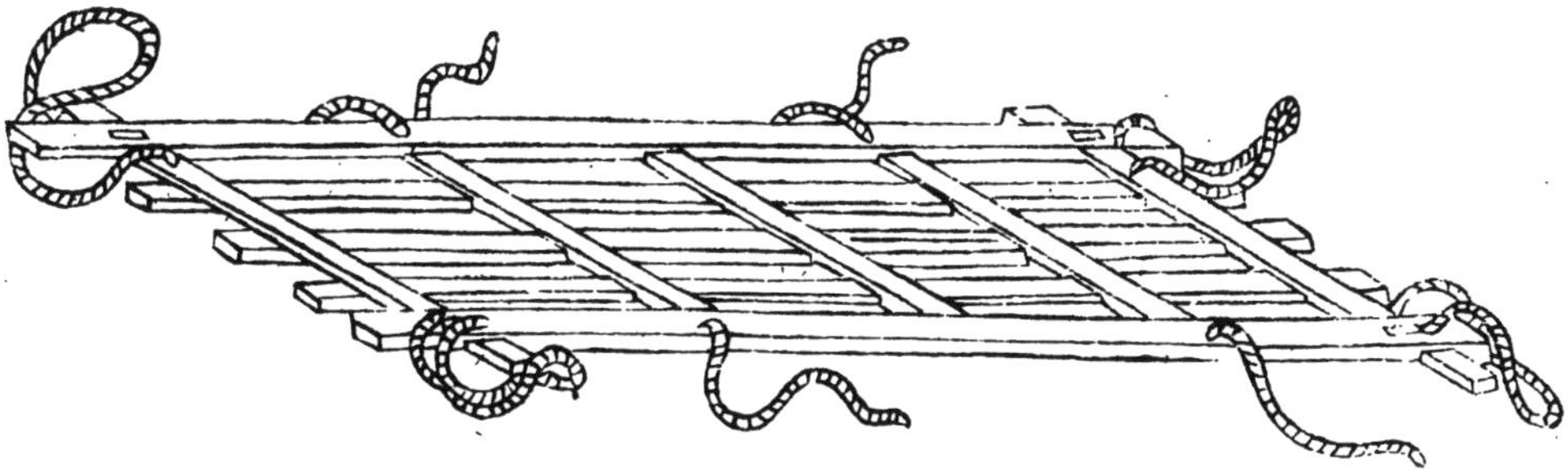

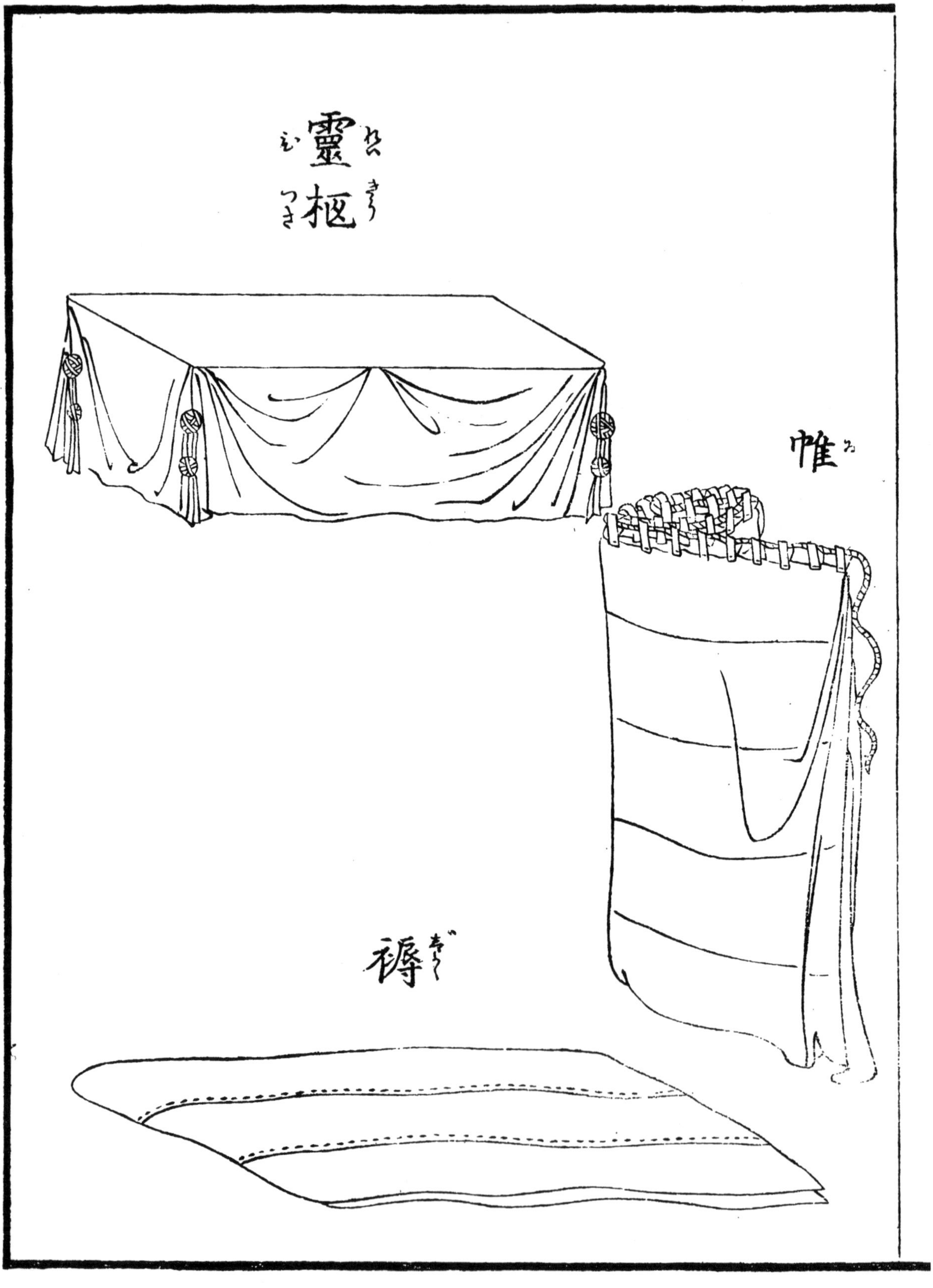
靈《れい》柩《きう》
帷《ゐ》
褥《ぢよく》

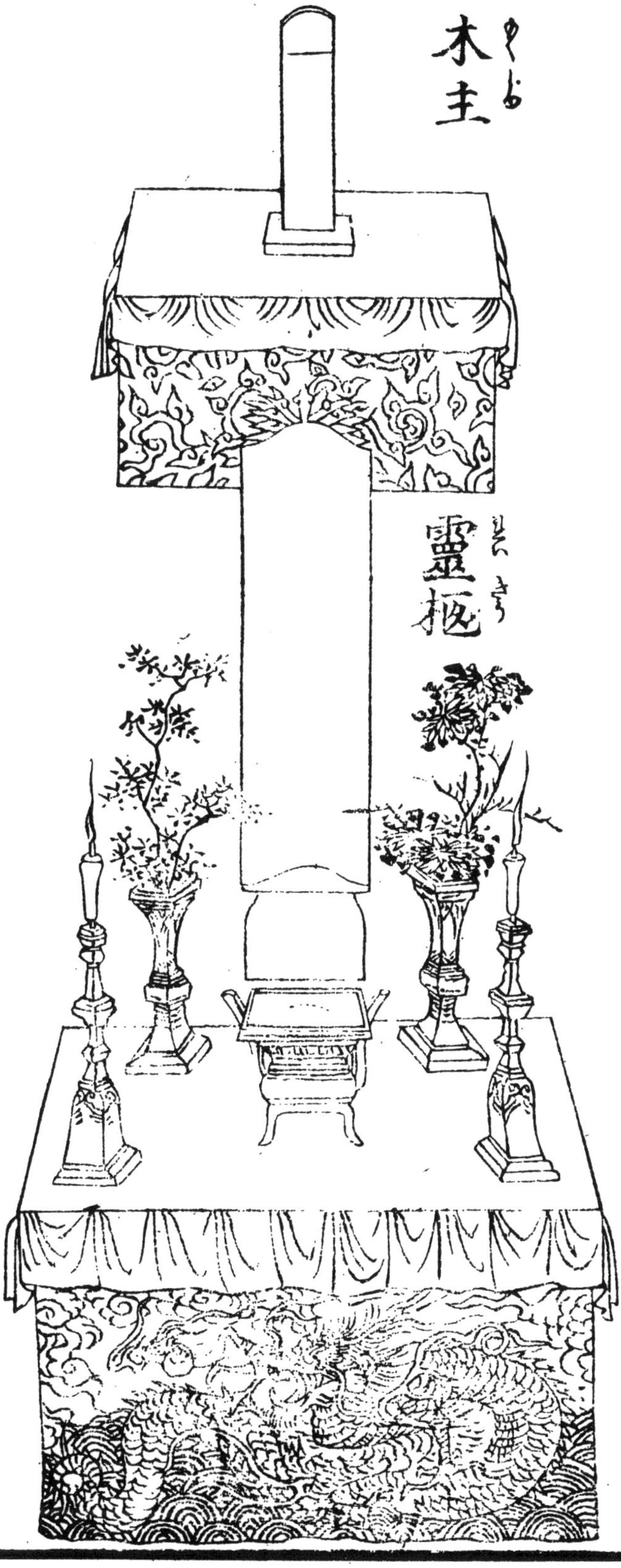
木主《もくしゆ》
靈柩《れいきう》

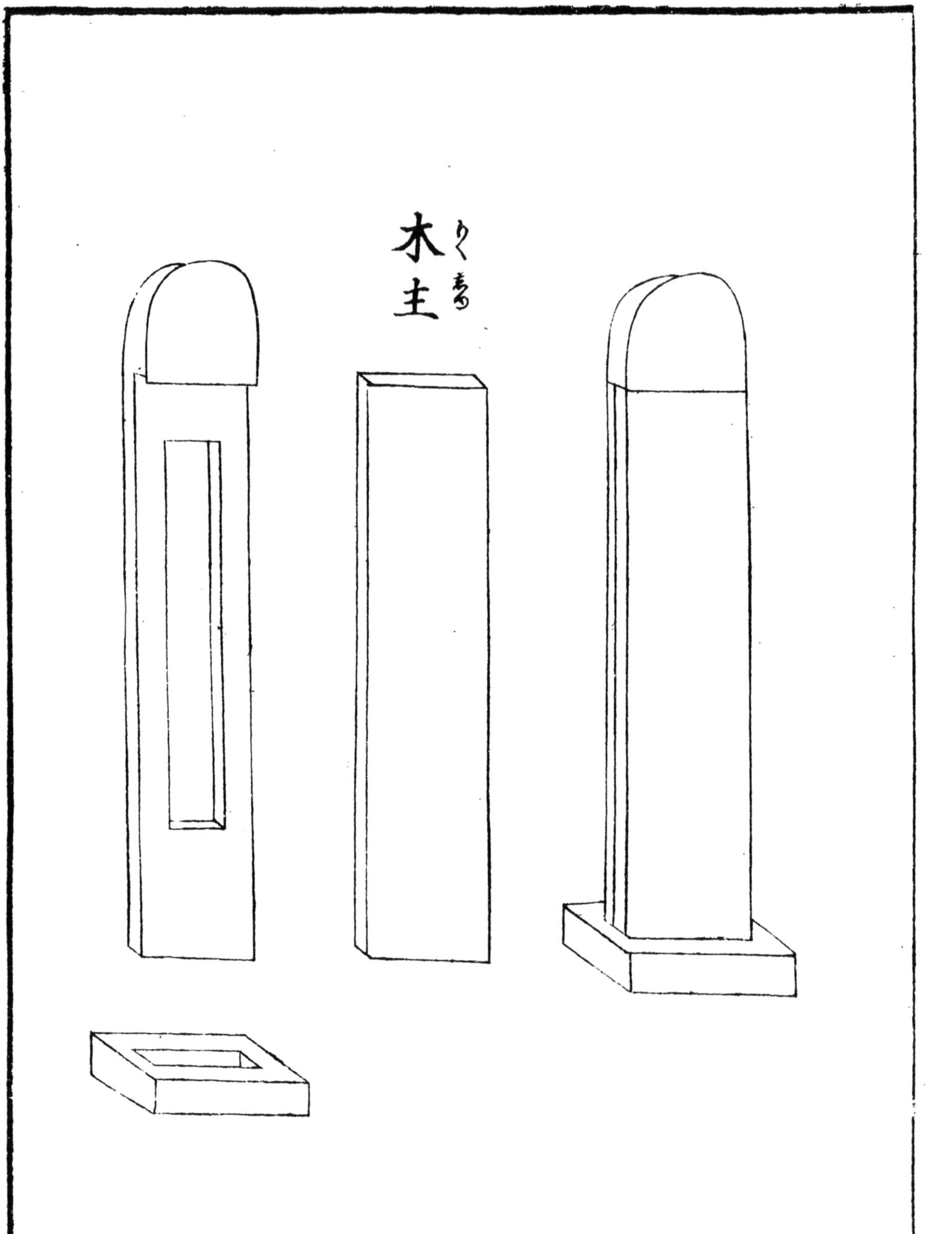
木《りく》主《しゆ》

○出葬《しゆつさう》ハ家の貧《ひん》富《ぶ》によらずして即日《そくじつ》又ハ一二日三五十日百日或ハ一年二年を經《へ》て出殯《しゆつひん》するもありしかしず儒三年にて出殯《しゆつひん》すれども出殯《しゆつひん》の日ハ子孫《しそん》素《ス》服を着《ちやく》し民間《えんかん》にては所々へ殯《ひん》するに棺槨《かく》を入棺《にうくわん》の後外廳《クワイテン》へ柩《ギウ》を安《あん》置《ち》し出葬《しゆつさう》とも其期へ至る若父母《ふぼ》の柩《ひつき》一年以上も留置《とゞめおく》時ハ外廳《クワイテン》の庭に假埋《かりうづめ》しにするもあり○大戸《こ》の人ハ家口十四五人以上を云出葬《しゆつさう》は日《ひ》先柩《まつひつき》或ハ明鏡《めんきん》或ハ羅紗《らしや》にて覆《おほひ》を拵《こしら》ふるもあり家の有無に稱《かな》ふ道理《だうり》にて小戸《こ》の人ハ家口五六人已下をいふ毛氈《まうせん》を以て柩《ひつき》の上に覆《おほ》ひ或ハ木綿《もめん》なぞにて覆《おほ》ひ水色浅黄《あさぎ》抔の絹《きぬ》をもつて結綵《キツアイ》を掛《かけ》柩《ひつき》の前に高卓《たかつくゑ》を設け野牛《やぎ》猪《ぶた》鶏《にはとり》鴨《かも》等ハ全體《ぜんたい》其外山海《さんかい》の旨味《おいしき》菓物《くだもの》類種々《るいしゆぐ》を供《そな》へ酒を奠《てん》し香《かう》を焚《たき》子孫ハ柩《ひつぎ》に附《つき》添居《そひゐ》て送殯《さうひん》の人々靈柩《リンギウ》の前に來りて拜し畢れバ奴僕《ぬぼく》側《かたはら》に侍《はべ》りて長サ一丈二三寸程づゝの白木綿《もめん》を以て一人に一切《ひときれ》づゝ配《くば》り弔客《てうかく》拜畢りて直《すぐ》に

此白木綿《しろもめん》を能く持帰る是故利《リイ》市《ズウ》布《ブウ》と云喪《さう》事《じ》吉《きち》利《り》ありぬ事故及《よつ》て意あり利《リイ》市《ズウ》の文字を以て名付し事とぞ　鶏野牛猪是を三牲と云

出葬日柩前排式《しゆつそうのひきうぜんのはいしき》

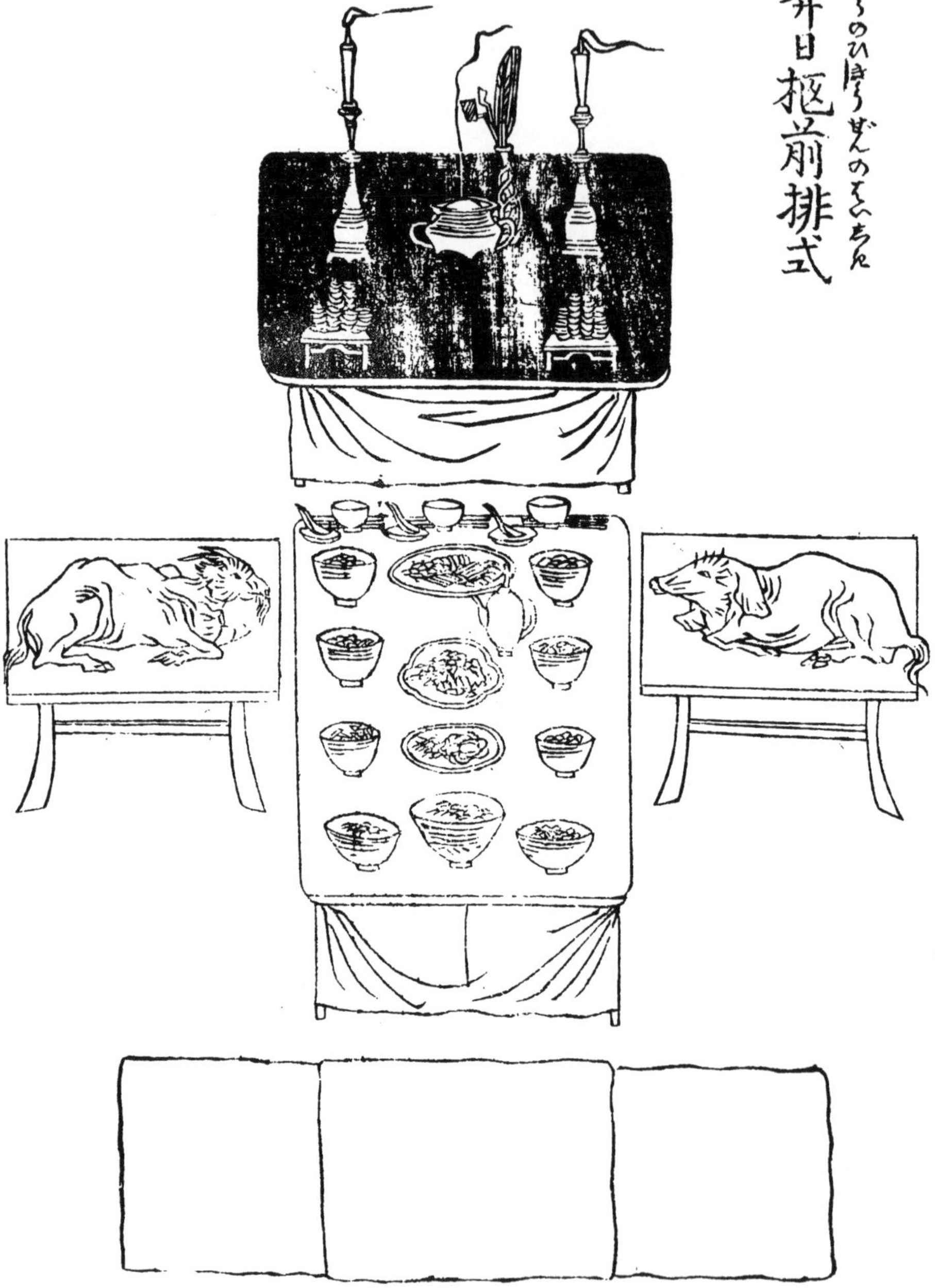

○此出喪《しゆつさう》の時弔客《ちやうかく》来りて拝し喪主《さうしゆ》ハ位《くらゐ》に就《つい》て答拝《たうはい》を位とハ柩《ひつぎ》の前左の方に頭《かうべ》を地《ち》につけて拝《はい》を見るを稽顙《トイサン》といふ○弔客《ちやうかく》備《そなへ》物一二品持来りて備ふ事あるも人々の心得《こゝろえ》によりて葷《ホン》物あるひハ素菜《スウツアイ》をもち来るも何事も等《ひとし》からず

葷《ホン》ハ野牛猪鶏魚肉《ぎよにく》をいふ
素菜《スウツアイ》ハ菓物《くだもの》野菜《やさい》餅《もち》なとをいふ

○出葬《しゆつさう》の行列《ぎやうれつ》先《さき》ヘ紅白《こうはく》の絹《きぬ》にて幟《のぼり》を造り竹《たけ》の先《さき》に結ひ付両方に持て次に 燈篭《テンロン》 香亭《ヒヤンテン》 鼓楽《コガク》 綵亭《ツアイデン》 霊柩《リンギウ》也霊柩に明鏡《めんきん》羅紗《らーま》等にてかざりて四方へ水色《みづいろ》浅黄《あさぎ》花色《はないろ》等の絹《きぬ》にて結綵《キツアイ》を掛前後《ぜんご》左右に緒《ひも》を付高く掲《かゝげ》の如く成るものにて擡ひ子孫《しそく》ら柩《ひつぎ》の左右に添《そひ》て白き木綿《もめん》六七尺ほどを以て額《ひたひ》にあてがくの後の方にて結《むす》び両方よりたれ柩《ひつぎ》に添《そひ》て道すがら哭《なき》泣《なく》又、姪《てつ》等は親類《しんるい》は白き木綿《もめん》にて頭巾《づきん》の様なる形《かたち》をつくりてかぶりて一人は銘《めい》旌《スイン》を持其余《そのよ》ハ柩《ひつぎ》につきそひて柩《ひつぎ》を舁《かく》出すに綱《つな》を手にもちて其身ちかくの引まはしぬく持行《もちゆき》なり是を紼《フエ》といふ香亭《ヒヤンテン》一ニ香《ヒヤン》轎《ギヤウ》といふ駕籠《ろこ》の中に造りて水色《みづいろ》浅黄《あさぎ》花色《はないろ》等の絹《きぬ》を以《もつて》種々《しゆぐ》に飾《かざ》り結綵《キツアイ》をかけ内に霊牌《リンバイ》とて木主《モチイ》を安置《あんち》し前に香爐《キヤンルウ》を並香燭菓茶湯よりおくり綵亭《ツアイデン》とおなじかたちに造りたる上へのせ柩《ひつぎ》を入てみなみな其所の物なれどもあまり大造《だいざう》なるゆへ別《べつ》にして綵亭《ツアイテン》をかざり行列《ぎやうれつ》に入る此内に銘旌《ミンスイン》をもたせ行《ゆく》こともあり鑼等ハ香亭《キヤンデン》に加へたる事なれし鼓楽《こがく》は笛《デ》大鼓《タイコ》簫《シヤウ》雲《イン》鑼《ロー》嗩吶《ソーナ》等なり

○出喪《しゆつさう》の日期《じき》は陰陽師《おんやうし》に見せ考《かんが》へ時日極《きはま》りたる時親類《しんるい》朋友《ぼうゆう》等へもしらせ遣しぬるとも日期《つき》別《べつ》に定むる日の差別《さべつ》なし刻限《こくげん》も時に随《したが》ひ同也

○女の送喪《さうく》の時燒轎に 女の駕籠《かご》を燒轎《しやうけう》といふ 乗《の》りて外を白木綿《しろもめん》にて覆《おほ》ひ墓所《しよ》まで送《おく》りゆく○柩《ひつぎ》を墓所《むしよ》におろし其あとにて子孫礼拝《らいはい》して土中《どちう》に

葬りたる者は石にて蓋《ふた》をし土を覆《おほ》ひ上に石碑《せきひ》を建《たつ》る柩《ひつぎ》をおさむる穴《あな》をも往古《いにしへ》は壙《クワン》といひ俗語《ぞくご》にては金井《キンツイン》といふ又地宮《デイーコン》といふ

○地宮《デイーコン》は葬る日より人をはらいし堀《ほり》せ四方を石にてかこみあげ底にも石にて敷《しき》柩《ひつぎ》を納め上より黄土《わうど》と石灰《いしばい》と合せたるをかためて石碑《せきひ》を建《たつ》る富家《ふか》の者はかねて墓地《ぼち》を見立《みたて》穴を堀《ほり》て石にてかこみ底に蠟《らう》燭《そく》を入置《いれおき》湿燥《しつさう》をこゝろみる湿気《しつき》あるときは外の所に堀《ほり》なふすなり是湿気《しつき》を忌《いむ》故なり石灰《いしばい》は黄《き》なる土に鳥樟《ニヤウチヤン》といふ樹《き》の葉をつきまぜ用ゆ亞馬港《あまかう》石灰《へーぼい》とて赤き土に白《う》石灰をまぜ搗合《つきあはせ》て水かけたるの所なとにて用る事もあるときくなれども類をもちゆ此鳥樟《ニヤウチヤン》は杭州《こうしう》の内竜井縣《りうせいけん》といふ所より出す

○霊柩《リンギウ》を先祖《せんそ》の墓所《ぼしよ》に送《おく》りまゐりて場所《ぢしよ》風水《ふうすい》の善悪《ぜんあく》を考ふる事有其時は柩《ひつき》の前後《ぜんご》の方に石灰をかけ置く其上に蓆筵《ひろむしろ》を敷て假に喪屋《もや》を造りて地面《ちめん》を吟《ぎん》味《み》する事有是を權厝《ゲンツヲ》と云○葬終《ほふむりおはり》て線香《せんかう》蠟燭《らふそく》を燒《とも》し冥衣紙《ミンイーツウ》大金紙《ダアキンツウ》を燒《やく》冥衣紙《ミンイーツウ》は紙にて衣服《いふく》帽子《ぼうし》襪子《べつし》沓《くつ》等を拵へひながたなり、金紙《キン》は金銀《きんく》の錫箔を張たる紙是は金銀《きんぐ》衣類《いるい》を燒《やき》捨《すつ》るなりと云

鼓楽《こがく》

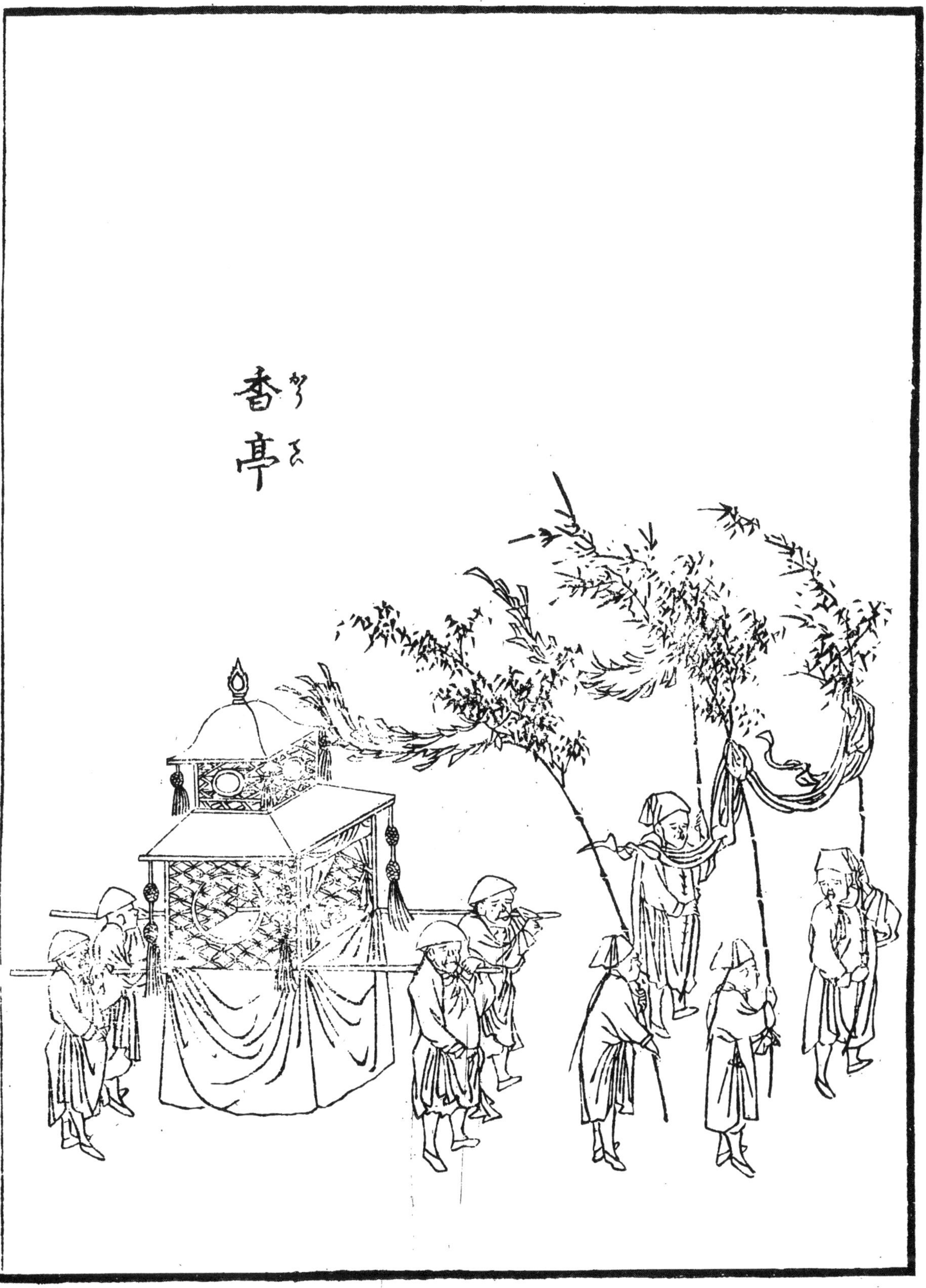
香《かう》亭《てい》

煖《だん》轎《きやう》

銘《めい》旌《せい》
棺《くわん》

綵亭

○石碑《せきひ》ハ前以《まへもつて》石匠に誂《あつらへ》置《おき》埋葬《まいさう》の日《ひ》直《すぐ》に建《たて》銘《めい》文字《もんじ》にハ金《きん》箔《はく》を入《いる》る○喪中親類《しんるい》朋友《ほういう》なとより野菜《やさい》菓物《くだもの》或ハ餅《もち》菓子《くわし》食物《しよくもつ》等を送る事あり此ハ進物《しんもつ》目録《もくろく》書用ゆる事なし○他郷《たきやう》にて死すれバ送葬の時柩《ひつぎ》の上に白き鶏《にはとり》を一番《つがひ》生《せう》のまゝ結《むす》び付置《つけおく》これを領魂鶏《レイコンケイ》といふ魂魄《こんはく》を故郷《こきやう》へともなひかへるといふなり

○墓所《むしよ》ハ先祖《せんぞ》の兆域《テウイキ》に葬《ほうむ》るもあり或ハ風水《ふうすい》をかんがへて外に墓《はか》をあらたに求《もとむ》るもあり都《すべ》て墓《はか》ハ山手にある見晴《みはらし》よき所をえらむ周圍《まはり》を石にてかこみ後手《うしろで》たかくして其上ハ樹木《じゆもく》を栽《うゑ》墓《はか》の内《うち》ハ方甎《はうせん》といふ方《はう》なる石或ハ敷詰《しきつめ》石檻《せきらん》を造《つく》る喪式《ものしき》ならびに兆域《テウイキ》等官制《くわんせい》なし但民間《かうえんえん》死去《しきよ》の節《せつ》官所《くわんしよ》里長《りてう》へ届《とゞく》る事なし郷紳《きやうしん》の類《るい》の人ハ官所《くわんしよ》へとゞくる

兆域
ちやういき

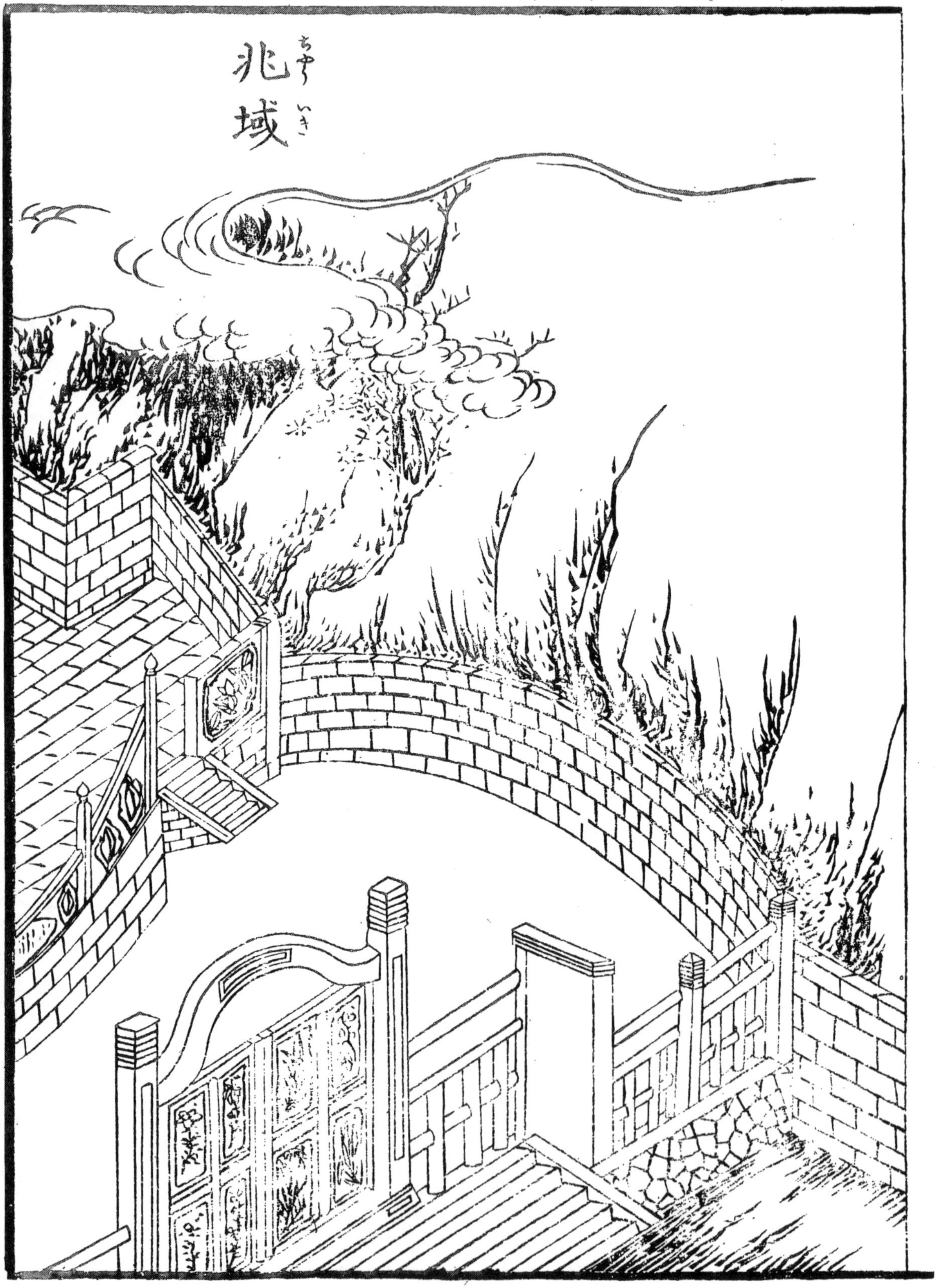

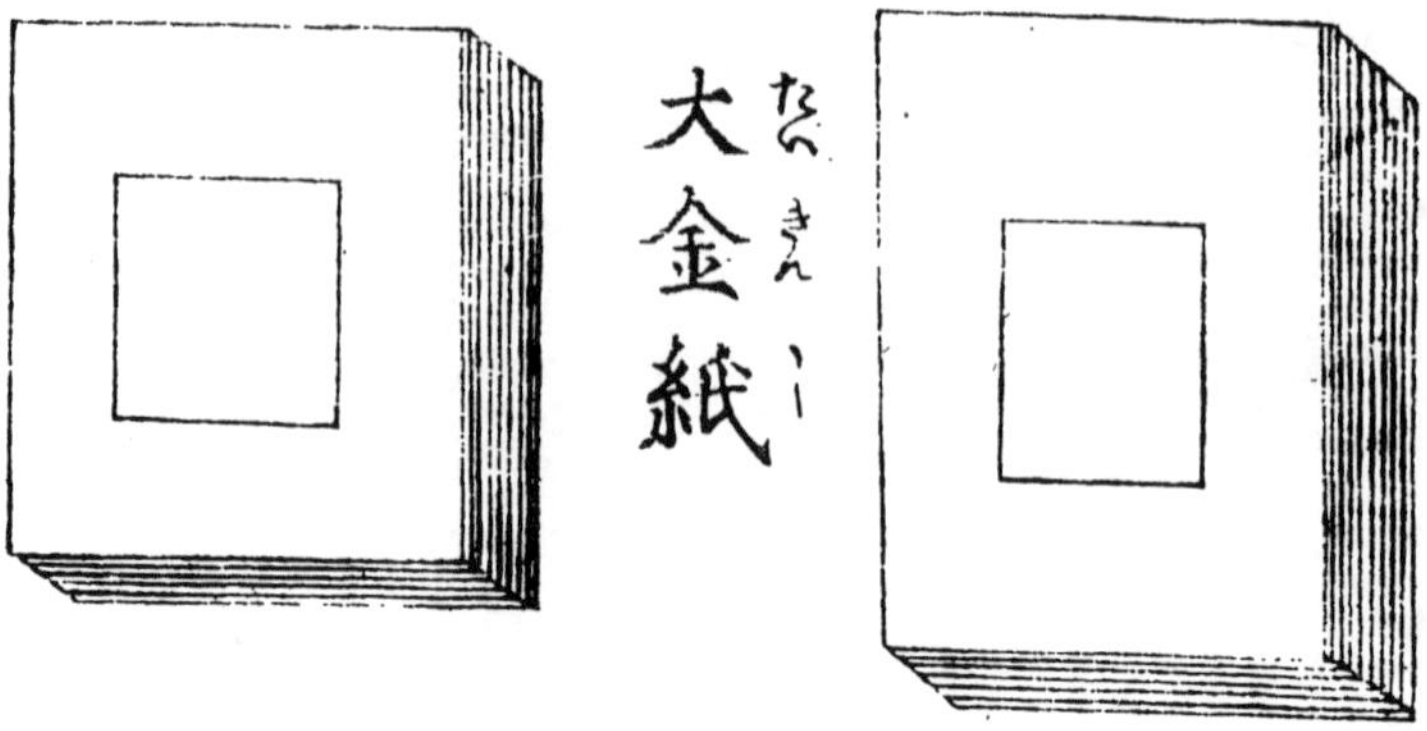

大《だい》金《きん》紙《し》

冥《めい》衣《い》紙《し》

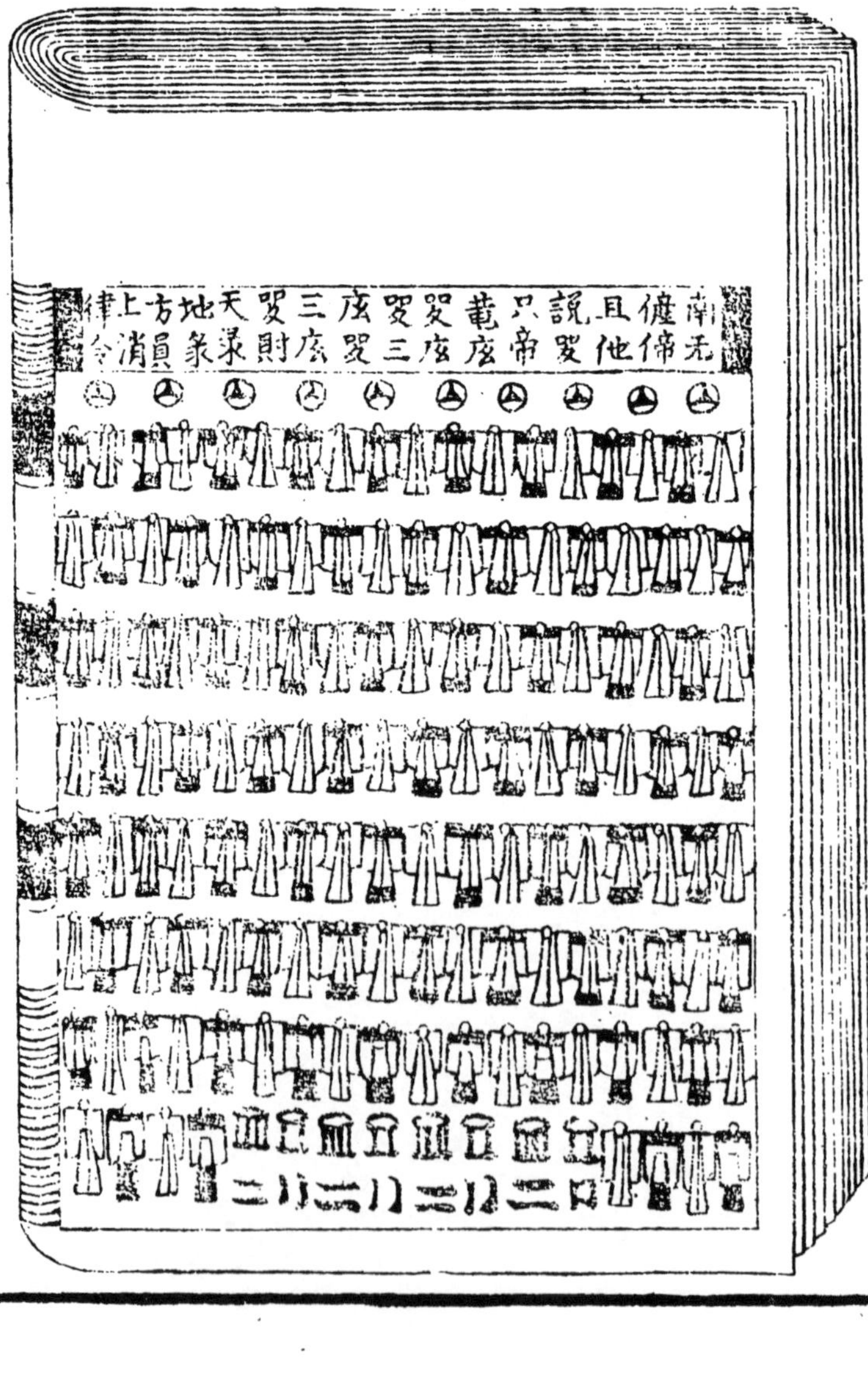

墳墓_{フンボ}

權厝_{ゲンツウ}

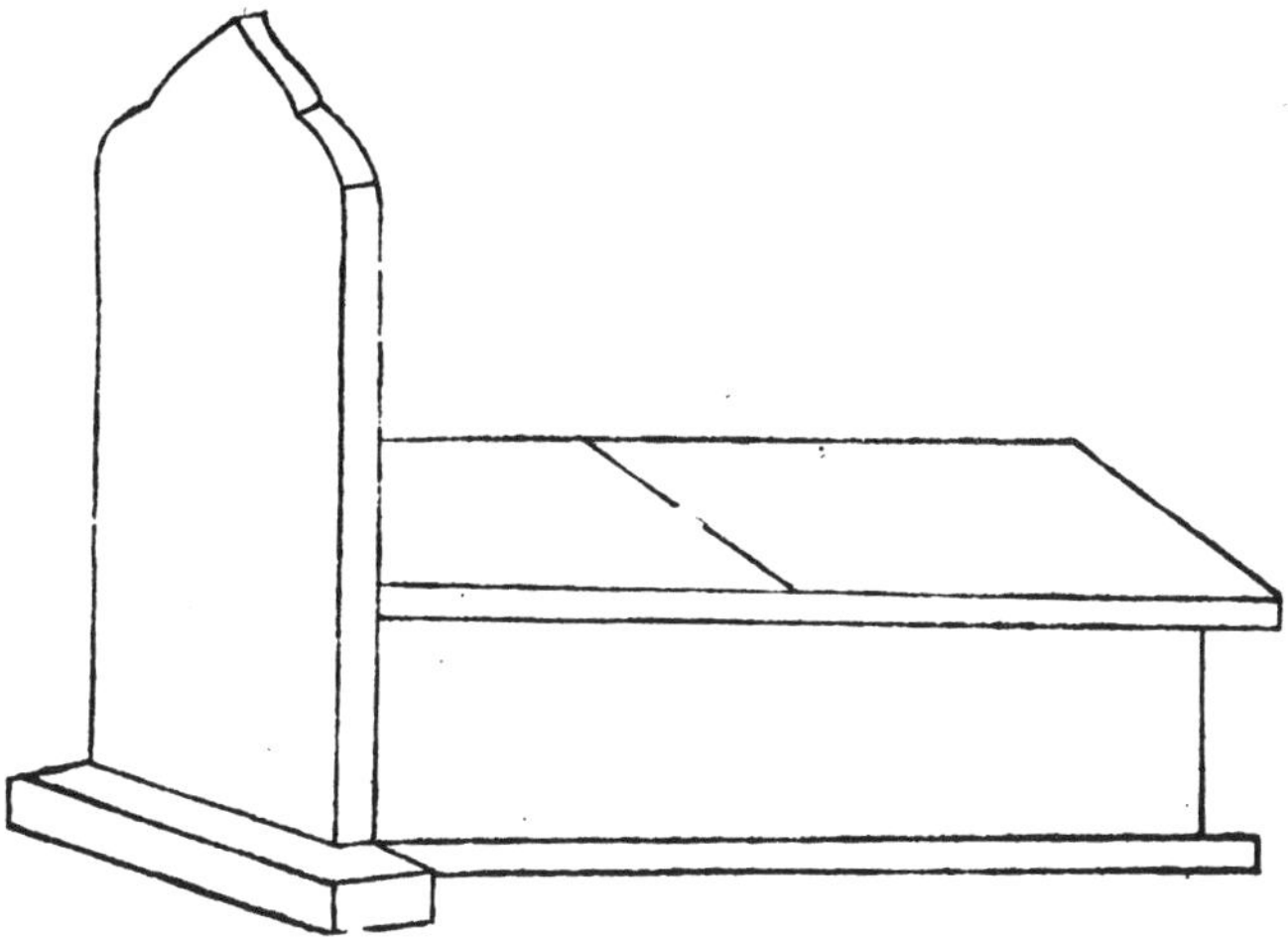

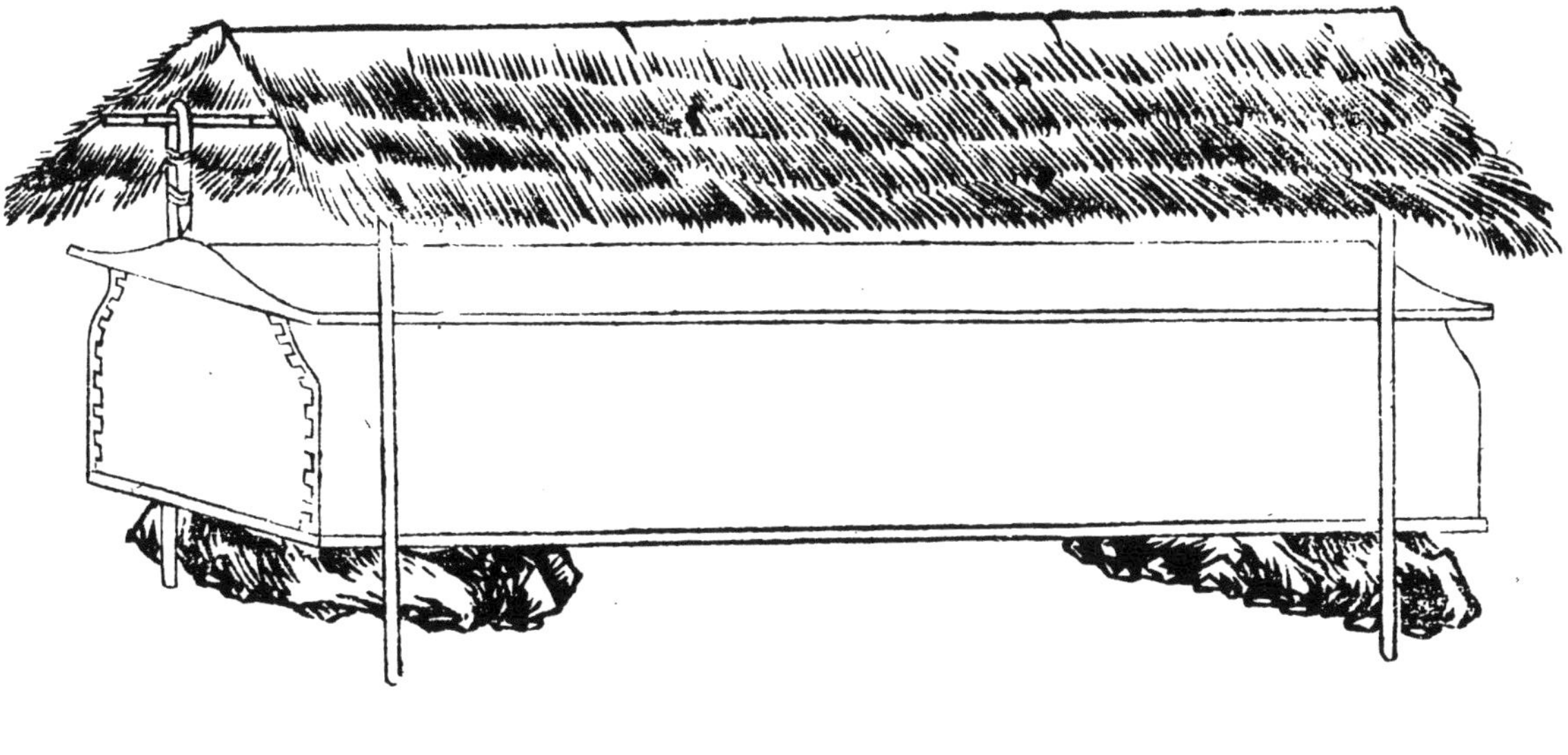

○父母の喪退五十日過《すぎ》て朋友《ほうゆう》などより膝中《ゆうちう》尋問《じんもん》の挨拶《あいさつ》ありて其家に来あり
紅《べに》唐紙《さうし》の帖《ちやう》に我名《わがな》の下に書《かき》し紙《かみ》をかざし門口より取次《とりつぎ》の者成《なり》とも挨《あい》
拶《さつ》を述《のぶ》るに主人出て面會《めんくわい》せざる中にも熟懇《じゆくこん》の方にも入て面會《めんくわい》するも有《あり》

○斬衰《ツアンツイ》齊衰《ツウツイ》大小功《たいせうこう》の服《ふく》あるに時他人に書翰《しよかん》を遣《つかは》す時は朞年《きねん》の喪《も》ある
朞年《きねん》と書大功《たいこう》は大功朞《たいこうねん》と書《かく》小功は小功朞《そんごう》と書印肉《いんにく》ならで黒印肉《こくいんにく》を用ゆるなり

○改葬《かいさう》の吉日を選《えら》み墓所《むしよ》に三牲《さんせい》ならびに諸供物《しよくもつ》を備《そなへ》酒を奠《てん》し
金銀紙冥衣紙《キンギンツウミンイーツウ》を燒《やき》捨《すて》て後棺《のちくわん》を堀出《ほりだ》し能棺《よくくわんの》數更へ若損《そん》じ等あらば取
揃《そろ》ひ調《ととの》へて改葬《かいさう》の墓所《むしよ》へ持行《もちゆき》法《はう》のごとく安葬《あんさう》して其上に石碑《せきひ》を建《たて》
畢《れハ》りて奠《てん》供《ぐ》前に同じ石碑《せきひ》は新《あらた》に建《たて》るもあり元の石碑《せきひ》を用ゆるも
あり格別《かくべつ》の損《そん》じ等さへなくバすべてもとの石碑《せきひ》を用ゆ

○喪《も》を除《のぞ》きて後忌日《のちきにち》には正當忌日《せうたうきにち》なるも家廟《かびやう》へ供《そなへ》物などして酒を奠《てん》じ

香燭《かうしよく》を點《てん》じ祭奠《さいてん》す年忌《ねんき》には週《しう》年三年十年二十年三十年四十年五十年百年二百年と吊《てう》ふ此法會《ほうゑ》に僧道《そうだう》を請《しやう》じ誦經《おゆきやう》せらるゝ也僧道《そうだう》を請《しやう》せぬもあり是等《ひとし》かけても又故人《こじん》の生日《うまれび》に家廟《かびやう》に備物《そなへもの》奠酒《てんしゆ》等して祭奠《さいてん》す是を冥期《ミンギイ》と云若《もし》画像《ゑざう》あれば是を掛《かけ》祭奠《さいてん》に備物《そなへもの》は年忌《ねんき》冥期《ミンギイ》ともに葷《くん》を備《そなふ》

○極貧《ごくひん》下賤《げせん》の者は諸道具《しよだうぐ》揃《そろ》へば直《すぐ》に入棺《にふくわん》せしむ若《もし》即日《そくじつ》間《ま》に合《あは》ざる時は二三日を經《へ》て入棺《にふくわん》するも有《あり》たゞ父母の喪《も》なるも勤《つとむ》る事能《あた》はず即日送葬《そくじつさうそう》して翌日《よくじつ》より商賣《しやうばい》或は雇工《こうこう》等に出《いづ》る○初死《しよし》の奠《てん》ならびに葬《さう》より歸《かへ》りての祭屬纊《さいぞくくわう》等の類《るい》これ事なし○先祖《せんそ》知府《ちふ》以上の官《ムクン》に昇《のぼ》りたる又賢徳《けんとく》ありて朝廷《てうてい》より優奬《ゆうしやう》に預《あづか》り品級《ひんきう》冕旒《めんきう》を受《うけ》たる者の子孫《しそん》は執事《チズウ》とて錫《しやく》などの鎗《ツヤン》鋒《ホン》等の形《かたち》を造《つく》りたる道具《だうぐ》を送喪《さうそう》の行列《ぎやうれつ》に持《もた》せあり○凶服《けうふく》の輩《ともがら》國家《こくか》の御吉事《ごきちじ》ならびに御祭禮《ごさいれい》等に携《たづさ》

鑾《らん》駕《か》

一名

執《しつ》事《し》

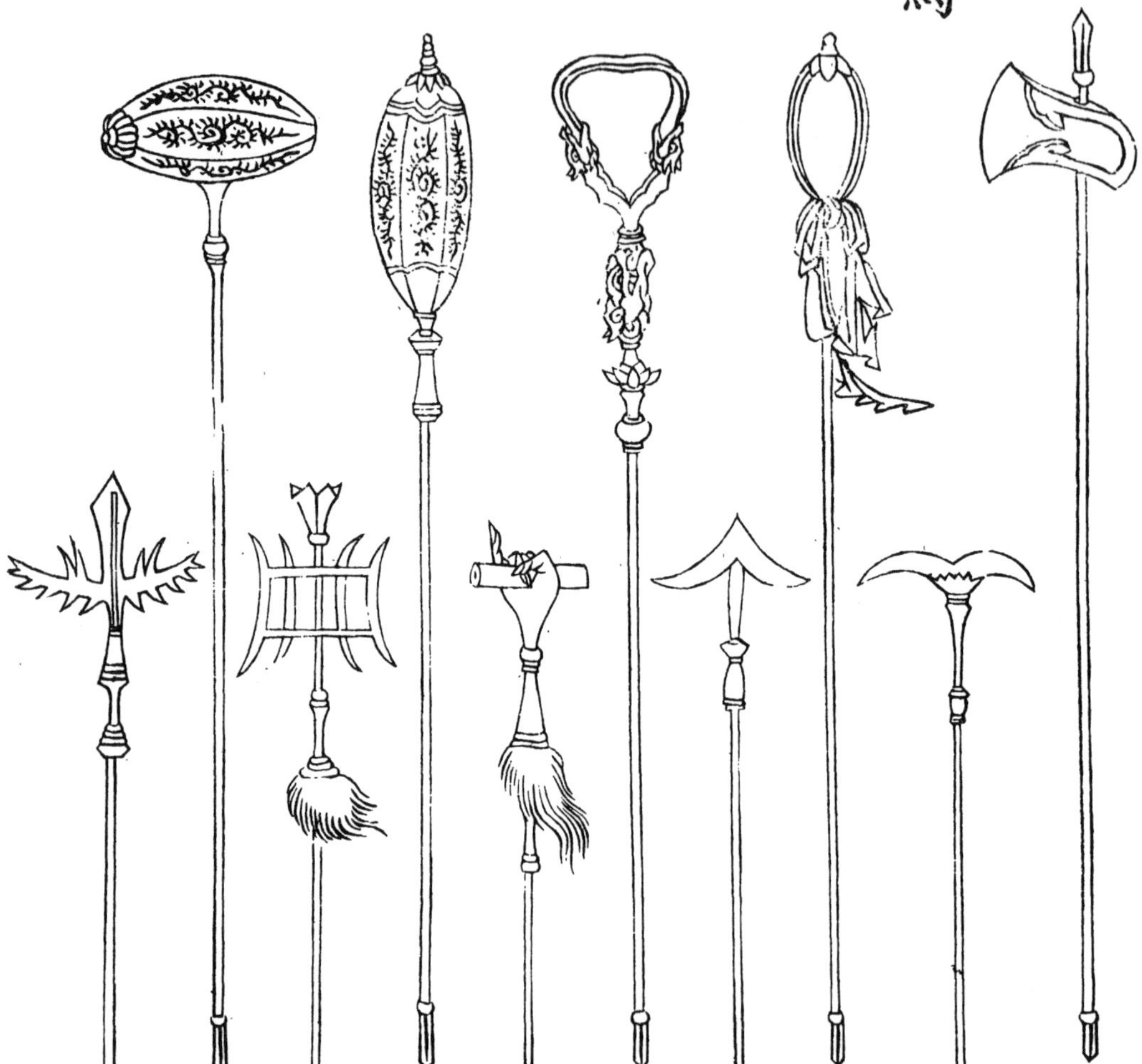

ふ事を得《え》て親類《しんるい》朋友《ほういう》等より吉事《きちじ》祝宴《しゆくえん》等の招請《しやう》せらるゝ時ハ五十日の外なれバ素服《そふく》ぬきて帽子《ぼうし》の赤熊《しやぐま》を付て行◯吊客《ちやうかく》ハ初死《しよし》より殯《ひん》所に在る迄追々に来る者多く香燭《かうしよく》を持来る也◯家《いへ》の喪《も》に又喪《も》重《かさな》る時ハ其行位《かうゐ》に随ひ後の喪《も》も勤《つとむ》る也◯聞忌《きつき》の節ハ父母の喪《も》ならバ凶信《きやうしん》を聞《きく》たる日より定《さだめ》の日数喪《も》服勤《つと》め其余《よ》の親族《しんぞく》ハ喪《も》の日数の内なれバ残《のこ》りの日数《ひかず》喪《も》を勤《つと》め日数満《みち》たる後ふ少しも喪服勤《つと》めず

◯喪の内《うち》ふ子《こ》を生《せう》じたる時ハ宴《えん》を設《まう》けねバ◯官人《くわんにん》ハ小官《せうくわん》なりとも父母の喪《も》ふハ官職《くわんしよく》辞《じ》す◯喪《も》を除《のぞ》くふ式《しき》なし

◯三年の喪病《やまひ》を問事苦しからバ

清俗紀聞巻之十二

祭禮

○先祖《せんそ》を祭《まつ》るハ正月三月十月定式《ぢやうしき》の祭祀《さいし》にて夏至《げし》冬至《とうじ》にも祭る事もあり又ハ家廟《キヤウミヤウ》《かびやう》に一に祠堂《ズウダン》《しだう》と云おゐて祭る正月ハ前年の十二月廿八九日の頃主人盛《シン》《せい》服《ボ》潔浄《けつじやう》なる平常服なりを着し家廟に至りて神主の前に拈香《ねんかう》し拝《はい》し跪《ひざまづき》て神主にむかひ今迎新春恭奉祭祀《キニニンスインチユンコンホンツイツウ》と告《つげ》て廟の側に高卓子《カウチヨツウ》《たかきつくゑ》を立ておき神主を暫《しばらく》移して後家廟《キヤウミヤウ》を掃除《サウジユウ》《さうじよ》潔浄《キワイン》し掃除ハ奴僕《ぬぼく》経手《キンシウ》にて元のごとく神主を安置し神主の後《うしろ》へ真像《チンヅヤン》をかけ一に真容圖《チンヨントウ》又行樂圖《イヒロドウ》と云前に香案《ヒヤンアン》《かうあん》を置香爐《ヒヤンルウ》燭臺《チヨダイ》を備付其前に高卓子《カウチヨツウ》《たかきつくゑ》をすへ大なる花瓶《ハアビン》に花瓶ハ焼物《やきもの》唐金《からかね》随意《ずいゐ》に用ゆ牡丹《ぼたん》の造花《つくりばな》をいけ置造花《つくりばな》ハ牡丹に限らず富貴《ふうき》を示す意《こゝろ》牡丹《ぼたん》ハ紙にて製し色《いろ》を附蝋《らう》にて艶を出す剪裁花《ツエンサイハア》又像生花《ヅヤンスヱンハア》と云ふ脇に小き花瓶《ハアビン》へ生の草花《くさばな》を多く挿《さ》し両方へ瓶を置燈籠《とうろう》をかけ焼物の皿《さら》に荔枝《リイツウ》竜眼《ロンエン》落花生《ロハアスヱン》松子《ソンツウ》

東《トン》瓜《クワ》糖《ダン》桔《キ》餅《ビン》或ハ糕《こう》餅《べい》菓物種々ならびに大根みづく水仙《すいせん》花菊《きく》花等の製《せい》衣し供物《くもつ》都合《つがふ》二三十品備《そなへ》置元朝《ぐわんちやう》になる主人早晨《サウシン》に沐浴《モヨ》し盛服《ゴンホ》を着し子孫并姪を引領《インリン》して家廟《キヤミヤウ》へ至りて廟外《びやうぐわい》にて盥洗《くわんせん》し燈《ともしび》を照《てら》し三牲《サンスイ》を備へ饌《サン》を並進ず

饌ハ魚肉《ぎよにく》野菜《やさい》煮物抔にして磁器《じき》に盛《もり》卓子《チヨツウ》に居《すゑ》神主一位毎《ごと》に卓子《つくゑ》一掛《ひとかけ》づゝ備ふ

爵盃《チヤポイ》に酒《さけ》を盛《もり》主人跪《ひざまづき》て盃《さかづき》を奠《てん》し畢りて拈香《ねんかう》拝礼《らいはい》を

漢人《かんじん》ハ四拝《しはい》満人《まんじん》ハ三跪九叩首《こうしゆ》なり

主人拝畢《をはつ》て嫡子《ちやくし》庶子伯叔兄弟姪婦女《ふぢよ》等同居《どうきよ》の親族《しんぞく》ことごとく拝す廟拝《びやうはい》畢りて家内の礼儀《れいぎ》を遂《のべ》己の中刻《ちうこく》比徹饌《チザン》す

廟の卓子《びやうのつくゑ》を引なり

徹饌《ヂザン》の時も主人子孫并ことごとく拈香《ねんかう》拝礼《らいはい》して毎徹《てつ》ハ三牲《サンスイ》ならびに饌《サン》のミ徹《チ》す其余の供物《くもつ》ハ其儘そなへ置く十八日に至りて徹《チ》す饌《ザン》を徹《チ》して暮《くれ》るに三牲《サンスイ》ならびに饌の料を煮《に》なをして家内残《のこ》らず食し其後餛飩《ツヱンソン》といふ進饌《サン》なる元日ばかりにして二日よりまた進饌奠《てん》る酒等の事なし十五日ハ上元佳節《かせつ》ゆへ早晨《サウシン》に主人盛服《ジンボ》し

各燭《ちよく》を照《てう》し香《かう》を拈《ねん》し奠《てん》酒《しゆ》す三《サン》牲《スーン》供《く》物《もつ》等を献し終て十八日早《サウ》辰《ジン》に
主人盛《ヒン》服《ホ》し子孫を引《イン》領《リン》して盥洗《セン》し拈香《てんかう》礼《らい》拝《はい》し跪《ひざまづき》て神主へむかひ
恭《コン》請《ツイン》撤《チ》位《ウイ》と告て諸《ちよ》供《く》物《もつ》を撤《チ》し廟《びやう》厨《ちう》の扉《とびら》を閉《へい》して家の香《ヒヤン》案《アン》に
香《ヒヤン》爐《ルウ》燭《チヨ》臺《ダイ》をかざりて廟《びやう》門《もん》を閉《とざ》す

家《か》廟《びやう》祭《さい》祀《し》之《の》圖《づ》

神主列位

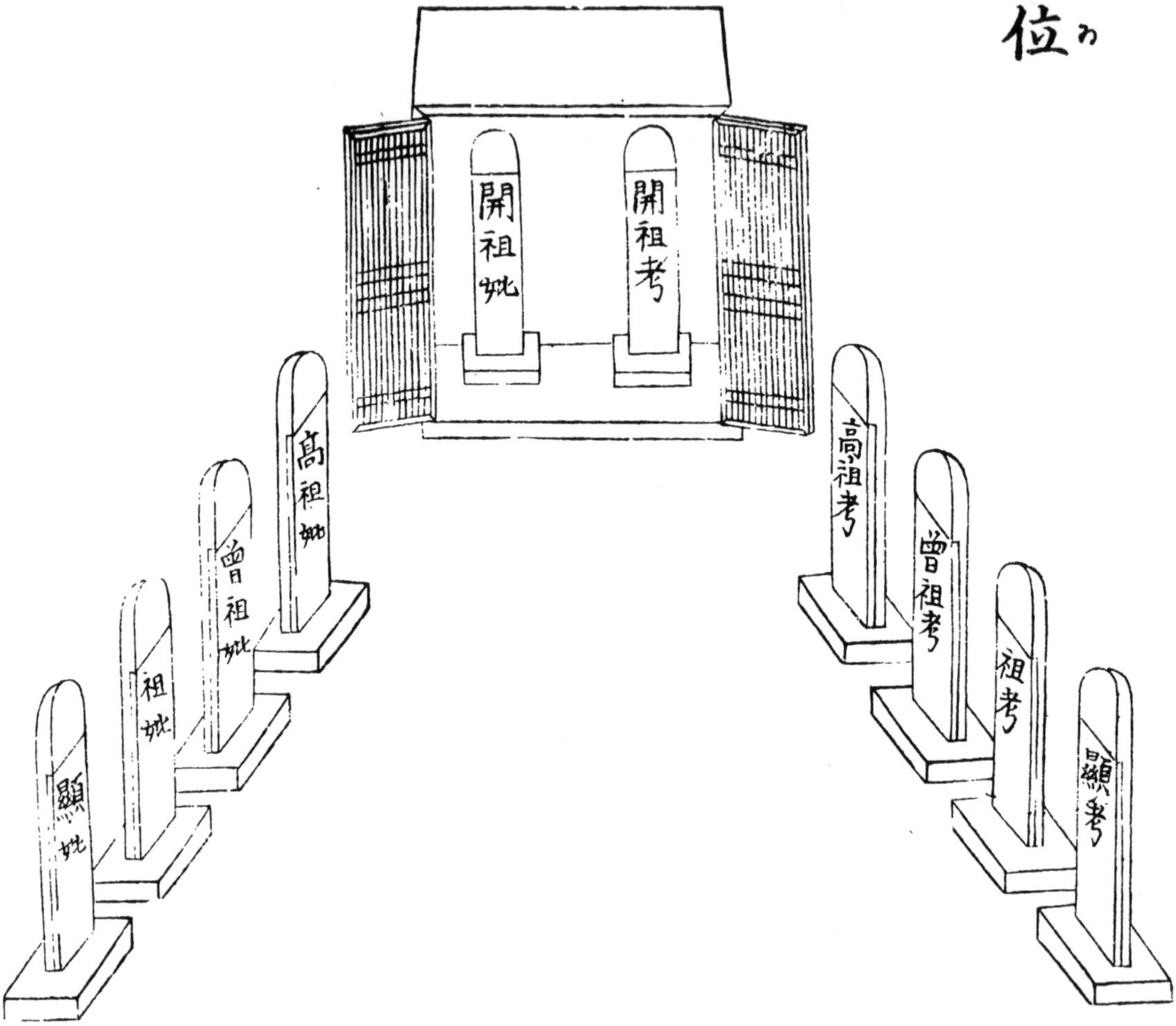

神主ハ正祠《チスウ》に五代の神主を立正祠《チスウ》の上段より開祖《かいそ》の神主を正面に立五代以上の祖《そ》ハ順《ぢゆん》くに薦開すへきを薦座《ツヱンソウ》に並ハ伯叔兄弟子孫姪婦女等《はくしゆくけいていしそんてつふぢよ》の主ハ祔祠《フウスウ》に立置十歳以下にて死したるを殤《ヤン》として主を立ず嫡子《ちやくし》ハ七歳以上にて主を立る婦《つま》ハ夫在世《をつとざいせ》の内ハ正統《せいとう》といへども正祠《チスウ》に主を立る事を得ず先祔祠《ふスウ》に立置夫《をつと》死して後正祠に移《うつ》すて○二月ハ清明《せいめい》の節《せつ》の内吉日を(祭祀の吉日暦に出る)えらび祭る祭《まつり》式正月になし○七月十五日にまいりなるもあすて弔《とふら》ふて八月九月の間に祭祀《さいし》なし○十月朔日に祭るなるべを十月朝といふ也式ハ正月に同じ○夏至冬至《げしとうじ》の祭るも式異《こと》なる事なし

○正月なるびに清明《せいめい》の節の内吉日をえらび墳墓《ふんぼ》ある所を春祭とす(一に掃《サウ》祭といふ)祭式ハ前日より三牲なるびに糕餅《かうへい》菓物野菜《さい》等の供物《くもつ》を整へ(三牲の外定式の供物なし)清浄《せうじやう》に安排《あんはい》して箱《はこ》あるひハ竹籃《ちくらん》に入墓所《ぼしよ》へ持行《もちゆき》先墓所へ大なる

天幕《まく》を張《はり》 天幕ハ木綿を藍色ニ染造《そめつく》る俗ニ布幔《フゥマン》といふ 毛氊《もうせん》毯子《たんし》を舗《しき》て先祖石碑《せきひ》の前ぎはに卓子《てえ》ニ残

金香爐《ヒヤンルウ》燭臺《チヨタイ》を傍《かた》ニ置燭を點《てん》し線香《せんかう》を立供物を磁器《ツウキー》《やきもの》ニ盛《もり》て備へ主人

あるひハ子孫盥洗《くわんせん》して猪口《ちよく》ニ酒を盛《もり》奠《てん》し拈香《ねんかう》礼拝す側《かたはら》ニ奴僕《ぬぼく》大金紙《タアキンツウ》

冥衣紙《ミンイヽツウ》を焼捨《やきすつ》る 大金紙冥衣紙の款委に図ハ喪《もう》礼部ニ出る 男子拝し畢て婦女拝す 此日ハ家内の男女あるひハ親族《しんぞく》

朋友《ほうゆう》へも案内《あん》して墓所へ請ず 拝し畢て即時《そくじ》ニ供物《くもつ》を徹《チ》し直《も》ニ墓所《ぼしよ》ニ於て煮炊《ちよすい》して

食《ちよく》し酒宴《しゆえん》をなす祠堂《スウダン》あるものハ祠堂《ズウダン》ニおゐて宴《えん》を催《もよふ》す 大家ハ墓所地面の内ニ祠堂を建祭の

用ニ備ふもあり 若親族《しんぞく》朋友《ほうゆう》の内ニあらさるハ胙《そ》を饋《をく》る祭《まつ》り畢て山野《さんや》景色よき所

あるひハ行楽日《ちうじつ》遊山《ゆさん》ハ花を踏青《ダワイン》《たうせい》といふ杭州《かうちう》なとハ西湖へ船をうかべ遊散す

第七おはり

墳《ふん》墓《が》祭《さい》祀《し》之《の》圖《づ》

○先祖祭るに致《ソウ》斎《サイ》斎《サイ》戒《キヤイ》等の事なし。ならびに庶《ちよ》民《えん》は祭《さい》文《えん》をもちひず。官家郷紳等は祭文を用ゆ○祖父母父母の喪中には毎月忌辰《キイーレン》ならびに朔望神主へ奠酒《テニチウ》拈香して礼拝は毎日拝する事希《まれ》之葬《ほうむ》らざるいぜんな並びに朝暮日に柩前《きうせん》にて拝をなし奠《テン》茶《ザア》奠《テン》酒《チウテン》奠菜《サイ》等あり葬りてのちは喪期《さうき》の内は神主を廳堂《テンタン》に立置朔望忌辰《さくわうキイーレン》の拝のことあり喪期《さうき》満ちて神主を祠堂《スウダン》に移してのちは父母といへども毎月忌辰《キイーレン》の祭祀なし朔望には燭を点し拈香《ねんかう》奠酒《テンチウ》して礼拝《らいはい》す本忌辰《ペンキイーレン》〔正当忌日なり〕とても祭る事なし旦忌《キイ》辰に子孫吃素《チスウ》する事まれし喪終《もをはり》て後は周年〔一周忌なり〕三周年《サンチウネン》〔三年忌なり〕法會を執行し祭るに此際僧道を請じ追薦《ツイフエン》す三年後は十年目毎に追祭す法會に僧道《さうだう》を請じ誦経《しゆきやう》をなすには家廟《キヤアミヤウ》にて多くは行ふ又廳堂《テン》へ法會の神主は位を移して祭ることもあり僧道へ布施《ふせ》として銀あるひは銭を送る

先たる襯貲《カンツウ》と云ふ僧一人一日銭百文或ハ百五十文程銀なれハ一分より五分
二分程住持《ぢうじ》長老《ちやうらう》等ハ銀十匁程なり修法《しゆほう》によりて焔口《ゑんくう》等執行《しゆぎやう》の時ハ
三百目五百目身分に應《おう》じ不同《ふどう》あり是ハ供物料《くもつりやう》等まで其内なり又
誦經《じゆきやう》の上《うへ》齋《とき》非時《ひじ》の食事《しよくじ》を出す齋《とき》を早齋《サイ》と云非時《ひじ》を晩齋《バンサイ》といふ
僧《そう》誦經《じゆきやう》の時ハ鏧木魚《キンモイ》を鳴《なら》す此具《ぐ》ハ僧より持參《ぢ》もあり又ハ家《か》にて備へ
置もあり 鏧木魚《キンモイ》の圖式《づしき》等ハ僧徒《そうと》部に出るゆへ爰《ここ》に略《そく》す 又喪中《もちう》の法會の時ハ僧道より線香蝋燭《せんかうらうそく》
を持參《ちさん》して贈《たく》る事あれど喪中にのみ限らず平常《へいぜい》の法會にもおくらせ
經文《きやうもん》ハ大畧《たいりやく》普門品《フウメンピン》金剛經《キンカンキン》等なれど其余ハ詳に知らざる事あるなるを
○周年《しうねん》三年十年目毎《ごと》の法會《ほうゑ》追祭《つい》の式ハ春秋《しゆんしう》祭祀《さいし》にならひ朔《さく》
望《ばう》には家廟《キヤアミヤウ》へ三牲一副魚肉菓子類十種程を供へ主人早晨《サウシン》に沐《モ》
浴《ヨ》し盛服《レンホ》して神主に對して酒を奠《てん》し拈香禮拜《ねんかうらいはい》す

○開祖《かいそ》考妣《かうひ》祖《そ》考妣《かうひ》顕《けん》考妣《かうひ》とて其人の誕生日《たんじやうひ》に廳《チン》堂《タン》へ真容圖《チンヨントウ》をかけ春三牲魚肉菓子類をそなへ燭《チヨ》をともし饌《サン》を進《ちん》し奠《てん》酒拈香しつゝ祭るなり式朔望《さくばう》にもなし是を冥期《ミンキイ》にも真容圖《ナンヨントウ》ハ父祖《ふそ》の末期に画像形躰《けいたい》を正写《しやうしやし》にして掛物《かけもの》に仕立《したて》永遠《ゑいゑん》追慕《ついぼ》して忘《わす》れぬ孝心に祭祀る繪《ゑけ》をき、在世《いせ》のごとくうつす也又五六十歳にもなりて自身《じしん》の儀容《ぎやう》をうつしおく事あるも我平時《ぶこじ》得意《とくゐ》の儀容《かたち》をうつさせおくへし山水《さんすゐ》状さのごとくならく或ハ山中にあそび景物《けいぶつ》遊覧《ゆうらん》の躰《てい》をうつしあるひハ琴碁書畫《キンギイシヨイワヽイ》をなれたのしむ趣《おもむき》をうつし是を行樂圖《イニロドウ》といひ又真容圖ともいふ

真《ちん》容《よう》圖《づ》

○祭器《さいき》卓碗《ワン》碟《テ》等ハ多く平時《へいじ》需用《じゆよう》の器潔浄《けつじやう》なるを用ひ人によりて外に借《かる》
盃もあるも希《まれ》なり○家廟《キヤアミヤウ》の大小廣狹《くわうけふ》ハ身の分限《ぶげん》家貲《かし》の貧富《ひんぷ》によりて等《ひとし》
からず方位《はうゐ》向《むき》等ハ家作《かさく》の向に隨《したが》ひ只北向《きたむき》を嫌《きら》ふ廟中《びやうちう》平時《へいじ》の掃除《サウヂヨ》點檢《てんけん》等
ハ奴僕《ぬぼく》經手《キンシウ》にて掃除《サウヂヨ》等の時廟廚《びやうちう》の扉《とびら》をみだりにひらかず
○主人出入に祖《そ》に告《つぐ》る事なしならびに生子《せいし》ハ節家廟《かびやう》に見《まみ》えしむる事
なし子孫做親《フウシン》にも必《かならず》告るなり○中秋《ちうしう》重陽《ちやうやう》冬至《とうじ》の佳節《かせつ》に付《つき》て家廟《キヤアミヤウ》
を祭るの事あれバ家の舊例《きうれい》によりて執行《とりおこな》ふもあるも一定にあらず
○家廟《キヤアミヤウ》に佛像《ぶつざう》を安置《あんち》せず神主のみあり佛像ハ内廳《ナイテイ》に廚子《つし》を補ひ
安置《あんち》す○先祖の遺物《ゆいもつ》ハ封固《ホウコ》して潔浄《けつじやう》なる匣《はこ》に入れて收貯《シウチヨ》し妄《みだり》に
他《た》に出《いだ》さず遺物《ゆいもつ》分給《ぶんきふ》の事ハ親族《しんぞく》に限《かぎ》る也遺命《ゆいめい》あれハ遠《とを》き子孫なりとて
櫃《かいき》に贈《おく》る事を得《え》て其親族《しんぞく》或ハ至《いた》つて親しき朋友等父祖《ふそ》の筆跡《ひつ》等

を所望する事ハ家廟《けべう》に告《つげ》て詩文章《しぶんしやう》の類の筆跡を贈るもあるべし衣服器具笥るを納《をさ》る事なし親友《しんいう》よりも所望する事もなし

○水火《すゐくわ》非常《ひじやう》の節ハ即刻《そくこく》家廟に至りて神主《しんしゆ》を残《のこ》らず取集《とりあつ》め櫃箱等に收《をさ》め子孫《しそん》妻妾《さいせう》附随《つきしたが》ひ難を逃《のが》れ親族朋友《しんぞくほうゆう》又ハ寺院等へ預《あづけ》置難静《しづま》りて後《のち》廟所《べうしよ》恙《つゝが》なき時ハ移して祭祀を執行ひ若廟所焼失《せうしつ》流失《しつ》破損《そん》等にて移しかたきあれハ外に假《かり》廟を設《まう》け安置し臨時に祭祀《さいし》を執行《しつかう》す是を壓驚祭祀といふ取集する時ハ事急なるゆへ禮《れい》儀に及ばずいつ何なる急難なりとも家廟を收《をさ》めざる内ハ外出すべからず○虞禫の祭祀し小祥大祥は則周年二年なりて

○城隍《ジンワン》は古しへ其地に徳《とく》を舗《しき》たる名宦《めいくわん》郷賢《きやうけん》を城隍神と崇《あが》め其地の守護《しゆご》となる諸省府州縣《しよせいふしうけん》ともに廟ありて知縣《ちけん》以上の官到任《くわんタウジン》して三日目あるひは

五日めに参詣《けい》して是を城隍齋宿といふ祭式ハ前日に禮房官《リイワンクワン》州縣にも六部あり官吏を云
舊例《きうれい》の儀注を申出三牲等の供物を整へ祭文を作りておき差出當日に本官《ホンクワン》
縣なれハ知縣府なれハ知府也吉服《キホ》朝服《ちやうふく》なりして禮房官《リイワンクワン》并執事人《チズウジン》役掛りの役人也を引領して城隍廟《ジンワンミヤウ》
に至り門前にて馬轎《えきう》より下り神前に至りて禮房官《リイワンクワン》供物をそなへ
酒を奠《てん》し燭《ちよく》銭《てん》を焚し手つから本官《クワン》三跪九叩首《さんききうこうしゆ》の礼をおこなひ其地の
安全《あんせん》を祈願《きぐわん》し祭文をよみおはり焚化《ふんくわ》して祭文ハ讀祝官《チヨクワン》よみよふ執事人《チズウ》のうちなり拜礼《はいれい》す
扨て廟祝の宅へいたり茶菓飲《のミ》食しばらく休息《そく》して帰館《くわん》す廟祝ハ其地にて住持をあて行ひ
代々廟祝《みやうしゆく》をいとなむ朝廷の官にあらざるゆへ品級等の事なしもつとも城隍《ジンワン》神古来より其地に名賢《めいけん》等なりし
所なる近縣《きんけん》近府の神霊をうつして安置す惣《さう》じて府内の城隍《ジンワン》など知
府に視へ縣内の城隍《ジンワン》を知縣《ろくん》に視ふ城隍《ジンワン》をあかむるゆへ城隍神といふ
知州《ちちう》知縣は生民《とみん》を司る官なれバ陽《ヤン》官と呼なし城隍ハ陰《いん》府なれ

孤魂《くゑ》を司《つかさど》るものハ陰官《インクワン》と号《かう》す三月清明の節並に七月十五日十月朔日定式の祭祀あり此祭日にハ城隍《ジニワン》神を大轎に乗せ衆人あつまり郊外《かうぐわい》廣き所ニ請し祀孤の為に兼て構《かまへ》ある廟壇《びやうだん》へ（廟壇《びやうだん》なき所ハ草葺の仮屋を設け祭れり是ハ常の所也）遷座せしめ本宮を始め衙《がい》門の諸官郷曲《きやうきよく》の耆老《きらう》を引領して祭るなり式ハ三牲魚肉野菜菓子類《るい》等数十種供へ燭《ちよく》を点《てん》し本官《ホンクワン》拈香礼拝をし次に諸官吏耆老等拝礼をつとめし諸官吏へ帰《き》館《くわん》す其跡《そのあと》諸人《もろもろ》参詣《さんけい》礼拝《らいはい》し是を祀孤といふ陰間《ゐんかん》の孤魂《こゑん》のためにて祭る意なり祭終りて其日の申の刻《こく》頃廟へ帰し奉る廟にての祭ハ到任《タウシン》齋《サイ》宿《フ》朔《き》望《ぼう》中秋冬至《とうじ》まで外になし中秋冬至にハ三牲供物《えもつ》を供朔望にハ三牲を供へ此祭にハ官人参詣もなく廟祝《ミヤウシユク》のみ供物《くもつ》を供へ祭るなり官《くわん》に預《あづか》る祭ハ清明七月十月の三度也遷座《せんざ》の節行列の次第ハ先に奉《ホン》旨《ツウ》祭《ツイ》祀《スウ》次に城隍使司《ジエワンスウスウ》と金字《きんじ》にて書る行牌《インバイ》を一対宛建て

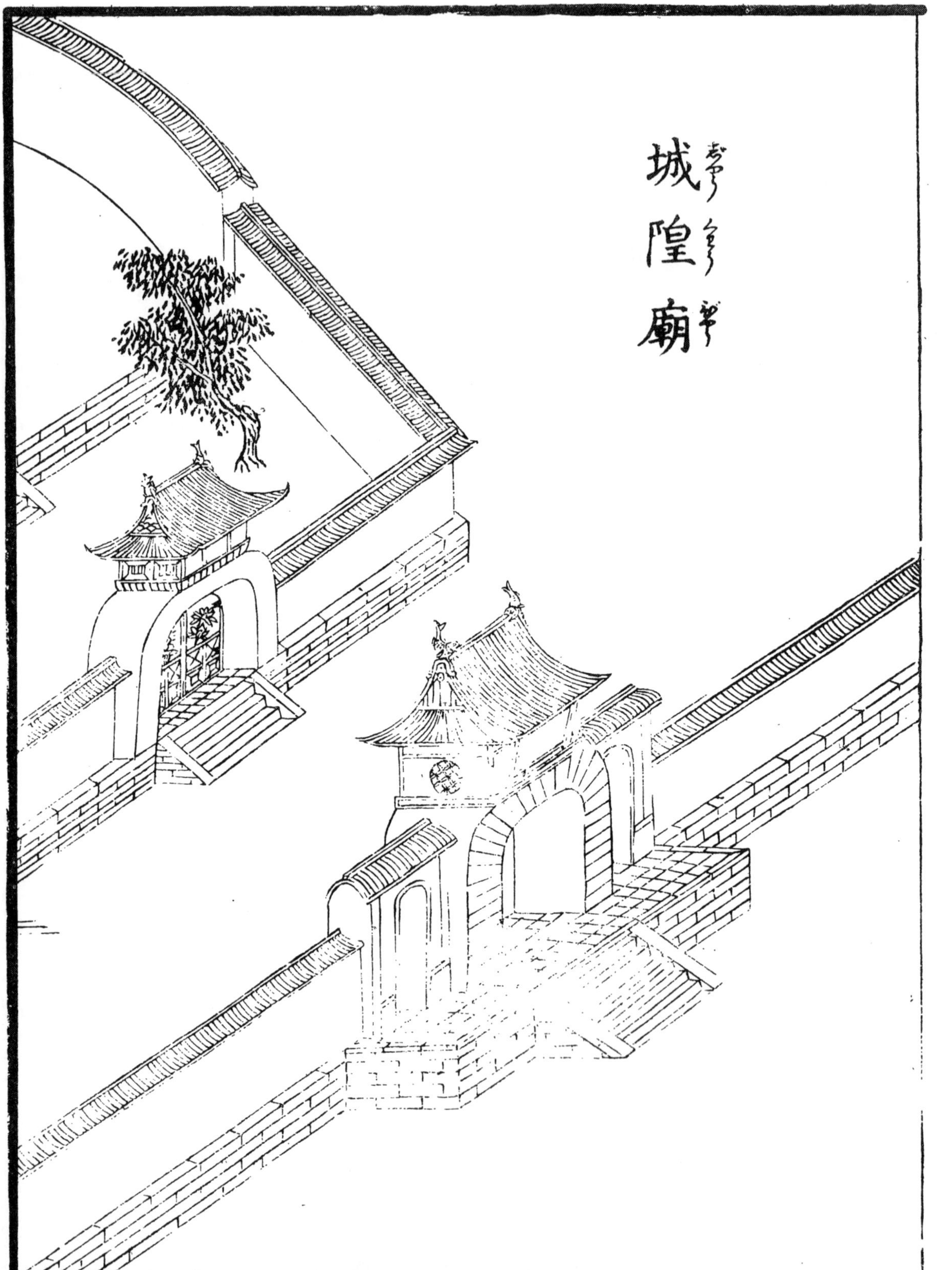
城隍廟

請城隍神郊祀

執事《チスウ》旗鼓《キイクウ》涼傘《リヤンサン》あり道すがら音楽を奏す（楽は楽戸司に出て何等の楽哉 奏するがくつかさにて庶人知る事能はず）右三度の祭祀ならびに廟所年分の供物料香燭《かうそく》料ならびに祝官《しゆくくわん》の俸米《ホンミイ》等其地の物成《ものなり》にて開銷《クイスヤウ》す城隍《ジンワン》の像《ざう》は木にて刻《きざ》み手足《てあし》首頭運動《うんどう》自在に拵へ府《ふ》州縣の官衙品級に随《したが》ひて衣冠を刷《つくろ》ひ並中には泥塑《でいそ》の像もあり唯神主に銘じたる書記す事なし都《すべ》て神像《しんざう》あり

○土地宮《ドウデイコン》（土地宮ハ土神の事也）福徳正神《ホテチンシン》と称し土地《どち》の守神《まもりかみ》なり其は郷里村落《きやうりそんらく》ごとにある土地神祠《とちしんし》あり又家々はおしなべて大戸ハ自家地面《ぢめん》の内にも土神祠を造作し安置なす廟宇ハ土地の大小ありとて不同《ふどう》あり二月二日聖誕生日として祭祀す（神號何といふ事詳ならず）廟内へ三牲供物種々備へ香燭《かうしよく》を点《てん》じ祠官《スウクワン》奠ハ酒礼拝し祭る諸人ハ参詣《さんけい》男女《なんによ》群集《くんじゆ》す朝廷より の致祭《ちさい》ハ郷に故官に申る事なし祠官《スウクワン》俸米《ホンミイ》等の事もなし祭祀《さいし》香燭《かうしよく》等乃料ハ諸人へ喜捨して祭らしむ年分の供料祠官《スウクワン》の過活《コワヲ》等不足なし

土地宮
とち
きう

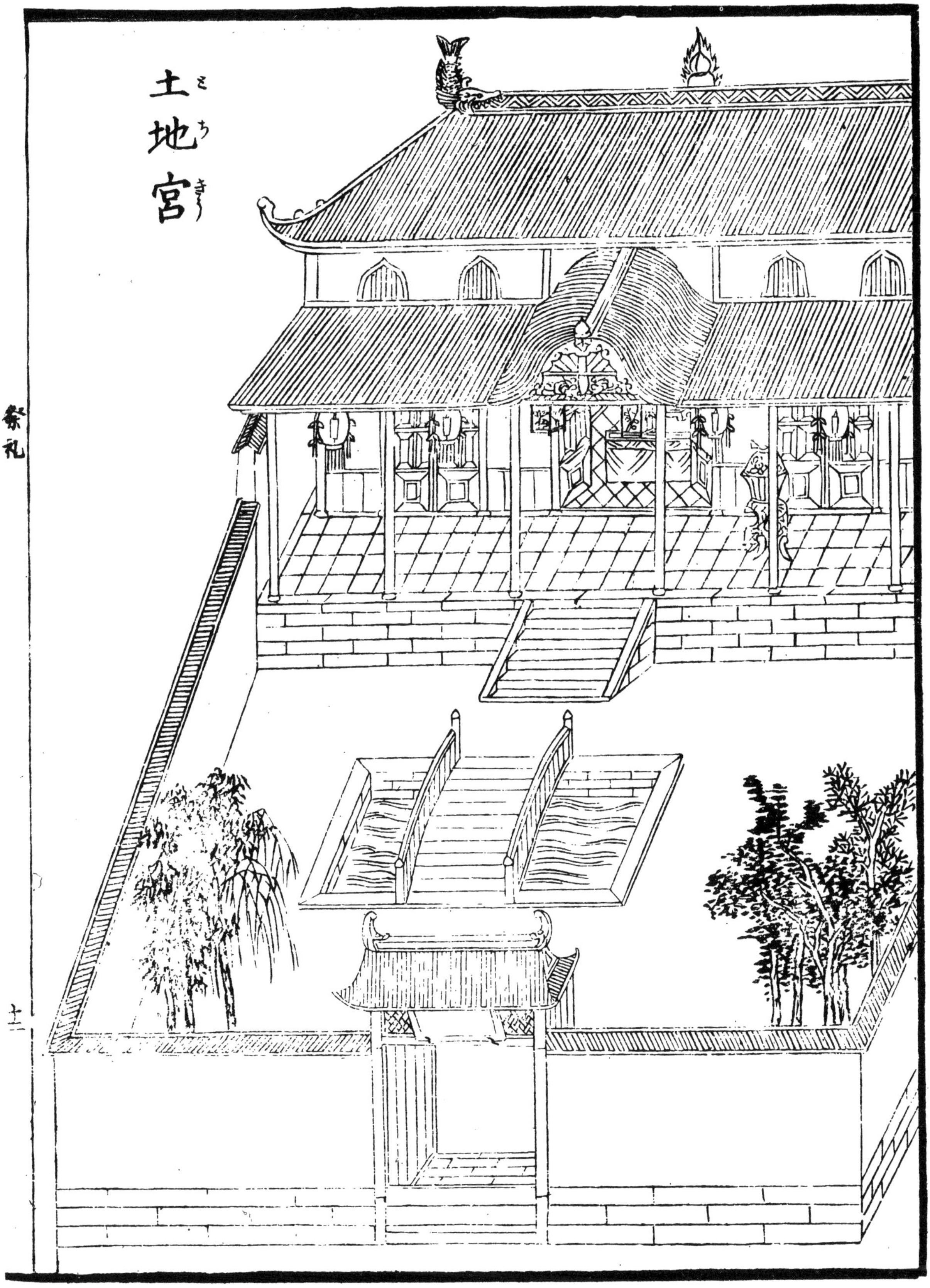

城《じやう》隍《くわう》神《じんの》像《ぞう》

土《ど》公《こう》神《じんの》像《ぞう》

○天后聖母《テンコウセイボ》（一ニ天妃《てんぴ》と云又娘々《ニヤンニヤン》とも云　俗ニ媽祖《マソ》娘々とも云）専《もつぱら》海上《かいしやう》の守護神《しゆごしん》也宋朝《そうてう》建隆《けんりう》元年三月廿三日福建《けん》興《こう》化《くわ》府《ふ》湄《ひ》州《しう》ニ於《お》て誕生《たんしやう》あり父ハ林氏《りんし》宋《そう》朝ニ仕へて刺史《しし》の官に至り致仕して後天后《のちてんこう》誕生ありて后幼少《ようせう》より智恵《ちゑ》賢徳《けんとく》人ニ超《こえ》十六歳の時道士より道を授かり修行し二十八歳の年九月重陽《ちやうやう》白晝《はくちう》に神と化し湄州《ひしう》の高山より昇天して世々神靈《しんれい》感應《かんおう》著《いちじる》し信御祈誓《きせい》するに應《おう》ぜざるなかりし代々の帝王《ていわう》封贈《ほうそう》の勅《ちよく》あり且康熙《かうき》廿三年に至りて天后《てんこう》と封賜《ほうそう》し春秋《しゆんしう》祭祀《さいし》免許《めんきよ》の旨あり湄州ハ聖誕《せいたん》の地なれバ大に廟祠《ミヤロウスウ》を造営《ざうえい》し神を安置し其外京師《けいし》并に諸省府州縣《しうけん》にも廟《びやう》あり且廟門前《びやうもんぜん》に下馬牌《ヤアミアバイ》を建《たつ》（下馬牌ハ朝廷より免許ありて建なり）祭祀の式ハ大牢（牛羊豕《へのこ》を云）其外種々供物《くもつ》を備へ玉帛香燭《かうしよく》を置し祭る其ハ地の官員《くわんゐん》之を兼り執事《チズウ》人員を支配して司《つかさど》らしむ朝廷《てうてい》より禮部《れいぶ》官《くわん》の内兼祭官として勅命祭文《さいぶん》香帛《かうはく》を捧《さゝげ》欽差《キンチヤイ》《ちよくし》して湄州《ひしう》に至り祭祀あるなり京師《けいし》の廟へもおなじく

天后廟

天《てん》后《こう》聖《せい》母《ぼの》像《ぞう》

欽差《キンチヤイ》を立て是へ祭らしめ天子も遙《えう》拝《はい》なし給ふ〔天子を始三跪九叩首の礼を行ひ給ふ〕諸省府州縣《しやうふしうけん》の廟ハ其地の本官より禮房官《リンワン》へ命《めい》し祭祀《さいし》の事を司らしむ祭日ニハ本官《ヘンクワン》并諸官人《しよくわん》文武《ぶんぶ》官人文武挙子男女文人群集也在府州縣《ふしうけん》ハ大牢《たいらう》を以て祭る神前の供物穀十種香花燈燭鮮明也祭日ハ三月廿三日聖誕《せいたん》日の祭祀春秋《しゆう》二季《き》ハ二月八月の上丁《かみのひのとの》日を用ひ兼祭官《ジンツイハリワ》等文挙の次第ハ祭日ニ諸執事《チズウ》人員齋戒《さいかい》して當日早辰《サウシン》沐浴《モヨ》吉服《キホ》して廟ニ至る時ニ廟祝《ミヤウチウ》燭を点し香を指し畢て長官〔諸官の頭をいふ〕當中其餘《そのよ》諸官執事《チスウ》列班《レハン》す〔並居なり〕贊禮官《サンリニ》東方へ立三跪九叩首起坐《さんききうこうしゆきさ》の式を唱ふに随ひ諸官礼を行ひ讀祝官《とくしゆくくわん》祭文を讀畢て焚化す〔祭文ハ時に随ひ作る也〕諸官拝畢て退散《たいさん》す又其地の保甲へ命して諸人の口角《ケウコ》争闘《ツヱンテウ》なき事を禱らしむ祭日ニハ豪家富民より施主《せしゆ》として傲戯《コウヒイ》臺を催《もよふ》し廟門外の廣き場所へ戯臺《ヒイタイ》を設け傲戯《フウヒイ》を献ず参詣の諸人へ看戯《カンヒイ》させて昼夜《ちうや》閧動《カントン》〔にぎやかなる〕す祭祀料香燭料廟祝俸米等ハ其地の開銷ニなる工部へ届る也

祭祀

十五

戲臺 <ruby>き<rt></rt></ruby><ruby>たい<rt></rt></ruby>

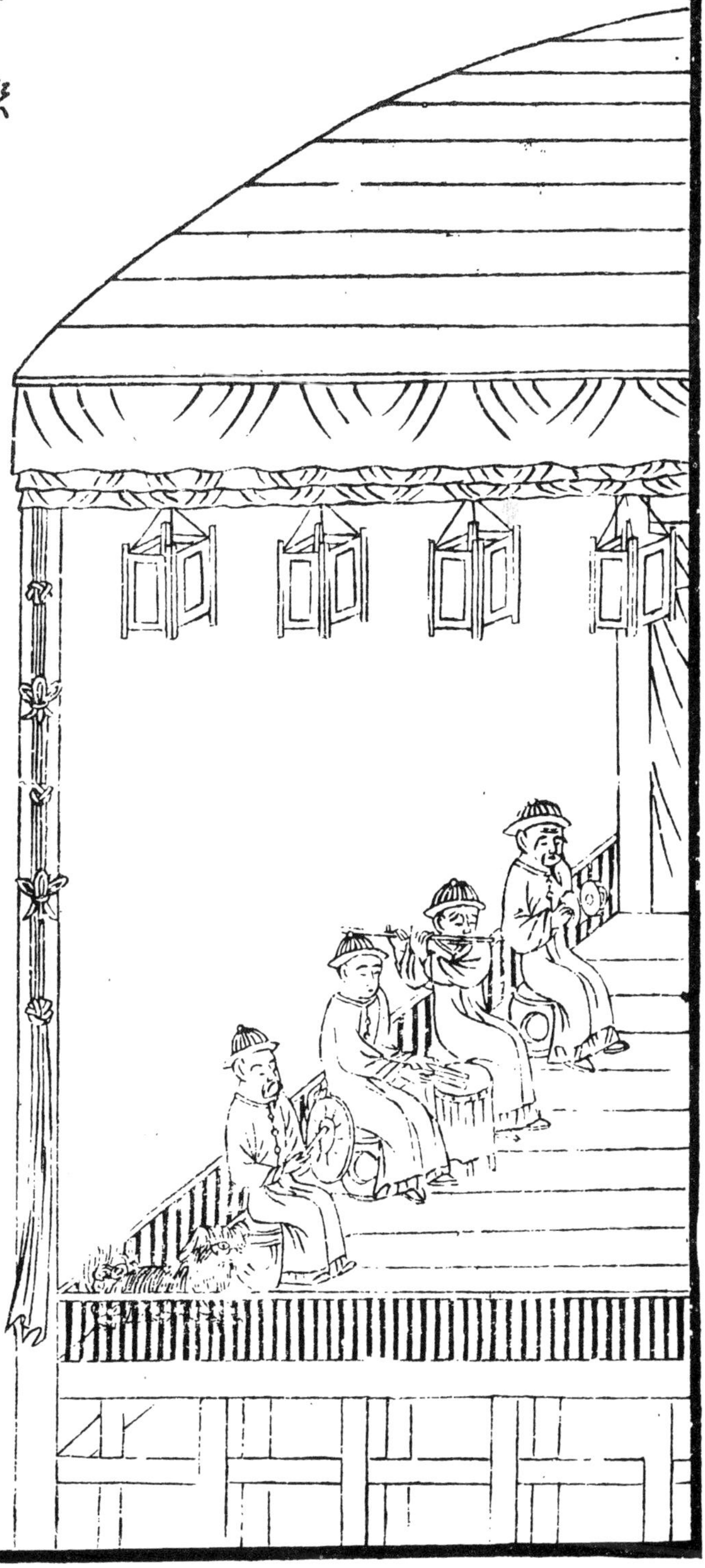

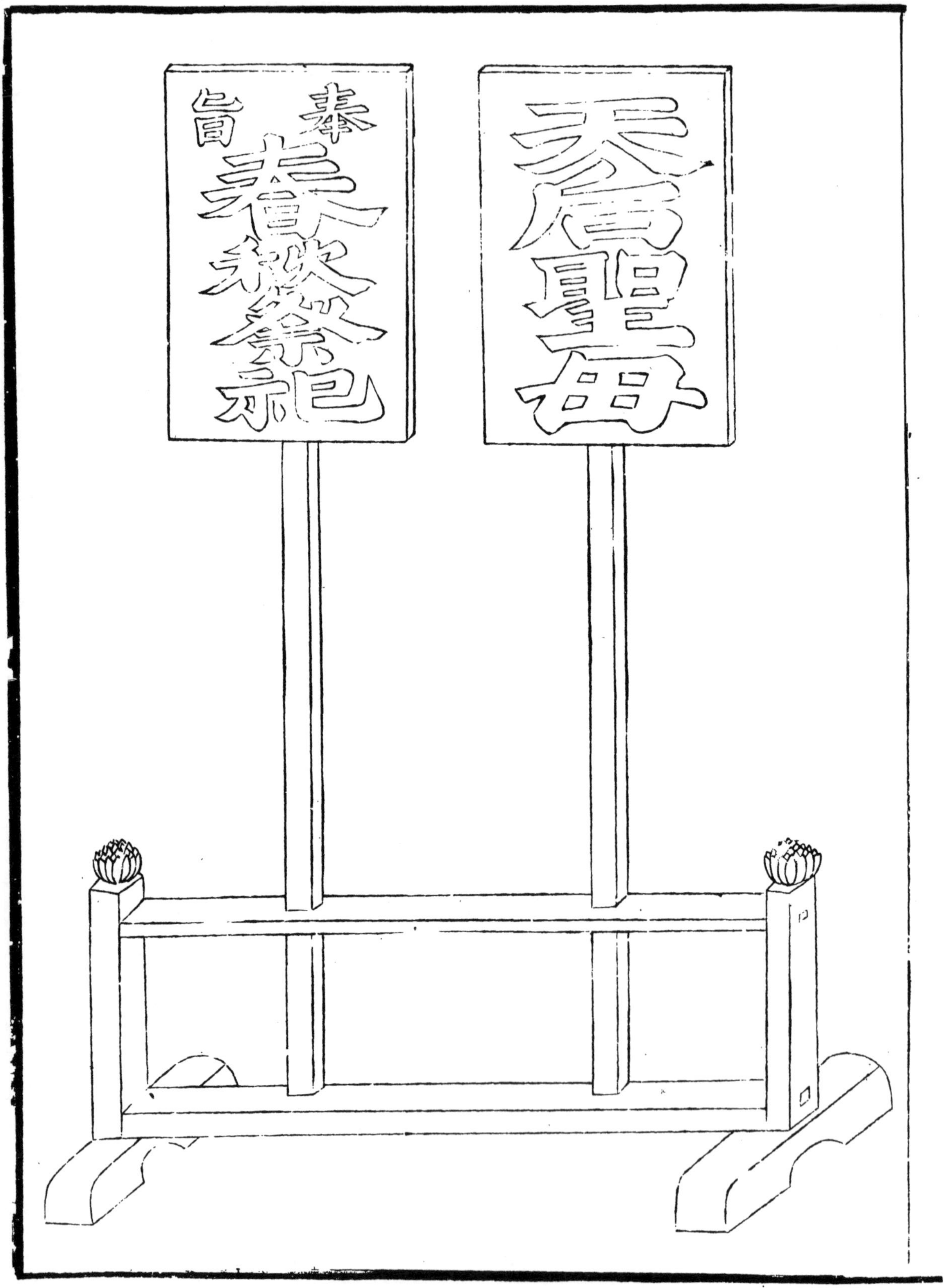
奉旨
春秋祭祀
天后聖母

○關帝《クハンテイ》ハ一ニ関聖帝君《クハンセイテイクン》又関老爺《ラウヤ》（関菩薩《クハンフウサ》ともいふなり）武運のため護神として感應威靈著しく軍事なとに祈禱して應《おう》せしなとゆゑ武官《ぶくハん》ハ勿論《もちろ》ん外《ほか》官民信仰する故他の神に超《こえ》て諸省府州縣なとに廟を建安置す武廟《ぶびやう》と唱へ郷里村落の庶人とも尊信仰せさるなし雍正年中に臺灣《たいわん》の賊徒《ぞく》起りし時靈驗ありて速に平靖せし故靈佑大帝《リンユウタアテイ》と加封ありて春秋祭祀免許《めんきよ》せし廟門外に下馬牌を立大牢をもつて祭る祭日ハ五月十三日歸天（薨去をいふ）の日を定祭日とし春秋二祭ハ二月八月上戊日を用ゆ官祭了て信人參詣す男女とも拝祭《きん》せしむ做戲《ツウヒイ》を献するなと通常祭式祭科等ハ開《カイ》鎖《スヤウ》の事ハ天后廟《ミヤウ》に同じ○天后廟《テンヘウミヤウ》関廟《クハンミヤウ》なとに靈籤《リンツエン》と云物あり一ニ籤子《ツエンツウ》（筒《トン》といふ）木或ハ竹を以て札を作《つく》り是に百枚ハかり番号を記して筒《ちこ》に入れ收《をさ》む人是を振出して吉凶禍福をうらなふ之に別に其番号の所に吉凶禍福《かふく》を示したる神詫を詩句《しく》に綴《つゞ》りて書記したる板ある是を籤訣牌《ツエンケツハイ》といふ籤を振出《いだ》し番号を語して籤訣牌の番号の所に比《くら》へ合せ吉凶禍福の意を知るなり

關《くわん》帝《ていの》廟《びやう》

關《くわん》聖《せい》帝《てい》の像《ざう》

籤《せん》訣《けつ》牌《はい》

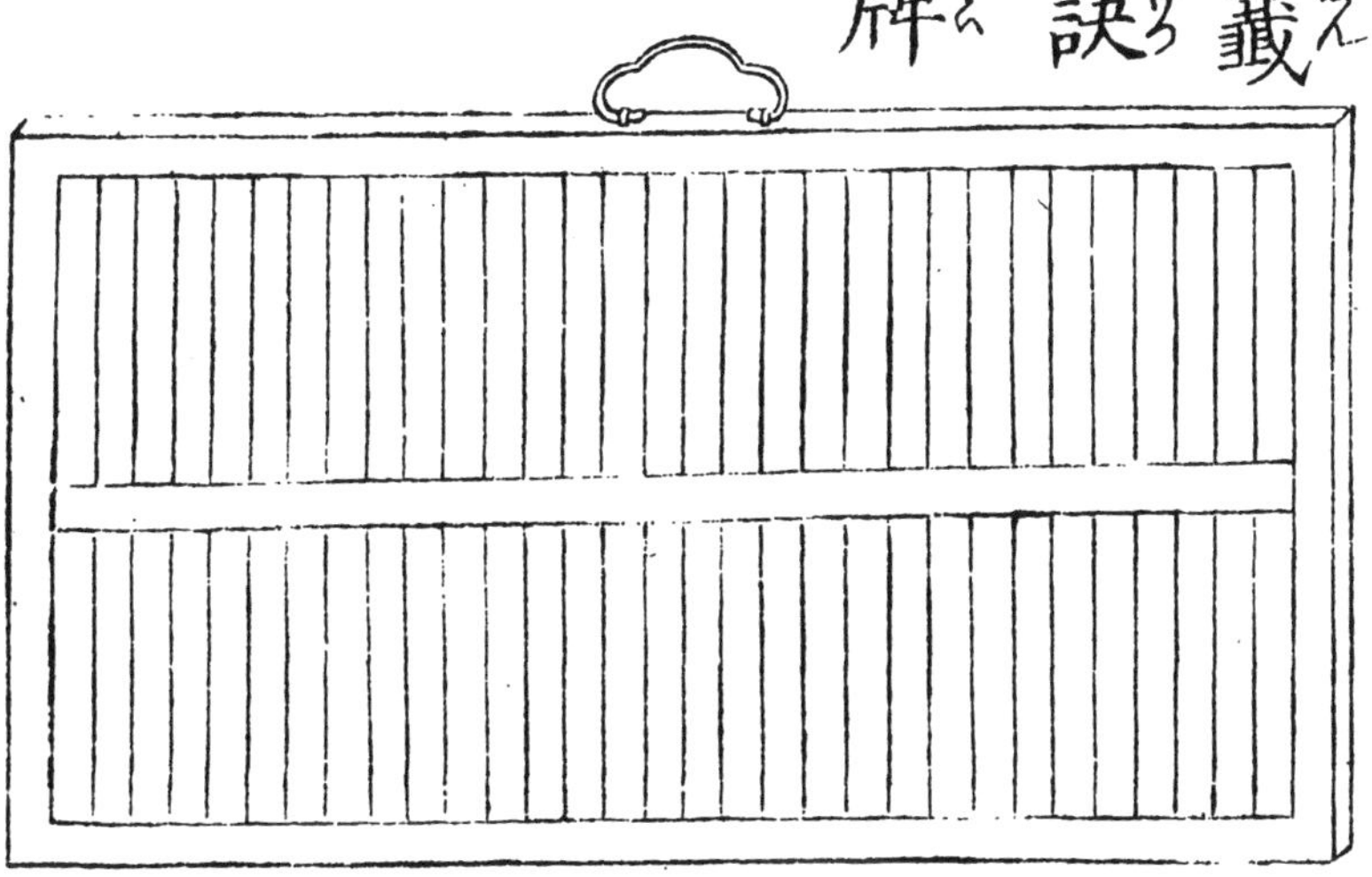

靈《れい》籤《せん》

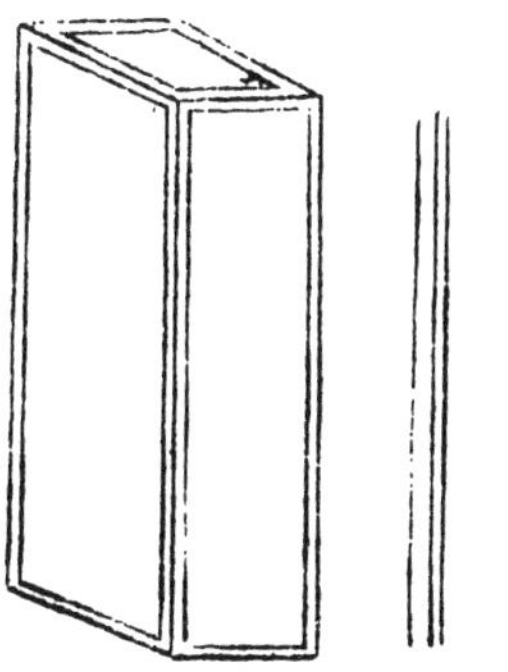

○孔《コン》廟《ミヤウ》一に文《ウエン》廟《ミヤウ》と云 京師《けいし》并に諸省《しよせい》府州県《ふしうゑん》ともに廟《べう》を建《たて》二月八月の上丁日《じやうのひのとの》に釈奠《せきてん》の祭祀あり廟門に下馬牌《ヤアマアバイ》を建《たて》官員《くわんゐん》其外庶人《しよじん》あへて通行《つうこう》せば発事す京師の廟《びやう》へ欽差《キンチヤイ》を命じ致祭《ちさい》あり天子参拝《さんはい》しあふ諸省《しよせい》は其地の官府《くわんふ》預《あづか》り支配《しはい》して司《つかさど》る参祭《さんさい》の節は天子の外は其地の長官といへども丹墀《えんち》の上に登《のぼ》る事あらず丹墀《たんち》の下にて拝《はい》に簠《フウ》簋《キウ》籩《ペン》豆《デウ》沼沚《チヤウツウ》の草《サウ》蘋《ピン》蘩《ワン》の毛《マウ》鼓《クウ》楽《ヨ》初《ツウ》献《ヒヱン》亜《アヽ》献《ヒヱン》終《チヨン》献《ヒヱン》等の事は祭酒《さいしゆ》先生并に諸秀才《しよしうさい》の輩《ともがら》にて之を三跪九叩首《きききうこうしゆ》等の礼式《れいしき》あるといへども庶人《しよにん》妄《みだり》に窺《き》探《え》《うかゞふ》する事を得ざれば詳《つまびらか》に知る事《こと》あたはず

文廟《ウエンミヤウ》の図《づ》は学部《ぐぶ》に出す
以くはしくみるべし

清俗紀聞巻之十二

清俗紀聞巻之十三

僧徒

○唐山《たうざん》《から》ハ禅宗《ぜんしう》律宗《りつしう》天台宗《てんだいしう》ならびに道家《だうか》あり律宗《りつしう》天台宗《てんだいしう》ハ至《いたつ》て少《すくな》し総《さう》じて僧侶《そうりよ》ハ天子《てんし》より召《めし》にあらざれバ絶《たへ》て朝廷《てうてい》に出《いづ》る事《こと》なし依《よつ》て文武《ぶんぶ》官《くわん》にとりての格式《かくしき》とても軽く官《くわん》より領地《りやうち》等《とう》宛行《あておこなハ》る事《こと》もなく官《くわん》よりて田地《でんぢ》等寄附《きふ》の事《こと》ハ至《いたつ》て稀《まれ》なる也古今《こゝん》の知識《ちしき》たる又ハ住持《ちうじ》なる官《くわん》にても格別《かくべつ》清信仰《かう》の僧《そう》なれバ居合《ゐあひ》せる時《とき》ハ永遠《えいゑん》香華《かうけ》の助《たすけ》として田園《でんゑん》なとを寄附《きふ》せらるゝ事《こと》あるときハ大伽藍《だいがらん》を一山《いつさん》に付《つき》て山田地《さんでんぢ》等《たう》あり其外《そのほか》檀越《だんおつ》の官人《くわんにん》富家《ふか》豪《ごう》民《みん》よりも喜捨《ヒイセー》とて金銀《きんぐ》ならびに田畑菜園《でんはたさいゑん》等《とう》送《おく》る事《こと》あれバいづれも大伽藍《だいがらん》衆多《あまた》なれバ僧とても事足《ことたり》ぬなり

○寺院《じゐん》の境界《きやうかい》にハ石《いし》にて造《つくつ》る榜示《バンヅウ》《ぼうじ》ありて自是《よつてこれ》東西南北《とうざいなんぼく》某寺境界《それがしてらのきやうかい》

をも記して建立なり本山末寺《ほんざんまつじ》等の制《せい》なく大寺ある所《ところ》の地名《ちめい》或ハ山号に付るか

寺《てら》或ハ寺号とす譬《たと》へバ普陀山《ふだざん》観音寺《くわんおんじ》ハ本山《ほんざん》にして其山中にある所《ところ》の寺ハ末寺《まつじ》也

一山《いつさん》の諸務《しよむ》を其本寺《ほんじ》は預《あづか》るなり大寺ハ住持《ぢうぢ》の外首座《シウソー》。都寺《ツートウ》。監寺《ケンズウ》。典座《テンゾー》。知

客《ケ》。副寺《フウズウ》等《とう》は重《おも》立《だち》たる役僧《やくそう》あり 又老僧《らうそう》にあるひは世事《せじ》を疎《うと》く又ハ病身《びやうしん》等

にて勤めがたき僧は銀子を納め勤《つとめ》を免《まぬ》る也 是《これ》を養老銀《ヤンラウイン》と云 凡五百目以下なり 座禅《ざぜん》誦経《きやう》のみにて

過《すご》すもあり首座《シウゾー》都寺《トウズウ》以下ハ役僧にて寺法《じほう》を司るに名目《みやうもく》あれバ寺内《じない》ばかりにて

の品級《ひんきふ》なり此方《このはう》ハ僧正《そうじやう》檀林《だんりん》などいふごとき官位且紅衣《こうい》紫衣《しい》綱頭《かうとう》獨從《どくじゆう》なり

格式《かくしき》とてもなし随從《ずいじゆう》も官人《くわんじん》のごとき事《こと》なし車《チエー》轎《ギヤウ》などに格式《かくしき》なく皆《みな》乗事も

なくただ歩《ほ》行すなり老僧《らうそう》あるひは病身《びやうしん》なる人遠行《えんかう》などの節《せつ》は轎《けう》に乗《の》る事《こと》あり

歩行《ほかう》の時《とき》は侍者《じしや》一両人《にん》の外僕《ぼく》を連《つれ》る事も稀《まれ》なり寺中《じちう》役僧《やくそう》たる時《とき》も香《かう》代《がへ》

またこれを勤《つとむ》るに見《み》る及《および》住持《ぢうぢ》より上《かみ》を圖《はか》りて昇降《しやうかう》なし且《かつ》僧《そう》随身《ずいしん》の品《しな》ハ如意《ニイー》拂《ほつ》

子《ツシ》禅杖《ゼンヂヤウ》鉄鉢《テツバチ》にかぎらず僧の奴僕《ぬぼく》とてかゝらぬ事なし

○寺院《じゐん》の構《かまへ》ハ大門《だいもん》二の門《もん》天王殿《てんわうでん》本堂《ほんだう》禅堂《ぜんだう》開山堂《かいさんだう》鐘楼《しゆろう》鼓楼《ころう》斎堂《さいだう》浴室《よくしつ》方丈《はうぢやう》客殿《きやくでん》役寮《やくりやう》厨下《ちうか》等《とう》あり都《すべ》て一堂《いちだう》宛《づゝ》別檻《べつかん》に建《たて》る役寮《やくりやう》斎堂《さいだう》浴室《よくしつ》等《とう》ハ一檻《ひとかこひ》の内《うち》にて仕切《しきる》所《ところ》もあり且《かつ》梁間《はりま》等《へん》にて定《さだめ》られし大門《だいもん》外《ぐわい》へ不許葷酒入山門《ほどくボンクワイフウゴサンモン》と記したる石牌《せきはい》を立置《たておく》事《こと》定法《ぢやうはふ》なり大門《だいもん》の内《うち》何《いづ》く禅寺《ぜんじ》とハ額《がく》ある本堂《ほんだう》の内《うち》に大雄寶殿《だいゆうはうでん》と書《かき》たる額《がく》ある其外《そのほか》縣額《けんがく》等《たう》にも文字《もじ》あり定法《ぢやうはふ》なし勅額《ちよくがく》給賜《きうし》の寺《てら》ハ二の門或《あるひ》ハ本堂《ほんだう》の内《うち》に並《ならび》に六門《ろくもん》に勅額《ちよくがく》を許《ゆる》事なく且《かつ》下馬《げば》牌《ハイ》等《とう》立る事《こと》なし大門左右《さいう》に金剛《こんがう》二の門左右前後《ぜんご》にハ四天《してん》王正面《しやうめん》に彌勒菩薩《みろくぼさつ》正面《しやうめん》の後《うしろ》に韋駄天尊《いだてんそん》を安置《あんち》して本堂《ほんだう》の本尊《ほんぞん》ハ釋迦《しやか》之両側《りやうがは》に羅漢《らかん》を安置《あんち》し本尊《ほんぞん》の前《まへ》に皇帝《くわうてい》萬歳萬萬歳《ばんざいばんばんざい》と書《かき》たる牌《はい》を立置《たておく》事を龍牌《ローバイ》といふ此龍牌《ロンバイ》ハ寺院《じゐん》毎《ごと》に立置《たておく》事定法《ぢやうはふ》なり宿《しゆく》に面迎《しうげい》も

なく別《べつ》に朝廷《てうてい》よりも免許《めんきよ》いふ事《こと》もあらざれば寺法《じはう》にて悪事《あくこと》ありとも依《よ》りて

龍牌《ロンバイ》の供料《くれう》とて朝廷《てうてい》より寄附《きふ》給賜《きうし》等《とう》の事《こと》なし

○天子《てんし》皇后《くわうごう》より龍牌《ロンバイ》へ上使《じやうし》等《とう》参詣《さんけい》の事《こと》なし天子《てんし》位牌《ゐはい》神主《しんしゆ》等《とう》を

置にあらざれば其《その》所《ところ》の官人《くわんにん》年頭《ねんとう》にまづ寺院《じゐん》へ来《き》り参詣《さんけい》し此《この》龍牌《ロンバイ》を拝《はい》して

なる朝廷《てうてい》へ拝賀《はいが》するの意《い》なり

○天下《てんか》の寺院《じゐん》を統領《とうりやう》するなる禮部《れいぶ》の官《くわん》府より諸剎等《とう》は其《その》末《まつ》は知縣《ちけん》へ申

渡《わた》し知縣《ちけん》より寺院《じゐん》へ達《たつ》し僧侶《そうりよ》の諸職あるは破戒《はかい》不如法《ふによはう》の僧《そう》乱行《らんぎやう》等《とう》の事《こと》知

縣《けん》へ申出《まうしいで》れば知縣《ちけん》にて裁判《さいばん》し軽《かろ》き事《こと》は知縣《ちけん》切《きり》にて執行《とりおこな》ひ重《おも》き事《こと》なれば上

司《し》へ申達《たつ》し禮部《れいぶ》へ伺《うかゞ》ひの上《うへ》取計《とりはから》ふ事多《おほ》ければ一山《いちさん》限《かぎ》りに寺法《じはう》の通《とほ》り執行《とりおこな》ひ脱衣《だつい》の掟《おきて》

あるなり然《しか》れども詳《つまびらか》ならず事《こと》故《ゆゑ》に度牒《ドヂデ》を寺院《じゐん》の住持《ぢうぢ》より知縣《ちけん》へ願《ねがひ》出《いで》れば

聞《きゝ》届《とゞけ》上にて知縣《ちけん》衙門《がもん》にて相渡《わた》さるなり兼《かね》て五枚《まい》十枚宛《づゝ》願《ぐわん》請置剃度《テイドー》の

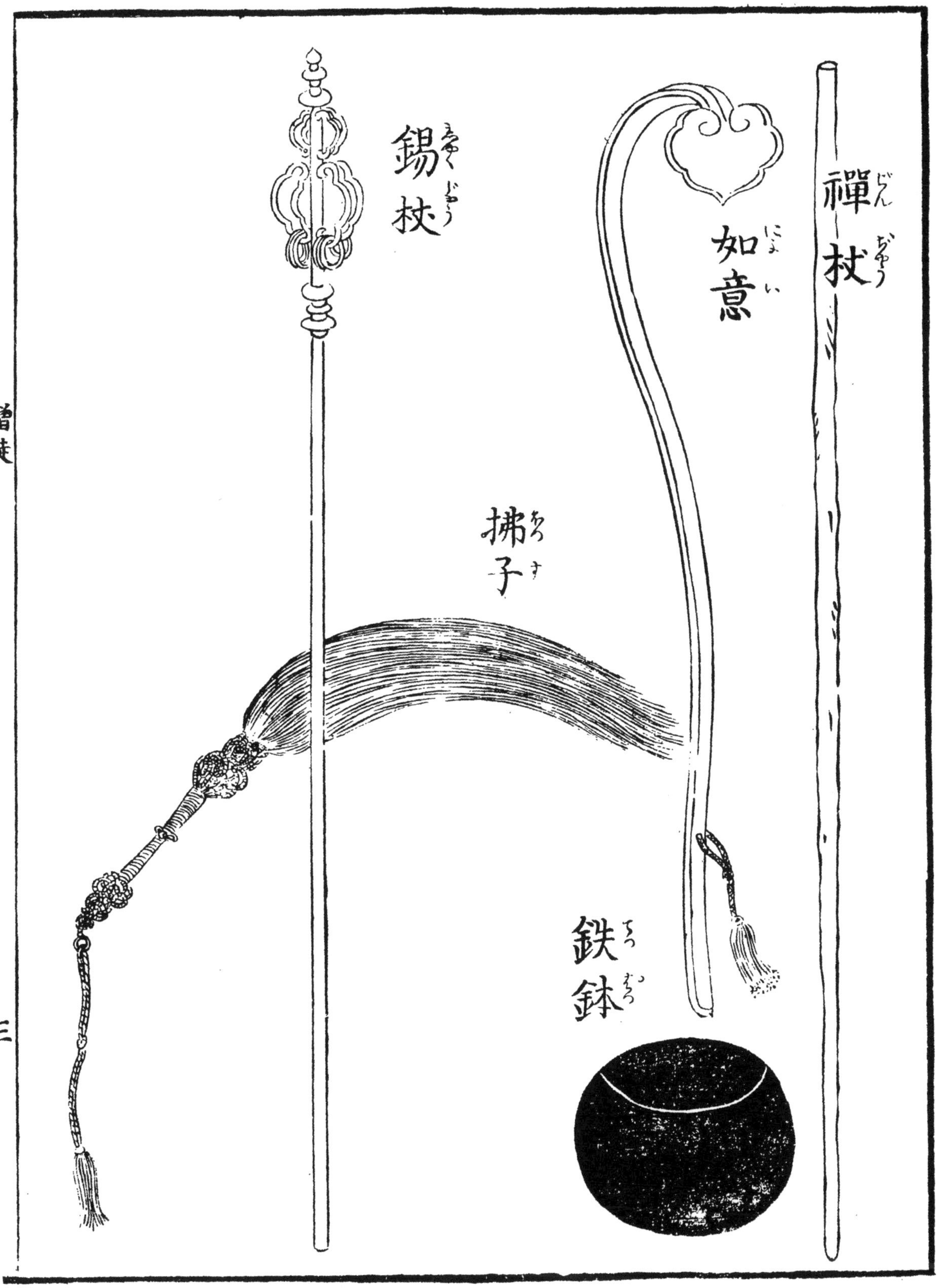

禅《ぜん》杖《ぢやう》
如《によ》意《い》
錫《しやく》杖《ぢやう》
拂《ほつ》子《す》
鉄《てつ》鉢《はつ》

方丈
客殿
厨下
天王殿
大雄寶殿
役寮
鐘樓
浴室

禪堂
齋堂
開山堂
鼓樓
小門
總門

龍《りやう》牌《はい》

山《さん》門《もん》外《ぐわいの》石《せき》牌《ひ》

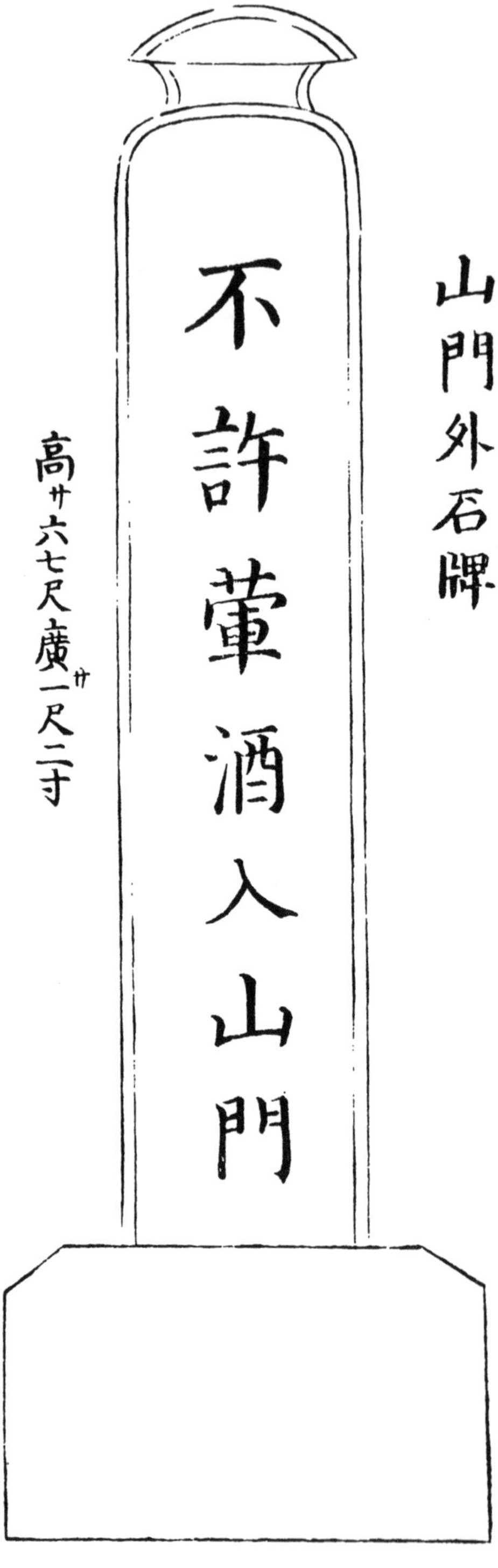

高サ六七尺廣サ一尺二寸

僧《そう》なるときハ師《し》の僧《そう》より住持《ぢうぢ》に願出《ねがひいで》て請《こ》ふなり。度牒《ドーデ》年分《ねんぶん》の定数《でうすう》なれバ
剃度《テイドー》の人《ひと》定数《ぢやうすう》等《など》あり。且《かつ》僧《そう》死《し》するときハ度牒《ドーデ》を其本寺《そのほんじ》へ返納《へんなふ》して本寺《ほんじ》より
官《くわん》へ返《かへ》し奉《たてまつ》る。本寺《ほんじ》に留《とゞ》めおくまじ。剃度《テイドー》の僧《そう》なるときハ名《な》を記《き》し成切《ちく》へ渡す。
私《わたくし》の度牒《ドーデ》ハ式《しき》を官府《くわんぷ》ならびに僧家《さうか》の取扱《とりあつかひ》に及《およ》ばず。實《じつ》見《み》ることなる事
なれバ私《し》事《こと》なるべし。◯僧家《さうか》の田地《でんぢ》を都《すべ》て僧《さう》ハ支配《しはい》なれども民《たみ》ハ知縣《ちけん》
の支配《しはい》なり。寺院《じゐん》の田園《でんゑん》も民間《みんかん》へ貸《かし》耕作《かうさく》せしめ年貢《ねんぐ》を収《をさ》む。其《その》年貢《ねんぐ》を進《しん》
不納《ふなふ》等《とう》あれバ知縣《ちけん》へ願出《ねがひいで》裁判《さいばん》に任《まか》す。菜園《さいゑん》ハ人夫《にんぶ》を雇《やと》ひ耕作《かうさく》せしむ。
◯新法《しんぱう》邪教《じやけう》ならびに寺中《じちう》に兵器《へいき》刄物《》を蓄《たくはへ》る事《こと》ハ制禁《せいきん》なり。寺院《じゐん》を私《わたくし》
に建立《こんりう》することなし。なれバ寺院《じゐん》の數《かず》も官《くわん》に書留《かきとめ》あるなり。ゆへあらたに建立《こんりう》の
ときハ其地《そのち》の知縣《ちけん》にうかゞひ閣部《きくまく》の人造營《ざうえい》ス
◯禪宗《ぜんしう》も法衣《ハイー》袈裟《キヤアサア》を着《ちやく》し　此方《このはう》のクワラと　いふもなし
袈裟《キヤアサア》ハ錦《めき》縮緬《ちりめん》紗綾《さや》の類《るい》法衣《ハイー》も

緞子《どんす》縮緬《ちりめん》等《とう》にて仕立《したて》たる法衣《はふい》の制《せい》住持《ぢうぢ》ハ黄色《わうしき》を用《もち》ひ長老《ちやうらう》以上《いじやう》ハ色《いろ》
衣《ゑ》を用ゆ各《かく》等かはれバ平僧《へいそう》ハ素衣《そい》なり右色衣《うしきゑ》に定りたる制《せい》なし服《ふく》ハ棉服《めんぷく》なと
袖纏《そでこうろ》ハ明胡《えんくう》の衣服《いふく》のごとし絹地《きぬぢ》の衣服《いふく》ハ制禁《せいきん》にあらず大寺《えいじ》住持《ぢうぢ》とても着《ちやく》する事《こと》
を得《え》ず帽子《ニウツウ》ハ法式《ほうしき》にあらざるゆへ表《おもて》立たる所《ところ》にてハ用《もち》ひず寒中《かんちう》なとにハ着《ちやく》する
事もあつて鞋《くつ》ハ僧鞋《スエンニヤイ》とて別《べつ》にあつて
○在家《ざいけ》の子《こ》を僧《そう》となす事《こと》ハ庶人《ちよじん》に限《かぎ》られ士大夫《したいふ》以上《いじやう》とても父母《ふぼ》の大病《たいびやう》なとあれ
よりて子供僧となさんと祈誓《きせい》し或《あるひ》ハ其子《そのこ》の好《このみ》によりて早く親《おや》に放《はな》ち或《あるひ》ハ
家《いへ》貧《まづし》くして子供《こども》多《おほ》く若《もし》くハ短命《たんめい》にして育《そだ》ざるかなどにつく僧となす事《こと》あり
とも惣領《そうりやう》ハ僧《そう》となる事《こと》を得《ゑ》ず二男以下《なんいか》なるもの手寄《てよる》を以て某寺《それのてら》に頼《たのみ》
入寺《にうじ》住持《ぢうぢ》より見習《みならひ》弟子《でし》の僧《そう》に引受《ひきうけ》させ師《し》の手許《てもと》に使《つか》ひ剃髪《ていはつ》させるに
以前《いぜん》ハ髪《かみ》の結様《ゆひやう》も惣髪《そうはつ》或ハ総角《あげまき》等《とう》にして習ふ事なし先《まづ》選僧堂《スエンソエンダン》と云

取《とり》みて出《いだ》し手習《てならひ》せ四書五經を教へ念經熟讀《じゆくどく》させ十五六歳《さい》に至り能く習ひ於

に分ぶる時剃髪させ若其内試て学問に疎《うと》きか又ハ出家を好ざる者ハ親もとへ返《かへ》

することもあり能習ひ得たる者ハ剃髪の吉日を定め住持を始め寺中の僧残らず

本堂の佛前へ出排班《はいはん》し式の如く誦經等有て右の新僧となるべき者を連来り佛

前《ぜん》におゐて頭髪《とうはつ》を剃（髪を剃ハ最前より得度の様子なれども紛らはし）師の僧法名を書佛前へ備へ拝して

其法名を度牒《ドーテウ》に書入新僧へ渡し法衣袈裟沙衣等を着せしめて世尊佛を拝

せしめ次に師の僧を拝させ師の僧昂時に唱言を授け五戒三帰等の清規を教へ其後

大衆を拝謁し了て佛前を退き選佛場へ入師の僧住持にあらざれバ其日師の僧より今

日何某を剃髪すべき旨住持へ申入バ規式の通執行すべしと返答あり一山の僧へ通達あり

て式の如く執行ふ右規式済てハ一山の僧徒寺内におゐて祝悦の饗膳等あり親もとよ

りハ袈裟衣或ハ雑物索麪杯の物身分に應じ師の僧に配り又選佛場にて

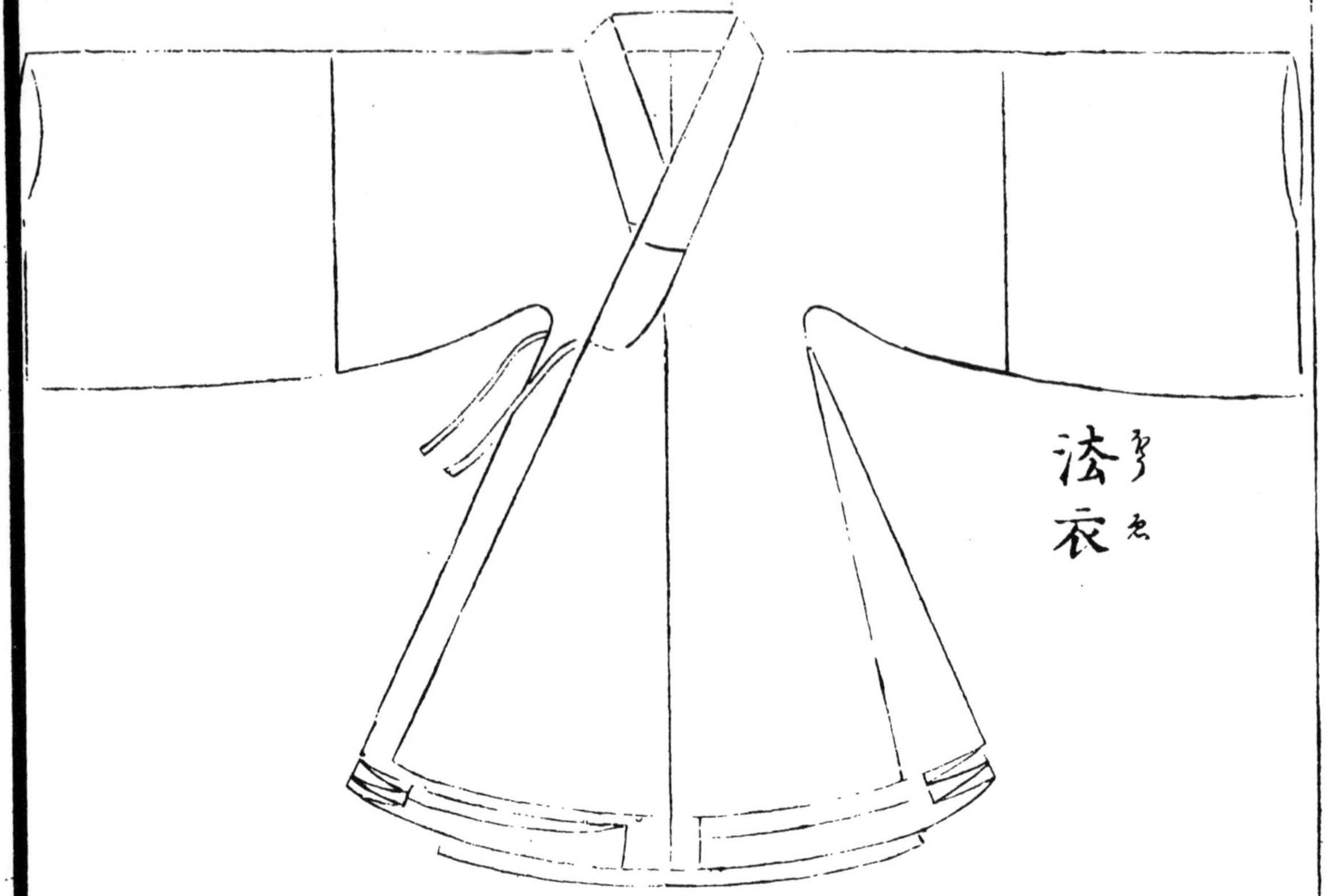

法《ほう》衣《え》

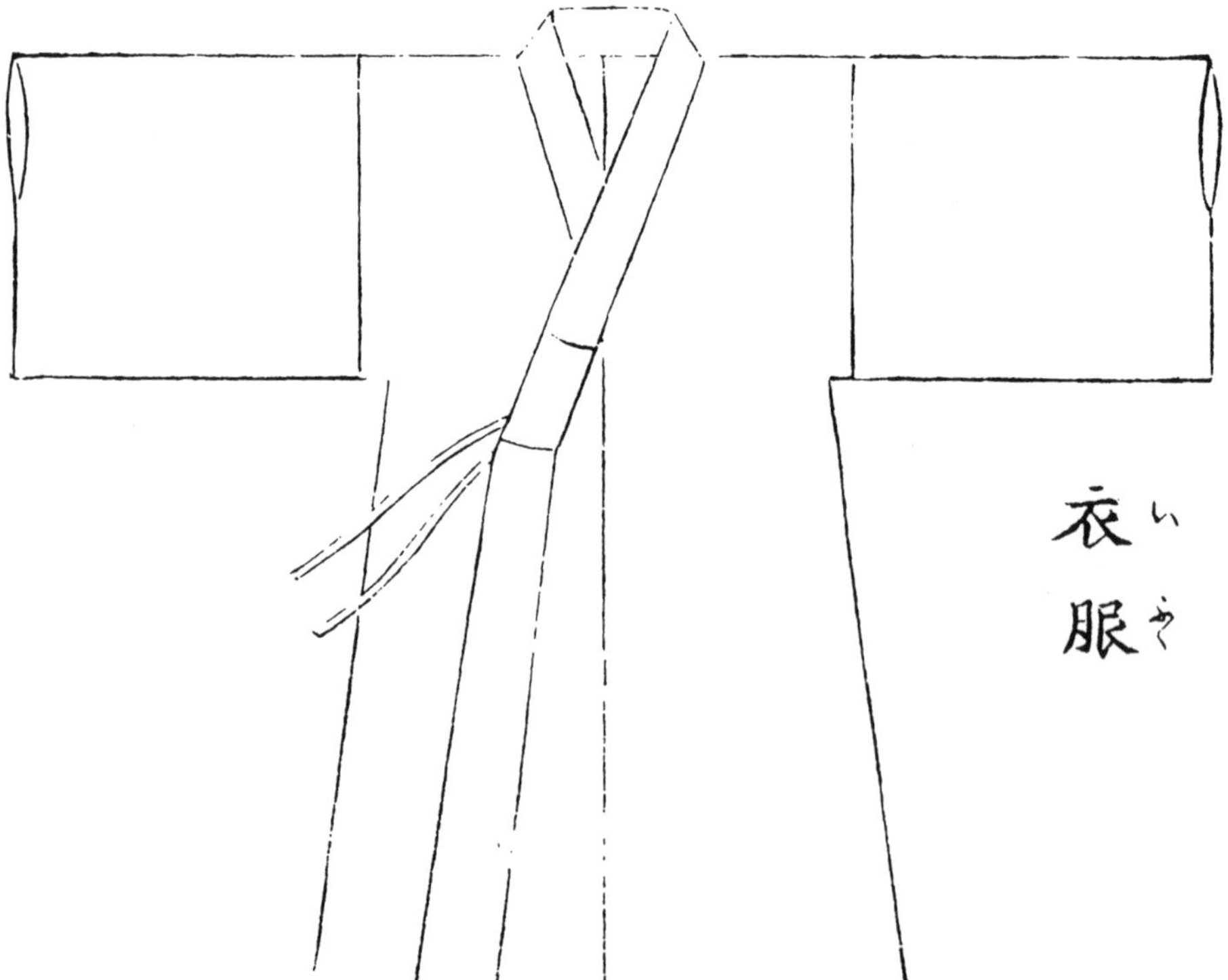

衣《い》服《ふく》

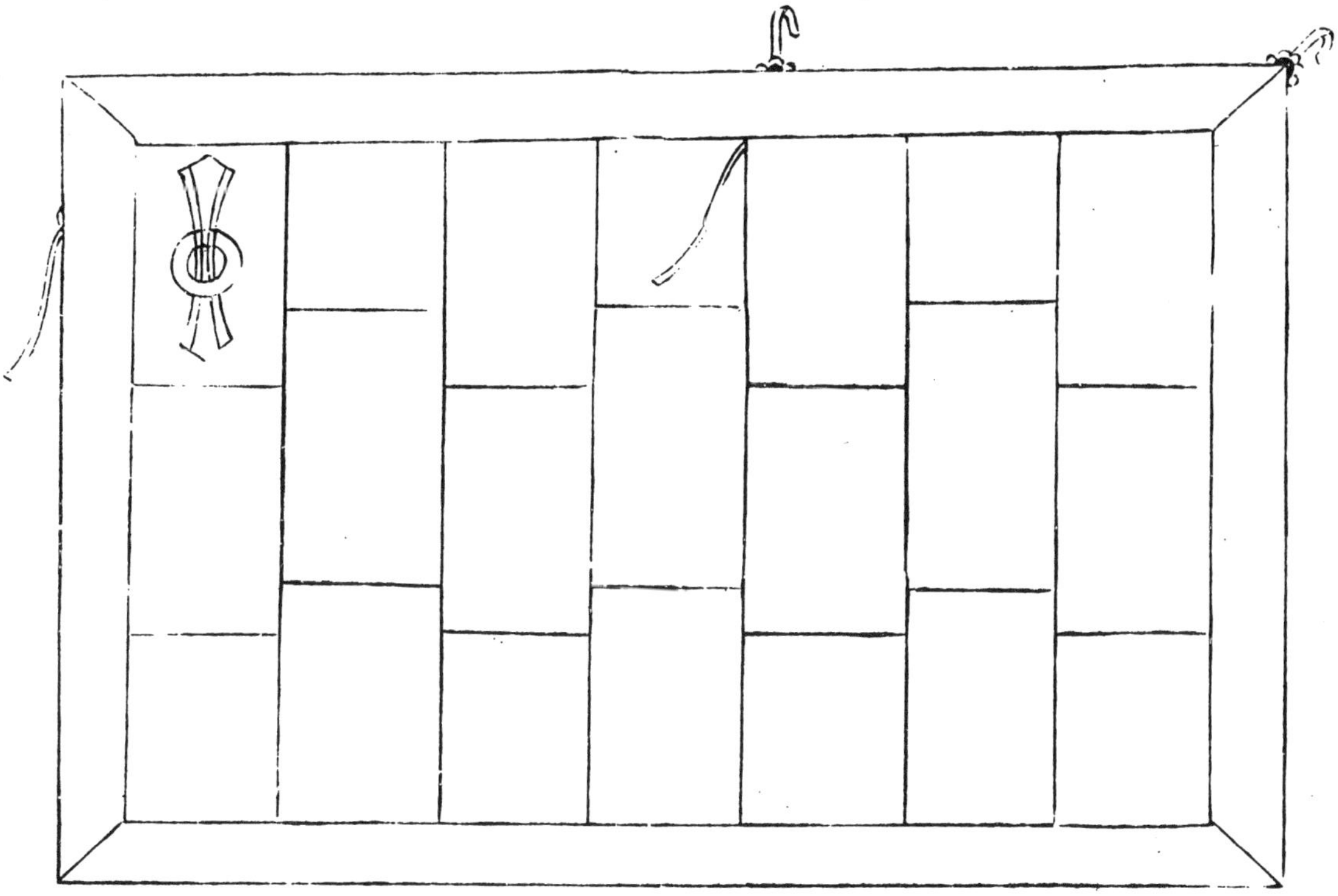

袈裟《けさ》

座具《ざぐ》

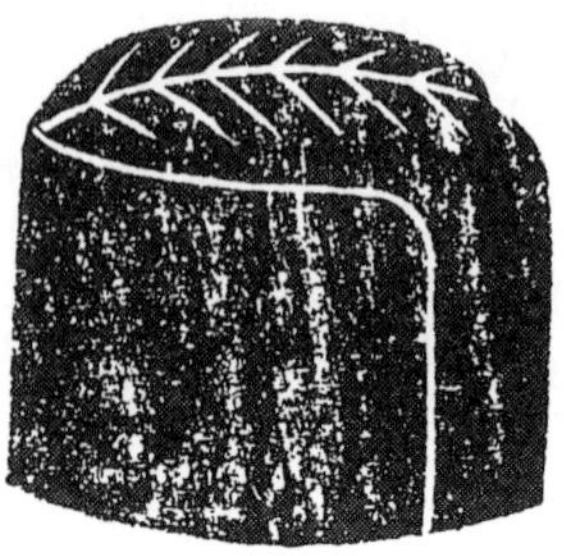

帽子《ばう》 横《よこ》

前面《ぜんめん》

誌公巾《しこうきん》

僧鞋《そうあ》

紅緞子《こうどんす》 白縑

總《そう》角《かく》

小沙《さ》彌《み》

座禅《ざぜん》問答《もんだふ》佛経《ぶつきやう》等の勤學を事とする年若の内に小沙彌《スヤウサミ》に呼（小沙弥とも小僧とも云）諸事《しよじ》に

さし使ふ○同く勤る巡照《ジインセウ》と云ふ役僧《やくそう》あつて夜不寝を勤め夜中《やちう》木魚を敲《たゝ》き

無常迅速《ウージヤンシンソ》一心念佛南無阿彌陀佛《ナモアミダブツ》と唱へ寺中を巡る一更毎に本堂ならびに

禅堂《ぜんだう》に掛《かけ》たる更版《ゲンパン》と云ふ板を叩《たゝ》き此板《このいた》に書付《かきつけ》ある文《ぶん》を高聲に讀《よみ》諸寮に觸る

五更の更版《ゲンパン》を叩《たゝ》けば司鐘司鼓と云ふ役僧鐘樓鼓樓に登り鐘《かね》を撞《つき》太鼓を打《うて》ば

其内に殿司《テンスウ》（役僧の名）佛前《ぶつぜん》へ燈明《とうみやう》を點《てん》じ香花《かうけ》を供へ打掃潔浄して事止へば巡後米鐘を

お米鐘を聞く首座以下寺中の僧残らず本堂に聚集し諷経始まる大衆の内より

一人大木魚一人は銅磬《ドンキン》を鳴し年若僧より小磬小鐃鈸太鼓を鳴し諷経の内

住持《ぢうぢ》提爐《デイルウ》を持佛殿《ぶつでん》並《ならび》に皇帝の龍牌《ロンバイ》及靈廟其外諸佛へ拈香《子ンヒヤン》し方丈へ帰る

明方《あけがた》に諷経畢りて夫々の寮に入典座（役僧の名）齋堂《さいだう》の前に飯梆とて魚《うを》の形に拵

へ掛《かけ》たる物を叩《たゝ》き又雲版《インバン》といふ物を叩《たゝ》けば住持を始め首座以下の僧その席々

寮々《れう〳〵》の僧《ソウ》引磬《インキン》を打《うち》斎堂《さいだう》に集《あつま》りて位《くらゐ》にしたがひて諷経《ふうきやう》し斎《とき》を喫《きつ》し了《をはつ》てそれ〳〵の寮《れう》に入《いり》坐禅《ざぜん》修学《しうがく》に怠《おこた》らざるもあり又托鉢《たくはつ》に出《いづ》るもあり昼《ひる》七《なゝ》つ時《とき》になれば本堂《ほんだう》に掛《かけ》たる半鐘《はんしやう》を叩《たゝ》けば朝《あさ》のごとく諸僧《しよそう》集《あつま》りて諷経《ふうきやう》し夜《よ》は一更《かう》になれば鐘楼《しゆろう》の大鐘《だいしやう》太鼓《たいこ》を打《うつ》（是《これ》を開静《かいじやう》といふ）二更《にかう》の更版《ゲンバン》を聞《きい》て坐禅《ざぜん》を止《やめ》休息《きうそく》す

○佛前《ぶつぜん》供物《くもつ》は毎朝《まいてう》茶《ちや》を點《てん》じ飯《めし》の初穂《はつほ》を供《そな》ふ朔日《ついたち》十五日には菓子《くわし》野菜《やさい》類《るい》四五種《しゆ》宛《づゝ》供《そな》ふ事定式《ぢやうしき》なり（是《これ》を上供《ジヤウクウ》といふ）法會《ほふゑ》執行《しゆぎやう》の時《とき》は多少《たせう》ありしかれば

○昼夜《ちうや》寺院《じゐん》の鐘聲《しやうせい》は朝七ッ時昼《ひる》七ッ時夜《よ》五ッ時此三度《このさんど》より外《ほか》時刻《じこく》を告《つぐ》る事なし

○出世《しゆつせ》の志《こゝろざし》ある僧は遊方僧《ユウハウソウ》とて諸國《しよこく》を巡《めぐ》り知識《ちしき》を尋《たづ》ね其寺《てら》に掛錫《クワシヤク》し重《おも》り坐禅《ざぜん》問答《もんだふ》は修《おさ》めて此間《このあひだ》は行者《ヒンヂユー》とて修行《しゆぎやう》進《すゝ》みて悟《さと》りたる道《みち》を聞《ひら》けば其《それ》は頼《たの》むる知識《ちしき》を求《もと》めに師《し》と仰《あふ》ぎ先師《せんし》の事《こと》を受業師《ジウゴフスウ》と唱《とな》ふ行者《ぎやうじや》の間《あひだ》も中切《ちうきり》の有無《うむ》まで修行《しゆぎやうのあひだの》専《もつぱら》なり此行者《このぎやうじや》の内《うち》より多《おほ》く名僧《めいそう》出《しゆつ》づるよしなりとぞ

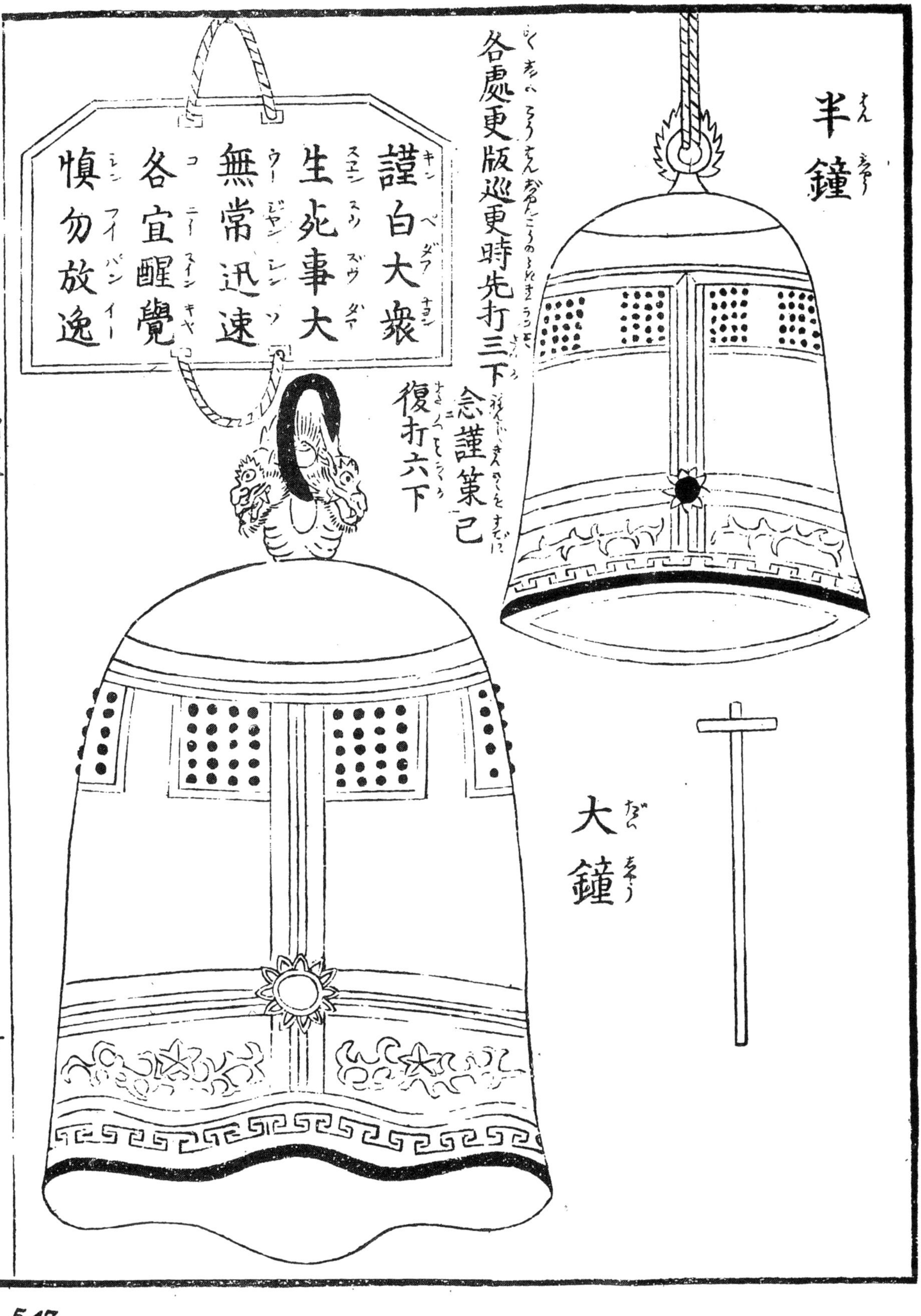
半鐘
各處更版巡更時先打三下
念謹策已
復打六下
謹《キン》白《ベ》大《ダア》衆《ナヨン》
生《スエン》死《スウ》事《ズウ》大《ダア》
無《ウー》常《ジヤン》迅《シン》速《ソ》
各《コ》宜《ニー》醒《スイン》覺《キヤ》
愼《シン》勿《フイ》放《バン》逸《イー》
大鐘

僧徒

十

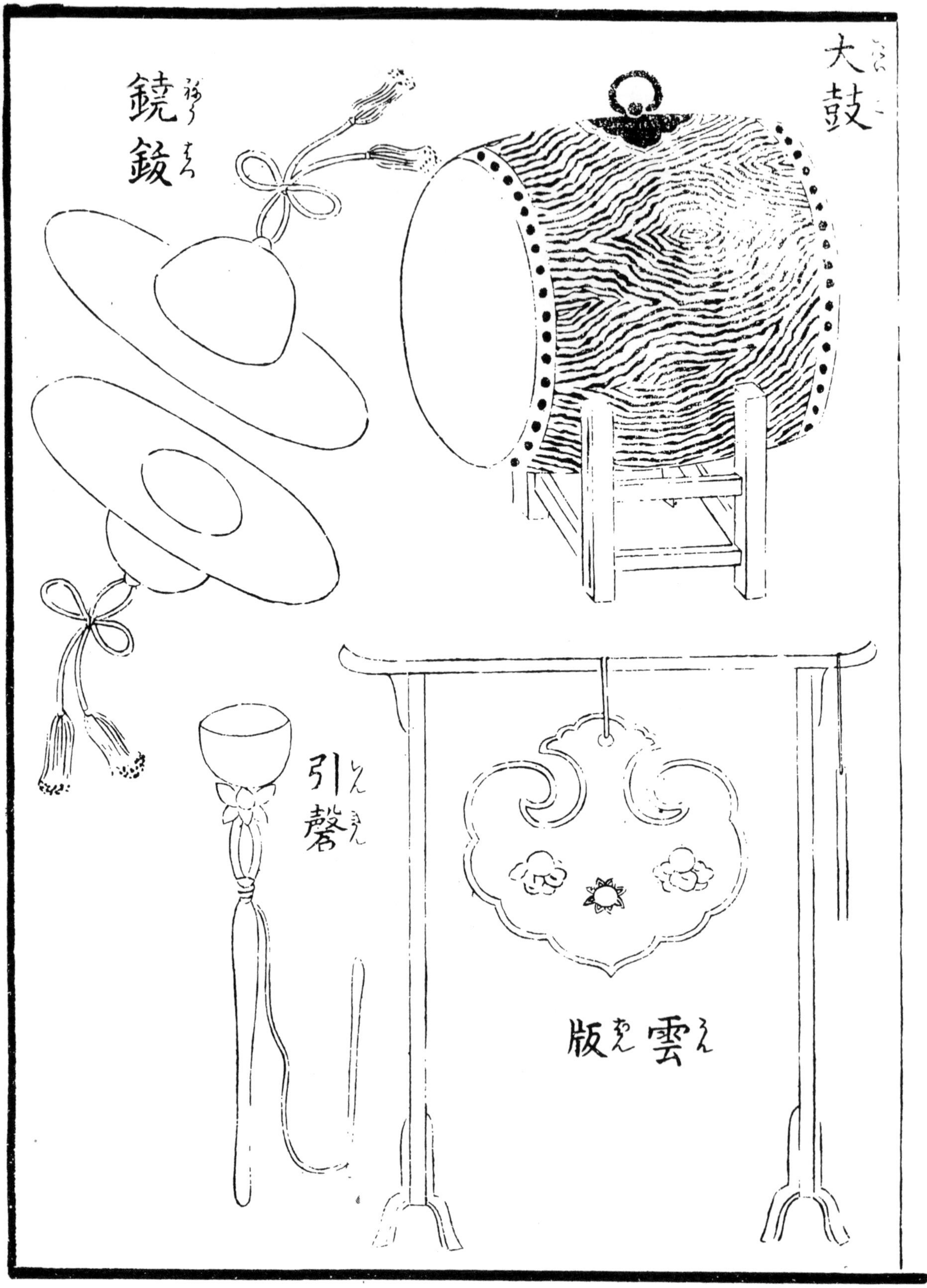
大《たい》鼓《こ》
鐃《ねう》鈸《はち》
引《いん》磬《きん》
雲《うん》版《はん》

齋《さい》堂《だう》前《ぜんの》飯《はん》梆《ぼう》

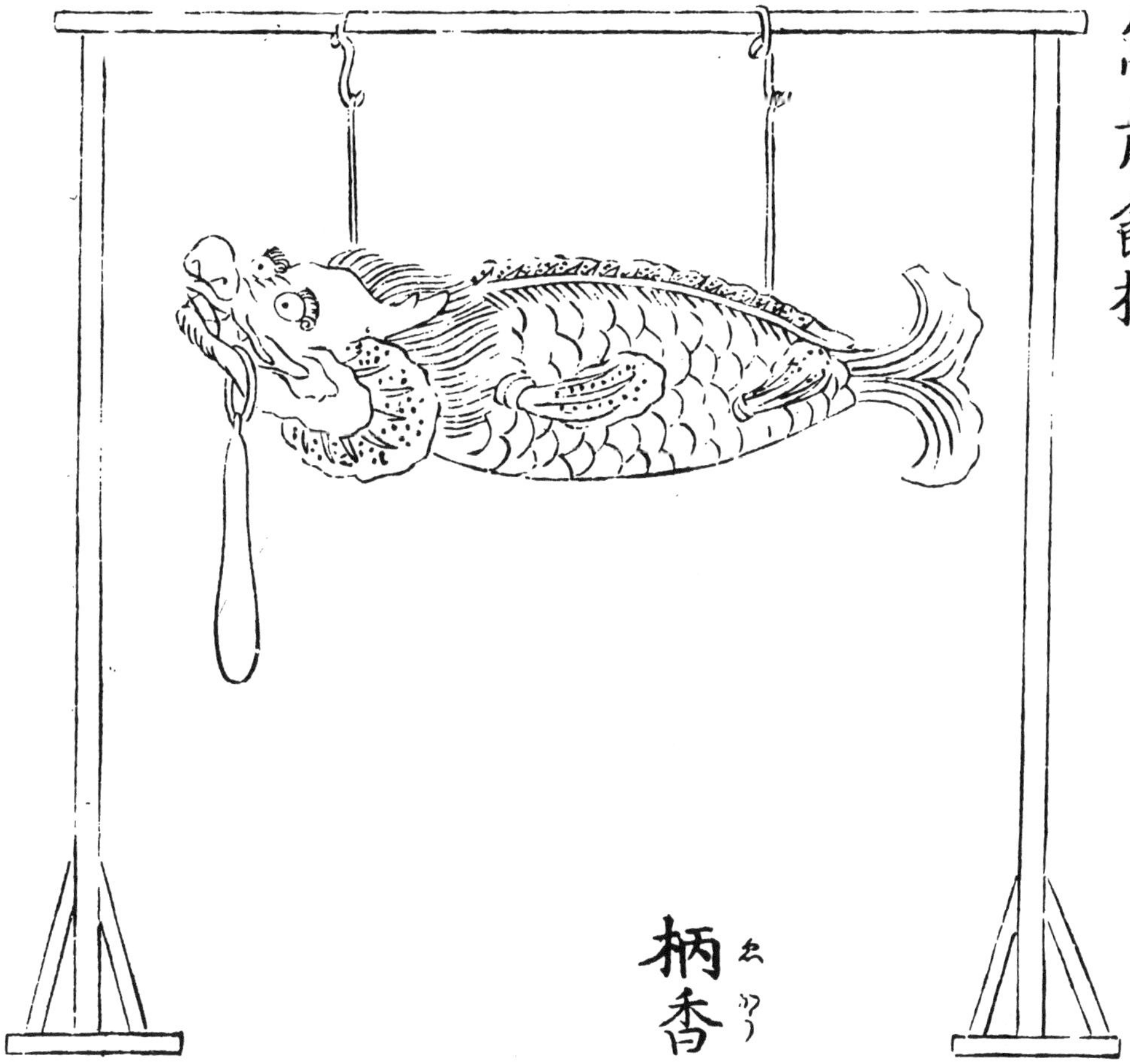

柄《ゑ》香《かう》爐《ろ》

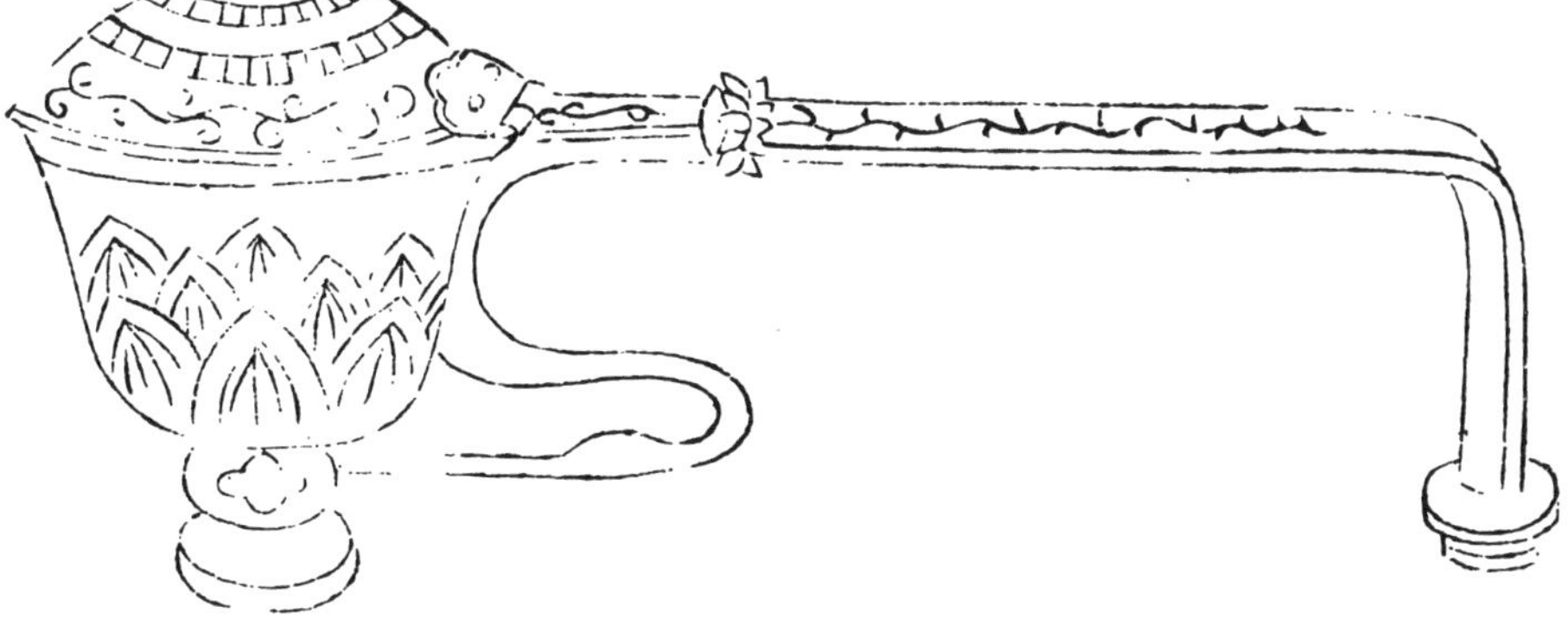

銅磬
うりきん

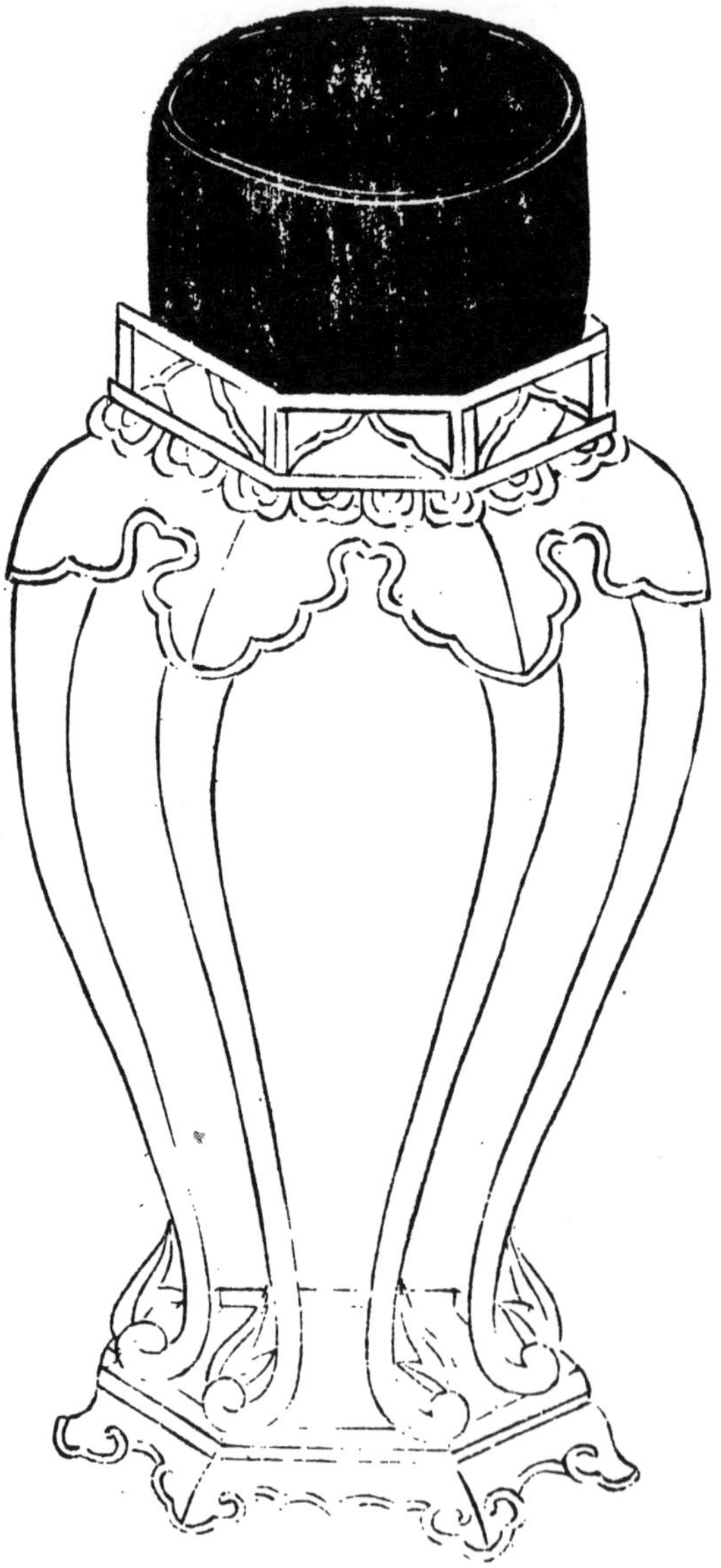

齋ぎ堂ぐ喫きっ齋さ

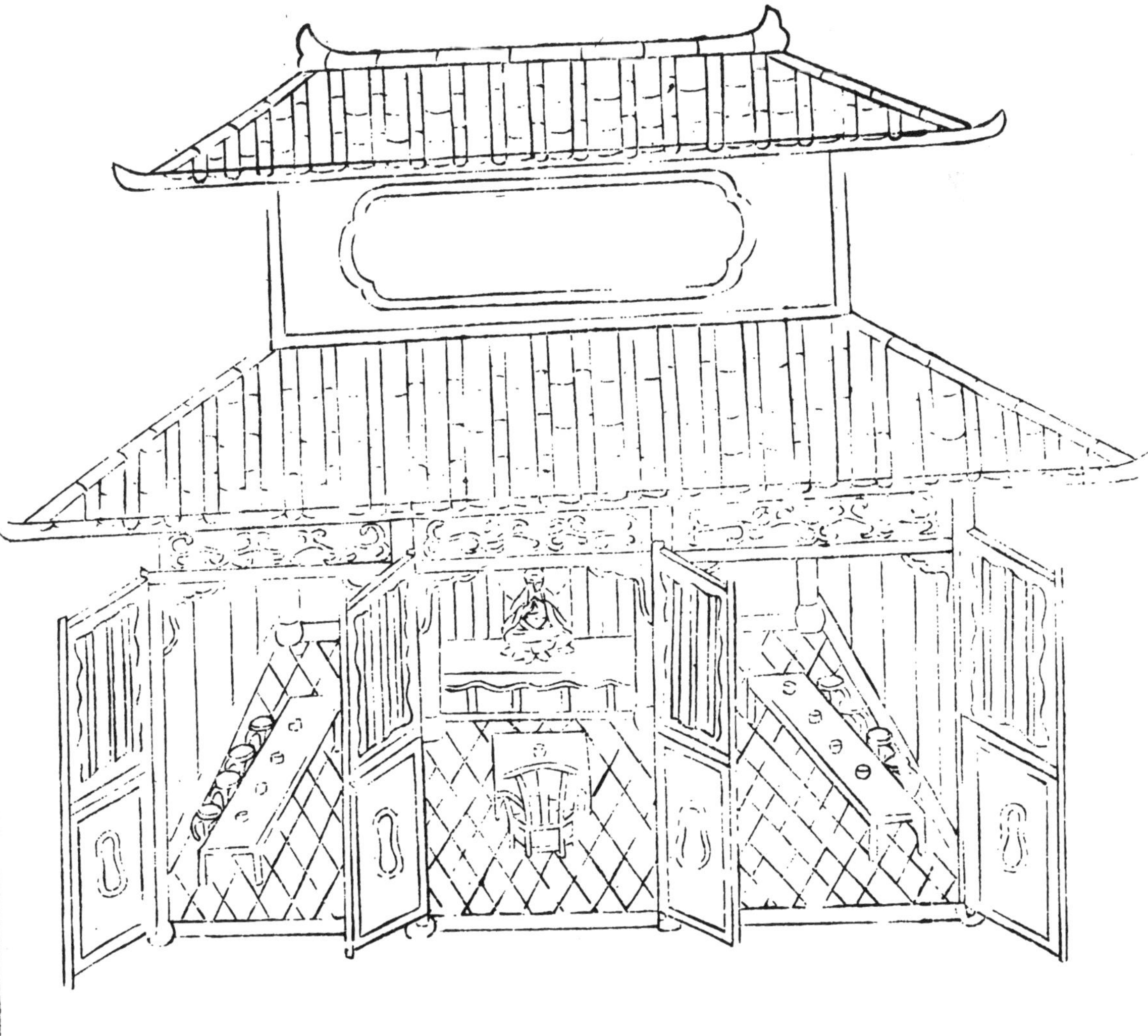

遊《いう》方《はう》僧《そう》

○托鉢《たくはつ》に出る僧の内唱食といふ者あつて是にも米銭其外施行の物何品に限らず取収《とりおさ》め帰寺《きじ》の上夫々に取纏め差配《さはい》する後僧あり托鉢に出さる僧共寺に急用事《ようじ》あるか又は寺に非常《ひじやう》の事ある時は大鐘《たいしよう》を撞けば外出の僧残《のこ》らず寺へ帰るぞ

○檀越《たんおつ》より先祖《せんそ》の年回其外法会《ねんくわいそのほかほふゑ》にて僧侶《そうりよ》を招《まね》くに其施主《せしゆ》宅へ来りて頼《たのむ》もあり又は住持を招《まね》く頼《たのむ》もあり供養日数《くやうひかず》二日の間誦経《あひだずきやう》をなすもあり五日七日の間施主の求めに因《よ》て焔口施餓鬼水懺《エンケウスウコーメイシユイサン》等の佛事《ぶつじ》を執行す重立《おもだち》たる僧来臨《らいりん》の時は主人門前まで出迎《でむか》ひ互に礼儀《れいぎ》を述《のべ》聽堂《チンタン》へ請《しやう》し茶抔を進めおへて家廟《キヤアミヤウ》へ案内《あんない》し霊《れい》前にて拈香誦経《ねんかうずきやう》法事終りて布施おくりて一日に僧一人へ並平僧は銭《ぜに》百文へ百五十文住持長老《ぢうぢちやうらう》は銀十匁程遣す是《これ》を襯資《ツエンツウ》といふ是施主の貧富に因《より》て等《ひとし》からず ○焔口施餓鬼《エンケウスウコーメイ》執行《とりおこなふ》時は場所の広《ひろ》き所に新に佛壇を設け志ある亡霊の神主牌を立燈《とう》を点《てん》し錫五事《スヰウースウ》を備へ

五事《ウースウ》は花瓶《くわびん》二個燭臺二個香炉一個供物は

僧徒

十三

燄《ゑん》口《こう》壇《だん》排《はい》式《しき》

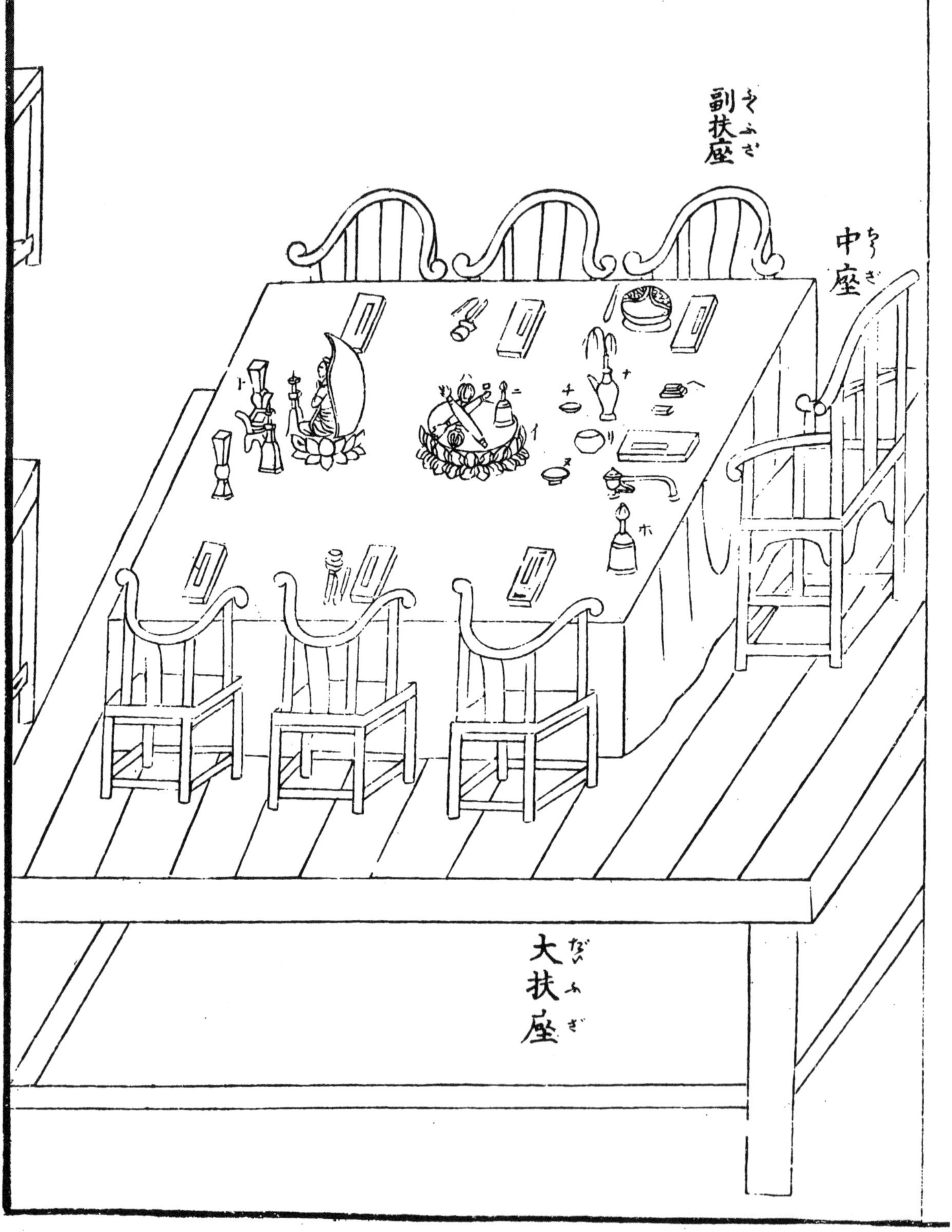

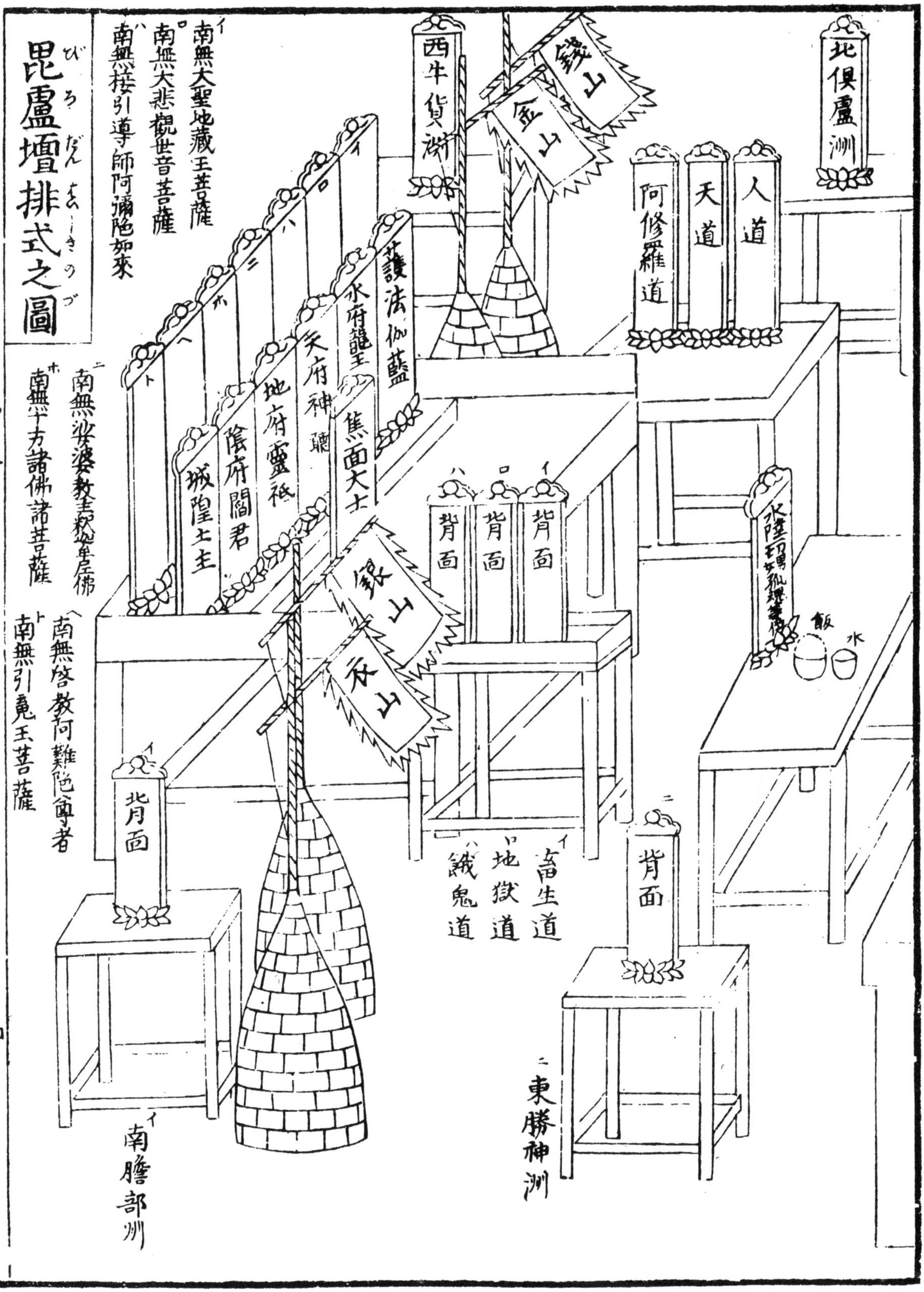

毘《び》盧《ろ》壇《だん》排《はい》式《しき》之《の》圖《づ》
イ 南無大聖地藏王菩薩
ロ 南無大悲觀世音菩薩
ハ 南無接引導師阿彌陀如來
ニ 南無娑婆教主釋迦牟尼佛
ホ 南無十方諸佛諸菩薩
ヘ 南無啓教阿難陀尊者
ト 南無引魂王菩薩
西牛貨洲
錢山
金山
北俱盧洲
阿修羅道
天道
人道
イ
ロ
ハ
ニ
ホ
ヘ
ト
護法伽藍
水府龍王
天府神聽
焦面大士
地府靈祇
陰府閻君
城隍土主
銀山
衣山
ハ 背面
ロ 背面
イ 背面
水陸一切男女孤魂等位
飯
水
イ 背面
ニ 背面
イ 畜生道
ロ 地獄道
ハ 餓鬼道
イ 南贍部洲
ニ 東勝神洲

僧徒

四

法鏡《ほうきやう》 イ

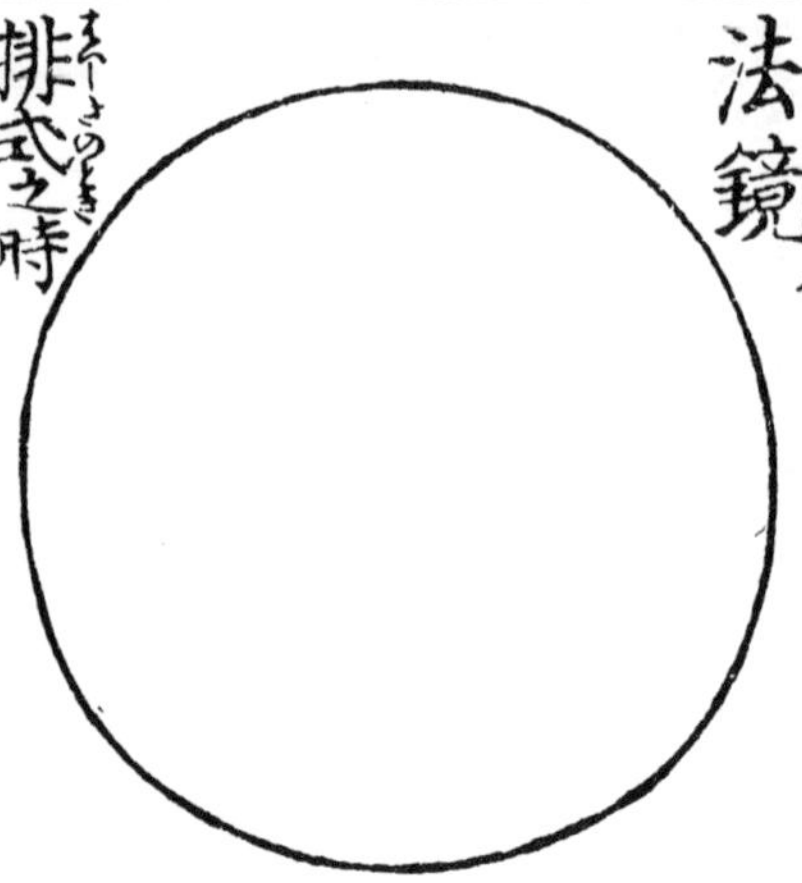

排式之時
鏡面朝天置壇上刻金剛杵寶錯

大鈴《だいれい》三件《さんけん》 ト

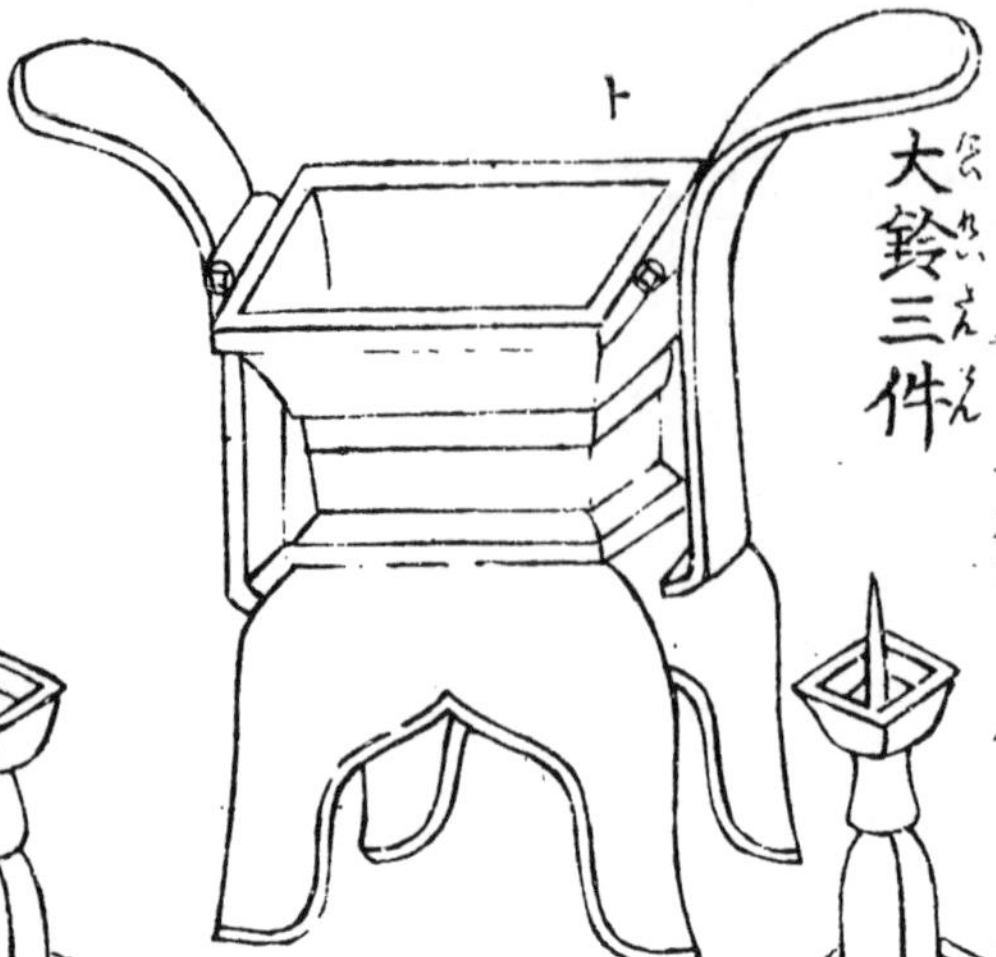

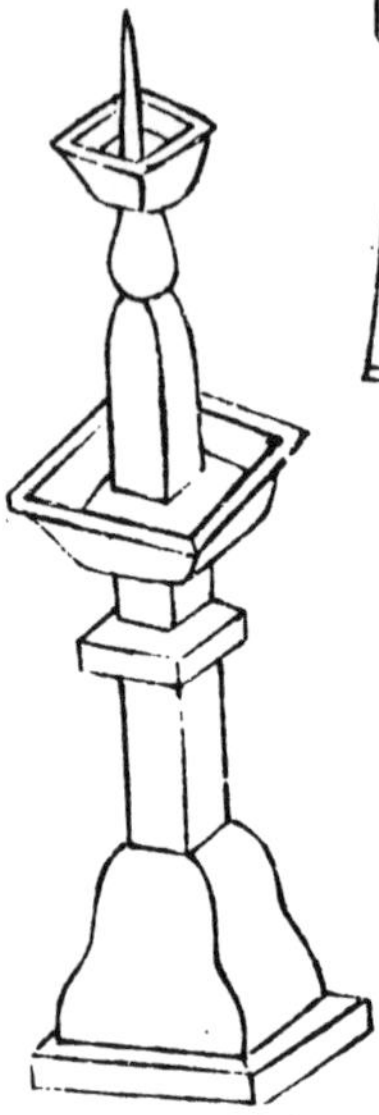

錫五事

和名五具足

金

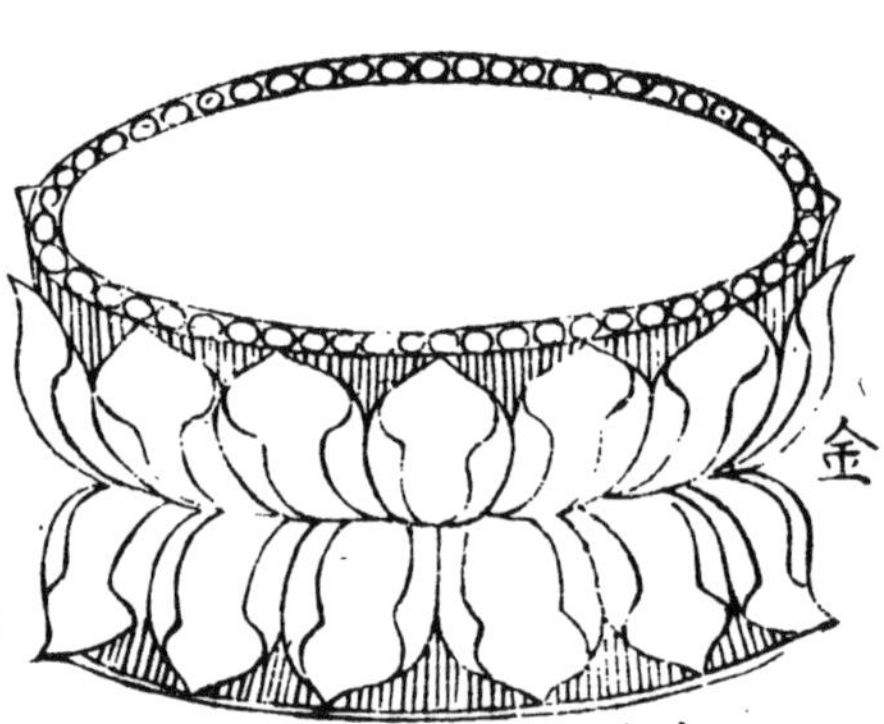

曼拏羅《まんだら》
法臺《ほうだい》

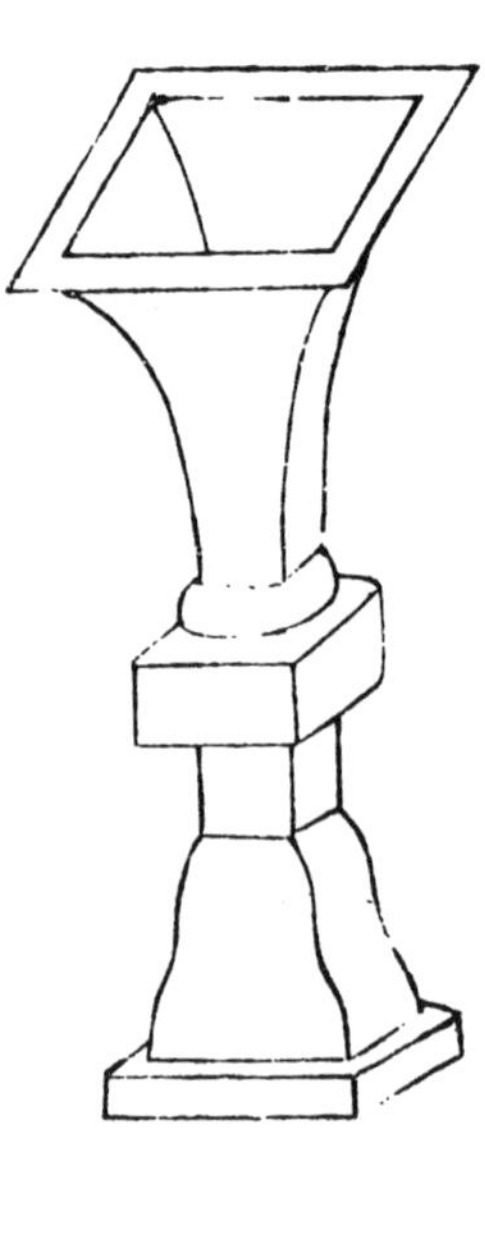

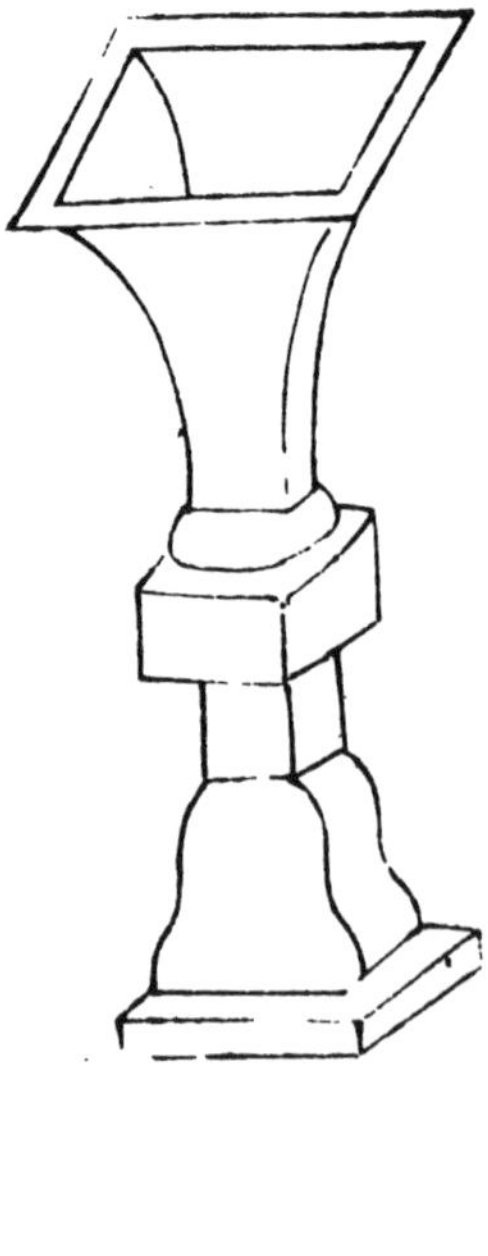

法尺 ヘ

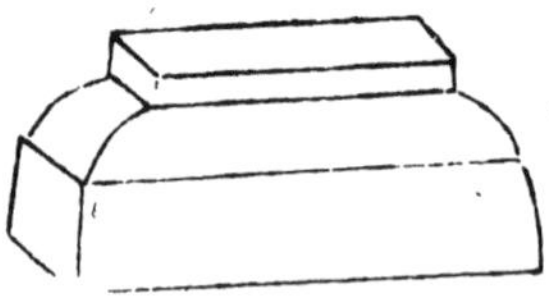

排式之時置
中座経典之右

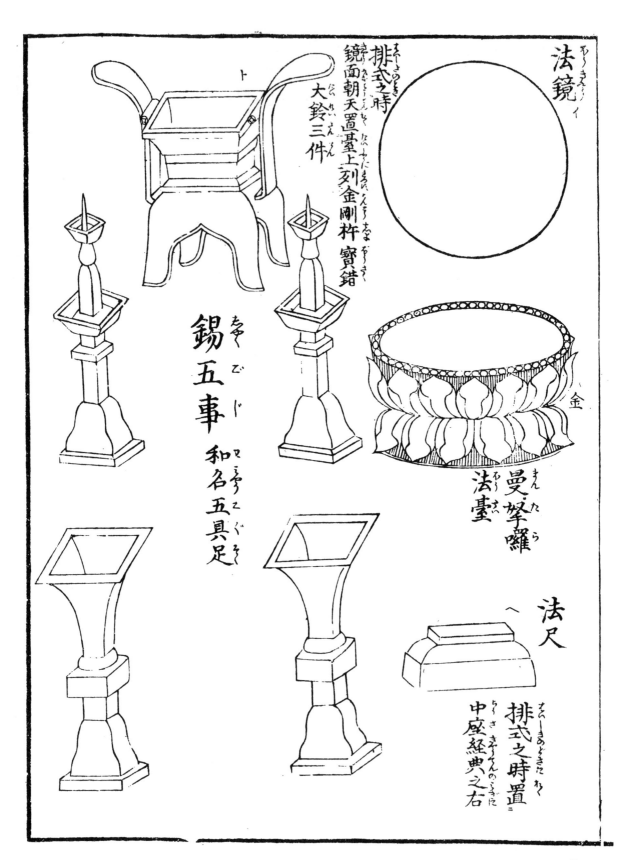

ロ

寶《ほう》錯《さく》

片《へん》様《よう》式《しき》

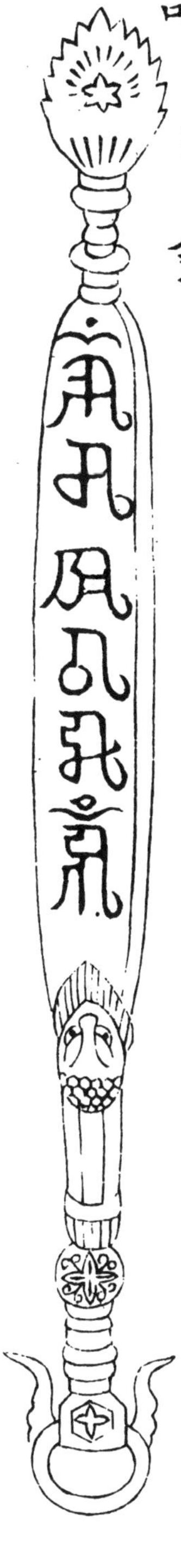

同《おなじく》

方《ほう》様《よう》式《しき》

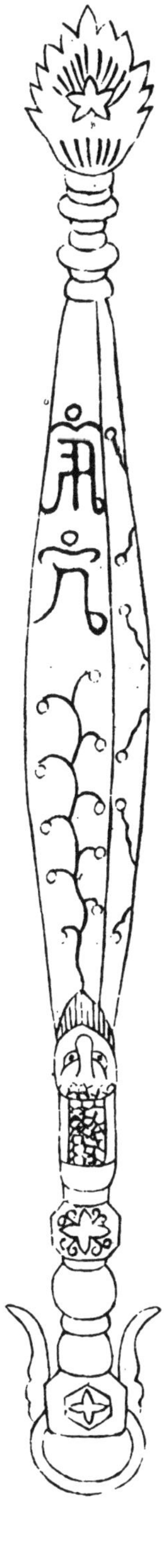

ハ

金《こん》剛《ごう》降《がう》魔《ま》杵《ちよ》

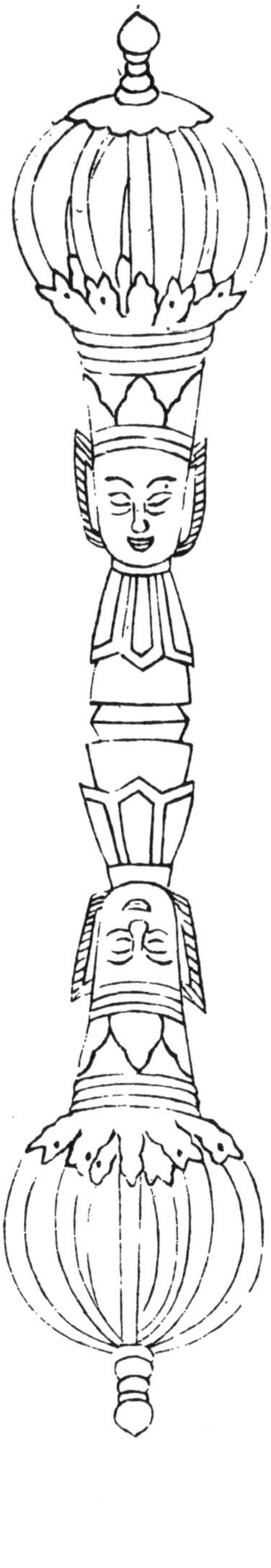

花米《べい》碟《ちやう》

チ

乙碟盛饅頭

仝《おなじく》

ヌ

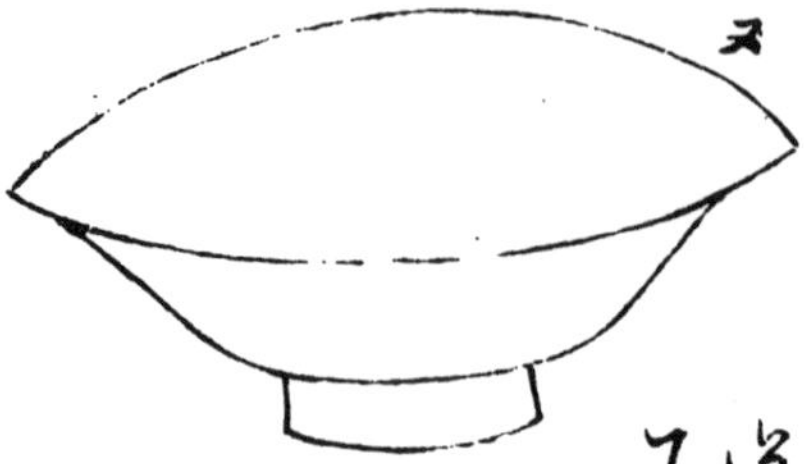

乙碟盛花羌米

リ

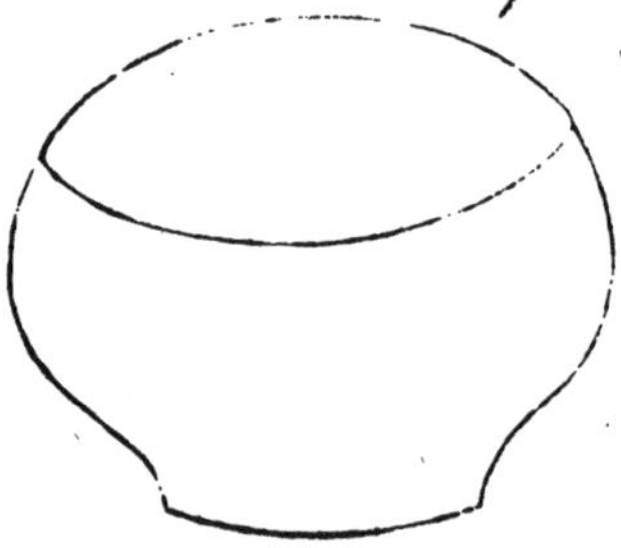

酒水器

ナ

耳露瓶

排式之時

揷柳枝

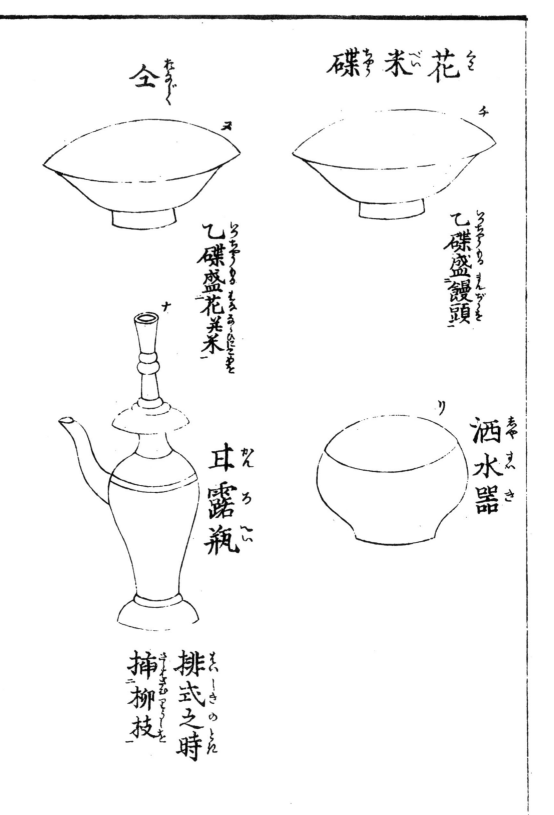

水《すい》懺《せん》排《はい》式《しき》之《の》圖《づ》

中《ちう》尊《そん》佛《ぶつ》觀《くわん》世《ぜ》音《おん》

幡《ばん》《はた》

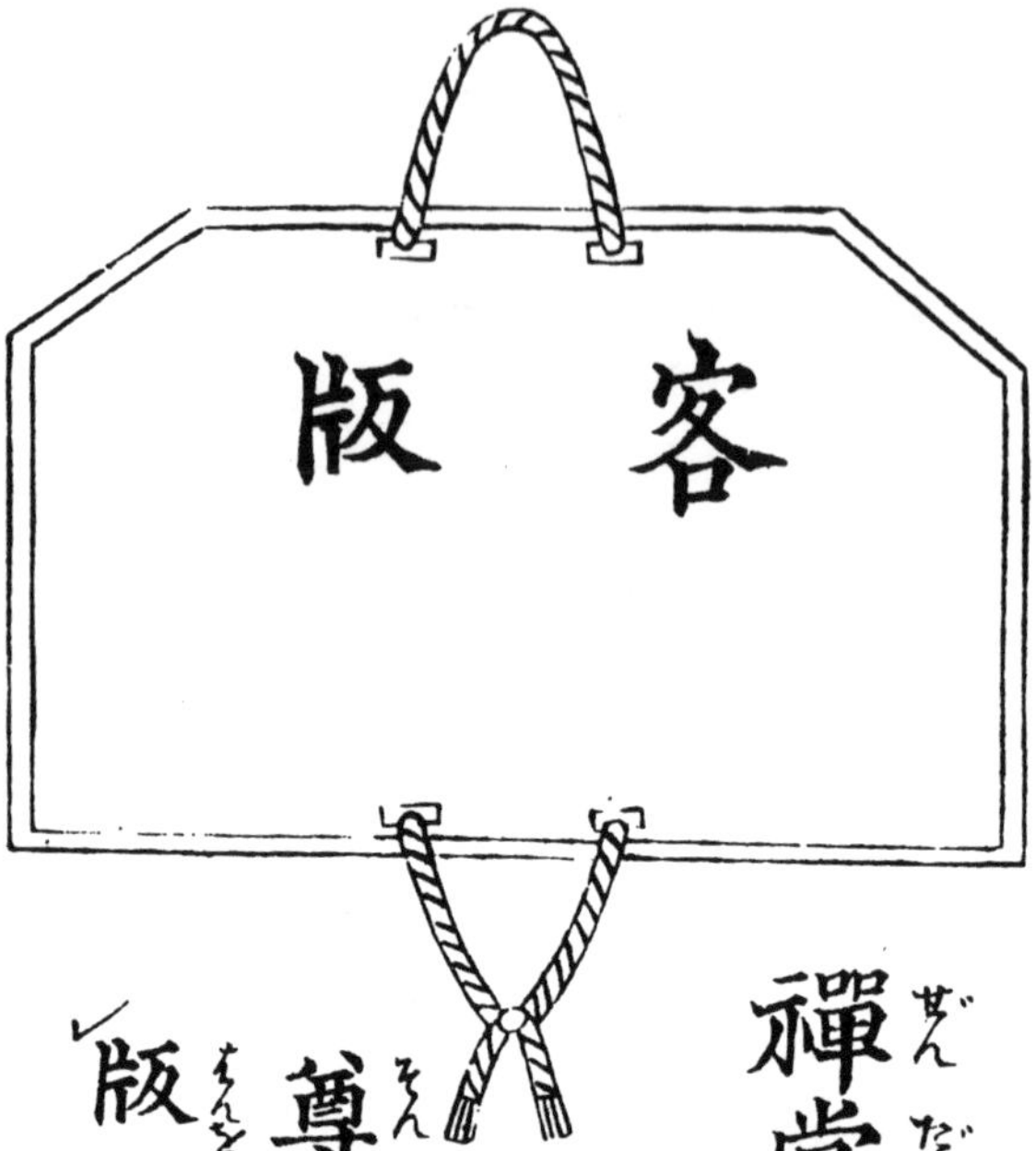

禪《ぜん》堂《だう》前《ぜんの》客《かく》版《はん》

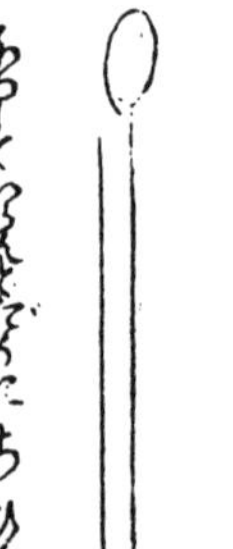

尊《そん》客《かく》欲《ほつして》入《いらんと》堂《だうに》知《ち》賓《ひん》鳴
版《はんを》三《さん》下堂《だう》内《ない》開《ひらく》門《もんを》

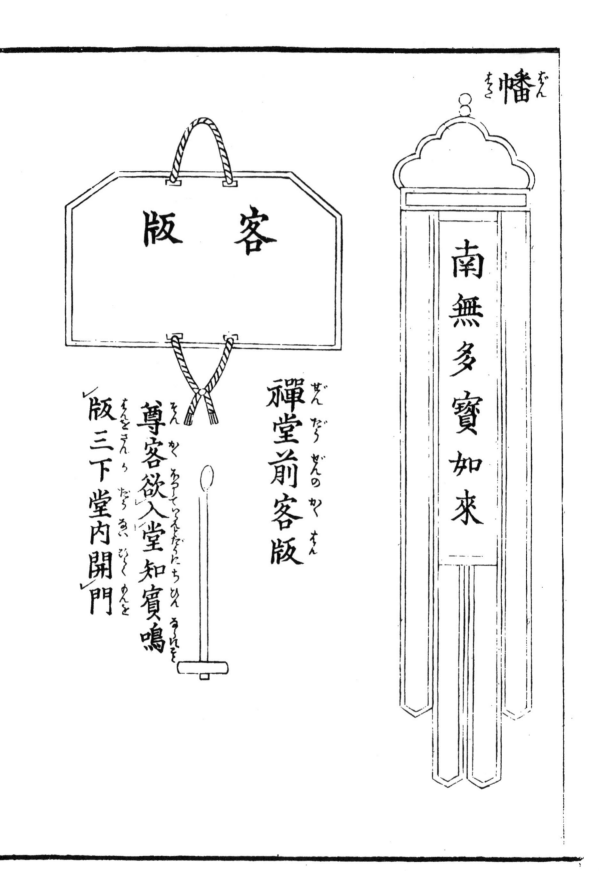

中座鈴《ちうされい》

扶座鈴《ふざれい》

毘盧帽《びろぼう》

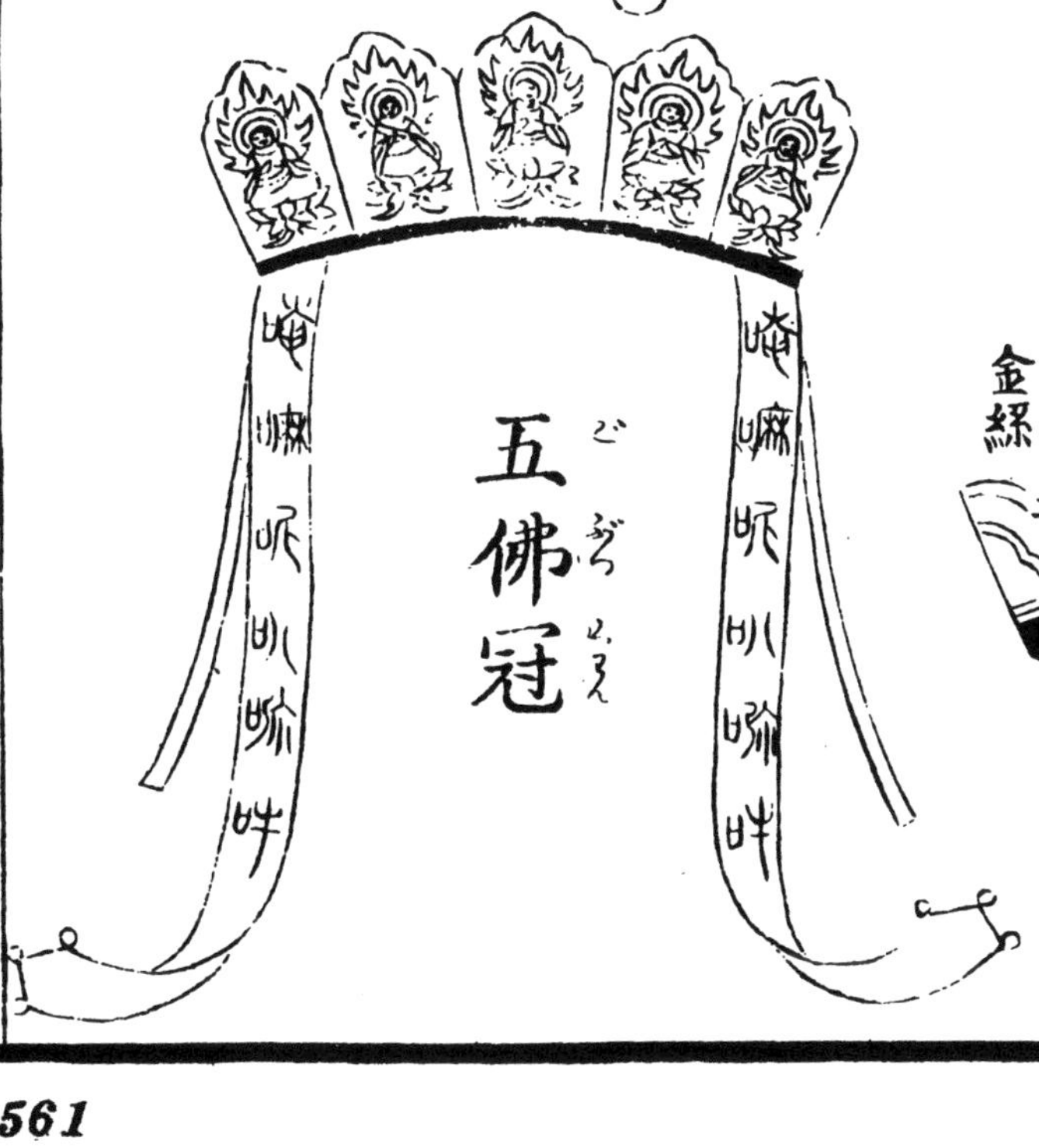

五佛冠《ごぶつくわん》

椅《い》子《す》

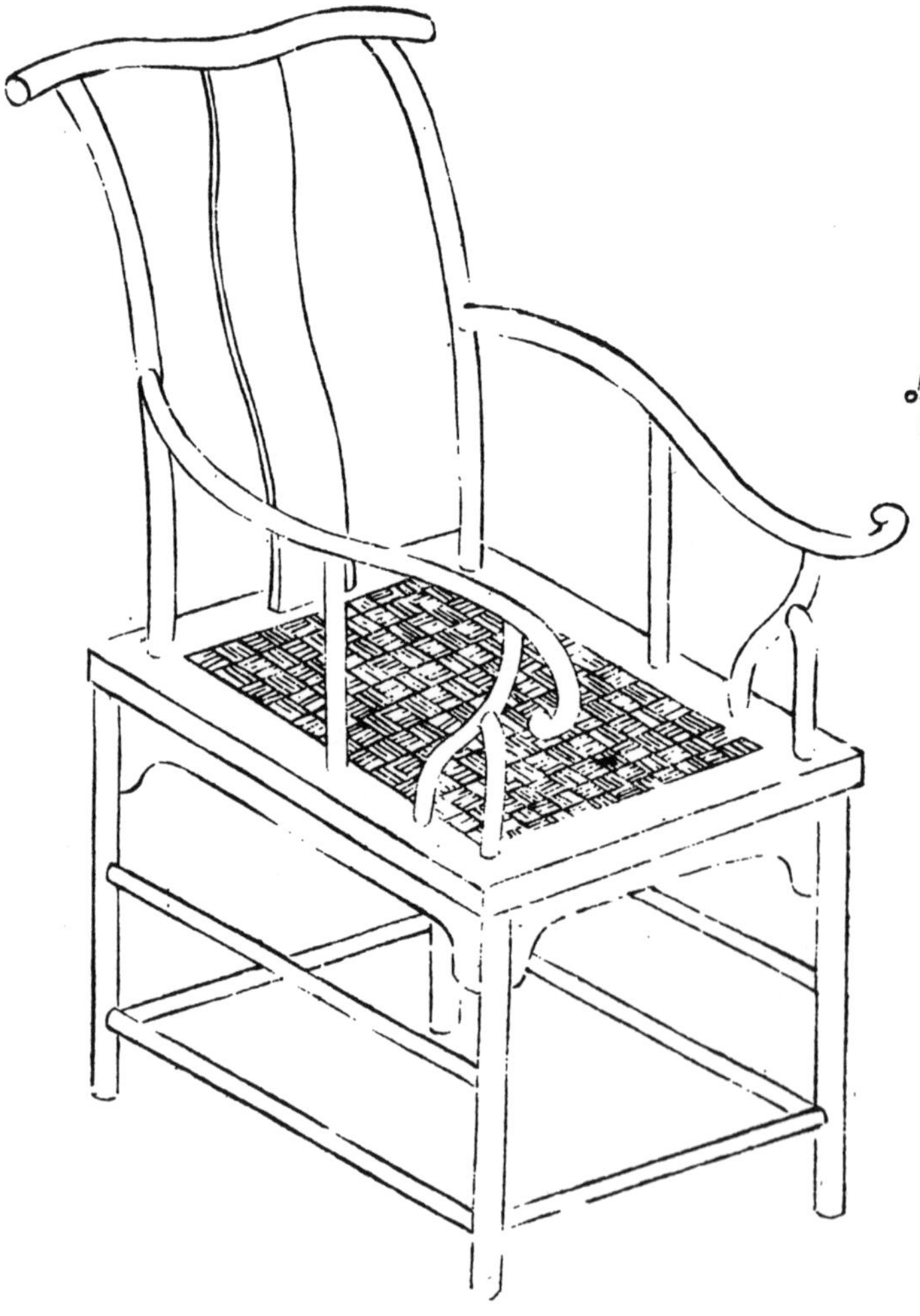

毘《び》盧《ろ》帽《ばう》五《ご》佛《ぶつ》冠《くわん》合《がつ》帯《たい》之《の》圖《づ》

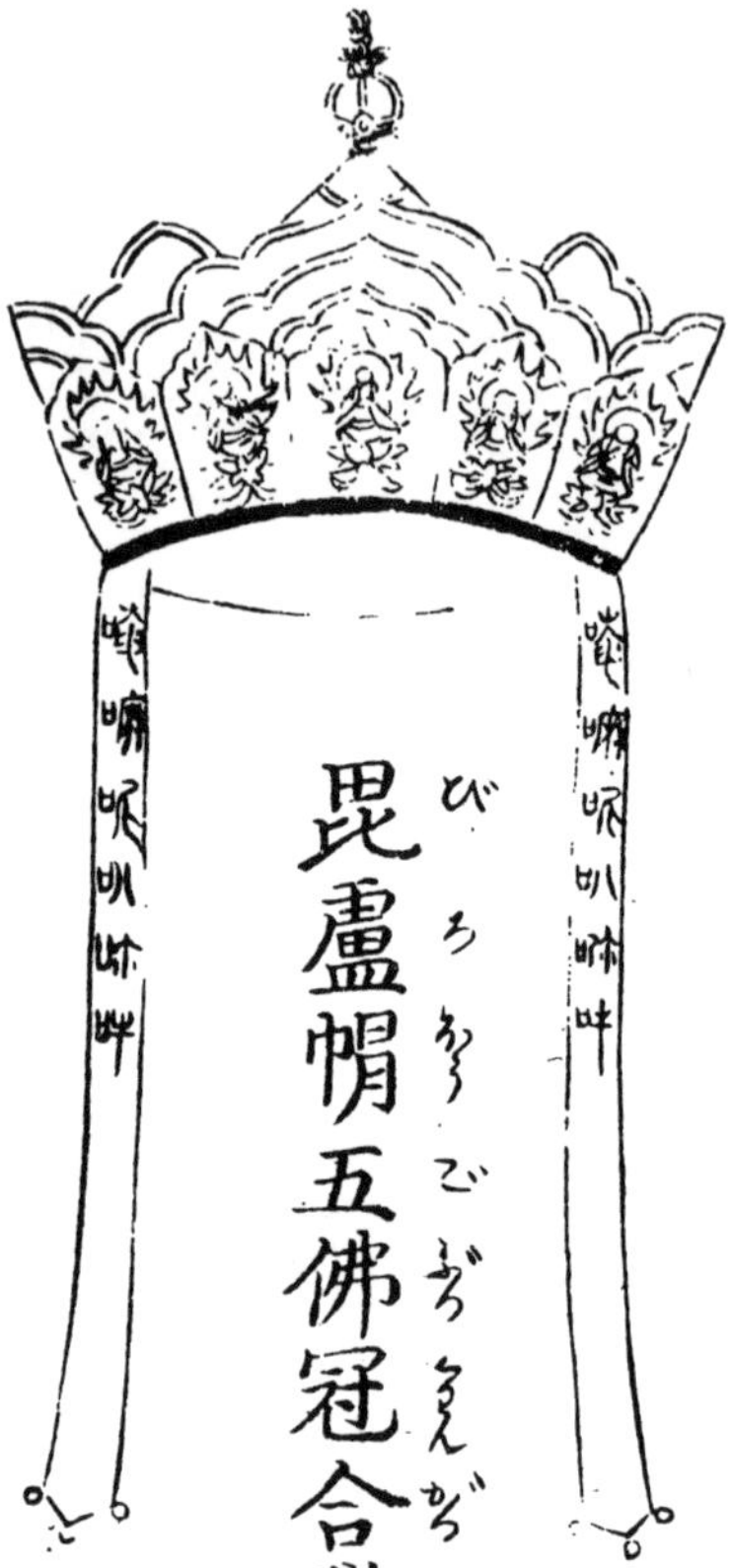

橘餅《キピン》 桂圓 荔枝《リイツウ》
胡桃 落花生

其外砂糖菓子時候の菓物種く供へ其前ニ方二間高さ一間ほどの焰口壇《エンクウダン》を設け正面ニ観音の像を安置し寳鏡等の佛具を傍付さ建て香花點燈供物見合供へ其定式の供物ハ菓一盆饅頭七つ酒水一器此三品を供へ檀の向ふも同く焰口壇《エンクウダン》後の毘盧壇《ビイルウダン》を設け上壇ニ七佛の名號を書る牌を傍（七佛ハ釋迦観音阿弥陀地藏 阿難引魂十方諸佛）下壇ニも面然大士護法龍天の牌を立置も香花を供へ點燈供物等前のごとく其定式の供物なし脇ニ又九半坪後なるさ三尺後の食臺を設け水陸一切男女孤魂等位と書記し香花點燈供物ホ前のごとく定式の供物ニハ大丸なる器に飯を堆く盛酒水を並べ供へ坐其前ニ高さ一間廻り九尺程の竹籠を山の形ニ拵へ金銀の箔泊紙其外銭帋眞衣紙等ニて張なる成二つ並一つく金銀山一つく銭衣山と記しなる施食之頭徒の僧七人（略す時ハ五人 ゆくも佐るい）焰口壇ニ昇りて本位を金剛上師とし（一名成中 座ニ）左ハ大

技座にて副技座といふ經元て其跡へ並び何れも椅子に坐し下には大鼓小磬
小鏡鐃鈸等備付あるを誦經に連て大衆の内一人にて鳴し中座の僧は毘盧帽《ビイルウモウ》
といふ佛冠を戴き鈴を振ひ或は印を結び其餘技座の僧は木魚引磬を打冥府の亡
魂超度のため供へ置たる羹を誦經中次第として取捨酒水をなして饅頭小麦に字を
書き食臺に向て投捨るは冥途にて金銀錢衣服を捨る意にて右金銀山錢
衣山を焼捨る此法は在家にても是て夜陰にあらざれば不爲二四時頃よりかゝる
水懺と同じく佛座を設け香花點燈供物等堂口に相列して式の供物
なし前に幅半間に長さ二間程の臺を二行に並べ其前に僧五人宛都合拾人の僧
まして此佛具を持何れも躍て誦經あるに此法は省略すれば一日にも濟又は三日夜
總てにもあり堂口水懺ともに年忌法會に限らず家内安全病氣平愈等の祈
禱にも執行ひ何れも施主の望に任せて自宅にても執行ひ其時は法具諸道

具《ぐ》寺より持越其供養《くやう》に應《おう》じて僧《そう》の多少《たせう》ありとも其時親類《しんるい》朋友《ほういう》なりとも招《まね》き
僧侶《そうりよ》打迎齋《とき》非時《ひじ》等振舞《ふるまひ》あり法事《ほうじ》等すれば其日數《にちすう》に應《おう》じ勞金《ラウキン》ありて
僧一人前二三十目より以下僧の高下《かうげ》施主《せしゆ》の身分《みぶん》に應《おう》じ送《おく》る事等あれば居
宅狹《たくぜま》きか或《あるい》は故障《こせう》等ありて寺《てら》に佛事《ぶつじ》を頼《たの》む時《とき》は前廣《まへひろ》に菜料《さいれう》を納れば施主《せしゆ》
の求めに應《おう》じて供養《くやう》は其時寺にて齋《とき》非時《ひじ》の用意《ようい》をなし施主《せしゆ》ならびに施《せ》
主の親類《しんるい》朋友《ほういう》に施齋《せさい》は此ら兄も施主《せしゆ》の方より男女ともに來《きた》る少々婦女《ふじよ》の間《ま》は
別間《べつま》にしつらひ附來《つききた》る奴婢《ぬび》等給仕《きうじ》して僧侶《そうりよ》を到來《とうらい》れば挨拶《あいさつ》禮儀《れいぎ》あれど
此間《このま》に入らば○在家《ざいけ》の位牌或寺院に安置《あんち》する事《こと》なれば素《もと》より位牌《いはい》
堂《だう》とても比しあり格別寺にわたりく功《こう》あるに檀越《だんをつ》は別に位牌《いはい》を安置《あんち》しおかず
香花《かうげ》を供養《くやう》する事あり○在家《ざいけ》喪中《もちう》の時《とき》は日々《ひゞ》誦經《どきやう》頼《たの》むもあり又七日毎《ごと》
に頼《たの》むもあり何《いづ》れも施主《せしゆ》の求めに應ぜば喪葬の時《とき》も僧《そう》七八人もあり

柩《いのき》の先《さき》に立《たち》て手《て》に絹《きぬ》にてさしたる幡《はた》を持《もち》二行にならび墓所《はかしよ》迄《まで》行《ゆく》

諷誦経《ふうじゆきやう》などは定式《ぢやうしき》にあらねば檀越《だんおつ》より頼《たのま》ざれば行《ぎやう》事《こと》なし

○七月盆《ぼん》にハ寺院《じゐん》におゐて施餓鬼《せがき》執行《しゆぎやう》する所《ところ》もあり其寺《そのてら》の古格《こかく》にて執《とり》行《ぎやう》せざる所もあり　○十二月八日を臘八《らうはち》といふ朔日より八日の暁《あかつき》まで昼夜《ちうや》一山の僧《そう》禅堂《ぜんだう》におゐて坐禅《ざぜん》あるなり八日にハ菓米《くわべい》の粥《かゆ》を焚《たき》

竜眼《ロンエン》栗棗《リツソウ》、茨菰《ツウクワ》荸薺《べかー》等《とう》をまぜ炊《たき》たる成べし

何宗《ずしう》も吃《きつ》し怨意《えんい》の檀家《だんか》へも送《おく》る事《こと》あり

○御祈願所《ごきぐわんしよ》なとゝ差極《さしきはまり》たる寺院《じゐん》なし御祈祷《ごきたう》の節《せつ》ハ勅旋《ちよくぶつ》にて何ぞされ何寺《なにでら》へ申付《まうしつく》る事《こと》あれバ其寺へ頼置《たのみおく》なり又ハ官所《くわんしよ》の見計《みはから》ひを以《もつ》て修行《しゆぎやう》行ハるゝ事もあり其外にハ在家にてあつらひ等なれバ寺院《じゐん》にて護摩《ごま》神鬮《しんさん》守札《まもりさつ》等《とう》を天子《てんし》諸官《しよくわん》所《しよ》等《とう》へ献《けん》ずる事なし奇術《きじゆつ》ハ道家《だうか》にハ専《もつぱ》ら行《おこな》へども僧家《そうか》にハなをちかき事好まず

禪《ぜん》堂《だう》の式《しき》

樂器がくき

小鐘ことり

小鏡鈸まりすりがね

鼓こ

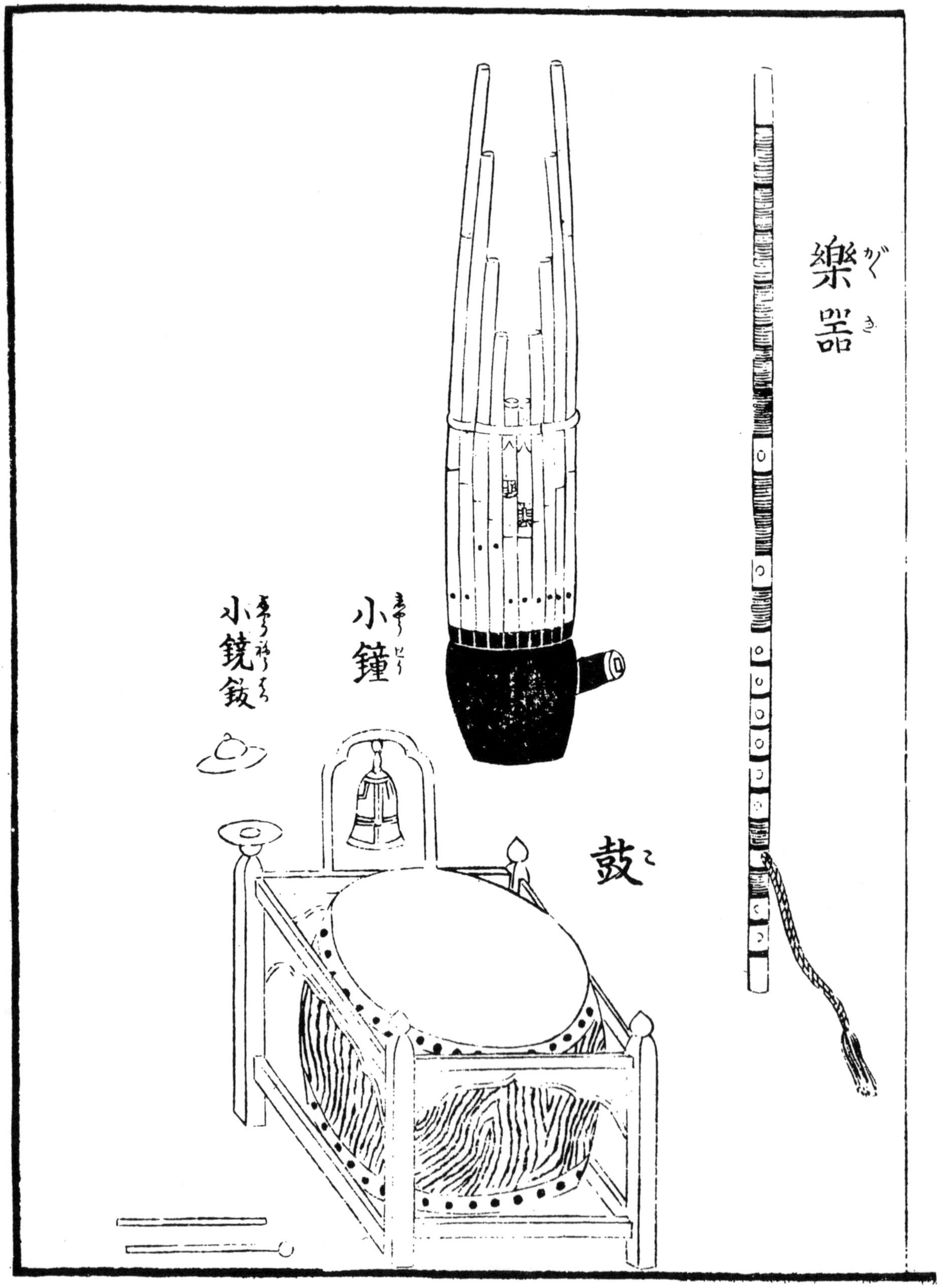

官人《くわんにん》参詣《さんけい》の節《せつ》は前以《まへもつて》達《たつ》しあるに付其時刻《じこく》にハ官位《くわんゐ》の高下《かうげ》によりて住持《ぢうぢ》并《ならび》ニ役僧《やくそう》山門《さんもん》まで出迎《でむかひ》もあり大衆《だいしゆ》衆徒《しゆと》にハ禅堂《ぜんだう》に至る客版《かくばん》とて版《はん》を叩《たゝ》けバ法堂《はつたう》の門《もん》を開《ひら》き衆僧《しゆそう》残《のこ》らず出《いで》て小僧《こぞう》なとハ役僧中《やくそうちう》出迎《でむかひ》に大衆《たいしゆ》ハ時を鐘楼《しゆろう》の鐘を撞《つき》鼓《こ》を打《うち》あひ楽《がく》を奏《そう》して仏殿《ぶつでん》へ請《しやう》じ仏拝《ぶつはい》等《とう》ありて知客《ちかく》の名 役僧《やくそう》案内《あんない》して主《あるじ》に方丈《はうぢやう》へ伴《ともな》ひ椅子《いす》を設《まう》け座《ざ》を請《しやう》じ住持《ぢうぢ》対座《たいざ》し知客《ちかく》側《そば》に侍《じ》し値座《チザ》役僧の名茶菓子《ちやくわし》其外《そのほか》時候《じこう》の菓物《くわもつ》等《とう》を出《いだ》しなどして寒暖《かんだん》の挨拶《あいさつ》ありて御饗応《きやうおう》あるなり酒肴《さけさかな》なとも持出《もちいだ》さず帰るにも又最前《ゑん》のごとく山門まで送《おく》るなり此外客の家来《けらい》に香金《ヒヤンキン》とて多少《たしやう》にかゝはらず金銀《きんぎん》を遣《つか》はし給ふ也

庶人《しよじん》参詣《さんけい》の時ハ先《まづ》仏殿《ぶつでん》に礼拝《らいはい》し直《すぐ》に帰《かへ》るもあり又ハ客殿《きやくでん》にゆきしばらく休息《きうそく》なとすれバ客《きやく》に応《おう》じ値座《チザ》より茶《ちや》なと出しもあり或《あるひ》ハ菓子《くわし》菓物《くわもつ》等《とう》出《いだ》してありも其品《しな》等かはらず住持《ぢうぢ》に用向《ようむき》あるになりて又訪《とふ》ひのため見へ多《おほ》き節《せつ》は値

座《ザー》へ夜伽《よとぎ》なし方丈《はうぢやう》に参《まゐ》り面談《めんだん》は庶人《ちよじん》なりとも大戸《なこ》の人を監寺《かんじ》知客《ちやく》等の送迎《そうげい》は禮《れい》あり貴賤《きせん》高下《かうげ》に拘《かゝ》はらず客殿《きやくでん》に至る人を銀銭《ぎんせん》の差別《しやべつ》なく見合《くあひ》せ香金《ヒヤンキン》を差《さし》置《おく》なり又は線香蠟燭《せんかうらうそく》等送るもあり婦女参詣《ふぢよさんけい》の時も佛前《ぶつまへ》の如く悉く重《すゞ》に帰《かへ》るもあり又暫《しばら》く客殿《きやくでん》に休息《きうそく》するもあり且《なり》つ是れの僧侶《そうりよ》一人も立よらしむ婦女《ふぢよ》の休息所《きうそくじよ》を別《べつ》に設《まう》けあり是茶菓《かし》はくも見るりとして十二三歳の小沙彌《スヤロウサアミイ》持出《もちだ》す事都て寺院《じゐん》に婦女《ふぢよ》徘徊《はいくわい》する事堅《かた》く官制《くわんせい》ありて参詣迄《さんけいまで》の事は苦しからず

○后宮《こうきう》の官女《くわんぢよ》等寺参詣《さんけい》の儀は天子御参詣《ごさんけい》あれば附随《つきずゐ》して参詣すれども官女《くわんぢよ》ばかり参詣《さんけい》する事《こと》なし

○年始《ねんし》とても官吏《くわんり》出る事《こと》なく檀家《だんけ》へも住持《ぢうぢ》自身《じしん》年禮《ねんれい》に参《まゐ》る事もあり又寺役僧《やくそう》の内《うち》より某山《それのさん》某禪寺《ぜんじ》納某《なにがし》叩《かき》と書たる帖《てふ》を持《もち》て参《まゐ》る事《こと》もありて外《ほか》より札守《ふだまもり》等なくる事なく元旦《ぐわんたん》より三日《まゐ》になると在家《ざいけ》に参《まゐ》り在家《ざいけ》懇意《えんか》の方へ六

常《つね》に往来《わうらい》談話《だんわ》する事《こと》在家《ざいけ》の者《もの》に異《かは》る事なし但し歳暮《せいぼ》などに檀家《だんけ》へ野菜《やさい》菓物《くだもの》粕漬《かすづけ》砂糖漬《さたうづけ》等《とう》おくる事《こと》もあり

○本山《ほんざん》組合《くみあひ》等《とう》の事《こと》なし御朱印地《ごしゆいんち》といふ事もなし且《かつ》後住《ごぢう》を定《さだ》むる事《こと》は一山《いつさん》の役僧《やくそう》評議《ひやうぎ》して住《ぢう》に堪《たへ》たる僧《そう》を選《えら》み其地《そのち》の知縣《ちけん》へ伺《うかゞ》へば知縣《ちけん》一存《いちぞん》にて後住《ごぢう》を渡《わた》さず住に堪《たへ》たる僧なき時《とき》は学徳《がくとく》備《そなは》りたる他國《たこく》の知識《ちしき》は名代三人程も書出し官府《くわんしよ》へ出し官府《くわんしよ》の指揮《ツウホイ》にあづかりたる旨役僧中《やくそうちゆう》より願出《ねがひいづ》れば官府《くわんしよ》にて評議《ひやうぎ》あり役僧中《やくそうちゆう》より選出《えらみいだ》しなば名前《なまへ》の内《うち》より又は外より官府の存分《ぞんぶん》にて其旨役僧中へ達し雙方一決の上後住を定む小寺は官府にて評議に及ばず

○後住進山《ごぢうしんざん》の時《とき》は吉日《きちにち》を撰《えら》み入寺《にうじ》す其時《そのとき》は首座《しゆざ》以下《いげ》の役僧《やくそう》山門《さんもん》外《ぐわい》まで出迎《でむか》ふ（此時格式《かくしき》の法語《はふご》あれど在家《ざいけ》にはつまびらかにしらぬ故）互《たがひ》に礼拜《らいはい》畢《をは》りて寺内《じない》へ入れば鐘《かね》を撞《つき》太鼓《こ》を敲《たゝ》き知客《ちかく》より緒堂案内《しよだうあんない》して拈香《ねんかう》し式法《しきはう》済《すみ》て方丈《はうぢやう》へ入暫《しばら》く休息《きうそく》

事あるときは本堂《ほんどう》の前《まへ》に設《もう》けある壇《だん》に登《のぼ》り拄杖《チイチヤン》を突《つき》払子《ほつす》を持《もち》椅子《いす》にかゝりて

侍者《じしや》両人《りやうにん》左右《さう》に従《したが》へ衆僧《しゆそう》の拝《はい》を受《うく》る此より一山の僧悉く出て法語《ほうご》あつて

種々《しゆぐ》の事《こと》を尋問《たづねと》ひ夫々《それぐ》教示《きやうじ》あり其後香《かう》を焚《たき》て禮拝《らいはい》し規式《ぎしき》畢て官府《くわんふ》へ届《とゞけ》に出る其

後《のち》檀家《だんけ》迄も自身《じしん》来り入寺《にうじ》披露《ひろう》あり尤此節《もつともこのせつ》扇子《せんす》抔《など》の物おくる事なし

僧《そう》に妻帯《さいたい》の禁制《きんせい》あり又応付《ヲウスヱン》僧とて妻帯にはあらざれども肉食《にくじき》の僧《そう》にて有

市中《しちう》に住居《ぢうきよ》し在家《ざいけ》の法事《ほうじ》誦経《ずきやう》等《とう》頼《たのみ》に応《おう》じ執行《しつぎやう》して応付《おうふ》僧《そう》といふ

右往古《わうこ》よりの中にも人によりていろ〳〵の説《せつ》ある事《こと》なかれし

律宗《りつしう》は甚《はなはだ》稀《まれ》なり天台宗《てんだいしう》は天台山《てんだいさん》一山限《かぎ》りにて外《ほか》になし律宗《りつしう》は重《おも》に規《き》

衛戒修し綿服《めんぷく》を着《ちやく》し麁色《そしき》の木綿《もめん》袈裟《けさ》衣《ころも》を着《ちやく》し鉄鉢《てつぱつ》を持《もち》食事《じきじ》の時《とき》は

鉄鉢に飯菜《はんさい》共《とも》に入替《いれかへ》用ひ匙《さじ》にて喫《きつ》す天台宗《てんだいしう》の僧《そう》は法式行事《ほうしきぎやうじ》等《とう》禅宗《ぜんしう》に同《おなじ》

僧道両持《りやうぢ》の寺院なし寺院は僧侶ならざるなし

〇寺院内に茶《さ》店《てん》等《とう》ハあれども狂言《きやうげん》芝居《ちばい》等の事ハ決してなし　狂言《きやうげん》芝居《しばゐ》角《す》力《まふ》軽《かる》業《わざ》等の事ハ社内に限《かぎ》り興行也

〇道《たう》家にも有《う》髪《はつ》なく道冠《タウクワン》を戴《いたゞ》き法《ほう》衣も禅《ぜん》家《け》の如くにして何《なに》れも綿《めん》服《ふく》なり

業作ハ密法を修《しゆ》し祈《き》祷《とう》或ハ専らにし此内《このうち》太上老君《タイジヤンラウキン》の修法を行ふ者を清浄といふ則張天師《チヤンテンスウ》の類なり或ハ正一道士《チンイタウズウ》といふ其外雑部《ざつぶ》修《きう》行の人ありて妻帯肉食にて多くハ市中に住居し是を火居道士《ホーキタウスウ》といふ業作も別なる事なし

〇僧道《そうたう》違犯《いはん》不如法の者あるときハ軽《かろ》き事ハ一山の住持より寺法道法にとり行ひ若重き罪なる時ハ其所の官府より糺さしむ知県知府にて裁断あるなり大罪ある時ハ假令住持《ぢうぢ》大和尚たりとも官府より糺され罪の次第によりて仕置あるなり

〇道《たう》家ハ支配する所も禮《れい》部《ぶ》の惣《そう》支配《はい》にして禮部の下司に僧道官《スエンダフウクワン》僧録司《スエロスウ》道録司《タウロスウ》などいふ官ありて是等の司なり

道《たう》士《し》
道《たう》冠《くわん》

護符《ごふ》等の事ハ僧家にて執行せし道家にて取扱ふ道家の本尊ハ極めて三清上《サンツイシヤン》帝《テイ》を祀る

三清上帝《サンツイシヤンテイ》ハ中央玉清元始天尊《ヨツインヱンスウテンツヱン》右ハ上清霊寶天尊《ジヤンツインリンパウテンツヱン》左ハ太清道徳天尊《タイツインタウテツテンツヱン》

道家も都にハ寺と同様にて一山あるもいつも市中に居住いたすもあり社檀傍付等の事ハ僧家に准じる事なりし道士も托鉢に廻りて深山に入行法修行いたす事あり又俗家《ゑこ》にていちきんを戴《いた》き杖を突事なし

旦那《だんな》と申事往古ハあらざりしよしあまりとて當時にてハ檀越《タンエ》とのミ呼ぶ

江湖あつまりに結夏の事ハ男女とても在家の知らざる所にあらし

清俗紀聞巻之十三畢

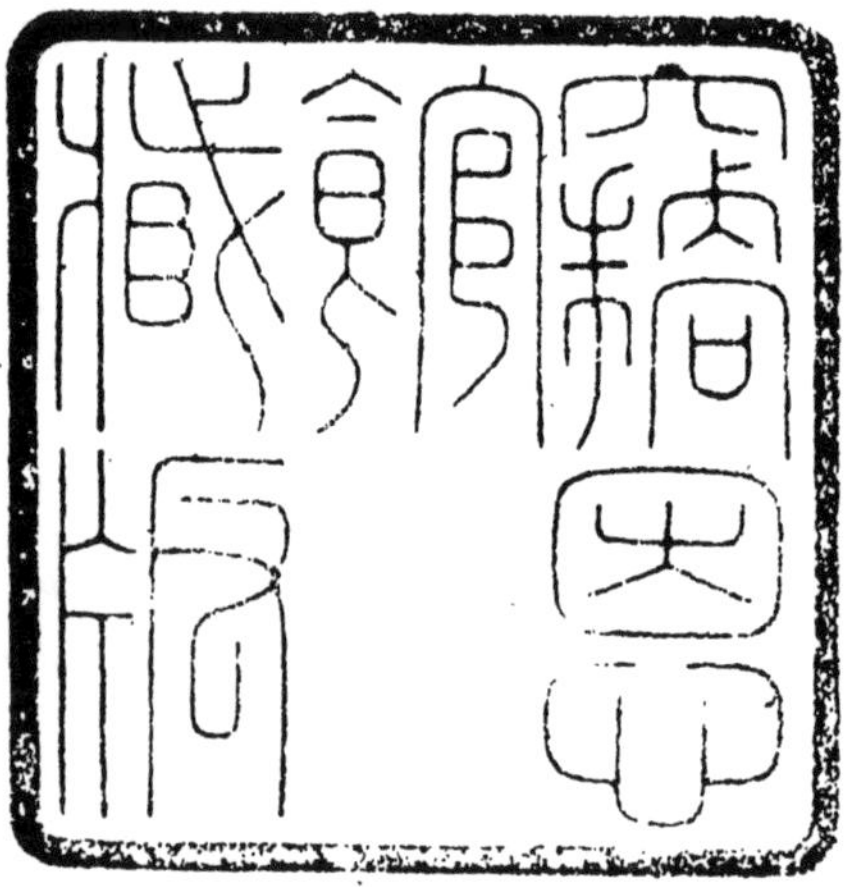

清俗紀聞跋

向者余之在崎陽也聽政之暇使官屬近藤守重林貞裕問清商其國之俗習輒隨筆焉又隨圖焉終成一書其起稿之始余偶罹疾而百事皆廢及愈以期已迫故未脫稿齎還江戶爾後

劇職不暇翻閱因命臣津田永郁校
訂分為十二卷示諸林祭酒請序其端
且請名書祭酒名以清俗紀聞且序而
還之或勸上木公諸同好遂命剞劂
不日而刻竣其譯正甫中伯毅亦序其
端嗚呼雖編輯之名在余彼官屬

等力實为多矣豈可盡其功哉因
備記与此役者姓名于卷末云寬政
己未冬十月中川忠英跋

赤峰脇田順書

大通事

高尾維貞

彭城　斐

清河　璧

平野祐英

小通事

彭城明矩

神代文鳳

潁川良友

彭城昌尊

吉島　潛

神代千貴
陽　忠廉
平井惟德
頴川惟賢
中山保高
彭城以貞
游竜　賢
石嵜融思
安田素教

畫工

清國蘇州　孟世燾
蔣恆
顧鎮
湖州　費肇陽
杭州　王恩溥
周恆祥
嘉興　任瑞

寛政十一年己未八月新鐫

東都書林

本石町四丁目大横町

堀野屋仁兵衛

國家圖書館出版品預行編目資料

清俗紀聞／中川子信編著. -- 初版. – 臺北市：蘭臺,
2006[民 95] 冊； 公分

ISBN 986-7626-31-1（平裝）

1.禮俗 - 中國 – 清（1644-1912）
2.中國 – 社會生活與風俗 – 清（1644-1912）

538.82 95002824

清俗紀聞

編　　者：中川子信
執行主編：郝冠儒
出 版 者：蘭臺出版社
地　　址：台北市中正區懷寧街 74 號 4 樓
電　　話：(02)2331-1675　　傳真：(02)2382-6225
E-mail：lt5w.lu@msa.hinet.net
劃撥戶名：蘭臺出版社
帳　　號：18995335
出版日期：2006 年 12 月初版
定　　價：新臺幣 1200 元整
中華民國九十五年十二月初版
ISBN 986-7626-31-1